*Level Three*
Scott, Foresman Spanish Program

# Salsa y salero

Eduardo Neale-Silva
**Senior Advisor and Academic Editor**
*Professor of Spanish, Emeritus*
*University of Wisconsin, Madison*

Russell Webster
*Princeton, New Jersey*

Myrna Kasey Hellerman
*Glenview, Illinois*

**Scott, Foresman and Company**

Editorial Offices: Glenview, Illinois

*Regional Offices: Palo Alto, California •*
*Tucker, Georgia • Glenview, Illinois •*
*Oakland, New Jersey • Dallas, Texas*

**Consultants**

Paul T. Griffith
*Illinois Office of Education*

Sandra J. Briggs
*San Mateo Union High School District*

Estella Gahala
*Lyons Township High School, Illinois*

The authors and publisher wish to thank the following individuals:
Maricarmen Ohara, who contributed *La leyenda de la Kantuta,* p. 69
and other original material, John Wilhite for *Robo en el Salón de Oro,*
p. 105, Kathy A. Bueno for *El piropo,* p. 142, and Evamaría Lugo for
*Una aventura para tía Eulalia,* p. 262.

## Salsa y salero

**Salsa** and **salero** represent much more than just two items found on a Hispanic dinner table. True, both **salsa** (a tasty sauce) and **salero** (a saltshaker) share the same Latin root word: **sal** (salt). But even more do they combine to suggest an essential Hispanic attitude about people, society, and life. **Salsa** and **salero** are used not only to add zest to a meal, but also to refer to those special happy qualities that are universally sought and prized in people. For example, Hispanics often characterize a lively and spirited person by the phrases *tiene salsa* or *qué salero*. In music and dance the word **salsa** refers to a characteristic style and rhythm that originated in the Caribbean. In Spain, **salero** is a word of enthusiastic appreciation joyously shouted out to dancers of flamenco.

We have chosen **Salsa y salero** as the title of our book to convey these characteristic Hispanic outlooks on the way people live and deal with each other, mindful that a little sauce and a pinch of salt add needed spice to life. We hope that in our book we have faithfully followed the recipe to make your study of the Hispanic language and culture both interesting and lively.

**The Authors**

# Tabla de materias

**DIÁLOGO con**
**Notas Culturales**

**PALABRAS NUEVAS**
**con Glosario, Ejercicios**
**y Estudio de vocabulario**

**EXPLICACIONES**
**con Ejercicios**

3   El Día del
    Estudiante

4

9   Concordancia de sustantivos, artículos
    y adjetivos

10  El presente

12  Confirme su progreso

12  Hace . . . que

12  Los verbos ser y estar

13  Ser y estar con adjetivos

15  Confirme su progreso

17  En el estadio
    de fútbol

22  El presente progresivo

24  El complemento directo

26  El complemento indirecto

28  Los complementos directos e indirectos

39  Ayer vaquero,
    hoy caballero

41

44  Los reflexivos

46  Los reflexivos

48  Confirme su progreso

50  El subjuntivo

53  El subjuntivo con verbos que expresan
    mandatos, consejos o prohibiciones

55  Confirme su progreso

57  Del campo a la cocina

62  El mandato afirmativo con tú

64  Los mandatos con Ud., Uds. y nosotros

65  Los complementos directos e indirectos con
    el mandato afirmativo

67  Mandatos con pronombres reflexivos

| LECTURA con Notas Culturales | HABLEMOS UN POCO | ESCRIBAMOS UN POCO | CONFIRME SU PROGRESO | A PROPÓSITO (optional) |
|---|---|---|---|---|
| 15 | | | | |
| 31 Tres retratos | 33 | 33 | 34 | 36 El espectáculo |
| 55 | | | | |
| 69 La leyenda de la Kantuta | 71 | 72 | 73 | 74 Venta especial |

| DIÁLOGO con Notas Culturales | PALABRAS NUEVAS con Glosario, Ejercicios y Estudio de vocabulario | EXPLICACIONES con Ejercicios |
|---|---|---|

**5**  77  En el Día de los Muertos

79

83  Los mandatos negativos

86  Confirme su progreso

86  El futuro

88  Confirme su progreso

88  El subjuntivo en cláusulas adverbiales

91  Confirme su progreso

**6**  

93  El Diario del Pueblo

98  El pretérito

100  El pretérito de verbos irregulares

103  Los usos de lo

**7**  115  Un ensayo trágico

117

120  El imperfecto

125  Otro uso del imperfecto

126  Confirme su progreso

**8**  

129  Las apariencias engañan

133  El pretérito y el imperfecto

135  El pretérito y el imperfecto

137  Confirme su progreso

138  Los demostrativos

139  Los demostrativos

vi

| LECTURA con Notas Culturales | | HABLEMOS UN POCO | ESCRIBAMOS UN POCO | CONFIRME SU PROGRESO | A PROPÓSITO (optional) | |
|---|---|---|---|---|---|---|
| | | 91 | | | | |
| 105 | Robo en el Salón de Oro | 109 | 110 | 110 | 112 | El teléfono |
| | | 127 | | | | |
| 142 | El piropo | 144 | 145 | 146 | 148 | La aduana |

| DIÁLOGO con Notas Culturales | | PALABRAS NUEVAS con Glosario, Ejercicios y Estudio de vocabulario | | EXPLICACIONES con Ejercicios | |
|---|---|---|---|---|---|

**9**

151 El mundo está loco, loco, loco. . . .

153

158 Los adjetivos y pronombres posesivos

162 Comparativos y superlativos

165 Confirme su progreso

166 La nominalización, el de . . . , el que

**10**

169 Imágenes de una cultura

174 El presente perfecto

177 El presente perfecto del subjuntivo

179 El pluscuamperfecto

**11**

193 El gaucho— ¿realidad o sueño?

195

198 El imperfecto del subjuntivo en cláusulas sustantivas

201 Como si y el imperfecto del subjuntivo

202 Confirme su progreso

202 Los usos de por

205 Los usos de para

207 Confirme su progreso

**12**

209 ¡Viva nuestro candidato!

214 Cláusulas adverbiales y el imperfecto del subjuntivo

216 Palabras negativas

219 Palabras afirmativas

| LECTURA con Notas Culturales | HABLEMOS UN POCO | ESCRIBAMOS UN POCO | CONFIRME SU PROGRESO | A PROPÓSITO (optional) |
|---|---|---|---|---|
| | 167 | | | |
| 181 La Salsa: ¡Qué sabor . . . Qué sueño! | 185 | 186 | 187 | 190 En la sastrería |
| | 207 | | | |
| 221 José Martí: poeta, periodista, patriota | 225 | 225 | 226 | 228 El triciclo |

| DIÁLOGO con<br>Notas Culturales | PALABRAS NUEVAS<br>con Glosario, Ejercicios<br>y Estudio de vocabulario | EXPLICACIONES<br>con Ejercicios |
|---|---|---|

**13** 231 Las tumbas de Colón 233

237 El condicional

239 Cláusulas condicionales

243 Confirme su progreso

243 Los adverbios

246 Los pronombres relativos

**14** 251 Escrito en las estrellas

255 El condicional perfecto

258 El pluscuamperfecto del subjuntivo

260 Cláusulas condicionales y el pluscuamperfecto del subjuntivo

**15** 273 Tres artistas 275

280 El uso de los tiempos del subjuntivo

284 Confirme su progreso

285 Los interrogativos ¿qué? y ¿cuál?

287 Los pronombres relativos: el que, el cual, lo que, lo cual

**16** 291 La vida en la ciudad 296 El uso impersonal del pronombre reflexivo se

| LECTURA con Notas Culturales | HABLEMOS UN POCO | ESCRIBAMOS UN POCO | CONFIRME SU PROGRESO | A PROPÓSITO (optional) |
|---|---|---|---|---|
| | 249 | | | |
| 262 Una aventura para tía Eulalia | 265 | 265 | 266 | 270 Conversaciones |
| | 289 | | | |
| 302 Espacio, distancia y tiempo | 305 | 306 | 307 | 310 Los idiomas |

| DIÁLOGO con Notas Culturales | PALABRAS NUEVAS con Glosario, Ejercicios y Estudio de vocabulario | EXPLICACIONES con Ejercicios |
|---|---|---|

**17**   313   La religión: impresiones y realidad    315    318   La voz pasiva

**18**

330   El subjuntivo en cláusulas adjetivas

325   El mundo de los números

333   El futuro perfecto

336   Los números

## LECTURAS

346   Fábulas y moralejas

    346   La zorra y el busto, FÉLIX M. DE SAMANIEGO

    347   El burro flautista, TOMÁS DE IRIARTE

    348   El valor de las opiniones, DON JUAN MANUEL

    351   Apocalipsis, MARCO DENEVI

    352   Génesis, MARCO DENEVI

353   La muerte

    353   Masa, CÉSAR VALLEJO

    354   Iba yo por un camino, NICOLÁS GUILLÉN

355   El amor

    355   Una carta a Dios, GREGORIO LÓPEZ Y FUENTES

    357   Desde allí, EMILIA PARDO BAZÁN

    360   El canto, ALFONSINA STORNI

362   La soledad y la tristeza

    362   La guitarra, FEDERICO GARCÍA LORCA

| LECTURA con Notas Culturales | HABLEMOS UN POCO | ESCRIBAMOS UN POCO | CONFIRME SU PROGRESO |
|---|---|---|---|
| | 323 | | |
| 338  Viaje al pasado | 342 | 343 | 343 |

363   Domingo triste, JOSÉ MARTÍ

364   Las campanas, ROSALÍA DE CASTRO

366   Aquí, OCTAVIO PAZ

366   El puente, OCTAVIO PAZ

367   Hombre al agua, NICANOR PARRA

368  Aventuras de Don Quijote, MIGUEL DE CERVANTES SAAVEDRA

372  Poesía negra

372   Ten con ten, LUIS PALÉS MATOS

373   Danza negra, LUIS PALÉS MATOS

375  Lo inesperado

375   Discurso del oso, JULIO CORTÁZAR

376   Episodio del enemigo, JORGE LUIS BORGES

378   La camisa de Margarita, RICARDO PALMA

381   Los ojos verdes, GUSTAVO ADOLFO BÉCQUER

387   El almohadón de pluma, HORACIO QUIROGA

**392** Translations

**402** Answers to *Confirme su progreso*

**409** Verbos

**433** Vocabulario español-inglés

**460** English-Spanish Vocabulary

**487** Tables of Numbers and Calendar

**488** Word Formation

**491** Mapas

**496** Index

**498** Acknowledgments

# Salsa
# y salero

LEVEL THREE

SCOTT, FORESMAN SPANISH PROGRAM

## lección
# 1

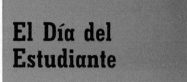

# El Día del Estudiante

*En Córdoba,° Argentina*

En toda Latinoamérica, los estudiantes celebran el Día del Estudiante el 21 de septiembre.° Hoy es el 20 de septiembre y Verónica, Luisito, Patricia y Óscar, miembros del comité organizador de la fiesta del Día del Estudiante, están charlando en un café.

| | |
|---|---|
| VERÓNICA | Ya tenemos el micrófono, el altavoz y los fuegos artificiales. |
| ÓSCAR | Y Pepito acaba de pegar los carteles. |
| LUISITO | Quiero ver una vez más todo el programa de la fiesta. |
| PATRICIA | Primero tenemos el desfile. |
| VERÓNICA | Sí, y todas las carrozas son muy lindas. En la carroza de primer año° hay estudiantes disfrazados de monos. Van a tirar globos con agua. |
| PATRICIA | La carroza de quinto año tiene unos payasos que hacen bromas y sacan a bailar a todo el mundo. Su líder es un chico guapo que tiene un disfraz muy divertido. Es seguro que él va a ganar el primer premio. |
| ÓSCAR | ¡Ay, Patricia! ¿Es ése el muchacho que siempre te sonríe? A ver, ¿es tu nuevo novio? |
| PATRICIA | ¡Cállate, tonto! Vamos . . . ¿qué más hay? |
| VERÓNICA | La serenata de los chicos de cuarto año. Van a cantar unas canciones muy alegres. |
| ÓSCAR | Y luego Patricia va a recitar un poema que acaba de escribir. Se llama «El payaso enamorado», ¿verdad, Patricia? |
| PATRICIA | ¡Basta ya de bromas! |
| LUISITO | ¡Mañana vamos a trasnochar bailando! |
| VERÓNICA | ¡Viva, viva! ¡Y al día siguiente vamos a faltar a clase! |

### ▶NOTAS CULTURALES

°**Córdoba** es una de las ciudades más hermosas de la Argentina. Es, además, un centro de turismo, de industria y de enseñanza.

°**21 de septiembre:** En la mayoría de los países de la América del Sur se considera el 21 de septiembre el primer día de la primavera. Para esa fecha, los estudiantes preparan un programa completo, que generalmente incluye un desfile, concursos deportivos y literarios y un baile. Todo el mundo canta y baila hasta muy tarde.

°**primer año:** En la Argentina, los estudiantes pasan cinco años en el colegio. Empiezan a estudiar a los trece años y terminan a los diecisiete. En español no existen palabras equivalentes a las palabras inglesas, *freshman, sophomore, junior* y *senior*. Por eso se dice simplemente «un estudiante de primer año, de segundo año, de tercer año, de cuarto año, de quinto año».

### *Preguntas*

Conteste según el diálogo.

1. ¿Quiénes son Verónica, Luisito, Óscar y Patricia?   2. ¿Van a tener los estudiantes un desfile?   3. ¿Cómo es el líder de los estudiantes de quinto año? ¿Qué clase de disfraz tiene?   4. Según Óscar, ¿quién es el novio de Patricia?   5. ¿Es verdad que Patricia va a recitar un poema que acaba de escribir?   6. ¿Piensan los estudiantes volver temprano a casa el Día del Estudiante?   7. ¿Qué piensan hacer al día siguiente?   8. ¿Cuándo empieza la primavera en la Argentina?   9. ¿Celebran Uds. el Día del Estudiante?

### PALABRAS NUEVAS

PEGAR

TIRAR

RECITAR

### ● Glosario

SUSTANTIVOS

| | | | |
|---|---|---|---|
| **la alegría** | happiness | **la broma** | joke, trick |
| **el altavoz** | loudspeaker | **la carroza** | parade float |

**el cartel** poster
**el centro** center
**el comité** committee
**el concurso** contest
**el desfile** parade
**el disfraz** mask, costume, disguise
**la educación** (social) education
**la enseñanza** education, learning, teaching
**la existencia** existence
**los fuegos artificiales** fireworks
**el globo** balloon
**la industria** industry
**el líder** leader
**la mayoría** majority
**el micrófono** microphone
**el miembro** member
**el payaso** clown
**el premio** prize
**la serenata** serenade
**la tontería** foolishness
**el tonto** stupid person, fool
**el turismo** tourism

### VERBOS

**considerar** to consider
**enamorarse** to fall in love
**enseñar** to teach; to show
**existir** to exist
**faltar** to miss, to skip; to lack, to be missing; to need
**incluir (y)** to include
**organizar (c)** to organize
**pegar°** (gu) to attach, to put up; to hit
**recitar** to recite
**sacar (qu)** to take out, to pull out
**—a bailar** to ask to dance
**tirar** to throw
**trasnochar** to stay up late

### ADJETIVOS

**alegre** happy, lively
**completo, -a** complete
**cuarto, -a** fourth
**disfrazado, -a** disguised
**enamorado, -a** in love
**equivalente** equivalent
**lindo, -a** pretty
**literario, -a** literary
**organizado, -a** organized
**organizador, -a** organizing
**quinto, -a** fifth
**siguiente** next, following
**tonto, -a** foolish, stupid
**útil** useful

### ADVERBIOS

**generalmente** generally
**simplemente** simply

### EXPRESIONES / PALABRAS ÚTILES

**¡viva!** hurray!

**a los . . . años** at . . . years of age

⇒ COMENTARIO
°**Pegar** meaning "to hit" requires an indirect object pronoun.

## Ejercicios de vocabulario

**A.** Complete las frases según los dibujos. Empiece con el modelo.

1. Ese señor acaba de ____
   carteles en la pared.
   *Ese señor acaba de pegar*
   *carteles en la pared.*

2. ¡Qué aburrido! Ramón va a
   ____ uno de sus poemas.

3. ¡Viva! La señora acaba de
   ____le al ladrón.

4. A los muchachos les gusta
   ____ piedras.

**B.** Complete el cartel con las palabras de la lista.

> payasos     fuegos     desfile     miembro     concursos
>      globo     industrias     comité     serenata

```
              El ____ Organizador
                    anuncia
          una fiesta para celebrar
          EL DÍA DEL ESTUDIANTE

                    HORARIO

     1:00    ____ por la Avenida Juárez
             desde la escuela hasta la plaza
     3:00    ____ deportivos y literarios
     7:00    ____ cantada por los estudiantes
             de cuarto año
    10:00    ____ artificiales
    11:00    Baile.
```

**C.** Complete las frases con las palabras más apropiadas.

1. Una persona que es parte de un comité es (*un miembro | un payaso |*
   *una broma*) del comité.

*Palabras con varios sentidos 2*

Note that *faltar a* means "to miss or skip, to not be present for something": *No debemos faltar a clase.* When used with an indirect object it means "to be lacking, to be missing, to need": *Me faltan tres dólares; ¿Te falta el libro de química?*

*No hay que confundir*

The English equivalent of *la enseñanza* is "education," but only when describing what you learn at school. *La educación* refers to how you are brought up, and the teaching of manners and accepted ways to act. Do you remember what *bien educado* and *mal educado* mean?

## EXPLICACIONES

### Concordancia de sustantivos, artículos y adjetivos

1. Adjectives and articles agree with their nouns in gender and number:

| | |
|---|---|
| **el** libro caro | **los** libros caros |
| **la** chica alta | **las** chicas altas |
| **el** lápiz pequeño | **los** lápices pequeños |
| **la** camisa azul | **las** camisas azules |

Which nouns are masculine? Which are feminine? How are the adjectives made to agree? Nouns and adjectives that end in vowels are made plural by adding *-s*. Nouns or adjectives that end in consonants are made plural by adding *-es*. How are nouns and adjectives that end in *-z* made plural?

2. Note the feminine and plural forms of adjectives of nationality that end in a consonant:

| | |
|---|---|
| **el** pintor español | **los** pintores españoles |
| **la** pintora española | **las** pintoras españolas |
| **el** actor francés | **los** actores franceses |
| **la** actriz francesa | **las** actrices francesas |

3. Remember that the indefinite articles *un* and *una* are equivalents of "a" or "an" in English, and *unos* and *unas* are equivalents of "some":

**un** novio                    *a boyfriend*
**una** novia                   *a girlfriend*

**unos** amigos⎫
**unas** amigas⎭         *some friends*

## Ejercicios

Complete las frases con la forma apropiada del adjetivo entre paréntesis. Después, cámbielas del singular al plural. (*Complete the sentences with the appropriate form of the adjective in parentheses. Then change them from singular to plural.*)
Empiece con el modelo.

1. El concurso ____ es interesante. (literario)
   *El concurso literario es interesante.*
   *Los concursos literarios son interesantes.*

2. Es una idea linda pero no muy ____. (útil)
3. La estudiante disfrazada es ____. (francés)
4. La serenata siguiente es ____. (romántico)
5. Ese disfraz ____ no es muy divertido. (feo)
6. Ella está ____. (enamorado)
7. Es una ____ tontería. (curioso)
8. El desfile ____ es mejor. (organizado)
9. Esa industria es ____. (importante)
10. Ese micrófono es ____. (nuevo)

## El presente

Look at these examples
of the present tense in Spanish:

Juan **trabaja** demasiado.    ⎰*John **works** too much.*
                             ⎱*John **is working** too much.*

**¿Comes** mariscos?        ⎰***Do you eat** shellfish?*
                             ⎱***Are you eating** shellfish?*

Esta tarde **voy** a Lima.    *This afternoon **I (will) go** to Lima.*

Did you remember that the present tense can be used in Spanish to express ideas that may require different tenses in English? The present tense can even be used to say what will happen in the near future.

Your teacher will show you how to use the section called *Verbos* in the back of the book to review the present-tense forms of verbs. In *Verbos* you will find models for regular *-ar*, *-er*, and *-ir* verbs, as well as all of the irregular and stem-changing verbs that you have learned or that you will learn this year.

## Ejercicios

**A.** Cambie las frases usando los nuevos sujetos. Empiece con el modelo.

   1. Tiramos el agua sucia a la calle.
     (a) tú   (b) el muchacho   (c) las criadas
     *(a) Tiras el agua sucia a la calle.*

   2. Pablo nunca discute esto.
     (a) yo   (b) tú   (c) Julio y yo

**B.** Cambie las frases según los nuevos verbos. Empiece con el modelo.

   1. Enseño en verano.
     (a) correr   (b) trasnochar   (c) escribir
     *(a) Corro en verano.*

   2. Los Martínez comen bien.
     (a) cocinar   (b) vivir   (c) comprender
   3. ¿Sabes otra serenata?
     (a) cantar   (b) repetir   (c) aprender
   4. ¿Buscamos al cuarto miembro?
     (a) incluir   (b) convencer   (c) engañar
   5. Marta nunca viaja sin amigos.
     (a) salir   (b) ir   (c) cenar
   6. Esos problemas simplemente no importan.
     (a) existir   (b) durar mucho tiempo   (c) sorprender a nadie

**C.** Complete las frases con la forma correcta del presente.

   1. El líder del comité ____ cambiar el programa de enseñanza. (querer)
   2. El poeta ____ el micrófono para recitar sus poemas. (pedir)
   3. Yo nunca ____ nada. (decir)
   4. Marta y Pablo no ____ porque el altavoz no funciona. (oír)
   5. Yo no lo ____. (conocer)
   6. Aquí tengo los fuegos artificiales. ¿Dónde los ____? (poner)
   7. Los miembros y el director generalmente ____ el premio. (escoger)
   8. ¿A qué hora ____ el desfile? (empezar)
   9. El turismo ____ un papel importante. (tener)
  10. Ignacio siempre ____ en los concursos de ajedrez. (jugar)
  11. Los niños ____ a estudiar a los seis años. (empezar)

## ¿RECUERDA UD.?

1. In Spanish you can express future time with *ir a* and the infinitive:

   **Van a bailar** hasta              ***They are going to dance*** *until*
     las tres de la mañana.             *three in the morning.*

2. Past time can be expressed by *acabar de* and the infinitive:

   Pepito **acaba de ganar** el partido.       *Pepito **just won** the game.*

Change the sentences according to the model.

1. El mural va a representar la existencia del hombre.
   *El mural representa la existencia del hombre.*

2. Si Dolores gana el premio, vamos a comprar un auto nuevo.
3. ¿Acabas de volver del mercado?
4. Voy a salir después de la clase.
5. El jefe del centro de enseñanza va a pedir vacaciones para los alumnos.
6. Acabamos de oír las buenas noticias.
7. Vamos a organizar otro concurso para los estudiantes de quinto año.
8. Los directores acaban de escoger nuestra carroza. ¡Viva!
9. La señora acaba de meter la carta en el bolso.
10. Voy a traer un sandwich.

## Hace . . . que

To describe an action that began in the past but continues in the present use *hace* + length of time + *que* and the present tense:

| | |
|---|---|
| **Hace dos semanas que** estamos en México. | *We have been in Mexico **for two weeks**.* |

## *Ejercicios*

Invente frases usando las palabras indicadas y *hace . . . que*. Empiece con el modelo.

1. cinco horas / discutimos esas tonterías
   *Hace cinco horas que discutimos esas tonterías.*

2. cuatro días / no veo a Rebeca
3. tres años / Uds. estudian español
4. dos semanas / tengo dolor de garganta
5. un mes / ese problema existe

## Los verbos <u>ser</u> y <u>estar</u>

1. Both *ser* and *estar* are equivalents of "to be."
   Remember that *estar* is used to express location:

   | | |
   |---|---|
   | El jabón **está** en el suelo. | *The soap **is** on the floor.* |
   | Bogotá **está** en Colombia. | *Bogotá **is** in Colombia.* |

2. Do you recognize these uses of *ser*?

   | | |
   |---|---|
   | Esta corbata **es** de Francia. | *This tie **is** from France.* (origin) |
   | José **es** de Panamá. | *José **is** from Panama.* (nationality) |
   | Luz **es** mi prima. | *Luz **is** my cousin.* (identity) |
   | **Son** las ocho. | *It's eight o'clock.* (time) |

El gato **es** del médico.          ***It's*** the doctor's cat. (possession)
Mis zapatos **son** de cuero.        *My shoes **are made** of leather.*
                                     *(material)*

3. Notice that *ser* can also mean "to take place" or "to be held":

La reunión **es** hoy.               *The meeting **takes place** today.*
El baile **es** en mi colegio.       *The dance **will be held** in my school.*

## Ejercicios

Complete las frases con la forma correcta de *ser* o *estar*.
Empiece con el modelo.

1. ____ la una y media.
   *Es la una y media.*

2. El grupo ____ cerca de la cuarta carroza.
3. Esa broma no ____ muy divertida.
4. La mayoría de los miembros ____ en la ciudad.
5. Los concursos literarios ____ en la escuela.
6. Los disfraces ____ en la mesa.
7. ¿Tú ____ de Colombia?
8. ¿De quién ____ el globo?
9. El micrófono ____ con el altavoz.
10. Veintidós pesos ____ el equivalente de un dólar.

## Ser y estar con adjetivos

1. *Ser* used with adjectives expresses a characteristic normally
   or always associated with the person or thing described.

¿Cómo **es** Rita?                   *What is Rita like?*
**Es** muy inteligente.              *She **is** very intelligent.*

*Estar* with adjectives expresses a quality that is not always applicable or
that results from a change:

Rita, ¿cómo **estás?**               *Rita, how **are** you (how do you*
Hoy **estoy** triste.                *feel)? Today **I'm** sad.*

Ud. dirá. El joven toca bien.
Ud. quiere oír una canción
clásica, pero los otros prefieren la música moderna.
¿Quién va a ganar? Dis-
cútalo.

2. Many adjectives can be used with either *ser* or *estar*. The choice of
   verb varies according to the speaker's intention. The differences in
   meaning are sometimes so great that the English equivalents are entirely
   different words. The following adjectives are among the most common
   examples:

|              | SER            | ESTAR  |
|--------------|----------------|--------|
| aburrido, -a | *boring*       | *bored*|
| bueno, -a    | *good*         | *tasty*|
| cansado, -a  | *tiresome*     | *tired*|
| listo, -a    | *smart, clever*| *ready*|
| triste       | *pathetic*     | *sad*  |

*Lesson*
*1*

13

When used with *estar*, many other adjectives suggest feeling, looking, or acting a certain way. Compare the following sentences:

| | |
|---|---|
| Mi abuela no **es** joven. | *My grandmother **is** not young.* |
| Sin embargo, **está** muy joven. | *Nevertheless, **she looks** very young.* |

| | |
|---|---|
| Ese señor **es** muy elegante. | *That man **is** very elegant.* |
| Raúl, ¡qué elegante **estás!** | *Raúl, don't **you look** elegant!* |

## Ejercicios

**A.** Describa las escenas según los dibujos. (*Describe the scenes according to the pictures.*)
Empiece con el modelo.

1. Paco        Pablo

*Paco es gordo, pero Pablo es delgado.*

2. Roberto       Ricardo

3. Carlos       Ana y Lola

4. Julieta       Carmen

5. Abuelito       Pepito

6. Marta                Manuel

**B.** Complete las frases usando la forma correcta de *ser* o *estar*.

1. Este comité siempre habla de la misma cosa; la reunión ___ aburrida.
   No tengo nada que hacer hoy. ___ aburrido.
2. ¡Qué sabrosa! ¡Esta hamburguesa ___ buena!
   María ___ buena y amable.
3. Voy a pedir otro café. Éste ___ frío.
   Ese señor nunca me saluda y nunca me habla. Yo creo que él ___ frío.
4. Tenemos que salir. ¿___ Uds. listos?
   Ana sabe mucho. ___ muy lista.
5. ¡Otro libro! ___ cansado leer día y noche.
   Graciela acaba de trabajar todo el día. ___ cansada.
6. La cara de ese payaso ___ triste.
   Irene ___ triste porque acaba de perder el campeonato.

## Confirme su progreso

Complete the sentences with the correct form of *ser* or *estar*.
Empiece con el modelo.

1. Ya ___ las cinco y media, y los carteles todavía no ___ listos.
   *Ya son las cinco y media, y los carteles todavía no están listos.*

2. Su madre ___ norteamericana, pero ahora ___ en Chile.
3. Tú y yo ___ aburridos porque el libro no ___ muy divertido.
4. Hoy la comida no ___ muy buena. ___ fría.
5. El concurso ___ en el teatro; la mayoría de los invitados ya ___ sentados.
6. Ese anciano ___ muy pobre y su existencia ___ triste.

## HABLEMOS UN POCO

You and a classmate have been nominated to design the class float for the
*Día del Estudiante* parade. Plan your design and describe it to your
classmate. Here are some questions you should ask yourself as you plan:

1. ¿Es grande o pequeña la carroza?
2. ¿Tiene un tema? ¿Qué es?
3. ¿De qué color(es) es?
4. ¿Tiene flores y globos? ¿Payasos? ¿Fuegos artificiales?
5. ¿Van a cantar serenatas los estudiantes? ¿Van a llevar disfraces?
6. ¿Quién puede ser el líder?

*Lesson*
*1*

# PALABRAS NUEVAS

el cuadro indicador

| SALAMANCA | 0 |
| MADRID | 0 |

los espectadores

la puerta

los jugadores

el árbitro

el portero

meter un gol

la copa

el uniforme

el silbato

# *lección* 2

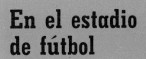

# En el estadio de fútbol

Señoras y señores: aquí les habla Francisco Gómez, locutor de «Radio Deportivo» desde el Estadio Municipal de Salamanca, donde los equipos de Madrid y Salamanca siguen jugando por la Copa Nacional. Estamos al final del primer tiempo y el partido está muy animado. El equipo de Madrid acaba de meter un gol. Los aficionados del equipo de Madrid están aplaudiendo. ¡Están muy entusiasmados! ¡Ah! El árbitro acaba de señalar el fin del primer tiempo. Los dos rivales, Madrid y Salamanca, están empatados, uno a uno.

Estamos en el segundo tiempo. El ala izquierda, Carlos Ortiz, se acerca al balón. Lo pasa a Fuentes, el extremo. Fuentes lo pasa . . . ¡No! Un jugador del equipo contrario, Juan Moreno, lo intercepta. Corre, sigue corriendo. Un adversario ataca. Moreno lo esquiva. Defiende el balón del ala, se acerca a la puerta, da una patada al balón. El portero salta. ¡No puede agarrarlo! ¡*Gooool!* ¡Gol para Salamanca! Moreno acaba de meter el gol número 101 de su carrera. Quizás también acaba de realizar el sueño del equipo: ¡ganar la Copa Nacional!

## • Glosario

SUSTANTIVOS

**el adversario** adversary, opponent
**el ala°** wing
**el árbitro** referee
**la carrera** career
**la copa** cup

**el cuadro indicador** scoreboard
**el, la entusiasta** enthusiast, fan
**el espectador, la espectadora** spectator

⇒ COMENTARIO
°**El ala,** like *el agua* and *el hambre*, is feminine.

| | | |
|---|---|---|
| **el estadio** stadium | **la nación** nation | **el sueño** dream |
| **el extremo** end | **el portero** goalie, | **el tiempo** period |
| **el fin** end | doorman | **el uniforme** uniform |
| **el final** the last part of | **la puerta** goal | |
| **el gol** goal | **el rival** rival | |
| **el jugador, la jugadora** | **el silbato** whistle | |
| player | | |

**VERBOS**

| | | |
|---|---|---|
| **acercarse (qu) a** to | **dar una patada** to kick | **pasar** to pass |
| draw near, to | **defender (ie)** to defend | **realizar (c)** to achieve |
| approach | **esquivar** to avoid, to | **saltar** to jump |
| **agarrar** to grab | escape | **señalar** to mark |
| **andar** to go; to walk | **interceptar** to intercept | **silbar** to whistle |
| **aplaudir** to applaud | **meter un gol** to score a | |
| **atacar (qu)** to attack | goal | |

**ADJETIVOS**

| | | |
|---|---|---|
| **animado, -a** animated, | **entusiasmado, -a** excited, | **extremo, -a** extreme |
| excited | enthusiastic | **municipal** municipal |
| **contrario, -a** opposite | **entusiástico, -a** | **nacional** national |
| **empatado, -a** tied, even | enthusiastic | |

**ADVERBIOS**

**quizás°** perhaps

**EXPRESIONES / PALABRAS
ÚTILES**

**al final de** at the end of

## Ejercicios de vocabulario

**A.** Identifique en español. *(Identify in Spanish.)*
Empiece con el modelo.

1. *el cuadro indicador*   2.                                    3.

4.                           5.                              6.

⇒ COMENTARIO
°**Quizás:** an alternate form is *quizá.*

**B.** Complete las descripciones usando los adjetivos del *Glosario*.
*(Complete the descriptions using the adjectives from the* Glosario.*)*

1. Hace dos meses que Roberta habla del viaje que va a hacer. A ella le gusta muchísimo viajar. Sale en dos días, pero ya está haciendo la maleta. Roberta está muy ___.

2. Es el final del segundo tiempo. El equipo de Bogotá está ganando el partido por dos tantos a uno. El equipo ___ mete un gol. El cuadro indicador dice que están dos a dos. El partido está ___.

3. Los espectadores gritan, aplauden y silban. Hay tanto ruido que es imposible pensar. ¡Qué público más ___!

4. El estadio es de la ciudad; es un estadio ___. El parque no es de la ciudad, sino del país; es un parque ___.

**C.** Escoja el verbo que corresponde a cada una de las definiciones.
*(Choose the verb that corresponds to each of the definitions.)*

| | |
|---|---|
| 1. ponerse más cerca de | a. andar |
| 2. caminar; ir de un lugar a otro | b. dar una patada |
| 3. dar con el pie | c. agarrar |
| 4. tomar fuertemente con la mano | d. silbar |
| 5. hacer un ruido con los labios | e. acercarse a |
| 6. en el fútbol, hacer entrar el balón por la puerta | f. esquivar |
| | g. meter un gol |
| | h. saltar |

## ● Estudio de Vocabulario

### Sinónimos

Escoja la palabra cuyo sentido es más semejante al de la palabra en letra itálica. *(Choose the word whose meaning is most similar to that of the word in italics.)*

1. *el rival*  el líder  el adversario  el miembro  el jugador
2. *el país*  el estadio  el centro  la ciudad  la nación
3. *los espectadores*  la mayoría  el público  los estudiantes  la gente
4. *el aficionado*  el espectador  el jugador  el entusiasta  el adversario
5. *andar*  salir  caminar  correr  regresar

### Antónimos

Complete las frases con la palabra cuyo sentido es contrario al de la palabra en letra itálica. *(Complete the sentences with the word whose meaning is opposite that of the word in italics.)*

1. Durante el partido el portero del equipo no debe *atacar*; debe ___ la puerta.
2. Acabamos de ver un partido de baloncesto *aburrido*, pero este partido promete ser ___.

### Palabras asociadas 1

How are *silbar*, "to whistle," and *el silbato* related? What verb do you know that is related to *el jugador?* What adjective is related to *la nación*, "nation"?

### Palabras asociadas 2

*Entusiasmado, -a* and *entusiástico, -a* both mean "enthusiastic," but *entusiasmado, -a* can imply excitement and is used to describe people; *entusiástico, -a* is used to describe things. Compare these examples: *Diego está entusiasmado con el viaje.* "Diego is enthusiastic (excited) about the trip." *Acabamos de recibir una carta entusiástica de Marta.* "We just received an enthusiastic letter from Marta." A person who is a fan or enthusiast of something is *un, una entusiasta: Pablo es entusiasta del fútbol.*

## Palabras con varios sentidos 1

**la carrera**

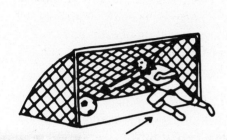

**el portero**

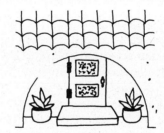

**la puerta**

## Palabras con varios sentidos 2

Complete las frases con la palabra *tiempo* o con la forma correcta del verbo *pasar*.

1. Jorge y José van a ___ todo el día en el campo.
2. Marta le ___ el libro a Gloria.
3. En Acapulco siempre hace buen ___.
4. Al terminar el primer ___, vamos a tomar una gaseosa.
5. Pensamos ver esa película si hay ___.
6. Después de comprar los boletos, los pasajeros ___ a la sala de espera.

## No hay que confundir

*El fin* is the precise moment when something ends: *el fin de la película*. It can also be the point in space where something ends: *el fin de la cola*. The last part or last stage before the end is *el final: Estamos al final del primer tiempo.* The position "end" on a soccer team is *el extremo.* It could also be the end of an object: *el extremo de la mesa,* "the end of the table"; or the equivalent of the English adjective, "extreme": *Sus ideas son extremas.* "Her ideas are extreme."

### Falsos amigos
The English equivalent of *realizar* is "to achieve, to fulfill." You have learned that "to realize" is expressed in Spanish by *darse cuenta (de).*

## EXPLICACIONES

### El presente progresivo

1. Remember that to emphasize an action in progress, the present progressive is used. It consists of two parts, the appropriate form of *estar* and the present participle:

| | |
|---|---|
| Pepito **está pegando** los carteles. | *Pepito **is putting up** the posters.* |
| **Estoy aprendiendo** a nadar. | *I **am learning** (how) to swim.* |
| Tu novio **está escribiendo** una carta. | *Your boyfriend **is writing** a letter.* |

How do you form the present participles of *-ar, -er,* and *-ir* verbs? Of irregular verbs? Check in the section called *Verbos* in the back of the book.

2. Other verbs can also be used with a present participle to emphasize an action in progress. The most common are *ir, venir, andar,* and *seguir.* Notice how they enhance the feeling of motion in these examples:

| | |
|---|---|
| Pablo **va tirando** globos con agua. | *Pablo **is going around throwing** water balloons.* |
| Aquí **vienen corriendo.** | *Here **they come running.*** |
| Marta **anda haciendo** bromas. | *Marta **is going about playing** jokes.* |
| ¿Quieres **seguir cantando?** | *Do you want **to keep on singing?*** |

### Ejercicios

**A.** Conteste usando el presente progresivo del verbo entre paréntesis.
*(Answer using the present progressive of the verb in parentheses.)*
Empiece con el modelo.

1. ¿Qué hacen los espectadores? (aplaudir)
   *Están aplaudiendo.*

2. ¿Qué hace la señora? (pedir la cena)
3. ¿Qué hace el árbitro? (señalar el fin del tiempo)
4. ¿Qué hace el portero? (defender la puerta)
5. ¿Qué haces? (contar un cuento)
6. ¿Qué hacen los dos adversarios? (pelear)

7. ¿Qué hace Rita? (escribir cartas)
8. ¿Qué hace la profesora? (enseñar inglés)
9. ¿Qué hacen los jóvenes? (trasnochar)

**B.** Conteste *sí* a las preguntas usando la forma correcta de *seguir, ir, venir* o *andar* con el participio presente. (*Answer* yes *using the correct form of* seguir, ir, venir, *or* andar *with the present participle.*) Empiece con los modelos.

SEGUIR

1. ¿Defiende la anciana sus ideas extremas?
   *Sí, sigue defendiendo sus ideas extremas.*

2. ¿Sale Anita temprano todos los días?
3. ¿Falta mucho a clase Enrique?

IR

4. ¿Tiran los estudiantes globos con agua?
   *Sí, van tirando globos con agua.*

5. ¿Corre Rebeca por el pasillo?
6. ¿Cantan los chicos por las calles?

VENIR

7. ¿Silba José una canción alegre?
   *Sí, viene silbando una canción alegre.*

8. ¿Discuten los miembros del comité mientras caminan?
9. ¿Da patadas a una piedra el jovencito?

ANDAR

10. ¿Hacen bromas los jugadores?
    *Sí, andan haciendo bromas.*

11. ¿Busca Felipe a Rebeca?
12. ¿Gritan los entusiastas?

*Lesson 2*

Do you remember these uses of infinitives?

| | |
|---|---|
| **Al terminar** su tarea, María va a jugar al baloncesto. | *Upon finishing her homework, María is going to play basketball.* |
| **Después de ver** el partido, vamos al restaurante. | *After seeing the game, we're going to the restaurant.* |
| Quiero comprar los boletos **antes de salir.** | *I want to buy the tickets before leaving.* |
| Tengo que tomar el avión **sin hablar** con Pablo. | *I have to catch the plane without speaking to Pablo.* |

Remember that after *al, después de, antes de,* and *sin* Spanish uses the infinitive while the English equivalents often use a word ending in "-ing."

Sometimes, for stylistic reasons, Spanish uses the present participle where English uses a clause or a prepositional phrase:

| | |
|---|---|
| **Teniendo** radio, podemos escuchar las noticias. | *If we have a radio, we can listen to the news.* |
| **Leyendo,** Maribel aprende mucho. | *Maribel learns a lot by reading.* |

## El complemento directo

1. Review the forms of the direct object pronouns:

| DIRECT OBJECT PRONOUNS | | | |
|---|---|---|---|
| SINGULAR | | PLURAL | |
| me | *me* | nos | *us* |
| te | *you* | os | *you* |
| lo | *him, it, you* | los | *them, you* |
| la | *her, it, you* | las | *them, you* |

2. Direct object pronouns are words that take the place of direct object nouns. Look at the following examples:

| | |
|---|---|
| Aquí viene Juan. | *Here comes Juan.* |
| ¿**Lo** esperamos? | *Shall we wait for **him?*** |
| ¿Te gusta esta camisa? | *Do you like this shirt?* |
| ¿Por qué no **la** compras? | *Why don't you buy **it?*** |

What direct object noun does *lo* replace in the first example? What does *la* replace in the second?

3. The direct object pronoun is placed immediately before the conjugated verb in both affirmative and negative statements:

| | |
|---|---|
| Allí está Elena. ¿**La** ves? | *There's Elena. Do you see **her?*** |
| No, no **la** veo. | *No, I don't see **her.*** |

4. You will recall that direct object pronouns may either be attached to the infinitive or present participle or placed before the accompanying conjugated verb:

Quiero ayudar**te.**⎫
**Te** quiero ayudar.⎭ *I want to help **you.***

Estamos abriéndo**lo.**⎫
**Lo** estamos abriendo.⎭ *We're opening **it.***

Why is an accent mark placed on the present participle when an object pronoun is attached?

## *Ejercicios*

**A.** Conteste *sí* usando los pronombres del complemento directo. Empiece con el modelo.

1. ¿Agarra la jugadora el balón?
   *Sí, lo agarra.*
2. ¿Gana ese equipo la copa?
3. ¿Compran los Martínez las bicicletas?
4. ¿Vende Ud. frutas?
5. ¿Besa el señor a la niña?
6. ¿Describes tus sueños?
7. ¿Entiendes el desenlace de la novela?

**B.** Complete las preguntas y conteste *no. (Complete the questions and answer "no.")* Empiece con el modelo.

1. Allí en la foto estamos Jorge y yo. ¿___ ves?
   *¿Nos ves? No, no los veo.*
2. Allí estoy en la foto. ¿___ ves?
3. Allí está el cuadro indicador. ¿___ ves?
4. Allí están los uniformes. ¿___ ves?
5. Allí están las chicas. ¿___ ves?
6. Allí está el estadio. ¿___ ves?
7. Allí está la profesora. ¿___ ves?

**C.** Cambie las frases usando los pronombres del complemento directo. *(Change the sentences using direct object pronouns.)* Empiece con el modelo.

1. El extremo puede atacar la puerta.
   *Puede atacarla.*
2. Espero realizar mis sueños.
3. Los ladrones están esquivando a los detectives.
4. Carlos no puede saltar la pared.
5. Mi tío está construyendo esas dos iglesias.

Ud. dirá. Su equipo acaba de perder el partido. Conteste las preguntas que le hacen dos periodistas en esta entrevista.

## El complemento indirecto

1. Review the indirect object pronouns:

INDIRECT OBJECT PRONOUNS

| SINGULAR | | PLURAL | |
|---|---|---|---|
| me | *(to) me* | nos | *(to) us* |
| te | *(to) you* | os | *(to) you* |
| le | *(to) you, him, her, it* | les | *(to) you, them* |

2. The indirect object pronouns tell to whom or for whom the action of a verb is performed. Look at the following sentences:

¿**Me** das ese cartel?      *Will you give **me** that poster?*

Mamá **te** va a comprar globos.      *Mother's going to buy balloons **for you.***

¿No **les** escribes?      *Don't you write **to them?***

Where does an indirect object pronoun stand in relation to a conjugated verb? Where does it stand in relation to an infinitive or present participle?

3. Recall that the indirect object pronouns *le* and *les* are generally used in addition to indirect object nouns:

**A José le** encanta dormir.      *José loves to sleep.*

¿**Les** dices la verdad **a tus padres?**      *Do you tell **your parents** the truth?*

Look again at the first example. Did you remember that verbs like *gustar, parecer, interesar, encantar, faltar,* and *doler* are used with indirect object pronouns?

4. You may also use *a mí, a ti, a Ud., a él, a ella, a nosotros, a nosotras, a Uds., a ellos,* and *a ellas* with the indirect object pronouns for clarity or emphasis:

No **te** estoy hablando **a ti.**  *I'm not talking **to you** (but to someone else).*

5. Notice this new use of indirect object pronouns in Spanish:

Sara **me** compra el auto.  *Sara is buying the car **from me.***
**Le** pongo el suéter **al niño.**  *I'm putting the sweater **on the boy.***
No **te** estamos gritando.  *We aren't shouting **at you.***

The indirect object pronouns can also tell *from whom, on whom,* or *at whom* the action of a verb is performed. Notice that the first example could mean, "Sara is buying the car for me." In cases where two meanings are possible, the context will help you to determine the appropriate one.

## Ejercicios

**A.** Conteste *sí* o *no* usando *me* o *te.* Empiece con los modelos.

1. ¿Te sirvo el desayuno por la mañana?
   *No, no me sirves el desayuno por la mañana.*
2. ¿Me hablas en español?
   *Sí, te hablo en español.*
3. ¿Te recomiendo muchos buenos restaurantes?
4. ¿Me describes las vacaciones?
5. ¿Te doy muchos exámenes?
6. ¿Me cuentas muchos chistes?

**B.** Cambie las frases insertando los pronombres del complemento indirecto. *(Change the sentences by inserting the indirect object pronouns.)* Empiece con el modelo.

1. Ramón está diciendo la verdad. (nos)
   *Ramón está diciéndonos la verdad.* OR *Ramón nos está diciendo la verdad.*
2. El portero va a abrir la puerta. (nos)
3. Quiero traer pasteles. (les)
4. Rita sigue enseñando sus diapositivas. (le)
5. Rafael quiere anunciar su cumpleaños. (le)

**C.** Conteste las preguntas según los dibujos. Empiece con los modelos.

1. ¿A quiénes les interesa el fútbol?
   *Nos interesa a nosotros.*
2. ¿A quién le habla Jorge?
   *Me habla a mí.*

3. ¿A quién le falta dinero?

4. ¿A quiénes les entregas el paquete?

5. ¿A quién le compra papá el auto?

6. ¿A quién le pasa el balón el portero?

## Los complementos directos e indirectos

1. Look carefully at these sentences. The second sentence of each pair has both a direct and an indirect object pronoun:

| | |
|---|---|
| Carlos **nos** recomienda los libros. | *Carlos recommends the books **to us**.* |
| Carlos **nos los** recomienda. | *Carlos recommends **them to us**.* |
| **¿Me** vas a recitar el poema? | *Are you going to recite the poem **to me**?* |
| **¿Me lo** vas a recitar? | *Are you going to recite **it to me**?* |
| Luz está mostrándo**te** las fotos. | *Luz is showing the photos **to you**.* |
| Luz está mostrándo**telas**. | *Luz is showing **them to you**.* |

Note that the two pronouns go immediately before the conjugated verb. Which pronoun comes first? Where are they placed in relation to an infinitive or present participle?

2. Notice the change that occurs when a sentence has both a direct and an indirect object pronoun in the third person:

| | |
|---|---|
| ¿Cuándo **le** llevas los paquetes **a abuelita?** | *When are you taking the packages **to grandmother**?* |
| **Se los** llevo esta tarde. | *I'll take **them to her** this afternoon.* |
| **¿Les** vamos a vender la vaca **a los Robles?** | *Are we going to sell the cow **to the Robles family**?* |
| No, no **se la** vamos a vender. | *No, we're not going to sell **it to them**.* |
| ¿Vas a prestar**les** la pelota **a tus primas?** | *Are you going to lend the ball **to your cousins**?* |
| Sí, voy a prestár**sela**. | *Yes, I'm going to lend **it to them**.* |

*Se* is used as an indirect object pronoun instead of *le* or *les*, in combination with the direct object pronouns, *lo, la, los,* and *las.* If the meaning of *se* is unclear, you may clarify it by adding a phrase such as *a Ud., a él, a ella,* etc. Where is *se* placed in relation to direct object pronouns? Where is it placed in relation to conjugated verbs? In relation to infinitives and present participles?

## Ejercicios

**A.** Cambie las frases usando los pronombres del complemento directo y del indirecto. Empiece con el modelo.

1. ¿Vas a comprarme ese suéter?
   *¿Vas a comprármelo?*

2. Tenemos que decirte la verdad.
3. Puede explicarnos las lecciones.
4. Quieren venderme esos silbatos.
5. Trata de escribirte una carta.
6. Empiezan a leernos el libro.
7. Prefiero traerte estos carteles.

**B.** Cambie las frases según el modelo.

1. Nos la presentan.
   *Están presentándonosla.*

2. Me lo escribes.
3. Te las pagamos.
4. Ud. me los vende.

5. Nos la anuncian.
6. Ella te lo muestra.
7. Me lo dices.

**C.** Conteste *sí,* usando los pronombres del complemento directo y del indirecto. Empiece con el modelo.

1. ¿Le das este televisor a José?
   *Sí, se lo doy a José.*

2. ¿Le llevas los paquetes a abuelita?
3. ¿Les pasas la pluma a Ricardo y a María?
4. ¿Les dices tu nombre a los líderes?
5. ¿Le repites las preguntas a Sofía?
6. ¿Les compras las frutas a los niños?
7. ¿Le pides el dinero a tu padre?

---

### OBSERVE UD.

In some parts of the Spanish-speaking world, *le* and *les* are used instead of *lo* and *los* as direct object pronouns when referring to people:

Voy a ver**le** mañana. }
Voy a ver**lo** mañana. }      *I'm going to see **him** tomorrow.*

¡Ah! Señores Pérez y Moreno, }
   acabo de llamar**les**. }      *Ah! Mr. Pérez and Mr. Moreno,*
   llamar**los**. }      *I just called **you**.*

Note that this use of *le* and *les* only occurs when the direct object is male. When the direct object is female, *la* or *las* must be used.

## Tres retratos[1]

Maribel Atiénzar tiene 19 años. Es una española simpática e inteligente. Tiene una preciosa[2] colección de muñecas.[3] Piensa casarse algún día. ¿Es una típica[4] joven española? ¡De ninguna manera![5] Maribel es una de las pocas mujeres del mundo que es torera.[6] Torea[7] desde los quince años; en
5  1979 tuvo el honor de ser la primera mujer que toreó desde la década de los treinta[8] en la principal plaza de toros[9] de Madrid.° Sin embargo, Maribel confiesa que todavía no es capaz[10] de lidiar[11] toros realmente grandes, aunque[12] espera hacerlo algún día.

Una mujer que sí es capaz de enfrentarse con[13] casi cualquier[14] toro es
10  Berta Trujillo, una colombiana que es la única torera completamente acreditada° en el mundo de la corrida. Respetada y admirada en Colombia y en México, Berta está orgullosa[15] de su talento e insiste en que[16] si una mujer es valiente[17] y responsable, realmente puede tener éxito en el mundo de los toros. Al describirse, dice que tiene gran afición[18] por el espectáculo,[19]
15  bastante valor[20] y ¡mucho miedo! No es difícil entender por qué tiene miedo: ¡los toros que lidia pesan alrededor de 550 kilos!° Berta tiene una hija de 22 años y un esposo que también es torero y, desde luego,[21] un gran aficionado de su esposa.

Relativamente[22] pocas personas llegan a torear en una corrida de toros;
20  pero en los Estados Unidos[23] y también en el mundo hispánico, mucha gente juega al tenis, o por lo menos tiene gran interés en los campeonatos de ese deporte. Para la mayoría de esas personas, el nombre de Rosemary Casals es muy conocido, puesto que[24] esa mujer pequeña y vivaz[25] ha ganado muchos campeonatos importantes, entre ellos el «Dobles»[26] de los Estados
25  Unidos (con su amiga Billie Jean King), «Dobles» del Canadá, «Dobles» de Wimbledon en cinco ocasiones, y el prestigioso[27] campeonato *Family Circle Cup*. Ha ganado partidos contra[28] Billie Jean King y contra María Bueno, quien era en esa época[29] la mejor mujer tenista[30] del mundo.

Rosie Casals nació[31] en San Francisco, pero sus padres son de El Salvador
30  y sus antepasados,[32] de España. Su tío abuelo° es el famoso violoncelista[33]

---

[1]el retrato  *portrait*
[2]precioso, -a = *lindo, -a*
[3]la muñeca  *doll*
[4]típico, -a  *typical*
[5]de ninguna manera  *not at all*
[6]el, la torero, -a  *bullfighter*
[7]torear  *to fight bulls*
[8]la década de los treinta  *the 1930s*
[9]la plaza de toros  *bull ring*
[10]capaz  *capable*
[11]lidiar  *to fight*

[12]aunque  *although*
[13]enfrentarse con  *to face*
[14]cualquier, -a  *any*
[15]orgulloso, -a  *proud*
[16]insistir en que  *to insist that*
[17]valiente  *brave*
[18]la afición  *fondness*
[19]el espectáculo  *show*
[20]el valor  *courage*
[21]desde luego  *of course*
[22]relativamente  *relatively*
[23]Estados Unidos  *United States*

[24]puesto que  *since*
[25]vivaz  *vivacious*
[26]el dobles  *(tennis) doubles*
[27]prestigioso, -a  *prestigious*
[28]contra  *against*
[29]la época  *time, era*
[30]el, la tenista  *tennis player*
[31]nacer  *to be born*
[32]el antepasado  *ancestor*
[33]el violoncelista  *cellist*

español, Pablo Casals.° Sin embargo, Rosie, mujer independiente y moderna, dice que se pone furiosa cuando los periodistas le hablan de Pablo: ella quiere ser conocida sólo por lo que ella misma[34] hace. A Rosie le encanta leer buenas novelas y comer bien. También le gusta tocar la guitarra, como dice ella: —mucho, pero no muy bien.

35

Hoy en día[35] la mujer hispana tiene muchas oportunidades[36] para participar activamente en el mundo de los deportes. Personas como Maribel Atiénzar, Berta Trujillo y Rosemary Casals son sólo unos ejemplos aislados[37] del nuevo papel de la mujer hispana dentro de ese mundo.

## ▶NOTAS CULTURALES

°**La principal plaza de toros de Madrid** se llama La Plaza Monumental de las Ventas. Aunque posiblemente no es tan hermosa como[38] otras plazas de toros, tiene un gran prestigio, y torear en ella es el sueño de todos los buenos toreros.

°**acreditada:** Para poder matar a un toro, el torero necesita pasar por una ceremonia de iniciación llamada «la alternativa».

°**550 kilos:** El kilo o kilogramo es una medida[39] métrica[40] de peso que equivale[41] a 2.2 libras.[42] Decir 550 kilos es decir 1,210 libras.

°**tío abuelo:** El hermano de uno de los abuelos de una persona es el tío abuelo de esa persona.

°**Pablo Casals** (1876–1973) fue violoncelista, compositor[43] y director de orquesta española.

[34]misma  *herself*
[35]hoy en día  *nowadays*
[36]la oportunidad  *opportunity*

[37]aislado, -a  *isolated*
[38]tan hermosa como  *as pretty as*
[39]la medida  *measure*

[40]métrico, -a  *metric*
[41]equivaler  *to be equal*
[42]la libra  *pound*
[43]compositor  *composer*

## *Preguntas*

Conteste según la lectura.

1. ¿Es Maribel una típica joven española?   2. ¿Qué hace Maribel desde los quince años?   3. ¿Qué confiesa Maribel?   4. ¿En qué insiste Berta Trujillo?   5. ¿Cuánto pesan los toros que Berta lidia?   6. ¿Por qué es muy conocido el nombre de Rosemary Casals?   7. ¿De dónde es Rosemary Casals? ¿De dónde son sus antepasados?   8. ¿Qué le encanta a Rosemary Casals?

## HABLEMOS UN POCO

With a classmate, plan a script for the sportscaster at an imaginary soccer game. Take turns being the announcer or work as co-announcers as you describe the stadium, the crowd, the weather, and the game. If a student in the class has an electric soccer game, or if there is a game room available with a table soccer game, your game needn't be imaginary. Take turns playing, narrating, and being the referee.

## ESCRIBAMOS UN POCO

**A.** Use the model sentences as a guide in writing the following sentences in Spanish.

1. El equipo nacional entra en el estadio.
   a. The players are entering the soccer field.
   b. I am entering the classroom.
   c. You (fam. sing.) are entering the center of the city.
2. El portero tiene el balón. Se lo va a tirar a ese jugador.
   a. I have a whistle. I'm going to throw it to that child.
   b. We have some balloons. We're going to throw them to those youths.
   c. The announcers have some tickets. They're going to throw them to those spectators.
3. El extremo acaba de interceptar el balón. Se lo pasa al ala.
   a. The detective just intercepted the letters. He gives them to the police.
   b. Elena just grabbed the book. She passes it to me.
   c. I just grabbed an apple. I'm giving it to you.
4. Ya son las seis de la tarde, pero los niños siguen jugando.
   a. It's already 1:30 in the morning, but the actresses keep on practicing.
   b. It's already 3:15 in the morning, but the author continues to write.
   c. It's already midnight, but the painter continues to paint.

**B.** Now use the sentences you have just completed as models for writing a four-sentence paragraph about the famous singer Tomás Tomás and his band. Use the information provided by each picture to construct a new sentence based on the corresponding sentence in Part A.

1. El famoso cantante y su conjunto . . .

2. Tomás Tomás tiene . . .

3. El hombre alto acaba de agarrar . . .

4. Ya son las dos de la mañana . . .

## CONFIRME SU PROGRESO

**A.** Rewrite the sentences substituting the adjective in parentheses for the adjective in the sentence.
Empiece con el modelo.

1. Llevamos agua caliente. (frío)
   *Llevamos agua fría.*

2. Vende autos americanos. (francés)
3. El partido está animado. (empatado)
4. Acabo de recibir una carta larga. (entusiástico)
5. Nos acercamos al parque nacional. (municipal)
6. Quizás es un jugador del equipo contrario. (español)

**B.** Complete the paragraph with the appropriate forms of *ser* and *estar*.

__1__ las dos y media y nosotros __2__ en el estadio. Nuestro equipo __3__ en el centro del campo. Entra el equipo rival. __4__ de Colombia. Generalmente, este equipo __5__ un adversario formidable, pero hoy el ala y el extremo __6__ enfermos. Los jugadores __7__ listos y el árbitro __8__ mirando el cuadro indicador. El partido va a empezar en dos minutos.

C. Complete the sentences with the present tense form of the verb in parentheses.

1. (Nosotros) —— la música. (oír)
2. (Yo) —— limonada. (traer)
3. Ellos no —— bien la lección. (entender)
4. Sé que tú —— el tenis. (preferir)
5. Yo siempre —— temprano. (salir)
6. Nuestros amigos —— el premio este año. (escoger)
7. Ramón —— sus fotos a todo el mundo. (mostrar)
8. Ana María —— en la sala. (dormir)

D. Rewrite the sentences using direct and indirect object pronouns. Empiece con el modelo.

1. El actor le da una flor a la señorita.
   *El actor se la da (a la señorita).*

2. La cartera le devuelve la carta a Anita.
3. Mamá me va a sacar el dinero del banco.
4. Quizás nos va a dar el examen mañana.
5. Queremos organizarte los apuntes.

E. Answer *no* using the present progressive tense and direct and indirect object pronouns. Empiece con el modelo.

1. ¿Te abre la puerta la portera?
   *No, no está abriéndomela.*

2. ¿Nos construye una casa el arquitecto?
3. ¿Les pide dinero a los espectadores el payaso?
4. ¿Me describes la carrera del profesor Gómez?
5. ¿Le prometemos los uniformes al equipo?
6. ¿Me dices la verdad?

# El espectáculo

**Buenas tardes. ¿A qué hora empieza la función?**

**A las nueve.**

**¿Y cuánto cuesta la entrada?**

**Hay asientos de 150 pesos. Están en las primeras filas.**

**¿No hay asientos más baratos?**

**Sí, de cien pesos, pero están más lejos.**

**Bueno, quiero dos boletos de 150 pesos.**

**Aquí los tiene, señorita. 300 pesos, por favor.**

## Nuevos amigos

**el acomodador, la acomodadora** usher
**el billete** bill (currency); ticket
**la butaca** theater or concert seat
**la entrada** entrance fee, ticket
**el espectáculo** show, performance
**estrenar** to debut
**la función** performance
**la gallinera** peanut gallery
**la grada** bleacher seat
**invitar** to invite
**el palco** box seat
**los servicios** restrooms
**la taquilla** ticket window
**el taquillero, la taquillera** ticket seller

## Viejos amigos

el actor, la actriz, el aficionado, la aficionada, el argumento, el asiento, el baile, el boleto, el, la cantante, el cine, la comedia, el concierto, el conjunto, la corrida de toros, los dibujos animados, la escena, la fila, el jazz, el músico, la música, el, la organista, la orquesta, la película (policiaca, de terror, de vaqueros), el programa, el público, el rock, el teatro; acompañar, bailar, comprar, conseguir, durar, escuchar, hacer el papel de, mirar, pagar, preferir, recomendar

## ¿Sabías?

If you go to the theater in a Hispanic country, don't be surprised to find that you must tip the usher. At the movies in Spain, instead of previews of coming attractions, you will probably see a documentary of the week's events and some commercial announcements before the feature film.
*el billete:* Note that there are many words used as the equivalent of "ticket."

8A PROPÓSITO

# Actividades

1. Look at the picture story again. Make a brief summary of it in your own words and then tell it to a classmate.

2. Recreate the situation in the picture story with your classmates. One of you is a ticket seller and the others are buying tickets. Imagine that you are at a movie theater *(el cine),* the soccer stadium *(el estadio de fútbol),* the bullfight *(la corrida de toros).* Before beginning, look at the vocabulary section for words that you can use.

3. You are an usher at a theater and are faced with the following questions and situations. How might you respond?

   «¿Dónde están los servicios?»

   «¿Hay teléfono público en el teatro?»

   «¿Cuándo empieza la película?»

   «No me gusta esta película. ¡Quiero que me devuelvan el dinero!»

   «¡Un señor que está sentado en la primera fila está muy enfermo!»

   «¡Un ladrón acaba de robarle el bolso a una señora!»

4. Read aloud to a classmate the ad for a concert. He or she will write down the following information as you read it: the name of the theater, the date and time of the performance, the cost of the tickets, the address of the theater, and the

PALACIO  DE  LA  MÚSICA

Concierto  Especial
de

## Los Cuatro Hermanos

❧

Funciones: sábado y domingo,
5 y 6 de mayo
6:00 y 10:00
Entrada: 100 a 350 pesos
Dirección: Calle la Espada 253
Teléfonos: 22-23-52 y 22-24-53

telephone number. Your classmate will then read back this information and you can check to see if it is correct.

5. With another student or two, plan how the theater program will read for a play that you have invented. Be sure to include all information about the date of performance, time, place, the director, names of actors and actresses, critics' reactions to the play, and anything else that belongs in the program.

*lección*

# 3

# Ayer vaquero, hoy caballero°

*En Sevilla, España*

Los hermanos Gutiérrez, José María y Francisco, viven en el barrio de Santa Cruz.° Es la época de la Feria de abril° y Paco, el hermano menor, tiene una cita con una chica a quien tiene muchas ganas de impresionar.

| | |
|---|---|
| JOSÉ MARÍA | Paco, ¿qué estás haciendo? |
| FRANCISCO | Pues, me pongo esta camisa a rayas, ¿no ves? |
| JOSÉ MARÍA | Esa camisa, hermanito, es mía. Ya sabes que no te permito que lleves mis cosas. ¿Qué pasa con tu nueva camisa de manga corta? |
| FRANCISCO | Está sucia. ¿Por qué no me permites llevar ésta? Nunca me dejas hacer nada. |
| JOSÉ MARÍA | ¡Qué va! Te dejo que me limpies el cuarto, ¿verdad? |
| FRANCISCO | ¡Ja, ja! ¡Qué chistoso eres! Vamos, Pepe. ¡No hay que ponerse tan pesado, hombre! Hoy voy a la feria con Lola y otros amigos° y ya sabes que todas mis camisas están pasadas de moda. ¿Puedo llevar ésta, por favor? |
| JOSÉ MARÍA | Y si te digo que sí, ¿me vas a pedir que te preste otras prendas también? |
| FRANCISCO | ¿Me las ofreces? |
| JOSÉ MARÍA | Tú eres imposible. Tienes sólo un par de botas viejas, esos pantalones vaqueros y esa vieja camisa desgastada. Y ahora que andas de don Juan quieres pedirme prestado todo lo que tengo. Estoy hasta la coronilla contigo. De hoy en adelante insisto en que no entres en mi alcoba. |

*Lesson
3*

**39**

| FRANCISCO | Vamos, Pepe. Solamente esta vez. Te lavo el auto mañana, si quieres. |
|---|---|
| JOSÉ MARÍA | Este . . . pues, si me prometes lavarlo la próxima vez también, te dejo llevar la camisa esta noche. Pero, hombre, sugiero que te compres tu propia ropa. |
| FRANCISCO | Gracias, Pepe. *(Se pone la camisa.)* Bueno, Lola y sus amigos me están esperando. Tengo que marcharme. Hasta luego, hermano. |
| JOSÉ MARÍA | Adiós, Paco. *(Paco sale. Unos momentos más tarde . . . .)* ¡Qué curioso! No encuentro mis zapatos negros . . . ¡Mis zapatos! Ese ladrón. Paco tiene mis zapatos. ¡Paco! ¡PACOOO! |

## ◄ *NOTAS CULTURALES*

°**Ayer vaquero, hoy caballero** es un refrán español. ¿Puede Ud. explicar lo que esto quiere decir?

°**Santa Cruz:** Sevilla, la capital de Andalucía, se destaca como centro de industria y cultura. La parte antigua de la ciudad, el barrio de Santa Cruz, tiene calles estrechas y casas blancas con hermosos patios. En Sevilla hay rastros de los romanos, musulmanes, judíos y cristianos que vivieron en la ciudad a través de los siglos. En la época de los reyes Fernando e Isabel (1452–1516) y del rey Carlos V (1517–1556), Sevilla era el puerto principal por donde entraba toda la riqueza del nuevo mundo.

°**La Feria de abril,** que se celebra en Sevilla todos los años, empieza con un alegre desfile. Durante la feria todos se divierten caminando por las calles. Escuchan canciones gitanas, bailan, tocan la guitarra, cantan, prueban comida de Andalucía, o simplemente miran a los hombres y a las mujeres que pasan montados a caballo.

°**y otros amigos:** En España y en otras partes de Latinoamérica, los jóvenes salen en grupos más bien que en parejas.

### *Preguntas*

Conteste según el diálogo.

1. ¿Dónde viven José María y Francisco?   2. ¿Qué hace Paco?   3. ¿Qué no permite Pepe?   4. ¿Adónde y con quiénes va Paco?   5. ¿Están de moda las camisas de Paco?   6. ¿Tiene Paco mucha ropa?   7. ¿En qué insiste Pepe?   8. ¿Qué promete hacer Paco?   9. ¿Por qué no encuentra Pepe sus zapatos negros?

# PALABRAS NUEVAS

una camisa a rayas°  una camisa a cuadros  una camisa a pintas

una camisa de manga corta  una camisa de manga larga

## • Glosario

*Ud. dirá.* Ud. tiene una tienda de ropa. Una señorita quiere comprarle un regalo a su novio. Muéstrele las varias camisas "de moda" que Ud. tiene. Ud. sugiere la camisa a/de . . . ¿Por qué? ¿Qué prefiere ella?

### SUSTANTIVOS

**el barrio**  neighborhood
**la bota**  boot
**el caballero**  gentleman
**la capital**  capital
**la cita**  date, appointment
**el cristiano, la cristiana**  Christian
**el cuadro**  square; plaid, check
**la cultura**  culture
**la época**  epoch; time
**la feria**  fair
**el gitano, la gitana**  Gypsy

**el grupo**  group
**la impresión**  impression
**el judío, la judía**  Jew
**la manga**  sleeve
   **de manga corta**  short-sleeved
   **de manga larga**  long-sleeved
**el musulmán, la musulmana**  Moslem
**el par**  pair
**la pareja**  couple

**la pinta**  dot
**la prenda**  article of clothing
**el puerto**  port
**el rastro**  trace
**la raya**  stripe
**el rey**  king
   **los reyes**  king and queen, monarchs
**la riqueza**  wealth, riches
**el romano, la romana**  Roman
**el siglo**  century

### VERBOS

**aconsejar**  to advise
**dejar**  to allow, to let
**destacarse (qu)**  to stand out, to be distinguished
**impresionar**  to impress

**insistir (en)**  to insist (on)
**mandar**  to order
**ofrecer (zc)**  to offer
**pedir prestado, -a**  to borrow

**permitir**  to permit, to allow
**prohibir**  to prohibit
**sugerir (ie) (i)**  to suggest

⇒ COMENTARIO
°**una camisa a rayas:** Note that *a* is used with *rayas, cuadros,* and *pintas.*

## ADJETIVOS

**ancho, -a**  wide
**antiguo, -a**  ancient, old
**cristiano, -a**  Christian
**cultural**  cultural
**estrecho, -a**  narrow
**gitano, -a**  Gypsy

**impresionante**  impressive
**judío, -a**  Jewish
**ligero, -a**  light
**musulmán, -a**  Moslem
**pasado, -a de moda**  out
   of style

**pesado, -a**  heavy; dull; a
   annoying
**propio, -a**  one's own
**romano, -a**  Roman

### EXPRESIONES / PALABRAS ÚTILES

**a través de**  through
**de hoy en adelante**  from
   now on

**estar hasta la coronilla**  to
   be fed up with

**este°**  uhh . . .
**más bien**  instead, rather

## Ejercicios de vocabulario

Escoja la respuesta más apropiada. (*Choose the most appropriate rejoinder.*)

1. Ya no aguanto a María.
2. ¿Quieres pedirme prestada otra prenda?
3. Sugiero que vayas a la feria con Carlos.
4. En Sevilla hay rastros de culturas antiguas.
5. ¿Vive Anita en la capital?
6. Ricardo, siempre llegas tarde.
7. ¿Es Acapulco un puerto importante?

a. Sí, y su familia tiene una casa en el barrio de Santa Cruz.
b. Sí, es importante y también es un centro de turismo.
c. Romanos, cristianos, musulmanes y judíos vivieron allí a través de los siglos.
d. Sí, pero de hoy en adelante voy a llegar a tiempo.
e. Estoy hasta la coronilla con ella.
f. No puedo, porque ya tengo una cita con Vicente.
g. Sí. ¿Me prestas tu camisa a rayas?

⇒ COMENTARIO

°**Este** is a hesitation word much like the English sound "uh." The final *-e-* is usually drawn out by the speaker as he or she searches for the right word. The resulting sound is *esteee*.

## • Estudio de vocabulario

### Sinónimos
Cambie las frases sustituyendo las palabras en letra itálica por las palabras de la lista. *(Change the sentences substituting the words on the list for the words in italics.)*

  antiguos   deja   un par de   las botas   pesado

1. Tengo *dos* boletos para la película de esta noche.
2. ¡Qué libro más *aburrido!*
3. En los barrios *viejos* de Madrid hay tiendas y restaurantes interesantes.
4. Hombre, hay que limpiarse *los zapatos* de vez en cuando.
5. Papá no me *permite* salir de casa después de las diez de la noche.

### Antónimos 1
  pesado, -a ≠ ligero, -a   estrecho, -a ≠ ancho, -a   permitir ≠ prohibir

### Antónimos 2
Complete las frases con una palabra o una expresión cuyo sentido es contrario al de las palabras en letra itálica.

1. Los cuadros de El Greco no son *modernos* sino ____.
2. Esta camisa no es de *manga corta* sino de ____.
3. Mis prendas ya no *están de moda.* Están ____.
4. La policía no *permite* que nadie se estacione aquí. Lo ____.

### Palabras asociadas 1
Complete las frases con una palabra parecida a la palabra en letra itálica.
1. Un señor que tiene mucha *riqueza* es ____.
2. Un elefante *pesa* mucho; es ____.
3. Cuando le digo «con *permiso*» a una persona, esa persona me ____ pasar.
4. Yo no le *presto* nada a nadie y nadie ____ mis cosas.

### Palabras asociadas 2
Algo que *impresiona* es *impresionante;* da una buena o mala *impresión.*
Sevilla es un centro *cultural;* allí vemos ejemplos de *la cultura* española.

### Palabras con varios sentidos
*Un cuadro* is "a square"; *a cuadros* refers to a "plaid" or "checked" pattern on cloth. You have already seen *cuadro* as the equivalent of "painting."

In this lesson you saw that *dejar* can be a synonym of *permitir.* Do you remember the meaning of *dejar* in this sentence: *¿Me hace Ud. el favor de dejar el equipaje aquí?*

*La época* always refers to a period of time. In one sense of the word it has the same meaning as its English cognate, "epoch": *la época de los reyes Fernando e Isabel,* "the age (or epoch) of King Ferdinand and Queen Isabella." The other sense of the word refers to a shorter period of time: *la época de la feria,* "the time of year when the fair takes place"; *la época de los vientos,* "the windy season."

### No hay que confundir

*Par* and *pareja* look alike, but *par* is used with things (*un par de zapatos*, "a pair of shoes") and *pareja* is used with people (*una pareja de ancianos*, "an elderly couple") or with animals.

## EXPLICACIONES

### Los reflexivos

1. Compare these sentences:

| | |
|---|---|
| Paquita **peina** a su hermanita. | *Paquita **combs** her little sister's **hair**.* |
| Paquita **se peina**. | *Paquita **combs** her (own) **hair**.* |
| Siempre **diviertes** a tus amigas. | *You* always **amuse** *your friends.* |
| Siempre **te diviertes**. | *You* always **enjoy yourself**. |

In the first sentence of each pair, the subject acts on another person or thing. In the second sentence of each pair, Spanish shows the subject acting on itself by using the reflexive pronouns *se* and *te*. A reflexive pronoun is used when the subject and the object of a sentence are the same person or thing.

*Bañarse*, "to bathe," will serve as a model for verbs conjugated with reflexive pronouns:

| | |
|---|---|
| **me** baño | **nos** bañamos |
| **te** bañas | **os** bañáis |
| **se** baña | **se** bañan |

Where do reflexive pronouns stand in relation to a conjugated verb? Do you recall where they stand when the sentence contains an infinitive or a present participle?

2. Certain verbs are used more frequently with reflexive pronouns than without (*vestir, bañar*, etc.). However, many other verbs can be used with reflexive pronouns when the subject does something to or for himself or herself. Look at these examples:

| | |
|---|---|
| No **me** veo en la foto. | *I don't see **myself** in the photograph.* |
| ¿**Te** pegaste con el martillo? | *Did you hit **yourself** with the hammer?* |

3. Some verbs like *atreverse a*, "to dare," and *quejarse de*, "to complain," are *always* used with reflexive pronouns. *Equivocarse*, "to be mistaken," is most often used in the same way.

4. How are clothing and parts of the body referred to in these examples?

| | |
|---|---|
| Gloria se está lavando **la cara**. | *Gloria is washing **her face**.* |
| ¿Por qué no se quitan Uds. **la chaqueta**? | *Why don't you take off **your jackets**?* |

Note that when speaking of articles of clothing or parts of the body, possessive adjectives (*mi/mis*, *tu/tus*, etc.) are not used unless there is a need to emphasize possession. The definite articles (*el, la, los, las*) are used instead, and it is understood that a person takes off his or her own costume or that a person washes his or her own hair.

Note also that in the second example *la chaqueta* is said instead of *las chaquetas*, even though the speaker is talking to more than one person. This is really quite logical since each person is wearing only one jacket.

## Ejercicios

**A.** Invente frases según el dibujo. Empiece con el modelo.

1. (a) Jorge    (b) Elena y yo    2. (a) yo    (b) tú
   *(a) Jorge se despierta.*

3. (a) Carlos    (b) ellos    4. (a) yo    (b) Raúl

5. (a) Manuel    (b) tú y yo    6. (a) Ramón    (b) Uds.

**B.** Cambie las frases según el modelo.

1. Te diviertes.
   a. *Vas a divertirte.*
   b. *Estás divirtiéndote.*

2. Me baño temprano.
3. Enrique se pone la camisa a rayas.
4. Maribel y Marta se destacan en matemáticas.
5. Nos sentamos en el parque del barrio antiguo.
6. Juan se da cuenta de su propio problema.

**C.** Cambie las frases según las palabras entre paréntesis. Empiece con el modelo.

1. Te miras en el espejo. (el caballero)
   *El caballero se mira en el espejo.*

2. Nos servimos más carne. (ellos)
3. El hombre gordo se busca una silla más ancha. (yo)
4. Alicia se prepara una hamburguesa. (nosotros)
5. Diego no se considera parte del grupo. (Ramón y Pepe)
6. Me compro un par de botas. (tú)

**D.** Conteste las preguntas según las palabras entre paréntesis. Empiece con los modelos.

1. ¿Por qué te pones dos suéteres? (hace frío)
   *Me pongo dos suéteres porque hace frío.*
2. ¿Quién se atreve a hacer bromas? (esa chica chistosa)
   *Esa chica chistosa se atreve a hacer bromas.*

3. ¿Por qué te quejas tanto? (no tener dinero)
4. ¿A qué hora debemos levantarnos? (a las ocho)
5. ¿Quién se quita el sombrero? (solamente el caballero alto)
6. ¿Cuándo se acuestan Uds.? (muy tarde)
7. ¿Cuándo te equivocas? (nunca)
8. ¿Para qué quieres destacarte en clase? (para impresionar al profesor)

## Los reflexivos

1. Reflexives often express the idea "to get" or "to become":

   | | |
   |---|---|
   | Abuelito **se va a enojar**. | *Grandfather **is going to get angry.*** |
   | ¿Por qué no **te vistes**? | *Why don't **you get dressed?*** |
   | Eva y yo **nos vamos a casar**. | *Eva and I **are going to get married.*** |
   | Beatriz quiere **hacerse** médica. | *Beatriz wants **to be** a doctor.* |

2. Reflexive pronouns may be used with many verbs to express emphasis, feelings, or extra effort. Study the following pairs of sentences:

   | | |
   |---|---|
   | Marta **compra** un paraguas. | *Marta **is buying** an umbrella.* |
   | Marta, tienes que **comprarte** un paraguas. | *Marta, you have to buy an umbrella **for yourself.*** |

| Los elefantes **comen** cacahuetes. | *Elephants **eat** peanuts.* |
| Paco acaba de **comerse** todo el pastel. | *Paco just **ate up** all the pastry.* |

| En otoño las hojas **caen**. | *In autumn the leaves **fall**.* |
| Ese anciano va a **caerse**. | *That old man is going **to fall down**.* |

Some verbs have different English equivalents when used this way:

| **Acabo de ir** a la farmacia. | *I just **went** to the pharmacy.* |
| ¿Cuándo **se van** Uds.? | *When **are** you **leaving (going away)?*** |

| Marcos **duerme** mucho. | *Marcos **sleeps** a lot.* |
| No podemos **dormirnos**. | *We can't **fall asleep**.* |

| Roberta va a **poner**lo aquí. | *Roberta is going **to put** it here.* |
| Roberta siempre **se pone** furiosa. | *Roberta always **becomes** furious.* |

3. The plural reflexive pronouns *se* and *nos* are sometimes used where English would say "(to) each other." This use of the reflexive is called "reciprocal":

| Las hermanas **se quieren**. | *The sisters **love each other**.* |
| No **nos hablamos** mucho. | *We don't **speak to each other** much.* |

To further emphasize a reciprocal action, Spanish sometimes adds a form of the construction *el uno al otro* to a sentence that already contains a plural reflexive pronoun:

| Los hermanos siempre se ayudan **el uno al otro**. | *The brothers always help **one another**.* |
| Los novios se quieren **el uno a la otra**. | *The sweethearts love **one another**.* |
| Los jugadores se empujan **los unos a los otros**. | *The players push **one another**.* |

Notice that *uno* and *otro* always agree in person and number with the nouns or pronouns they refer to.

## Ejercicios

**A.** Complete las frases siguientes usando las palabras entre paréntesis. Empiece con el modelo.

1. Cuando alguien lleva sus camisas, *(Carlos | siempre | enojarse).*
   *Cuando alguien lleva sus camisas, Carlos siempre se enoja.*

2. ¡No digas eso porque *(Paco | ponerse | pesado)*!
3. Después de muchos estudios María *(hacerse | médica).*
4. ¿Sabes cuándo *(casarse | los novios)*?
5. Cuando hace calor, *(tú y yo | quemarse al sol | rápidamente).*
6. Cuando Ramiro insiste en hablar, *(el grupo | ponerse | furioso).*
7. A través de los años, *(pocas personas | destacarse | en las ciencias).*

**B.** Combine las dos frases usando los pronombres reflexivos para expresar la idea «el uno al otro». Empiece con el modelo.

1. Rebeca quiere a su hermana, Vicki. Vicki quiere a Rebeca también.
   *Las hermanas se quieren.* OR *Las hermanas se quieren la una a la otra.*

2. Juan besa a su novia, Anita. Anita besa a Juan también.
3. Mercedes nunca abraza a su prima, Claudia. Claudia nunca abraza a Mercedes tampoco.
4. De hoy en adelante yo te hablo en español. De hoy en adelante tú me hablas en español también.
5. El niño mira a otro niño por la ventana. El otro niño también lo mira a él por la ventana.
6. Pilar siempre me escribe cartas. Yo siempre le escribo cartas a ella también.

**C.** Complete la frase con la forma correcta del verbo. Use un pronombre reflexivo con el verbo cuando sea necesario. *(Use a reflexive pronoun with the verb where necessary.)*

1. Generalmente Marcos ____ mucho, pero hoy hay tanto ruido que todavía no ____. (dormir)
2. José ____ triste y ____ el anillo en la mesa. (poner)
3. Nosotros ____ al concierto esta noche porque Felipe ____ mañana. (ir)
4. Lourdes no ____ leche, así que tú puedes ____ toda la leche. (tomar)

## Confirme su progreso

Decide if the sentence requires a reflexive pronoun and then complete the sentence with the correct form of the verb.

1. Carlos y Ramón están sucios. Deben *(lavar | lavarse)* la cara.
2. A María le gusta dormir. Cada día su madre la *(despertar | despertarse)* a las seis.
3. Nunca voy a la peluquería. Siempre *(peinar | peinarse)* en casa.
4. Este muchacho es malo. Voy a *(sentar | sentarse)* a este muchacho muy lejos de los otros estudiantes.

5. A Ángel no le gusta ir al dentista. Siempre *(cepillar / cepillarse)* bien los dientes.
6. Esta caja es muy ligera. La puedo *(levantar / levantarse)* fácilmente.
7. María sólo habla de sus propios problemas. Ella *(aburrir / aburrirse)* a todo el mundo.

*Ud. dirá.* Este fotógrafo le pide 50 pesos por una foto. Es demasiado caro. Discuta el precio con él.

---

### OBSERVE UD.

You have already learned the adjective *mismo, -a, -os, -as,* meaning "same." Here is a new use of *mismo:*

| | |
|---|---|
| Juana **misma** nos contó las noticias. | *Juana told us the news **herself.*** |
| Tú sabes más que yo **mismo.** | *You know more than I do **myself.*** |

When it follows a noun or a personal pronoun, *mismo* intensifies the meaning of the word that precedes it and conveys the idea of "self." When the subject and the object of a sentence are the same, the pronouns *mí, ti, sí,* or *nosotros* are placed before *mismo.*

| | |
|---|---|
| Tú siempre hablas de **ti mismo.** | *You always talk about **yourself.*** |
| Las niñas se visten a **sí mismas.** | *The little girls dress **themselves.*** |

---

### ¿RECUERDA UD.?

To help you ask questions, here is a list of interrogative words you have learned:

| | | | | | | | |
|---|---|---|---|---|---|---|---|
| ¿cómo? | how? | ¿cuánto? ¿cuánta? | how much? | ¿quién? ¿quiénes? | who? | | |
| ¿cuándo? | when? | | | | | | |
| ¿qué? | what? | ¿cuántos? ¿cuántas? | how many? | ¿a quién? ¿a quiénes? | whom? | | |
| ¿por qué? | why? | | | | | | |
| ¿dónde? | where? | ¿cuál? ¿cuáles? | what? which? | ¿de quién? ¿de quiénes? | whose? | | |
| ¿adónde? | (to) where? | | | | | | |

## EXPLICACIONES

### El subjuntivo

1. Look at these examples. Do you remember why one has the infinitive *meter* and the other the subjunctive *meta?*

| | |
|---|---|
| Alicia quiere **meter** un gol. | *Alicia wants **to score** a goal.* |
| Alicia quiere que Julia **meta** un gol. | *Alicia wants Julia **to score** a goal.* |

The first sentence refers only to Alicia and what she herself wants to do, so only the infinitive is used. In the second sentence, Alicia *wants someone else* to do something, so the subjunctive is used. If you are uncertain about how to form the present subjunctive, look in the section called *Verbos* in the back of the book.

2. Remember that the subjunctive is used after expressions of hope, desire, and preference:

| | |
|---|---|
| **Quiero / Deseo** que José **escuche.** | *I want José **to listen.*** |
| **Espero / Ojalá** que José **escuche.** | *I hope José **listens.*** |
| **Prefiero** que José **escuche.** | *I prefer that José **listen.*** |

3. The subjunctive can also be used after verbs expressing pleasure or fear:

| | | | |
|---|---|---|---|
| **Me alegro de** | } que Ana | *I'm happy* } | *that Ana* |
| **Temo / Tengo miedo de** | regrese. | *I'm afraid* } | *is returning.* |

4. Do you recall why the subjunctive is used in these examples?

| | |
|---|---|
| **Dudamos** que los globos **cuesten** tanto. | *We doubt that the balloons **cost** so much.* |
| **No creo** que Jorge **venga** hoy. | *I don't think Jorge **is coming** today.* |

The subjunctive is used after verbs that express doubt or disbelief; the indicative is always used with expressions of certainty:

| | |
|---|---|
| **Creo** que Eva **pasa** el balón bien. | *I think Eva **passes** the ball well.* |
| **Es seguro** que mañana **vamos** a faltar a clase. | *We're going to miss class tomorrow **for sure.*** |

5. Can you remember why the subjunctive is used after these expressions?

| | | |
|---|---|---|
| **Es posible** | | *It's possible that she's returning.* |
| **Es lástima** | | *It's too bad that she's returning.* |
| **Es estupendo** | que **ella regrese.** | *It's great that she's returning.* |
| **Es necesario** | | *It's necessary that she return.* |
| **Es importante** | | *It's important that she return.* |

With certain impersonal expressions that convey a judgment or feeling about a particular situation or person, the subjunctive is used.
Remember that if you make a general statement without referring to anyone in particular, you use an infinitive:

| | |
|---|---|
| **Es importante estudiar.** | *It's important to study.* |

## Ejercicios

**A.** Complete las frases con la forma correcta del subjuntivo. Empiece con el modelo.

APRENDER

1. Quieres que
   - a. los alumnos ____ la historia cultural del siglo once.
   - b. (yo) ____ la lección.
   - c. (nosotros) ____ un baile gitano.

   *(a) Quieres que los alumnos aprendan la historia cultural del siglo once.*

PERDER

2. Ojalá que
   - a. Elena no ____ la prenda.
   - b. los reyes no ____ todas sus riquezas.
   - c. tú no ____ las botas.

PEDIR PRESTADO

3. Preferimos que
   - a. tú ____ la camisa a pintas.
   - b. el comité no ____ el micrófono.
   - c. los miembros no ____ más dinero.

OFRECER

4. Esperan que
   - a. la pareja les ____ la casa.
   - b. tú me ____ las flores.
   - c. yo te ____ una cena.

**B.** Complete las frases según los dibujos. Empiece con el modelo.

1. Me alegro de que Pablo
   y Pilar ____.
   *Me alegro de que Pablo
   y Pilar se casen.*

2. Deseo que abuela ____ el
   periódico de hoy en adelante.

3. El director del programa quiere
   que los actores ____ dos veces.

4. Tenemos miedo de que el
   muchacho ____ mucho.

5. Mamá y papá se alegran
   de que (yo) ____ la carta.

6. Ojalá que José ____ pronto.

**C.** ¿Subjuntivo o indicativo? Complete las frases con la forma correcta del verbo entre paréntesis.

1. Creo que Jorge y Luis ____ hoy. (venir)
2. No creo que la feria ____ mañana. (empezar)
3. Temo que la calle ____ demasiado estrecha. (ser)
4. Es seguro que la mujer no ____ un vestido a pintas. (comprar)
5. Uds. creen que el puerto ____ al otro lado de la ciudad. (estar)
6. Tú y Ricardo dudan que el concurso literario ____ en el teatro municipal. (ser)
7. Es evidente que a ellos les ____ la música gitana. (gustar)
8. Tú y yo no dudamos que los jóvenes ____ una buena impresión de la escuela. (tener)
9. No creo que ____ una iglesia cristiana sino más bien un templo judío. (ser)

**D.** Cambie las frases según las palabras entre paréntesis. Empiece con el modelo.

1. Es posible estudiar la cultura de la época romana. (Enrique)
   *Es posible que Enrique estudie la cultura de la época romana.*

2. Es estupendo estar aquí. (la pareja)
3. Es necesario pedir prestado el vestido de manga corta. (yo)

4. Es importante destacarse en el trabajo. (tú)
5. Es lástima perder tanto dinero. (nosotros)

## El subjuntivo con verbos que expresan mandatos, consejos o prohibiciones

1. Note the use of the subjunctive with these new verbs:

El médico le **manda** a María que **coma** más.

*The doctor **orders** María **to eat** more.*

El director les **prohibe** a los miembros que **salgan** temprano.

*The director **forbids** the members **to leave** early.*

Verbs that command, advise, or prohibit call for the subjunctive. One person orders, advises, etc., that *someone else* do something. Here are some verbs that can be used in this way:

**aconsejar       mandar       prohibir     insistir en      hacer**
  **decir       dejar       sugerir      permitir**

An indirect object pronoun is normally used with these verbs (except for *hacer*) to specify to whom the order, advice, etc., is directed.

2. Verbs of this type—that command, advise, or prohibit—(except for *insistir en* and *decir*) can be followed by the infinitive instead of the subjunctive, even though there is a change of subject:

Pobre Mario. Papá no **le permite salir.**

*Poor Mario. Father won't **let him go out.***

**Te aconsejo estudiar** mucho.

*I **advise you to study** a lot.*

Note that the indirect object pronoun goes before the conjugated verb.

## Ejercicios

**A.** Conteste según los modelos. Use el subjuntivo.

PROHIBIR

1. ¿No trasnocha Paco con nosotros?
   *No, sus padres le prohiben que trasnoche con nosotros.*

2. ¿No pide prestado dinero Paco?
3. ¿No ofrece Paco llevarnos al cine?

ACONSEJAR

4. ¿Por qué comes poco?
   *El médico me aconseja que coma poco.*

5. ¿Por qué duermes ocho horas todas las noches?
6. ¿Por qué caminas dos kilómetros todos los días?

MANDAR

7. ¿No habla Anita con nosotras?
   *No, la abogada le manda que no hable con nosotras.*

8. ¿No sale de la casa Anita?
9. ¿No enseña Anita las fotos del accidente?

**B.** Conteste *sí*. Empiece con el modelo.

1. ¿Papá y mamá le permiten que salga?
   *Sí, papá y mamá le permiten salir.*

2. ¿Me aconsejas que siga esta carrera?
3. ¿Nos sugieren que durmamos hasta las seis?
4. ¿Nos dejan nuestros padres que manejemos el auto?
5. ¿Les permiten a los musulmanes que coman frutas?
6. ¿Nos mandan las revistas que no llevemos ropa pasada de moda?

## Confirme su progreso

Complete this important letter from Luis to José by supplying the correct forms of the verbs in parentheses.

Querido amigo José:

  ¡ES IMPORTANTE QUE *(LEER)* ESTA CARTA AHORA!

Espero que esta carta te *(encontrar)* bien. Me alegro de que te *(gustar)* tanto la vida de la capital. A mí también me *(gustar)*. Sé que la ciudad *(ser)* muy impresionante y que tú *(querer)* quedarte mucho tiempo. Pero, te aconsejo que *(regresar)* inmediatamente.

¿Quieres que yo te *(explicar)* el problema? Bien, hace seis meses que tú *(estar)* en Buenos Aires y dudo que tu novia, María, *(recibir)* más de una carta tuya al mes. Ahora cree que tú no la *(querer)*. Los padres de María le dicen que *(olvidarse)* de ti y que *(salir)* con otro. Y todos los días su jefe, el millonario don Enrique López, le sugiere que ella *(hacer)* una cita con su hijo, Ramón. Es seguro que don Enrique *(querer)* que María y Ramón *(casarse)*. Querido amigo, José, dudo que María te *(esperar)* mucho más.

                                        Tu amigo,

## HABLEMOS UN POCO

Practice giving advice to your fellow classmates. One student, or the teacher, starts the game with a complaint that begins with the phrase, *Generalmente no me quejo, pero. . . .* The student next to him or her will answer with some good advice, starting with, *Sugiero que. . . .* (Be sure to use the subjunctive!) Then that student will turn to the next with his or her complaint. Keep the chain going until each student has voiced a complaint and given advice. Here are some examples:

STUDENT 1  Generalmente no me quejo, pero hoy estoy muy cansada.

STUDENT 2  Sugiero que te acuestes temprano. Generalmente no me quejo, pero hoy me duelen los pies.

STUDENT 3  Sugiero que te sientes ahora. Generalmente no me quejo, pero hoy tengo calor.

STUDENT 4  Sugiero que te quites el suéter. Generalmente no me quejo, pero hoy estoy hasta la coronilla con mi hermano. Siempre me pide prestado mi libro de español y ahora lo necesito.

STUDENT 5  Sugiero que te compres otro libro. Generalmente no me quejo, pero. . . .

# PALABRAS NUEVAS

la semilla

sembrar

la tierra

la miel

la abeja

el arbusto

la hormiga

la seta

el trigo

la harina

cosechar

el maíz

la colabaza

las zanahorias

los limones

los rábanos

los aguacates

los melocotones

las fresas

las uvas

la sandía

# lección 4

# Del campo a la cocina

## GUACAMOLE

| | |
|---|---|
| dos aguacates maduros | un diente de ajo |
| un tomate | un limón |
| una cebolla | una cucharada de cilantro (o de perejil) |
| un chile verde | una cucharadita de sal |

Pele los aguacates, córtelos en dos y saque los huesos. Ponga los aguacates en un recipiente y haga puré de aguacate. ¡Cuidado! Si Ud. usa utensilios de metal, los aguacates se vuelven negros. Pique el tomate, la cebolla, el chile y el ajo. Mezcle estos ingredientes con el aguacate. Exprima el limón sobre la mezcla. Añada el cilantro y la sal. Sirva el guacamole con lechuga, con tostaditas o con tortillas calientes.

## • Glosario

SUSTANTIVOS

| | | |
|---|---|---|
| **la abeja** bee | tablespoonful | **la hormiga** ant |
| **el aguacate** avocado | **la cucharadita** | **el hueso** bone; pit |
| **el ajo** garlic | teaspoonful | **el ingrediente** ingredient |
| **el arbusto** bush | **el chile verde** green chili | **el limón** lemon |
| **la calabaza** pumpkin; | pepper | **el maíz** corn |
| squash | **el diente** clove (of garlic) | **el melocotón** peach |
| **el cilantro** coriander, | **la fresa** strawberry | **el metal** metal |
| Chinese parsley | **el guacamole** guacamole | **la mezcla** mixture |
| **la cucharada** | **la harina** flour | |

⇒ COMENTARIO

°**los melocotones**↔el melocotón, los limones↔el limón

**la miel** honey
**el perejil** parsley
**el puré** purée, thick soup
**el rábano** radish
**la receta** recipe;
    prescription
**el recipiente** receptacle,
    container
**la sandía** watermelon
**la semilla** seed
**la seta** mushroom
**la tierra** earth
**la tortilla** Mexican
    tortilla
**la tostadita** corn chip,
    tortilla chip
**el trigo** wheat
**el utensilio** utensil, tool
**la uva** grape
**la zanahoria** carrot

VERBOS

**añadir** to add
**cosechar** to harvest
**desenvolver (ue)** to
    unwrap
**exprimir** to squeeze, to
    press out
**mezclar** to mix
**pelar** to peel
**picar (qu)** to cut, to
    mince; to prick, to
    sting
**sembrar (ie)** to plant
**separar** to separate
**volverse (ue)** to become;
    to turn, to turn
    around

ADJETIVOS

**maduro, -a** ripe, mature
**verde** green, unripe

EXPRESIONES / PALABRAS
    ÚTILES

**¡cuidado!** watch out! be
    careful!

*Ud. dirá.* Todo el mundo
sabe que la sopa de legumbres de esta señora es estupenda. Pregúntele cómo
la prepara.

## Ejercicios de vocabulario

**A.** Escoja el dibujo que contesta la pregunta y escriba una respuesta apropiada. *(Choose the picture that answers the question and write an appropriate response.)*
Empiece con el modelo.

1. ¿Qué necesitas para hacer pan?
   *Necesito harina para hacer pan.*
2. ¿Qué comen los conejos?

3. ¿Qué pones en el guacamole?
4. ¿Qué puedes servir con el biftec?

5. ¿Qué compran muchas personas en octubre en los Estados Unidos?
6. ¿Qué comen los cerdos?

**B.** Complete las frases con las palabras más apropiadas.

1. Si alguien quiere jugo de limón, tiene que *(pelar | exprimir | volverse)* limones.
2. ¡Cuidado! No debes correr cuando ves *(una fresa | un puré | una abeja)*.
3. Tengo muchísimas ganas de comer estos *(utensilios | metales | melocotones)*.
4. Las hormigas de esta región *(cosechan | pican | añaden)* a la gente.
5. Después de poner los ingredientes en un recipiente, hay que *(exprimirlos | sembrarlos | mezclarlos)*.
6. Esta receta de ensalada pide rábanos y *(huesos | mezclas | perejil)*.
7. En muchas partes de los Estados Unidos hay grandes campos de *(chiles verdes | trigo | cilantro)*.
8. En noviembre, mucha gente de los Estados Unidos prepara pasteles de *(calabaza | ajo | arbusto)*.

*Lesson 4*

**C.** Haga frases completas según los dibujos. Empiece con el modelo.

1. La granjera
   *La granjera siembra maíz.*

2. El granjero

3. La cocinera mezcla                   con

## • Estudio de vocabulario

### Sinónimos

The words in italics in each sentence or pair of sentences are close in meaning:

1. Mi hermano mayor es más *viejo* y más *maduro* que yo.
2. Los indios *cultivan* maíz. También *siembran* trigo.
3. Para escribir una carta es necesario tener los *materiales* siguientes: papel, pluma, sobre y sello. Para hacer una paella es necesario tener los *ingredientes* siguientes: arroz, mariscos, pollo y guisantes.

### Antónimos 1

maduro, -a ≠ verde          mezclar ≠ separar

### Antónimos 2

Complete las frases con una palabra cuyo sentido es contrario al de la palabra en letra itálica.

1. No debes comer esta manzana porque está *verde*. Todavía no está ____.
2. Al contrario, no hay que *separar* los ingredientes. Hay que ____ los.
3. Esta culebra vive en el *mar* y en la ____.

### Palabras asociadas 1

Complete las frases con una palabra parecida a la palabra en letra itálica.

1. Para hacer una *limonada*, exprima un ____ en un vaso de agua y añada azúcar.
2. Un ____ es una planta con ramas. Es más pequeño que un *árbol*.
3. La Sra. de Campos prefiere los ____ de metal. Son muy fuertas y *útiles*.
4. Use una *cuchara* para añadir una ____ de sal a la mezcla.

### Palabras asociadas 2

Remember that when a verb becomes reflexive, its meaning can change: *volver*, "to return, to come back"; *volverse*, "to become, to turn, to turn around." *Volverse* is also used meaning "to return" and "to come back" when emphasis is needed: *¡Vuélvete a casa pronto!* "You come back home right now!"

A prefix can change the meaning of the verb *volver* as well: *devolver* means "to return an object"; *envolver* means "to wrap." What do you think is the meaning of *desenvolver*? Can you use these verbs correctly? Use each one in a sentence.

### Palabras con varios sentidos 1

Estudie los verbos *volverse* y *picar* y complete cada frase con el verbo más apropiado.

1. Mamá ____ la carne antes de servirla a los invitados.
2. Ricardo, ¡tienes que ____ a casa ahora mismo!
3. Los plátanos ____ negros fácilmente.
4. Hay abejas y hormigas que ____ a la gente.
5. Marta ____ para escuchar la conversación.

### Palabras con varios sentidos 2

You have already seen the word *diente* as the equivalent of "tooth." *Diente* can also mean "clove of garlic." Do you think that a tooth and a garlic clove have similar shapes? *Hueso* means "bone" as well as "pit." Can you see how these two meanings are related?

In most of the Hispanic world, *una tortilla* is an omelet. In Mexico, however, *una tortilla* is flat, like a pancake, but made from flour or corn flour.

The word *receta* can be a doctor's prescription or a cooking recipe. Unscramble these two sentences for examples.

1. para / una / necesitamos / las / medicinas / comprar / receta
2. muchas / cocina / mexicanas / el / de / libro / recetas / tiene

### Palabras con varios sentidos 3

The word *tierra* can be used in many different ways. It can mean "earth" in the sense of "soil" or "ground." It can also mean "land" as opposed to "sea" or "air." When it begins with a capital letter, it refers to the planet on which we live. Can you explain the meaning of *tierra* in each of these sentences?

1. El granjero cultiva *la tierra.*
2. Los pasajeros del barco se alegran al ver *tierra.*
3. En la clase de ciencia estamos estudiando el sol, la luna y la *Tierra.*
4. Estas plantas vienen de una *tierra* extranjera.
5. Sembramos las semillas en una mezcla de arena y de *tierra.*

## EXPLICACIONES

### El mandato afirmativo con tú

1. The command form of the verb is used to get someone's attention or to issue invitations, directions, warnings, and orders. Here are some commands that you have already seen:

| | |
|---|---|
| **Mira** ese cartel. | ***Look at** that poster.* |
| **Oye,** Juana, ¿me prestas un dólar? | ***Listen,** Juana, can you lend me a dollar?* |

These are commands that you would say to persons whom you normally address in the familiar *tú* form.

Compare the following pairs of sentences. Which are statements? Which are commands?

| | |
|---|---|
| Juan pasa el balón. | Juan, ¡**pasa** el balón! |
| Lupe come la hamburguesa. | Lupe, **come** la hamburguesa. |
| Ana escribe la carta. | Ana, **escribe tú** la carta. |

Note that the *tú* command for most verbs is the same as the 3 singular form of the present indicative. Also note that the pronoun *tú* may be added for emphasis, as in the last example above.

2. These frequently used verbs have irregular *tú* commands:

| | | |
|---|---|---|
| DECIR | **Di** la verdad. | ***Tell** the truth.* |
| HACER | **Haz** la maleta mañana. | ***Pack** your suitcase tomorrow.* |
| IR | Miguelito, **ve** con papá. | *Miguelito, **go** with Daddy.* |
| PONER | **Pon** la mesa, por favor. | ***Set** the table, please.* |
| SALIR | ¡**Sal** de aquí! | ***Leave!** (Get out of here!)* |
| SER | **Sé** bueno con tus abuelos, hijo. | ***Be** kind to your grandparents, son.* |
| TENER | ¡**Ten** cuidado! | ***Be** careful!* |
| VENIR | **Ven** con nosotros. | ***Come** with us.* |

## Ejercicios

**A.** Invente frases usando el mandato afirmativo con *tú* según los dibujos.
*(Write sentences using* tú *commands according to the pictures.)* Empiece
con el modelo.

1. (a) exprimir   (b) comprar
   (a) *Exprime el limón.*

2. (a) cosechar   (b) vender

3. (a) picar   (b) añadir

4. (a) pelar   (b) cocinar

5. (a) buscar   (b) pedir

6. (a) cortar   (b) describir

**B.** Complete las frases siguientes. Use el mandato afirmativo con *tú.*
Empiece con el modelo.

1. Digo la verdad y tú, José, ____ la verdad también.
   *Digo la verdad y tú, José, di la verdad también.*

2. Vamos al centro y tú, Ana María, ____ al centro también.
3. Jorge y Mónica vienen ahora y tú, Juana, ____ ahora también.
4. Salgo a las cinco y tú, Arturo, ____ a las cinco también.
5. Elena siempre hace la tarea y tú, hija mía, ____ la tarea también.
6. Siempre soy bueno, y tú, hermanito, ____ bueno también.

**C.** Conteste según el modelo.

1. ¿Me permites comer la miel?
   *Come la miel.*

2. ¿Me permites tirar los huesos?
3. ¿Me permites poner la mesa?
4. ¿Me permites separar los huevos?
5. ¿Me permites tener la reunión aquí?
6. ¿Me permites desenvolver el paquete de perejil?
7. ¿Me permites hacer la mezcla ahora?
8. ¿Me permites empezar el programa?

*Lesson*
*4*

## Los mandatos con <u>Ud.</u>, <u>Uds.</u> y <u>nosotros</u>

1. You have learned how to use the subjunctive to tell people that you want or prefer them to do something:

> Quiero que Ud. **pegue** los carteles.
>
> *I want you to **put up** the posters.*

When you use a command, you are really telling people what you want them to do, what you hope they'll do, or what you prefer they do. The *Ud.* and *Uds.* commands look just like the subjunctive forms. Compare:

> Quiero que Ud. **pegue** los carteles.
>
> *I want you to **put up** the posters.*
>
> **Pegue** Ud. los carteles, por favor.
>
> ***Put up** the posters, please.*
>
> Espero que Ud. **vea** esa película.
>
> *I hope that you **see** that movie.*
>
> **Vea** esa película.
>
> ***Go see** that movie.*
>
> Prefiero que Uds. **dejen** las fotos en la mesa.
>
> *I prefer that you **leave** the photos on the table.*
>
> **Dejen** Uds. las fotos en la mesa.
>
> ***Leave** the photos on the table.*

Note that *Ud.* or *Uds.*, placed after the verb, is frequently used for politeness.

2. The *nosotros* command means "Let's . . ." and looks the same as the *nosotros* form of the subjunctive.

> ¿Quieres que **salgamos** ahora?
>
> *Do you want us to **leave** now?*
>
> **Salgamos** ahora.
>
> ***Let's leave** now.*

The only exception is the verb *ir*, whose *nosotros* command form can be either *vamos* or *vayamos*.

## *Ejercicios*

**A.** Cambie las frases a mandatos afirmativos con *Ud.* o con *Uds.* Empiece con los modelos.

1. Queremos que Uds. expriman las uvas.
   *Expriman las uvas, por favor.*

2. Es necesario que Ud. añada una cucharada más de harina.
   *Añada una cucharada más de harina, por favor.*

3. Prefiero que Uds. siembren más trigo.
4. La granjera espera que Uds. cosechen el maíz maduro ahora.
5. Los niños quieren que Ud. pida tortillas.
6. Deseo que Ud. saque un diente de ajo.
7. Esperamos que Uds. escojan una sandía buena.

**B.** Conteste usando un mandato con *Ud.* Empiece con el modelo.

1. ¿Qué debo usar? (un recipiente de metal)
   *Use Ud. un recipiente de metal.*

2. ¿Cómo debo abrir la ventana? (lentamente)

3. ¿Qué debo aprender? (los nombres)
4. ¿Qué debo hacer? (el puré)
5. ¿Dónde debo dormir? (en esa alcoba)
6. ¿Por dónde debo salir? (por esa puerta)
7. ¿Qué debo explicar? (la carta)

**C.** Conteste usando un mandato con *Uds.* Empiece con el modelo.

1. ¿Cosechamos los chiles verdes?
   *Sí, cosechen Uds. los chiles verdes.*

2. ¿Volvemos temprano?
3. ¿Empezamos ahora mismo?
4. ¿Traemos fresas?
5. ¿Vamos con ella?

6. ¿Tomamos dos postres?
7. ¿Añadimos una cucharadita de pimienta?

**D.** Conteste según el modelo.

1. ¿Vamos a mezclar los ingredientes?
   *Sí, mezclemos los ingredientes.*

2. ¿Vamos a poner las zanahorias en la nevera?
3. ¿Vamos a jugar con Manuel?
4. ¿Vamos a tocar música?

5. ¿Vamos a hablar de la receta?
6. ¿Vamos a salir de aquí?
7. ¿Vamos a comer la calabaza?
8. ¿Vamos a trabajar con cuidado?

## Los complementos directos e indirectos con el mandato afirmativo

1. Look at the following commands and note where the direct object pronouns stand in relation to the verbs:

   | | |
   |---|---|
   | Cambie Ud. esta llanta, por favor. | *Change this tire, please.* |
   | Cámbie**la** Ud., por favor. | *Change **it**, please.* |
   | Haz la tarea. | *Do your homework.* |
   | Haz**la**. | *Do **it**.* |
   | Organicemos estos apuntes. | *Let's organize these notes.* |
   | Organicémos**los**. | *Let's organize **them**.* |

   With affirmative commands, direct object pronouns always follow the verb and are attached to it. When should a written accent be added?

2. Where do indirect object pronouns stand in relation to commands? Look at these examples:

   | | |
   |---|---|
   | Recíta**nos** el poema otra vez. | *Recite the poem **for us** again.* |
   | Páse**me** la sal, por favor. | *Pass **me** the salt, please.* |
   | Den**le** los formularios **al señor**. | *Give the forms **to the man**.* |

   Why do some commands have written accents? Could you tell which command was in the *tú* form, which was in the *Ud.* form, and which was in the *Uds.* form?

3. Look at these commands having both a direct and indirect object pronoun:

| | |
|---|---|
| Déjame el micrófono. | *Leave the microphone for me.* |
| **Déjamelo.** | *Leave **it for me**.* |
| Enséñenos sus fotos. | *Show us your photographs.* |
| Enséñe**noslas.** | *Show **them to us**.* |

Where do the object pronouns stand in relation to the verb? Which are direct object pronouns? Which are indirect object pronouns? Why do you need a written accent?

With commands, as with other verb forms, *se* is used as an indirect object pronoun, instead of *le* or *les,* in combination with *lo, la, los,* and *las.*

| | |
|---|---|
| ¿Puedo darle los resultados a María? | *May I give the results to María?* |
| ¡Cómo no! **Dáselos.** | *Of course! Give **them to her**.* |
| ¿Les explico mis ideas a los miembros del comité? | *Should I explain my ideas to the members of the committee?* |
| Sí, explíque**selas.** | *Yes, explain **them to them**.* |

Note that one -*s*- is dropped from the 1 plural command when *se* is added:

| | |
|---|---|
| Contémosle el problema. | *Let's tell him the problem.* |
| Contémo**selo.** | *Let's tell **it to him**.* |

## Ejercicios

**A.** Cambie las frases usando los pronombres del complemento directo. Empiece con el modelo.

1. Deja tranquilo a tu hermano.
   *Déjalo tranquilo.*

2. Describa Ud. este utensilio.
3. Lean Uds. la comedia.
4. Mata las hormigas.
5. Pese Ud. los melocotones.
6. Compremos las uvas.
7. Hagan el viaje en el verano.

**B.** Conteste usando mandatos con *Ud.* o con *Uds.* Use los pronombres del complemento directo. Empiece con los modelos.

1. Gustavo no quiere desenvolver el paquete.
   *Gustavo, desenvuélvalo.*
2. Rosa y Pancho no quieren pelar los aguacates.
   *Rosa y Pancho, pélenlos.*
3. El señor Moreno no quiere probar el guacamole.
   *Señor Moreno, pruébelo.*
4. Juana no quiere picar los rábanos.
5. Alberto no quiere organizar sus apuntes.
6. La señora de Vargas no quiere comprar las dos sandías.
7. Enrique y Pepe no quieren barrer el suelo.
8. María Elena no quiere freír las tortillas.

**C.** Cambie los mandatos según el modelo.

1. Desenvuélvale la caja.
   *Desenvuélvasela.*

2. Hazme el puré.
3. Búsquenos los utensilios.
4. Cómprenles las tortillas.
5. Prepárame las tostaditas.
6. Traigámosle los rábanos.

**D.** Invente mandatos usando los pronombres del complemento directo. Empiece con el modelo.

1. José no nos quiere explicar la lección.
   *José, explícanosla.*

2. Andrés y Pablo no quieren prestarle el libro a Ana.
3. Tomás no quiere decirme la verdad.
4. Teresa y Marta no les quieren leer la receta a Rosario y a Tomás.
5. Ricardo no quiere prepararle la ensalada a Esteban.
6. María no quiere comprarnos el arbusto.

## Mandatos con pronombres reflexivos

Look at these examples of reflexive pronouns used in commands:

| | |
|---|---|
| Siéntese Ud., por favor. | *Please sit down.* |
| Ponte la chaqueta. | *Put on your jacket.* |
| Quédense Uds. aquí, por favor. | *Stay here, please.* |

Reflexive pronouns are attached to the end of affirmative commands. When is it necessary to use a written accent?

When the reflexive pronoun *nos* is used with an affirmative command, the final *-s* is dropped from the verb before the pronoun is attached:

| | |
|---|---|
| Sentém**onos** aquí. | *Let's sit down here.* |
| Vám**onos**. | *Let's go.* |

## *Ejercicios*

Cambie las frases en mandatos. Empiece con los modelos.

1. Nos sentamos en el suelo.
   *Sentémonos en el suelo.*
2. Te pones el sombrero.
   *Ponte el sombrero.*

3. Te vas de aquí.
4. Uds. se despiertan temprano.
5. Ud. se vuelve hacia ella.
6. Tú te olvidas de él.
7. Uds. se divierten.
8. Nos quitamos la chaqueta.
9. Uds. se van inmediatamente.
10. Nos acercamos a la calle.
11. Te peinas.
12. Ud. se apura.

---

### ¿RECUERDA UD.?

Do you remember these other ways of making requests and giving commands?

1. The present indicative of any verb plus *por favor*, or the present subjunctive with *querer*, *preferir*, or an impersonal expression:

   | | |
   |---|---|
   | ¿Me pasas la sal, por favor? | *Would you pass me the salt, please?* |
   | Prefiero que no vuelvas tarde. | *I prefer that you not return late.* |
   | Es importante que vengas. | *It's important for you to come.* |

2. The infinitive after *hacer el favor de, tenga la bondad de, vamos a,* and *a:*

   | | |
   |---|---|
   | ¿Me hacen Uds. el favor de comer? | *Would you please eat?* |
   | Tenga la bondad de sentarse. | *Would you please sit down.* |
   | ¡Vamos a nadar! | *Let's swim!* |
   | ¡A ver! | *Let's see!* |

3. You may see *No* plus the infinitive used on signs:

   | | |
   |---|---|
   | NO ENTRAR | DO NOT ENTER |
   | NO ESTACIONARSE | NO PARKING |

# LECTURA

## La leyenda[1] de la Kantuta

La flor nacional de Bolivia° se llama «kantuta». Es pequeña, mitad[2] roja y mitad amarilla, y tiene una dulce fragancia.[3] Una de las versiones de su leyenda viene del tiempo de los incas.°

Imaginemos ahora que estamos en el imperio incaico[4] muchos años
5 antes del descubrimiento[5] de América por los españoles. Los incas, señores[6] absolutos de ese imperio, tienen una cultura muy avanzada[7] y una religión basada en[8] la adoración del sol. El templo del sol es enorme y magnífico. Allí viven cien muchachas puras y hermosas, las vestales,[9] dedicadas al servicio de su dios.[10] Ellas no pueden casarse nunca y, si alguna se atreve a
10 escaparse con un hombre, tiene pena de muerte.[11]

Una de las vestales se llama Kantuta. Lleva una hermosa túnica roja y amarilla. De ella todos dicen:

—¡Qué linda es Kantuta!

—¡Qué dulce es Kantuta!

15 —¡Qué callada[12] es Kantuta!

Kantuta vive tranquila tejiendo[13] aguayos° y cuidando[14] las ovejas[15] de los incas. Nada la molesta.

Un día, Ollanta, el mejor soldado[16] de todo el imperio, pasa por los campos donde ella está cuidando las ovejas. Al verla se enamora
20 perdidamente[17] de ella. Desde ese momento Ollanta ya no puede vivir en paz.[18] No come y no duerme. Se pone muy triste. Ya no practica ni los ejercicios ni[19] los deportes guerreros.[20] De él todos dicen:

—¡Qué extraño está Ollanta!

—¡Qué triste está Ollanta!

25 —¡Qué pálido[21] está Ollanta!

El soldado melancólico[22] pasa muchas veces por el campo y trata de hablar con Kantuta, pero ella siempre se escapa de él. Un día Ollanta le dice:

—Kantuta, te quiero.

Ella lo mira enojada y se va. Él sufre[23] y pasa muchas noches sin
30 dormir. Después le cuenta su problema a Yupanqui, su mejor amigo, pero éste se ríe de él y le dice:

—¿Cómo es posible que un gran soldado como tú sufra por una débil muchacha?

---

[1]la leyenda  *legend*
[2]la mitad  *half*
[3]la dulce fragancia  *sweet fragrance*
[4]el imperio incaico  *Inca empire*
[5]el descubrimiento  *discovery*
[6]el señor  *ruler*
[7]avanzado, -a  *advanced*

[8]basado, -a en  *based on*
[9]la vestal  *vestal*
[10]el dios  *god*
[11]la pena de muerte  *death penalty*
[12]callado, -a  *quiet*
[13]tejer  *to weave*
[14]cuidar  *to guard*
[15]la oveja  *sheep*
[16]el soldado  *soldier*

[17]perdidamente  *hopelessly*
[18]la paz  *peace*
[19]ni . . . ni  *neither . . . nor*
[20]guerrero, -a  *war*
[21]pálido, -a  *pale*
[22]melancólico, -a  *depressed*
[23]sufrir  *to suffer*

*Lesson 4*

La risa[24] de Yupanqui enoja a Ollanta. Tiene que conseguir el amor de
la joven. Un día en que ella está cuidando las ovejas, él vuelve a insistir:

—¡Kantuta, quiéreme, por favor!

—Vete de aquí. Tú sabes que no puedo hablar con ningún hombre.

—Pero, te quiero mucho. Vente conmigo. Vámonos muy lejos de aquí.

—¿Cómo te atreves a decirme tales[25] cosas? Vete, vete. Tú sabes
que si me escapo contigo me dan pena de muerte.

—Kantuta, te quiero. Olvídate de todo y ven conmigo.

Ella sigue resistiendo. Ollanta se enoja más y más y, por fin, decide
tomarla por la fuerza.[26] Kantuta se da cuenta de las intenciones del soldado
y, desesperada,[27] empieza a correr. Corre, corre, con su largo pelo negro
flotando al aire.[28] Ollanta corre detrás de ella. Kantuta llega al borde[29] de
un abismo.[30] Mira hacia abajo[31] y ve que es enorme, negro y peligroso.
Mirando hacia atrás,[32] ve que Ollanta ya está casi a su lado. Sin pensar más,
se tira al abismo.

Cuando al día siguiente sus amigas se dan cuenta de que Kantuta no
está en el templo, salen a buscarla. Las ovejas andan por el campo, pero
no encuentran rastro de Kantuta.

La búsqueda[33] las lleva al borde del abismo. Desesperadas, miran hacia
abajo. De repente, sienten[34] la dulce fragancia de Kantuta. «Estará cerca»
dicen. Pero descubren que el olor viene de un arbusto cubierto[35] de flores,
mitad rojas, mitad amarillas, los colores de la túnica de Kantuta. En su
tristeza,[36] todas deciden llamar a esta flor «Kantuta».

## ▶NOTAS CULTURALES

°**Bolivia** es un país de grandes contrastes. Situado[37] en el centro de la
América del Sur y atravesado[38] por los Andes, tiene selvas tropicales y
valles fértiles, pero la mayor parte del país es un desierto alto y frío que
se llama el Altiplano. La mayoría de los bolivianos son indios, muchos de
ellos descendientes de los incas. En muchos pueblos todavía se habla
quechua, la lengua de los incas.

°**Los incas** establecieron[39] su gran imperio en el siglo XIII, tres siglos antes
de la llegada de los españoles. El imperio ocupaba gran parte del territorio
que hoy ocupan Bolivia, Perú y Ecuador. La civilización incaica era notable
por su arquitectura, artes industriales, pintura,[40] cerámica, música y teatro.
Aunque los incas no tenían escritura,[41] usaban un sistema de cuerdas con
nudos[42] de varios colores para enviar mensajes.[43] El imperio incaico era
enorme, y por eso, los incas inventaron un sistema de «correo». Unos
hombres corrían con las cuerdas de un lugar a otro, luego pasaban las

---

[24]la risa  *laughter*
[25]tal  *such*
[26]la fuerza  *force*
[27]desesperado, -a
   *desperate*
[28]flotando al aire
   *floating in the*
   *breeze (air)*

[29]al borde  *at the edge*
[30]el abismo  *chasm*
[31]hacia abajo  *down*
[32]hacia atrás  *back*
[33]la búsqueda  *search*
[34]sentir  *to sense*
[35]cubierto, -a  *covered*
[36]la tristeza  *sadness*

[37]situado, -a  *located*
[38]atravesado, -a  *crossed*
[39]establecer  *to establish*
[40]la pintura  *painting*
[41]la escritura  *writing*
[42]el nudo  *knot*
[43]el mensaje  *message*

cuerdas a otros hombres que seguían corriendo. Así los incas podían enviar información desde un extremo del imperio al otro.

°**aguayos:** Telas rústicas[44] de muchos colores tejidas a mano. En nuestros tiempos los indios de Bolivia siguen tejiendo aguayos, usando muchas veces los mismos diseños[45] y colores que usaban los incas hace siglos.

### Preguntas

Conteste según la lectura.

1. ¿Cómo se llama la flor nacional de Bolivia? ¿De qué color es?   2. ¿Quiénes son las vestales?   3. ¿Quién es Kantuta? ¿Qué hace durante el día? 4. ¿Quién es Ollanta? ¿Cuál es su problema?   5. ¿Por qué no puede Kantuta escaparse con Ollanta?   6. ¿Qué decide hacer Ollanta para conseguir el amor de Kantuta?   7. ¿Cómo muere Kantuta?   8. ¿Qué encuentran las amigas de Kantuta al borde del abismo?

## HABLEMOS UN POCO

Do you have trouble feeling motivated? Are there things that you should do, but just don't feel like doing? Now is the time to get these things out into the open; at the same time, you can put your friends in a positive frame of mind and help them find the strength to finish their unpleasant tasks. Begin this positive chain reaction by telling a classmate what you don't feel like doing. He or she must give you advice in the form of an affirmative command. Then this same student tells a third classmate what he or she does not feel like doing and so on. Before you start, here are some examples:

STUDENT 1   No quiero hacer la tarea.
STUDENT 2   Haz la tarea.
            No tengo ganas de venir a clase mañana.
STUDENT 3   Ven a clase mañana.
            No quiero comer zanahorias para la cena.

[44]rústico, -a   *rustic, rural, coarse*
[45]el diseño   *design*

> *Ud. dirá.* Ud. no sabe nada de agricultura y quiere saber algo sobre la vida del granjero. Hable con estos granjeros.

# ESCRIBAMOS UN POCO

**A.** Use the model sentences as a guide in writing the following sentences in Spanish.

1. Todas las primaveras, Cristina y Humberto tienen que sembrar flores.
   a. Every summer, the farmer has to harvest the corn.
   b. Every morning, he has to prepare a mixture of honey and lemon.
   c. Every day, we have to peel potatoes.

2. Su amiga le sugiere que vaya al cine con ella.
   a. My neighbor suggests that I go out with her tonight.
   b. Doña Pepa insists that we eat a piece of pastry.
   c. The teacher advises us that we study the notes.

3. Susana me dice: —¡Vuélvete pronto a casa!
   a. Paco says to his friend, "Buy me a peach."
   b. She answers me, "Be good to your little brother."
   c. Ramón shouts at Rita, "Go away right now!"

4. Ana no acaba su trabajo y se queja mucho.
   a. They are afraid and they don't dare leave.
   b. The two women stand up and shake hands.
   c. I study a lot and stand out in class.

**B.** Now use the sentences you have just completed as models for writing a four-sentence paragraph about don Rafael and his son, Pepe. Take the information provided by each picture to construct a new sentence based on the corresponding sentence in Part A.

1. Todos los otoños, don Rafael y Pepe. . . .

2. Su vecino, don Rogelio. . . .

3. Don Rafael le contesta. . . .

4. Los dos granjeros ponen. . . .

# CONFIRME SU PROGRESO

**A.** Complete the sentences with the correct form of the verbs in parentheses.

1. El equipo se alegra de que el árbitro ____ el Sr. Álvarez. (ser)
2. Creo que nosotros ____ que separar los huevos. (tener)
3. Es lástima que los granjeros no ____ maíz. (sembrar)
4. Queremos que mamá nos ____ ir al partido. (permitir)
5. Es seguro que esta máquina ____ picar legumbres. (poder)

**B.** Complete the following sentences with the correct form of the more appropriate of the verbs in parentheses.

1. Dudamos que su madre las *(despertar / despertarse)* temprano.
2. Le aconsejo a José que no *(levantar / levantarse)* las cajas.
3. No creo que Julieta *(aburrir / aburrirse)* con este libro.
4. Espero que mis padres no *(enojar / enojarse)* conmigo.
5. Quiero que tú *(probar / probarse)* el guacamole.

**C.** Express the following sentences as commands.

1. Sales a las seis.
2. Volvemos mañana.
3. Le mostramos las hormigas.
4. Desenvuelves el paquete.
5. Ud. se pone la camisa.
6. Ud. le da más tostaditas.

**D.** Write commands using the words and pictures given.
Empiece con el modelo.

1. Uds. / pedir / le /
   *Pídanle semillas.*

2. Uds. / comprar / me /

3. tú / servir / nos /

4. Ud. / ofrecer / les /

5. nosotros / dar / le /

**E.** Rewrite the sentences using direct object pronouns.
Empiece con el modelo.

1. Descríbale el problema.
   *Descríbaselo.*

2. Sugiérales la otra canción.
3. Tírame el balón.
4. Cuéntenle esa historia.
5. Enviémosles el regalo.
6. Déjanos tus libros.

# Venta especial

**ANA:** Mamá, Luz y yo queremos ir de compras.

**LUZ:** Sí, hay una venta estupenda en «El Loro de Oro». Ven con nosotras, mamita.

**SRA. DÍAZ:** Ay, hoy no puedo. Tengo mucho que hacer.

**ANA:** Cuidado, mamá; Luz te invita para poder usar tus tarjetas de crédito.

**LUZ:** No lo creas, mamá. Yo quiero que tú vengas porque tú conoces la calidad de las telas.

**SRA. DÍAZ:** Lo siento, hijita, no puedo. Recuerden comprar todo al contado y compren ropa inarrugable y barata.

**ANA:** (a una vendedora) ¿Nos puede atender, señorita?

**VENDEDORA:** ¿En qué puedo servirles?

**LUZ:** (a la vendedora) Quiero probarme esos pantalones vaqueros que están en la vitrina, por favor.

**VENDEDORA:** Sí, ¡cómo no! Aquí tengo un par en este mostrador. ¿Quiere ponérselos? El probador está en el otro extremo del departamento de señoras.

**LUZ:** ¿Te gustan, Ana?

**ANA:** ¡Me encantan! Si son la talla 38, me sirven a mí también. ¡Hacen juego con mi blusa nueva! ¿Me los prestas de vez en cuando?

**LUZ:** (a Ana) Sí, claro hermanita. (a la vendedora) Muy bien, me los llevo. Cárguelos a la cuenta de mi hermana mayor, Ana Díaz.

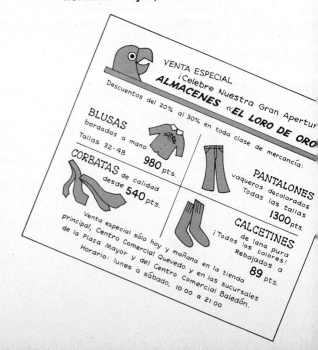

VENTA ESPECIAL
¡Celebre Nuestra Gran Apertura!
ALMACENES «EL LORO DE ORO»

Descuentos del 20% al 30% en toda clase de mercancía:

BLUSAS bordadas a mano
Tallas 32-48 **980** pts.

CORBATAS de calidad desde **540** pts.

PANTALONES vaqueros decolorados
Todas las tallas **1300** pts.

CALCETINES de lana pura ¡Todos los colores!
Rebajados a **89** pts.

Venta especial sólo hoy y mañana en la tienda principal, Centro Comercial Quevedo y en las sucursales de la Plaza Mayor y del Centro Comercial Baledón.
Horario: lunes a sábado, 10:00 a 21:00

# Nuevos amigos

**a mano**  by hand
**la apertura**  opening
**atender (ie)**  to attend, to help
**bordar**  to embroider
**calzar (c)**  to take, wear (a shoe size)
**cargar (gu) a la cuenta**  to charge on account
**el centro comercial**  shopping center
**decolorado**  discolored, bleached
**el descuento**  discount
**inarrugable**  permanent press
**el mostrador**  counter
**pagar (gu) al contado**  to pay cash
**el probador**  dressing room
**la sucursal**  branch (of a store)
**la talla**  size
**la tarjeta de crédito**  credit card

# Viejos amigos

**el almacén, el anuncio, la caja, el cambio, el departamento, la mercancía, la tienda, el vendedor, la vendedora, la venta, la vitrina; comprar, costar, devolver, gastar, hacer juego (con), ir de compras, llevar, pagar, ponerse, probarse, quedar bien, rebajar, regatear, servir, vender; barato, caro**

# ¿Sabías?

If you go shopping in a Hispanic country, you will find that in small stores and street stalls, it is acceptable to bargain. In department stores, shoppers usually do not bargain, and they often pay for the item at a cashier's booth. Most Spanish-speaking countries use continental clothing sizes. To determine your blouse or shirt size, take the measurement of your chest in centimeters and divide the results by two. To determine men's shoe sizes, add one to forty for every half size, forty being the equivalent of our size seven; for women's shoe sizes, add one to thirty-five for every size, thirty-five being the equivalent of our size four. When shopping in a Hispanic country, you will also find that many American stores have branches there. Most large department stores have adopted the American work schedule. In some countries tourists can even use major American credit cards.

*pts.:* The monetary unit of Spain, *la peseta.*
*mamita:* The diminutive in Spanish can be formed by dropping the final vowel and adding *ito, -a.*

# Actividades

1. Prepare an ad for a sale at a local store. Use the ad as a model.
2. Imagine that you're asking one of your parents for permission to go shopping. You may say where you are going, what you want to buy, who is going with you. Another student may play the part of the parent and advise you on what to buy, how much to spend, when to return home.
3. Study the cultural note and be prepared to tell another classmate what size shoe, shirt, or blouse you wear, using continental sizes. Ask each other: *¿Qué talla de camisa/blusa llevas tú? ¿Qué número de zapato calzas tú?* Once you have determined your correct sizes you may want to create a situation in which you are going shopping with a friend. Another classmate may play the role of the salesperson.

75

*Ud. dirá.* Don Emilio y su amigo se quejan de los jóvenes de hoy. Dicen que sólo piensan en las tres M *(emes):* música, motores y la manera de esquivar el trabajo. ¿Qué dice Ud.?

## lección 5

# En el Día de los Muertos

*en Puebla,° México*

El 2 de noviembre, Día de los Muertos,° don Guido se encuentra en la calle con don Jaime y su pequeño nieto, Perico. Mientras los ancianos hablan, el niño mira los panes y dulces especiales que están en las vitrinas.

DON GUIDO · · · y según la leyenda, el joven regresa a su pueblo y encuentra a su novia. —Mi hermosa Maribel, le dice, ¿por qué estás tan pálida? Ella le contesta: —Porque hace mucho tiempo que te espero. —Mañana nos casaremos, le promete él.

PERICO Abuelito, cómprame uno de esos panes de muerto.

DON JAIME Un momento, hijito. Déjale al señor terminar su cuento.

DON GUIDO Al día siguiente el joven vuelve, pero la novia no está en casa. Le pregunta al vecino si sabe dónde está. El vecino le dice asustado: —Hace dos años que está muerta.

DON JAIME ¿Y Ud. cree eso?

DON GUIDO ¿A Ud. no le gustan las historias espantosas?

DON JAIME Una historia como la de *Don Juan Tenorio,°* sí, pero esas tonterías, no.

PERICO Abuelito, dame unos pesos para comprar ese esqueleto de papel que . . .

DON GUIDO Pero, hombre, pasan cosas así. Ud. conoce todas esas historias de la Llorona,° ¿no? Pues, un amigo mío me cuenta que a veces cuando él anda solo de noche, de repente oye una voz que grita y llora, y entonces él dice que ve en las sombras a una mujer que le pide un favor: —Ayúdeme a buscar a mis hijos, y . . .

DON JAIME ¡No me cuente más! No creeré en los fantasmas hasta que yo mismo los vea.

°**Puebla,** fundada en 1532, es una de las ciudades más antiguas y más famosas de México. Los mexicanos la llaman «la ciudad de los ángeles,» porque tiene más de 60 iglesias; muchas de éstas son magníficos ejemplos de la arquitectura colonial de los siglos XVII y XVIII. Aunque Puebla todavía tiene un ambiente colonial, es la cuarta ciudad de México con más de 740,000 habitantes y mucha industria moderna.

°**Día de los Muertos:** En todas partes de España y Latinoamérica la gente recuerda a los muertos el 2 de noviembre. Las costumbres y la manera de celebrar esta fecha cambian de un país a otro: en México la gente celebra el día con fiestas alegres. En algunos pueblos las familias mexicanas tradicionalmente pasan el día en el cementerio; a menudo traen comida especial para los muertos y para sí mismos. Las pastelerías venden panes en forma de personas o animales y otros panes especiales que se llaman «panes de muertos». También las tiendas de dulces ofrecen pequeñas calaveras de azúcar que llevan nombres de personas. Para los niños hay juguetes fantásticos. Por ejemplo, hay pequeñas cajas que tienen esqueletos y, cuando se tira una cuerda, el esqueleto salta.

°**Don Juan** es un famoso personaje español que, según la leyenda, enamora a muchas mujeres. Don Juan se lleva a doña Inés y mata al padre de ella. Años después don Juan va al cementerio para insultar a la estatua del padre. Pero la estatua del muerto le da la mano y le dice que está condenado al fuego eterno. En todas partes de España y Latinoamérica se conoce el drama de José Zorrilla, *Don Juan Tenorio.* En muchos teatros lo presentan en las fiestas tradicionales del Día de los Muertos.

°**La Llorona:** En México hay muchas historias sobre la Llorona, «la mujer que llora». Según una de ellas, un padre abandona a su familia para casarse con otra mujer. Loca de dolor, la madre mata a sus propios hijos. Dicen que por la noche la Llorona todavía anda buscando a sus hijos muertos. A menudo aparece cerca de los ríos o los lagos, y en noches de lluvia pasa por las plazas y las calles de las ciudades.

### Preguntas

Conteste según el diálogo.

1. En el Día de los Muertos, ¿con quiénes se encuentra don Guido?
2. ¿Qué mira el niño Perico?  3. Según la leyenda que cuenta don Guido, ¿cuándo se casarán los jóvenes?  4. ¿Por qué no se casan?  5. Mientras los ancianos hablan, ¿qué cosas quiere Perico que su abuelito le compre?
6. Según don Jaime, ¿qué oye un amigo suyo?  7. ¿Cuándo creerá don Guido en los fantasmas?

# PALABRAS NUEVAS

el fantasma
el brujo
la bruja
el esqueleto
el cementerio
la pesadilla

*Ud. dirá.* Su hermano o hermana quiere saber por qué gritó Ud. tanto anoche. Explíquele que a menudo Ud. sueña con cosas extrañas. Descríbaselas Ud.

## ● Glosario

### SUSTANTIVOS

**el ambiente** atmosphere
**el ángel** angel
**la arquitectura** architecture
**el brujo, la bruja** sorcerer, witch
**la calavera** skull
**el cementerio** cemetery

**la costumbre** custom
**el dolor** sorrow, grief
**el dulce** piece of candy, sweet
**el esqueleto** skeleton
**el fantasma** ghost
**el habitante** inhabitant
**el juguete** toy

**la leyenda** legend
**la lluvia** rain
**la manera** manner, way
**la muerte** death
**el muerto** dead person, corpse
**la pesadilla** nightmare
**la sombra** shadow, shade

### VERBOS

**abandonar** to abandon, to leave behind
**encontrarse (ue) (con)** to run into

**insultar** to insult
**llevarse°** to carry away, off
**tirar (de)** to pull

### ADJETIVOS

**colonial** colonial
**condenado, -a** condemned
**dulce** sweet

**espantoso, -a** frightful, scary, horrible
**eterno, -a** eternal
**fundado, -a** founded

**muerto, -a** dead
**pálido, -a** pale
**tradicional** traditional

⇒ COMENTARIO
°**llevarse:** When *llevar* is used with reflexive pronouns it becomes more emphatic. Think of the difference between *ir,* "to go," and *irse,* "to go away."

Toño **se llevó** mi dinero.          Toño **took** (**carried off**) *my money.*
Marta **se fue** a México.            *Marta **went away** to Mexico.*

## ADVERBIOS

**a menudo** often     **especialmente** especially     **tradicionalmente**
**de repente** suddenly                                      traditionally

### EXPRESIONES / PALABRAS ÚTILES

**a menos que** unless     **en caso (de) que** in case     **para que** in order that,
**aunque** although, even         that                         so that
       though          **en cuanto** as soon as     **sin que** without
**con tal (de) que** provided   **hasta que** until
       that

## Ejercicios de vocabulario

**A.** Conteste las preguntas según los dibujos.

1. Según tu hermanito, ¿qué hay en la alcoba?
   *Hay un fantasma en la alcoba.*

2. ¿A dónde van tus vecinos?

3. ¿Qué examinan los estudiantes de biología?

4. ¿Quiénes tienen un papel importante en esa película de terror?

5. ¿Tiene Miguel un sueño agradable?

**B.** Complete las frases con la forma apropiada de uno de los adjetivos de la lista.

     dulce     espantoso     eterno     fundado     muerto     pálido

1. La ciudad de Potosí, ___ en el siglo XVI, era un centro colonial.
2. Mercedes debe estar enferma. Está tan ___.

3. ¿Cuándo vamos a comer? Estoy ___ de hambre.
4. Si añades mucho azúcar, el pastel va a ser muy ___.
5. Esta lluvia no acaba nunca. Parece ser ___.
6. ¿Tienes miedo cuando te cuento estas historias ___?

**C.** Escoja la respuesta apropiada.

1. Te pido que no me abandones.
2. ¿Te gustan las costumbres y la arquitectura de esta ciudad?
3. Ayúdame a contestar esto: ¿Cuántos huesos tenemos en la cabeza?
4. Llévate estos dulces.
5. ¿Quieren Uds. visitar el cementerio?
6. Paco tiene que encontrarse con Iván en el parque.
7. Me encantan estas historias.

a. No sé. Tengo que examinar la calavera.
b. Gracias, abuelita. ¿Qué tienen adentro?
c. Sí, y también me gusta el ambiente tranquilo.
d. Lo siento, pero el amor no es eterno.
e. A mí me encantan las leyendas fantásticas.
f. No, ¡qué horror! ¡No queremos tener pesadillas!
g. ¿Cómo va a salir en esta lluvia?

## • Estudio de vocabulario

### Sinónimos

Cambie las frases sustituyendo las palabras en letra itálica por las palabras de la lista. *(Change the sentences substituting the words on the list for the words in italics.)*

las pesadillas    abandonar    eterno    espantosas

1. A mí no me gustan *los sueños horribles.*
2. Paquito llora porque no quiere *dejar* su perro en el campo.
3. A María le encantan especialmente las historias *que dan miedo.*
4. ¡Ay! Es un viaje *que nunca termina.*

*Lesson
5*

### Antónimos

Escoja la palabra o expresión de la segunda columna cuyo sentido es contrario al de la palabra de la primera columna. *(Choose the word or expression in the second column whose meaning is opposite that of the word in the first column.)*

| | |
|---|---|
| 1. insultar | a. la vida |
| 2. tirar | b. quemado al sol |
| 3. la muerte | c. lentamente |
| 4. pálido | d. empujar |
| 5. de repente | e. el sol |
| 6. la sombra | f. pocas veces |
| 7. tradicional | g. aplaudir |
| 8. a menudo | h. nuevo |

### Palabras asociadas 1

Complete las frases con una palabra parecida a la palabra en letra itálica.

1. Mi hermana quiere ser ____. Está estudiando *arquitectura*.
2. Felipe cocina *especialmente* bien. Va a prepara una comida ____.

### Palabras asociadas 2

Escriba el infinitivo del verbo que corresponde a cada sustantivo. *(Write the infinitive of the verb that corresponds to each noun.)*

| | |
|---|---|
| 1. el juguete ↔ ____ | 4. la muerte ↔ ____ |
| 2. la lluvia ↔ ____ | 5. el dolor ↔ ____ |
| 3. la leyenda ↔ ____ | |

### Palabras con varios sentidos

Eva tira la piedra.

Anita tira del juguete.

la sombra

# EXPLICACIONES

## Los mandatos negativos

1. What do the following sentences have in common?

   **No lleves** mi camisa a rayas.      *Don't wear my striped shirt.*
   **No pierdas** mis botas.      *Don't lose my boots.*
   **No añada Ud.** nada.      *Don't add anything.*
   **No pique Ud.** la cebolla.      *Don't chop the onion.*
   **No faltemos** a clase.      *Let's not skip class.*

   All the above sentences tell people *not* to do something—that is, they all contain negative commands. Did you notice that all the verbs are like the present subjunctive forms, *including the* tú *commands?* Note the difference between the familiar forms of negative and affirmative commands:

   **No sirvas** la comida ahora.      *Don't serve the food now.*
   **Sirve** la comida ahora.      *Serve the food now.*

   **No hagas** eso.      *Don't do that.*
   **Haz** eso.      *Do that.*

   Negative commands, including familiar negative commands, are *always* like the present subjunctive.

2. Look at the following negative commands and note where the direct object, indirect object, and reflexive pronouns stand in relation to the verbs:

   No **lo** pongas allí.      *Don't put **it** there.*
   No **le** demos los carteles.      *Let's not give **her** the posters.*
   No **se lo** enseñes.      *Don't show **it to him**.*
   No **te** pongas tan pesado.      *Don't be such a nuisance.*

   With all negative commands the position of the direct object, indirect object, and reflexive pronouns is the same as with any indicative verb—immediately before the verb.

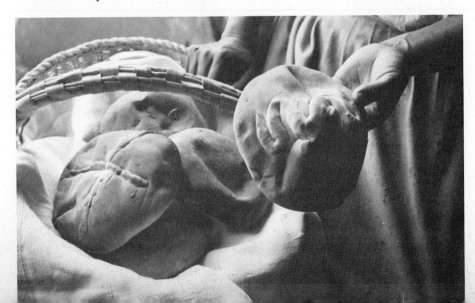

### *Ejercicios*

**A.** Forme los mandatos negativos con *tú* que corresponden a las señales. Empiece con el modelo.

1. NO HABLAR
   *No hables.*

2. NO CRUZAR

3. NO LEER

4. NO ESCRIBIR

5. NO REGATEAR

6. NO GRITAR

**B.** Forme mandatos negativos con *Ud.* que corresponden a los dibujos. Empiece con el modelo.

1.
   *No abra la puerta.*

2.

3.

4.

**C.** Cambie las frases siguientes a mandatos negativos. Empiece con el modelo.

1. Abandonas tu casa.
   *No abandones tu casa.*

2. Ud. insulta a la vendedora.
3. Uds. hablan de la manera de terminar el trabajo.
4. Nos llevamos todos los dulces.
5. Uds. escriben la leyenda.
6. Duermes en la sombra.
7. Uds. ponen el esqueleto en el laboratorio.
8. Ud. lee muchos libros de arquitectura.
9. Pides el juguete.
10. Piensas demasiado en el dolor.

**D.** Cambie los mandatos siguientes a mandatos negativos. Empiece con el modelo.

1. Lléveselo.
   *No se lo lleve.*

2. Házmela.
3. Tírala.
4. Considérelo.
5. Vete.

6. Aprendámoslos.
7. Explíquenoslo.
8. Dímela.

**E.** Invente los mandatos negativos que corresponden a las siguientes situaciones. *(Write negative commands that correspond to the following situations.)*
Empiece con el modelo.

1. Tu amigo Enrique quiere ponerse un disfraz de esqueleto.
   *Enrique, no te lo pongas.*

2. La señora de Ramos te quiere vender el juguete.
3. Los niños quieren tirar dulces de la carroza.
4. Don José quiere comerse toda la carne.
5. Las chicas quieren describir los fantasmas.
6. El doctor Ramírez quiere abandonar su trabajo.
7. María quiere darte un libro sobre costumbres coloniales.

| RESUMEN | | |
|---|---|---|
| **Commands:** | | |
| tú | **habla**<br>**no hables** | **aprende**<br>**no aprendas** | **vive**<br>**no vivas** |
| Ud. | **hable Ud.**<br>**no hable Ud.** | **aprenda Ud.**<br>**no aprenda Ud.** | **viva Ud.**<br>**no viva Ud.** |
| nosotros | **hablemos**<br>**no hablemos** | **aprendamos**<br>**no aprendamos** | **vivamos**<br>**no vivamos** |
| vosotros | hablad<br>no habléis | aprended<br>no aprendáis | vivid<br>no viváis |
| Uds. | **hablen Uds.**<br>**no hablen Uds.** | **aprendan Uds.**<br>**no aprendan Uds.** | **vivan Uds.**<br>**no vivan Uds.** |

OBSERVE UD.

Do you recognize the *vosotros* command? You may come across this form in reading or you may hear it if you travel in certain parts of the Hispanic world, especially in Spain.

When the *vosotros* command uses a reflexive pronoun, it is formed in the following manner:

| | |
|---|---|
| levantaos | no os levantéis |
| poneos | no os pongáis |
| divertíos | no os divirtáis |

The verb *irse* is an exception: *idos, no os vayáis.*

## Confirme su progreso

Change the following sentences to negative commands.
Empiece con el modelo.

1. Pablo tiene miedo de los fantasmas.
   *Pablo, no tengas miedo de los fantasmas.*

2. La señora lo pone en la mesa.
3. María se acuesta tarde.
4. El señor Guzmán cuelga el teléfono.
5. Tico se lo enseña a Marta.
6. Doña Matilde nos cuenta leyendas de brujas.
7. Pepe y Gloria sirven la ensalada ahora.
8. El señor Cuevas hace eso.

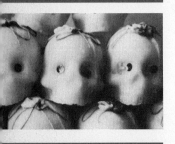

---

### ¿RECUERDA UD.?

Both *conocer* and *saber* are equivalents of "to know," but *saber* is used with facts and information, while *conocer* is used to express an acquaintance with people, places, and things:

| | |
|---|---|
| **¿Sabes** que en Sevilla hay rastros de culturas antiguas? | *Do you know that in Seville there are traces of ancient cultures?* |
| **Sé** que la receta es buena. | *I know the recipe is good.* |
| **¿Conoces** este barrio? | *Do you know this neighborhood?* |
| **Conozco** al payaso que lleva pantalones a rayas rojas. | *I know the clown who is wearing red-striped pants.* |

Note that with *conocer* the personal *a* is used when the direct object of the sentence is a specific person. Many Spanish speakers use the personal *a* with the names of cities and countries as well.

*Saber* followed by an infinitive means "to know how to":

| | |
|---|---|
| Pepe **sabe** hacer guacamole. | *Pepe knows how to make guacamole.* |

## El futuro

1. Look at these examples of the future tense:

| | |
|---|---|
| Mañana **nos casaremos.** | *Tomorrow we will get married.* |
| Jorge no **volverá** hasta la una. | *Jorge will not return until one.* |
| Sólo **añadiré** dos palabras. | *I will only add two words.* |

Remember that the future tense in Spanish, as in English, tells what *will* or *will not* happen.

*Hablar, aprender,* and *vivir* will serve as models to review the formation of the future tense for regular verbs:

| HABLAR | | APRENDER | | VIVIR | |
|---|---|---|---|---|---|
| hablaré | hablaremos | aprenderé | aprenderemos | viviré | viviremos |
| hablarás | hablaréis | aprenderás | aprenderéis | vivirás | viviréis |
| hablará | hablarán | aprenderá | aprenderán | vivirá | vivirán |

You will recall that the future endings are the same for *-ar*, *-er*, and *-ir* verbs and that they are added to the infinitive.

2. Only a few verbs are irregular in the future tense. Here are the ones you have learned. Look for similarities among them to help remember them:

| | |
|---|---|
| DECIR ↔ **diré** | PONER ↔ **pondré** |
| HACER ↔ **haré** | SALIR ↔ **saldré** |
| PODER ↔ **podré** | TENER ↔ **tendré** |
| SABER ↔ **sabré** | VALER ↔ **valdré** |
| QUERER ↔ **querré** | VENIR ↔ **vendré** |

The future of *hay* is *habrá*.

3. Do you recall the use of the future tense to express probability?

| | |
|---|---|
| ¿Quién **será?** | *Who **can it be?*** |
| Juan **estará** entusiasmado. | *Juan **is probably** enthusiastic.* |
| **Serán** las tres, ¿no? | *It **must be** about 3:00, right?* |
| ¿Cuánto **costará** este recipiente? | *I **wonder** how much this container costs.* |

Note that there are many ways to express speculation in English, to say that you wonder whether something is true or that it is probably so. In Spanish, the future can convey all these meanings.

## *Ejercicios*

**A.** Conteste usando el futuro. Empiece con el modelo.

1. ¿Qué harán los médicos? (estudiar la calavera)
   *Estudiarán la calavera.*

2. ¿Qué harás? (escoger el disfraz de ángel)
3. ¿Qué hará el director? (filmar a los habitantes del pueblo)
4. ¿Qué haremos? (buscar el nombre de una ciudad fundada en 1496)
5. ¿Qué harás? (preparar un postre muy dulce)
6. ¿Qué hará la bruja? (insultar al fantasma)

**B.** Complete las frases. Empiece con el modelo.

1. Tú y yo ____ un ejemplo de costumbre tradicional.
   (a) buscar    (b) querer    (c) encontrar
   *(a) Tú y yo buscaremos un ejemplo de costumbre tradicional.*

2. Yo te ____ la leyenda de los ángeles y los muertos.
   (a) contar    (b) explicar    (c) escribir
3. Mis abuelos ____ la historia del hombre condenado esta noche.
   (a) discutir    (b) saber    (c) estudiar
4. Este libro ____ mucho más que el otro.
   (a) valer    (b) enseñar    (c) aburrir

**C.** Cambie las frases usando los nuevos sujetos.

1. Buscaré el amor eterno.
   (a) los novios     (b) tú y yo
2. Querremos vivir bien.
   (a) los habitantes de la isla     (b) Jorge
3. Nos contarán leyendas espantosas.
   (a) tú     (b) la bruja
4. No te olvidarás de esta pesadilla.
   (a) yo     (b) nosotros

**D.** Conteste en el futuro según el modelo.

1. No hacemos la tarea ahora.
   *La haremos mañana.*

2. La abuela no lleva flores al cementerio ahora.
3. Los detectives no piden informes sobre la muerte del actor.
4. No estudiamos la arquitectura española hoy.
5. No hay dulces ahora.
6. No sé el nombre de ese muchacho.

## Confirme su progreso

Use the future tense and direct and indirect object pronouns where needed to complete the following sentences.
Empiece con el modelo.

1. Carmen me dirá: «No te pongas el disfraz de fantasma,» pero yo ____.
   *Carmen me dirá: «No te pongas el disfraz de fantasma,» pero yo me lo pondré.*

2. Los habitantes de la ciudad le dirán: «Señor ingeniero, no nos destruya este ejemplo de arquitectura colonial,» pero Ud. ____.
3. Le diré a mi tía: «No me regales tantas cosas,» pero ella ____.
4. Les diremos a los estudiantes: «No nos cuenten la leyenda de la Llorona,» pero ellos ____.
5. Nuestros padres nos dirán: «No le rompan todos los juguetes a su hermanito,» pero nosotros ____.

## El subjuntivo en cláusulas adverbiales

1. Compare the following pairs of sentences:

Ignacio siempre prepara la comida después (de) que Rosa **llega** a casa.

*Ignacio always prepares the meal after Rosa **arrives** home.*

Ignacio preparará la comida después (de) que Rosa **llegue** a casa.

*Ignacio will prepare the meal after Rosa **arrives** home.*

Don Pepe aplaude cuando el jugador **tira** la pelota.

*Don Pepe claps when the player **throws** the ball.*

| | |
|---|---|
| Don Pepe, aplauda Ud. cuando el jugador **tire** la pelota. | *Don Pepe, clap when the player **throws** the ball.* |

In the first sentence of each pair, *llega* and *tira* refer to actions that occur regularly; these verbs are in the present indicative. In the second sentence of each pair, *llegue* and *tire* refer to actions that have not yet occurred; these verbs are in the present subjunctive.

The present subjunctive is used after *después (de) que,* "after," and *cuando,* "when," whenever these words introduce an action that has not yet occurred. Note that in these examples the verbs that come before these words imply future time *(preparará)* or are in the command form *(aplauda Ud.).* Here are some other expressions that are used in this way: *en cuanto,* "as soon as"; *hasta que,* "until"; *mientras,* "as long as."

2. Compare the following sentences:

| | |
|---|---|
| Iremos a la playa aunque **llueve.** | *We'll go to the beach even though **it's raining.*** |
| Iremos a la playa aunque **llueva.** | *We'll go to the beach even if **it rains.*** |

In the first sentence *llueve* refers to an action that is in fact occurring; the verb is in the present indicative. In the second sentence *llueva* refers to an action that has not yet occurred or may not even occur; the verb is in the present subjunctive.

The subjunctive is used after *aunque* when referring to an action that may not occur.

3. Certain expressions always introduce the subjunctive. Look at the following examples:

| | |
|---|---|
| Te presto el libro **para que** lo leas. | *I am lending you the book **so that** you'll read it.* |
| No empiecen Uds. la reunión **antes (de) que** regrese el líder. | *Don't begin the meeting **before** the leader returns.* |
| Me iré mañana **a menos que** llegue Pepe. | *I will go tomorrow **unless** Pepe arrives.* |

*Para que,* "so that, in order that"; *con tal (de) que,* "provided that"; *en caso (de) que,* "in case that"; *a menos que,* "unless"; *sin que,* "without"; *antes (de) que,* "before" are always followed by the subjunctive.

4. Note the English equivalent for a clause with *sin que:*

| | |
|---|---|
| No podré hacerlo **sin que** tu me ayudes. | *I won't be able to do it **without** your helping me.* |

## Ejercicios

**A.** Cambie las frases según el modelo.

1. No saldremos hasta que *Enrique* se duerma.
   (a) Domingo y Carlos   (b) tú
   *(a) No saldremos hasta que Domingo y Carlos se duerman.*

2. Escríbame la carta después de que *Ud.* hable con María.
   (a) ellos   (b) Armando

3. Nadie se quejará mientras *tu padre* esté alegre.
   (a) tú y yo   (b) los habitantes

4. Estudiarán la calavera en cuanto regrese *el doctor Méndez.*
   (a) tú   (b) nosotros

5. Estaré muerto de hambre cuando llegue *papá.*
   (a) tú   (b) los niños

**B.** Cambie las frases según el modelo.

1. Linda viene el sábado, pero le escribiré aunque viene.
   *Es posible que Linda venga el sábado, pero le escribiré aunque venga.*

2. Sabemos la verdad, pero no nos escucharán aunque la sabemos.

3. Ana prefiere los dulces, pero José le dará libros aunque a ella no le gustan.

4. Guatemala es un país interesante, pero estos turistas no lo visitarán aunque es interesante.

5. Los niños están muy pálidos, pero el médico no recetará nada, aunque están pálidos.

**C.** Cambie las frases según el modelo.

1. María llorará cuando *entre al cementerio.*
   a. Teresa le cuenta la pesadilla
   b. Jorge y Alicia se van
   *a. María llorará cuando Teresa le cuente la pesadilla.*

2. Les prestaremos el libro sobre los musulmanes antes de que *visiten Granada.*
   a. piden más informes
   b. hablan con el famoso arquitecto

3. A menudo te vas sin que *te vean.*
   a. nos encontramos
   b. tu padre se da cuenta

4. Nos sentaremos al sol a menos que *María prefiera la sombra.*
   a. Uds. tienen calor
   b. no hay lugar

**D.** Complete las frases usando el subjuntivo del verbo entre paréntesis. Empiece con el modelo.

1. Jaime estudiará mucho para que sus padres le ___ un auto. (dar)
   *Jaime estudiará mucho para que sus padres le den un auto.*

2. Rosa no se encontrará con María a menos que ____ ahora mismo. (salir)
3. Según la leyenda, los fantasmas no saldrán del cementerio con tal de que no ____ hambre. (tener)
4. Sacaré una foto para que nosotros no ____ de este lugar. (olvidarse)
5. En caso de que ellos ____, dígales que no iremos al cine hoy. (venir)
6. No se quejarán de la lluvia con tal de que no ____ demasiado. (llover)
7. No hablaremos del amor eterno hasta que nos ____ mejor. (conocer)

## Confirme su progreso

Complete the sentences using the correct form of the verb in parentheses.

1. Mamá me lo traerá cuando ____. (venir)
2. No nos divertiremos hasta que mis amigos ____. (llegar)
3. Tía Inés nunca puede descansar mientras nosotros ____ aquí. (charlar)
4. ¡Mira esta lluvia! ¿Crees que debemos quedarnos aquí aunque ____? (llover)
5. Le daremos el té a abuelito cuando lo ____. (pedir)
6. Nos quedaremos aquí en caso de que Saúl y Pablo ____ de repente. (despertarse)
7. No ayudes a Ricardo a menos que él te ____. (pagar)
8. A menudo mi primo se quita los zapatos en cuanto ____ de comer. (terminar)
9. Le voy a decir que salga para que ____ con Anita. (encontrarse)

## HABLEMOS UN POCO

What are your plans for next Saturday? Make up a schedule of your activities similar to the one shown below, using infinitives. Exchange schedules with a classmate and ask each other questions about the activities using the future tense. Here are some sample questions and answers about the schedule below:

| SÁBADO |
|---|
| 9:00 desayunar con abuelita |
| 10:00 |
| 11:00 lavar el auto |
| 12:00 |
| 1:00 llevar a María al mercado |
| 2:00 |
| 3:00 ir a la peluquería |
| 4:00 |
| 5:00 |
| 6:00 |
| 7:00 ir a la fiesta de los Roldós |
| 8:00 |

STUDENT 1: ¿Qué harás a las nueve?
STUDENT 2: Tomaré el desayuno con abuelita.
STUDENT 1: ¿Por qué lavarás el auto?
STUDENT 2: Porque estará sucio.
STUDENT 1: ¿Qué comprarás en el mercado?
STUDENT 2: Compraré legumbres y frutas.

# PALABRAS NUEVAS

## EL CRIMEN

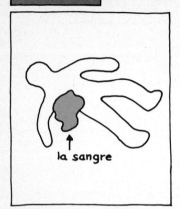

la sangre

el testigo

las armas

el revólver

la daga

las huellas

## LAS AUTORIDADES

investigar

el asesino

detener

huir

## EL JUICIO

¡Culpable!

el acusado

el juez

¡Inocente!

La Sala del Tribunal

el jurado

acusar

lección

**6**

# La Justicia

*Ud. dirá.* La policía está investigando un robo. El ladrón huyó del banco y se escapó. Ud. lo vio. Conteste las preguntas de la señorita policía.

## El Diario del Pueblo

La Justicia: Extraño crimen y castigo

Hoy al amanecer entre las calles Naturaleza y Castillo la policía detuvo a tres sospechosos del robo de un gran número de aguacates que desaparecieron misteriosamente del supermercado «El Buen Gusto» ayer a eso de las seis de la tarde. La policía se sorprendió al tener que llevar a los ladrones al Hospital Municipal. Los médicos los trataron rápidamente y pudieron calmarles graves dolores de estómago debidos a una indigestión de guacamole. Esta mañana los criminales declararon:—Estamos verdaderamente arrepentidos de nuestro crimen. La abogada de los culpables les pidió a las autoridades perdón para sus clientes puesto que, según declaró ella:—Ellos ya recibieron su castigo en el hospital.

## • Glosario

SUSTANTIVOS

**el acusado, la acusada**
      accused person,
      defendant
**el amanecer** dawn
**el arma°** weapon, arm
**el asesinato** murder

**el asesino, la asesina**
      murderer, assassin
**la autoridad** authority
**el castigo** punishment
**el crimen** crime
**el, la criminal** criminal

**la culpa** fault, guilt
**el, la culpable** guilty
      person
**la daga** dagger

⇒ COMENTARIO
°**El arma,** like *el agua,* and *el hambre,* is feminine.

el diario  daily
      newspaper; diary
el gusto  taste; pleasure;
      whim
la huella  footprint, track
el, la inocente  innocent
      person
el, la juez  judge
el juicio  trial; judgment;
      wisdom

el jurado  jury
la justicia  justice
el pueblo  town, village;
      people
el revólver  gun
el robo  robbery
la sala del tribunal
      courtroom

la sangre  blood
el sospechoso, la
      sospechosa
      suspicious person,
      suspect
el testigo  witness

VERBOS

acusar  to accuse
calmar  to calm, to quiet
castigar (gu)  to punish
declarar  to declare
desaparecer (zc)  to
      disappear

detener  to stop; to
      arrest
huir (y)  to flee
investigar (gu)  to
      investigate

sorprenderse (de)  to be
      surprised (at)
sospechar (de)  to suspect
tratar  to treat; to discuss

ADJETIVOS

arrepentido, -a  repentant
culpable  guilty
debido, -a  reasonable,
      proper

diario, -a  daily
grave  grave, serious

inocente  innocent
sospechoso, -a  suspicious

ADVERBIOS

misteriosamente
      mysteriously

rápidamente  rapidly
verdaderamente  truly

EXPRESIONES / PALABRAS
      ÚTILES

debido a  due to, on
      account of

puesto que  since,
      inasmuch as

## Ejercicios de vocabulario

**A.** Conteste según los dibujos. Empiece con el modelo.

1. ¿Qué usó el criminal?     *El criminal usó una daga.*

2. ¿Qué dejó el sospechoso?

3. ¿Qué encontró la policía?

4. ¿Quién vio el crimen?

5. ¿Qué hizo el criminal?

6. ¿Qué va a hacer el detective?

7. ¿Quién le va a hablar al jurado?

**B.** Complete las frases con las palabras más apropiadas.

1. Un revólver es *(una daga / una arma / una culpa)*.
2. Un buen detective debe *(acusar al inocente / calmar a las autoridades / investigar bien el crimen)*.
3. En la sala del tribunal no se ve *(al acusado / al testigo / un asesinato)*.
4. Los criminales reciben su castigo *(debido / diarios / misteriosamente)*.
5. Los médicos tratan a los enfermos más *(dulces / pesados / graves)*.

## • Estudio de vocabulario

### Sinónimos 1
Escoja la palabra o la expresión cuyo sentido es diferente del sentido que tienen otras palabras del grupo.

1. investigar    desayunar    buscar con cuidado    examinar
2. importante    grave    serio    fácil
3. ¡Qué horror!    ¡Rápidamente!    ¡Pronto!    ¡Ahora mismo!
4. huir    escaparse    mezclar    irse de repente
5. ¡Lo siento mucho!    ¡Qué tontería!    ¡Estoy muy arrepentido!
   ¡Ay, perdón!

### Sinónimos 2
Cambie las frases sustituyendo las palabras en letra itálica por una de las palabras siguientes.

   el diario    el pueblo    detener    las huellas    verdaderamente

1. *La ciudad* tiene un ambiente alegre y animado.
2. ¡Qué éxito! El detective consigue encontrar *el rastro* del asesino.
3. Dicen que la película es *muy* interesante.
4. La policía continuará hasta que pueda *capturar* al culpable.
5. Roberto compra *el periódico de hoy*.

### Antónimos
Escoja la palabra de la segunda columna cuyo sentido es contrario al de la palabra de la primera columna.

1. huir
2. inocente
3. el perdón
4. rápidamente
5. acusar

   a. defender
   b. lentamente
   c. culpable
   d. el castigo
   e. quedarse

### Palabras asociadas 1
Complete las frases con una palabra parecida a la palabra en letra itálica.

1. «Buscamos *justicia* en este ____,» dijo el abogado.
2. ¡Dios mío! Me quieren *robar* el bolso. ¡Es un ____!
3. Es ____ una lástima. El testigo no puede decir la *verdad*.
4. El *jurado* ya está en la sala del tribunal, pero el ____ no está.

5. Cuando Juan me vio, ____. «¡Qué *sorpresa*!» me dijo.

6. El *criminal* recibirá un castigo por su ____.

### Palabras asociadas 2

El crimen de *un asesino* es *un asesinato*. Si una persona parece *sospechosa*, la gente puede *sospechar* que es culpable de algo. Si es *culpable, tiene la culpa*. Y puesto que tiene la culpa, las *autoridades* tienen *autoridad* para *castigarlo*, es decir, para *darle un castigo*.

### Palabras con varios sentidos 1

Complete las frases con la forma correcta de *detener* o *tratar*.

1. La policía va a ____ al criminal.

2. ¿De qué ____ esta novela?

3. La novia de Esteban lo ____ mal.

4. Allí va corriendo mi amigo; lo voy a ____ por un momento.

### Palabras con varios sentidos 2

Complete las frases con una de las palabras siguientes.

    diario      juicio      pueblo      gusto

1. ¿Está bien cocinada esta carne? Tiene un ____ extraño.

2. Ese señor siempre lleva elegantes trajes. ¡Qué buen ____ tiene!

3. Cuando lo presenté a Eva, Marcos dijo, «Es un ____ conocerla, señorita».

4. Este testigo es de un ____ pequeño del norte del país.

5. El rey quiere a su ____.

6. Voy a comprar otro periódico porque no me interesa este ____.

7. En este ____ escribo todas las cosas que me pasan.

8. Pablo tiene mal ____; a veces hace cosas sin pensar mucho.

9. El ____ empezó hace dos meses y todavía sigue.

### No hay que confundir

*El cuchillo* can be used for all types of knives, and is always used when referring to silverware or to kitchen knives. *La daga* is a weapon: *El culpable lo mató con una daga.*

> *Ud. dirá.* El abogado quiere saber por qué desapareció Ud. misteriosamente después del asesinato de su gerente. Conteste sus preguntas.

# EXPLICACIONES

## El pretérito

1. Look at these examples of the preterite tense:

| | |
|---|---|
| Ayer **me encontré** con Alicia. | *Yesterday **I ran into** Alicia.* |
| Carlos Ortiz **metió** dos goles. | *Carlos Ortiz **scored** two goals.* |
| ¡Ay, Paco, no **saliste** bien en el examen! | *Oh, Paco, **you didn't do** well on the exam!* |

Remember that the preterite tense is used to indicate an action that either began or ended at a particular time in the past.

Review the formation of the preterite tense for regular verbs:

| HABLAR | | APRENDER | | VIVIR | |
|---|---|---|---|---|---|
| hablé | hablamos | aprendí | aprendimos | viví | vivimos |
| hablaste | hablasteis | aprendiste | aprendisteis | viviste | vivisteis |
| habló | hablaron | aprendió | aprendieron | vivió | vivieron |

Did you remember that the preterite endings for regular -*er* and -*ir* verbs are identical? Note that the 1 plural forms of -*ar* and -*ir* verbs are the same in the preterite as in the present indicative.

2. The stem changes that you learned for -*ar* and -*er* verbs in the present tense do not occur in the preterite: *cerrar* ↔ *cierro* ↔ *cerré; volver* ↔ *vuelvo* ↔ *volví.*

Do you remember what happens in the preterite with -*ir* verbs that have stem changes in the present? Look at these verbs:

| PREFERIR | | DORMIR | | PEDIR | |
|---|---|---|---|---|---|
| preferí | preferimos | dormí | dormimos | pedí | pedimos |
| preferiste | preferisteis | dormiste | dormisteis | pediste | pedisteis |
| prefirió | prefirieron | durmió | durmieron | pidió | pidieron |

Note that the stem changes (e ↔ i, o ↔ u) occur only in the 3 singular and plural forms of the preterite.

The verbs *hervir, sugerir, sentir,* and *divertirse* are like *preferir (ie)(i)* in the preterite. *Morirse* is like *dormir (ue)(u). Repetir, vestirse, seguir, conseguir,* and *servir* are like *pedir (i)(i).*

3. A few -*ar* verbs have a spelling change in the *yo* form of the preterite. The *c* of -*car* verbs becomes -*qu-:*

> tocar ↔ to**qué**

The *g* of -*gar* verbs becomes -*gu-:*

> jugar ↔ ju**gué**

The *z* of -*zar* verbs becomes -*c-:*

> empezar ↔ empe**cé**

The remaining preterite forms of these verbs are regular.

Here are other verbs of this kind that you have learned:
*acercarse, atacar, buscar, comunicar, chocar, destacarse, explicar, pescar, picar, practicar, sacar*

*apagar, colgar, descolgar, despegar, entregar, llegar, pagar, pegar*
*abrazar, aterrizar, bostezar, cruzar, localizar, organizar, realizar*

4. Some *-er* and *-ir* verbs have spelling changes in the preterite. The 3 singular form ends in *-yó* and the 3 plural ends in *-yeron*. Note these spelling changes in the verbs you have learned:

creer ↔ creyó ↔ creyeron          destruir ↔ destruyó ↔ destruyeron
leer ↔ leyó ↔ leyeron            construir ↔ construyó ↔ construyeron
oír ↔ oyó ↔ oyeron               incluir ↔ incluyó ↔ incluyeron
huir ↔ huyó ↔ huyeron

The remaining preterite forms of these verbs are regular.

## Ejercicios

**A.** Cambie las frases usando los nuevos verbos. Empiece con el modelo.

1. No defendiste a nadie.
   (a) sospechar de    (b) escribir    (c) acusar
   *No sospechaste de nadie.*

2. El juez aconsejó el perdón.
   (a) discutir    (b) anunciar    (c) insistir en

3. Lloré al oír las graves noticias.
   (a) sorprenderse    (b) gritar    (c) sentarse

4. Calmamos a la víctima inocente.
   (a) agarrar    (b) aplaudir    (c) ayudar

5. Los testigos desaparecieron misteriosamente.
   (a) salir    (b) contestar    (c) regresar

**B.** Cambie las frases usando los nuevos sujetos.

1. Nos dormimos en la sala del tribunal.
   (a) tú    (b) los acusados    (2) el jurado
   *Te dormiste en la sala del tribunal.*

2. El pueblo pidió justicia.
   (a) yo    (b) las víctimas    (c) tú

3. Las autoridades le sugirieron las palabras debidas.
   (a) yo    (b) su amigo    (c) nosotras

4. Nos vestimos rápidamente.
   (a) el acusado    (b) tú    (c) tú y yo

5. Casi me morí al recibir la noticia.
   (a) los jóvenes    (b) el culpable    (c) nosotros

6. Sentimos mucho la muerte del cantante.
   (a) los músicos    (b) tú    (c) la actriz

**C.** Conteste *no*. Empiece con el modelo.

1. ¿Buscaron la daga los asesinos?
   *No, yo la busqué.*

2. ¿Abrazó a los niños papá?

3. ¿Pagaron la multa los culpables?

4. ¿Entregó el revólver la mujer sospechosa?
5. ¿Castigó al inocente el juez?
6. ¿Atacaron al culpable los testigos?
7. ¿Apagó las luces el asesino?

**D.** Cambie las frases usando las palabras entre paréntesis. Empiece con el modelo.

1. Huiste del pueblo. (el acusado)
   *El acusado huyó del pueblo.*

2. Destruí las huellas. (los asesinos)
3. Construimos esta arma. (los ingenieros)
4. Leíste el diario del criminal. (el jurado)
5. Oí los gritos de la víctima inocente. (el testigo)
6. No creímos al testigo. (la juez)
7. No incluiste a todas las personas culpables. (el juicio)
8. Me caí cerca del hospital. (la enfermera)

## El pretérito de verbos irregulares

1. Do you remember how to form the preterite of the verbs *estar, tener, poder, poner,* and *saber?* Look at this example.

| ESTAR | |
|---|---|
| estuve | estuvimos |
| estuviste | estuvisteis |
| estuvo | estuvieron |

Here is the *yo* preterite form of the verbs in this group. Can you give the remaining forms of the preterite?

ANDAR ↔ anduve   TENER ↔ tuve   PODER ↔ pude   PONER ↔ puse
SABER ↔ supe

Remember that all these verbs have *u* in the stem. The endings have no written accent and are the same as the preterite endings for regular *-er* and *-ir* verbs except for the 1 and 3 singular.

Look in the section called *Verbos* in the back of the book if you have difficulty forming the preterite of these and other irregular verbs.

Remember that *saber* and *poder* have special meanings. The preterite of *saber* means "found out, learned." *Poder* in the preterite is the equivalent of "managed to."

| | |
|---|---|
| **Supe** que el equipo de Madrid ganó. | *I found out* that the Madrid team won. |
| **Pudimos** viajar por toda Europa. | *We managed* to travel all over Europe. |

2. What are the similarities among *hacer*, *venir*, and *querer?*

| HACER | | VENIR | | QUERER | |
|-------|------|-------|------|--------|------|
| hice | hicimos | vine | vinimos | quise | quisimos |
| hiciste | hicisteis | viniste | vinisteis | quisiste | quisisteis |
| hizo | hicieron | vino | vinieron | quiso | quisieron |

Note that these verbs have *i* in the stem and have the same endings as the previous group of verbs. Why do you think *hizo* is spelled with a *z,* and not a *c?*

Remember that *querer* in the preterite has special meanings other than "to want." In the affirmative, it means "tried, intended." In the negative, it is the equivalent of "refused."

**Quise** terminarlo.　　　　　*I **tried** to finish it.*
Chela **no quiso** salir.　　　　*Chela **refused** to leave.*

3. Note the similarities between *decir* and *traer:*

| DECIR | | TRAER | |
|---|---|---|---|
| dije | dijimos | traje | trajimos |
| dijiste | dijisteis | trajiste | trajisteis |
| dijo | dijeron | trajo | trajeron |

Both verbs contain a *j* in the stem and the endings are the same as those of the previous groups except that the 3 plural is *-eron* instead of *-ieron.*

4. Do you remember how to form the preterite of *ser, ir,* and *dar?* The forms of *ser* and *ir* are exactly the same.

| SER | | IR | | DAR | |
|---|---|---|---|---|---|
| fui | fuimos | fui | fuimos | di | dimos |
| fuiste | fuisteis | fuiste | fuisteis | diste | disteis |
| fue | fueron | fue | fueron | dio | dieron |

## Ejercicios

**A.** Cambie las frases al plural. Empiece con los modelos.

1. Anduve por el centro.
   *Anduvimos por el centro.*
2. El sospechoso hizo las huellas.
   *Los sospechosos hicieron las huellas.*

3. El detective detuvo al sospechoso.
4. Estuve verdaderamente arrepentido.
5. El policía pudo encontrar las huellas.
6. El ladrón vino sin el revólver.
7. La autoridad quiso recoger la daga.
8. Puso misteriosamente las armas en el camión.
9. Supe que lo declararon inocente.
10. El otro invitado no tuvo tiempo para venir.

**B.** Conteste las preguntas usando las palabras entre paréntesis. Empiece con el modelo.

1. ¿Qué hizo el médico? (traer del laboratorio la sangre)
   *El médico trajo del laboratorio la sangre.*

2. ¿Qué hiciste tú? (decirle la verdad)
3. ¿Qué hicieron los directores? (traer el programa)
4. ¿Qué hizo el payaso? (decir tonterías)
5. ¿Qué hicieron Uds.? (traerles noticias del asesinato)
6. ¿Qué hicieron los testigos? (no decir nada)

**C.** Cambie las frases al pretérito. Empiece con el modelo.

1. No soy culpable del crimen.
   *No fui culpable del crimen.*

2. ¿Quiénes nos dan el diario?
3. Vamos a pedir el perdón.
4. El juez me da el castigo debido.
5. Los testigos van conmigo.

6. El problema es algo difícil.
7. Somos víctimas de un robo.

8. ¿Le das la mano a tu cuñado?
9. ¿Estás arrepentido del crimen?

---

OBSERVE UD.

*Hubo,* the preterite of the impersonal *hay,* means "there was" or "there were." It is used to describe an incident that took place at a particular time in the past. *Hubo* has only one form for both the singular and plural.

Anoche **hubo** un accidente en la calle Bolívar.

*Last night **there was** an accident on Bolivar Street.*

**Hubo** fuegos artificiales en el parque el cuatro de julio.

***There were** fireworks in the park on the Fourth of July.*

## Los usos de lo

1. Do you recall this use of *lo?*

Eva llegó ayer, pero Carlos no **lo** sabe.

*Eva arrived yesterday, but Carlos doesn't know (**it, that**).*

Pilar está enferma. No **lo** parece, ¿verdad?

*Pilar is sick. She doesn't look **it,** does she?*

¿Son ricas esas señoras? Sí, **lo** son.

*Are those women rich? Yes, they are.*

In these sentences, *lo* is used to refer to an idea that has already been mentioned. English often uses "it," "that," or no word at all as the equivalent of *lo.*

2. *Lo* is also used with adjectives and adverbs:

Hicimos **lo posible** para volver a tiempo.

*We did **what was possible** to return on time.*

**Lo extraño** de la película viene al final.

***The strange part** of the movie comes at the end.*

Me encanta **lo bien** que Ana habla inglés.

*I love **how well** Ana speaks English.*

**Lo mucho** que sabe Paco sorprende a todo el mundo.

***How much** Paco knows surprises everyone.*

Other common adverbs used with *lo* are: *mal, poco,* and *pronto.*

## Ejercicios

**A.** Conteste según los modelos.

1a. ¿Sabes si tratan bien al acusado?
   *No lo sé.*

b. ¿Saben Uds. si investigaron al sospechoso?
c. ¿Sabe José que Elena es culpable?

2a. ¿Cree Ud. que Alfonso trabaja rápidamente?
    *No lo creo.*

  b. ¿Creen Uds. que nuestro equipo va a ganar?
  c. ¿Cree él que tienes suerte?

3a. ¿Preguntas quién tiene autoridad aquí?
    *No lo pregunto.*

  b. ¿Preguntan los culpables por qué el juez no los castigó?
  c. ¿Preguntan Uds. si el arquitecto tiene buen gusto?

4a. ¿Dicen Uds. que el sospechoso es inocente?
    *No lo decimos.*

  b. ¿Dice él cuántas personas salieron de aquí?
  c. ¿Dices que nadie tuvo la culpa?

**B.** Conteste *sí* usando *lo.* Empiece con el modelo.

  1. ¿Parece enferma la juez?
     *Sí, lo parece.*

  2. ¿Son ricos los turistas?
  3. ¿Están alegres los payasos?
  4. ¿Es aburrido el Sr. Roldós?
  5. ¿Estás listo para entrar en la sala del tribunal?
  6. ¿Parecen muy tristes ellos?

**C.** Conteste según el modelo.

  1. ¿Es extraño el crimen?
     *Te diré lo extraño que es.*

  2. ¿Es increíble su gusto?          5. ¿Es culpable el acusado?
  3. ¿Es inocente tu hermano?         6. ¿Es sospechoso el testigo?
  4. ¿Es grave el problema?

**D.** Cambie las frases según el modelo.

  1. Elena canta bien.
     *Los profesores saben lo bien que Elena canta.*

  2. José estudia mucho.              4. Eduardo y tú trabajan poco.
  3. Contestamos pronto.              5. Veo mal sin anteojos.

---

¿RECUERDA UD.?

Note this special use of *hace* with the preterite:

| Clara me dio este libro **hace** mucho tiempo. | Clara gave this book to me a long time **ago.** |
| Sembramos el maíz **hace** dos meses. | We planted corn two months **ago.** |

To express the idea of "ago," Spanish uses *hace* with the length of time and the preterite.

# LECTURA

## Robo en el Salón de Oro

—Don José Gutiérrez—le explicó la directora del museo al jefe de policía—trabaja como guía[1] en el Museo de Antigüedades.[2] Está encargado[3] del salón[4] de exhibiciones más importante, el Salón de Oro. Allí están los artefactos[5] de oro de la época precolombina,[6] especialmente el símbolo del
5  orgullo[7] nacional, el Cóndor[8] Dorado,[8] que figura[9] en los sellos, las monedas, los billetes[10] y la bandera nacional. El señor Gutiérrez les explica esto a los turistas todos los días.

En la comisaría[11] don José Gutiérrez habló con insistencia de su inocencia. —No robé el Cóndor Dorado—les dijo a los policías. —Entré
10  en el Salón a las ocho de la mañana, como siempre, y encontré vacío[12] el gabinete[13] de cristal. No olvide Ud. que yo mismo toqué[14] la alarma. ¿No llamé yo mismo a la policía?

—Sí, sin duda[15]—dijo el jefe de policía, —pero llamó a las nueve, una hora después de llegar a su trabajo. Así que tuvo suficiente[16] tiempo para
15  robar y esconder[17] el Cóndor Dorado.

En ese momento, Ramiro, el hijo de don José, entró en la sala de espera[18] de la comisaría con su mejor amigo, Francisco. Ramiro también trabajaba en el museo después de sus clases, limpiando los salones.

—No puede ser, Francisco—dijo. —Mi papá no robó el Cóndor.

20  —Cálmate, amigo. Ahora vamos a ver qué dicen.

El detective Arroyo, encargado de investigar el robo, les explicó: —La policía detuvo a su padre, puesto que él pasa más tiempo en el Salón de Oro que ninguna otra persona y tiene las llaves del gabinete. Además, no llamó a la policía hasta las nueve.

25  —¡Pero, señor capitán! —exclamó Ramiro. —La directora del museo, el arqueólogo Dr. Saínz y el guardia del Salón tienen llaves también.

—Sí, muchacho, pero una directora no roba artefactos de su propio museo, y la Sra. Pérez trabaja como directora del museo desde hace muchos años. El Dr. Saínz es un hombre famoso y respetado. Y el guardia tiene la
30  llave de la puerta, pero no la llave del gabinete de cristal. El Dr. Saínz tampoco tiene llave. Sólo su padre y la Sra. Pérez la tienen. ¡Basta ya! Déjenme trabajar.

---

[1]el guía  *guide*
[2]la antigüedad  *antiquity*
[3]encargado, -a  *in charge*
[4]el salón  *room*
[5]el artefacto  *artefact*
[6]precolombino,-a  *pre-Columbian*

[7]el orgullo  *pride*
[8]dorado, -a  *gold*
[9]figurar  *to figure, appear*
[10]el billete  *bill*
[11]la comisaría  *police station*
[12]vacío, -a  *empty*

[13]el gabinete  *cabinet*
[14]tocar  *to ring*
[15]la duda  *doubt*
[16]suficiente  *sufficient*
[17]esconder  *to hide*
[18]la sala de espera  *waiting room*

Media hora después, en un café cerca del museo, Ramiro le dijo a Francisco: —No entiendo cómo pueden encerrar[19] a mi papá en la cárcel.
35  No tienen pruebas[20] suficientes.

—Así es. Sin pruebas las autoridades van a tener que dejarlo libre.[21]

—No, Francisco. Es que hasta ahora no sospechan de nadie más. ¡Tengo una idea! ¿Me acompañas al museo para averiguar[22] algunas cosas?

Cuando llegaron a la oficina de la directora, la secretaria los anunció y
40  la Sra. Pérez los recibió inmediatamente. —Lo siento mucho, Ramiro— dijo. —Hace quince años que tu papá trabaja aquí. Es increíble. Pero en realidad[23] no puedo juzgarlo;[24] para eso van a tener el juicio.

—Pero mi papá no es el único que tiene llave, señora.

La directora se sonrojó.[25] —Bueno, pues . . . este . . . es verdad. Pero
45  el detective ya les explicó por qué el Dr. Saínz y yo no podemos ser culpables. Bueno, discúlpenme,[26] porque tengo que trabajar. Hasta luego, muchachos.

Los dos amigos pasaron a la oficina del gran arqueólogo. Después de saludarle, Francisco empezó así: —Profesor, queremos. . . .

50  —No puedo hablarles ahora. Otro día quizás, ¿no?

—Pero, profesor, tengo que hablar de . . . de mi . . . —Ramiro pensó un segundo[27] y luego cambió de tono—de sus viajes y de sus magníficos artefactos.

—¡Ajá! ¿Les gustan mis tesoros?[28] —El Dr. Saínz abrió un amplio[29]
55  armario.[30] Los muchachos pudieron ver muchos artefactos. —¿Cuál les gusta más? Miren Uds. éste de los chibchas° de Colombia. Y éste. De los mayas° de Guatemala. Y en esos gabinetes tengo otras cosas muy hermosas. Estos tesoros son mi vida, jóvenes.

—Fascinante, ¿verdad, Francisco?

60  —Gracias, muchacho. ¡Cuidado! No ponga la mano ahí. Hay barro[31] para sacar impresiones de los artefactos. Se puede ensuciar[32] las manos.

—Ud. debe trabajar muchísimo. ¿A qué hora llega al trabajo todos los días?

—Pues, siempre a las ocho. A la hora en que se abre la puerta
65  principal. Mmm . . . Ud. es . . . a ver . . . el hijo del Sr. Gutiérrez. ¡Por eso! —El arqueólogo lo miró fijamente[33] y Ramiro hizo un esfuerzo[34] para no parecer nervioso. —Por eso le gustan mis cosas. Ud. es como su

Lección
seis

106

[19]encerrar  *to put (in jail)*
[20]la prueba  *proof*
[21]libre  *free*
[22]averiguar  *to investigate*
[23]la realidad  *reality*
[24]juzgar  *to judge*

[25]sonrojarse  *to blush*
[26]discúlpenme  *excuse me*
[27]el segundo  *second (clock time)*
[28]el tesoro  *treasure*
[29]amplio, -a  *roomy, large*

[30]el armario  *closet*
[31]el barro  *clay*
[32]ensuciar  *to dirty*
[33]fijamente  *intently*
[34]el esfuerzo  *effort*

padre . . . aficionado a las antigüedades, ¿no?

Ramiro se sintió aliviado,[35] casi alegre. —Sí, profesor, lo soy.

70 —El pobre señor Gutiérrez. Buen hombre. Un admirador de los artefactos como yo. Sabe apreciar estos tesoros, sólo que. . . .

—Entonces ¿puede ser culpable del robo? —le preguntó Francisco.

—Pues . . . a lo mejor,[36] no. Debe ser otra persona. Alguien que no es del museo, quizás.

75 —Pero el criminal abrió el gabinete de cristal con una llave. Tiene que ser alguien del museo—respondió Francisco.

El arqueólogo pareció estar menos tranquilo que antes. —No pensé en eso—dijo, mirando el reloj eléctrico, —Bueno, debo volver a mi trabajo. Ya son las cuatro . . . no, perdón, son las cinco. Parece que ese reloj anda
80 atrasado[37] una hora porque ayer al amanecer no hubo corriente eléctrica durante una hora en esta parte de la ciudad.

—Sí, ya son las cinco—dijo Ramiro distraídamente.[38] Y de repente se dio cuenta de una posible prueba de la inocencia de su papá.

Al día siguiente los dos amigos se encontraron en el centro. Ramiro
85 llevó a Francisco a una tienda de cosas típicas del país. Allí compró una reproducción del Cóndor Dorado.

—Ramiro, no seas tonto. La reproducción es de bronce.[39] No van a creer. . . .

—Pero desde cierta distancia y bajo[40] las luces del Salón de Oro,
90 pueden pensar que es el verdadero[41] Cóndor, ¿no crees? Hagamos la prueba.

—¿Cómo piensas ponerlo allí?

—Puedo abrir el gabinete con esta llave de mi papá. ¿Te sorprendes? Claro, los agentes de policía le quitaron la llave, pero ayer encontré esta copia extra en uno de sus cajones. Hay que resolver[42] este problema. Al ver
95 las reacciones de la gente del museo, veremos quién parece más sorprendido, y, por lo tanto,[43] quién es culpable. Bueno, Francisco, ¿nos encontramos en el museo a las cinco?

A las cuatro Ramiro entró en el museo, como siempre. Primero limpió el Salón Colonial. A las cinco pasó al Salón de Oro. Francisco llegó poco
100 después y se quedó en la puerta vigilando.[44] Ramiro puso el cóndor falso en la vitrina. Poco después, un guardia entró y, viendo la reproducción del Cóndor de Oro, salió corriendo. Unos momentos después volvió con la Sra. Pérez. La directora dijo en voz baja, —Es increíble . . . es un milagro.[45]

---

[35]sentirse aliviado  *to feel relieved*
[36]a lo mejor = quizás
[37]atrasado, -a  *slow*
[38]distraídamente

*distractedly*
[39]el bronce  *bronze*
[40]bajo  *under*
[41]verdadero, -a  *real*

[42]resolver  *to solve*
[43]por lo tanto  *therefore*
[44]vigilar  *to keep guard*
[45]el milagro  *miracle*

—En ese momento llegó el arqueólogo. —No puede ser, no puede ser
105 —exclamó. ¡Imposible!

Mientras Francisco seguía hablando con la gente del museo, Ramiro
salió del Salón de Oro y se dirigió[46] a la oficina del arqueólogo. Pero, de
repente oyó pasos,[47] y sin pensar más, se escondió en el armario. El Dr.
Saínz entró, fue directamente a un gabinete, lo abrió con una llave y
110 sacó... ¡nada menos que el Cóndor Dorado! Ramiro salió del armario.
—¡Lindos artefactos tiene Ud., doctor! —dijo sonriendo. En ese momento
alguien llamó a la puerta. Ramiro la abrió. —Francisco —dijo. —¡Mira lo
que tenemos aquí!

Cuando los dos héroes llevaron al ladrón a la oficina de la directora, el
115 detective Arroyo ya estaba allí. Ramiro explicó: —Sospeché del arqueólogo
cuando nos dijo: —Estos tesoros son mi vida. —En ese momento pensé:
—Este señor se siente demasiado orgulloso de sus artefactos. —Él pudo
hacerse una llave con el barro que usa para hacer impresiones, porque varias
veces en el pasado abrió el gabinete de cristal con la llave de mi papá para
120 estudiar el Cóndor Dorado. La noche anterior[48] al robo no hubo corriente
eléctrica en esta parte de la ciudad durante una hora, y el reloj eléctrico de
nuestra casa se atrasó[49] una hora, así como también el reloj de la oficina del
Dr. Saínz. Mi papá no llamó a la policía hasta las nueve porque a esa hora
entró en el museo.

125 Los jóvenes detectives sorprendieron a todos, incluso[50] al capitán
Arroyo, por su inteligencia y valor.[51] Poco después, cuando don José salió
de la cárcel, lo esperaban Ramiro, Francisco y la Sra. Pérez. La directora
lo abrazó y le entregó un regalo —un hermoso reloj de oro. —Para que
evites[52] problemas así en el futuro, José —le dijo con emoción.

## ▶NOTAS CULTURALES

°**El cóndor** es una ave[53] carnívora de la región de los Andes. Es una ave
enorme —la más grande de todas las aves que vuelan. Pesa hasta[54] 10 kilos,[55]
mide[56] más de un metro,[57] tiene alas que se estiran[58] hasta 3 metros y puede
volar hasta alturas[59] de 7,000 metros. Igual que[60] el águila[61] en los
Estados Unidos, el cóndor es un símbolo importante en Bolivia, Chile,
Colombia y el Ecuador.

°**Los chibchas** eran una tribu indígena[62] de las montañas de Colombia.
Aunque el pueblo chibcha ya no existe, sabemos que tenían métodos[63]
muy avanzados en agricultura y arte. Fabricaban[64] joyas de oro que

[46]dirigirse *to head for*  
[47]el paso *step*  
[48]anterior *before*  
[49]atrasarse *to lose (time)*  
[50]incluso, -a *including*  
[51]el valor *courage*  
[52]evitar *to avoid*  

[53]el ave *bird*  
[54]hasta *up to*  
[55]el kilo *kilogram*  
[56]medir *to measure*  
[57]el metro *meter*  
[58]estirarse *to stretch*  

[59]la altura *height*  
[60]igual que *similar to*  
[61]el águila *eagle*  
[62]indígena *indigenous*  
[63]el método *method*  
[64]fabricar *to make*

adornaban con esmeraldas;[65] también hacían hermosas
telas[66] de algodón,[67] y objetos de barro.
°**Los mayas** representan una de las civilizaciones precolombinas más
avanzadas.[68] Su cultura data de 1000 A.C.;[69] llegó a su punto culminante
entre 300 y 900 D.C.[70] en Yucatán, México, y en Guatemala, Honduras y
El Salvador. Los mayas inventaron una escritura,[71] desarrollaron[72] un
sistema aritmético que tenía la noción de cero[73] y usaban un calendario
muy exacto basado en la astronomía. Hoy día[74] la mayoría de los habitantes
de Yucatán y Guatemala son descendientes de los mayas.

## Preguntas

Conteste según la lectura.

1. ¿Qué hay en el Salón de Oro?   2. ¿Qué es el Cóndor Dorado?   3. ¿De
quién sospecha la policía?   4. ¿Quién es Ramiro? ¿Quién es Francisco?
5. ¿Dónde trabaja Ramiro después de sus clases?   6. Según Ramiro,
¿quiénes son las cuatro personas que tienen la llave del gabinete?   7. Después
de salir del café, ¿con quiénes hablan los muchachos?   8. ¿Qué es lo que
más le interesa al arqueólogo?   9. ¿Por qué anda atrasado el reloj del Dr.
Saínz?   10. Al día siguiente, ¿qué compra Ramiro?   11. ¿Cómo consiguió
Ramiro una copia de la llave del gabinete?   12. ¿Qué hace con el cóndor
falso?   13. ¿Qué dice el arqueólogo cuando ve el cóndor falso?   14. ¿Quién
ve al Dr. Saínz sacar el Cóndor Dorado de su gabinete?   15. ¿Cuándo
empezó a sospechar del arqueólogo Ramiro?   16. ¿Por qué no llamó don
José a la policía hasta las nueve?   17. ¿Qué regalo le da la directora a don
José?

## HABLEMOS UN POCO

A robbery has just occurred. Alternate with a classmate playing the roles of
witness and investigative reporter. Some of the questions that might be
included in the interview are:

1. ¿Cuándo fue el robo?          5. ¿Qué robaron?
2. ¿Dónde tuvo lugar?            6. ¿Te atacaron?
3. ¿Por qué estuviste en aquel lugar?   7. ¿Detuvo la policía a los ladrones?
4. ¿Viste a los ladrones?

[65]la esmeralda   *emerald*   [69]A.C. = antes de Cristo   [72]desarrollar   *to develop*
[66]la tela   *cloth*   [70]D.C. = después de   [73]el cero   *zero*
[67]el algodón   *cotton*          Cristo   [74]hoy día   *today*
[68]avanzado, -a   *advanced*   [71]la escritura *(form of)*
                                      *writing*

Lesson
6

109

## ESCRIBAMOS UN POCO

Read the following account of a robbery:

El jueves, 21 de febrero, a la una de la tarde, la actriz María Margarita dio un magnífico concierto en el Teatro Colón. El público estuvo muy entusiasmado. Después del concierto en la puerta de salida, un hombre se acercó a María Margarita. Sacó un revólver del bolsillo y le pidió a la actriz su bolso. María Margarita le entregó inmediatamente el bolso al ladrón. La policía no pudo detener al culpable puesto que desapareció entre la gente.

Use the paragraph above and the panels below to write in Spanish an account of a similar robbery experienced by the famous actor Tomás Tomás.

## CONFIRME SU PROGRESO

**A.** Form negative commands that correspond to the situations described below. Use the appropriate direct and indirect object pronouns. Empiece con los modelos.

1. Tu primo Jaime lee tus libros.
   *No los leas.*
2. El detective Suárez investiga los crímenes.
   *No los investigue Ud.*

3. Los testigos miran al criminal.
4. La señora Gómez te trae noticias de los asesinatos.
5. Tu mejor amigo se pone una camisa a rayas.
6. Los acusados escogen a otro abogado.
7. Don Germán acusa a su propio primo.

**B.** Complete the sentences using the correct form of the verb in parentheses.

1. Sabremos la verdad después de que las autoridades ____ el crimen. (investigar)
2. Nieva ahora, pero iremos aunque ____. (nevar)
3. La policía la acusará del crimen en cuanto la ____. (detener)
4. Marcos siempre lee el diario antes de que los niños ____. (acostarse)
5. No te sorprendas cuando ____ los acusados. (llegar)
6. El rey no abrirá la caja hasta que la reina le ____ la llave. (entregar)
7. Mientras Rosita ____, es imposible dormir. (gritar)
8. En caso de que ellos no ____, podremos ir otro día. (venir)

**C.** Complete the sentences using the preterite of the verb in parentheses.

1. Yo ____ en la sala del tribunal. (destacarse)
2. ¿Por qué ____ (tú) de la fiesta? (desaparecer)
3. Yo ____ el cartel con los nombres de los culpables. (pegar)
4. Nosotros ____ el revólver y otras armas. (pedir)
5. Eduardo la ____ bien. (tratar)
6. Yo no ____ con el otro auto. (chocar)
7. Carlos ____ de la habitación. (huir)
8. El testigo ____ la sangre en la daga. (ver)
9. Yo ____ el programa de estudios. (organizar)

**D.** Complete the sentences according to the model.

1. No lo haré mañana porque . . .
    . . . *lo hice ayer.*

2. No las querremos mañana porque . . .
3. Tus padres no te lo dirán mañana porque . . .
4. No te las pondrás mañana porque . . .
5. El mecánico no vendrá mañana porque . . .
6. No la tendré mañana porque . . .

**E.** Answer according to the model.

1. ¿Estás en el centro?
   *No, pero estuve en el centro ayer.*
   ¿Y mañana?
   *Mañana estaré en el centro también.*

2. ¿Pide el médico sangre para las víctimas?
   ¿Y mañana?
3. ¿Se pone Ud. el sombrero?
   ¿Y mañana?
4. ¿Puedes viajar ahora?
   ¿Y mañana?
5. ¿Duermen ahora los hombres?
   ¿Y mañana?
6. ¿Detiene Ud. a los culpables?
   ¿Y mañana?
7. ¿Vas al pueblo?
   ¿Y mañana?

# El teléfono

## Nuevos amigos

**a ver**   hello
**aquí**   this is . . .
**el auricular**   receiver
**bueno**   hello
**el centro de informaciones**   information
**consultar**   to consult
**diga**   hello
**el disco**   dial
**la ficha**   token
**el mismo, la misma**   speaking
**telefónico, -a**   telephone (*adj.*)
**el, la telefonista**   telephone operator

## Viejos amigos

**la cabina del teléfono, la casa de correos, la guía telefónica, la llamada (a larga distancia), la línea, el número, el recado, el teléfono público; colgar, comunicar, dejar, descolgar, hablar (por teléfono), llamar, marcar el número, oír; aló, hola, de parte de (alguien), en voz alta, en voz baja, gracias, lo siento, ocupado, -a, por favor, tenga la bondad**

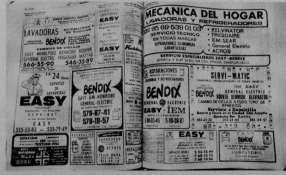

112

Señor, me puede dar el número de María Germán, Calle Ortega #19.

Ud. debe consultar la guía telefónica o el centro de informaciones telefónicas.

Guía Telefónica Caracas

Sra. Guzmán

El telefonista

## ¿Sabías?

If you ever use a telephone in an Hispanic country, you may find that the telephone number does not have seven digits. Upon trying to dial, you may discover that you have to ask the operator to connect you. This is usually true in rural areas; in urban areas, however, you can dial directly. You may also notice that the sounds of the dial tone, the ring, and the busy signal are not the same as in the United States. Public telephones in Hispanic countries often require a token (una ficha) instead of a coin. You may acquire these tokens at local stores, post offices, etc. How you deposit them varies. In some telephones it must be done before taking the receiver off the hook; in others, after taking the receiver off the hook, but before dialing; and in yet others, the token must be deposited when someone answers. Sometimes you must push a button before you speak. Also, the color of the telephone or telephone booth may indicate the area that can be called from it. Long distance calls very often must be made from central offices. The call may have to be placed in advance and you may have to wait a couple of hours (or sometimes a day). These central offices are not open 24 hours. Calls can not be made after closing time.

## Actividades

1. Simulate different kinds of telephone calls. Choose a partner and stand at opposite ends of the classroom. You may want to call the operator to place a long distance call, or call Information to find out another student's phone number. You may want to call someone who is not home and see how you handle that type of situation.
2. Using a cassette recorder, record a one-sided conversation leaving sufficient pauses for someone to answer. Place the recorder in the front of the room and select a friend to respond during the pauses.
3. If your school has a two-way intercom system that can be directed into your classroom alone, conduct two conversations over the intercom with another student. For the first call, you might tell your partner beforehand what you plan to talk about. For the second call, do not provide any prior information.
4. For homework, arrange to call another student and conduct the entire conversation in Spanish. The next day, report the problems each of you encountered during the call.

¡A ver!

¡Diga!

ESPAÑA

Bogotá

Madrid

COLOMBIA

Para hacer una llamada a larga distancia hay que ir a la casa de correos, o al centro de comunicaciones telefónicas.

Teatro María Guerrero

Butaca de Platea

14 NOV. 197

Fila 1 Nº 5     TARDE

*lección*

# 7

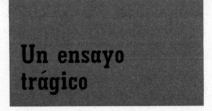

# Un ensayo trágico

*En Nueva York°*

En la Sociedad Hispana de Teatro, Elba, Marta y Ramiro están ensayando la obra de Federico García Lorca,° *Mariana Pineda,°* bajo la dirección de Javier, un compañero un poco exigente.

MARTA   «¡Oh, qué día tan triste en Granada,°
que a las piedras hacía llorar
al ver que Marianita se muere! . . .»[1] Este . . . este . . . se
muere. . . . *(Marta no recuerda los versos.)* Bueno, muere por
bordar la bandera de la libertad y por no entregar a su novio a las
autoridades, ¿no?

JAVIER   ¡Ay, Marta! El día del espectáculo se acerca y todavía no sabes tu
papel. ¡Qué tragedia!

RAMIRO   ¿A qué tragedia te refieres? ¿A la obra o al ensayo?

JAVIER   ¡Atención, Ramiro! Y tú, Marta, tienes que recitar de una
manera más natural, libre como el pájaro vuela por el aire, como
el pez nada en el mar. . . .

RAMIRO   Pero, ¿estamos en un teatro o en un jardín zoológico?

JAVIER   ¡Déjate de tonterías, Ramiro! Elba, empieza donde terminaste ayer.

ELBA   «Yo no podré decirte cómo te quiero nunca;
a tu lado me olvido de todas las palabras. . . .»[1] a tu lado. . . .
*(Elba tampoco recuerda los versos.)* A tu lado Javier, yo también
me olvido de todas las palabras. ¡Tú me pones nerviosa!

JAVIER   ¡Caray! No recuerdas tu papel porque no entiendes el conflicto de
Mariana Pineda. ¡Su amor y su causa la llevaron a la muerte!

RAMIRO   Yo sí lo entiendo. A veces el amor puede matar. Escucha: «El
amor y el calor me van a matar, gitana. . . .»

---

[1]Federico García Lorca. "Mariana Pineda" in *Obras Completas.* Madrid: Aguilar
1955, pp. 691, 738.

| JAVIER | ¿Cómo? ¿En qué escena está ese verso? |
| RAMIRO | En una escena de mi vida. Yo me enamoré una vez en Granada. |
| JAVIER | ¡Basta! ¡Basta! Uds. jamás van a ser actores. Y en cuanto a mí, el amor y el calor no me van a matar. ¡Uds. mismos ya me están matando! |

## ▶NOTAS CULTURALES

°**Nueva York:** La ciudad de Nueva York tiene más personas de habla española que San Juan, Puerto Rico o que Sevilla, España. Para servir a esta gran comunidad, hay estaciones de radio y de televisión, cines y teatros que sólo presentan programas en español. Como también en otras ciudades norteamericanas, existen centros de cultura, bibliotecas, museos y restaurantes que preparan toda clase de comida hispana.

Los hispanos de Nueva York vienen de España y de la América Latina; la mayoría son puertorriqueños o cubanos. Hay barrios donde se oye más español que inglés (o una mezcla de los dos), y donde es posible que un negociante chistoso ponga en la vitrina de su tienda un anuncio que dice: «Yes, we speak English here».

°**Federico García Lorca** (1898–1936) es uno de los autores más conocidos de la literatura española. En su poesía y en sus obras de teatro García Lorca presenta no sólo una España de tradiciones pintorescas, sino también una tierra de dolor y de violencia. Murió en la Guerra Civil española, pero sus obras sobrepasan los límites del tiempo y del espacio. García Lorca es un escritor para todas las épocas y todos los pueblos.

°**Mariana Pineda,** una obra de teatro en tres actos, cuenta la historia de una mujer del siglo XIX que ayudó a luchar contra el rey Fernando VII. Un juez la condenó a muerte. La ciudad de Granada le hizo una estatua. Hay también una canción que empieza: «Oh, qué día tan triste en Granada».
°**Granada:** Situada al pie de las montañas de la Sierra Nevada, Granada es una ciudad en que la grandeza de la época de los moros todavía vive. Los moros ocuparon España durante casi ocho siglos (711–1492) y construyeron magníficos palacios y casas. La Alhambra es un ejemplo de su fantástica arquitectura; el Generalife, el palacio de verano de los reyes moros, es otro. En España, la arquitectura musulmana alcanzó su cumbre en Granada: los muchos patios, fuentes y jardines de Albaicín y Sacromonte, los antiguos barrios moros, todavía le dan a la ciudad el mismo ambiente de maravilla que tenía hace más de cinco siglos.

## Preguntas

Conteste según el diálogo.

1. ¿De quién es la obra que Elba, Marta y Ramiro están ensayando?
2. Por qué condenaron a muerte a Mariana Pineda?   3. ¿Sabe Marta su papel?   4. Según Javier, ¿cómo tiene que recitar Marta?   5. ¿Quién recita su papel después de Marta?   6. ¿Qué le pasa a Elba cuando Javier está a su lado?   7. Según Javier, ¿por qué no recuerda Elba su papel?   8. ¿Es de una tragedia de Lorca el verso que recita Ramiro?   9. ¿Dónde se enamoró Ramiro?   10. ¿Está contento Javier al final del ensayo?

## PALABRAS NUEVAS

● **Glosario**

SUSTANTIVOS

**el aire**  air
**la causa**  cause
**el compañero, la compañera**  companion
**la comunidad**  community
**el conflicto**  conflict
**el cubano, la cubana**  Cuban
**la cumbre**  summit
**la dirección**  direction; address
**el dolor**  sorrow

**el ensayo**  rehearsal; essay
**el escritor, la escritora**  writer
**el espacio**  space
**el espectáculo**  show
**la grandeza**  greatness
**el hispano, la hispana**  Hispanic
**la libertad**  liberty, freedom
**el límite**  limit
**la literatura**  literature

**la maravilla**  wonder, marvel
**el moro, la mora**  Moor
**la obra**  work (of art)
**el palacio**  palace
**la poesía**  poetry
**la sociedad**  society
**la tradición**  tradition
**la tragedia**  tragedy
**el verso**  line of poetry; verse

## VERBOS

**alcanzar (c)** to reach
**bordar** to embroider
**condenar** to condemn, to sentence
**ensayar** to test, to try; to rehearse

**luchar** to fight, to struggle
**ocupar** to occupy
**referirse (ie) (i)** to refer

**sobrepasar** to exceed, to surpass
**volar (ue)** to fly

## ADJETIVOS

**civil** civil
**cubano, -a** Cuban
**exigente** demanding

**hispano, -a** Hispanic
**libre** free
**natural** natural

**situado, -a** situated
**trágico, -a** tragic

## ADVERBIOS

**jamás** ever, never

## EXPRESIONES / PALABRAS ÚTILES

**al pie (de)** at the foot (of)
**bajo** beneath, under
**de habla española** Spanish-speaking
**en cuanto a** as for, with regard to

## Ejercicios de vocabulario

**A.** Complete las frases usando palabras de la lista.

bordar    comunidad    condenar    espectáculo    sobrepasa

1. —¿A qué hora vas al teatro?
   —Pronto. El ____ empieza a las nueve.
2. —¿Hay muchos hispanos en esta ciudad?
   —Sí, la ____ hispana es bastante grande.
3. —¿Es la nueva película de Buñuel mejor que sus otras películas?
   —Sí, ____ todas las otras.
4. —¿Cómo va a castigar el juez al asesino?
   —Lo va a ____ a muerte.
5. —¿Sabes coser?
   —Sí, y sé ____ también.

**B.** Complete las frases con palabras del *Glosario*.

1. Un hombre que viene de Cuba es un ____.
2. Alguien que pide mucho es una persona ____.
3. Una mujer de habla española es una ____.
4. Un grupo de personas puede ser una comunidad o una ____.
5. Los cuadros de un pintor son sus ____.
6. Una cosa difícil de creer es una ____.

**C.** Escoja la palabra apropiada.

1. El pueblo estaba (*libre* / *situado* / *natural*) cerca de un río.
2. El niño no puede (*alcanzar* / *bordar* / *ensayar*) el helado.

TEATRO NACIONAL
ARTE Y CULTURA PARA TODOS

PRESENTA

26 DE ENERO
8:30 p.m.

RECITAL DE PIANO

SANTOS OJEDA
PROGRAMA
OBRAS DE: Beethoven, Bartok y Ginastera

Precios: PLATEA $2.00
BALCON 1.00

Horario: 9:00 a.m. — 12:30 p.m.
3:30 p.m. — 6:30 p.m.

SANTOS OJEDA—PIANISTA—

3. Por las ventanas de la casa entraba *(el límite | el espacio | el aire)* del campo.
4. Me encanta aquella montaña. ¡Mira! Su *(cumbre | grandeza | aire)* está completamente blanca.

Ud. dirá. ¿Qué estará pasando? Hable Ud. con las actrices.

## • Estudio de vocabulario

### Sinónimos

Complete las respuestas a las preguntas con una palabra cuyo sentido es semejante al de la palabra en letra itálica. *(Complete the answers to the questions with a word whose meaning is similar to the word in italics.)*

1. ¿Por qué *pelean* tanto los muchachos?
   Es que les gusta ___ así.
2. ¿Hay muchos *castillos* en España?
   Sí. Y también hay algunos ___ que son una maravilla.
3. Sabes algo del *problema* que tiene Mariana Pineda?
   El ___ de Mariana es trágico.
4. ¿Cuál es *el modo* más rápido de volar a Chile desde los Estados Unidos?
   No sé, pero te puedo decir qué ___ es más barata.

### Antónimos

Complete las frases con una palabra o una expresión cuyo sentido es contrario al de la palabra en letra itálica.

1. Pocos turistas alcanzaron *la cumbre;* muchos se quedaron ___ la montaña.
2. Este escritor escribió muchas obras; tiene nueve *comedias* y cuatro ___.
3. Juan y yo somos buenos ___ de clase, pero en la cancha de tenis somos *adversarios.*
4. Yo *siempre* quería salir con Evita, pero ___ pude.

*Lesson*
7

119

Note that the following words can be used as nouns and adjectives:

el cubano, la cubana ↔ cubano, -a
el hispano, la hispana ↔ hispano, -a

*Palabras asociadas 2*

Dé una palabra asociada del *Glosario* para cada una de las palabras siguientes.
(*Give a related word from the* Glosario *for each of the following words.*)

1. el poema
2. el ensayo
3. la ocupación
4. la naturaleza
5. el director
6. literario
7. la tragedia
8. el vuelo
9. escribir
10. acompañar
11. grande
12. tradicional
13. libre
14. bajar

*Palabras con varios sentidos*

Explique el sentido de las palabras en letra itálica en las frases siguientes.

1. No sabíamos qué *dirección* tomar para ir al ensayo. No teníamos la *dirección* del teatro. Por lo tanto, no pudimos ver la obra bajo *la dirección* del famoso director español.
2. Humberto lee la poesía de su novia. Después de leer el primer *verso* del primer poema, le dice, «María, ¿por qué escribes estas tonterías? No sabes escribir en *verso*».
3. El primer *ensayo* de la comedia es esta noche. El gran autor, Santiago Mendoza, piensa escribir un *ensayo* sobre esta comedia y su director.
4. El poeta dijo que su *dolor* era muy grande. Se quejó tanto que me dio un *dolor* de cabeza.

## EXPLICACIONES

### El imperfecto

1. Do you remember how to form the imperfect tense in Spanish? *Hablar, aprender,* and *vivir* will serve as models:

| HABLAR | | APRENDER | | VIVIR | |
|---|---|---|---|---|---|
| hablaba | habl**á**bamos | aprend**í**a | aprend**í**amos | viv**í**a | viv**í**amos |
| hablabas | hablabais | aprend**í**as | aprend**í**ais | viv**í**as | viv**í**ais |
| hablaba | habl**a**ban | aprend**í**a | aprend**í**an | viv**í**a | viv**í**an |

What do you notice about *-er* and *-ir* endings in the imperfect? Also, what do you notice about the 1 and 3 singular forms of *-ar*, *-er*, and *-ir* verbs? What is different about the 1 plural of *-ar* verbs?

Only *ir, ser,* and *ver* are irregular in the imperfect:

| | IR | | SER | | VER | |
|---|---|---|---|---|---|---|
| | iba | íbamos | era | éramos | veía | veíamos |
| | ibas | ibais | eras | erais | veías | veíais |
| | iba | iban | era | eran | veía | veían |

TEATRO ESPAÑOL
DEL EXCMO. AYUNTAMIENTO DE MADRID

TEMPORADA OFICIAL 1970 - 71

2. Look at these examples:

Carlos **hablaba** con su primo.     *Carlos **was talking** to his cousin.*
Los indios **vivían** en la     *The Indians **were living** in the*
    selva.     *jungle.*

In these sentences the imperfect expresses a continuing action or condition in the past without any indication of its beginning or ending.

3. The imperfect describes how things were in the past:

**Era** una casa pequeña.     *It **was** a small house.*
**Hacía** mucho sol.     *It **was** very sunny.*

The imperfect is used because description is thought of as having no definite beginning or end.

4. For the same reason, the imperfect describes a physical, mental, or emotional state in the past:

Verónica **estaba** enferma.     *Verónica **was** sick.*
Rogelio **tenía** mucha sed.     *Rogelio **was** very thirsty.*
Elena **quería** jugar al tenis.     *Elena **wanted** to play tennis.*

Usually, when you use the verbs *creer, saber, querer,* or *desear,* or expressions with *tener* (*hambre, calor,* etc.) or *estar* (*cansado, triste,* etc.) in the past, you will need the imperfect.

5. When telling time in the past, use the imperfect of *ser:*

**Era** la una de la mañana.     *It **was** one o'clock in the morning.*
**Eran** las tres y media cuando     *It **was** half past three when*
    llegué.     *I arrived.*

*Lesson*
*7*

**121**

When referring to age in the past, use the imperfect:

En 1970, yo **tenía** seis años.    *In 1970, I **was** six years old.*
Cuando mamá **era** niña          *When Mom **was** a little girl*
    era muy bonita.                     *she was very pretty.*

## *Ejercicios*

**A.** ¿Qué hacían estas personas cuando el fotógrafo sacó sus fotos?
  Empiece con el modelo.

1. ¿El señor y la señora García?
   *El señor y la señora García
       cocinaban.*

2. ¿Marianito?

3. ¿El tío Wenceslao?

4. ¿Carlos y Roberto?

5. ¿La familia Pérez?

6. ¿La muchacha cubana?

7. ¿Mi hermano Armando?

8. ¿María Isabel?

9. ¿Elba y su abuela?

10. ¿El poeta?

*Ud. dirá.* Carlos y María son de Puerto Rico. Están pasando las vacaciones de invierno en Boston. ¿Qué les parece el frío del norte? ¿Por qué?

**B.** Cambie las frases según los nuevos verbos. Empiece con el modelo.

1. Los jóvenes jamás condenaban los ensayos de ese autor.
   (a) estudiar     (b) pedir     (c) leer
   (a) *Los jóvenes jamás estudiaban los ensayos de ese autor.*

2. Siempre nos vestíamos temprano.
   (a) irse     (b) volver     (c) levantarse

3. Mario pintaba una obra trágica.
   (a) recitar     (b) escribir     (c) organizar

4. En ese teatro presentaban espectáculos interesantes.
   (a) ofrecer     (b) realizar     (c) ver

**C.** Cambie las frases según el verbo entre paréntesis. Empiece con el modelo.

1. Los moros defendían la colina. (ocupar)
   *Los moros ocupaban la colina.*

2. Tú recitabas los versos de una manera natural. (ensayar)
3. Mi compañera bordaba el mantel. (envolver)
4. Yo no la condenaba. (querer)
5. Las obras del poeta sobrepasaban los límites del tiempo y del espacio. (referirse a)
6. Los jóvenes luchaban por su causa. (morir)
7. Muchos pájaros aparecían entre los árboles. (volar)
8. ¿Tenías chistes nuevos? (contar)

**D.** Cambie las frases según los nuevos sujetos. Empiece con el modelo.

1. Las obras hispanas eran interesantes.
   (a) mi compañero     (b) tú     (c) Leonora y Amanda
   (a) *Mi compañero era interesante.*

2. Los tigres me parecían peligrosos.
   (a) tú     (b) Uds.     (c) el conflicto

3. Los jefes no se consideraban muy exigentes.
   (a) nosotros     (b) yo     (c) tú

4. El profesor se refería a la causa de Mariana Pineda.
   (a) Enrique y tú     (b) Oralia y yo     (c) yo

5. El actor estaba tranquilo.
   (a) nosotras     (b) las comunidades     (c) el mar

**E.** Haga frases según el modelo.

1. María y Susana están contentas hoy.
   *Estaban contentas ayer también.*

2. Tienes hambre hoy.
3. Uds. saben todas las respuestas hoy.
4. Lo siento mucho hoy.
5. Deseas ensayar la obra hoy.
6. Me duele la garganta hoy.
7. Queremos ver el espectáculo hoy.

**F.** Diga a qué hora terminó el ensayo. Empiece con el modelo.

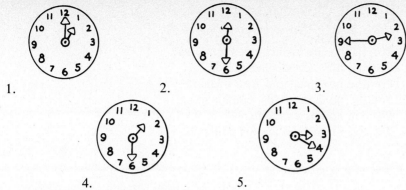

1.             2.             3.

          4.           5.

1. *Era la una cuando terminó el ensayo.*

**G.** Complete las frases con los verbos apropiados.

1. Cuando yo _____ niña, no tenía la libertad que tengo ahora.
2. En 1950 mis padres _____ jóvenes.
3. Cuando mi abuelo _____ ocho años llevaba pantalones cortos.
4. Hace diez años, tú _____ muy gordo.
5. ¿Cuántos años _____ tú en 1970?

## Otro uso del imperfecto

The imperfect is also used to describe repeated actions in the past.

**Íbamos** a la playa todos los días.        ***We used to go*** to the beach every day.

**Ellas** siempre **venían** a vernos los sábados.        ***They*** always ***came*** to see us on Saturday.

In English, these ideas are often described with the expression, "used to." What words or phrases in the Spanish sentences above help you realize that the verbs express repeated actions?

## *Ejercicios*

**A.** Conteste las preguntas según las palabras entre paréntesis. Empiece con el modelo.

1. ¿Qué hacía Carlos todas las noches? (ensayar la tragedia)
   *Carlos ensayaba la tragedia todas las noches.*

2. ¿Qué hacíamos a menudo tú y yo? (ir al palacio)
3. ¿Qué hacías todos los veranos? (volar a México)
4. ¿Qué hacían siempre los moros? (defender sus costumbres)
5. ¿Qué hacía la comunidad cada junio? (permitir un desfile en el parque)
6. ¿Qué hacíamos tú y yo después de nuestras clases? (hablar con nuestros compañeros)
7. ¿Que hacías por las mañanas? (escribir versos románticos)

**B.** Conteste según el modelo.

1. ¿Por qué no me llaman mis padres?
   *No sé, antes te llamaban todos los días.*

2. ¿Por qué no me hablan estos hombres?
3. ¿Por qué no lo condena Eduardo?
4. ¿Por qué no lo esperan José y Luis?
5. ¿Por qué no le dan Uds. comida al perro?
6. ¿Por qué no nos canta mamá?
7. ¿Por qué no te escriben tus padres?

---

### ¿RECUERDA UD.?

1. Remember that the imperfect of *estar* may be used with the present participle. This is called the past progressive tense. Look at these examples:

   Juanita no oyó el teléfono porque **estaba durmiendo.**
   
   *Juanita didn't hear the telephone because **she was sleeping.***

   ¿En qué **estabas pensando** durante la película?
   
   *What **were you thinking** about during the film?*

2. *Ir a* plus an infinitive is used in the imperfect to tell what you were going to do but didn't:

   **Iba a llamarte** anoche.
   
   ***I was going to call you** last night.*

   ¿Qué **ibas a decir?**
   
   *What **were you going to say?***

## Confirme su progreso

Describe each sketch using the imperfect. Use the cue words and the model sentences as guides.

1.
   a. un coche viejo
   b. no funcionar
   c. estar furioso
   *a. Era un coche viejo.*
   *b. No funcionaba.*
   *c. Elisa estaba furiosa.*

2. Ana González
   a. 12:20
   b. estar en el aeropuerto
   c. pensar en un viaje

3.        José
  a. 7:00
  b. estar cansado
  c. tener que apurarse

4.
  a. un hombre maduro
  b. 38 años
  c. querer cantar en el teatro nacional

5.
  a. muchachos fuertes
  b. entre 15 y 18 años
  c. correr en las carreras

## HABLEMOS UN POCO

Bring to class a photograph from a newspaper, magazine, or your personal
photo album. Using the imperfect tense, ask a classmate questions about
the photograph. For instance, the picture below might result in questions like:

¿Cuántos años tenía el anciano?
¿Por qué estaba triste el joven a su lado?
¿Qué tiempo hacía?
¿Qué hacía la pareja detrás de la víctima cuando el auto atropelló al anciano?
¿Siempre había accidentes serios en aquella calle?

## PALABRAS NUEVAS

### DESCRÍBASE UD.

Queridos lectores:
¡Al contestar las preguntas de
este cuestionario frívolo, acuérdense
de que las apariencias engañan!
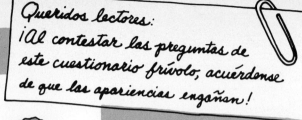

**1. ¿Tiene Ud...**

el pelo lacio?

el pelo crespo?

patillas?

trenzas?

rizos?

**2. ¿O es Ud...**

calvo?

**3. ¿Tiene Ud...**

la nariz aguileña?

la nariz chata?

**4. ¿Son largas o cortas sus**

pestañas?

uñas?

**5. ¿Es grande o pequeña su...**

barbilla?

**6. ¿Tiene Ud...**

pecas?

granos?

un lunar?

**7. ¿Tiene Ud...**

mal aliento?

# lección

# 8

## Las apariencias engañan

«. . . y ahora un anuncio comercial. . . .»

¿Sufre Ud. a causa de mal aliento? ¿Tiene Ud. a veces problemas desagradables de la piel? No se desespere. Ponga fin a sus problemas con el nuevo remedio increíble, *Yanofeo*. ¿Lunares o pecas? Aplíquese *Yanofeo* directamente a las manchas de la piel. ¿Mal aliento? Enjuague la boca con loción *Yanofeo* después de cepillarse los dientes y antes de salir con una persona muy especial. ¿Granos? Apíquese *Yanofeo* a la cara tres veces al día y verá Ud. cómo la piel se vuelve sana. También ayuda a evitar otros problemas que pueden causarle vergüenza. ¿Caspa molestosa? Frótese la cabeza con *Yanofeo* después de usar champú. ¿Pelo grasoso o seco? Deje la loción en el pelo mojado por cinco minutos. ¿Uñas feas? Use *Yanofeo* exactamente como un esmalte. ¡Compre loción *Yanofeo* y disfrute de su nueva popularidad!

## • Glosario

SUSTANTIVOS

**el aliento** breath
**la apariencia** appearance
**la barbilla** chin
**la caspa** dandruff
**el cuestionario** questionnaire
**el champú** shampoo
**el esmalte** nail polish; enamel
**el grano** pimple; grain
**la loción** lotion
**el lunar** mole
**la nariz** nose

**la patilla** sideburn
**la peca** freckle
**la pestaña** eyelash
**la piel** skin; fur; leather
**la popularidad** popularity
**la pregunta** question
**el remedio** remedy
**el rizo** curl
**la trenza** braid
**la uña** fingernail; toenail
**la vergüenza** shame, embarrassment

**aplicar (qu)** to apply
**causar** to cause
**desesperarse** to despair
**disfrutar de** to enjoy

**enjuagar (qu)** to rinse
**evitar** to avoid
**frotar** to rub
**mojar** to wet

**secar (qu)** to dry
**solicitar** to apply for; to ask for
**sufrir** to suffer

ADJETIVOS

**agradable** pleasant, agreeable
**aguileño, -a** hooked, aquiline (nose)
**calvo, -a** bald
**crespo, -a** curly

**chato, -a** flat, pug (nose)
**desagradable** unpleasant, disagreeable
**frívolo, -a** frivolous
**grasoso, -a** greasy
**lacio, -a** straight (hair)

**mojado, -a** wet
**molestoso, -a** annoying
**popular** popular
**sano, -a** healthy
**seco, -a** dry

ADVERBIOS

**directamente** directly
**exactamente** exactly

EXPRESIONES / PALABRAS ÚTILES

**a causa de** because of, on account of

**al día** daily
**en vez de** instead of

## Ejercicios de vocabulario

**A.** Conteste las preguntas según los dibujos. Empiece con el modelo.

1. ¿Cómo es el pelo de Gladys?    *El pelo de Gladys es lacio.*

2. ¿Qué tiene David?

3. ¿Cómo es la nariz de Manuel?

4. ¿Qué le da vergüenza a Patricio? 5. ¿Qué tiene Margarita?

6. ¿Qué tiene Alicia en la nariz?

7. ¿Qué tiene Gladys debajo del ojo?

**B.** Complete las frases usando una de las palabras entre paréntesis.

1. Marta tiene el pelo largo. A veces le gusta hacerse *(trenzas / pestañas / popularidad)*.
2. Sergio se ríe mucho. Sabe *(sufrir / desesperarse / disfrutar)* de la vida.
3. Me lavo la cara mucho porque tengo la piel *(lacia / grasosa / chata)*.
4. Si alguien sufre de *(caspa / remedios / granos)*, debe comprarse un champú especial.
5. Mi perro estaba enfermo, pero ahora está *(frívolo / molestoso / sano)*.
6. ¡Qué horror, doctor! Este remedio me parece muy *(calvo / crespo / desagradable)*.

**C.** Complete las frases.

1. Si nos quemamos al sol
2. Después de usar champú,
3. Sara tomaba sus remedios
4. Un hombre con mucho pelo en la barbilla
5. Los leones y los tigres
6. Mañana tengo que

a. tienen uñas largas.
b. dos veces al día.
c. nuestra piel cambia de color.
d. siempre nos enjuagamos el pelo.
e. contestar las preguntas de este cuestionario.
f. tiene barba.

*Ud. dirá.* Este anciano tiene 95 años. Pase dos o tres minutos charlando con él sobre su vida.

## • Estudio de vocabulario

### Sinónimos

Cambie las frases sustituyendo las palabras en letra itálica por las palabras de la lista.

> sufro de     un remedio     disfruta de     piel     desagradable

1. A Gustavo no le gusta nadar. No *se divierte en* la playa.
2. *Tengo* dolores de cabeza a menudo.
3. Doña Ana descubrió *una medicina* increíble.
4. Quiero comprarme una cartera de *cuero*.
5. El ruido de la aspiradora es muy *molestoso*.

### Antónimos 1

> agradable ≠ desagradable     mojado, -a ≠ seco, -a
> serio, -a ≠ frívolo, -a

### Antónimos 2

Escoja la palabra cuyo sentido es contrario al de la palabra en letra itálica.

1. *crespo*    largo    lacio    pelirrojo    corto
2. *desesperarse*    ayudar    esperar    solicitar    evitar
3. *grasoso*    seco    grande    maduro    molestoso
4. *sano*    loco    enfermo    rico    poco
5. *disfrutar*    temer    ganar    andar    sufrir

*Lección ocho*

132

### Palabras asociadas
Note how the following words are related:

increíble *incredible, unbelievable* ↔ creer *to believe*
mojado, -a *wet* ↔ mojar *to wet*
molestoso, -a *annoying* ↔ molestar *to bother*
popular *popular* ↔ popularidad *popularity*
seco, -a *dry* ↔ secar *to dry*

### Palabras con varios sentidos
Explique el sentido de las palabras en letra itálica.

1. ¡Mamá! No puedo ir a la fiesta. Tengo *un grano* en la mejilla.
   Este granjero cosecha toda clase de *granos*.
2. Mi hermano tuvo un accidente y *sufre* de muchos dolores.
   Ayer *sufrí* un examen y creo que salí bien.
3. Este invierno me compraré un abrigo de *piel*.
   Tengo *la piel* de la cara un poco seca.

### No hay que confundir
Study each pair of Spanish words and their meanings and then complete
the sentences below with the more appropriate of the two.

**lacio, -a** straight *(usually in reference to hair)* **recto, -a** straight, upright
1. La carretera es toda ____.
3. Prefiero el pelo crespo al pelo ____.
**la uña** nail *(toenail, fingernail)* **el clavo** nail *(piece of metal that fastens)*
3. Quiero aplicar esmalte a las ____.
4. Necesitas un martillo y unos ____ para colgar un cuadro.
**diario, -a** daily *(every day)* **al día** daily *(tells how many times per day)*
5. Ramón lee mucho en su trabajo ____.
6. Tome Ud. la medicina tres veces ____.

### Falsos amigos
The verb *aplicar* is the equivalent of "to apply" in the sense of "to put on,
to bring one thing in contact with another": *Aplique la loción dos veces al día.*
"Apply the lotion twice daily." When applying for a job or for admission to
a school, or in general when making a request, use *solicitar: María Elena
solicita una entrevista con el gerente de la tienda.* "María Elena is
requesting an interview with the manager of the shop."

## EXPLICACIONES

## El pretérito y el imperfecto

Compare the two verbs in this sentence:

Paquita **estudiaba** cuando      *Paquita **was studying** when*
  **sonó** el teléfono.             *the telephone **rang**.*

The first verb, *estudiar*, is in the imperfect to express the idea of an action
in progress in the past. The second verb, *sonar*, is in the preterite to express

an interrupting action, an action that occurred at a given moment, with a distinct beginning and end. Here are some more examples. Study them carefully: the contrast of verbs in this type of sentence will help you to understand the difference between the preterite and the imperfect.

| | |
|---|---|
| Juan **miraba** la televisión cuando **apagué** las luces. | John **was watching** television when **I turned out** the lights. |
| Cuando **salíamos** del teatro **empezó** a llover. | As **we were leaving** the theater, **it began** to rain. |
| **Encontré** mi cuaderno mientras la profesora **explicaba** la lección. | **I found** my notebook while the teacher **was explaining** the lesson. |

## *Ejercicios*

**A.** Conteste según el dibujo. Empiece con el modelo.

a Miguel

1. ¿Qué hacía Marta cuando llegaste?
   *Marta le pegaba a Miguel cuando llegué.*

los carteles

sus poemas

2. ¿Qué hacía Esteban cuando llegaste?

3. ¿Qué hacía Mario cuando llegaste?

maíz

trigo

4. ¿Qué hacía Elia cuando llegaste?

5. ¿Qué hacían los granjeros cuando llegaste?

la piedra

el crimen

6. ¿Qué hacía Lupe cuando llegaste?

7. ¿Qué hacían los detectives cuando llegaste?

*Lección ocho*

134

al asesino

8. ¿Qué hacía el abogado cuando llegaste?

9. ¿Qué hacía el ladrón cuando llegaste?

**B.** Combine las frases cambiando uno de los verbos al pretérito y el otro al imperfecto. Empiece con los modelos.

1. Esteban lee el periódico. María grita. (cuando)
   *Esteban leía el periódico cuando María gritó.*
2. Yo paso por el cuarto. Jorge recita sus poemas. (mientras)
   *Yo pasé por el cuarto mientras Jorge recitaba sus poemas.*
3. Gabriel ataca a su adversario. El árbitro señala el fin del partido. (cuando)
4. Nosotros picamos los tomates. Mi amigo llega con el perejil. (cuando)
5. Me encuentro con el equipo. Tú estás en la tienda. (mientras)
6. Sus padres lo abandonan. Él tiene cinco años. (cuando)
7. El conjunto empieza a tocar «Amor». Lucha insulta a su novio. (mientras)
8. Hace muy buen tiempo. El granjero siembra su trigo. (cuando)
9. Los hombres oyen un sonido extraño. Desenvuelven el paquete. (mientras)
10. Juego con tu hermanito. De repente me empuja. (cuando)
11. Elia contesta la última pregunta del cuestionario. El timbre suena. (cuando)

## El pretérito y el imperfecto

1. Remember that *conocer, poder, querer,* and *saber* have different English equivalents when used in the preterite than when used in the imperfect:

| | |
|---|---|
| **Yo conocía** a un hombre llamado Fuentes. | *I knew a man named Fuentes.* |
| Anoche **conocí** al señor Fuentes. | *Last night I met Mr. Fuentes.* |
| Luis **no podía** venir, pero sí **pudo** hablarnos por teléfono. | *Luis couldn't come, but he did manage to call us.* |
| ¿Por qué **no querías** ir al cine? | *Why didn't you want to go to the movies?* |
| ¿Por qué **no quisiste** ir al cine? | *Why did you refuse to go to the movies?* |
| **Sabíamos** que Elena estaba en México. | *We knew that Elena was in Mexico.* |
| **Supimos** que Elena estaba en México. | *We found out that Elena was in Mexico.* |

*Ud. dirá.* Ud. encuentra a estos niños en la plaza. Pregúnteles de qué trataba el cuento que el hombre les leía en voz alta. ¿Les gustó? ¿Por qué?

2. Note how *había* and *hubo*, the preterite and imperfect of *hay*, are used:

**Había** mucha gente en la calle porque **hubo** un robo.

***There were*** *a lot of people in the* *street because* ***there was*** *a robbery.*

The imperfect of *hay, había,* "there was, there were," is used in enumerating things or describing a situation without any indication of its beginning or end. The preterite of *hay, hubo,* "there was, there were," reports that an event took place at a particular time. In many cases this time is merely understood.

## *Ejercicios*

Conteste las preguntas usando el pretérito o el imperfecto de los verbos entre paréntesis. Empiece con el modelo.

1. ¿Conoces a Silvia? (conocer)
   Sí, la ___ hace dos semanas.
   *Sí, la conocí hace dos semanas.*

2. ¿Hay una reunión hoy? (haber)
   No, porque ___ una anoche.

3. ¿Sabes que Rogelio y Carmen se casaron? (saber)
   ¡Claro! Yo ___ que se iban a casar.

4. ¿Eras amigo de Carlota cuando empezaste a estudiar en este colegio? (conocer)
   No, no la ___ entonces.

5. ¿Por qué no trataste de abrir la puerta? (poder)
   Porque sabía que no ___ hacerlo.

6. ¿Estudiaste anoche? (querer)
   Bueno, abrí mis libros, ___ leer, pero tenía demasiado sueño.

7. Cuando eras más joven, ¿qué ibas a ser? (querer)
   Yo ___ ser veterinario.
8. Hay muchas personas en las calles esta tarde,
   ¿verdad? (haber)
   Sí, y ayer por la tarde también ___ muchas.
9. ¡Acabo de saber las noticias! (saber)
   ¿Cómo las ___ tú?
10. ¿Cómo te escapaste de la bruja? (poder)
    Por fin ___ salir por una ventana.

---

### RESUMEN

Use the preterite:
1. To indicate an action that either began or ended at a particular time in the past: *La actriz volvió ayer.*

Use the imperfect:
1. To express a continuing activity in the past without any indication of its beginning or ending: *Sergio cantaba cuando yo entré.*
2. To describe an action that regularly took place in the past: *Las hermanas salían con sus amigas todas las tardes.*
3. To describe or "set the scene," or to describe a physical, mental, or emotional state in the past: *La noche estaba oscura; El jugador parecía entusiasmado; Carlitos estaba mareado.*
4. To tell time in the past: *Eran las ocho y media.*
5. To refer to age in the past: *Cuando yo tenía ocho años, mi familia hizo un viaje a México; Durante la guerra yo era niña.*

---

## Confirme su progreso

Complete this testimony for *Yanofeo* with the correct imperfect or preterite forms of the verbs in parentheses.

Cuando yo ___ (ser) niño, ___ (sufrir) de caspa molestosa. Mi madre no ___ (saber) poner fin a este problema que me ___ (causar) mucha vergüenza. Un día una vecina le ___ (decir) a mamá: —Debe llevarlo al Sr. Ramírez. Él me ___ (ayudar) a acabar con el mismo problema.

Mi madre no ___ (poder) hablar con ese señor inmediatamente porque su teléfono siempre ___ (estar) ocupado. Por fin ___ (conseguir) una cita.

___ (ser) las dos de la tarde cuando nosotros ___ (llegar) a su casa. Yo ___ (tener) miedo porque no me ___ (gustar) los remedios. Mamá ___ (llamar) a la puerta. Nadie ___ (contestar). ___ (llamar) otra vez y el señor Ramírez ___ (abrir). —Bienvenidos— nos ___ (decir).

El señor Ramírez ___ (ser) un viejo simpático. ___ (tener) más de ochenta años. Desde el momento en que yo lo ___ (conocer), me ___ (hablar) como a un viejo amigo. —¿Así que sufres de caspa?— me ___ (preguntar). —Voy a decirte cómo puedes evitar ese problema. —Mientras él ___ (hablar), ___ (sacar) algo . . . ¡una botella de Yanofeo!

Cada noche yo ___ (tener) que frotarme la cabeza con Yanofeo. Usando Yanofeo ___ (acabar) con el problema de la caspa, pero cuando ___ (tener) veinte años, ___ (empezar) a perder el pelo. Ahora soy completamente calvo.

## Los demostrativos

Remember that demonstrative adjectives are the equivalents of "this," "that," "these," and "those" when used with nouns. Review these forms:

| DEMONSTRATIVE ADJECTIVES | | | |
|---|---|---|---|
| MASCULINE SINGULAR | | MASCULINE PLURAL | |
| **este** globo | this balloon | **estos** globos | these balloons |
| **ese** juguete | that toy | **esos** juguetes | those toys |
| **aquel** sueño | that dream | **aquellos** sueños | those dreams |
| FEMININE SINGULAR | | FEMININE PLURAL | |
| **esta** broma | this joke | **estas** bromas | these jokes |
| **esa** tradición | that tradition | **esas** tradiciones | those traditions |
| **aquella** sombra | that shadow | **aquellas** sombras | those shadows |

Like all other adjectives, demonstrative adjectives agree with their nouns. The forms of *este* refer to persons or things near the speaker. The difference between the forms of *ese* and those of *aquel* is that *ese* refers to persons or things near the person being spoken to, while *aquel* refers to persons or things far away from both the person speaking and the person spoken to.

## *Ejercicios*

Complete las frases usando las formas apropiadas de los adjetivos demostrativos. Empiece con los modelos.

1. Ud. es dependiente en una tienda. María, quien tiene las uñas muy cortas, caspa molestosa y pelo seco, llega a la tienda. Déle algunos consejos.
   a. Use Ud. ___ esmalte para las uñas.
      *Use Ud. este esmalte para las uñas.*

   b. Frótese la cabeza con ___ champú para evitar la caspa.
   c. Deje ___ loción en el pelo si tiene el pelo seco.
2. Pero a María le interesan otras botellas que están detrás de Ud. Ella dice:
   a. Me encanta ___ esmalte.
      *Me encanta ese esmalte.*

   b. Prefiero ___ loción.
   c. Me gustan ___ botellas de champú.
   d. Quiero comprar ___ remedios.

3. Elena, la amiga de María, está esperándola en casa.
Elena tiene granos y sufre de pelo grasoso; también quiere pintarse las
uñas. Cuando María regresa de la tienda, le pregunta:

  a. ¿Me compraste ____ loción para los granos?
     *¿Me compraste aquella loción para los granos?*

  b. ¿Me conseguiste ____ champú para el pelo grasoso?
  c. ¿Me compraste ____ esmalte para las uñas?

## Los demostrativos

1. Look at the following examples of demonstrative pronouns. Do you
remember the Spanish equivalents of "this (one)," "these," "that (one),"
and "those" when the persons or things are referred to but not expressed?

| | |
|---|---|
| El palacio español era lindo, pero me gusta más **éste.** | *The Spanish palace was beautiful, but I like **this one** better.* |
| ¿Vamos a comprar estos dulces o **ésos?** | *Are we going to buy these candies or **those?*** |
| ¿Estabas en la carroza azul o en **aquélla?** | *Were you on the blue float or on **that one?*** |

The demonstrative pronouns are distinguished from demonstrative
adjectives only by the written accent. Study these forms:

| DEMONSTRATIVE PRONOUNS | |
|---|---|
| **éste, éstos, ésta, éstas** | *this (one), these* |
| **ése, ésos, ésa, ésas** | *that (one), those* |
| **aquél, aquéllos, aquélla, aquéllas** | *that (one), those* |

2. Look at the following sentences. How are the equivalents of "this"
and "that" different from the examples above?

| | |
|---|---|
| **¡Esto** es espantoso! | ***This** is horrible!* |
| ¡Dios mío! ¿Qué fue **eso?** | *Good grief! What was **that?*** |
| **Aquello** pasó hace muchos años. | ***That** happened many years ago.* |

*Esto, eso,* and *aquello* are pronouns used in reference to ideas, situations,
or things not yet identified or that cannot be classified as masculine or
feminine. Notice that these three pronouns do not have written accents.
Can you explain the difference between *eso* and *aquello* in the last two
sentences?

3. Look at this new use of *éste* and *aquél:*

| | |
|---|---|
| Martí y Lorca eran grandes poetas; **éste** era español, **aquél** cubano. | *Martí and Lorca were great poets; **the latter** was Spanish, **the former** Cuban.* |
| Los aguacates y las fresas son frutas, pero **éstas** son dulces y **aquéllos** no. | *Avocados and strawberries are fruits, but **the latter** are sweet and **the former** are not.* |

The demonstrative pronouns *éste, ésta, éstos* and *éstas* can mean "the
latter," and *aquél, aquélla, aquéllos* and *aquéllas,* "the former." Notice

that Spanish always mentions "the latter" first when making a comparison.

## Ejercicios

**A.** Conteste según las palabras entre paréntesis. Empiece con el modelo.

1. ¿Quieres esta botella de champú, o esa botella de Yanofeo? (Yanofeo)
   *Quiero ésa.*

2. ¿Te interesaba ese actor de pelo crespo, o aquel actor de pelo lacio? (pelo lacio)

3. ¿Te vas a casar con este hombre agradable, o con ese hombre molestoso? (agradable)

4. ¿Vas a enjuagar estos vestidos, o esas camisas? (vestidos)

5. ¿Piensas vender esos zapatos rojos, o aquellos zapatos negros? (zapatos rojos)

6. ¿Dibujaste a esa mujer de nariz aguileña, o aquella mujer de nariz chata? (nariz aguileña)

7. ¿Te secarás con estas toallas mojadas, o aquellas toallas secas? (toallas secas)

**B.** Cambie las frases según el modelo.

1a. Es importante aplicar Yanofeo directamente sobre las manchas.
   *Esto es importante.*

b. Es seguro que la loción pone fin a los problemas que causan vergüenza.

c. Es posible que disfrutes de una nueva popularidad.

2a. Nos dijeron que usabas champú todos los días.
   *Nos dijeron eso.*

b. No me gustaba ofenderla tanto.

c. ¿Sabías que ella sufría en silencio?

3a. Nos contó que la comunidad tenía costumbres interesantes.
   *Nos contó aquello.*

b. Ya le dije a María que es posible evitar problemas molestosos.

c. Ayer tu padre te explicó por qué no puedes solicitarlo.

**C.** Complete las frases usando los pronombres demostrativos.
Empiece con el modelo.

Ricardo          Juanita

1. Ricardo y Juanita eran amigos . . . —— tenía el pelo lacio y ——
   tenía el pelo crespo.
   *Ricardo y Juanita eran amigos . . . ésta tenía el pelo lacio y aquél*
   *tenía el pelo crespo.*

Margarita          Las hermanas Ramírez

2. Margarita y las hermanas Ramírez son primas . . . —— tienen trenzas
   y —— tiene rizos.

Carlos          Jorge

3. Carlos y Jorge eran actores famosos . . . —— tenía la nariz aguileña
   y —— tenía la nariz chata.

Los hermanos Campos     Las hermanas González

4. Los hermanos Campos y las hermanas González tenían la misma edad
   . . . —— no tenían granos pero —— sí los tenían.

Ana          Eduardo

5. Ana y Eduardo eran novios . . . —— sufría de mal aliento pero
   —— no.

*Lesson*
*8*

# LECTURA

## El piropo°

—El piropo,— explicaba mi profesora de español en el colegio,—
es una expresión que los hispanos dicen al ver pasar por la calle a una
mujer bonita, cuando va sola, o con alguna amiga. A veces los piropos son
graciosos[1], otras veces un poco groseros;[2] a menudo son muy poéticos.

5     Con esta explicación y con unos ejemplos que añadió la profesora,
creí que ya había aprendido otra costumbre hispana. Pocos años después
fui a España para estudiar en la Universidad de Valencia. Entonces fue
cuando comprendí lo que era el piropo.

    Por suerte o por desgracia[3], represento lo que los españoles consideran
como típica norteamericana: soy alta, delgada, rubia y de ojos azules. En
España no es común que las chicas rubias anden por la calle sin llamar la
atención. Y si la chica es muy alta y habla con deje[4] extranjero, se
convierte en[5] atracción inevitable.

    Mi primera experiencia directa con el piropo ocurrió en Valencia, un
sábado, al anochecer.[6] En compañía de otra estudiante norteamericana,
decidí dar un paseo[7] por la Plaza de la Reina.° Íbamos charlando y mirando
las vitrinas cuando, de repente, se nos acercó un señor bajito, calvo y de
edad avanzada.[8] Me miró fijamente[9] y exclamó:

    —¡Qué jirafa tan mona![10]

    Me quedé atontada,[11] sin saber qué hacer. Había algo quijotesco° en su
mirada. Yo estaba segura de que me tomaba por un gigante,[12] como en el
episodio de Don Quijote y los molinos de viento.°[13] Mi amiga me agarró
del brazo y empezamos a caminar rápidamente hasta que lo perdimos entre
la gente que paseaba[14] por la plaza. Al regresar a la casa donde vivíamos
25 con una familia española, les hablamos de mi «admirador». Todos se rieron
del piropo del anciano, de mi susto[15] y de mis intenciones de comprar una
peluca[16] negra para poder salir a la calle tranquila.

    —No lo tomes tan en serio,[17]— me dijo una de las muchachas de la
familia. —Cuando te digan cosas por la calle, hazte la despistada[18] y no les
30 prestes atención. Así los hombres no te molestan más. A veces, si es un
piropo gracioso, yo les doy una pequeña sonrisa,[19] y sigo caminando.

    Aunque sus consejos me parecían buenos, esta experiencia me dejó
completamente consternada.[20] Recuerdo que sentí enojo,[21] temor,[22] y
frustración a la vez.[23]

---

[1]gracioso, -a *witty*
[2]grosero, -a *crude, in poor taste*
[3]la desgracia *misfortune*
[4]el deje *accent*
[5]convertirse (en) *to become*
[6]el anochecer *dusk*
[7]dar un paseo *to take a walk*
[8]de edad avanzada *elderly*
[9]mirar fijamente *to stare*
[10]mono, -a *cute*
[11]atontado, -a *stunned*
[12]el gigante *giant*
[13]el molino de viento *windmill*
[14]pasear *to stroll*
[15]el susto *shock*
[16]la peluca *wig*
[17]en serio *seriously*
[18]hacerse la despistada *to pretend not to notice*
[19]la sonrisa *smile*
[20]consternado, -a *upset*
[21]el enojo *anger*
[22]el temor *fear*
[23]a la vez *at the same time*

35      Vivíamos muy cerca de un cuartel militar.[24] Para ir a la universidad era
necesario pasar todos los días frente al[25] patio donde los soldados[26] hacían
guardia[27] y mataban el tiempo. Los piropos resonaban[28] diariamente en
nuestros oídos.[29]

     —¡No me sonrías que me desmayo![30]

40      —¡Nena![31] ¡Tus ojos son dos plazas de toros!

     —¡Por ti bailaría un tango en el bigote de una gamba![32]

     —¡Oye, rica![33] ¡Quién pudiera[34] volar!

     Uno de esos días, llovía a cántaros.[35] Las gotas,[36] empujadas por el
viento, me obligaban a llevar el paraguas inclinado de tal manera[37] que me

45 tapaba[38] la cara. Al pasar frente al cuartel, un soldado se lamentó.[39]

     —¡Ay, nena! ¡No escondas esa cara tan hermosa! ¡Maldito[40] paraguas!

     Menos mal[41] que tenía el paraguas delante, porque era imposible
hacerme la despistada. Sonreí un poco y pensé:—¡Qué exagerados son
estos españoles!

50      Todos los días solía juntarme[42] en un café con una estudiante española
para ayudarla a preparar sus lecciones de inglés. Una tarde después de
terminar la tarea para el día siguiente, estábamos charlando y tocamos el
tema de los piropos. Le expliqué que esta costumbre no existía en los
Estados Unidos y que a nosotras, las chicas norteamericanas, nos costaba[43]

55 acostumbrarnos[44] a las cosas que nos decían por la calle.

     —Ahora que lo entiendo mejor no me ofendo— le dije —pero, ¿sabes?,
me gustaría aprender algunas de esas respuestas[45] que dais las chicas
españolas cuando los jóvenes se ponen pesados con sus piropos.

     —Es muy fácil— me contestó. —Yo te enseño. A ver, ¿qué cosas te

60 dicen?

     —Bueno,— respondí. —Cuando yo venía para acá, me dijo uno:
—¡Quién pudiera llegar a esa boca para darte un beso!

     —Cuando alguien diga una cosa así— me aconsejó —hay que contestar
con gracia:[46] —¿Es que necesitas una escalera,[47] enano?[48]— O mejor

65 todavía, le dices: —¡Ni que fueses[49] Onasis!

     Poco después decidimos regresar a casa. Al salir a la calle un
camionero[50] nos pasó y gritó: —¡Chss, guapas!

| | | |
|---|---|---|
| [24]el cuartel *headquarters* | [35]a cántaros *cats and dogs* | [46]con gracia *with wit* |
| [25]frente a *in front of* | [36]la gota *drop* | [47]la escalera *ladder* |
| [26]el soldado *soldier* | [37]de tal manera *so that* | [48]el enano *dwarf* |
| [27]hacer guardia *to stand guard* | [38]tapar *to cover* | [49]ni que fueses *not even if you were* |
| [28]resonar *to echo* | [39]lamentarse *to cry out* | [50]el camionero *truck driver* |
| [29]el oído *ear* | [40]maldito, -a *darned* | |
| [30]que me desmayo *because I'll faint* | [41]menos mal *thank heavens* | |
| [31]la nena *baby* | [42]juntarse (con) *meet* | |
| [32]la gamba *shrimp* | [43]costar *to be difficult* | |
| [33]rica *cutie* | [44]acostumbrarse (a) *to get used to* | |
| [34]¡Quién pudiera!... *I wish I could....* | [45]la respuesta *answer* | |

*Lesson 8*

Caprichosamente[51] le contesté: —¡Chsss, feo!— Al camionero le sorprendió mi respuesta y se echó a[52] reír. Mi amiga española también se reía al decirme: —¡Así se hace! ¿Ves que fácil es?

## ▶NOTAS CULTURALES

°**El piropo** es una costumbre hispana que causa diferentes reacciones. Unos dicen que el piropo degrada[53] a la mujer y otros piensan que la alaba.[54]

°**La Plaza de la Reina** es la plaza principal y el tradicional centro comercial de Valencia. Durante el día y también por la noche la gente va allí para hacer sus compras, o simplemente para dar un paseo.

°**quijotesco:** Una alusión al protagonista de la gran novela de Cervantes, *Don Quijote de la Mancha.* En la obra, don Quijote se vuelve loco después de leer muchas novelas de caballería[55] y decide andar por el mundo luchando por sus ideales.

°**los molinos de viento:** En este conocido episodio de la novela, don Quijote ve unos molinos de viento y, pensando que son gigantes malos, los ataca violentamente.

### *Preguntas*

Conteste según la lectura.

1. ¿Qué es el piropo?   2. ¿Adónde viajó la autora de la lectura?   3. ¿Cómo es ella?   4. ¿Qué le dijo el hombre bajito en la Plaza de la Reina?
5. ¿Con quiénes habló de su experiencia la norteamericana?   6. ¿Cómo la dejó la experiencia del piropo?   7. ¿Les gustaba a los soldados del cuartel decir piropos?   8. ¿A quién ayudaba la norteamericana todos los días?
9. Según la chica española, ¿cómo hay que contestar los piropos?   10. ¿Le gustó al camionero la respuesta de la norteamericana?

## HABLEMOS UN POCO

Set up an open-air market stand with two other classmates. Bring large pictures to show what you have for sale and label them in Spanish. Take turns bartering for the goods on sale. Be sure to use the demonstrative adjectives and pronouns.

[51]caprichosamente
    *whimsically*
[52]echarse (a)   *to break out*
[53]degradar   *to degrade*
[54]alabar   *to praise*
[55]la caballería   *chivalry*

# ESCRIBAMOS UN POCO

**A.** Look at the picture story, and then write the answers to the questions using complete sentences. Begin with the model.

1. ¿Dónde va a pasar Marta sus vacaciones?

   *Marta va a pasar sus vacaciones en Montevideo.*

2. ¿Quiénes la esperan en el aeropuerto?
3. ¿Quién es Enrique?

4. ¿Con quién quiere cenar Enrique?
5. ¿Dónde cenan Marta y Enrique?
6. ¿Después de cenar, ¿qué hacen?
7. ¿Cómo es la noche?

8. ¿A dónde van la mañana siguiente, y qué hacen?
9. ¿Qué tiempo hace?
10. ¿Qué toman en la playa?
11. ¿Qué hacen esa noche?

12. ¿Quién acompaña a Marta al aeropuerto la tarde siguiente?
13. ¿Cómo está Enrique?
14. ¿Qué dice de Marta?
15. ¿Qué promete Marta?
16. ¿Qué sabe ella?

**B.** Now you are Marta. You are writing a letter to a friend about your vacation in Montevideo. Pattern your letter on the answers to the questions, but use the past tense (preterite and imperfect) and the first person. Be sure to use every one of your answers. Begin your letter: Querido ____, Fui a Montevideo para pasar mis vacaciones.

*Lesson 8*

# CONFIRME SU PROGRESO

**A.** Express the following sentences in the past.

1. Tiene la nariz chata.
2. Cada noche me lavo el pelo grasoso.
3. Es un día agradable.
4. Siempre le decimos la misma cosa.
5. Mientras Anita disfruta de la música, su novio sufre sin decir nada.
6. En el cuento, mientras la madre enjuaga los platos, Pepito rompe el reloj.
7. Se peina los rizos y sale de la casa.
8. A las cinco los peluqueros empiezan a cortarle las patillas.

**B.** Form sentences in the past using the verbs in parentheses.

1. Yo ____ a menudo de dolores de cabeza. (sufrir)
2. Alberto y su hermana siempre ____ tener piel sana. (querer)
3. Ayer tú y yo ____ cuando supimos aquello. (desesperarse)
4. Cada mañana ellos ____ la boca con agua. (enjuagar)
5. Generalmente Marcelo ____ temprano. (acostarse)
6. Cuando era niño, mi familia ____ de largas vacaciones. (disfrutar)
7. Tú ____ este vestido. (mojar)
8. Cuando Horacio entró, Paquita le vio y ____ a cantar. (empezar)
9. Este hombre molestoso ____ el accidente. (causar)

**C.** Complete the sentences using the imperfect or preterite. Use the sentences in English as a guide.
Empiece con el modelo.

1. Tú lo ____ antes que Eduardo. (You found out before Eduardo.)
   *Tú lo supiste antes que Eduardo.*

2. ¿Cuando ____ tú a esas mujeres? (When did you meet those women?)
3. ____ un fuego en el garaje. (There was a fire in the garage.)
4. El Sr. Huerta ____ evitar todos sus problemas usando Yanofeo. (Mr. Huerta managed to avoid all his problems using Yanofeo.)
5. Él ____ secarse las manos. (He wanted to dry his hands.)
6. No ____ nada en la caja. (There wasn't anything in the box.)
7. Ellos ____ que sus padres no la querían mucho. (They knew their parents didn't like her.)
8. Cuando yo era niño, la ____ bien. (When I was a child I knew her well.)
9. Nosotros ____ comprar esa maravillosa loción. (We tried to buy that marvelous lotion.)
10. Elena no ____ disfrutar de sus vacaciones porque estaba enferma. (Elena couldn't enjoy her vacation because she was sick.)
11. Cuando lo ____ ¿qué hizo? (When he found out, what did he do?)
12. Él no ____ lavarse el pelo ayer. (He didn't manage to wash his hair yesterday.)

**D.** Paquita, Jorge, and Leonardo have stalls at the open-air market. Here's how they are arranged:

Leonardo          Paquita   Raúl   Pepe          Jorge

Complete the following conversation using the appropriate demonstrative adjectives and pronouns.

JORGE:      Paquita, me gusta __1 ese__ perro. ¿Cuánto cuesta?
PAQUITA:    ¿De qué perro hablas? ¿Del pequeño o del grande? __2__
            se llama Raúl y __3__ se llama Pepe.
JORGE:      Prefiero el pequeño. Me gusta Pepe.
PAQUITA:    __4__ cuesta doscientos pesos.
JORGE:      ¡Doscientos pesos! __5__ es demasiado. Todas __6__ frutas no
            valen doscientos pesos. __7__ vestidos o __8__ camisas a cuadros
            sí valen doscientos pesos. ¡Pero __9__ perro, no!
LEONARDO:   Oye, Jorge, el pequeño me parece un campeón. Cómpratelo y
            después éntralo __10__ año en el concurso nacional de perros.
            Seguramente ganarás más de doscientos pesos.
JORGE:      ¡Buena idea!

# La aduana

**Aduanero 1:** ¿Tiene Ud. algo que declarar?

**Sr. Torres:** Sólo algunos recuerdos que compré en el Brasil.

**Aduanero 1:** Y, ¿cuánto costó ese reloj?

**Sr. Torres:** No sé. Fue un regalo.

**Aduanera 2:** Abran sus maletas, por favor. ¡Ay! Llenaron ésta demasiado.

**Sra. Ruiz:** Hemos sobrepasado el límite. Es verdad, pero. . . .

**Sr. Ruiz:** Es que tenemos muchos amigos.

**Aduanera 2:** Bueno. . . . Sigan Uds.

**Aduanera 3:** ¿Qué hay en ese maletín?

**Srta. Chen:** Un perfume, una cámara y mi ropa interior.

**Aduanera 3:** Y, ¿cuánto dinero lleva Ud.?

**Srta. Chen:** Cien pesos. Tengo cheques de viajero en dólares también.

**Aduanera 3:** Muy bien. Pase Ud., señorita.

Aeropuerto de San Salvador
Las autoridades de la aduana

**Prohiben**
armas de fuego
plantas y semillas
frutas
carnes

**Permiten**
2000 dólares (E.E.U.U.)
¼ litro de perfume

Aduanero 1

Sr. Torres

Sr. y Sra. Ruiz

Aduanero 2

Srta. Chen

Aduanero 3

Tarjeta de desembarque

Nombres y apellidos _John Hamilton Howard_

Nacionalidad _inglesa_

Número de pasaporte _0743-6620_

Lugar de embarque _Londres_

Número de vuelo/barco _ES 432_

Duración de la visita _3 semanas_

Razón de la visita _vacaciones_

Dirección durante la visita _Hotel Residencia, Madrid_

Al aduanero le interesan:

las joyas
las obras de arte
los perfumes y las pieles
los relojes
y las cámaras

## Nuevos amigos

**el desembarque**  disembarkation
**la duración**  duration
**el embarque**  embarkation
**el litro**  liter
**el maletín**  small bag
**la nacionalidad**  nationality
**el perfume**  perfume
**la razón**  reason
**el recuerdo**  souvenir; memory
**registrar**  to inspect
**la visita**  visit

## Viejos amigos

la aduana, el aduanero, la aduanera, el aeropuerto, la cámara, la carne, el cheque de viajero, la fruta, la joya, el límite, la maleta, la piel, la planta, el regalo, el reloj, la semilla, el, la turista, el vuelo; cobrar, comprar, costar, declarar, evitar, llenar, sobrepasar

## ¿Sabías?

Upon entering a Hispanic country, don't be surprised if you are searched and questioned more than you had expected. Make sure that you have all your documents (passport, tourist card, vaccination certificates) in order. An embassy, consulate, or travel agency can tell you exactly what you need to visit a particular country. When going through customs, be polite and have a neat appearance. Remember that when you are abroad, you are no longer protected by U.S. laws, but are subject to the laws of the country that you are in. Official forms in Hispanic countries require both maternal and paternal last names, in accordance with customs there. It is probably simplest to supply your middle and last names, rather than try to explain a different naming system to the hotel clerk or the customs inspector. But remember to keep your names consistent with those on your passport.

## Actividades

1. You are about to land at the Lima airport. Make a list of items you might declare upon arrival. Compare your list with those of your classmates.
2. Pack a small bag with assorted articles. Explain to the classroom *aduanero* what you have. The first time, have someone play an easygoing customs officer. The second time, talk with a strict inspector.
3. Imagine that you are a Hispanic traveler returning to your native country. Another student, playing the role of a customs agent, is curious about a camera that you're carrying. Explain that it is not brand new, that you did not buy it abroad. You may have to do the same concerning a watch, a ring, etc.
4. Use the *Tarjeta de desembarque* as a model to make a landing card for yourself. Supply the information requested and be ready to turn in the card to the passport control officer upon arrival. Another student, playing the role of a passport control officer, will question you about the information on the card.

| TREN Nº | SALIDA DE TRENES | ANDEN Nº | HORA |
|---|---|---|---|
| 1 | NUEVO LAREDO | | 8.10 |
| 3 | MONTERREY | | 20.35 |
| 71 | REGIOMONTANO | | 18.00 |
| 7 | CIUDAD JUAREZ | | 19.50 |
| 13 | CHIHUAHUA | | 8.10 |
| 5 | GUADALAJARA (PULLMAN) | | 20.30 |
| 9 | GUADALAJARA | | 7.05 |
| 11 | GUADALAJARA | | 18.05 |
| 27 | URUAPAN | | 21.25 |
| 29 | URUAPAN | | 6.55 |
| 31 | ACAMBARO | | 10.05 |
| 110 | PUEBLA VIA CUAUTLA | | 7.00 |

INTERNACIONAL SOLO PASAJEROS

# lección 9

## El mundo está loco, loco, loco. . . .

San Juan, Puerto Rico°

Rosita Baeza y su hermano Miguel están sentados en la sala de su casa. Rosita lee una revista y Miguel escribe una carta a la compañía de seguros «La Vida es Breve,» solicitando un trabajo para el verano. Miguel está pensando. Con el lápiz en la boca, mira hacia el ventilador en el techo° y por fin escribe.

MIGUEL   Rosita, escucha. Ya escribí la dirección mía y la fecha a la derecha del papel y la dirección de la compañía a la izquierda como tú me dijiste. Ahora acabo de redactar un bonito saludo.

ROSITA   Un bonito saludo ¿eh? Léemelo, por favor.

MIGUEL   «¡Hola, queridos amigos de 'La Vida es Breve'!»

ROSITA   Pero Miguel, ¿cómo puedes empezar una carta comercial° de esa manera? ¿Estás dirigiéndote a una compañía, o a uno de tus amigos?

MIGUEL   Entonces, ¿qué escribo?

ROSITA   Algo así: «Señores,» o «Muy señores míos» o «Distinguidos señores».

MIGUEL   Eso es demasiado ceremonioso. *(Miguel sigue escribiendo.)* «Soy un joven de 15 años, alto, fuerte, moreno, de ojos oscuros . . .».

ROSITA   ¡Miguel! ¿Estás loco? La compañía no necesita un actor de cine sino un mensajero. El texto de la carta debe ser breve y pertinente.

MIGUEL   ¡Bah! ¡Qué aburrido! *(Miguel sigue escribiendo.)* «. . . y me gusta pescar en alta mar, y bucear en las playas de Isla Verde».° Para despedirme, voy a escribir: «Amigos míos, les envío muchos abrazos a Uds. y a sus esposas, hijos y también al perro y al gato, si los tienen».

| | |
|---|---|
| ROSITA | ¡Qué barbaridad! Ésa no es una despedida apropiada para una carta formal. Debes decir: «Los saluda atentamente su s. s.». O en esta carta puedes decir: «Esperando oír de Uds., queda su atento servidor». |
| MIGUEL | ¡Uf! Tú eres tan seria como la actriz de una tragedia. |

Pasan varios días. Miguel entra muy contento con una carta en la mano.

| | |
|---|---|
| MIGUEL | Rosita, Rosita, tengo muy buenas noticias de la compañía de seguros. |
| ROSITA | ¿Sí? ¿Te dieron el trabajo de mensajero? |
| MIGUEL | No, pero quieren que este verano trabaje escribiendo algunas cartas que van a enviar a gente joven. Dicen que les gustó «el tono chistoso y familiar» de mi carta. |
| ROSITA | ¿Es posible? ¡No puede ser! El mundo está loco, loco, loco. . . . |

## ▶NOTAS CULTURALES

°**Puerto Rico,** un Estado Libre Asociado, es una isla situada entre el Océano Atlántico y el Mar Caribe. Los puertorriqueños, ciudadanos de los Estados Unidos, están representados en su estado y en Washington, aunque no votan para presidente. Muchos puertorriqueños viven en las ciudades más grandes de los Estados Unidos, y mantienen contacto con sus familias en Puerto Rico.

°**el ventilador en el techo:** El clima tropical de Puerto Rico explica la clase de arquitectura que existe en la isla. Por lo general, los puertorriqueños construyen sus casas de cemento y ladrillo para resistir posibles ciclones y mantener fresco el interior. Los exteriores de colores claros, las ventanas grandes y los ventiladores de techo también protegen del calor.

°**una carta comercial:** Existen algunas diferencias entre una carta familiar o comercial en español y una en inglés. Por ejemplo, se puede escribir la fecha de tres maneras (5 junio 1981, 5 de junio 1981, 5 de junio de 1981). En la dirección, el número siempre viene después del nombre de la calle (Avenida Justicia 54). Cuando se escribe una carta comercial es necesario conocer algunas abreviaturas (Cía. = compañía, Hnos. = hermanos, atto -a = atento -a, s. s. o ss. ss. = seguro servidor, o sus seguros servidores). El tono de una carta en español es más ceremonioso que el tono de una carta en inglés. Esto es así aun en las cartas familiares, como se ve en los saludos: «Inolvidable José,» «Adorados padres,» «Amadísima esposa». Pero a veces se dice simplemente: «Queridos tíos». La despedida es muy afectuosa también, por ejemplo: «Recibe, querida abuelita, el amor de tu nieto;» «Te manda un fuerte abrazo, tu hermano;» «Un saludo afectuoso a los tuyos y muchos besos para ti de tu mejor amiga». Estas diferencias explican mucho de la cultura hispana.

°**Isla Verde:** En la costa hay muchas playas, como Isla Verde y Luquillo, donde los puertorriqueños y los turistas disfrutan del mar. Algunas son balnearios públicos que tienen hoteles, restaurantes, guardarropas y duchas. Los puertorriqueños son muy aficionados al mar y a muchos les gusta nadar, bucear, practicar el esquí acuático o pescar.

## Preguntas

Conteste según el diálogo.

1. ¿Dónde están Miguel y Rosita?   2. ¿A quién escribe Miguel y para qué?
3. ¿Sabe Miguel escribir una carta comercial, o necesita la ayuda de Rosita?
4. Cuando se empieza una carta, ¿qué se pone a la derecha del papel?
5. ¿Dónde se pone la dirección de la persona o compañía que recibe la
carta?   6. ¿Qué saludos usamos en una carta comercial?   7. ¿Cómo debe
ser el texto de una carta comercial?   8. ¿Qué despedida usamos en una
carta formal?   9. ¿Le dan a Miguel un trabajo en la compañía de seguros?

## PALABRAS NUEVAS

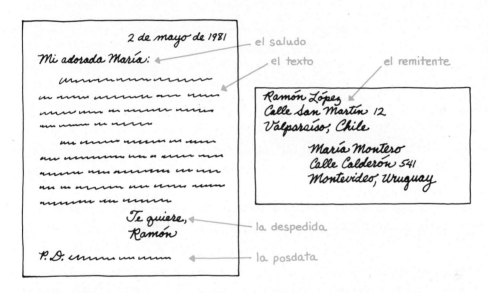

## ● Glosario

SUSTANTIVOS

**la abreviatura**
    abbreviation
**la alta mar**   high seas
**el balneario**   bathing
    resort
**el cemento**   cement
**el ciclón**   hurricane
**el ciudadano, la ciudadana**
    citizen
**el clima**   climate
**la compañía**   company,
    companionship
**el contacto**   contact

**la costa**   coast
**la despedida**   closing of a
    letter, farewell
**la diferencia**   difference
**el estado**   state; condition
**el exterior**   exterior
**el interior**   interior
**el ladrillo**   brick
**el mensajero, la mensajera**
    messenger
**la posdata**   postscript
**el presidente, la presidenta**
    president

**el remitente**   return
    address
**el saludo**   greeting
**el seguro**   insurance
**el servidor, la servidora**
    servant
**el texto**   text
**el tono**   tone

## VERBOS

**bucear**  to skin-dive
**dirigirse (j) (a)**  to direct oneself to, to address
**mantener**  to maintain
**proteger (j)**  to protect
**redactar**  to draw up
**resistir**  to resist, to endure
**votar°**  to vote

## ADJETIVOS

**adorado, -a**  adored
**afectuoso, -a**  affectionate
**amadísimo, -a**  most loved
**apropiado, -a**  appropriate
**asociado, -a**  associated
**atento, -a**  attentive, polite
**breve**  brief
**ceremonioso, -a**  ceremonious
**comercial**  business
**distinguido, -a**  distinguished
**familiar**  familiar; pertaining to the family
**fresco, -a**  cool
**inolvidable**  unforgettable
**pertinente**  relevant, to the point
**público, -a**  public
**querido, -a**  dear
**tropical**  tropical

## ADVERBIOS

**atentamente**  attentively, politely, cordially
**aun°**  even

## EXPRESIONES / PALABRAS ÚTILES

**por lo general**  generally
**por lo tanto**  therefore

⇒ COMENTARIO

**°votar:** Note the use of *para* and *por* with this verb.

Votan para presidente.
*They vote in the presidential elections.*

Voy a votar por Carlos Echeverría.
*I am going to vote for Carlos Echeverría.*

*Para* is used after *votar* when speaking of a political office. (A vote is cast *in order to* fill a political office.) When a particular person is indicated, *por* is used after *votar*. (A vote is cast *on behalf of* an individual.)

**°aun:** Note that when written with an accent, *aún* means "still."

*Ud. dirá.* Ud. busca una casa buena cerca de . . . Este señor le puede ayudar. Pídale que le describa algunas casas.

*Lección nueve*

154

## Ejercicios de vocabulario

**A.** Estudie el dibujo y conteste las siguientes preguntas.

2 de mayo de 1981

Mi adorada María:

~~~~~~~~~~~~~~~~~~~~~~~~~~~~~~~~~~~~~~~~~~~~~~~~~~~~~~~~~~~~~~~~~~~~~~~~~~~~~~~~~~~~~~~~~~~~~~~~~~~~~~~~~~~~~~~~~~~~~~~~~~~~~~~~~~~~~~~~~~~~~~~~~~~~~~~~~~~~~~~~~~~~~~~~~~~~~~~~~~~~~~~~~~~~~~~~~~~~~~~~~~~~~~~~~~~~~~~~~~~~~~~~~~~~~

Te quiere,
Ramón

P. D. ~~~~~~~~~~~~~~~~~~~~~~~~~~

Ramón López
Calle San Martín 12
Valparaíso, Chile

María Montero
Calle Calderón 541
Montevideo, Uruguay

1. ¿Quién escribió la carta?
2. ¿A quién se la escribió?
3. ¿Cuándo la escribió?
4. ¿Qué dice el saludo?
5. ¿Qué dice la despedida?
6. ¿En qué país vive Ramón?
7. ¿En qué país vive María?
8. ¿Dónde se pone el nombre del remitente?
9. ¿Dónde se pone la posdata en una carta?

**B.** Termine las frases de la manera más apropiada. *(Finish the sentences in the most appropriate way.)*

1. En los climas tropicales
2. La casa
3. Joaquín prefiere bucear en alta mar,
4. No sentimos el calor
5. El ventilador mantiene
6. Aún no puedo decirle

7. El tono ceremonioso del presidente
8. Puerto Rico es
9. Soy el afectuoso servidor
10. Nuestra visita al balneario público
11. Después del ciclón, el presidente declaró
12. Los ciudadanos votarán

a. de mi adorada y amadísima esposa.
b. hace mucho calor.
c. aburrió al comité organizador.
d. un Estado Libre Asociado.
e. en el interior de la casa.
f. está construida de cemento y ladrillo.
g. la habitación fresca.
h. fue inolvidable.
i. cómo se escribe la abreviatura de la palabra «compañía».
j. pero yo prefiero quedarme más cerca de la costa.
k. para presidente.
l. que había cincuenta muertos.

**C.** Complete la frase con la palabra o expresión más apropiada.

1. Esteban es un muchacho mal educado. No se dirige a la presidenta de la manera *(apropiada | pertinente)*.
2. La casa de correos no pudo devolver la carta. No tenía *(posdata | remitente)*.
3. Necesitamos un barco para pescar en *(alta mar | un balneario público)*.
4. Por lo general, no hay mucha diferencia entre *(el clima | el tono)* de Cuba y el de Puerto Rico.
5. La posdata de una carta debe ser *(absurda | breve)*.
6. ¿Conoce Ud. *(la impresión | la abreviatura)* de «su seguro servidor?»
7. Puerto Rico es *(un Estado Libre Asociado | una comunidad)* de los Estados Unidos. Por lo tanto, el puertorriqueño es ciudadano de los Estados Unidos.
8. Esperanza le ofreció muy *(atentamente | especialmente)* su asiento al anciano.
9. En *(el interior | el exterior)* de un país tropical, existen a menudo selvas donde llueve mucho.

## • Estudio de vocabulario

### Sinónimos

Complete las frases con la palabra de la lista cuyo sentido es más semejante al de la palabra en letra itálica.

> atento   ciudadanos   balnearios   conflicto   condición
> protégete   querido   redactar   resistió

1. Cuando vayas a la costa, *cuídate* de no quemarte al sol; ____ con un sombrero bien grande.

2. La secretaria *escribe* una carta familiar; en cuanto termine, tiene que ____ una carta comercial.
3. El primer actor le dice: «*Adorada Juanita mía;*» la primera actriz le contesta: «____ amor mío».
4. Rafael es un muchacho *bien educado.* Es muy ____.
5. En Puerto Rico hay muchas *playas.* Algunas de ellas son ____ públicos.
6. ¿Crees que la casa puede *aguantar* el ciclón? Claro, lo ____ el año pasado.
7. En el *estado* en que está, el señor Pérez va a morir. Su ____ es grave.
8. *Los habitantes de un país* no son siempre ____ del mismo.
9. El árbitro pide a los equipos que le expliquen sus *diferencias.* Quiere poner fin al ____.

### Antónimos
Escoja la palabra de la segunda columna cuyo sentido es contrario al de la palabra de la primera columna.

1. el exterior
2. el saludo
3. breve
4. familiar
5. ceremonioso
6. fresco

a. extraño
b. chistoso
c. caliente
d. el interior
e. eterno
f. la despedida

### Palabras asociadas
Complete las frases con una palabra semejante a la palabra en letra itálica.

1. Una persona que *saluda* da un ____.
2. ¡Paquito, presta *atención* en clase! Tienes que estar siempre ____ a la lección.
3. Es imposible *olvidarse de* un viaje tan divertido. Tuvimos unas vacaciones ____.
4. Los miembros del comité *quieren* mucho a su presidente. Rodolfo es un líder muy ____ de todos.
5. El que le *sirve* a Ud. muy atentamente es su ____ y amigo.
6. No sabes *el amor* que siento por ti. Eres mi ____ esposo.

### Palabras con varios sentidos
**atento, -a** attentive; polite
1. Doña Juana es muy amable. Siempre está muy ____ conmigo.
2. Estuve muy ____ al árbitro durante el partido de fútbol.

**compañía** company; companionship
3. A mí me encanta viajar con mi abuelo. Es muy buena ____.
4. Nuestra escuela no tiene contacto con una ____ de discos.

**el público** spectators
**público, -a** public
5. El ____ aplaudió mucho al final de la obra.
6. Por favor, ¿dónde puedo encontrar un teléfono ____?

**el seguro** insurance

**seguro, -a** sure, certain

7. Estoy ＿＿ de que José viene mañana.
8. El fracaso de la compañía de ＿＿ dejó preocupado a don Oswaldo.

**resistir** to resist; to endure

9. Este piso tan viejo no va a ＿＿ el peso del piano.
10. No puedo ＿＿ sus chistes.

**familiar** familiar; pertaining to the family

11. Estas caras me son muy ＿＿.
12. Cuando estuve enfermo, mi papá me preparó un remedio ＿＿.

**estado** state; condition

13. Mis abuelos viven en el ＿＿ de la Florida.
14. El niño enfermo está en muy mal ＿＿.

### No hay que confundir

*Querido* is used to describe people or objects that are dear to you. It is also a common salutation in a friendly letter. *Caro* is the equivalent of "dear" meaning "expensive."

*Servidor, -a* and *criado, -a* can be translated with the same English word, "servant." *Servidor* is a polite term for someone who renders a service for someone else. It is often used in the closing of a letter. It is also very close to the English expression, "humble servant." *Criado, -a* is the word used for someone who works as a domestic.

### Falsos amigos

In English the verb "to resist" is used with "not" to express a great desire for something; for example, "I can't resist sweets." In Spanish the verb *resistir* is never used in this way. *No puedo resistir los dulces* is the equivalent of "I can't stand sweets."

## EXPLICACIONES

### Los adjetivos y pronombres posesivos

1. The possessive adjectives *mi, tu, su*, etc., agree with the noun that they modify. These short forms always come before the noun:

| | | | | |
|---|---|---|---|---|
| **mi** libro | *my book* | **nuestro** libro | *our book* |
| **tu** libro | *your book* | vuestro libro | *your book* |
| **su** libro | *your, his, her book* | **su** libro | *your, their book* |

Remember that when the noun is plural, the possessive adjective ends in *-s; nuestro* and *vuestro* agree in gender as well as number.

GABY AYESTA SANCHEZ
Decoradora - Hogar

ESTUDIO Sol S.A.

Teléfono 40-34-44

JORGE COMBE VENEGAS
ADJUNTO A GERENCIA GENERAL

QUIMICA VENTANILLA S. A.
OF. AV. J. MARIATEGUI 470
JESUS MARIA · LIMA 11
TELFS. 713712 - 713707
APTDO. 5830 - LIMA

2. The long forms of the possessive adjectives are more emphatic. These forms always follow the nouns that they modify. Notice these examples:

Juanito lleva un disfraz **mío**.

*Juanito is wearing a disguise of mine.*

Hoy hablé con unos amigos **tuyos**.

*Today I spoke with some friends of yours.*

Where is the possessive adjective in the following examples?

¿De quién es este silbato? ¿Es **tuyo**?

*Whose whistle is this? Is it yours?*

Estas camisetas no son **mías**.

*These undershirts aren't mine.*

When used with *ser*, the long form of the possessive adjective agrees with a noun that is either understood or is included in another part of the sentence. Here are the long forms of the possessive adjectives:

| SINGULAR | | PLURAL | |
|---|---|---|---|
| mío, mía | *my, (of) mine* | míos, mías | *my, (of) mine* |
| tuyo, tuya | *your, (of) yours* | tuyos, tuyas | *your, (of) yours* |
| suyo, suya | { *your, (of) yours* <br> *his, (of) his* <br> *her, (of) hers* | suyos, suyas | { *your, (of) yours* <br> *his, (of) his* <br> *her, (of) hers* |
| nuestro, nuestra | *our, (of) ours* | nuestros, nuestras | *our, (of) ours* |
| vuestro, vuestra | *your, (of) yours* | vuestros, vuestras | *your, (of) yours* |
| suyo, suya | { *your, (of) yours* <br> *their, (of) theirs* | suyos, suyas | { *your, (of) yours* <br> *their, (of) theirs* |

3. *Su casa* and *la casa suya* can mean "his house." However, they can also mean "her house," "your house," "their house," etc. To clarify ownership, Spanish often uses *de* + pronoun: *la casa de ella* can only mean "her house."

4. A possessive pronoun is used in place of a previously mentioned noun. Look at these examples and notice how the possessive pronouns are formed by adding the definite article to the long forms of the possessive adjectives.

Aquí están nuestros dibujos. **El tuyo** es bastante interesante.

*Here are our drawings. Yours is quite interesting.*

El perro de mi tío es grande, pero **los nuestros** son pequeños.

*My uncle's dog is big, but ours are small.*

La chaqueta mía es vieja; **la suya** is nueva.

*My jacket is old; his is new.*

5. *De* + pronoun is often used to clarify ownership. For example, notice that in the last sentence above *la suya es nueva* could also mean "hers is new," etc. But *la de él es nueva* might be used and could only mean "his is new."

## Ejercicios

**A.** Use el adjetivo posesivo para decir que las cosas son mías, tuyas, de ellas y de nosotros. *(Use the short form of the possessive adjective to say that the objects belong to me, to you, to her, and to us.)*
Empiece con el modelo.

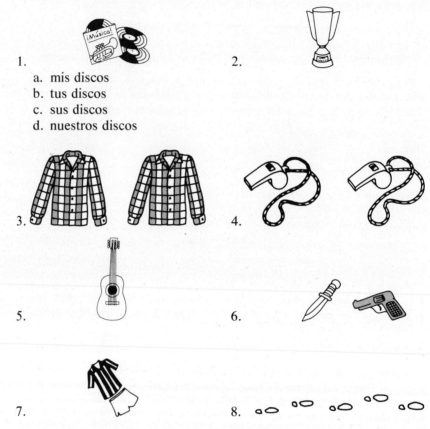

1.
    a. mis discos
    b. tus discos
    c. sus discos
    d. nuestros discos

2.

3.

4.

5.

6.

7.

8.

**B.** Cambie las frases usando otra forma del adjetivo. Empiece con el modelo.

1. Acabo de redactar una carta a *tus amigos.*
   *Acabo de redactar una carta a los amigos tuyos.*

2. Severo no puede resistir *mis besos.*
3. La gente siempre lloraba al escuchar *sus canciones.*
4. ¿Quieres *su camisa?*
5. Le gusta bucear cerca de *nuestro barco.*
6. *Mi carta* fue demasiado ceremoniosa.
7. Por lo general, *sus ensayos* no son muy pertinentes.
8. Después del ciclón, perdí contacto con *mi oficina.*
9. *Nuestra presidenta* es una señora distinguida.
10. *Tu champú* no es apropiado para el pelo seco.

**C.** Conteste usando el adjetivo posesivo que corresponde a las palabras entre paréntesis y el sustantivo modificado. Empiece con el modelo.

1. ¿De quién es la posdata? (el hombre alto)
   *Es suya.*

2. ¿De quiénes son estos ladrillos? (tú y yo)
3. ¿De quiénes es el apartamento de la costa sur? (tú y Gaspar)
4. ¿De quién es la casa de cemento? (Teresa)
5. ¿De quién son estas cartas comerciales? (tú)
6. ¿De quiénes son las compañías? (sus clientes)
7. ¿De quién son las huellas? (yo)
8. ¿De quiénes es el texto? (unos autores famosos)

**D.** Clarifique el sentido de *su* y *sus* según las palabras entre paréntesis.
*(Clarify the meaning of* su *and* sus *according to the words in parentheses.)*
Empiece con el modelo.

1. El ciclón destruyó *su casa.* (Uds.)
   *El ciclón destruyó la casa de Uds.*

2. El exterior de *su auto* es negro. (él)
3. Todavía está protegiendo a *su servidor.* (ella)
4. *Sus ideas* me ofenden. (Ud.)
5. Tuvimos que leer el texto de *su libro.* (ellas)
6. Nunca vota por *sus amigos.* (ella)
7. *Su cara* es muy grasosa. (él)
8. Hay selvas en el interior de *su país.* (ellos)

**E.** Combine las frases según el modelo. *(Combine the sentences according to the model.)*

1. Nuestra casa es de ladrillo. *La casa de Pedro* es de cemento.
   *Nuestra casa es de ladrillo; la suya es de cemento.*

2. El seguro que compras cuesta demasiado. *Mi seguro* no es tan caro.
3. Aquí está tu disfraz. *Nuestros disfraces* no llegaron.
4. Tu despedida fue inolvidable. Nadie se dio cuenta de *nuestra despedida.*
5. Mi pluma es verde. No me gusta el color de *su pluma.*
6. Su carta trata asuntos comerciales. *Nuestra carta* explica problemas de familia.

**F.** Conteste *sí* según las palabras entre paréntesis. Empiece con el modelo.

1. ¿Es el suyo? (ella)
   *Sí, es el de ella.*

2. ¿Son las suyas? (ellos)
3. ¿Es la suya? (Ud.)
4. ¿Es el suyo? (ellas)
5. ¿Son las suyas? (él)
6. ¿Son los suyos? (Uds.)

## Comparativos y superlativos

1. Remember that most adjectives can be used to compare things or people in this way:

sospechoso → más sospechoso (que) → el más sospechoso
dulce ⟶ más dulce (que) ⟶ el más dulce

Use *de* to indicate that something or someone is the "most" or "best" in a group:

| | |
|---|---|
| Pancho es el mensajero más listo **de** la compañía. | *Pancho is the sharpest messenger **in** the company.* |

2. Look at these examples:

| | |
|---|---|
| Esta película es **buena (mala)**, pero la novela es **mejor (peor)**. | *This movie is **good (bad)**, but the novel is **better (worse)**.* |
| El portero es **joven (viejo)**, el ala es **menor (mayor)** y el árbitro es **el menor (el mayor)**. | *The goalie is **young (old)**, the wing is **younger (older)**, and the referee is **the youngest (oldest)**.* |

Did you remember that the adjectives *bueno, malo,* and *joven* have irregular forms to express comparisons? Note that *viejo* also has irregular forms when used in reference to people. When *viejo* is used to compare animals or things, the comparative and superlative forms are regular.

3. Recall that *más que* and *menos que* are used with verbs to make comparisons:

| | |
|---|---|
| Lucinda come **más (menos) que** sus hermanos. | *Lucinda eats **more (less) than** her brothers.* |

4. The constructions *más* + noun + *que* and *menos* + noun + *que* are used with nouns to make comparisons:

| | |
|---|---|
| Pepito tiene **más (menos)** juguetes **que** Toño. | *Pepito has **more (fewer)** toys **than** Toño.* |

5. *Más de* and *menos de* are used before numbers:

| | |
|---|---|
| Hay **más de (menos de)** diez personas en el comité. | *There are **more than (fewer than)** ten people on the committee.* |

6. Spanish uses *tanto como* to compare two actions of equal intensity:

| | |
|---|---|
| Mis amigos lloraron **tanto como** yo. | *My friends cried **as much as** I did.* |

Notice that the second verb is usually understood.

7. Look at these examples:

| | |
|---|---|
| Tienes **tantos discos como** yo. | *You have **as many records as** I do.* |
| Juan debe **tanta plata como** Rafael. | *Juan owes **as much money as** Rafael.* |

The construction *tanto, -a, -os, -as* + noun + *como* is used to show that two quantities are equal. The adjective *tanto* agrees in gender and number with the noun that follows it.

Ud. dirá. ¿Es esta señora arquitecta? ¿periodista? ¿negociante? ¿Por qué necesita tres teléfonos? Hable con ella sobre su trabajo.

8. Note this use of the construction *tan* + adverb or adjective + *como:*

| | |
|---|---|
| La mujer es **tan culpable como** el hombre. | *The woman is **as guilty as** the man.* |
| Esos señores son **tan viejos como** mi abuelo. | *Those men are **as old as** my grandfather.* |
| Hablas español **tan bien como** Raquel. | *You speak Spanish **as well as** Raquel.* |

The adverb *tan* indicates equality and modifies an adjective or another adverb.

## Ejercicios

**A.** Invente comparaciones según el modelo.

1. La nota de Marta es 97, la de Eduardo es 88 y la de Pablo es 75.
   (La nota de Pablo es buena. . . .)
   *La nota de Pablo es buena, la de Eduardo es mejor y la de Marta es la mejor.*

2. Ramón tiene diez años, Susana tiene seis años y Ana tiene cinco años.
   (Ramón es joven. . . .)

3. Hay cincuenta páginas en estos libros, cuarenta en ése y diez en aquéllos.
   (Estos libros son pequeños. . . .)

4. Mi tío me besó cinco veces, mis abuelos me besaron seis veces y papá me besó diez veces.
   (Mi tío es afectuoso. . . .)

5. La nota de Alicia es 55, la de Juan es 40 y la de Pepe es 0.
   (La nota de Alicia es mala. . . .)

6. La llamada de Marta duró un minuto. Alberto habló dos minutos y Margarita hizo una llamada de tres minutos.
   (La llamada de Margarita fue breve. . . .)

**B.** Conteste según el dibujo. Use *más de* y *menos de*. Empiece con los modelos.

1. ¿Hay dos músicos?
   *No, hay más de dos músicos.*

2. ¿Hay seis niños?
   *No, hay menos de seis niños.*

3. ¿Hay un disco?

4. ¿Hay cuarenta huevos?

5. ¿Hay cinco gatos?

6. ¿Hay tres mecánicos?

7. ¿Hay una bicicleta?

**C.** Use *menos . . . que, más . . . que* y *tanto . . . como* para formar frases. (*Use* menos . . . que, más . . . que, *and* tanto . . . como *to form sentences.*)
Empiece con el modelo.

1. Tienes cinco ladrillos. Tengo cinco ladrillos.
   (Tienes. . . .)
   *Tienes tantos ladrillos como yo.*

2. Alberto redactó tres cartas. Su hermano redactó tres cartas también.
   (Alberto. . . .)

3. Mantengo cuatro casas. Aquel actor mantiene una casa en Francia, una en México y una en los Estados Unidos.
   (Mantengo. . . .)

4. Abuelita me dio seis besos. Tú sólo me diste un beso.
   (Abuelita me dio. . . .)

5. Traje mi vaso. Trajiste tres vasos.
   (Traje. . . .)

6. Tenemos mucho trabajo. Ellos también tienen mucho trabajo.
   (Tenemos. . . .)

**D.** Lea el párrafo siguiente y conteste las preguntas con frases completas. Use las expresiones *más que, menos que* y *tanto como*. (*Read the following paragraph and answer the questions in complete sentences. Use the expressions* más que, menos que, *and* tanto como.)

Roque, el hijo mayor de los Rivera, trasnocha tanto como sus amigos. Sale y no regresa hasta el amanecer. Por lo tanto, sus padres lo castigan a menudo. Humberto, el hijo menor, es un muchacho más tranquilo. Casi todas las noches, Humberto se queda en su casa haciendo la tarea, o leyendo un libro. A veces lee hasta que llega Roque. Por la mañana, los dos hermanos se quejan de que están muy cansados.

1. ¿Quién sale más, Roque o Humberto?
2. ¿Quién trasnocha más, Roque o sus amigos?
3. ¿Quién parece estudiar menos, Roque o Humberto?
4. ¿Quién resiste más la autoridad de sus padres, Roque o Humberto?
5. ¿A quién castigan menos los Rivera, a Roque o a Humberto?
6. ¿Quién se queja más, Roque o Humberto?

**E.** Invente una nueva frase usando *tan . . . como*. Empiece con los modelos.

1. Este libro es interesante. Aquel libro también es interesante.
   *Este libro es tan interesante como aquél.*
2. Don Jorge tiene sesenta años. Mi tío tiene sesenta años.
   *Don Jorge es tan viejo como mi tío.*

3. Marta canta bien. José y Fernando cantan bien.
4. La nota de Concha es 0. La nota de Benito es 0.
5. El mensajero es gordo. El mecánico es gordo.
6. Federico estaba enfermo. Adriana estaba enferma.
7. Margarita tiene dos años. Ana María también tiene dos años.


## Confirme su progreso

Make up sentences that compare the following sketches.
Empiece con el modelo.

El señor López          Cristina

1.

*El señor López tiene más maletas que Cristina.*

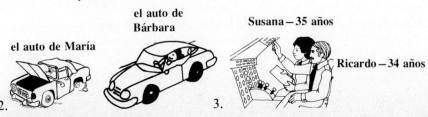

el auto de María          el auto de Bárbara          Susana—35 años

Ricardo—34 años

2.          3.

4.

5.

6.

7.

## La nominalización, el de . . . , el que . . .

1. Look at these examples and recall how an adjective used with a definite article can take the place of a noun:

El payaso gordo es más divertido que **el delgado.**

*The fat clown is funnier than **the thin one.***

¿Usamos los chiles rojos o **los verdes?**

*Shall we use the red chili peppers or **the green ones?***

Remember that adjectives nominalized in this way keep the number and gender of the nouns they replace.

2. Notice how the definite article + *de* can be used to replace a noun:

¿Buscas una pluma? Aquí tienes **la de él.**

*Are you looking for a pen? Here's **his.***

Tenemos muchos vasos porque Paquita trajo **los de su familia.**

*We have a lot of glasses because Paquita brought **her family's.***

*El de, la de, los de,* and *las de* are used to indicate possession in cases in which repetition of a noun should be avoided. In the first sentence, for example, *la de* replaces *la pluma de*.

3. Spanish also uses *el que, la que, los que,* and *las que* to avoid repetition of a noun. Look at the following examples and decide what nouns are being replaced by the definite article + *que*:

Leí este ensayo y **el que** escribiste.

*I read this essay and **the one** you wrote.*

¡Atención, muchachas! **Las que** quieran jugar deben levantar la mano.

*Attention, girls! **Those who** want to play should raise their hands.*

*Lección nueve*

## Ejercicios

**A.** Cambie las frases según el modelo.

1. *El ventilador nuevo* está en el techo.
   *El nuevo está en el techo.*

2. *La segunda canción* es aun más familiar.
3. *Los hombres condenados* me insultaron.
4. *La muchacha enferma* llegó.
5. Ellos son *los peores estudiantes.*
6. *Los mensajeros viejos* no vendrán.
7. No entiendo *la primera abreviatura.*
8. *El cemento gris* cuesta demasiado.

**B.** Conteste *no* según las palabras entre paréntesis. Empiece con el modelo.

1. ¿Filmarás el libro que escribí? (un autor famoso)
   *No, filmaré el de un autor famoso.*

2. ¿Protegiste a las hijas de tu amiga? (la señora García)
3. ¿Te gustan mis zapatos? (Rosa)
4. ¿Buscas esta carta? (María)
5. ¿Votaste por las ideas de don Pedro? (el presidente)
6. ¿Te encontrarás con mi mensajero? (la compañía)

**C.** Use *el que, la que, los que* y *las que* para completar las frases. Empiece con los modelos.

1. Marta y yo escribimos un poema. Eduardo quiere. . . .
   *Eduardo quiere el que escribimos.*
2. Esta muchacha y yo acabamos de comprar zapatos nuevos. Eduardo quiere. . . .
   *Eduardo quiere los que acabamos de comprar.*
3. Jorge y yo tenemos flores bonitas. Eduardo quiere. . . .
4. El viejo y yo vendemos ladrillos. Eduardo quiere. . . .
5. Mi hermana y yo lavamos vestidos y pantalones. Eduardo quiere. . . .
6. Guillermo y yo traemos frutas del país. Eduardo quiere. . . .

## HABLEMOS UN POCO

Bring to class an envelope from a personal letter you have received. Exchange the envelope with a classmate who will ask you questions such as the following.

1. ¿Quién escribió la carta?
2. ¿Dónde vive?
3. ¿A quién se la escribió?
4. ¿Cuándo recibiste la carta?
5. ¿Qué dice la carta?
6. ¿Cuándo la vas a contestar?
7. ¿Qué vas a escribir?

Now you can ask your classmate the same questions concerning the letter that he or she received.

# PALABRAS NUEVAS

## LA MÚSICA

la tecla

la nota

la cuerda

la escala

Estas son las mañanitas
la letra

## EL ARTE

el pincel

la tinta

$H_2O$

las acuarelas

El tema de la novela de Cervantes....

Dar una Conferencia

## LA ARQUITECTURA

la campana

la torre

el rascacielos

el puente

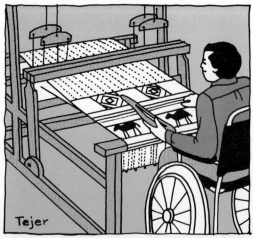

Tejer

# lección
# 10

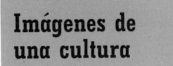

## Imágenes de una cultura

Gran éxito de exposición «Presencia hispana»

SAN FRANCISCO — Distinguidos artistas hispanos se han reunido en nuestra ciudad esta semana para tomar parte en una exposición de arte hispano en los Estados Unidos. La exposición incluye pintura, escultura, música, artesanía y arquitectura. Ha habido presentaciones de diapositivas, lecturas de poesía y conferencias sobre diferentes corrientes artísticas. El director de la exposición, don Domingo Roldós Reyes, ha señalado el significado de «Presencia hispana» de esta manera: — Ojalá que el público interesado haya visto en nuestra exposición el espíritu de un pueblo profundamente sensible que muestra en sus imágenes el fondo complejo de su historia. — Roldós había tratado de organizar la exposición hace años, pero le faltaban fondos. Actualmente, gracias a becas y otra ayuda que han dado varias personas, ha podido realizar su sueño. Mañana, último día de la exposición, el comité organizador ofrecerá un festival de comida hispana, una conferencia sobre el cuento, un baile folklórico y una excursión a los talleres de varios escultores hispanos.

## • Glosario

### SUSTANTIVOS

**la acuarela** watercolor paint; watercolor painting
**la artesanía** handicrafts, manual arts
**el, la artista** artist
**la ayuda** help
**la beca** scholarship
**la campana** bell

**la conferencia** lecture
**la corriente** current; trend
**la cuerda** string (of an instrument); chord
**la escala** musical scale
**el escultor, la escultora** sculptor
**la escultura** sculpture

**el espíritu** spirit
**la excursión** excursion, tour
**la exposición** exhibit
**el festival** festival
**el fondo** background; bottom; fund

la **imagen** image
la **lectura** reading
la **letra** lyrics; handwriting; letter (of alphabet)
la **nota** note; musical note
el **pincel** paintbrush

la **pintura** paint; painting
la **presencia** presence
la **presentación** presentation; introduction
el **puente** bridge
el **rascacielos°** skyscraper

el **significado** meaning, significance
el **taller** workshop
la **tecla** (piano or typewriter) key
la **tinta** ink
la **torre** tower

### VERBOS

**dar una conferencia** to give a lecture
**imaginarse** to imagine

**reunirse (con)** to join; to meet
**tejer** to weave, to knit

### ADJETIVOS

**actual** current
**artístico, -a** artistic
**complejo, -a** complex

**corriente** ordinary
**interesado, -a** interested

**musical** musical
**sensible** sensitive

### ADVERBIOS

**actualmente** at present, at the present time
**profundamente** deeply, profoundly

### EXPRESIONES / PALABRAS ÚTILES

**al corriente** up-to-date
**en el fondo** deep inside

⇒ COMENTARIO
°**el rascacielos** ↔ *los rascacielos*

## Ejercicios de vocabulario

**A.** Conteste las preguntas según los dibujos. Empiece con el modelo.

1. ¿Qué compró la pintora?  *Compró un pincel.*

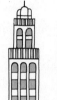

2. ¿Dónde estaba el taller?    3. ¿Qué viste en Nueva York?

4. ¿Qué necesita Rebeca?    5. ¿Qué perdió el artista?

6. ¿Qué cruzaron los turistas?    7. ¿Qué hará el profesor hoy?

**B.** Escoja la respuesta más apropiada.

1. ¿Tienes el proyector?
2. Las campanas son enormes.
3. No entiendo el significado de esta presentación.
4. Iván se pone profundamente triste al leer estos poemas.
5. ¿Sobre qué era la conferencia?
6. ¿Qué estás tejiendo?

a. Es que es una persona sensible.
b. El profesor habló de la artesanía.
c. Pero no estás interesado en el tema.
d. No, pero aquí están las diapositivas.
e. Mi presencia les molesta mucho.
f. ¿No ves que es un suéter?
g. Sí, y tienen un sonido muy claro.

**artesanía GRANADA**

CERÁMICA ● COBRE ● HIERRO FORJADO ● TULES BORDADOS ● FAROLES ARTISTICOS

TEJIDO ALPUJARREÑO E HISPANO-ÁRABE ● ABANICOS ● ORFEBRE-

TARACEA ● FIGURAS POLICROMADAS ● MUEBLES DE ARTESANÍA

RIA ● TALLA EN MADERA

**C.** Complete las frases con una de las palabras de la lista.

lecturas    taller    exposición    excursión    festival    espíritu

1. Mañana hay una ____ en autobús al museo.
2. Vi los cuadros de muchos pintores cuando fui a la ____ de arte.
3. Las ____ de este libro son muy interesantes.
4. Vamos a ver tres películas esta semana porque hay un ____ de cine.
5. En la pintura de México se ve el ____ mexicano.
6. El carpintero trabaja todos los días en su ____.

## ● Estudio de vocabulario

### Sinónimos
Escoja la palabra cuyo sentido es más semejante al de la palabra en letra itálica.

1. *el festival*    la presencia    el fantasma    la fiesta
2. *complejo*    nervioso    complicado    contrario
3. *reunirse con*    encontrarse con    realizar    destacarse
4. *actualmente*    verdaderamente    ahora    atentamente

### Antónimos

complejo ≠ sencillo    aburrido ≠ interesado

Complete las frases con la palabra cuyo sentido es contrario al de la palabra en letra itálica.

1. El arte de Miró no es ____; algunos dicen que es muy *complejo*.
2. ¿Cómo puedes estar *aburrido*? Estoy profundamente ____ en la conferencia.

### Palabras asociadas
Complete las frases con una palabra parecida a la palabra en letra itálica.

1. —Anoche me *ayudaste* a hacer la tarea. Gracias por la ____.
   —De nada. ¿Quieres ____ conmigo otra vez hoy, o vas a *la reunión* del comité?
2. —A Paco le gusta la *música*, ¿no es verdad?
   —Sí, aprendió a cantar la escala ____ cuando tenía dos años.
   —Pues, así son los ____ con su *arte*.
3. —Manuelita dice que quiere estudiar *arte*.
   —¡Qué bueno! Puesto que es una muchacha ____, debe hacerse ____.
4. —Dice que quiere ser *escultora*, es decir, su carrera será la ____.
   —Pero también le encanta *pintar* aunque no quiere ser *pintora* porque la ____ es más compleja que la escultura.
5. —Te voy a *presentar* a mis amigos.
   —¡Ay! Siempre me pongo nerviosa en las ____.
   —Pero mis amigos son *interesantes*, y además, están muy ____ en ti.
6. —¡*Imagínate*! En la exposición de pintura moderna, no entendí las ____ en los cuadros de Miró.
   —Bueno, como tú puedes ____, son muy complejas.

### Palabras con varios sentidos 1

Note that *la acuarela* means both "water color paint" and "water color painting": *Me gusta pintar con acuarelas.* "I like to paint with water colors." *¡Estas acuarelas son estupendas!* "These water color paintings are terrific!" *La pintura* means "paint" as well as "painting": *Esta pintura no está seca.* "This paint is not dry." *La pintura me interesa más que la escultura.* "Painting interests me more than sculpture."

### Palabras con varios sentidos 2

Complete las frases con la forma apropiada de una de las palabras de la lista.

la cuerda   el fondo   la letra   la nota   la pintura   la corriente

1. ¡Tu ___ es espantosa! Nadie puede leer tus apuntes y tus cartas.
2. —Me vuelvo loca con estas nuevas ___, —dijo abuelita. —No me gusta cambiar.
3. Tocaré la canción en mi clarinete si me dices cuál es la primera ___.
4. Mi tío es profesor de arte; enseña clases de ___.
5. Puesto que mi amiga no estaba en casa, le dejé una ___.
6. ¡Cuidado! La ___ de este río es muy fuerte.
7. No puedo usar esta guitarra porque le faltan dos ___.
8. Tenemos que pintar tu habitación esta semana. Mañana vamos a comprar ___.
9. La anciana estudió las hojas de té que estaban en el ___ de la taza.
10. ¡Atención, Tico! ¿Cuántas notas tiene la primera ___ de la canción?
11. Me encanta esta canción. ¡Qué ___ más bonita! ¿verdad?
12. ¿Con qué ___ termina el nombre «Gómez»?

### Palabras con varios sentidos 3

Complete las frases con *al corriente* o *en el fondo*.

1. ¿Qué es el rock? Yo no estoy ___ de la música nueva.
2. Mauricio parece antipático, pero ___ es bueno.
3. ¿No sabes que tu amiga se casó? ¡Hombre, tú no estás ___!

### No hay que confundir 1

You have learned that *la pintura* can mean either "paint" or "the art of painting." Remember that a painting is *un cuadro.*

| | |
|---|---|
| Ahora **la pintura** está seca. | *Now **the paint** is dry.* |
| **La pintura** y la música son mis clases más interesantes. | ***Painting** and music are my most interesting classes.* |
| Los ladrones robaron **un cuadro** de Velázquez. | *The thieves stole **a** Velázquez **painting**.* |

### No hay que confundir 2

*La tecla* is the equivalent of "piano key." Remember that *la llave* refers to a key that unlocks something.

*Ud. dirá.* Es posible que un día algunas de estas jóvenes sean estrellas muy famosas. ¿En qué piensan en este momento? Pregúntaselo.

*Lesson 10*

### Falsos amigos 1

Don't forget that *la lectura* does not mean a "lecture" but a "reading." Did you remember that the word for "lecture" is *conferencia? La tinta* is "ink," not a "tint." *Actual* and *actualmente* mean "present" and "at present"; they can never mean "actual" and "actually." *Reunirse* means "to meet," not "to reunite."

### Falsos amigos 2

In English when we speak of an artist, we generally mean a painter. In Spanish *el, la artista* can mean a painter, but also a musician, an actor, a poet, a novelist, or any person involved in the arts.

## EXPLICACIONES

### El presente perfecto

1. Recall that the present perfect tense in Spanish has two parts: a special helping verb *haber* and a past participle. In meaning, it is like the English present perfect.

   Nuestro equipo **ha metido** un gol.   *Our team **has scored** a goal.*
   **No han ensayado** la tragedia.   ***They haven't rehearsed** the tragedy.*
   ¿Qué le **has sugerido** a Paco?   *What **have you suggested** to Paco?*

   Where do pronouns and the negative *no* stand with respect to the present perfect?

*Hablar* will serve as a model for the present perfect:

| | |
|---|---|
| **he hablado** | **hemos hablado** |
| **has hablado** | habéis hablado |
| **ha hablado** | **han hablado** |

Note that the past participle of *-ar* verbs is formed by replacing the *-ar* ending of the infinitive with *-ado*. The past participle of *-er* and *-ir* verbs is formed by replacing the *-er* and *-ir* ending of the infinitive with *-ido: aprender* ↔ *aprendido, vivir* ↔ *vivido*. Remember that the following participles have a written accent: *caer* ↔ *caído, creer* ↔ *creído, leer* ↔ *leído, oír* ↔ *oído, traer* ↔ *traído, reír* ↔ *reído*.

2. Some of the verbs you have learned have irregular past participles. Look at these examples:

Han **abierto** el estadio.  *They have **opened** the stadium.*
¿No le has **dicho** la verdad?  *Haven't you **told** him the truth?*

Recall that in addition to *abrir* and *decir*, the following verbs also have irregular past participles: *descubrir* ↔ *descubierto, escribir* ↔ *escrito, hacer* ↔ *hecho, morir* ↔ *muerto, poner* ↔ *puesto, romper* ↔ *roto, ver* ↔ *visto, volver* ↔ *vuelto*.

Look again at the past participles of *escribir, poner,* and *volver*. What do you think are the past participles of *describir, suponer, devolver,* and *envolver?*

Many verbs that are irregular in other forms have regular past participles: *venir* ↔ *venido, ir* ↔ *ido, querer* ↔ *querido, saber* ↔ *sabido, ser* ↔ *sido*. Check the section called *Verbos* in the back of the book if you are ever unsure of the form of a past participle.

3. The past participles of many verbs can be used as adjectives. Look at these examples:

Paco, no entres con los    *Paco, don't come in with*
  pies **mojados.**            *your feet **wet.***
¿Está **ocupado** este asiento?  *Is this seat **occupied?***
¡Ay, tengo la uña **rota!**    *Oh, I have a **broken** fingernail!*

Notice that, like all adjectives, the past participles must agree in number and gender with the nouns they describe.

## Ejercicios

**A.** Cambie las frases usando los verbos nuevos.
  Empiece con el modelo.

1. He comprado aquella diapositiva.
   (a) enseñar    (b) tirar    (c) sacar
   *(a) He enseñado aquella diapositiva.*

2. Hemos añadido esta escala musical tan difícil.
   (a) escribir    (b) olvidarse de    (c) cantar

XXXIV FERIA NACIONAL
DEL LIBRO
31 mayo - 15 junio, 1975
paseo de coches, parque del retiro. madrid

INLE

INSTITUTO NACIONAL DEL LIBRO ESPAÑOL

3. Has descubierto el significado del problema.
   (a) determinar    (b) describir    (c) entender
4. Han trabajado en el taller de ese famoso artista.
   (a) tejer    (b) reunirse    (c) pintar
5. No ha usado las acuarelas y los pinceles.
   (a) vender    (b) dejar    (c) traer

**B.** Invente frases con el presente perfecto. Empiece con el modelo.

1. tú                    *Tú has firmado el registro.*

2. la profesora          3. los criminales

4. yo    el paraguas     5. Elia    el teléfono

6. mi amigo              7. nosotros    el trigo

8. tú                    9. Ud.    los zapatos

**C.** Conteste *sí* o *no* con una frase completa.

1. ¿Has pintado con acuarelas?
2. ¿Has estudiado la pintura española?
3. ¿Has ido a una exposición de arte hispano?

4. ¿Has leído la novela *Don Quijote de la Mancha?*
5. ¿Has leído un cuento en español?
6. ¿Has escrito un poema en español?
7. ¿Has ido a una conferencia sobre la arquitectura mexicana?
8. ¿Has visto la Alhambra en Granada?
9. ¿Has sacado diapositivas durante algún viaje a un país hispano?
10. ¿Has escrito un ensayo sobre la música hispana?
11. ¿Has tocado canciones hispanas en la guitarra?
12. ¿Has cantado *Cielito lindo?*
13. ¿Has escuchado la música de los mariachis?
14. ¿Has bailado el tango?

**D.** Cambie las frases según las palabras indicadas. Empiece con el modelo.

1. Quiere *un libro* bien escrito.
   (a) cartas     (b) ensayo     (c) poemas
   *(a) Quiere unas cartas bien escritas.*

2. Encontraron *unas esculturas* abandonadas.
   (a) taller     (b) acuarelas     (c) puentes

3. No nos gusta *la campana* rota.
   (a) pincel     (b) vasos     (c) cuerdas

4. Hablas de *unos castigos* prohibidos.
   (a) película     (b) ideas     (c) excursión

## El presente perfecto del subjuntivo

1. Look at these examples of the present perfect subjunctive:

| | |
|---|---|
| Temo que Elena **haya sufrido** mucho. | *I am afraid Elena **has suffered** a lot.* |
| Espero que ya **hayas redactado** esa carta. | *I hope **you have** already **drawn up** that letter.* |

The present perfect subjunctive is used only after verbs and expressions that take the subjunctive.

2. Note how the present perfect subjunctive is formed. *Aprender* will serve as a model:

| | |
|---|---|
| **haya aprendido** | **hayamos aprendido** |
| **hayas aprendido** | hayáis aprendido |
| **haya aprendido** | **hayan aprendido** |

The present subjunctive of *haber* with the past participle is used for all
*-ar, -er,* and *-ir* verbs.

Now look at this pair of sentences:

| | |
|---|---|
| Dudamos que Pepe **estudie** mucho. | *We doubt that Pepe **studies** a lot.* |
| Dudamos que Pepe **haya estudiado** mucho. | *We doubt that Pepe **has studied** a lot.* |

Notice that in the second sentence the present perfect subjunctive refers to an action that may or may not *have* happened, while in the first sentence the present subjunctive refers to an action that may or may not occur.

### Ejercicios

**A.** Cambie las frases usando los nuevos sujetos. Empiece con el modelo.

1. Es lástima que el pintor no haya usado esta imagen de Marta.
   (a) tú      (b) Manolo y yo      (c) los directores de cine
   *(a) Es lástima que no hayas usado esta imagen de Marta.*

2. Dudan que hayas entendido el significado de estas pinturas.
   (a) tú y yo      (b) el estudiante      (c) yo

3. Me alegro de que hayas discutido el espíritu de sus cuadros.
   (a) los profesores      (b) Ramiro      (c) Uds.

4. Esperan que Paco haya conocido a la escultora.
   (a) Uds.      (b) tú      (c) yo

5. Ojalá que no nos hayamos olvidado de la letra de *Las mañanitas*.
   (a) tú      (b) Pablo      (c) Uds.

**B.** Conteste las frases según el modelo.

1. ¿Has salido? (Esperamos que)
   *Esperamos que hayas salido.*

2. ¿Ha pedido Romualdo la ayuda de Enrique? (Ojalá que)
3. ¿Has practicado la escala musical en la guitarra? (Espero que)
4. ¿Has sufrido el examen de música? (No creo que)
5. ¿Has arreglado las teclas del piano? (Dudamos que)
6. ¿Han oído la campana? (Es posible que)
7. ¿Se han reunido con la profesora? (Dudo que)
8. ¿Han ido todos a la conferencia sobre escultura moderna? (Espero que)

**C.** Exprese su opinión usando las frases *Es posible que. . . .* o *Dudo que. . . .*

1. Marta ha corrido doscientos kilómetros en una hora.
   *Dudo que Marta haya corrido doscientos kilómetros en una hora.*

2. Paco ha comido veinte hamburguesas en veinte minutos.
3. Celia ha roto una cuerda de su guitarra.
4. Iván y Claudia han buceado en todos los lagos de la América del Norte.
5. Nuestro equipo de baloncesto ha ganado el campeonato del estado.
6. Eulalia ha sufrido cuatro exámenes en un día.
7. Carlos ha metido cien goles en un partido de fútbol.
8. El mundo siempre ha existido.

## El pluscuamperfecto

Look at these examples of the pluperfect tense:

| | |
|---|---|
| Les dije que **habías salido** temprano. | *I told them that **you had left** early.* |
| Cuando Sofía llegó, ya **habíamos comido**. | *When Sofía arrived, **we had** already **eaten**.* |

The pluperfect is often used to tell what happened *before* another past action took place. It is used much as the past perfect in English. Note in the examples above that the preterite signals a past event, while the pluperfect signals an event prior to that past event.

Remember that the pluperfect is made up of the imperfect of *haber* plus the past participle. *Vivir* will serve as a model:

| | |
|---|---|
| había vivido | habíamos vivido |
| habías vivido | habíais vivido |
| había vivido | habían vivido |

## Ejercicios

**A.** Conteste *no*. Empiece con el modelo.

1. ¿Te habías aplicado esa loción antes?
   *No, antes no me había aplicado esa loción.*

2. ¿Habías cruzado este puente antes?
3. ¿Habías pintado con acuarelas antes?
4. ¿Había usado Miguel *Yanofeo* antes?
5. ¿Había ido Celia a un festival de arte antes?
6. ¿Había construido esta compañía rascacielos antes?
7. ¿Habían tocado ellos canciones argentinas antes?
8. ¿Habían comprado tus padres artesanía puertorriqueña antes?
9. ¿Habían tejido Uds. mantas como éstas antes?
10. ¿Se habían imaginado Uds. un viaje como éste antes?

**B.** Complete las frases según el modelo.

1. Antes de tejer esta tela, ____.
   a. Él se imagina muy artístico.
   b. Los artistas se reúnen en el taller.
   c. Estudiamos la artesanía de los indios.
   *a. Antes de tejer esta tela, él se había imaginado muy artístico.*

2. Nos contó que ____.
   a. No canta aquella escala musical.
   b. Beatriz nunca llega tarde.
   c. Se despiertan a las cinco.

3. Cuando la policía entró en la habitación, ____.
   a. Los criminales huyen.
   b. El asesino se muere.
   c. Todos desaparecen.

*Lesson 10*

179

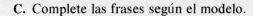

**C.** Complete las frases según el modelo.

1. No pudimos saludarla porque ____. (ella / salir)
   *No pudimos saludarla porque ella había salido.*

2. No entré en la sala porque ____. (la conferencia / empezar)
3. No los desperté porque ____. (ellos / despertarse)
4. Lo castigaron aunque ____. (Miguel / no hacer nada)
5. No asistieron a la exposición aunque ____. (tú / recomendarla)
6. Quería disfrutar de las vacaciones porque ____. (yo / trabajar mucho)
7. Asistimos al festival porque ____. (muchas artistas famosas / reunirse)
8. El público se levantó porque ____. (el presidente / llegar)

**D.** Cambie las frases según el modelo.

1. Ayer fui a la exposición de escultura. (la semana pasada / festival de música)
   *La semana pasada había ido al festival de música.*

2. Ayer María Elena dio una conferencia sobre un escultor de Chile. (la semana pasada / el arte de España)
3. Ayer sufrí el examen de matemáticas. (la semana pasada / examen de arquitectura)
4. Ayer redacté dos cartas familiares. (la semana pasada / una carta comercial)
5. Ayer Paco solicitó otra entrevista. (la semana pasada / un nuevo trabajo)
6. Ayer insulté a Clara. (la semana pasada / mi mejor amigo)
7. Ayer pinté la sala. (la semana pasada / el comedor)
8. Ayer Pepe y Marta vieron esa nueva torre. (la semana pasada / el nuevo rascacielos)

---

## ¿RECUERDA UD.?

1. Recall that in Spanish a descriptive adjective usually follows the noun:

   un melocotón dulce     *a sweet peach*

   But when the speaker considers the adjective a natural characteristic of the noun, the adjective goes before the noun:

   la dulce miel     *the sweet honey*

2. The short forms of possessive adjectives and adjectives expressing number or quantity always come before nouns. Indefinite adjectives and demonstrative adjectives are usually placed before nouns:

   **Sus** costumbres son interesantes.     ***Their** customs are interesting.*
   Necesitamos **cinco** limones.     *We need **five** lemons.*
   ¿Conoces **otra** leyenda?     *Do you know **another** legend?*
   **Estas** uvas son carísimas.     ***These** grapes are very expensive.*

3. Some adjectives drop the final *-o* before masculine singular nouns: *buen, mal, algún, ningún, primer,* and *tercer* are the shortened forms of these adjectives. *Gran,* the shortened form of *grande,* can be used before any singular noun, masculine or feminine. *Cien,* the shortened form of *ciento,* is used before any plural noun.

4. A few adjectives change their meaning according to position:

| | |
|---|---|
| el rey pobre | *the poor (penniless) king* |
| el pobre rey | *the poor (pitiful) king* |
| una broma nueva | *a new (brand new) joke* |
| una nueva broma | *a new (different) joke* |
| el novio viejo | *the old (elderly) boyfriend* |
| el viejo novio | *the old (former) boyfriend* |
| cosas ciertas | *certain (true) things* |
| ciertas cosas | *certain (some) things* |
| la serenata misma | *the serenade itself* |
| la misma serenata | *the same serenade* |
| un pueblo grande | *a large town* |
| una gran poetisa | *a great woman poet* |

## LECTURA

## La Salsa:° ¡Qué sabor . . . Qué sueño!

Tito y Celia Ramos caminan por la Calle Tercera hasta que llegan a la esquina que forma con la Calle Florida. Aquí se encuentra la academia de baile «El Meneíto,» dirigida por Romualdo Pinsón, el antiguo[1] campeón de baile, más conocido como «El rey de la salsa». Los Ramos suben la escalera
5 y entran en el salón[2] de baile, donde preguntan por el señor Pinsón.

Tito y Celia lo esperan en el salón, cuyo[3] suelo de madera[4] tiene un brillo[5] que generaciones de zapatillas[6] no han podido quitar. El tamaño de este salón desierto se magnifica infinitamente por los espejos enormes que cubren las paredes y el techo. Los dos jóvenes se encuentran rodeados[7] por
10 una multitud de figuras elegantes, atléticas y morenas—sus propios reflejos.[8] De repente aparece[9] el famoso bailarín.[10]

—Queremos perfeccionar nuestro estilo[11] de baile—dice Tito—porque pensamos participar en un concurso que tendrá lugar en la discoteca «El Ritmo Tropical». ¿La conoce usted?
15 —Sí, es una discoteca muy popular, aquí mismo en Miami Beach.

---

| | | | |
|---|---|---|---|
| [1]antiguo, -a *former* | [5]el brillo *brilliance* | [8]el reflejo *reflection* | *Lesson* |
| [2]el salón *room* | [6]las zapatillas *slippers,* | [9]aparecer *to appear* | *10* |
| [3]cuyo, -a *whose* | *(dancing) shoes* | [10]el bailarín *dancer* | |
| [4]la madera *wood* | [7]rodeados *surrounded* | [11]el estilo *style* | **181** |

—Exacto. Pues, soñamos con ganar el primer premio, que consiste en un par de boletos para una travesía[12] en barco durante ocho días. Se visitarán todas las grandes discotecas del Caribe, haciendo escala[13] en San Juan, Puerto Rico; Santo Domingo, República Dominicana; Maracaibo, 20   Venezuela y terminando en Veracruz, México,° con un festival de bailes folklóricos y modernos.

—¡Unas vacaciones extraordinarias!—comenta Romualdo.

—Sí, y como[14] somos aficionados al baile, especialmente al baile hispano-americano, sería ideal para nosotros—contesta Celia.—Además, somos recién casados,[15] y como todavía estudiamos en la universidad, no tenemos dinero suficiente para ir en luna de miel.

—¡Los pobrecitos!—exclama Romualdo.

Tito encoge[16] los hombros y se sonríe.—Bueno, por estas razones[17] nos encantaría ganar el concurso.

—No se preocupen,[18] jóvenes—les contesta Romualdo.—Sus conocimientos[19] de bailes hispanoamericanos les van a ayudar mucho.

La cara de Celia se ilumina con una expresión animada.—Sí, esperamos que sea así, ya que la mayoría de los bailes populares ahora están basados en el ritmo[20] hispano. Aquí le traemos los discos que pensamos usar en el concurso.

—Sí,—interrumpe Tito—como verá, hemos escogido unas canciones que están muy de moda y que tienen un ritmo, . . . vaya,[21] un ritmo bien chévere[22] para poder usar algunos pasos[23] de bailes hispanos que ya conocemos.

—Perfecto—concluye Romualdo.—Me parece una idea fa-bu-lo-sa. Vamos a escuchar los discos y ya veremos lo que podemos hacer.

Celia pone el tocadiscos y la música empieza. Los tres entusiastas de baile, Romualdo, Tito y Celia, escuchan atentamente, moviendo sus pies, caderas y hombros instintivamente al son[24] de la música. Tito marca el ritmo golpeando los dedos en el borde[25] de una mesa que está a su lado, hasta que Celia lo interrumpe cariñosamente[26] con una sonrisa y lo saca a bailar. Como a lo lejos,[27] por encima[28] de la música, Tito y Celia oyen los consejos[29] de Romualdo, y se entregan a su disposición[30]:—¡Cambien de paso cuando cambie el ritmo! Ahora, el paso básico del mambo. . . . ¡Muy 50   bien! Y ahora, una variación del mismo. . . . ¡Qué sabor! ¡Qué sueño! ¡Qué salsa° tiene la juventud! Y ¿para un final dramático? ¡Ajá! ¡algún paso del tango!° Sí, así, . . . ahora, Tito, dale media vuelta[31] a Celia. Y tú, Celia, dale la espalda[32] a Tito, recuéstate[33] en su brazo izquierdo y déjate caer hacia

*Ud. dirá.* Parece que la joven no está muy entusiasmada. ¿Estará cansada o será que su compañero no le interesa? Pregúnteselo.

*Lección diez*

182

[12]la travesía *cruise*
[13]haciendo escala
    *stopping off*
[14]como *since*
[15]recién casados
    *newlyweds*
[16]encoger *to shrug*
[17]la razón *reason*
[18]preocuparse *to worry*

[19]el conocimiento
    *knowledge*
[20]el ritmo *rhythm*
[21]vaya *well, . . .*
[22]chévere *terrific*
[23]el paso *step*
[24]el son *sound*
[25]el borde *edge*

[26]cariñosamente
    *affectionately*
[27]a lo lejos *in the
    distance*
[28]por encima *above*
[29]el consejo *advice*
[30]la disposición *will*
[31]media vuelta *half turn*
[32]la espalda *back*
[33]recostarse *to lean*

atrás. . . . ¡No, no tengas miedo! él te sostiene.³⁴ Ahora, ¡da una patada³⁵ al
55  aire! ¡Se la comieron,³⁶ muchachitos! No va a haber quien les pueda
ganar³⁷. . . .

. . . Tito y Celia se acercan a «El Ritmo Tropical,» donde tendrá
lugar el concurso. La discoteca está repleta de gente, y la pareja hace cola
con la multitud. Al entrar el gentío³⁸ se multiplica, como por magia, en el
60  resplandor³⁹ de las luces y en el reflejo de los espejos. Se ve a algunos
bailando, y a otros, conversando, todos divirtiéndose. El retintín⁴⁰ de los
vasos y el ritmo hipnótico del bongó° intensifican el ambiente de carnaval
tropical. Llega el momento del concurso, y todos se dirigen hacia el patio
exterior de la discoteca; la competencia⁴¹ será al aire libre,⁴² bajo la luz de
65  la luna llena.⁴³ El murmullo⁴⁴ de las olas⁴⁵ en la playa y de las palmas en la
brisa acompañan a la música. Salen los primeros concursantes.⁴⁶ Los Ramos
apenas los ven dar los primeros pasos. Los bailarines afirman su presencia
en el escenario⁴⁷ girando⁴⁸ por todo su alrededor, llegan a un final frenético,
hacen una reverencia⁴⁹ y desaparecen.

70  Pareja tras pareja,⁵⁰ la tensión aumenta en el ambiente hasta que llega el
turno de Tito y Celia. De pronto⁵¹ se encuentran en el centro del escenario.
Aturdidos⁵² por el aplauso⁵³ y cegados⁵⁴ por la radiante iluminación del
reflector, empiezan a moverse a compás⁵⁵ del ritmo de la marimba.
Sosteniéndose mutuamente⁵⁶ en los brazos, la pareja se desliza⁵⁷ de paso en
75  paso, de pirueta en pirueta. Comienzan a dar vueltas y luego aceleran más y
más con cada vuelta. . . .

De repente Tito oye una voz que lo llama. —¡Tito, Tito!—Es la voz de
Celia. —Tito, Tito—continúa llamándolo Celia. Tito no entiende cómo lo
puede llamar su esposa, al mismo tiempo que baila con ella. —Tito,
80  despiértate. . . . Despiértate, mi amor. ¿Con qué sueñas que no te quieres
despertar? ¡Escucha! Me han contado algo emocionante. Dicen que va a
haber un concurso de baile en «El Ritmo Tropical,» y ¡un premio! que no te
puedes imaginar. ¡Vamos! Levántate y vístete. Tenemos que buscar algún
bailarín profesional para que nos ayude a preparar un baile.

## ▶NOTAS CULTURALES

°**La Salsa** se refiere a un estilo de música que tiene sus orígenes en los
ritmos del Caribe como el mambo, la rumba, el merengue y el chá-chá-chá.
Sin embargo, ha sido en los Estados Unidos donde músicos cubanos y

³⁴sostener  *to hold up, to sustain*
³⁵la patada  *kick*
³⁶¡Se la comieron!  *Good job!*
³⁷les pueda ganar  *able to beat you*
³⁸el gentío  *mob*
³⁹el resplandor  *glow*
⁴⁰el retintín  *ringing*

⁴¹la competencia  *contest*
⁴²el aire libre  *open air*
⁴³la luna llena  *full moon*
⁴⁴el murmullo  *murmur*
⁴⁵la ola  *wave*
⁴⁶concursante  *contestant*
⁴⁷el escenario  *stage*
⁴⁸girar  *to turn*
⁴⁹hacer una reverencia  *to take a bow*

⁵⁰pareja tras pareja  *couple after couple*
⁵¹de pronto  *suddenly*
⁵²aturdido, -a  *bewildered*
⁵³el aplauso  *clapping*
⁵⁴cegado, -a  *blinded*
⁵⁵a compás  *in time*
⁵⁶mutuamente  *mutually*
⁵⁷deslizarse  *to slide*

*Lesson 10*

puertorriqueños han desarrollado[58] este estilo. Hoy en día[59] la música salsa es muy popular en las discotecas norteamericanas.

°**México** es un país de gran riqueza musical. Existen muchos estilos diferentes de música mexicana. La música de los mariachis, conjunto de músicos vestidos en trajes típicos, se destaca por el uso de instrumentos de viento y de cuerda. A los mariachis también les gusta intercalar en sus canciones gritos[60] agudos[61] para mostrar su entusiasmo y sentimiento. Algunos estilos de música mexicana son el jarocho, en el cual el arpa[62] es el instrumento principal; los bailes huapangos, entre los cuales el Jarabe Tapatío es el más conocido; y el corrido, que cuenta en forma de balada la historia de un amor trágico o de un héroe nacional.

°**Qué salsa. . . .** La palabra «salsa» se puede aplicar a la habilidad[63] de una persona que baila bien esta clase de música. También se usa para describir una canción con buen ritmo. La palabra «sabor» tiene un sentido[64] parecido[65] al de «salsa». Decir «tener salsa» o «tener sabor» es como decir en inglés «to have soul».

°**El tango** es un baile típico de la Argentina. Los argentinos disfrutan de la letra de un tango tanto como de su ritmo. La letra de un tango trata a menudo la fatalidad en el amor, y el baile con sus pasos bruscos[66] y apasionados[67] expresa el conflicto entre los amantes. Otro tema común de la letra de un tango es el destino del obrero[68] pobre. El tango tuvo sus orígenes en los barrios obreros de Buenos Aires.

°**El bongó,** las maracas, la marimba, las claves, el güiro, la conga, los timbales son instrumentos de percusión que producen el ritmo sincopado de la música del Caribe. Estos instrumentos, al igual que[69] el ritmo que producen, demuestran[70] una clara influencia africana.

### Preguntas

Conteste según la lectura.

1. Al entrar en el salón de baile, ¿por quién preguntan los Ramos?
2. ¿Quién es Romualdo Pinsón?  3. ¿Qué cubren las paredes y el techo del salón?  4. ¿Están solos en el salón mientras esperan al señor Pinsón?
5. ¿Por qué quieren Tito y Celia perfeccionar su estilo de baile?  6. ¿Con qué sueñan Tito y Celia?  7. ¿En qué consiste el primer premio?  8. ¿Son recién casados Tito y Celia? ¿Han viajado en luna de miel?  9. Según Romualdo, ¿qué les va a ayudar a ganar el concurso a Tito y Celia?
10. Después de empezar a bailar en la academia, ¿qué oyen Tito y Celia por encima de la música?  11. ¿Por qué no entran pronto en la discoteca Tito y Celia la noche del concurso?  12. ¿Dónde será la competencia?
13. ¿Cómo se sienten Tito y Celia al encontrarse en el centro del escenario?  14. ¿Qué oye Tito de repente?  15. ¿Quién lo llama?

[58]desarrollar  *to develop*
[59]hoy en día  *nowadays*
[60]el grito  *shout*
[61]agudo, -a  *sharp*
[62]el arpa  *harp*

[63]la habilidad  *ability*
[64]el sentido  *meaning*
[65]parecido, -a  *similar*
[66]brusco, -a  *abrupt*

[67]apasionado, -a
   *passionate*
[68]el obrero  *worker*
[69]al igual que  *as well as*
[70]demostrar  *to reveal*

16. ¿Por qué llama Celia a Tito?   17. ¿Por qué quiere Celia despertar a
Tito?

## HABLEMOS UN POCO

Forme un *Centro de información* con dos estudiantes para explicar los
rumores que Uds. han oído sobre las actividades de sus amigos. Use el
presente perfecto y el pluscuamperfecto del indicativo y también el
presente perfecto del subjuntivo para discutir lo que sus amigos han hecho o
no han hecho. Empiece sus explicaciones con frases como *Me dijo que . . .
Es (No es) posible que . . . Dudo que . . . Sé que . . .* Sigan los ejemplos
para empezar.

Estudiante 1:   Jorge me dijo que Elena había ganado el campeonato de
tenis.

Estudiante 2:   Es posible que haya ganado el campeonato. No lo han
anunciado.

Estudiante 3:   Yo sé que Elena lo ha ganado porque ella me lo dijo anoche.

# ESCRIBAMOS UN POCO

**A.** Conteste las preguntas según los dibujos. Escriba frases completas. Empiece con el modelo.

1. ¿A qué conferencia han asistido Ana y Marcos?
   *Ana y Marcos han asistido a una conferencia sobre el arte de E.L. Monos.*

2. Después de la conferencia, ¿qué hacen?

3. Según Marcos, ¿quién es E.L. Monos?

4. ¿Qué siente Marcos?

5. ¿Quién representa a E.L. Monos?

6. ¿Qué les recomienda don Ricardo Robos?

7. ¿Cómo se llama el cuadro de E.L. Monos?

8. ¿Por qué le gusta a Marcos el cuadro?

9. ¿Cuánto cuesta el cuadro?

10. ¿Cuánto ha pagado Marcos por el cuadro?

11. ¿Cree él que ha sido una ganga?

12. ¿Quién ha pintado otro cuadro?

13. ¿Son parecidos el cuadro de Pepe y el de E.L. Monos?

14. ¿Saben Ana y Marcos que el famoso pintor es un mono?

15. ¿Cómo ha pintado E.L. Monos sus cuadros, con pinceles o con las manos?

16. ¿Por qué está contento don Ricardo Robos?

17. ¿A E.L. Monos le interesa el éxito que ha tenido don Ricardo Robos?

**B.** Ud. es un escritor (una escritora) que quiere mandar un ensayo a la Revista Detective. Ha recibido informes sobre quién es E.L. Monos. Además ha hablado con Marcos y Ana y ellos le han contado la historia del cuadro que habían comprado. Escriba un ensayo sobre lo que ha pasado. Use el presente perfecto, el pluscuamperfecto, y el presente perfecto del subjuntivo cuando sea necesario.

## CONFIRME SU PROGRESO

EXPOSICION DE ARTE

Eduardo, 21 años    Ana, 19 años    Luis, 15 años

**A.** Use the picture to make sentences with comparisons. Empiece con el modelo.

1. Ana / pincel / Luis
   *Ana tiene menos pinceles
   que Luis.*

2. Eduardo / pincel / Luis
3. Ana / acuarelas / Eduardo
4. Luis / acuarelas / Eduardo

5. Luis / pincel / Ana
   *Luis tiene más pinceles
   que Ana.*

6. Luis / pincel / Eduardo
7. Eduardo / acuarelas / Ana
8. Eduardo / acuarelas / Luis
9. Luis / cuadros / Ana

10. Ana / pincel / Eduardo
    *Ana tiene tantos pinceles
    como Eduardo.*

11. Luis / cuadros / Eduardo
12. Ana / acuarelas / Luis

*Lesson
10*

**B.** Use the picture to make sentences with comparisons.
Empiece con el modelo.

1. Luis / gordo / Ana
   *Luis es más gordo que Ana.*
2. Luis / gordo / Eduardo

3. Eduardo / delgado / Ana
4. Eduardo / delgado / Luis
5. Luis / bajo / Ana
6. Ana / baja / Eduardo

**C.** Use the picture to answer the following questions with superlatives.
Empiece con el modelo.

1. ¿Quién tiene el cuadro
   más grande?
   *Ana tiene el cuadro
   más grande.*

2. ¿Quién tiene los cuardros
   más pequeños?

3. ¿Quién tiene el pelo más corto?
4. ¿Quién tiene el pelo más largo?
5. ¿Quién es el mayor?
6. ¿Quién es el menor?
7. ¿Quién es el más alto?
8. ¿Quién es el más bajo?

**D.** Tell to whom each object belongs.
Empiece con el modelo.

1. *Son las mías.*

2.

3.

4.

5.

6.

**E.** Complete the sentences according to the pictures.
Empiece con los modelos.

 el trigo

1. Me dice que los granjeros. . . .
   Me dijo que los granjeros. . . .
   *Me dice que los granjeros han cosechado el trigo.*
   *Me dijo que los granjeros habían cosechado el trigo.*

 al criminal

2. Sé que los policías. . . .
   Supe que los policías. . . .

 el crimen

3. Es seguro que Marta. . . .
   Era seguro que Marta. . . .

4. Declara que el asesino. . . .
   Declaró que el asesino. . . .

 un poema

5. Es verdad que Eduardo. . . .
   Era verdad que Eduardo. . . .

**F.** Complete the sentences according to the pictures.
Empiece con el modelo.

 al señor

1. Dudo que Alicia. . . .    *Dudo que Alicia le haya pegado al señor.*

 a Tomás

2. Es probable que Roberto. . . .

 una alfombra

3. Me alegro de que Esteban. . . .

4. Esperamos que Elena. . . .

5. No creo que Pepe. . . .

# En la sastrería

**1.** Hombre, estoy...¡furioso! Su letrero está equivocado. Le recomiendo que lo cambie a «trajes hechos a la locura». Mire esta chaqueta que Uds. me confeccionaron ayer.

Pero, señor. Yo no...

Una manga está más corta que la otra. ¡Por Dios... añádale el trozo que le falta inmediatamente!

«La Sastrería La Tijera-Rota»
Trajes hechos a la medida

**2. Cinco minutos más tarde.**

¿Es Ud. tonto? Esa tela no hace juego con la otra.

Pero no pude encontrar...

¡Bueno basta, basta! También tiene que arreglar otra cosa. La chaqueta tiene tres botones y sólo un ojal. Quiero dos más ahora mismo.

**3. Cinco minutos más tarde.**

¡Caray! ¿Con qué hizo los ojales? ¿Con un cuchillo?

No, señor. Con un abrelatas.

¡Cómo...! Y mire esa solapa. Haga el favor de completarla.

**4. Cinco minutos más tarde.**

¡Qué barbaridad! No se podía esperar más de Ud. ¿Quién le enseñó a ser sastre?

Señor, he tratado de decirle que no soy sastre. Soy plomero y he venido a arreglar el fregadero.

Mire... aquí viene el sastre.

¡Ah, ah, ah! ¡Qué chaqueta más hermosa! ¿Quién la hizo?

Yo, señor... pero sé muy poco de...

¡Ud. es genial! Necesitamos otro sastre aquí. ¿Le gusta a Ud. coser?

# Nuevos amigos

**el botón**  button
**el centímetro**  centimeter
**completar**  to complete
**confeccionar**  to make (clothes)
**hecho, -a a la medida**  made-to-measure
**el letrero**  sign
**la locura**  madness
**la medida**  measurement
**métrico, -a**  metric
**la muñeca**  doll
**el ojal**  buttonhole
**la sastrería**  tailor shop
**la solapa**  lapel

# Viejos amigos

la aguja, la blusa, la camisa, la chaqueta,
la falda, el hilo, la manga, la máquina de
coser, la modista, el plomero, la ropa, el sastre,
la tela, las tijeras, el traje, el vestido; coser,
estar de moda, hacer juego con, llevar,
ponerse, probarse, quitarse, recomendar;
corto, -a, largo, -a, pasado, -a de moda; de lana

# ¿Sabías?

La ropa hecha a la medida es muy popular y
no muy cara en los países hispanos. En
algunas partes, un traje hecho a la medida
cuesta menos que el mismo traje en un
almacén. La ropa que venden en los
almacenes cuesta más porque muchas veces
la confeccionan en países extranjeros donde
la tela y el trabajo cuestan más que en el
país hispano.

# Actividades

1. Escoja Ud. una palabra de los *Nuevos
   amigos* o de los *Viejos amigos* —por ejemplo,
   *ponerse.* Escriba en la pizarra siete
   líneas cortas, una por cada letra de la
   palabra escogida: _____. Después,
   pídales a los otros estudiantes que adivinen
   la palabra, diciendo en voz alta las letras.
   Permítale a cada estudiante que diga
   solamente una letra. Al terminar la palabra
   empiece otra vez con otra palabra.
2. Dibuje en la pizarra una muñeca con sus
   prendas de vestir. Pídales a sus
   compañeros de clase que le enseñen a
   vestir la muñeca. Le dirán, por ejemplo,
   «Póngale un sombrero,» «Pruébele un traje
   de baño,» etc.
3. Imagínese que Ud. va a la sastrería o a
   la modista para mandar hacer una prenda
   de vestir. Otro estudiante hará el papel
   del sastre o de la modista. Recuerde Ud.
   que en los países hispanos usan las
   medidas métricas.

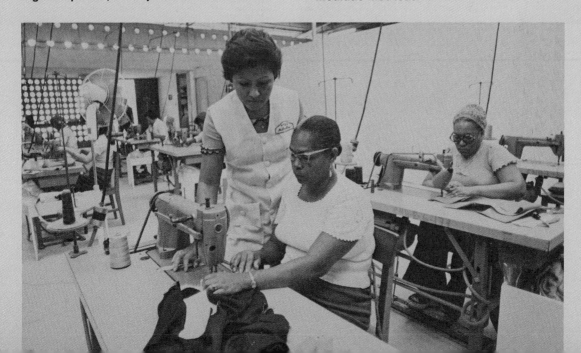

## lección

# 11

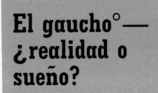

# El gaucho°— ¿realidad o sueño?

*En las pampas° argentinas*

Carlos Rivera, joven periodista de Buenos Aires, viajaba por las pampas hacia Santa Rosa.° Iba a un festival folklórico, cuando se encontró con un jinete que parecía de otro mundo y de otra época. Al regresar a la oficina del periódico entregó una cassette a su jefe, quien escuchó lo siguiente:

RIVERA El domingo pasado, por la mañana, salí para Santa Rosa en el auto que había alquilado. Al llegar a las afueras de la ciudad, paré el auto y me dirigí a pie hacia las pampas. Había caminado por varias horas, cuando de repente, me di cuenta de que estaba perdido, totalmente desorientado en el inmenso vacío de las llanuras. Estaba cansado y temía que nunca volviera a ver la civilización. Cuando había abandonado toda esperanza, apareció una figura alta y fuerte, montada a caballo. Llevaba pantalones anchos, pero estrechos en el tobillo, una camisa de muchos colores, unas botas de piel de vaca y un poncho largo. Tenía también boleadoras, un lazo y una larga daga. —Un disfraz de gaucho sumamente auténtico—me dije.
　　La figura misteriosa se me acercó, me miró como si yo fuera un avestruz° herido y por fin me dijo:

GAUCHO ¿Qué hacés por aquí vos?° Es peligroso andar por las pampas sin arma y sin caballo.

RIVERA Pues, iba caminando sin prestar atención y me perdí. Usted va al festival folklórico ¿no? ¿Puedo acompañarlo? Seguro que allí habrá teléfono, o quizás un auto que. . . .

GAUCHO ¿Festival, auto, teléfono? ¿De qué hablás vos?

RIVERA Vamos, amigo, no me tome el pelo. Por la ropa que lleva, sé que piensa asistir a alguna fiesta.

*Lesson 11*

**193**

| GAUCHO | ¿Fiesta? Basta de tonterías. Mañana empieza la hierra a unas treinta leguas de aquí y no tengo tiempo para conversaciones tontas. ¡Chao! |
|---|---|
| RIVERA | Espere . . . por favor. No me deje aquí solo. Ya se pone el sol y no tengo ganas de pasar la noche bajo las estrellas. |
| GAUCHO | Pues si vos buscás refugio, no muy lejos de aquí hay un pueblo pequeño con el nombre de Santa Rosa. Hacia el oeste—¡Ja, ja, ja! Tenés que seguir el sol, amigo, tenés que seguir el sol—¡Ja, ja, ja! |
| RIVERA | En un instante el gaucho, verdadero o imaginario, desapareció tan pronto como había aparecido. Y me pareció que el eco de su risa resonaba en la tranquilidad de las llanuras por una eternidad. Y luego, silencio. |

## ▶NOTAS CULTURALES

°**El gaucho** fue el "cowboy" de las pampas de la Argentina por casi trescientos años. Lejos de toda civilización, vivía con su familia en una casa pequeña que mantenía la esposa. El gaucho pasaba la mayor parte de la vida montado a caballo, buscando y capturando animales salvajes o defendiéndose de los indios de la región. Algunos autores crearon una literatura, llamada «gauchesca,» que refleja lo difícil y lo triste que era la vida del gaucho.

°**Las pampas** argentinas son una inmensa llanura verde en el centro del país, donde la hierba es el pasto del ganado.

°**Santa Rosa** es la capital de la Provincia de la Pampa.

°**Un avestruz:** En el siglo pasado había muchos animales salvajes en las pampas, como por ejemplo, el avestruz y el tigre. La caza de estos animales era uno de los deportes favoritos del gaucho. Las boleadoras servían para atraparlos, el poncho para meterlo en la boca de los más peligrosos y la daga para matarlos.

°**Vos:** En algunas partes de las Américas, especialmente en la Argentina, se usa *vos* en vez de *tú*, y también unas formas particulares del verbo, por ejemplo *hablás* y *comés*. Estas formas vienen de la segunda persona plural del verbo: *cantáis* ↔ *cantás*, *coméis* ↔ *comés*.

### Preguntas

Conteste según el diálogo.

1. ¿Quién es Carlos Rivera? 2. ¿Dónde estaba? 3. ¿Qué buscaba?
4. ¿Con quién se encontró? 5. ¿Qué tenía el gaucho? 6. ¿Cómo miró el gaucho a Rivera? 7. Según el gaucho, ¿qué es peligroso? 8. ¿Cómo iba caminando Rivera? 9. ¿Entiende el gaucho a Rivera? 10. En realidad, ¿adónde iba el gaucho? 11. Según el gaucho, ¿dónde está Santa Rosa? 12. ¿Cómo desapareció el gaucho, según Rivera? 13. Al final, ¿qué dice Rivera de la risa del gaucho?

# PALABRAS NUEVAS

## • Glosario

### SUSTANTIVOS

**las afueras** outskirts
**el avestruz** ostrich
**las boleadoras** Argentine
    lariat with weights
**la caza** hunt, hunting
**la civilización** civilization
**el eco** echo
**la esperanza** hope
**la eternidad** eternity
**la figura** figure
**la forma** form, shape
**el ganado** cattle,
    livestock

**el gaucho** gaucho
**el herido, la herida**
    wounded person
**la hierra** branding (of
    livestock)
**el instante** instant,
    moment
**el, la jinete** horseman,
    horsewoman
**el lazo** lasso
**la legua** league (measure
    of length)

**la llanura** plain
**las pampas** pampas
**el pasto** pasture, grass
**el poncho** poncho
**la provincia** province
**la realidad** reality
**el refugio** refuge, shelter
**la risa** laugh, laughter
**el silencio** silence
**el tobillo** ankle
**la tranquilidad**
    tranquility, peace
**el vacío** emptiness

### VERBOS

**aparecer (zc)** to appear
**atrapar** to catch, to trap
**crear** to create

**perderse (ie)** to get lost
**ponerse el sol** to set (sun)
**reflejar** to reflect

**resonar (ue)** to resound,
    to echo

### ADJETIVOS

**auténtico, -a** authentic,
    real
**desorientado, -a**
    disoriented,
    confused, lost

**herido, -a** wounded, hurt
**imaginario, -a** imaginary
**inmenso, -a** immense
**misterioso, -a** mysterious
**particular** particular,

    special; own;
    private
**salvaje** savage, wild
**verdadero, -a** true, real

### ADVERBIOS

**sumamente** extremely,
    highly
**totalmente** totally

### EXPRESIONES / PALABRAS
    ÚTILES

**¡chao!** so long!

## Ejercicios de vocabulario

**A.** Complete las frases con la forma apropiada de uno de los adjetivos de la lista.

desorientados   heridos   imaginarios   misterioso   verdaderos

1. No sabemos nada del señor Martínez. Para nosotros, es un hombre ___.
2. La ambulancia llevó a los jugadores ___ al hospital.
3. Manuel no tiene hermanos. Por eso, cuando era joven, tenía muchos amigos ___.
4. La señora Cárdenas escogió esta novela porque los personajes parecen más ___. A ella le gustan las historias que parecen reales.
5. Al llegar a Nueva York, Mateo y Roberto estaban ___ porque no conocían la ciudad.

**B.** Escoja la serie de palabras que está relacionada con la palabra en letra itálica. Empiece con el modelo.

1. *atrapar*
   a. agarrar / animal / huir / escaparse
   b. calle / auto / avión / tren
   c. tambor / guitarra / tocar / música
   *a. agarrar / animal / huir / escaparse*

2. *crear*
   a. béisbol / equipo / ganar / partido
   b. arte / existir / vida / hacer
   c. dedo / frente / mejilla / rodilla

3. *resonar*
   a. melocotón / huevo / desayuno / comida
   b. eco / sonar / ruido / música
   c. nieta / suegro / madre / hermano

4. *reflejar*
   a. espejo / plata / luz / agua
   b. abeja / avestruz / hormiga / hueso
   c. libro / lápiz / tiza / pizarra

## • Estudio de vocabulario

### Sinónimos 1

Cambie las frases sustituyendo las palabras en letra itálica por las palabras de la lista.

perdido   para siempre   kilómetros   capturar   enormes   hierba

1. La policía trató de *atrapar* a los criminales.
2. No conozco esta ciudad. Estoy *desorientado*.
3. ¡Qué rascacielos tan *inmensos*!
4. Te querré *por toda la eternidad*.

5. El ganado come *pasto*.
6. ¿A cuántas *leguas* de aquí vive Ud.?

*Ud. dirá.* Pregúntele a este gaucho por qué los gauchos siguen usando el caballo. ¿No es más útil el camión?

### Sinónimos 2

Complete las frases con una palabra de la lista cuyo sentido es semejante al de la palabra en letra itálica.

adiós   cultura   momento   pampas   poncho   típicos   vacas   vaquero

1. *El gaucho* es un ____ que vive en las pampas de la Argentina.
2. Los habitantes de muchos países hispanos dicen *chao* y no ____ para despedirse.
3. *Las llanuras* de la Argentina se llaman ____.
4. El restaurante prepara unos platos mexicanos *auténticos*. Cocinan con los ingredientes ____ de ese país.
5. Prefiero un curso de *civilización* a un curso de lengua. Me interesa mucho la ____.
6. Los vaqueros han perdido parte del *ganado*. Sólo pueden encontrar trece ____.
7. Hace un poco de frío. Tengo que ponerme un *rebozo* o un ____.
8. ¡Espera un *instante*! Terminaré en un ____.

### Antónimos

Cambie las frases sustituyendo las palabras en letra itálica por las palabras de la lista.

ruido   sano   llanura   un instante   el centro   provincia   destruir   apareció

1. Fuimos a un museo en las *afueras* de la ciudad.
2. Hay mucho *silencio* en esta clase.
3. La vida en esta *ciudad* ha cambiado mucho en los últimos diez años.
4. La médica declaró que el jugador estaba *herido*.
5. Me tomó *una eternidad* terminar la tarea.
6. Esta música ayuda a *crear* el ambiente tan agradable del restaurante.
7. Visitemos esa *montaña* famosa.
8. Al ponerse el sol *desapareció* la figura misteriosa del gaucho.

*Lesson*
*11*

### Palabras asociadas 1

las afueras = outskirts       afuera = outside

Can you explain the meaning of the words *las afueras* and *afuera* in the following sentences?

1. ¡Vamos *afuera!* ¡Hace muy buen tiempo!
2. Los autobuses municipales no llegan hasta *las afueras* de la ciudad.

### Palabras asociadas 2

Escriba una palabra parecida a cada palabra de la lista siguiente.

1. la eternidad
2. la risa
3. la realidad
4. imaginario
5. la tranquilidad
6. misterioso
7. verdadero
8. salvaje
9. aparecer
10. la esperanza
11. la forma

### Palabras con varios sentidos

Estudie los varios sentidos de cada palabra y luego complete las frases.

**la civilización**   civilization; culture
1. La ___ de estos indios era sumamente compleja.
2. ¿Te gustaría vivir en el campo, lejos de la ___?
3. En la clase de ___ estudiamos las costumbres y las tradiciones hispanas.

**particular**   particular, special; own; private
4. Cada hijo de esa familia tiene su auto ___.
5. La fiesta no es en un apartamento, sino en una casa ___.
6. Don Germán tiene un gusto muy ___. Siempre compra trajes caros.
7. Nos referimos a una época ___.
8. No es un parque municipal, sino un jardín ___.

### Falsos amigos

Remember that the equivalent of an application form in Spanish is not *forma*, but *formulario*. Also, the equivalent of a numerical figure is not *figura*, but *número*. Notice how you say the following in Spanish: "That guy is very particular." *Ese tío es muy exigente.*

## EXPLICACIONES

## El imperfecto del subjuntivo en cláusulas sustantivas

1. You are familiar with the use of the present subjunctive after certain verbs and impersonal expressions:

Es importante que **ganemos** el partido.

*It's important that **we win** the game.*

Quiero que me **enseñes** a manejar el auto.

*I want you **to teach** me to drive the car.*

However, when the verb or impersonal expression in the first part of the sentence is in the preterite or imperfect, the imperfect subjunctive is used in the second part.

| | |
|---|---|
| Fue importante que **ganáramos** el partido. | *It was important that **we win** the game.* |
| Quería que me **enseñaras** a manejar el auto. | *I wanted you **to teach** me to drive the car.* |

2. *Hablar, aprender,* and *vivir* will serve as models for the imperfect subjunctive.

| | | | |
|---|---|---|---|
| habl**ara** | hablá**ramos** | aprend**iera** | aprendi**éramos** |
| habl**aras** | habla**rais** | aprend**ieras** | aprend**ierais** |
| habl**ara** | habl**aran** | aprend**iera** | aprend**ieran** |

| | |
|---|---|
| viv**iera** | viv**iéramos** |
| viv**ieras** | viv**ierais** |
| viv**iera** | viv**ieran** |

Note the written accent on the *nosotros* forms.

To form the imperfect subjunctive, add the endings shown in heavy type above to a stem taken from the 3 plural form of the preterite:

| INFINITIVE | | PRETERITE | | IMPERFECT SUBJUNCTIVE |
|---|---|---|---|---|
| hablar | ↔ | **habla**(ron) | ↔ | **hablara, hablaras,** etc. |
| aprender | ↔ | **aprendie**(ron) | ↔ | **aprendiera, aprendieras,** etc. |
| vivir | ↔ | **vivie**(ron) | ↔ | **viviera, vivieras,** etc. |

3. All verbs follow the same pattern in forming the imperfect subjunctive, even those that have irregular preterite forms. Look at these examples:

| INFINITIVE | | PRETERITE | | IMPERFECT SUBJUNCTIVE |
|---|---|---|---|---|
| ir | ↔ | **fue**(ron) | ↔ | **fuera** |
| ser | ↔ | **fue**(ron) | ↔ | **fuera** |
| traer | ↔ | **traje**(ron) | ↔ | **trajera** |
| caer | ↔ | **caye**(ron) | ↔ | **cayera** |
| servir | ↔ | **sirvie**(ron) | ↔ | **sirviera** |

Check the section called *Verbos* in the back of the book if you are ever unsure of how to form the imperfect subjunctive of irregular verbs.

## OBSERVE UD.

In Spanish you may come across other forms of the imperfect subjunctive. Look at the following verbs: *hablar, aprender,* and *vivir.*

| | | | | | |
|---|---|---|---|---|---|
| habl**ase** | hablá**semos** | aprend**iese** | aprendi**ésemos** | viv**iese** | viv**iésemos** |
| habl**ases** | habla**seis** | aprend**ieses** | aprend**ieseis** | viv**ieses** | viv**ieseis** |
| habl**ase** | habl**asen** | aprend**iese** | aprend**iesen** | viv**iese** | viv**iesen** |

These forms of the imperfect subjunctive have the same stem as the forms that you already know. There is also an accent on the *nosotros* form. Note the endings in dark type.

## Ejercicios

**A.** Conteste las preguntas empezando con *No, era imposible que*. . . .
Empiece con el modelo.

1. ¿Enseñaron bailes folklóricos los invitados?
   *No, era imposible que los invitados enseñaran bailes folklóricos.*

2. ¿Cantaron en el festival tus primas?
3. ¿Encontraron refugio los criminales?
4. ¿Atraparon el avestruz Carlos y Pepe?
5. ¿Aparecieron los jinetes?
6. ¿Se perdieron en las pampas los gauchos?
7. ¿Fueron a la hierra los turistas?
8. ¿Oyeron el eco Eva y Marta?

**B.** Cambie las frases usando los nuevos sujetos. Empiece con el modelo.

1. No creía que Miguel hablara mucho. (tú)
   *No creía que hablaras mucho.*

2. Temía que Ángel no tuviera tranquilidad para hacerlo. (las autoridades)
3. Era imposible que lo discutieras. (los gauchos auténticos)
4. Emilio quería que los caballos se quedaran en las pampas. (el ganado)
5. Esperábamos que el viajero buscara refugio en las montañas. (los heridos)
6. Era lástima que no supiéramos usar las boleadoras. (tú)
7. Héctor temía que rompieras el lazo. (yo)
8. Sus padres querían que no huyera de la realidad. (ellos)
9. Sentí que no pudieran tejerme otro poncho. (Ud.)
10. Dudaba que encontraran mucha caza en la llanura. (tú y yo)

**C.** Cambie las frases empezando con la expresión entre paréntesis.
Empiece con el modelo.

1. Samuel solicitó una entrevista en una compañía de seguros.
   (Dudé que)
   *Dudé que Samuel solicitara una entrevista en una compañía de seguros.*

2. Compraste un poncho sencillo y corriente. (Tu mamá te mandó que)
3. El jinete se perdió en un instante. (Fue imposible que)
4. Traje el lazo y las boleadoras. (Los gauchos me aconsejaron que)
5. Uds. atraparon el avestruz. (Yo les pedí a Uds. que)
6. La hierra duró todo el día. (Fue necesario que)
7. La lectura no reflejaba los problemas de hoy. (El profesor temía que)
8. Creamos un refugio para niños pobres. (Las autoridades municipales nos mandaron que)
9. Los heridos sufrieron mucho. (Sentimos que)
10. El eco de su risa resonó por las pampas. (El chico se sorprendió de que)

**D.** En el párrafo siguiente sustituya el presente por el pretérito y el presente del subjuntivo por el imperfecto del subjuntivo.

### Tomás Tomás en la feria

Es necesario que tú llames a tu amigo Tomás Tomás. El comité organizador recomienda que le pidas que venga a la feria de la escuela. Es importante que le digas a Tomás Tomás que traiga su conjunto. Los miembros del comité insisten en que Tomás Tomás y su conjunto canten algunas de sus canciones más famosas.

**E.** En el párrafo siguiente sustituya el presente por el imperfecto y el presente del subjuntivo por el imperfecto del subjuntivo.

### Don Guillermo el gordo

La doctora Arroyo quiere que don Guillermo baje de peso. No cree que sea bueno que un señor de 70 años esté tan gordo. Es probable que don Guillermo no le preste atención a la doctora. Aunque le cueste la vida, no va a dejar los dulces. Todas sus amigas lo prefieren así.

## <u>Como si y el imperfecto del subjuntivo</u>

The imperfect subjunctive is always used after *como si*. Look at these examples:

| | |
|---|---|
| Mateo gasta dinero **como si** fuera un millonario. | *Mateo spends money **as if** he were a millionaire.* |
| Roberto jugó **como si** estuviera cansado. | *Roberto played **as if** he were tired.* |
| Papá siempre me tratará **como si** fuera una niña. | *Dad will always treat me **as if** I were a child.* |

Note that even when the verb in the main part of the sentence does not express a past idea, the imperfect subjunctive is always used after *como si*.

## *Ejercicios*

Conteste las preguntas empezando con *No, pero hablo como si. . . .* Empiece con el modelo.

1. ¿Eres un millonario?
   *No, pero hablo como si fuera un millonario.*

2. ¿Estudias las civilizaciones antiguas?
3. ¿Tienes la esperanza de ganar el partido?
4. ¿Asistirás a la exposición de arte?
5. ¿Luchas con la realidad de tus conflictos?
6. ¿Le ofreces un refugio al ladrón?
7. ¿Vives en la provincia?
8. ¿Conoces la capital de Chile?
9. ¿Te despiertas sumamente temprano el fin de semana?
10. ¿Estás totalmente enamorado de alguien?
11. ¿Comprendes la idea de la eternidad?

## *Confirme su progreso*

Anoche Carlos Rivera soñó con esta conversación imaginaria. Vio a dos muchachas que hablaban con un hombre de las pampas. Conteste las preguntas usando el imperfecto del subjuntivo. Empiece con los modelos.

1. RAMONA: Mi amiga y yo estamos perdidas. Ayúdenos, por favor.
   HOMBRE: Espero que tengan un mapa.
   a. ¿Qué le pidió Ramona al hombre?
   b. ¿Qué esperaba el hombre?
   *a. Le pidió que las ayudara.*
   *b. Esperaba que tuvieran un mapa.*

2. ANA: Sí, pero por ahora, ¿nos puede decir dónde hay un teléfono?
   HOMBRE: ¿Teléfono? No creo que haya un teléfono por aquí.
   a. ¿Qué le pidió Ana al hombre?
   b. ¿Qué le dijo el hombre?

3. ANA Y RAMONA: ¡No nos deje solas!
   HOMBRE: Bueno, déjenme ver su mapa.
   a. ¿Qué le gritaron Ana y Ramona al hombre?
   b. ¿Qué les contestó el hombre?

4. ANA: Por el traje que lleva, parece que Ud. va a una fiesta.
   RAMONA: ¿Nos permite Ud. que lo acompañemos?
   HOMBRE: ¿Fiesta? Voy a la hierra. No creo que una hierra pueda interesarles.
   a. ¿Qué le pidió Ramona al hombre?
   b. ¿Qué no creía el hombre?

5. ANA Y RAMONA: No nos abandone. ¿Hay por aquí algún pueblo?
   HOMBRE: Pues, vayan hacia el oeste y busquen refugio en Santa Rosa.
   a. ¿Qué le pidieron Ana y Ramona?
   b. ¿Qué les contestó el hombre?

## Los usos de <u>por</u>

*Por* is used to express the idea of:

1. duration of time or indefinite time of day:

   Insisto en que nos ayudes         *I insist that you help us*
     **por** dos horas.                 **for** *two hours.*
   El juez va a condenarlo           *The judge is going to sentence him*
     **por** la mañana.                 **in** *the morning.*

2. "by" meaning "by means of":

   Enviamos la carta                 *We're sending the letter*
     **por** correo aéreo.              **by** *air mail.*

3. "through," "along," or "around":

| | |
|---|---|
| El ladrón entró **por** la ventana. | *The thief entered **through** the window.* |
| Los niños caminaban **por** el puente. | *The children were walking **along** the bridge.* |
| No hay nadie **por** aquí. | *There's no one **around** here.* |

4. "for" meaning "because of":

| | |
|---|---|
| La ciudadana dio su vida **por** la justicia. | *The citizen gave her life **for** justice.* |
| Mi papá me castigó **por** llegar tarde. | *My dad punished me **for** arriving late.* |

5. "for" meaning "in place of":

| | |
|---|---|
| Mario está enfermo. Trabajaré **por** él. | *Mario is sick. I'll work **in** his **place**.* |

6. "for" meaning "in exchange for":

| | |
|---|---|
| ¿**Por** cuánto dinero vendiste el auto? | *For how much money did you sell the car?* |

7. "for" meaning "to get," "in search of":

| | |
|---|---|
| Salió **por** pan. | *She went **to get** bread.* |
| Me sorprende que Ana no haya enviado **por** el médico. | *I'm surprised that Ana hasn't sent **for** the doctor.* |

Here is a new use of *por:*

*estar por* + infinitive meaning "to be in favor of doing something":

| | |
|---|---|
| Beatriz está **por** hacer un viaje a México. | *Beatriz is **in favor of** taking a trip to Mexico.* |
| Estamos **por** organizar un conjunto. | *We're **in favor of** organizing a combo.* |

You have also learned many expressions using *por: por aquí, por ejemplo, por eso, por favor, por fin, por lo general, por lo menos, por lo tanto, ¿por qué?, por todas partes.*

## Ejercicios

**A.** Use las siguientes descripciones y las palabras entre paréntesis para inventar frases que usan *por*. Empiece con los modelos.

1. La puerta de la casa está abierta.
   El ladrón está en la casa.
   (ladrón / entrar / puerta)
   *El ladrón entra por la puerta.*

2. El juez castiga a los criminales.
   Ese ciudadano es un criminal.
   (juez / castigar / ciudadano / ser un criminal)
   *El juez castiga al ciudadano por ser un criminal.*

*Lesson 11*

203

3. Ud. empieza a trabajar a las dos.
   Ud. termina su trabajo a las cinco.
   (Ud. / trabajar / tres horas)
4. Raquel le envía un regalo a su suegra.
   Es necesario que el regalo llegue en dos o tres días.
   (Raquel / enviar / regalo / correo aéreo)
5. Andrés no puede cantar.
   Está sumamente enfermo.
   (nosotros / cantar / él)
6. Necesito leche.
   Se vende leche en la tienda.
   (yo / salir / leche)
7. El vestido cuesta dos mil pesos.
   Compro el vestido.
   (yo / comprar / vestido / dos mil pesos)
8. No podemos escribir las cartas porque estamos cansadas.
   Nos gusta levantarnos temprano.
   (nosotras / escribir / cartas / mañana)
9. Los ingenieros construyen una torre inmensa.
   El juez del concurso de arquitectura les da un premio.
   (ingenieros / recibir / premio / torre inmensa)

**B.** Conteste las preguntas según los dibujos usando *estar por*. Empiece con los modelos.

1. Ana y José
   *Ana y José están por bailar.*

2. Pablo

3. yo

4. el señor y la señora Soler

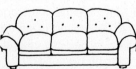

5. Rodrigo
   *Rodrigo está por comprar un sofá.*

6. tú

*Ud. dirá.* Ud. está hablando con Nilda, quien es una verdadera campeona. Durante la entrevista Ud. le pregunta, ¿nada todos los días? ¿Por cuánto tiempo? ¿Por qué practica tanto?

*Lección
once*

204

7. nosotros

8. Uds.

**C.** Escoja la respuesta más apropiada.

1. ¿Por qué estás tan contento?
2. ¿Sabes que la profesora nunca lee la tarea?
3. ¿Crees que Berta y Gloria están aquí?
4. ¿Cuántos huevos quieres?
5. ¿Qué palabras has aprendido en esta lección?
6. ¿Quieres éste?
7. ¿Dónde están mis apuntes?

a. Por lo menos diez.
b. Por ejemplo, la caza, el tobillo, el pasto, el vacío y otras.
c. Sí, por favor.
d. Por todas partes. Por eso no los encuentras.
e. No, por lo general no llegan tan temprano.
f. Por fin ganó mi equipo.
g. Por eso no la hago nunca.

## Los usos de para

*Para* is used to express the idea of:

1. purpose:

> Hay que estudiar **para** mantener buenas notas.

> *It's necessary to study (**in order**) **to** maintain good grades.*

2. destination:

> Mañana saldremos **para** Bogotá.
> Ahora mismo voy **para** la farmacia.

> *Tomorrow we'll leave **for** Bogotá.*
> *Right now I'm heading **for** the drugstore.*

3. "for" meaning "intended for":

> Este suéter es **para** Miguel.

> *This sweater is **for** Miguel.*

4. "by" or "for a certain time":

> Terminaremos nuestra exposición **para** el viernes.
> **Para** mañana, preparen Uds. los ejercicios.

> *We'll finish our exhibit **by** Friday.*
> ***For** tomorrow, prepare the exercises.*

Here are some new uses of *para*:

1. *estar para* + infinitive meaning "to be about to do something":

   Marta está **para** anunciar
   la fecha de su matrimonio.

   Marta is **about to** announce
   *the date of her wedding.*

   Estábamos **para** salir
   cuando sonó la campana.

   *We were **about to** leave
   when the bell rang.*

2. "for" meaning "considering," "compared with," "with respect to":

   **Para** una niña de seis años
   Eva lee muy bien.

   ***For** a six-year-old child,
   Eva reads very well.*

   **Para** mí, esto no es muy
   difícil.

   ***For** me, this isn't very
   difficult.*

## *Ejercicios*

**A.** Conteste las preguntas siguientes usando *para* y las palabras entre paréntesis. Empiece con el modelo.

1. ¿Por qué estudias tanto? (sacar una buena nota)
   *Estudio para sacar una buena nota.*

2. ¿Para quién compras este lazo? (Mario)
3. ¿Para cuándo necesitas el libro? (mañana)
4. ¿Para dónde vas? (Honduras)
5. ¿Para quiénes son los ponchos? (mis primos)
6. ¿Para cuándo tienes que terminar la lectura? (el jueves próximo)
7. ¿Por qué trabajas hasta las diez de la noche? (ganar mucho dinero)
8. ¿Para dónde te marchas? (Guatemala)

**B.** Invente frases según los dibujos usando *estar para*. Empiece con el modelo.

1. Carlos
   *Carlos está para acostarse.*

2. tú

3. los caballeros

4. Inés    una carta

5. Yo    la piedra

C. Invente frases según el modelo.

1. un payaso tan chistoso / estar muy triste
   *Para un payaso tan chistoso, está muy triste.*

2. una verdadera atleta / estar sumamente delgada
3. un pintor famoso / pintar muy mal
4. un personaje imaginario / parecer demasiado real
5. el mes de enero / hacer mucho calor
6. un plato típico / tener pocos ingredientes auténticos
7. un puente tan inmenso / no ser muy ancho
8. un animal salvaje / parecer verdaderamente afectuoso
9. un jugador de fútbol / tener tobillos demasiado débiles

## Confirme su progreso

Escoja la palabra apropiada, *por* or *para*.

1. Te amaré (por / para) una eternidad.
2. El gaucho quiere que él vaya (por / para) el lazo.
3. Los aficionados pagaron cien pesos (por / para) los boletos.
4. ¿Dónde está el dinero que te di (por / para) comprar un auto?
5. Los necesitamos (por / para) el lunes.
6. No encontramos una jaula apropiada (por / para) el pájaro.
7. Los jinetes viajaron (por / para) el vacío de la llanura.
8. (Por / Para) una niña pequeña, habla bien.
9. Mañana saldré (por / para) Chile.
10. (Por / Para) ser el cumpleaños del presidente, no habrá clase.
11. En realidad, prefiero decírselo (por / para) teléfono.
12. Mi papá no puede pintar la puerta. Lo haré (por / para) él.
13. Lola pagó demasiado (por / para) los zapatos.
14. ¿Qué hace Ud. (por / para) mantener tan buena figura?
15. No sabemos (por / para) dónde va a ponerse el sol.

## HABLEMOS UN POCO

Por ser alumnos excelentes de español, sus padres les van a permitir hacer un viaje a España este verano. Uds. quieren viajar por todo el país. Saldrán después de terminar sus clases e irán en barco. Pregúntense el uno al otro sobre el viaje. Sigan los ejemplos para empezar la conversación.

1. ¿Estás para hacer un viaje pronto?
2. ¿Para cuándo tienes que terminar de hacer las maletas?
3. ¿Cómo vas?
4. ¿Para qué ciudad sale el barco?
5. ¿Por dónde viajarás después?
6. ¿Por cuánto tiempo vas?
7. ¿Por qué vas de viaje?
8. ¿Por qué te ofrecen tus padres estas vacaciones?
9. ¿Permites que tu hermano vaya por ti?

# PALABRAS NUEVAS

el general

el embajador

la embajadora

el político

la política

el ejército

la frontera

egoísta

idealista

# *lección* 12

# ¡Viva nuestro candidato!

¡José Ipiña para presidente!

¿Está Ud. cansado de escuchar promesas vacías? En las elecciones generales de este año, vote Ud. por José Ipiña, el líder del partido Justicia Nacional. José Ipiña no es ni reaccionario ni revolucionario; es el campeón de las grandes causas: la igualdad social, el desarrollo de nuestro país, los derechos humanos, la libertad de prensa y la libertad de palabra. José Ipiña no es un político egoísta, sino un hombre práctico que sabe convertir sus ideales en realidad, un ciudadano que lucha por mejorar nuestro sistema de gobierno. José Ipiña ha servido bien a nuestra nación: ha sido soldado en el ejército nacional, embajador en Venezuela, gobernador del estado de Yungas, ministro de educación y presidente del Comité Nacional de Industria. ¡Apoye Ud. a José Ipiña! Es el único candidato que puede devolver a nuestra patria la fuerza que tenía antes de que el gobierno actual tomara el poder. ¡Venga esta noche a escuchar a José Ipiña, el hombre que dará respuestas a todas sus preguntas!

## ● Glosario

SUSTANTIVOS

**el apoyo**  support
**el candidato, la candidata**
    candidate
**el derecho**  right
**el desarrollo**  development
**el ejército**  army
**las elecciones**  election(s)
**la embajada**  embassy

**el embajador, la embajadora**
    ambassador
**la frontera**  border; frontier
**la fuerza**  force, strength
**el general**  general
**el gobernador, la**

    **gobernadora**
    governor
**el gobierno**  government
**la humanidad**  humanity
**el ideal**  ideal

| | | |
|---|---|---|
| **el, la idealista** idealist | **el partido** political party | reactionary |
| **la igualdad** equality | **la patria** fatherland | **la respuesta** answer, |
| **la libertad** liberty | **el poder** power | response |
| —**de palabra** freedom | **ia política** politics | **el revolucionario, la** |
| of speech | **el político, la política** | **revolucionaria** |
| —**de prensa** freedom | politician | revolutionary |
| of the press | **la promesa** promise | **el ser humano** human |
| **el ministro, la ministra** | **la reacción** reaction | being |
| (government) | **el reaccionario, la** | **el sistema** system |
| minister | **reaccionaria** | **el soldado** soldier |

## VERBOS

| | |
|---|---|
| **apoyar** to support | **elegir (i)(j)** to elect |
| **convertir (ie)(i) (en)** to | **liberar** to liberate |
| convert, to | **mejorar** to improve |
| transform | **reaccionar** to react |

## ADJETIVOS

| | | |
|---|---|---|
| **egoísta** selfish | **igual** equal | **reaccionario, -a** |
| **general** general | **político, -a** political | reactionary |
| **humano, -a** human | **práctico, -a** practical | **revolucionario, -a** |
| **idealista** idealistic | | revolutionary |

## EXPRESIONES / PALABRAS ÚTILES

| | | |
|---|---|---|
| **en alguna parte** | **ni . . . ni** neither . . . nor | **en ninguna parte** |
| somewhere | **ni siquiera** not even | nowhere, anywhere |
| **de alguna manera** | **ni un(o), -a** not a single | **o . . . o** either . . . or |
| somehow | (one) | |
| **de ninguna manera** by | | |
| no means | | |

*Ud. dirá.* ¿Por qué les interesa tanto la política a los estudiantes hispanoamericanos? Discútalo con este estudiante de universidad.

## Ejercicios de vocabulario

**A.** Escoja el dibujo apropiado y complete la frase. Empiece con el modelo.

1. Un ___ manda a los soldados.　　*Un general manda a los soldados.*

2. Hay aduanas en la ___.　　3. En un ___ hay muchos soldados.

4. Una ___ representa a su patria en un país extranjero.　　5. Un ___ defiende a la patria.

6. Una ___ quiere que la gente vote por ella.　　7. Una persona ___ no piensa en otros.

8. Alguien que sueña con un mundo sin problemas es una persona ___.

**B.** Escoja la respuesta apropiada.

1. Si una persona es ciudadano de un país
   a. no quiere tener libertad de palabra.
   b. ese país es su patria.

2. Si tengo tres manzanas, y no te quiero dar ni una, probablemente
   a. soy egoísta.
   b. prefiero las uvas.
3. Si un político gana las elecciones y es el líder de su país
   a. es el presidente del país.
   b. es el embajador.
4. Una persona que se divierte mucho, pero que no trabaja
   a. no es muy práctica.
   b. será ministro de trabajo algún día.
5. En el sistema de gobierno que tenemos en los Estados Unidos
   a. no elegimos al presidente.
   b. hay por lo general dos partidos políticos importantes.
6. El presidente de un país
   a. debe tener grandes ideales y ser persona práctica también.
   b. ha perdido su poder.

## ● Estudio de vocabulario

### Sinónimos 1

escoger = elegir    la fuerza = el poder    la persona = el ser humano

### Sinónimos 2

Escoja la palabra cuyo sentido es más semejante al de la palabra en letra itálica.

1. *la patria*    la respuesta    el país    el sistema    el ciudadano
2. *convertir*    realizar    cambiar    empezar    pasar

### Antónimos 1

o . . . o ≠ ni . . . ni

*O* Manolo *o* Luis pueden contestar las preguntas, pero *ni* éste *ni* aquél quieren hacerlo.

No tengo *ni* auto *ni* bicicleta. *O* voy a tu casa caminando *o* tomo el autobús.

### Antónimos 2

Complete las frases usando el antónimo de la palabra en letra itálica.

1. Horacio no es *práctico,* sino completamente ____.
2. Los sueños de los *revolucionarios* no son parecidos a los de los ____.

### Palabras asociadas 1

igualdad ↔ igual     humano, -a ↔ la humanidad

### Palabras asociadas 2

Complete las frases con una palabra parecida a las palabras en letra itálica.

1. Ud., señor candidato, tiene mi *apoyo*. Lo voy a ___ en las próximas elecciones.
2. Actualmente el *embajador* no está en su casa, sino en la ___.
3. El pueblo *elegirá* a Julio Negrete en las ___ de mayo.
4. El líder del *gobierno* de un estado es el ___.
5. ¿Cuál es el significado de la palabra *igualdad*? ¿Quiere decir que de alguna manera todos somos ___?
6. Naturalmente, los *políticos* tienen un papel importante en la vida ___ de su país.
7. Te *prometo* pagarte el dinero mañana, y mi ___ es una cosa segura.
8. Tu *reacción* me parece extraña. ¿Por qué tienes que ___ así?
9. Los habitantes de la América del Sur querían ser *libres* de España y lucharon por su ___.
10. Sé que puedes vivir *mejor*. Tienes que ___ tu vida.

### Palabras asociadas 3

Haga frases completas. Debe haber una de las siguientes expresiones en cada frase: *ni . . . ni, ni siquiera, ni un(o), -a.*

1. Adelita no es ni alta                     a. encuentro ni uno.
2. No puedes pagar si                        b. sabe la verdad.
3. Necesito lápices, pero no                 c. ni su compañero juegan al fútbol.
4. Ni siquiera su propio padre               d. ni baja.
5. Soy millonario, pero no                    e. ni siquiera sabes cuánto debes.
6. Ni Hernán                                   f. he robado ni un centavo.

### Palabras con varios sentidos 1

*La frontera* es la línea que separa un país de otro. Es también una región con pocos habitantes que queda lejos de la civilización.

1. ¿Cuál es más larga, nuestra ___ con México o nuestra ___ con el Canadá?
2. En el siglo diecinueve, muchos ciudadanos de las ciudades del este de los Estados Unidos dejaron sus casas para ir a la ___.

### Palabras con varios sentidos 2

*Un partido* es un grupo político. Pero también se juega un partido de fútbol, un partido de baloncesto, etc.

1. ¿Es cierto que el año que viene habrá un nuevo ___ político?
2. Tú y yo hemos jugado un ___ de tenis.

### Palabras con varios sentidos 3

Note that *la política* can refer to politics as well as to a female politician.
1. A Paco no le interesa ___. Dice que todos los partidos son iguales.
2. ___, María Muñoz, dio una conferencia sobre el gobierno del país.

# EXPLICACIONES

## Cláusulas adverbiales y el imperfecto del subjuntivo

1. Recall how the indicative and the subjunctive are used in adverbial clauses:

| | |
|---|---|
| Roberto **sale** en cuanto **suena** la campana. | Roberto **leaves** as soon as the bell **rings.** |
| Roberto **saldrá** en cuanto **suene** la campana. | Roberto **will leave** as soon as the bell **rings.** |

In the first sentence, *suena* refers to an action that occurs regularly; this verb is in the present indicative. In the second sentence, *suene* refers to an action that has not yet occurred; this verb is in the present subjunctive.

2. Now look at these examples of adverbial clauses dealing with actions in the past:

| | |
|---|---|
| Mateo **salió** cuando **llegó** el jefe. | Mateo **left** when the boss **arrived.** |
| Los sábados Eva **tocaba** el piano mientras Ana **leía.** | On Saturdays Eva **played** the piano while Ana **read.** |

In these sentences, *llegó* and *leía* refer to past actions. *Cuando, mientras, en cuanto, después (de) que,* and *hasta que* are followed by the indicative when they introduce an action that was completed or that occurred regularly.

Notice these examples:

| | |
|---|---|
| Mateo **salió** antes (de) que **llegara** el jefe. | Mateo **left** before the boss **arrived.** |
| Los sábados Eva no **tocaba** el piano a menos que Ana **leyera.** | On Saturdays Eva **didn't play** the piano unless Ana **was reading.** |

*Llegara* and *leyera* are in the subjunctive because they follow *antes (de) que* and *a menos que.* These expressions and also *para que, sin que, en caso (de) que,* and *con tal (de) que* are always followed by the subjunctive. Note that *llegara* and *leyera* are in the past subjunctive because the main verbs in these sentences imply past time.

Look at the English equivalent for a clause with *sin que:*

| | |
|---|---|
| Entró en la embajada **sin que** el policía lo viera. | He went into the embassy **without the police officer's seeing him.** |

## Ejercicios

**A.** Cambie las frases al pretérito según el modelo.

1. Los candidatos entrarán en cuanto yo los anuncie.
   *Los candidatos entraron en cuanto yo los anuncié.*

2. Apoyaremos a la señora Madero cuando nos explique sus ideas.

3. Hablaremos con la gobernadora después de que escuchemos al revolucionario.
4. La patria sufrirá hasta que nuestro partido gane las elecciones.
5. Los partidos reaccionarios aplaudirán cuando Ipiña dé su respuesta.
6. No ayudaré al soldado hasta que me pida ayuda.
7. Te convertirás en reaccionario en cuanto vuelvas a la patria.
8. Prepararé las palomitas mientras abras las gaseosas.
9. Llegaré a las pampas después de que salgan las estrellas.

**B.** Haga frases usando las palabras entre paréntesis. Empiece con los modelos.

1. Los soldados gritan. El presidente entra. (cuando)
   *Los soldados gritaron cuando el presidente entró.*
   *Los soldados gritarán cuando el presidente entre.*

2. Lili se mira en el espejo. Su amiga entra. (después de que)
3. La libertad de prensa empieza. Eligen a Moreno. (cuando)
4. La policía llega. La asesina huye. (después de que)
5. El concierto empieza. Llega el director. (en cuanto)
6. Ensayamos la comedia. Cierran el teatro. (en cuanto)

**C.** Complete las frases con la forma correcta de los verbos que están entre paréntesis.

1. Chela tocó la guitarra para que todos nosotros ____. (cantar)
2. Te di mi llave para que no ____ la tuya. (traer)
3. Siempre me bañaba por la noche, a menos que no ____ agua caliente. (haber)
4. La idea de la igualdad le encantaba al rey con tal de que él no ____ sus riquezas. (perder)
5. Yo siempre iba a los bailes los fines de semana a menos que ____ en casa leyendo. (quedarse)
6. Mina siempre recibía las noticias antes de que nosotros las ____. (saber)
7. ¿Hiciste la tarea en clase sin que el profesor ____? (darse cuenta)
8. ¿Empezaste a estudiar español antes de que tus padres ____ a España? (ir)

**D.** Combine las frases usando las palabras entre paréntesis. Empiece con los modelos.

1. El gobernador apoya a Pardo. Éste gana las elecciones. (para que)
   *El gobernador apoya a Pardo para que éste gane las elecciones.*
   *El gobernador apoyó a Pardo para que éste ganara las elecciones.*

2. Liberan al revolucionario. El juez lo castiga. (antes de que)
3. Cruzamos la frontera. Los soldados se dan cuenta. (sin que)
4. Reacciono contra tus ideales. Me los explicas. (antes de que)
5. Pongo los libros aquí. Uds. quieren leerlos. (en caso de que)
6. La embajadora me explica mis derechos. Los comprendo. (para que)
7. El brujo dice algo misterioso. Lo entiendo. (sin que)
8. Llevo esta tarjeta. Hay un accidente. (en caso de que)

**E.** Conteste las preguntas usando las palabras entre paréntesis. Empiece con el modelo.

*después de que*
1. ¿Cuándo bordaste este mantel? (tú / volver / de España)
   *Bordé este mantel después de que volviste de España.*

2. ¿Cuándo llamas por teléfono a tu novia? (ella / regresar / de sus clases)

3. ¿Cuándo te darán el premio? (ellos / reunirse)

*mientras*
4. ¿Cuándo saldrás del pueblo? (los habitantes / dormir)
5. ¿Cuándo te gusta leer el periódico? (nosotros / estar / en el auto)
6. ¿Cuándo te despediste de tus compañeros? (tú / hablar / con Pepe)

**F.** Conteste *sí* usando las palabras entre paréntesis. Empiece con el modelo.

*a menos que*
1. ¿Me lees el libro? (tú / no / quererlo)
   *Sí, te leo el libro a menos que no lo quieras.*

2. ¿Escribirás un poema para tu amigo? (él / insultarme)
3. ¿De niño siempre jugabas en el jardín? (llover)

*sin que*
4. ¿Sales? (mis hermanitos / despertarse)
5. ¿Liberaste la ciudad? (los generales / saberlo)
6. ¿Lavarás los platos? (mis padres / decírmelo)

## Palabras negativas

1. The negative words and phrases *nada, nadie, nunca, jamás, ninguno, tampoco, ni . . . ni, ni un(a),* and *ni siquiera* come either before or after the verb:

| | |
|---|---|
| **No** me preocupa **nada.** <br> **Nada** me preocupa. | *Nothing worries me.* |
| **No** saldré con Jaime **jamás.** <br> **Jamás** saldré con Jaime. | *I'll never go out with Jaime.* |
| **Ni siquiera** sé qué equipo ha ganado el campeonato. <br> **No** sé **ni siquiera** qué equipo ha ganado el campeonato. | *I don't even know which team has won the championship.* |

Notice that *no* is placed before the verb when the verb is followed by a negative word.

2. *Ninguno, -a,* "none, not any," can refer to both people and things:

| | |
|---|---|
| **Ninguna** de mis hermanitas sabe leer. | *None of my little sisters knows how to read.* |
| No hay **ningún** árbol en este jardín. | *There are no trees in this garden.* |

Note the last example. *Ninguno* is shortened to *ningún* when it comes immediately before a masculine singular noun. Remember that *ninguno, -a* is generally not used in the plural.

*Ud. dirá.* Mañana son las elecciones. ¿Ganará López? ¿Tiene el apoyo de su partido? ¿del ejército? Es posible que su hijo tenga las respuestas. Hable con él.

3. When *nadie* is the direct object of a verb, it requires the personal *a*. When *ninguno, -a* refers to a person and is used as the direct object of a verb, it too requires the personal *a*.

| | |
|---|---|
| No conocíamos **a** nadie. | *We didn't know anyone.* |
| No hemos encontrado **a** ninguno de los sospechosos. | *We haven't found any of the suspects.* |

4. Here are some examples using new negative expressions:

| | |
|---|---|
| Esta noche **no** vamos a **ninguna parte.** | *Tonight we are**n't** going **anywhere.*** |
| **En ninguna parte** hemos comido como comimos en España. | ***Nowhere** have we eaten the way we ate in Spain.* |
| Rafael **no** es **de ninguna manera** tonto. | *Rafael is **by no means** stupid.* |
| **De ninguna manera** quería insultar a tu tía. | ***In no way** did I want to insult your aunt.* |

Notice that the expressions *en ninguna parte* and *de ninguna manera* can come either before or after the verb, but when they follow the verb, *no* precedes it.

5. Recall the use of *sino*:

| | |
|---|---|
| No era una exposición de artesanía, **sino** de escultura. | *It wasn't an exhibit of handicrafts, **but** of sculpture.* |
| No quiero riqueza **sino** amor. | *I don't want riches, **but** love.* |
| No debes sufrir **sino** disfrutar de la vida. | *You shouldn't suffer, **but** enjoy life.* |

Lesson 12

Remember that *sino* expresses the idea of "but rather." Notice that each sentence is negative and that what follows *sino* contradicts what precedes it.

In the last example above, two infinitives are contrasted. However, when clauses containing different *conjugated* verbs are contrasted, *sino que* is used instead of *sino:*

No se enojó **sino**          He didn't get angry,
    **que** lloró mucho.          **but** he cried a lot.

## Ejercicios

**A.** Exprese las frases de otra manera. Empiece con los modelos.

1. No nos interesa nada ahora.
   *Nada nos interesa ahora.*

2. No apoyaré nunca a ese político.
3. Esos jóvenes no se convertirán jamás en reaccionarios.
4. ¡Compañeros, ayúdenme! No tengo ni un peso en la cartera.
5. Los soldados no querían de ninguna manera ir a la provincia.
6. No encontraremos en ninguna parte mejor candidato.

7. Jamás he ido a la embajada de mi país.
   *No he ido jamás a la embajada de mi país.*

8. Nada le gusta a tu hermano.
9. Nunca has luchado por mejorar el gobierno.
10. Ni siquiera sabes cómo se escribe esa fecha en español.
11. ¡De ninguna manera pienso cortarme la barba!
12. Y tampoco me voy a cortar el bigote.

**B.** Complete las frases con *ningún, ninguna,* o *ninguno.*

1. Ayer había muchos periódicos aquí, pero hoy no hay ____.
2. ____ ser humano puede vivir por una eternidad.
3. ____ de nuestras fronteras está bien protegida.
4. No he leído ____ de los anuncios.
5. ¿Dices que buscas una pluma? No veo ____ por aquí.
6. No existe ____ mujer como la que describes.

**C.** Cambie las frases al negativo usando *nadie.* Empiece con el modelo.

1. *Todo el mundo* reacciona de esa manera.
   *Nadie reacciona de esa manera.*

2. Me caen bien *todas estas personas.*
3. *Todos* les piden a los generales que liberen el país.
4. Debes proteger *a la embajadora.*
5. Eligieron a *tres amigos míos.*
6. Pienso en *ti.*
7. *Muchas personas* saben mejorar las condiciones políticas.

**D.** Haga frases con *sino* o *sino que*, usando las palabras entre paréntesis. Empiece con los modelos.

1. El ingeniero Gil dio una conferencia interesante. (aburrida)
   *El ingeniero Gil no dio una conferencia interesante sino aburrida.*
2. El vaquero se puso las botas. (se las quitó)
   *El vaquero no se puso las botas sino que se las quitó.*
3. A las cinco Dolores se levantó. (se acostó)
4. Tico es un hombre inteligente. (tonto)
5. El nuevo candidato viene del norte. (sur)
6. Quiero comprar un radio. (televisor)
7. Mis compañeras son egoístas. (idealistas)
8. En el mercado Junín compramos frutas. (legumbres)
9. Jacinto está estudiando. (está divirtiéndose)
10. El profesor habló en voz baja. (gritó)
11. Me refiero a los seres humanos. (los animales salvajes)

## Palabras afirmativas

1. Many of the negative words and phrases you have seen have affirmative counterparts:

| | | | |
|---|---|---|---|
| nada | ↔ *algo* | jamás ⎱ nunca ⎰ | ↔ *siempre* |
| nadie | ↔ *alguien* | ni . . . ni | ↔ *o . . . o* |
| ninguno, -a | ↔ *alguno, -a, -os, -as* | tampoco | ↔ *también* |

en ninguna parte ↔ *en alguna parte*
de ninguna manera ↔ *de alguna manera*

Notice that the affirmative counterparts of *en ninguna parte* and *de ninguna manera* are *en alguna parte* and *de alguna manera* respectively. Look at these examples:

Estoy aburrida. Vamos a **alguna parte.**
*I'm bored. Let's go* **somewhere.**

**De alguna manera** tengo que hablar con el jefe.
**Somehow** *I have to talk to the supervisor.*

2. *Alguno* and its forms can refer to both people and things:

**Algunas** de las gitanas llevaban vestidos hermosos.
**Some** *of the gypsies wore beautiful dresses.*

**Algún** día voy a ser arquitecto.
**Some** *day I'm going to be an architect.*

What happens to *alguno* when it comes immediately before a masculine singular noun?

3. If *alguien* is the direct object of a verb, it requires the personal *a*.
If *alguno* refers to a person or to people, it too requires the personal *a* when used as the direct object of a verb.

| | |
|---|---|
| Vi **a** alguien que tú conoces. | *I saw someone you know.* |
| ¿Conociste **a** algunos de los artistas en la exposición? | *Did you meet some of the artists at the exhibit?* |

## *Ejercicios*

**A.** Haga frases usando palabras afirmativas. Empiece con el modelo.

1. No tengo nada de valor.
   *Tengo algo de valor.*

2. No van a destruir ninguno de estos rascacielos.
3. Jamás como guisantes con un tenedor.
4. No compraré ningún regalo para el cumpleaños de Julio.
5. Tampoco quiero bailar con Gloria.
6. Ella no estudiará ni la lengua inglesa ni la literatura francesa.
7. Nunca preparo el guacamole con cilantro.

**B.** Complete las frases con *de alguna manera* o *alguna parte*.

1. Mis llaves estarán en ____.
2. Lourdes me dijo que iba a ir a ____.
3. En ____ debe haber un abrelatas.
4. ____ tengo que hablar con el ministro.
5. Abriré este paquete ____.
6. Cristina es de ____ donde hace mucho frío.

**C.** Complete las frases con la forma apropiada de *alguno*.

1. Hace ____ tiempo, pasé por este barrio.
2. Siempre ofrecen ____ postre especial en este restaurante.
3. ____ de nuestros conflictos han sido tonterías, ¿no?
4. ____ hormigas son rojas, pero la mayoría son negras.
5. ¿Hay ____ diferencia importante entre los dos candidatos?
6. ____ de las señoritas ha sido testigo del crimen.

**D.** Conteste las preguntas según las palabras entre paréntesis. Use la *a* personal cuando sea necesario. Empiece con el modelo.

1. ¿Quién te dio el regalo? (alguien que tú conoces)
   *Alguien que tú conoces me dio el regalo.*

2. ¿A quiénes viste en la exposición? (alguien que tú conoces)
3. ¿Sabes a qué candidato apoyarás? (alguno de los más inteligentes)
4. ¿Siempre ayudas a tus hermanas menores? (algunas de ellas)
5. ¿Te vio alguien anoche? (algún habitante del pueblo)
6. ¿Quién tiene el poder aquí? (algunas personas de otra provincia)
7. ¿A quién fue a visitar Lola? (alguna prima de su abuela)

# LECTURA

## José Martí: poeta, periodista, patriota

José Martí (1853–1895), poeta, escritor y figura sobresaliente[1] en la lucha contra los españoles por la independencia de Cuba, ha servido de inspiración a varias generaciones de jóvenes hispanos. La juventud[2] puede comprender fácilmente a Martí porque éste tenía el espíritu de un hombre
5  joven. Jamás temió los cambios y siempre creyó en la necesidad de tener grandes ideales y de vivir con dignidad. Su vida fue actividad constante: desde los dieciséis años vivió con una idea fija[3] —la independencia de Cuba, la tierra donde nació, que era en aquellos tiempos la última colonia[4] de España en América. Además de tener un papel importante en la
10 independencia de Cuba, Martí también dejó huellas en el mundo literario. Escribió poesía que influyó[5] en los modernistas,° un grupo de escritores jóvenes que más tarde iban a introducir grandes cambios en la literatura latinoamericana y española.

Cuando Martí era estudiante, existían varias sociedades secretas en La
15 Habana° que planeaban[6] la independencia de Cuba. Para no ser descubiertos, los jóvenes se reunían de noche y siempre en diferentes lugares. Alguien denunció[7] estas reuniones y las autoridades condenaron a Martí a seis meses de cárcel por participar en ellas. Prohibieron[8] entonces las reuniones políticas, pero Martí volvió a reunirse con sus compañeros. Por fin las
20 autoridades lo desterraron[9] a España.

José Martí vivió casi en la pobreza.[10] Podía haber vivido tranquilamente ganando mucho dinero como abogado, puesto que había hecho sus estudios de leyes[11] en Zaragoza, España. Pero Martí no era como la mayoría de los hombres. Creía en la vida sencilla: no llevaba joyas ni buscaba la riqueza.
25 En su vida aceptó[12] muchos trabajos para poder vivir: fue maestro, contador,[13] periodista, traductor[14] de libros y empleado de una u otra oficina. En todas estas funciones Martí trabajó enérgicamente y con dignidad.

Vivió algunos años en Guatemala y en otros países de la América
30 Central, pero soñaba siempre con las palmas y el cielo azul de Cuba. También vivió en México, donde se casó. De todas sus ocupaciones, la más importante era el periodismo, porque le permitía estar en comunicación con otros hombres. Su centro de actividades fue Nueva York, donde organizó un grupo revolucionario, con el fin de preparar una fuerza
35 libertadora para combatir a los españoles en la isla.

Llevaba en su alma[15] una profunda tristeza[16] que expresó en un poema de su famoso libro *Versos sencillos:*° «Oculto[17] en mi pecho bravo la pena[18]

---

[1]sobresaliente
  *outstanding*
[2]la juventud *youth*
[3]fijo, -a *fixed, firm*
[4]la colonia *colony*
[5]influir *to influence*
[6]planear *to plan*

[7]denunciar *to denounce,
  to report*
[8]prohibir *to prohibit*
[9]desterrar *to exile*
[10]la pobreza *poverty*
[11]la ley *law*
[12]aceptar *to accept*

[13]el contador *accountant,
  bookkeeper*
[14]el traductor *translator*
[15]el alma (f.) *soul*
[16]la tristeza *sadness*
[17]ocultar *to hide*
[18]la pena = el dolor

que me lo hiere:[19] el hijo de un pueblo esclavo[20] vive por él, calla[21] y
muere». Sentía[22] también un gran dolor al pensar en sus padres: sus sueños
40  de una Cuba independiente lo separaban de su propia familia, puesto que
sus padres eran españoles y luchar en favor de la independencia significaba
luchar contra España. Vivía, pues, en una gran soledad.[23] En los momentos
más difíciles, Martí encontraba refugio en la presencia de su hijo, a quien
adoraba[24] como a un pequeño dios[25] y a quien dedicó[26] su primer libro
45  de poemas, *Ismaelillo*.

Martí creía que todos los hombres estaban obligados[27] a vivir de acuerdo
con[28] ideales nobles. Por eso, dar su tiempo, su dinero y sus esfuerzos[29] al
movimiento[30] de liberación le parecía lógico, necesario y aun inevitable.
Para realizar su programa de liberación, empezó una campaña[31] entre los
50  cubanos residentes en Nueva York y la Florida. Entonces se conoció su
gran capacidad como conferenciante.[32] Cuando el famoso poeta
nicaragüense, Rubén Darío,° fue a Europa, pasó por Nueva York y allí le
hablaron de Martí. —¿Sabe Ud.? Esta noche nos hablará nuestro gran Martí.

Esa noche, a las nueve, Darío fue al Club Cubano, formado y mantenido
por los independentistas. Martí empezó la conferencia con frases
persuasivas. En muy poco tiempo el conferenciante captó[33] la atención y el
entusiasmo de todos, aun de Darío, quien sintió una fuerza magnética
irresistible al oír sus palabras. Se dio cuenta de que estaba en presencia de
un hombre extraordinario. En un artículo que escribió después, Darío dijo
que el entusiasmo patriótico le daba a Martí el aspecto de un «iluminado,»
es decir, un hombre que lleva una luz en su alma.

Sabemos que Martí conocía la vida de los grandes héroes; admiraba,
por ejemplo, a Bolívar,° el Libertador de gran parte de la América del Sur.
Su libro favorito era la Biblia:[34] creía en los principios[35] cristianos y quiso
ponerlos en práctica. Su principio más básico era: vivir para el bien.[36] Para
esto era necesario tener un programa de disciplina personal y una voluntad[37]
firme.[38] Eso fue Martí: un programa de vida y una voluntad. En sus últimos
años tenía la convicción de que en el hombre sincero hay fuerzas
misteriosas que son irresistibles. En una ocasión dijo: «Siento una divina
70  claridad[39] del alma». Pero ¿podría persuadir a los otros y llevarlos a un
gran sacrificio?

El lugar y la época no eran favorables: Martí vivió en Nueva York en
días de grandes invenciones y descubrimientos científicos[40] y tecnológicos.
En todas partes se hablaba de ingeniería y mecánica, de construcción de
75  puentes (como el de Brooklyn), puertos, caminos y ferrocarriles.[41] Martí

| | | |
|---|---|---|
| [19]herir  *to wound* | [26]dedicar  *to dedicate* | [33]captar  *to catch* |
| [20]esclavo, -a  *enslaved,* | [27]obligado, -a  *obligated* | [34]la Biblia  *Bible* |
| *captive* | [28]de acuerdo con = *según* | [35]el principio  *principle* |
| [21]callar  *to remain silent* | [29]el esfuerzo  *effort* | [36]el bien  *good* |
| [22]sentir  *to feel* | [30]el movimiento | [37]la voluntad  *will* |
| [23]la soledad  *solitude,* | *movement* | [38]firme  *firm* |
| *loneliness* | [31]la campaña  *campaign* | [39]la claridad = *la luz* |
| [24]adorar  *to adore* | [32]el conferenciante | [40]científico, -a  *scientific* |
| [25]el dios  *god* | *lecturer, speaker* | [41]el ferrocarril  *railroad* |

escribió sobre la reacción de la gente a una de estas invenciones, el tranvía:[42] «. . . Agólpase[43] la gente a la puerta del tranvía del puente de Brooklyn: que ya corre el tranvía y toda la ciudad quiere ir por él». La gente vivía con la ilusión de riqueza y prosperidad. ¿Cómo convencer[44] a
80 otros hablando de libertad y de justicia? A pesar de[45] las dificultades, había varios grupos de idealistas que estaban preparados para seguir su ejemplo.

La vida de Martí en Nueva York fue de enorme actividad: viajes a diferentes ciudades, conferencias, discursos,[46] publicidad. . . . Pero había un enorme problema: convencer a los dos expertos militares que estarían
85 encargados[47] de la expedición. Éstos eran Antonio Maceo° y Máximo Gómez.° Por fin Martí pudo conseguir la ayuda de los dos.

En los últimos años de febrero de 1895, llegó la noticia de que una rebelión contra España había empezado en Cuba. Éste era el momento de dejar los Estados Unidos para estar con los revolucionarios. Martí y
90 Gómez alquilaron un barco en Montecristi, pero poco antes de marcharse, los marineros[48] abandonaron el barco. Por suerte, los dos líderes pudieron salir en un vapor[49] frutero[50] alemán[51] y llegaron a Cuba en medio de[52] una tempestad.[53] Maceo ya había organizado un pequeño ejército de 3,000 hombres en Cuba, pero las autoridades españolas estaban preparadas. En
95 esas últimas horas, Martí escribió una carta a Manuel Mercado, su amigo mexicano. En ella dice: «. . . yo estoy todos los días en peligro[54] de dar mi vida por mi país y por mi deber». Al comenzar[55] el ataque,[56] Martí cayó muerto en el campo de batalla.[57] Esto pasó en Dos Ríos, el 19 de mayo de 1895. El plan de Martí inició[58] la liberación cubana: el proceso de la
100 independencia terminó tres años más tarde.

Todos los hispanos saben que el día en que murió Martí la América perdió a uno de los más grandes héroes de la época contemporánea.

## ▶NOTAS CULTURALES

°**Los modernistas** pertenecían[59] a un movimiento literario que se originó[60] en la América Latina; el modernismo renovó[61] totalmente la literatura hispanoamericana y española a fines del[62] siglo XIX y a principios del[63] siglo XX. Según Juan Ramón Jiménez, uno de los grandes poetas modernistas, el modernismo fue «un gran movimiento de entusiasmo y libertad hacia lo hermoso». Las obras de los modernistas se destacan por la elegancia de sus imágenes, la influencia de la poesía francesa, el interés en las civilizaciones

[42]el tranvía   *streetcar*
[43]agolparse   *to crowd, to rush*
[44]convencer   *to convince*
[45]a pesar de   *in spite of*
[46]el discurso   *speech*
[47]estar encargado, -a   *to be in charge*
[48]el marinero   *sailor*
[49]el vapor   *steamship*

[50]frutero, -a   *fruit*
[51]alemán, -a   *German*
[52]en medio de   *in the middle of*
[53]la tempestad   *storm*
[54]el peligro   *danger*
[55]comenzar   *to begin*
[56]el ataque   *attack*
[57]la batalla   *battle*

[58]iniciar   *to initiate, to start*
[59]pertenecer   *to belong*
[60]originarse = empezar
[61]renovar   *to renew*
[62]a fines de   *toward the end of*
[63]a principios de   *at the beginning of*

exóticas, el juego de la fantasía y la selección cuidadosa[64] de palabras que causan fuertes impresiones.

°**La Habana,** la capital actual de Cuba, ya era en la segunda parte del siglo XIX una gran ciudad. Tenía alrededor de 200,000 habitantes. En cuanto a la economía, La Habana había empezado a exportar azúcar, café, tabaco y ron,[65] y la riqueza económica se veía en el desarrollo de la ciudad. También durante ese siglo, La Habana realizó la construcción del primer ferrocarril en toda la América Latina.

°**Versos sencillos:** Otro poema famoso de este libro es «Yo soy un hombre sincero de donde crece la palma». Este poema es también una canción popular en Cuba llamada *Guantanamera*.

°**Rubén Darío,** poeta y escritor nicaragüense (1867–1916), fue el jefe del movimiento modernista. Se dice que el modernismo empezó con la publicación de *Azul* en 1888, una colección de poemas en prosa y en verso que reflejaba la influencia de los escritores franceses que Darío había leído. En 1896, la publicación de otra colección de poemas de Darío, *Prosas profanas,* señaló la culminación de la nueva poesía que Darío había empezado en *Azul.* En *Prosas profanas,* Darío realizó la completa liberación del verso español. En 1905, el poeta publicó *Cantos[66] de vida y esperanza,* la colección de poemas que se considera su obra maestra.[67] Esta obra no solamente sigue el ejemplo de *Azul* y *Prosas profanas,* sino que añade un tono más emocional y más humano y una preocupación[68] social a la poesía de Darío.

°**Simón Bolívar** (1783–1830), general venezolano y líder de la independencia de la América Latina. Recibió el nombre de «el Libertador» al llegar a Caracas en 1813, después de derrotar[69] a los españoles.

°**Antonio Maceo** (1848–1896): general negro de Cuba que luchó en la rebelión de 1868. Fue uno de los héroes de la independencia cubana y también uno de los jefes más respetados de la rebelión de 1895. Como Martí, murió luchando por la independencia de Cuba.

°**Máximo Gómez** (1836–1905): general dominicano y uno de los héroes de la independencia cubana. Tomó parte en la rebelión de 1868 y luchó en la Guerra de Cuba como jefe del ejército cubano después de la muerte de Martí y Maceo.

## Preguntas

Conteste según la lectura.

1. ¿Quién fue José Martí?   2. ¿De dónde era Martí?   3. ¿Por qué luchó contra los españoles?   4. ¿En qué grupo de escritores influyó Martí?
5. ¿Era rico Martí?   6. ¿Qué clase de trabajos hizo en su vida?   7. ¿Cuál era la más importante de sus ocupaciones?   8. ¿Qué ciudad de los Estados Unidos fue su centro de actividades?   9. ¿Qué organizó allí?   10. ¿De dónde eran los padres de Martí?   11. ¿Quién era Rubén Darío?   12. ¿A quién admiraba mucho Martí?   13. ¿Cuáles fueron algunos de los

[64]cuidadoso, -a  *careful*
[65]el ron  *rum*
[66]el canto *song*

[67]la obra maestra  *masterpiece*

[68]preocupación  *preoccupation*
[69]derrotar  *to defeat*

descubrimientos e invenciones de esa época? 14. ¿Cómo se llamaban los dos expertos militares que lucharon con Martí? 15. ¿Qué noticia llegó en los últimos días de febrero de 1895? 16. ¿Qué pasó durante las primeras horas del ataque? 17. ¿Dónde y cuándo murió Martí? 18. ¿Por qué era tan importante el plan de Martí?

## HABLEMOS UN POCO

¿Sería Ud. buen presidente de su clase? Hable con otro alumno u otra alumna y dígale por qué quiere o no quiere ser presidente. Explíquele su programa y sus ideas, y conteste las preguntas que le haga sobre su programa. ¿Qué cosas haría Ud.? ¿Por qué cree Ud. que debe ser presidente? ¿Quiénes lo (la) apoyarían? ¿Por qué? ¿Quiénes no lo (la) apoyarían? ¿Cómo piensa Ud. ganar los votos de todos? ¿Por qué le interesa la política?

## ESCRIBAMOS UN POCO

**A.** Examine los dibujos. Cuando entienda la historia, conteste las preguntas por escrito.

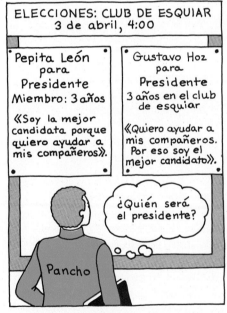

1. ¿Cuándo habrá elecciones del Club de Esquiar?
2. ¿Quiénes son los candidatos?
3. Según el cartel de Pepita, ¿por qué es ella la mejor candidata? ¿Por qué es Gustavo el mejor candidato, según el cartel?
4. ¿Son muy distintos los dos?
5. ¿Quién lee los carteles?

6. ¿Por qué quiere Pepita ser presidente?
7. ¿Por qué quiere ser presidente Gustavo?
8. ¿Qué se pregunta Pancho?
9. ¿Quién quiere hablar con los candidatos?
10. ¿Qué les muestra él?

11. Según Pepita, ¿será difícil divertirse y ser presidente del Club?

12. Según Gustavo, ¿será difícil ser popular y ser presidente del Club?

13. ¿Parece que a los candidatos les interesa menos ser presidente después de que leen la lista?

14. ¿A quién agarran los candidatos entonces?

15. Según Pepita, ¿quién sería el mejor candidato?

16. ¿Por qué sería Pancho un buen presidente, según Gustavo?

17. ¿Esquía bien Pancho?

18. ¿Es Pancho miembro del Club?

**B.** Ud. es periodista del periódico del colegio donde estudian Pepita, Gustavo y Pancho. Va a escribir un artículo que describe las elecciones del Club de Esquiar que tuvieron lugar hoy. Puesto que Ud. conoce muy bien a Pepita y a Gustavo, Ud. sabe toda la historia de cómo Pancho Bueno llegó a ser presidente del club. Trate de usar palabras negativas y afirmativas cuando pueda. Empiece su artículo de esta manera:

*Hoy en las elecciones del Club de Esquiar. . . .*

## CONFIRME SU PROGRESO

**A.** Complete este cuento usando *por* o *para*.

Un día __(1)__ la tarde el gobernador de nuestra provincia nos habló __(2)__ radio: —Queridos amigos: He pensado mucho, y __(3)__ fin tengo un anuncio muy importante __(4)__ Uds. y __(5)__ nuestro país. Estoy __(6)__ presentarme como candidato __(7)__ presidente de nuestra querida patria. __(8)__ eso, saldré mañana __(9)__ la mañana __(10)__ Villa María. __(11)__ diez años hemos sufrido sin razón. Durante esos años he viajado (12) todo el país (13) conocer mejor sus problemas. Creo que (14) fin ha llegado el momento de luchar (15) la verdadera libertad de palabra y libertad de prensa. (16) ganar, vamos a tener que luchar mucho. (17) lo tanto, les pido que voten (18) mí.

**B.** Conteste según los dibujos.

1. ¿Qué parecía imposible?
   *Parecía imposible que lloviera (hiciera mal tiempo).*

2. ¿Qué querían los cubanos?

3. ¿Qué le pediste a tu hermano anoche?

Don Fabián

4. ¿Qué dudabas?

Carlos

5. ¿Qué esperabas esta mañana?

6. ¿Qué fue una lástima?

**C.** Cambie las frases al pasado. Use el subjuntivo imperfecto cuando sea necesario. Empiece con el modelo.

1. Jorge me saludará después de que yo me siente.
   *Jorge me saludó después de que yo me senté.*

2. Llamaremos a los bomberos cuando veamos el humo.
3. No creeré en tu proyecto de desarrollo hasta que me lo expliques.
4. Prepararé el postre en cuanto Fernando me dé la receta.
5. Te daré la respuesta en caso de que la profesora te la pida.
6. Les dirás esas tonterías a las muchachas para que salgan contigo.
7. Pasaremos mucho tiempo sin que nadie diga nada.
8. Me lavaré la cara mientras tú te pongas los zapatos.
9. Volverás de España antes de que Silvia salga para Inglaterra.

**D.** Conteste *no* usando una palabra negativa.

1. ¿Quieres comer algo?
2. ¿Alguien quiere mejorar el sistema de gobierno?
3. ¿Comprarás algunos melocotones?
4. ¿Es posible encontrar agua en alguna parte?
5. ¿Vas a defender tus derechos de alguna manera?
6. ¿Irás o al cine o a la casa de Paco?
7. ¿Siempre te cepillas los dientes después de comer?

# El triciclo

los tornillos

las tuercas

el destornillador

la llave

el martillo

## Cómo armar el triciclo

### «Velo Rápido»

### Instrucciones

Ud. necesitará:

- 32 tornillos
- 5 tuercas
- 1 destornillador
- 1 llave
- 1 martillo

I. Meter el manubrio (A) en la manga (E). Apretar el tornillo (G) con el destornillador.

II. Poner el eje (F) según el dibujo. Usar el martillo, si es necesario. ¡Cuidado con los dedos! Comprar dos pedales en una tienda de bicicletas.

III. Poner el asiento (C) con mucho cuidado, usando el destornillador para apretar los tornillos.

IV. Poner las dos ruedas de atrás (D) usando las tuercas y la llave.

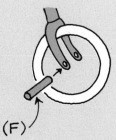

(F)

(C)

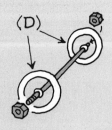

(D)

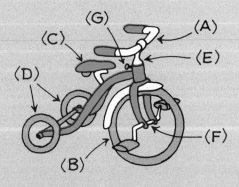

(G)
(C)
(D)
(B)
(A)
(E)
(F)

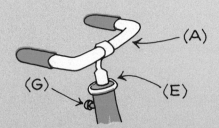

(A)
(G)
(E)

### Atención

Si le falta una rueda pequeña, Ud. ya tiene una bicicleta y no un triciclo. Las bicicletas valen 30 pesos más.

Haga Ud. el favor de enviarnos un cheque lo más pronto posible.

# Nuevos amigos

**apretar (ie)** to tighten, to squeeze
**armar** to assemble
**de atrás** back, rear
**desarmar** to disassemble
**desinflado, -a** flat, deflated
**el destornillador** screwdriver
**el eje** axle
**el gato** lifting jack
**las instrucciones** directions
**la llave** wrench
**el manubrio** handlebar
**el pedal** pedal
**la rueda** wheel
**el tornillo** screw
**el triciclo** tricycle
**la tuerca** nut

# Viejos amigos

el asiento, la bicicleta, el dedo, el dibujo,
la herramienta, la llanta, la llave, la manga,
el martillo; doblar, funcionar, meter, necesitar,
poner, quitar, usar; cuidado

# ¿Sabías?

La bicicleta es muy popular en el mundo
hispano, especialmente en España.

La palabra *llave* tiene varios significados.
Ud. ya sabe que una llave se usa para abrir
una puerta. En las instrucciones para armar
un triciclo, vemos que llave quiere decir
*wrench*. También quiere decir *faucet*.
En español es posible usar infinitivos en vez
de mandatos para dar instrucciones.

# Actividades

1. Escriba instrucciones para armar un
   juguete. Leáselas a otro estudiante de la
   clase. Pídale que se las repita para ver si
   las entendió.
2. Desarme una máquina sencilla. Haga una
   lista con los nombres de todas sus partes
   y de todas las herramientas que necesitará
   para armarla otra vez. Escriba las
   instrucciones.
3. Explíquele a otro estudiante cómo debe
   cambiar una llanta desinflada. Empiece
   por armar el gato.
4. Refiriéndose a un mapa de su ciudad o
   de su estado, escriba instrucciones para
   llegar al punto B, saliendo del punto A.
   ¡No escriba el nombre del punto B! Pídale
   a un compañero que siga sus instrucciones
   para llegar al punto B.

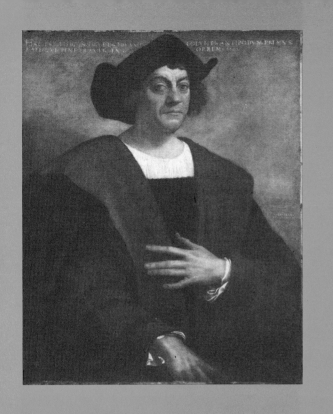

## lección
# 13

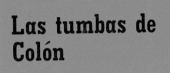

# Las tumbas de Colón

*En San José, Costa Rica*

Gabriela, José, Inés y Luis están sentados en un pequeño restaurante cerca de la universidad.

GABRIELA  ¿Me pueden ayudar a hacer este crucigrama?

JOSÉ  ¿Qué quieres saber, Gabriela?

GABRIELA  Pues, me falta sólo una palabra para terminarlo: ¿Dónde enterraron a Cristóbal Colón?°

JOSÉ  ¡Muy fácil! Todo el mundo sabe que murió en Palos.

INÉS  ¿Palos? Hasta los principiantes del colegio saben que Palos es un puerto del sur de España, donde se embarcó Colón al hacer su primer viaje a las Américas.

LUIS  Si no me equivoco, lo enterraron en el Convento de la Rábida,° el mismo lugar donde Colón reveló el proyecto de su viaje.

GABRIELA  Luis, es imposible. La palabra que busco comienza con «S».

CARLOS  *(con orgullo)* Perdone, señorita. Su conversación es muy interesante, pero yo, Carlos Rivera, Licenciado° de la Universidad de Costa Rica, sé definitivamente que la tumba de Colón está en Sevilla. La vi con mis propios ojos hace dos años.

GABRIELA  ¡Ajá! Sevilla comienza con «S,» . . . pero hay espacio para doce letras.

INÉS  Un momento. Según esta breve historia de las Américas que hoy mismo encontré en la biblioteca, los restos de Colón están en la Catedral de Santo Domingo.° Santo Domingo comienza con «S» y contiene doce letras.

GABRIELA  Tienes razón. ¡Qué bueno! Pero . . . ahora estoy confundida. ¿Cuál de las dos tumbas es la verdadera—la de Sevilla o la de Santo Domingo?

*Lesson 13*

| JOSÉ | ¿Quién sabe? Lo único cierto es que ningún ladrón robaría ni la una ni la otra. |
|------|---------|
| GABRIELA | ¿Por qué dices eso? |
| JOSÉ | Es evidente. ¡Hay solamente medio colón° en cada una! |
| CARLOS | ¡Medio colón! ¡Dios mío! ¡Qué horror! |

## ▶NOTAS CULTURALES

°**Cristóbal Colón,** el descubridor de las Américas, nació en Génova alrededor de 1451. A principios de 1492, Colón obtuvo el apoyo de los Reyes Católicos, Fernando e Isabel, para su proyecto de llegar al Oriente viajando hacia el oeste. En agosto del mismo año salió del puerto de Palos, rumbo a las Indias, con tres carabelas: la Niña, la Pinta y la Santa María. Llegó al Nuevo Mundo el 12 de octubre.

°**El Convento de la Rábida:** el sitio donde Colón conoció a Fray Juan Pérez, quien lo aconsejó solicitar la ayuda de los Reyes Católicos.

°**Licenciado** es el título de una persona que ha obtenido la licenciatura, título que corresponde más o menos al «master's degree». Los hispanos a menudo usan su título para identificarse: el ingeniero Pidal, la doctora Rodríguez, etc.

°**Santo Domingo** es la capital de la República Dominicana.

°**El colón** es la unidad monetaria de Costa Rica y también de El Salvador. En realidad, no se sabe con seguridad dónde Colón está enterrado. Es posible que los restos que están en la Catedral de Santo Domingo no sean los verdaderos.

### Preguntas

Conteste según el diálogo.

1. ¿Qué necesita saber Gabriela?   2. Según José, ¿dónde murió Colón?
3. Según Luis, ¿dónde enterraron a Cristóbal Colón?   4. ¿Por qué se equivoca Luis?   5. ¿Quién es Carlos Rivera?   6. Según Carlos Rivera, ¿dónde enterraron a Cristóbal Colón?   7. ¿Por qué es imposible que sea la palabra que sugiere Carlos Rivera?   8. Según Inés, ¿dónde están los restos de Colón?   9. ¿Tiene Inés la palabra que le falta a Gabriela?

## Ixora M. Gutiérrez Gotera

Integrante de la "II Promoción de Idiomas", se complace en invitar a Ud. y a su distinguida familia, al acto académico que con motivo de conferirle el Título de:

## Licenciado en Letras

tendrá lugar en el Aula Magna de la Ilustre Universidad de Los Andes, el día 27 de Junio de 1975.

Hora: 8 p.m.

Mérida, 27 - 6 - 75

# PALABRAS NUEVAS

la carabela

el crucigrama

enterrar          embarcarse

## ● Glosario

### SUSTANTIVOS

**la carabela**  caravel, sailing ship
**la catedral**  cathedral
**el convento**  convent
**el crucigrama**  crossword puzzle
**el descubridor, la descubridora**  discoverer

**el licenciado, la licenciada**  holder of the equivalent of a master's degree
**la licenciatura**  equivalent of a master's degree
**el orgullo**  pride
**el Oriente**  the Orient
**el principiante**  beginner

**el proyecto**  project
**los restos**  mortal remains; leftovers (of a meal)
**el sitio**  site; place
**el título**  title; university degree
**la tumba**  tomb, grave
**la unidad**  unity; unit

### VERBOS

**comenzar (ie)**  to begin, to start
**contener**  to contain
**corresponder**  to correspond, to match
**embarcarse (qu)**  to embark

**enterrar (ie)**  to bury
**identificar (qu)**  to identify
**nacer (zc)**  to be born
**obtener**  to obtain, to get
**perdonar**  to pardon; to forgive; to excuse

**revelar**  to reveal; to develop photographs

### ADJETIVOS

**católico, -a**  catholic
**cierto, -a**  certain, sure

**confundido, -a**  confused
**confuso, -a**  confusing

**medio, -a**  half
**monetario, -a**  monetary

### ADVERBIOS

**abajo**  downstairs

**adelante**  in front

*Ud. dirá.* ¿Buenas noticias, o malas? A Ud. le gustaría saber lo que pasó ayer. Hable con la señora que está leyendo el periódico.

| | | |
|---|---|---|
| **adentro** inside | **atrás** in back | definitely |
| **afuera** outside | **definitivamente** | **hasta** even |
| **arriba** upstairs | definitively, | |

EXPRESIONES / PALABRAS
ÚTILES

| | |
|---|---|
| **a fines de** toward the end of | **más o menos** more or less |
| **a principios de** at the beginning of | **rumbo a** bound for, headed for |

## Ejercicios de vocabulario

**A.** Conteste según los dibujos. Empiece con el modelo.

1. ¿Cómo llegó Colón a América?

*Colón llegó en una carabela.*

```
F Á C I L   D O S
  Á           E
  P A P E L   L
S A L I   E   L
E   Z   R   R O
I D A   R   S
S   M O T O
```

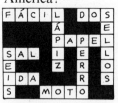

2. ¿Qué buscas en el periódico?

3. ¿Qué hiciste con la plata que encontraste?

4. ¿Qué piensas hacer mañana?

**B.** Complete las frases con la forma apropiada de uno de los adjetivos del Glosario.

1. Hay que anunciar la fecha del examen porque muchos alumnos están ____.

2. Cristóbal Colón obtuvo el apoyo de los Reyes ____ para hacer el viaje al Nuevo Mundo.

3. El peso es la unidad ____ de algunos países latinoamericanos.

4. Las noticias sobre el accidente eran muy ____.

5. Hace ____ hora que estoy aquí.

**C.** Escoja el verbo de la segunda columna que corresponde a la palabra o expresión de la primera columna.

1. poner debajo de tierra
2. empezar a existir
3. no castigar a alguien por sus crímenes
4. conseguir lo que se quiere
5. subir a un barco

a. nacer
b. huir
c. enterrar
d. embarcarse
e. ensayar
f. obtener
g. perdonar

**D.** Complete las frases con las palabras más apropiadas.

1. Un niño que acaba de empezar la escuela es un *(principiante / abogado / bibliotecario)*.

2. Cristóbal Colón fue el *(profesor / jefe / descubridor)* del Nuevo Mundo.

3. Después de terminar sus clases en la universidad, Manuel recibirá la *(sartén / licenciatura / pimienta)*.

4. Si quieres que condenen al criminal, debes *(identificarlo / aplaudirlo / protegerlo)*.

5. Enterraron al muerto en la *(cocina / jaula / tumba)*.

6. Los padres de Ana la enviaron al *(jardín zoológico / ensayo / convento)* para que no se casara.

## • Estudio de vocabulario

*Sinónimos*
Escoja la palabra cuyo sentido es más semejante al de la palabra en letra itálica.

1. *el sitio*   el uniforme   el lugar   la tragedia   la miel
2. *revelar*   anunciar   añadir   votar   calmar
3. *cierta*   enferma   divertida   preciosa   segura
4. *confundido*   verde   sabroso   desorientado   especial

### Antónimos

Complete las frases con la palabra de la lista cuyo sentido es contrario al de la palabra en letra itálica.

comenzar   perdonar   a principios del   abajo   nació   afuera   atrás

1. Siempre estamos cansados *a fines del* mes, pero casi nunca ___ mes.
2. Los García no viven *arriba* sino ___.
3. El autor *murió* en el mismo lugar donde ___.
4. Tenemos que *terminar* esta lección antes de ___ la próxima.
5. Mi hermanito no quiere jugar *adentro* sino ___.
6. Nadie sabe si la juez va a *condenar* al ladrón o si lo va a ___.
7. Vamos a sentarnos más *adelante* porque, si nos sentamos aquí ___, no vamos a poder ver la película.

### Palabras asociadas

Certain prepositions you have already learned have counterparts that serve as adverbs: *debajo de* ↔ *abajo; fuera de* ↔ *afuera; dentro de* ↔ *adentro; detrás de* ↔ *atrás; delante de* ↔ *adelante.*
Complete las frases siguientes.

1. Los niños juegan *fuera de* la casa porque tienen más espacio ___.
2. Si no puedes encontrar los zapatos *abajo*, mira ___ la cama.
3. Mi mamá no le permite a Martín que juegue al béisbol ___ la casa porque siempre rompe algo cuando juega *adentro*.
4. María se ha sentado *detrás de* nosotros. Es extraño porque ella no ve bien cuando se sienta ___.
5. Miguel irá ___ Mateo en el desfile. A Mateo no le gusta ir *adelante*.

### Palabras con varios sentidos 1

As you have seen, *adelante* means "in front." When used as an exclamation, *¡Adelante!*, it means "Come in." And you have also seen that *afuera* means "outside." When used as an exclamation *¡Afuera!*, it means "Get out."

### Palabras con varios sentidos 2

**revelar**  to reveal; to develop photographs
1. Jorge ___ las fotos tan pronto como le es posible.
2. Somos amigos y por eso nunca voy a ___ lo que me has dicho.

**el título**  title; university degree
3. No recuerdo el ___ de su última novela.
4. Ramón acaba de recibir el ___ de doctor.

**la unidad**  unity; unit
5. ¿Sabes que el colón es la ___ monetaria de Costa Rica?
6. El presidente trata de realizar la ___ de su pueblo.

### No hay que confundir

The English equivalent of *confundido, -a* is "confused." *Confuso, -a* means "confusing."
Complete las frases con la forma apropiada de los adjetivos.

1. Juan no ha explicado bien la lección, y por eso todavía estoy ___.
2. Estamos desorientados porque este mapa es muy ___.

3. Mucha gente está ＿＿ sobre la fecha del matrimonio porque la han cambiado tantas veces.

## EXPLICACIONES

### El condicional

1. Look at these examples of the conditional tense:

| | |
|---|---|
| **¿Te gustaría** ir a la exposición? | **Would you like** to go to the exhibit? |
| **Sería** necesario hacerlo inmediatamente. | **It would be** necessary to do it immediately. |
| **¿Preferirías** ir mañana? | **Would you prefer** to go tomorrow? |

Did you remember that the conditional tense in Spanish, as in English, tells what *would* happen or *would* be? Note that the conditional cannot express a continued activity in the past. In this case, the imperfect must be used as in the following example:

| | |
|---|---|
| Cuando **éramos** niños, **jugábamos** al béisbol. | *When **we were** children, **we would play** baseball.* |

*Hablar, aprender,* and *vivir* will serve as models for regular verbs in the conditional:

| HABLAR | | APRENDER | |
|---|---|---|---|
| hablaría | hablaríamos | aprendería | aprenderíamos |
| hablarías | hablaríais | aprenderías | aprenderíais |
| hablaría | hablarían | aprendería | aprenderían |

| VIVIR | |
|---|---|
| viviría | viviríamos |
| vivirías | viviríais |
| viviría | vivirían |

Did you remember that the conditional endings are the same for all verbs? As with the future tense, the endings are added to the infinitive.

2. Verbs that are irregular in the future tense are also irregular in the conditional, and they have the same stems. Look at these examples:

| | |
|---|---|
| **¿Qué dirían** sus padres? | *What **would** your parents **say?*** |
| Yo no **saldría** esta noche después de las nueve. | *I **wouldn't go out** tonight after nine o'clock.* |

You may refer to Lesson 5 for the stems of these irregular verbs: *poder, venir, hacer, poner, querer, saber,* and *tener,* or check the section in the back of the book called *Verbos.*

Remember that the conditional of *hay* is *habría.*

3. The conditional is often used with past tenses:

| | |
|---|---|
| PRETERITE | |
| Pepe dijo que **apagaría** las luces. | *Pepe said that **he would turn off** the lights.* |

**IMPERFECT**

Pensábamos que Juanito
**volvería** a tiempo.

*We thought that Juanito
**would return** on time.*

**PLUPERFECT**

Marta nos había dicho que
los boletos **serían** caros.

*Marta had told us that
the tickets **would be** expensive.*

From these examples, you can see why the conditional is sometimes
described as "the future of the past."

4. Remember that the conditional can express probability in the past, just
as the future can express probability in the present.

¿A qué hora llegaste?
**Serían** las diez.

*(At) what time did you arrive?
It **must have been** ten o'clock.*

¿Por qué no nos llamó Mateo
anoche?
**Estaría** ocupado.

*Why didn't Mateo call us
last night?
He **was probably** busy.*

## Ejercicios

**A.** Cambie las frases según el modelo.

1. El soldado *enterrará* el oro.
   *Nos dijeron que el soldado enterraría el oro.*

2. Los principiantes *harán* la tarea.
3. La víctima *identificará* al ladrón.
4. La licenciada *comenzará* el proyecto.
5. Nos *embarcaremos* a las once.
6. *Perdonará* a los asesinos.
7. *Revelarás* las fotos.
8. *Obtendrás* el pasaporte.

**B.** Conteste según las palabras entre paréntesis. Empiece con los modelos.

1. ¿Qué pensábamos? (saber la respuesta muy pronto)
   *Pensábamos que sabríamos la respuesta muy pronto.*

2. ¿Qué sabías? (hacer la tarea fácilmente)
3. ¿Qué creían los descubridores? (poder viajar sin mapas)
4. ¿Qué entendía el principiante? (tener que repetir las lecciones)
5. ¿Qué nos había dicho tu prima? (hacer frío allá en mayo)
   *Mi prima nos había dicho que haría frío allá en mayo.*

6. ¿Qué te había explicado el profesor? (no venir los sábados)
7. ¿Qué te habían contestado las mujeres? (querer ir a la fiesta)
8. ¿Qué habías prometido? (visitar la tumba el sábado)

**Pasatiempos**
**CRUCIGRAMA CONCURSO N**

Lección
trece

238

**C.** Conteste *no* según el modelo, usando pronombres directos e indirectos cuando sea necesario.

1. ¿Condenarán el estadio las autoridades?
   *No, te dije que no lo condenarían.*

2. ¿Perdonarán las víctimas al culpable?
3. ¿Contendrá el libro todo lo necesario?
4. ¿Ayudará José a Gabriela a hacer el crucigrama?
5. ¿Se embarcará Colón en Palos?
6. ¿Robarán los ladrones el dinero esta noche?
7. ¿Saldrás sin tomar el desayuno?
8. ¿Pedirán prestada la prenda?

**D.** Conteste según el modelo, usando las palabras entre paréntesis.

1. ¿Cuántos boletos compró Eugenia? (más o menos cinco)
   *No sé. Compraría más o menos cinco.*

2. ¿Cuándo nació el descubridor? (a fines del siglo XVII)
3. ¿Cuándo se embarcaron los conquistadores? (a principios de mayo)
4. ¿A dónde fueron? (rumbo a América)
5. ¿Por qué se fueron tan rápidamente? (tener miedo)
6. ¿Qué hicieron después de la fiesta? (revelar las fotos)
7. ¿Por qué no comenzó el proyecto ayer? (olvidarse del proyecto)
8. ¿Qué hizo el soldado al morir el descubridor? (enterrar al descubridor)

## Cláusulas condicionales

Look at the following sentences that begin with the word *si*, "if."

| | |
|---|---|
| Si Ramón **estudia,** **puede** sacar buenas notas. | *If Ramón **studies,** **he can** get good grades.* |
| Si Beatriz **viene,** **irá** con nosotros. | *If Beatriz **comes,** **she will go** with us.* |
| Si el profesor te **pide** el libro, **dáselo.** | *If the teacher **asks** you **for** the book, **give** it to him.* |

*Si* introduces a simple condition: if *x* happens, then *y* will happen. Note that the verb in the *si* clause is present indicative, and the verb in the second part of the sentence is either present indicative, future, or the command form.

Now look at this sentence:

| | |
|---|---|
| Si Manuel **tuviera** 5000 pesos, **compraría** una moto. | *If Manuel **had** 5000 pesos, **he would buy** a motorcycle.* |

This sentence is said to be *contrary to fact:* Manuel does *not* have 5000 pesos; *but if* he did have the money, he would buy a motorcycle. The second part of the sentence depends on the first part. The imperfect subjunctive is used in the part of the sentence with *si*, and the conditional is used in the second part to tell what would happen. Here are other examples:

| Si **estuviera** en Acapulco, | *If **I were** in Acapulco,* |
| **iría** a la playa. | ***I would go** to the beach.* |
| Si **fueras** rico, | *If **you were** rich,* |
| no **tendrías** que trabajar. | ***you wouldn't have** to work.* |

Notice what happens in the following sentences:

| Si **estudia**, | *If **she studies**,* |
| Judit **sacará** buenas notas. | *Judit **will get** good grades.* |
| Judit **sacará** buenas notas, | *Judit **will get** good grades,* |
| si **estudia**. | *if **she studies**.* |
| Si **estudiara**, | *If **she studied**,* |
| Judit **sacaría** buenas notas. | *Judit **would get** good grades.* |
| Judit **sacaría** buenas notas, | *Judit **would get** good grades,* |
| si **estudiara**. | *if **she studied**.* |

Note that the position of the *si* clause does not affect the verb tenses used in the sentence. Note also that a present subjunctive is never used after *si*.

## Ejercicios

A. Conteste según los dibujos, usando el imperfecto del subjuntivo y el condicional. Empiece con el modelo.

1. Si José tuviera más tiempo, ¿qué haría?
   *Si José tuviera más tiempo, jugaría al volibol.*

2. Si María viniera, ¿qué harían Uds.?

3. Si pudieras practicar un deporte, ¿qué harías?

4. Si tuvieran Uds. hambre, ¿qué harían?

5. Si estuvieras cansado, ¿qué harías?

6. Si él fuera buen estudiante, ¿qué haría?

**B.** Cambie las frases según el modelo.

1. Si tenemos dinero, compraremos un auto.
   *Si tuviéramos dinero, compraríamos un auto.*

2. Si es fácil, yo lo haré.
3. Si ella canta mejor, ganará el premio nacional.
4. Se desesperará, si no sabe la respuesta.
5. Me frotaré la cabeza con esa loción todos los días, si puedo comprarla.
6. Los estudiantes aprenderán más, si el profesor Núñez enseña la clase.

**C.** Conteste *no* a las preguntas usando las palabras entre paréntesis. Empiece con el modelo.

1. ¿Estás confundido después de leer el libro? (leerlo otra vez)
   *No, pero si estuviera confundido, lo leería otra vez.*

2. ¿Se embarcan hoy? (estar el sábado en San José)
3. ¿Es Paco el descubridor de esa idea? (no aceptar el premio monetario)
4. ¿Tiene éxito el proyecto? (ser fantástico)
5. ¿Luchan por la unidad del pueblo? (no conseguir nada)
6. ¿Conoces el sitio donde se reúnen? (ir a las reuniones)
7. ¿Es ese señor del barrio Miraflores? (conocer a mis padres)
8. ¿Pueden identificar al asesino? (detenerlo inmediatamente)

> *Ud. dirá.* Ud. es el rey/la reina. Pregúntele a Colón dónde ha estado. ¿Qué le gustó más del "Nuevo Mundo"? ¿Quiénes son las personas de piel oscura?

*Lesson 13*

**D.** Conteste según las palabras entre paréntesis. Empiece con el modelo.

1. ¿Qué harías si fueras el descubridor de algo nuevo? (escribir un libro)
   *Si fuera el descubridor de algo nuevo, escribiría un libro.*

2. ¿Qué harías si vieras un crimen? (llamar a la policía)
3. ¿Qué harías si te encontraras con aquella licenciada? (no prestarle atención)
4. ¿Qué harías si comenzara a llover? (ponerse el impermeable)
5. ¿Qué harías si quisieras ganar el campeonato? (entrenarse todos los días)
6. ¿Qué harías si no pudieras terminar un crucigrama confuso? (pedirle ayuda a Juan)
7. ¿Qué harías si volvieras al lugar donde naciste? (visitar a muchas personas)
8. ¿Qué harías si tuvieras la licenciatura? (obtener un buen trabajo)

## Confirme su progreso

**A.** Explique Ud. lo que le dijo la persona que está hablando. Empiece con el modelo.

1. Tendré que construir tres carabelas para la carroza.
   *Me dijo que tendría que construir tres carabelas para la carroza.*

2. Los candidatos no comprenderán el proyecto.
3. Nosotros viajaremos al Oriente a principios del año que viene.
4. No me embarcaré sin mis crucigramas.
5. Escogerás el sitio para la reunión.
6. Comeremos lo más rápidamente posible.
7. Saldrás para España mañana por la mañana.
8. Habrá que enterrar los huesos.

**B.** Complete las frases según el modelo.

1. Sandra / ganar el premio / viajar
   *Si Sandra ganara el premio, viajaría.*

2. Lucía y yo / ser delgadas / comer más
3. Yo / revelar las fotos / mostrártelas
4. película / no ser confusa / ser muy interesante
5. Uds. / obtener el dinero / casarse
6. el Sr. Torres / estar enfermo / no salir de su casa
7. fondo monetario / prestarme el dinero / no haber problemas
8. la descubridora / entender las condiciones de vida / no ir a la selva

## Los adverbios

1. Recall how adverbs are used to describe an action:

   | | |
   |---|---|
   | La bruja desapareció **misteriosamente.** | The witch disappeared **mysteriously.** |
   | **Generalmente** cenamos a las ocho. | **Generally** we eat supper at eight. |
   | Bailas **bien.** | You dance **well.** |

   Adverbs can also describe adjectives and other adverbs:

   | | |
   |---|---|
   | Su historia es **verdaderamente** trágica. | Her story is **truly** tragic. |
   | Bailas **muy** bien. | You dance **very** well. |

2. Do you remember how adverbs are formed from adjectives? Look at these examples:

   directo ↔ **directamente** ↔ *directly*
   dulce ↔ **dulcemente** ↔ *sweetly*
   rápido ↔ **rápidamente** ↔ *quickly*
   triste ↔ **tristemente** ↔ *sadly*

   These adverbs are formed by adding *-mente* to the adjective. Notice that when the adjective does not end in a consonant or in *e*, *-mente* is added to the *feminine* singular form. Remember that if an adjective has a written accent, the adverb formed from it will also have one.

3. When more than one adverb ending in *-mente* modifies the same verb, the *-mente* is dropped from all but the last adverb:

Ángela cantó «La Llorona» **lenta** y **dulcemente**.

*Ángela sang "La Llorona" slowly and sweetly.*

El profesor me contestó **breve**, pero **amablemente**.

*The teacher answered me briefly but kindly.*

4. Notice how certain adverbs can be used to indicate position and direction:

Hace calor aquí **adentro**.

*It's hot here inside.*

Vamos **afuera**.

*Let's go outside.*

Carlitos no está **abajo**.

*Carlitos isn't downstairs.*

Voy a buscarlo **arriba**.

*I'm going to look for him upstairs.*

Aquí **atrás** tenemos el garaje.

*Back here we have the garage.*

## Ejercicios

**A.** Complete las frases con el adjetivo o con el adverbio según sea necesario. Empiece con los modelos.

*verdadero*

1a. Este libro es ____ interesante.
  b. Ese muchacho es un ____ ángel.
  c. Hasta los principiantes hablan ____ bien.
  *a. Este libro es verdaderamente interesante.*
  *b. Ese muchacho es un verdadero ángel.*
  *c. Hasta los principiantes hablan verdaderamente bien.*

*magnífico*

2a. Tiene un auto ____.
  b. Canta ____.
  c. Los reyes están enterrados en tumbas ____.

*antiguo*

3a. Compra unas sillas ____.
  b. ____ los seres humanos sólo conocían utensilios de piedra.
  c. No vivimos en tiempos ____.

*elegante*

4a. Una mujer ____ entra en el teatro.
  b. Siempre se viste ____.
  c. Bajó la escalera ____, como una reina.

*peligroso*

5a. Viven ____.
  b. Habla de ideas ____.
  c. Este río tiene corrientes ____.

*fácil*

6a. Estos crucigramas son muy ____.

  b. Terminaremos el proyecto muy ____.

  c. Puedo identificar ____ a los conquistadores españoles.

*falso*

7a. La acusaron ____.

  b. Muestra una ____ alegría.

  c. Este tío es un amigo ____.

*definitivo*

8a. No tienen una respuesta ____.

  b. ____ quiero ir con Uds.

  c. Vamos a escoger un proyecto ____.

*frecuente*

9a. Nos visita ____.

  b. Sus ____ llamadas me molestan.

  c. Cenamos ____ con los Quevedo.

**B.** Conteste las preguntas usando las palabras que están entre paréntesis. Empiece con el modelo.

  1. ¿Cómo habló la gobernadora? (rápido y claro)
     *Habló rápida y claramente.*

  2. ¿Cómo debemos abrazarnos tú y yo? (formal pero afectuoso)
  3. ¿Cómo besó el actor a la actriz? (romántico pero serio)
  4. ¿Cómo explicó el problema el profesor? (lento y confuso)
  5. ¿Cómo contestó la anciana? (triste pero atento)
  6. ¿Cómo sirvieron la cena los Medina? (elegante y formal)

**C.** Complete las frases con *abajo, adelante, adentro, afuera, arriba* o *atrás*.

  1. Al llegar tarde al cine, nos sentamos en la última fila. Puesto que nuestros amigos habían llegado antes, estaban sentados más ____.
  2. Vivimos en el segundo piso. ____, en la planta baja, hay unas oficinas.
  3. Adolfo no está en casa. Todavía está ____.
  4. ¡No entres en esa tienda! ¿No te dijeron que hay un ladrón ____?
  5. Desde la calle sólo se puede ver la casa porque el garaje está ____.
  6. Si usas esta silla, puedes alcanzar los platos que están ____.
  7. ¿Quién está a la puerta? Oh, Eduardo, ¿cómo estás? ¡____, amigo!

*Lesson*
*13*

**245**

## Los pronombres relativos

Recall how you use the relative pronouns *que, quien, quienes, lo que:*

1. *Que* is the most common equivalent of the relative pronouns "who," "whom," "which," and "that."

| | |
|---|---|
| ¿Dónde está el abrigo **que** llevaste anoche? | *Where is the coat (**that**) you wore last night?* |
| Somos los alumnos **que** ganaron el premio. | *We're the students **who** won the prize.* |

Note that *que* has only one form and can refer to persons or objects, masculine or feminine, singular or plural. Note that in Spanish, unlike English, relative pronouns are not omitted.

2. *Quien* and *quienes* are also equivalents of "who." Note how they are used differently from *que.*

| | |
|---|---|
| Mi prima, **quien** estudia español, está viviendo en México. | *My cousin, **who** studies Spanish, is living in Mexico.* |
| Sarita y Juan, **quienes** se conocieron en mayo, se casarán en enero. | *Sarita and Juan, **who** met in May, will get married in January.* |

*Quien(es)* can replace *que,* but only when referring to persons. Note that *quien(es)* is used when the speaker wishes to provide additional information about someone. When written, this information is often set off by commas.

3. Following prepositions, *que* is normally used when referring to things and *quien(es)* if the reference is to persons.

THINGS

| | |
|---|---|
| Los cuentos **de que** te hablé están en este libro. | *The stories **about which** I spoke to you are in this book.* |
| La casa **en que** vivíamos ya no existe. | *The house **in which** we used to live doesn't exist any longer.* |

PERSONS

| | |
|---|---|
| El hombre **con quien** debo hablar es el gerente. | *The man **with whom** I must speak is the manager.* |
| Aquéllas son las muchachas **para quienes** compré el regalo. | *Those are the girls **for whom** I bought the gift.* |

4. The relative pronoun *lo que* is used to refer to a situation, a concept, an action, or an object not yet identified.

| | |
|---|---|
| No has visto **lo que** dejé sobre la mesa. | *You haven't seen **what** I left on top of the table.* |
| ¿Comprendes **lo que** Inés piensa hacer? | *Do you understand **what** Inés intends to do?* |

5. The Spanish equivalent of "whose" is *cuyo, -a, -os, -as*. Notice how these words are used in the following examples.

| | |
|---|---|
| Yo tengo una prima **cuyo** marido es escritor. | *I have a cousin **whose** husband is a writer.* |
| Leemos una novela **cuyos** personajes son hispanos. | *We are reading a novel **whose** characters are Hispanic.* |

*Cuyo* always agrees with the noun that follows it.

---

### OBSERVE UD.

Note the following words that can be used as relative pronouns:

| | | | |
|---|---|---|---|
| **cuanto, -os**⎱ | *whatever, whoever,* | **donde** | *where, wherever* |
| **cuanta, -as**⎰ | *as much as* | **cuando** | *when, whenever* |
| | | **como** | *how, however* |

Look at the following examples:

| | |
|---|---|
| Te daré **cuanto** puedo. | *I will give you **whatever** I can.* |
| **Cuantos** vinieron votaron por Chela. | ***Whoever** came voted for Chela.* |
| No quiero vivir **donde** vive él. | *I don't want to live **where** he lives.* |
| Te diremos **cuando** venga. | *We will tell you **when** he comes.* |
| Hágalo **como** quiera. | *Do it **however** you want.* |

Notice that with verbs of perception and understanding *(ver, saber, entender, etc.)* these relative pronouns have an accent:

| | |
|---|---|
| No sé **cuándo** viene Paco. | *I don't know **when** Paco is coming.* |
| María no comprende **cómo** Elia lo hace. | *María doesn't understand **how** Elia does it.* |

## *Ejercicios*

**A.** Combine las frases de dos maneras usando *que* y *quien(es)*. Empiece con los modelos.

1. El profesor Azuela es un autor español. Escribió un libro famoso sobre los conquistadores.
   *El profesor Azuela es un autor español que escribió un libro famoso sobre los conquistadores.*
   *El profesor Azuela, quien es un autor español, escribió un libro famoso sobre los conquistadores.*

2. Lorenzo es un cantor famoso. Ahora vive en España.
3. Margarita e Ismelda son primas mías. Nunca se despiertan temprano.
4. Graciela es una entusiasta del fútbol. Asiste a todos los partidos del equipo nacional.
5. Tomás y Ricardo son estudiantes buenos. Estudian todos los días.
6. Pedro y Mariano son las víctimas. Identificaron al ladrón.

**B.** Complete las frases siguientes con *que* o *quien(es)*. Empiece con el modelo.

1. Ella es la mujer a ____ conocí en México.
   *Ella es la mujer a quien conocí en México.*

2. Aquí tienes el crucigrama en ____ está esa palabra extraña.
3. ¿De ____ es el libro?
4. ¿De ____ trata el poema—del amor o de la muerte?
5. ¿A ____ buscas?
6. Me gusta la manera en ____ preparas la comida.
7. La tumba en ____ lo enterraron está en Santo Domingo.
8. Mario y Andrés son los dos hermanos de ____ nos habló Eduardo.

**C.** Combine las frases usando las formas de *cuyo*. Empiece con el modelo.

1. Mi tío vive en la Avenida Arequipa. Su casa es grande.
   *Mi tío, cuya casa es grande, vive en la Avenida Arequipa.*

2. Este crucigrama es difícil. Las palabras son tan extrañas.
3. Le gustan estas flores. El olor es muy agradable.
4. Estos estudiantes todavía no tienen la licenciatura. Su proyecto fue un fracaso.
5. El descubridor nació en Sevilla. Sus restos están en la Catedral de Lima.
6. El famoso convento de Sevilla está cerrado. Los arquitectos fueron musulmanes.
7. Don Agustín Gutiérrez defendió a su partido político. Sus ideales le parecían sumamente importantes.

**D.** Conteste según los dibujos usando *lo que*. Empiece con el modelo.

1. ¿Entiendes qué va a hacer
   don Gustavo?

   *Sí, lo que va a hacer es sembrar*
   *maíz.*

2. ¿Sabes qué van a hacer
   Teresa y Ramón?

3. ¿Me puedes explicar qué van a
   hacer los hermanos Dávila?

4. ¿Me puedes decir qué va a
   hacer el testigo?

5. ¿Sabes qué van a hacer los
   artistas?

un poema

6. ¿Entiendes qué va a
   hacer Rodolfo?

7. ¿Me puedes explicar qué vas a
   hacer?

## HABLEMOS UN POCO

Un señor muy rico piensa dar cinco mil dólares al estudiante que tenga la
idea más interesante sobre qué hacer con el dinero. Siéntate con otros dos
alumnos y explícales qué harías si ganaras el
dinero. Empieza, «Los que yo haría . . .».
Ejemplos de posibles proyectos son: un viaje
interesante, una fiesta fantástica, una idea que
podría ayudar a otros, un proyecto de arte, de
ciencias, de música, etc. Los otros alumnos
deben hacer preguntas sobre el proyecto,
tratando de usar cláusulas condicionales.
Podrían preguntar, por ejemplo; «Si fueras a
ese país, ¿estudiarías allí?» o «Si compraras
una tienda, ¿qué cosas venderías?».

lección

# 14

## Escrito en las estrellas

Estimada Srta. Guajardo:

Aquí tiene Ud. el horóscopo que solicitó:

Fecha de nacimiento: 20 de agosto

Ud. es una persona cortés y culta. Sus amigas la consideran una compañera graciosa, sincera y leal. Los hombres la encuentran inteligente, encantadora e inolvidable. Ud. sabe emplear bien el sentido común para alcanzar éxitos monetarios. Su carácter es generoso e idealista. Nunca miente y jamás es envidiosa, tacaña o chismosa. Si hubiera vivido en otra época y en otro ambiente, habría sido princesa o reina. Su defecto principal es su mal genio. Suele portarse como persona presumida con los demás. Además, Ud. tiende a ser pesimista. En cuestiones de amor, comete el error de ser demasiado terca, exigente y hasta celosa (¿la habrán mimado sus padres?). Sin embargo, si corrigiera estos defectos, de aquí en adelante podría convertir sus fracasos en éxitos, sus enemigos en amigos y sus lágrimas en sonrisas.

## ● Glosario

SUSTANTIVOS

**el carácter**  character, disposition

**el comilón, la comilona**  big eater

**la cuestión**  question, matter

**el chisme**  piece of gossip

**el defecto**  defect

**el dormilón, la dormilona**  sleepy-head

**el empleado, la empleada**  employee

**el enemigo, la enemiga**  enemy

**el error**  error, mistake

**el horóscopo**  horoscope

**la lágrima**  tear

**el mal genio**  temper

**el mentiroso, la mentirosa**  liar

**el nacimiento**  birth

**el, la optimista**  optimist

**el, la pesimista**  pessimist

**la princesa**  princess

**la reina**   queen
**el sentido**   sense

**el sentido común**
common sense

**el sentido del humor**
sense of humor

VERBOS

**cometer**   to commit, to
make
**corregir (i) (i) (j)**   to
correct
**emplear**   to employ;
to use

**mentir (ie) (i)**   to lie
**mimar**   to spoil
**portarse**   to act, to
behave

**soler (ue)**   to be
accustomed to, to
have the habit of
**tender (ie) (a)**   to tend to

ADJETIVOS

**celoso, -a**   jealous
**común**   common
**cortés**   courteous
**culto, -a**   cultured
**chismoso, -a**   gossipy
**encantador, -a**
enchanting,
charming

**envidioso, -a**   envious
**generoso, -a**   generous
**gracioso, -a**   witty
**leal**   loyal
**mentiroso, -a**   lying,
deceitful
**mimado, -a**   spoiled
**optimista**   optimistic

**pesimista**   pessimistic
**presumido, -a**   conceited
**sincero, -a**   sincere
**tacaño, -a**   stingy
**terco, -a**   stubborn
**tímido, -a**   timid, shy

EXPRESIONES / PALABRAS
ÚTILES

**de aquí en adelante**   from
now on

**los demás**   the others

## Ejercicios de vocabulario

**A.** Complete las frases con la palabra que corresponde a uno de los dibujos.
Empiece con el modelo.

1. La ___ pasa mucho tiempo en su alcoba.
   *La dormilona pasa mucho tiempo en su alcoba.*

2. No es fácil cambiar las ideas de una persona ___.

3. Si alguien es ___, trata de no insultar a los demás.

4. Paquita es ___, y por eso, no habla mucho con los demás.

5. A las personas ___ les gusta dar regalos a otros.

6. Una persona ___ tiende a ser triste.

**B.** Complete las conversaciones usando las palabras de la lista.

empleó    carácter    cometido    culto    corregir    defectos    error
horóscopo    lágrimas    presumida    sincera    tacaño

1. ¿Cómo puedes creer lo que dice tu ___?
   Mira, me dice que soy ___, y lo cierto es que soy muy generoso.
2. Juanito no tiene ___. Suele portarse muy bien.
   Sí, es cierto. Tiene un ___ fantástico.
3. Aquí está el ___: diez y doce no son veintitrés.
   Tienes razón. Lo voy a ___. Diez y doce son veintidós.
4. Aquel hombre ha ___ un crimen muy grave.
   Pero está arrepentido y ahora llora. ¿No ves sus ___?
5. Eres demasiado mimada, Berta. Tiendes a ser ___.
   Puede ser, pero soy ___ porque nunca miento.
6. El licenciado Medina ha leído muchos libros. Es un hombre muy ___.
   Es una persona que ___ bien sus años en la universidad.

## • Estudio de vocabulario

### Sinónimos
Escoja la palabra o frase cuyo sentido es más semejante al de la palabra en letra itálica.

1. *cometer*    condenar    construir    hacer    insistir
2. *gracioso*    débil    exigente    chistoso    molestoso
3. *pesimista*    pálido    triste    muerto    egoísta
4. *común*    corriente    ancho    envidioso    antiguo
5. *cortés*    alegre    pesada    atento    presumido
6. *sentido*    educación    significado    beca    título

### Antónimos
Complete las frases con una palabra cuyo sentido es contrario al de la palabra en letra itálica.

1. Yo soy *generosa* con mi dinero. Para mí, no hay nada peor que una persona ___.
2. No seas *pesimista*. De aquí en adelante hay que esperar lo mejor y ser ___.
3. La vida está llena de alegría y de dolor, de *sonrisas* y de ___.
4. ¿Cuál es la fecha del ___ de Colón? Y ¿cuál es la fecha de su *muerte*?
5. No suelo ser ___ porque mis padres me enseñaron a ser *sincero*.
6. Los *amigos* de la reina dicen que es graciosa y simpática, pero sus ___ piensan que tiene muy mal genio.
7. ¡Qué animal más *extraño* es el tapir! Pero en ciertas partes de la América del Sur es un animal ___.

### Palabras asociadas
Complete las frases con una palabra del *Glosario* parecida a la palabra en letra itálica.

1. Gabrielito es un niño ___. Es que su padre lo *mima* mucho.

2. La princesa *nació* en diciembre. El día de su ___ mucha gente vino al palacio a dejarle regalos.
3. Matilde, ya has *dormido* doce horas. ¡Levántate, ___!
4. Irene no es una *mentirosa*, pero sé que ___ de vez en cuando.
5. ¡Qué ___ eres, Miguelito! Estoy cansada de tus *chismes*.
6. ¿Por qué tienes que *comer* tanto? Todos dicen que eres una ___.
7. Tu prima es una chica ___. Me *encanta* su sentido del humor.
8. Irene busca nuevas *empleadas*. Quiere ___ dos modistas.

### No hay que confundir

*Celoso* describes someone who fears that a person he or she cares about may prefer another. *Envidioso* describes someone who feels unhappy because another person has what he or she wants to have.

Complete las frases con la forma adecuada de «celoso» o «envidioso».

1. Roberto está enojado porque yo saqué mejor nota que él. Me parece que es un chico ___.
2. Una novia ___ no permite que su novio salga con otras muchachas.

### Falsos amigos 1

*El carácter* refers to a person's character or personality. Remember that a character in a play or novel is *el personaje*.

Complete las frases con «carácter» o «personaje».

1. En la famosa novela de Cervantes, el ___ principal es un anciano que se vuelve loco.
2. Patricio tiene un ___ complejo. A veces es muy generoso y sincero; otras veces es tacaño y mentiroso.

### Falsos Amigos 2

*Una cuestión* is a matter to be considered or discussed. However, a question addressed to one person by another in the form of an interrogative sentence is *una pregunta*.

Complete las frases con «cuestión» o «pregunta».

1. Es ___ de saber cuál de los dos es el mejor candidato.
2. Señorita, no entendí su ___. Repítala, por favor.
3. La ___ de mi carrera me tiene preocupado.

## EXPLICACIONES

### El condicional perfecto

1. Look at these examples of the conditional perfect tense:

Eva dijo que para el viernes
   lo **habría terminado.**
En mayo fui a México.
   **Habría preferido** un viaje a
   Puerto Rico.

*Eva said that by Friday*
   *she would have finished it.*
*In May I went to Mexico.*
   *I would have preferred a trip*
   *to Puerto Rico.*

**Aries**
DEL 21·III AL 20·IV
Atento a cierto vaivén inesperado de índole económica. Algo supéfluo debe ser desechado.

**Tauro**
DEL 21·IV AL 20·V
Círculo que insiste en su cerco. No pierda de vista una posible salida como rápido recurso.

**Géminis**
DEL 21·V AL 21·VI
Puerta para cuyo acceso tendrá que subir muchos peldaños. Pero puede llegar. Haga por llegar.

**Cáncer**
DEL 22·VI AL 22·VII
Dianas inciertas en sus objetivos amorosos. Algo se interpone más grande de lo que cree.

**Leo**
DEL 23·VII AL 23·VIII
Asperezas en el camino, pero desembocadura pronta si se empeña en salir airoso.

**Virgo**
DEL 24·VIII AL 23·IX
Bache de incertidumbre en sus planes. Aconsejable compás de espera si quiere... luego... avanzar... Postre algún bene...

**Escorpión**
DEL 24·X AL 22·XI
Reencuentro y retorno de cuencias agradables. Pero la realidad que vive es muy distir...

**Sagitario**
DEL 23·XI AL 21·XII
Distancia que puede ser acortada si en verdad así lo desea y así lo decide. Sea resuelto.

**Capricornio**
DEL 22·XII AL 20·I
Punto oscuro en un camino que hoy por hoy no debe abordar.

**Acuario**
DEL 21·I AL 19·II
Sea previsor ahora más que nunca. Las situaciones que ha de afrontar pueden ser delicadas.

**Piscis**
DEL 20·II AL 20·III
Ponga una meta a sus ambiciones. No intente abarcar más de lo que puede. Se perderá en la nada.

The conditional perfect tells what *would have* happened. The conditional perfect is formed from the conditional of *haber* plus the past participle of the verb. *Vivir* will serve as a model for the conditional perfect:

| | |
|---|---|
| habría vivido | habríamos vivido |
| habrías vivido | habríais vivido |
| habría vivido | habrían vivido |

2. The conditional perfect can express probability about a *past* perfect action.

| | |
|---|---|
| ¿Por qué no te habían llamado? | *Why hadn't they called you?* |
| **Habrían estado** ocupados. | ***They'd probably been** busy.* |
| ¿Por qué no los habíamos visto en el partido? | *Why hadn't we seen them at the game?* |
| Ya **se habrían marchado.** | ***They'd probably** already **left.*** |

## Ejercicios

**A.** Cambie las frases usando el nuevo sujeto. Empiece con el modelo.

1. Sin su ayuda, te habrías convertido en un pesimista.
   (a) Reinaldo    (b) yo    (c) tú y yo
   *(a) Sin su ayuda, Reinaldo se habría convertido en un pesimista.*

2. Habríamos disfrutado de su sentido del humor.
   (a) los aficionados    (b) la reina    (c) tú
3. Estos mentirosos no habrían dicho la verdad.
   (a) el horóscopo    (b) yo    (c) nosotras
4. Sus abuelos la habrían mimado.
   (a) yo    (b) tú    (c) su tía y yo

**B.** Cambie los verbos al condicional perfecto según el modelo.

1. Guido nunca tenía mal genio.
   *Guido nunca habría tenido mal genio.*

2. No nos gustaba su sentido del humor.
3. Doña Isabel leyó el horóscopo rápidamente.
4. Las niñas chismosas hablaron demasiado.
5. El ministro ya dijo eso.
6. En poco tiempo corregiste el error.
7. Nunca me puse el disfraz de mono.
8. Los chismes no me interesaban.
9. Aquel comilón se lo comió todo.

**C.** Conteste las frases según los modelos.

1. ¿Llamaste a Eduardo?
   *Lo habría llamado, pero no tuve tiempo.*

2. ¿Pusiste el dinero en el banco?
3. ¿Tiraste los huesos?
4. ¿Detuviste al ladrón?

5. ¿Metiste un gol?

6. ¿Compraste las lociones?

7. ¿Atrapó Juan las abejas?
   *Las habría atrapado, pero no tuvo tiempo.*

8. ¿Reveló Eva las fotos?

9. ¿Hicieron ellos las camisas?

10. ¿Se bañaron las chicas esta mañana?

11. ¿Se reunieron Uds. con sus amigas?

12. ¿Fueron Uds. a la biblioteca?

*Ud. dirá.* Hace buen tiempo y esta familia ha pasado todo el día afuera. Pero ¿qué habrían hecho si hubiera llovido? ¿Se habrían quedado en casa? ¿Habrían visitado a algunos amigos?

**D.** Conteste usando las palabras entre paréntesis. Empiece con el modelo.

1. ¿Por qué no se habían levantado más temprano los alumnos? (tener sueño)
   *No sabemos. Habrían tenido sueño.*

2. ¿Por qué no habían venido a clase los demás? (no terminar la tarea)

3. ¿Por qué se había convertido en un pesimista Ricardo? (sufrir muchos fracasos)

4. ¿A dónde habían ido los Videla? (viajar a México)

5. ¿Por qué no habían comido los niños? (no gustarles el desayuno)

6. ¿Por qué se había quitado la chaqueta Carlos María? (hacer calor)

7. ¿Cómo habían tenido tanto éxito los negociantes? (trabajar día y noche)

8. ¿Por qué había llorado toda la noche Adelita? (estar triste)

9. ¿Por qué había explicado el licenciado el sentido de la palabra? (querer destacarse)

10. ¿Por qué había perdido su sentido común el jefe? (ponerse furioso)

## El pluscuamperfecto del subjuntivo

Look at these examples of the pluperfect subjunctive:

| | |
|---|---|
| Temió que las bicicletas **hubieran desaparecido.** | *He feared that the bicycles* **had disappeared.** |
| Era imposible que Anita lo **hubiera terminado** tan pronto. | *It was impossible that Anita* **had finished** *it so soon.* |

The pluperfect subjunctive tells what *had* happened. It is only used after verbs and expressions that take the subjunctive.

*Aprender* will serve as a model:

| | |
|---|---|
| **hubiera aprendido** | **hubiéramos aprendido** |
| **hubieras aprendido** | hubierais aprendido |
| **hubiera aprendido** | **hubieran aprendido** |

Note that the pluperfect subjunctive is formed with the imperfect subjunctive of *haber* and the past participle of the verb.

## Ejercicios

**A.** Conteste la pregunta «¿Qué no creía tu amigo?». Empiece con el modelo.

1. yo        a Paco        *Mi amigo no creía que yo le hubiera pegado a Paco.*

2. tú        un poema

3. la granjera        las semillas

4. el ladrón        de la policía

5. los niños        las piedras

6. yo          a su compañero

7. el Sr. Villa          trigo

8. nosotros

9. los indios          las telas

**B.** Cambie las frases según el modelo.

1. Me alegro de que hasta ahora te hayas portado bien.
   *Me alegraba de que hasta entonces te hubieras portado bien.*

2. Siento que hasta ahora no hayan empleado bien el tiempo.

3. No es posible que hasta ahora hayan mimado a Joselito.

4. Ojalá que hasta ahora hayas mostrado sentido común.

5. No creemos que hasta ahora hayan corregido el error.

6. Dudan que hasta ahora hayas dicho algo importante.

7. Espero que hasta ahora no me hayas mentido.

**C.** Complete las frases según los modelos.

1. tus primos / ser antipáticos
   a. Temo que. . . .
   b. Temo que hasta ahora. . . .
   c. Temía que. . . .
   d. Temía que hasta entonces. . . .
   *a. Temo que tus primos sean antipáticos.*
   *b. Temo que hasta ahora tus primos hayan sido antipáticos.*
   *c. Temía que tus primos fueran antipáticos.*
   *d. Temía que hasta entonces tus primos hubieran sido antipáticos.*

2. tú / portarte bien
   a. Me alegro de que. . . .
   b. Me alegro de que hasta ahora. . . .
   c. Me alegraba de que. . . .
   d. Me alegraba de que hasta entonces. . . .

3. tú / mentirme
   a. Es posible que. . . .
   b. Es posible que hasta ahora. . . .
   c. Era posible que. . . .
   d. Era posible que hasta entonces. . . .

*Lesson 14*

4. la policía / detenerlo
   a. Dudamos que. . . .
   b. Dudamos que hasta ahora. . . .
   c. Dudábamos que. . . .
   d. Dudábamos que hasta entonces. . . .
5. llover / en Santa Cruz
   a. No creemos que. . . .
   b. No creemos que hasta ahora. . . .
   c. No creíamos que. . . .
   d. No creíamos que hasta entonces. . . .
6. Fernando / no decir nada
   a. No nos gusta que. . . .
   b. No nos gusta que hasta ahora. . . .
   c. No nos gustaba que. . . .
   d. No nos gustaba que hasta entonces. . . .

**D.** Conteste según el modelo.

1. No fui leal.
   ¿Qué temía Carlos?
   *Carlos temía que yo no hubiera sido leal.*

2. Yo nunca mentía.
   ¿Qué dudaban tus enemigos?
3. Las mujeres me consideraban un compañero gracioso.
   ¿Qué esperaba tu mamá?
4. Yo siempre alcanzaba éxitos monetarios.
   ¿Qué no creía el banquero?
5. Mi defecto principal era el mal genio.
   ¿Qué no era seguro?
6. Me portaba como persona presumida.
   ¿De qué tenía miedo tu esposo?
7. Yo podía convertir mis fracasos en éxitos.
   ¿Qué era probable?
8. Yo era culto.
   ¿Qué le gustaba a tu novia?

*Ud. dirá.* Esta chica nació optimista. Nada le molesta. ¿Cómo mantiene su buen humor? ¿Nunca tiene problemas? Hable con ella.

## Cláusulas condicionales y el pluscuamperfecto del subjuntivo

Recall how the imperfect subjunctive is used to express a sentence which is contrary to present fact:

| | |
|---|---|
| Si **tuviera** pantalones vaqueros, los **llevaría.** | *If **I had** blue jeans, **I would wear** them.* |
| Si no **estuvieras** enferma, **podrías** acompañarnos. | *If **you weren't** sick, **you could** go with us.* |

Did you remember that the imperfect subjunctive is used in the part of the sentence with *si*, and that the conditional is used in the second part to tell what would happen?

Notice how a contrary-to-fact sentence is expressed in the past:

Si **hubiera tenido** pantalones
vaqueros, los **habría llevado**.

*If **I had had** blue jeans,*
*I would have worn them.*

Si no **hubieras estado** enferma,
**habrías podido** acompañarnos.

*If **you hadn't been** sick,*
*you could have gone with us.*

Note that the pluperfect subjunctive is used in the part of the sentence with *si*, and the conditional perfect is used in the second part to tell what would have happened.

Now look at the following sentence:

**Habrías podido** acompañarnos,
si no **hubieras estado** enferma.

*You could have gone with us*
*if **you hadn't been** sick.*

Notice that the position of the *si* clause does not affect the verb tenses used in the sentence.

## *Ejercicios*

**A.** Conteste según los dibujos. Empiece con el modelo.

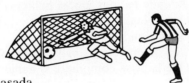

la semana pasada

1. ¿Habrías llegado a España?
   *Habría llegado a España, si me*
   *hubiera embarcado la semana*
   *pasada.*

2. ¿Habrías ganado mucho dinero?

3. ¿Habrías salido con tus amigos?

4. ¿Habrías sacado una buena nota?

el periódico

5. ¿Habrías encontrado el anuncio?

6. ¿Habrías aguantado más?

**B.** Cambie las frases según los modelos.

1. Si Elena se portara mejor, tendría más amigas.
   *Si Elena se hubiera portado mejor, habría tenido más amigas.*

2. Si yo no fuera tan pobre, sería más generoso.
3. Si mis enemigos estuvieran aquí, yo hablaría con ellos.
4. Si la viera, le daría la respuesta.
5. Si se acostaran más temprano, no tendrían tanto sueño.
6. Yo compraría el auto, si me prestara el dinero.
   *Yo habría comprado el auto, si me hubiera prestado el dinero.*

7. No sufriríamos, si usáramos este remedio.
8. Nos gustaría mucho, si lo hicieras.
9. Se alegraría, si le trajéramos dulces.
10. Te daría la luna y las estrellas, si me las pidieras.

**C.** Conteste según las palabras entre paréntesis. Empiece con el modelo.

1. ¿Con quién habrías ido, si hubieras salido? (Romualdo)
   *Habría ido con Romualdo, si hubiera salido.*

2. ¿Adónde habrías ido, si hubieras salido? (al cine)
3. ¿Qué película habrías ido a ver, si hubieras salido?
   («Amor sin fin»)
4. ¿Con quién habrías bailado, si hubieras ido? (Rita)
5. ¿Qué habrías comprado, si hubieras tenido dinero? (un vestido nuevo)
6. ¿Qué habrías leído, si te hubieras quedado en casa?
   (una novela policiaca)

## LECTURA

### Una aventura para tía Eulalia

Debo aclarar[1] que nuestra distinguida familia° siempre ha sido algo
conservadora.[2] Es decir, es una de ésas que puntualmente toman el
desayuno a las siete y la cena a las nueve. En nuestra casa existen muchas
costumbres tradicionales que se han observado desde que yo era niño, y
5  probablemente desde mucho antes. Por eso, lo que voy a narrar es tan
extraordinario que fue necesario verlo para creerlo. Resulta que una
hermosa mañana de primavera, casi toda la familia se sorprendió al oír lo
que la tía Eulalia decía con su voz dulce y melodiosa.[3] Esta mujercita tan
suave[4] y cortés, quien llevaba blusas y faldas de algodón[5] almidonadas[6] y
10  olía[7] a azucena,[8] tuvo la osadía[9] de informarnos que quería casarse. Tenía
entonces sesenta y ocho años; el pretendiente[10] era nada menos que el
marinero[11] que la visitaba todos los sábados. Al observar que todos la

---

[1]aclarar  *to make clear*
[2]conservador, -a
   *conservative*
[3]melodioso, -a  *musical*
[4]suave  *mild*

[5]el algodón  *cotton*
[6]almidonado, -a
   *starched*
[7]oler  *to smell*
[8]la azucena  *Madonna*

*lily*
[9]la osadía  *boldness,*
   *"nerve"*
[10]el pretendiente  *suitor*
[11]el marinero  *sailor*

mirábamos boquiabiertos,[12] ella nos repitió que era mayor de edad,[13] soltera[14] y que sus papeles estaban en regla.[15] La abuela le informó que de
15 ninguna manera permitiría tal tontería. Mi padre, con sus ideas de diplomático, trató de ayudar a su cuñada: —Más vale tarde que nunca— dijo en voz demasiado alta. Seguramente habría empezado uno de sus interminables[16] discursos,[17] pero mamá lo interrumpió[18] diciendo que la tía Eulalia haría mal casándose con un individuo al que sólo conocía desde
20 hacía[19] diez años. Mi hermana menor, una romántica incorregible,[20] me miró desesperada. Mi tío Felipe, un solterón[21] de mucha experiencia, contó uno de sus inevitables chistes que sería mala educación repetir aquí. Tía Eulalia no se daba por vencida[22] (la terquedad[23] es otra de nuestras cualidades) y nos dio varias razones[24] por las cuales el afortunado[25]
25 caballero le había robado el corazón. Dijo muy orgullosamente[26] que el marinero jubilado[27] era feo, fuerte y formal, que demostraba[28] estar enamorado y que le gustaba tomar largas caminatas[29] con ella en las que le recitaba versos deliciosos. Mi hermana suspiró[30] con envidia[31] mientras abrazaba a mi mamá para calmarla. Papá empezó de nuevo: —Más vale
30 pájaro en . . . —pero se calló[32] al recibir la mirada[33] furiosa de mi abuela. Después de unos minutos, abuelita repitió su enérgica[34] negativa[35] y nos recordó[36] que en su familia nadie se casaba con un individuo sin título. Mi hermana me miró asustada. La pobre tía Eulalia se atrevió a decir que ésas eran costumbres de principios[37] de siglo. Sin embargo, los inocentes ojos
35 azules se le llenaron de[38] lágrimas. Por suerte, en ese momento llegó el novio. Abuelita le mandó a mi hermana que la acompañara a su quarto. Entonces abuelita abandonó la sala sin ni siquiera saludar al simpático marinero de cara quemada por los soles del Oriente. Mamá se disculpó[39] diciendo que le dolía la cabeza y fue a encerrarse[40] en la biblioteca. El tío
40 Felipe, papá y yo nos apresuramos[41] a saludar al recién llegado[42] y la tía Eulalia le dio un beso en la mejilla con la timidez de una niña de colegio. Una vez más me di cuenta de que los dos se amaban y de que no estaría mal tener un nuevo miembro en la familia. Aprovechando[43] la oportunidad, el tío Felipe y papá convencieron a los enamorados de que la única solución era huir, y con la pícara[44] sonrisa[45] del tío, la estrategia[46] impecable[47] de
45

[12]boquiabierto, -a
    open-mouthed
[13]mayor de edad   of legal
    age
[14]la soltera   single woman
[15]en regla   in order
[16]interminable   unending
[17]el discurso   speech
[18]interrumpir   to interrupt
[19]desde hacía   for
[20]incorregible   incurable
[21]el solterón   old bachelor
[22]darse por vencido, -a
    to give up
[23]la terquedad
    stubbornness

[24]la razón   reason
[25]afortunado, -a
    fortunate
[26]orgullosamente   proudly
[27]jubilado, -a   retired
[28]demostrar   to show
[29]la caminata   walk
[30]suspirar   to sigh
[31]la envidia   envy
[32]callarse   to stop talking
[33]la mirada   look
[34]enérgico, -a   forceful
[35]la negativa   negative
    response
[36]recordar   to remind
[37]el principio   beginning

[38]se le llenaron de
    filled with
[39]disculpar   to excuse
[40]encerrar   to shut in
[41]apresurarse (a)   to
    hurry to
[42]recién llegado   recent
    arrival
[43]aprovechar   to take
    advantage of
[44]pícaro, -a   mischievous
[45]la sonrisa   smile
[46]la estrategia   strategy
[47]impecable   faultless

papá y mi sed de travesuras,[48] se hicieron planes[49] para esa misma noche. A las doce de la noche ayudé a la tía Eulalia a empacar[50] su antiguo baúl[51] y a bajar las chismosas escaleras hasta el jardín. Papá llevó a mi tía a la estación de trenes donde el tío Felipe y el enamorado la esperaban con impaciencia. De ahí en adelante[52] no sé qué pasaría porque ahora la tía Eulalia sólo se sonroja[53] feliz cuando le pregunto algo, pero no se atreve a contarme nada. Al final de cuentas[54] toda la familia tuvo que aceptar la imperdonable[55] unión de tía Eulalia y su inolvidable marinero. Y mi hermana, la romántica, está ahora más convencida que nunca de que el amor hace marchar[56] al mundo.

50

## ▶NOTAS CULTURALES

°**La familia** tiene un papel sumamente importante en la cultura hispana. Los lazos[57] de unión entre varias generaciones son generalmente muy fuertes, puesto que existe en esa cultura un respeto por las tradiciones familiares. Tradicionalmente las casas familiares son grandes, y por eso, frecuentemente los miembros de una familia invitan a sus parientes[58] a vivir con ellos. No sólo los abuelos, sino también los tíos y tías que no se han casado, pueden formar parte integral y permanente de una familia. En estos casos, los abuelos y los tíos influyen mucho en la educación de los niños. Éstos aprenden desde muy jóvenes a tratar con[59] adultos y a portarse según las costumbres de la familia. Las relaciones familiares a menudo traen como resultado un contacto reducido de parte de[60] los niños con gente fuera de la casa. Por ejemplo, los hispanos no invitan a gente extraña a cenar en su casa con tanta frecuencia como suelen hacerlo los norteamericanos. Sin embargo, la influencia de la sociedad moderna y tecnológica ha causado algunos cambios en el ambiente familiar hispano y en nuestros tiempos, sobre todo en las grandes ciudades, el peso de las costumbres no es tan fuerte como lo era hace una o dos generaciones.

## Preguntas

Conteste según la lectura.

1. ¿Cómo es la familia de este cuento?   2. ¿Por qué se sorprendió la familia una mañana?   3. ¿Cuántos años tenía Eulalia entonces?   4. ¿Qué dijo la abuela al oír las noticias?   5. ¿Por cuánto tiempo había conocido Eulalia al marinero?   6. ¿Quién contó un chiste de mal gusto?   7. ¿Quién llegó a la casa cuando todos estaban hablando?   8. ¿Quién abandonó la sala sin saludar al marinero?   9. ¿Dónde se escondió la mamá?   10. Según los hombres, ¿cuál era la única manera de resolver el problema?   11. ¿Por

[48]la travesura  *adventure*
[49]se hicieron planes
    *plans were made*
[50]empacar  *to pack*
[51]el baúl  *trunk*
[52]de ahí en adelante  *from
    then on*

[53]sonrojarse  *to blush*
[54]al final de cuentas  *in
    the end*
[55]imperdonable
    *unpardonable*
[56]marchar  *to run (turn,
    go round)*

[57]el lazo  *bond*
[58]el pariente  *relative*
[59]tratar con  *to deal with*
[60]de parte de  *on the
    part of*

qué dice el autor que las escaleras eran «chismosas?» 12. ¿Huyeron los enamorados en avión? 13. ¿De qué está segura la hermana romántica? 14. Si esto hubiera pasado en su familia, ¿qué habrían pensado sus padres?

## HABLEMOS UN POCO

Invente «mini-horóscopos» con los otros estudiantes de su clase según se explica en el siguiente párrafo. La primera persona les explica a los demás cuándo nació y se describe a sí misma usando una sola palabra. Por ejemplo: *Nací en diciembre y soy leal.* Luego dice que si hubiera nacido en otro mes, habría sido diferente. Por ejemplo, podría decir: *Pero si hubiera nacido en febrero, habría sido terco.* Ahora otra persona que sí nació en febrero le contesta de esta manera: *Bueno, yo nací en febrero y soy. . . . Pero si hubiera nacido en. . . .* Siga hasta que todos los estudiantes hayan podido participar por lo menos una vez.

## ESCRIBAMOS UN POCO

**A.** Conteste las preguntas según los dibujos.

1. ¿Quiénes recibieron horóscopos por correo?
2. ¿Cuándo nació Beto? ¿Cuándo nació Lidia?
3. ¿Qué decía el horóscopo de Beto? ¿Qué decía el de Lidia?
4. ¿Por qué tienen el mismo horóscopo?
5. ¿Quién es optimista? ¿Quién es pesimista?

6. Según los sueños optimistas de Beto, ¿qué ganará?
7. ¿A dónde iría él, si ganara el premio?
8. ¿Qué cosas se compraría, si lo ganara?

*Lesson 14*

9. Según la pesadilla pesimista de Lidia, ¿qué pasó con su auto?
10. ¿Qué tipo de notas sacó?
11. ¿Qué le dice su novio?

12. En realidad, ¿quién tuvo mala suerte?
13. ¿Qué pasó con el auto de Beto?
14. ¿Qué clase de notas sacó?
15. ¿Quién se despidió de él para siempre?
16. ¿Quién tuvo más suerte?
17. ¿Qué cosas ganó?

**B.** Escriba Ud. en una sola frase un horóscopo parecido al que recibieron Beto y Lidia. Debe ser un horóscopo que se pueda entender de dos maneras, una optimista y la otra pesimista. Luego trate de explicar por escrito qué pensaría Ud. al leer el horóscopo, si fuera un optimista como Beto. ¿Qué pensaría, si fuera una pesimista como Lidia? Algunos posibles temas para el horóscopo son los sigiuentes:

un viaje
un cambio en su vida económica
una nueva persona en su vida

su vida romántica toma otra
  dirección
una sorpresa para su familia

## CONFIRME SU PROGRESO

**A.** Complete las frases usando la forma apropiada de la palabra entre paréntesis. Empiece con el modelo.

1. Ana estaba ___ y cantaba ___. (triste)
   *Ana estaba triste y cantaba tristemente.*

2. El agua está muy ___. Podemos cruzar el mar ___. (tranquilo)
3. Terminé la tarea ___ porque los problemas eran ___. (fácil)
4. Es un niño ___. ___ siempre se porta bien. (feliz)

5. No me cae bien ese señor ____. Habla ____ y rápidamente. (nervioso)
6. ____ no contesto las preguntas ____. (general)
7. ¡Qué auto tan ____! Viajo muy ____ en este auto. (incómodo)
8. Es un hombre muy ____. Me trata ____ y formalmente. (serio)

**B.** Conteste según los dibujos usando el condicional de probabilidad.
Empiece con el modelo.

1. ¿Quién atacó la obra?
   *La directora atacaría la obra.*

2. ¿Quién durmió hasta las doce?

3. ¿Quién investigó el crimen?

4. ¿Quiénes se llevaron el televisor?

5. ¿Quién se comió todas las uvas? 6. ¿Quiénes ayudaron a los pasajeros?

**C.** Complete las frases usando *que, quien* o *quienes.*

1. Este es el abogado ____ vive en Madrid.
2. Mi tío, ____ es abogado, vive en Madrid también.
3. ¿Con ____ te encontraste anoche, con María o con Eduardo?
4. Margarita y Jaime, ____ se destacaron en el concurso, alcanzarán éxitos de aquí en adelante.
5. Pico los limones ____ me diste.
6. Los dulces ____ Marta preparó están en la mesa.
7. ¿Tienes la cartera en ____ puse la foto?
8. Aquellos hombres, a ____ ofrecí este premio, son arquitectos famosos.
9. ¿A ____ conociste, a los niños o a los hombres?
10. Nunca saqué a bailar a esa chica ____ habla ahora con mi hermana.

**D.** Complete las frases usando el verbo entre paréntesis.

1. Si ____, mi tía no vendrá. (nevar)
2. Si él ____ un traje nuevo, no habría pedido otro. (tener)
3. Si ellos ____ ricos, me prestarían el dinero. (ser)
4. Si el abogado te ____, nosotros no le habríamos creído. (acusar)

5. Si ella ___ el maíz en mayo, lo cosecharía en septiembre. (sembrar)

6. Si picas las legumbres ahora, más tarde yo las ___. (mezclar)

7. Si hubieras sufrido tanto, tú tampoco ___. (regresar)

8. Si el comité se reúne mañana, yo ___ también. (venir)

9. Si ensayaran más a menudo, la comedia ___ éxito. (tener)

**E.** Conteste según los dibujos.

el guacamole

1. ¿Qué habría hecho Carlos?

temprano

2. ¿Qué habrían hecho mis amigos?

los zapatos

3. ¿Qué habrías hecho?

el dinero

4. ¿Qué habría hecho papá?

algo

5. ¿Qué habríamos hecho?

al hombre

6. ¿Qué habrían hecho las princesas?

el trigo

7. ¿Qué habrían hecho Ana y Charo?

a Cándido

8. ¿Qué habría hecho yo?

**F.** Complete las frases según el modelo.

1. No creían que hasta aquel momento. . . .
   a. yo / perderse
   b. tú y yo / nunca pelear
   c. tú / no sufrir
   *a. No creían que hasta aquel momento me hubiera perdido.*

2. Dudo que hasta ahora. . . .
   à. tú / comenzar / el proyecto
   b. ellos / mentir
   c. Milagros / escribir / una carta comercial

3. Es posible que muy pronto. . . .
   a. yo / tejer / un chaleco
   b. Santiago y yo / ir / México
   c. Juanito / casarse
4. Esperaban que. . . .
   a. sus padres / los / apoyar
   b. yo / bucear
   c. la policía / investigar / el crimen

# Conversaciones

## En el auto

— Papá, no puedes entrar. ¿No ves la señal de tráfico?

— Sí, hijo mío. La veo.

— ¡Atención! Hay un semáforo en la próxima bocacalle.

— Sí, lo sé.

— Mi instructora de la auto-escuela me dijo que hay que empezar a frenar...

— ¿Sí? ¡No me digas!

— Pues, sí. Y también me dijo que no se puede estacionar el auto cerca de la esquina.

— Tu instructora sabe mucho, ¿no?

— ¡Sí, muchísimo! Y también me dijo que no se permite doblar a la derecha aquí.

— Siempre debes hacerle caso a tu instructora.

— Sí. Ella me recomendó que comprara un auto en cuanto recibiera el permiso de manejar.

— ¡Ah, sí! Pero, ¿no crees que sería mejor comprarte una bicicleta?

## En la farmacia

| | |
|---|---|
| CLIENTE | ¿Ya preparó mi receta? |
| FARMACÉUTICO | ¿Prefiere píldoras o cápsulas? |
| CLIENTE | Cápsulas. |
| FARMACÉUTICO | No hay. |
| CLIENTE | Entonces, déme las píldoras. |
| FARMACÉUTICO | No puedo. Están agotadas. |
| CLIENTE | Yo también. ¡Adiós! |

## En el hospital

| | |
|---|---|
| MÉDICA | Sra. León, Ud. está muy grave. |
| PACIENTE | ¿Yo? Yo no. . . . |
| MÉDICA | Pues sí. Tendrá que operarse de las amígdalas. |
| PACIENTE | ¿Operarme yo? ¡No! |
| MÉDICA | También veo que le tendré que sacar el apéndice. |
| PACIENTE | ¡No es posible! |
| MÉDICA | ¿Cómo puede Ud. dudar de mi? |
| PACIENTE | Porque yo no soy la Sra. León. Se ha equivocado de hoja clínica. |

## Nuevos amigos

**agotado, -a**  sold out; exhausted
**la amígdala**  tonsil
**el apéndice**  appendix
**la auto-escuela**  driving school
**la bocacalle**  intersection
**la cápsula**  capsule
**la comisaría**  police station
**el farmacéutico, la farmacéutica**  druggist
**frenar**  to brake
**hacer caso a**  to listen to
**la hoja clínica**  clinical chart
**el instructor, la instructora**  instructor
**el letrero**  sign
**¡manos arriba!**  hands up!
**operarse**  to be operated on
**el, la paciente**  patient
**la píldora**  pill

## Viejos amigos

**el auto, el (la) cliente, el cruce de calle, la esquina, la farmacia, el hospital, el ladrón, la ladrona, el médico, la médica, el permiso de manejar, el (la) policía, la receta, el revólver, el semáforo, la señal de tráfico; doblar, estacionar, parar; grave, a la derecha, a la izquierda**

### En el centro

¡Manos arriba! Déme su dinero.

No puedo. Estos paquetes pesan mucho.

Vamos a ver si viene conmigo a la comisaría.

## ¿Sabías?

Cada día se usa más y más en distintas partes del mundo un sistema de señales de tráfico sin palabras. Lugares como aeropuertos, museos, etc., también usan letreros sin palabras para ayudar a aquellos que no hablan la lengua del país.

## Actividades

1. Dibuje Ud. seis señales de tráfico sin palabras. Déles a los otros estudiantes un examen para obtener el permiso de manejar. Para pasar el examen hay que explicar en español al menos cuatro de las señales.

2. Dibuje en la pizarra un mapa de la ciudad donde Ud. vive. Identifique con letreros los sitios más importantes: la casa de correos, el colegio, la biblioteca, la iglesia, el cine, etc. Escoja a un estudiante para que haga el papel de una persona que está perdida en la ciudad y a otro estudiante para que haga el papel de un habitante de la ciudad. La persona que está perdida debe preguntarle al habitante cómo puede llegar a un lugar. Éste debe explicarle el camino a aquélla, usando el mapa.

3. Presente una pequeña obra de teatro en la clase. Escriba primero el papel de cada personaje. Éste es el argumento: Ud. está enfermo. Hace una semana que tiene dolor de garganta. Por lo tanto, va a ver al médico, quien le aconseja que se opere de las amígdalas. El médico también le da una receta para que compre una medicina —en píldoras o en cápsulas. Mientras Ud. está comprando la medicina, entra un ladrón en la farmacia y trata de robar al farmacéutico. El ladrón no sabe que Ud. es policía y que tiene su revólver.

# lección
# 15

## Tres artistas

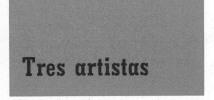

*En Barcelona, España*

Cristina Castellanou, aficionada al arte del siglo veinte, ha invitado a su amigo
Raúl a asistir a una conferencia cuyo tema es el arte moderno. Son las ocho
de la noche. Cristina y Raúl están en la universidad.

| | |
|---|---|
| CONFERENCIANTE | El tema de esta conferencia es la influencia del surrealismo° en el arte. Los tres grandes surrealistas españoles que representan. . . . |
| RAÚL *(en voz baja)* | Cristina, ¿por qué insististe en que te acompañara esta noche? Tú sabes muy bien que el arte no me interesa—y en particular, el arte moderno. |
| CRISTINA | ¡Por favor, Raúl! Quiero escuchar. |
| CONFERENCIANTE | . . . son Pablo Picasso,° Joan Miró° y, naturalmente, Salvador Dalí.° Picasso tenía gran confianza en sí mismo. Aunque podía pintar con la precisión de una cámara, se declaró contra toda tradición y creó un estilo artístico . . . digamos . . . «chocante». |
| RAÚL | Digamos . . . «ridículo». ¿Has visto *La cabeza de una mujer* que pintó al óleo en 1936? La cara de la mujer tiene la forma de tres huevos perdidos en el espacio. |
| CRISTINA | Raúl, ¡qué interpretación! ¡Ese cuadro es fantástico! |
| CONFERENCIANTE | En cuanto a Joan Miró, se puede decir que es un pintor que ve y examina todo con cuidado. Él mismo ha dicho que para él un objeto es algo vivo. Un árbol, por ejemplo, respira y habla. En su pintura, Miró busca el movimiento inmóvil. |

*Lesson
15*

273

| RAÚL | ¿Qué demonios quiere decir «movimiento inmóvil»? Esa frase me hace sentir como si estuviera bajando de espaldas una escalera móvil. |
| CRISTINA | Para mí es claro. ¿No miraste su cuadro *La masía?* |
| RAÚL | Si me permites una pequeña falta de gramática, no la MIRÉ, la MIRÓ, y no me convence. |
| CRISTINA | Muy chistoso. El profesor va a seguir con la conferencia. Dale la oportunidad de expresarse. |
| RAÚL | No lo dijiste bien, Cristina. Hay que decir, «DALÍ la oportunidad de expresarse». |

## ▶NOTAS CULTURALES

°**El surrealismo** es un movimiento artístico que trata de expresar el mundo de los sueños. Los artistas surrealistas hicieron todo lo posible para sobrepasar lo natural y lo real por medio de la imaginación.

°**Pablo Picasso** nació en Málaga en 1881. Hijo del pintor José Ruiz, Picasso abandonó el apellido de su padre al comenzar su carrera y tomó el de su madre, María Picasso. A Picasso no le interesaban las clases de arte, pero su talento artístico se manifestó desde que era joven. Cuando tenía nueve años terminó su primera obra al óleo, y a los quince años ya tenía su propio estudio en Barcelona.

Picasso fue un pintor prolífico e industrioso. Se divide su carrera artística en varias épocas, entre ellas, la época azul (1901–1904), la época rosa (1905–1907), el cubismo (1907) y el surrealismo (1926–36). Su pintura ha influido profundamente en todo el arte moderno.

°**Joan Miró:** «Joan» quiere decir «Juan». Este pintor pasó la mayor parte de su vida en sus dos lugares favoritos: Palma de Mallorca y Cataluña. A Miró le gustaba el silencio del campo y le encantaba pensar en la naturaleza. Su técnica es evidente, pues uno de los elementos importantes de su arte es el efecto explosivo que el color produce en sus cuadros. Es posible reconocer los cuadros de Miró en cualquier lugar. Además de la pintura, Miró tiene otros intereses artísticos, entre ellos el dibujo, la escultura y la cerámica.

°**Salvador Dalí,** como Miró, es de Cataluña. Nació cerca de Barcelona en 1904. Dalí era joven cuando decidió seguir una carrera artística. Se dedicó primero al impresionismo. De ahí pasó al cubismo y, por fin, creó un arte surrealista totalmente original.

En sus pinturas Dalí usa imágenes que nos sorprenden porque no parecen estar relacionadas unas con las otras. Esta técnica se destaca en muchas de sus obras; por ejemplo en su famoso cuadro *La persistencia de la memoria* hay varios relojes enormes en un paisaje desierto.

## *Preguntas*

Conteste según el diálogo.

1. ¿Quiénes asisten a la conferencia de arte moderno?   2. ¿Dónde están Cristina y Raúl?   3. ¿Cuál es el tema de la conferencia?   4. ¿Le interesa a Raúl el arte?   5. ¿Cómo se llaman los tres grandes surrealistas españoles?   6. ¿Siguió Picasso la tradición o creó un nuevo estilo artístico? 7. ¿Cómo se llama el cuadro que Picasso pintó en 1936?   8. ¿Quién pintó *La masía?*

## PALABRAS NUEVAS

### • Glosario

SUSTANTIVOS

**el, la conferenciante**
    lecturer
**la confianza**  confidence
**un, una cualquiera°**
    a nobody
**el cubismo**  cubism
**el efecto**  effect
**el elemento**  element
**la escalera móvil**
    escalator
**la espalda**  back
**el estilo**  style
**la falta**  mistake, error
**la gramática**  grammar
**la imaginación**
    imagination

**el impresionismo**
    impressionism
**la influencia**  influence
**el interés**  interest
**la interpretación**
    interpretation
**el movimiento**  motion,
    movement
**el objeto**  object
**la oportunidad**
    opportunity, chance
**la precisión**  precision
**el surrealismo**  surrealism
**el talento**  talent
**la técnica**  technique

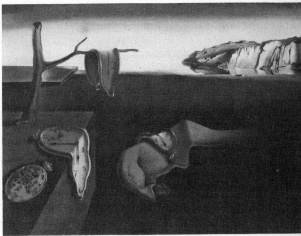

*Ud. dirá.* La técnica del Sr. Dalí es muy interesante, pero ¿qué demonios representan esos relojes? ¿La vida? ¿La muerte? ¿El tiempo que (no) vuela? ¿Por qué no tiene hojas el árbol? ¿Por qué se llama esta pintura *La persistencia de la memoria?* Discútalo con un compañero o una compañera.

⇒ COMENTARIO

°**un, una cualquiera:** Note that *un* and *una* are the articles used with *cualquiera.* Also note that *cualquiera* ends in an *a* regardless of gender.

VERBOS

**decidir** to decide
**dedicar (que)** to dedicate
**dividir** to divide
**expresar** to express
**influir° (y) (en)** to influence

**invitar** to invite
**manifestarse (ie)** to become manifest
**producir° (zc)** to produce

**reconocer (zc)** to recognize
**respirar** to breathe
**sentir° (ie) (i)** to feel, to sense

ADJETIVOS

**claro, -a** clear
**cualquier(a)°** any . . . at all, any . . . whatever
**chocante** shocking
**explosivo, -a** explosive
**favorito, -a** favorite

**industrioso, -a** industrious
**inmóvil** motionless
**original** original
**prolífico, -a** prolific, productive
**real** real; royal

**relacionado, -a** related
**ridículo, -a** ridiculous
**rosa** pink
**surrealista°** surrealist
**vivo, -a** alive, living; lively; clever

EXPRESIONES / PALABRAS ÚTILES

**al óleo** in oil paint
**con cuidado** carefully
**cualquiera** anyone at all

**de espaldas** backward
**por medio de** by means of

**¡qué demonios!** What the heck!

## Ejercicios de vocabulario

**A.** Complete la frase con la palabra más apropiada.

1. Margarita recibe las mejores notas de la clase porque es la más (*alta* / *industriosa* / *ridícula*).

⇒ COMENTARIO

°**Influir** is followed by the preposition *en* when it refers to things.

Su pintura **ha influido** mucho **en** el arte moderno.

*His painting **has influenced** modern art very much.*

When referring to people the expression *tener influencia sobre* is used.

María **tiene** mucha **influencia sobre** su hermana menor.

*Mary **has** a lot of **influence on** her younger sister.*

°**Producir** is irregular in the preterite. Like *decir* and *traer* it contains *j* in the preterite forms: *produje, produjiste,* etc. Check the *Verbos* section in the back of the book if you are ever unsure about how to form irregular preterites.

°**Sentir** means to feel or to sense something (the cold, a pain, relief, etc.). When used reflexively it means to feel a certain way (tired, happy, uncomfortable, etc.).

°**cualquier(a)** When placed before a noun, *cualquier(a)* loses its final *a* regardless of the gender of the noun. Its plural form is *cualesquier(a)* and it follows the same rule as the singular concerning the final *a*. The plural form is seldom used.

°**surrealista** always ends in an *a* regardless of the gender of the noun it modifies.

2. Prefiero llevar esta camisa porque los colores son más *(vivos | eternos | molestosos).*

3. El estudiante que escribe la composición más *(seca | rosa | original)* va a ganar el concurso.

4. Se destaca como autor *(cristiano | prolífico | disfrazado)* porque escribe tantos libros.

5. Me gustó mucho la película porque los personajes no parecían imaginarios sino *(reales | heridos | políticos).*

6. El desenlace de la película no está *(relacionado | formal | cierto)* de ninguna manera con el de la novela.

7. Paco no tiene *(impresionismo | movimiento | influencia)* sobre Ana.

8. Es difícil entenderlo. Para mí no es *(claro | prolífico | vivo).*

**B.** Complete cada frase usando el verbo más apropiado de la lista.

producir    decidir    invitar    influir    dedicar
expresar    dividir    respirar    reconocer

1. Ana piensa ____ a sus mejores amigos a la fiesta.
2. Su disfraz era tan bueno que nadie podía ____ a Marta.
3. La escritora piensa ____ su novela a su propio hijo.
4. Los dos cuadros son bonitos y por eso es difícil ____ entre el uno y el otro.
5. Beatriz ganó el concurso de poesía porque sabe ____ bien sus ideas.
6. Tuvieron que llevar a mi hermanita al hospital anoche porque ella no podía ____.
7. María dice que su jardín va a ____ muchas legumbres.
8. El clima puede ____ en la arquitectura de un país.
9. El Sr. Roldán va a ____ la clase en dos grupos para poder asistir al concierto.

**C.** Termine las frases de la manera más apropiada.

1. Sus cuentos son tan extraños que
2. ¿Cuál de las dos exposiciones
3. No es posible aprender bien una lengua extranjera
4. Al ver los cuadros de Pepe, me di cuenta de
5. Mi hermanito todavía tiene miedo de
6. David insiste en jugar al béisbol
7. ¿Es posible que nuestra clase de español
8. Los movimientos artísticos que tuvieron influencia sobre Dalí eran
9. Este artista hace cerámicas y pinta

a. al óleo.
b. el impresionismo, el cubismo y el surrealismo.
c. siempre tienen más de una interpretación posible.
d. tenga la oportunidad de visitar a México?
e. sin saber la gramática.
f. era de mayor interés para ti?
g. aunque le duele mucho la espalda.
h. tomar la escalera móvil.
i. que tiene mucha imaginación y talento.

*Ud. dirá.* A la joven le encanta la pintura que ha hecho, pero ¿cuál es la impresión del profesor? ¿Es buena su técnica? ¿Tiene talento esta joven? Pregúnteselo al profesor.

## • Estudio de vocabulario

### Sinónimos 1
Escoja la palabra cuyo sentido es más semejante al de la palabra en letra itálica.

1. *expresar*    sacar    decir    atrapar    acercarse
2. *falta*    adversario    error    caspa    escala
3. *favorito*    excesivo    preferido    grave    libre

### Sinónimos 2
Estudie la lista de palabras y haga seis grupos de tres palabras cada uno. Las palabras de cada grupo deben tener un significado parecido.

1. el objeto
2. original
3. apropiado
4. real
5. el elemento
6. hacer
7. el material
8. crear
9. la cosa
10. verdadero
11. único
12. producir
13. el ingrediente
14. el artículo
15. primero
16. pertinente
17. auténtico
18. relacionado

### Antónimos
Complete la frase con la palabra de la lista cuyo sentido es contrario al de la palabra en letra itálica.

vivo    interés    dividió    dividir    expresar    cualquier

1. El tapir no está *muerto;* todavía está ____.
2. A Rosario no le *interesa* nada. Tomás, al contrario, tiene mucho ____.
3. No tengo una oficina *particular.* Trabajo en ____ oficina de la compañía.
4. ¡*Cállate*, Paco! No debes ____ tu opinión ahora.
5. El presidente *reunió* a los miembros del comité y después los ____ en dos grupos.

### Palabras asociadas 1
The expression *de espaldas* is the equivalent of "backward." The word *la espalda* by itself means "back."
Explique el sentido de las frases siguientes:

1. El payaso cayó de espaldas.
2. Me duele mucho la espalda.

### Palabras asociadas 2
Notice that *cualquier(a)* is used as an adjective to mean "any . . . at all." *Cualquiera* is also used as a pronoun and it means "anyone at all." *Un cualquiera* and *una cualquiera*, as nouns, can be insulting. They mean "a nobody."

## Palabras asociadas 3

Dé una palabra del Glosario parecida a cada palabra de la lista siguiente.

1. interesante
2. el invitado
3. conocer
4. industria
5. realidad
6. la conferencia
7. faltar
8. la impresión
9. la influencia

## Palabras con varios sentidos

Estudie los varios sentidos de cada palabra y luego complete las frases usando la forma correcta de la palabra.

**vivo, -a** alive, living; lively; clever

1. Agustina lleva un poncho de colores ____.
2. Para una niña de tres años, Margarita es muy ____. Entiende todo lo que le dicen sus padres.
3. Para cocinar langostas hay que meterlas en agua hirviendo cuando están todavía ____.

**sentir** to feel, to sense; to be sorry

4. Perdóname, por favor. No sabes cuánto lo ____.
5. Nos ____ muy entusiasmados de que Jacinto haya ganado el premio.
6. Anoche Feliciana ____ mucho que Uds. no pudieran ir a la fiesta.
7. Carlos ____ el ruido del auto.

## No hay que confundir

Be careful not to confuse *algo* and *cualquier cosa*. *Algo* means "something" — some specific thing. In a question *algo* can be translated as "anything." *Cualquier cosa* is the equivalent of "anything at all."

Complete las frases con la palabra apropiada.

1. Compré ____ muy caro para mi cuñada.
2. No importa lo que le digas; dile ____.
3. ¿Llegó ____ para mí?
4. Tengo ____ que contarte.
5. Dime lo que quieres. Te daré ____.

*Alguien* is the equivalent of "someone or somebody" — some specific person. In a question it can be translated as "anyone." *Cualquiera* means "anyone at all."

Complete las frases con la palabra apropiada.

6. ¿Hay ____ en la escuela a esta hora?
7. ¿Cómo es que no sabes eso? ____ lo sabe.
8. ____ dejó una carta para don Antonio.
9. ____ puede asistir a la conferencia. No hay que ser miembro del comité.

*Algún, alguno, -a* used as an adjective means "some" or "any" of a particular group. It should not be confused with *cualquier(a)* that means "any at all" or "just any."

Complete las frases con la palabra apropiada.

10. Al señor Mendoza no le gustan las corbatas. Por eso comprará ____ corbata.

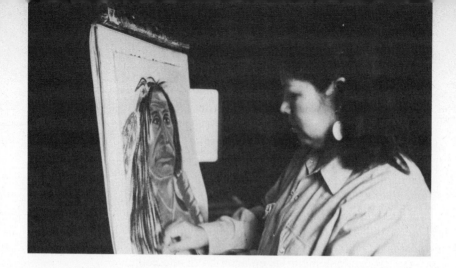

11. Estoy pensando en tres poemas de Martí. ¿Conoces ____ poema de
    Martí?

12. El maestro quiere saber si ____ estudiante suyo vino a verte.

## EXPLICACIONES

### El uso de los tiempos del subjuntivo

1. Look at the following sentences:

| | |
|---|---|
| **Espero** que José **estudie.** | *I hope José studies.* |
| Es imposible que José estudie mañana. | *It's impossible for José to study tomorrow.* |
| **Dudo** que José **haya estudia-do.** | *I doubt that José has studied.* |

Notice that the verbs in the main clauses of these sentences are in the present indicative. What are the tenses of the verbs that follow them? After the present indicative, the present subjunctive or the present perfect subjunctive can be used. The present subjunctive may refer to a present or future action, while the present perfect subjunctive refers to a past action.

2. Now look at the tenses used in the following sentences:

| | |
|---|---|
| **Esperaba** que José **estudiara.** | *I hoped José would study.* |
| **Era** importante que **llegaran** a tiempo. | *It was important that they arrive on time.* |
| Te **aconsejé** que **escribieras** en español. | *I advised you to write in Spanish.* |

Did you notice that the verbs in the main clauses are in the imperfect or in the preterite? Did you also notice that the verbs that follow them are in the imperfect subjunctive? The verb in the imperfect subjunctive tells what should or might happen at the same time as or after the action of the verb in the main clause.

3. Here are examples of another tense that can be used when the verb in the main clause is in the imperfect or the preterite:

**No creíamos** que Anita **se hubiera cortado** el pelo.
*We didn't believe that Anita had cut her hair.*

**Era** posible que Paco **hubiera salido.**
*It was possible that Paco had left.*

Martín **no creyó** que **hubiéramos terminado.**
*Martin didn't believe that we had finished.*

A pluperfect subjunctive verb can be used after an imperfect or a preterite. The verb in the pluperfect subjunctive tells about an action that occurred before the action in the imperfect or preterite.

4. You are familiar with the use of the present subjunctive in adverbial clauses when the verb in the main clause is in the future tense:

**Saldré** después de que me **llames.**
*I'll leave after you call me.*

**No podré** hacer la tarea a menos que Uds. me **ayuden.**
*I won't be able to do my homework unless you help me.*

Notice that in noun clauses the present subjunctive can also be used when the main verb is in the future tense.

**No permitiré** que los estudiantes **entren.**
*I won't allow the students to enter.*

**Será** imposible que **vengan** hoy.
*It'll be impossible for them to come today.*

5. Notice which subjunctive tense is used when the verb in the main clause is in the conditional:

**No podría** hacer la tarea a menos que Uds. me **ayudaran.**
*I wouldn't be able to do my homework unless you helped me.*

**No saldría** después de que **llegara** el profesor.
*I wouldn't leave after the teacher arrived.*

The *imperfect* subjunctive is normally used when the verb in the main clause is in the conditional.

6. Verbs of commanding, advising, and prohibiting can be followed by still other tenses. Look at this pair of sentences:

Nos **han dicho** que **regresemos** temprano.
*They've told us to return early.*

Le **he permitido** que **abra** las cajas.
*I've allowed him to open the boxes.*

Notice that the present subjunctive can be used when the verb of the main clause is in the present perfect. The action of the verb in the main clause is in the recent past and may still be occurring. Look at this pair of sentences:

El médico le **había mandado** que **bajara** de peso.
*The doctor had ordered him to lose weight.*

Me **habías dicho** que          You **had told** me to
  **trajera** los discos.         **bring** the records

Notice that the imperfect subjunctive can be used when the verb of the main clause is in the past perfect indicative. The action of the verb in the main clause was completed before the action of the verb in the subjunctive.

## Ejercicios

**A.** Conteste según los modelos.

1. ¿Salen los jugadores?
   *Dudo que salgan.*

2. ¿Comienza la película ahora?
3. ¿Mienten los abogados?
4. ¿Vuelven los miembros del comité?
5. ¿Lo sospecha Anita?

6. ¿Lo dividió Roberto?
   *Dudo que lo haya dividido.*

7. ¿Los perdieron los detectives?
8. ¿Lo desenvolvió el cartero?
9. ¿Se sorprendió Claudia?
10. ¿La invitó Raúl?

**B.** Conteste según los dibujos. Empiece con los modelos.

inmediatamente

1. ¿Qué me aconsejaste?    *Te aconsejé que te embarcaras
                             inmediatamente.*

el crimen

todos los días

2. ¿Qué me dijiste?              3. ¿Qué me pediste?

4. ¿Qué me mandaste?            5. ¿Qué nos pidieron Uds.?
                                   *Les pedimos que pegaran los
                                    carteles.*

más

el trigo

6. ¿Qué nos mandaron Uds.?

7. ¿Qué nos aconsejaron Uds.?

la chaqueta

el poema

8. ¿Qué nos dijeron Uds.?

9. ¿Qué nos aconsejaron Uds.?

**C.** Cambie las frases según las palabras entre paréntesis. Empiece con el modelo.

1. Esperan que Héctor haya invitado a Marta. (Esperaban que)
   *Esperaban que Héctor hubiera invitado a Marta.*

2. Dudo que el conferenciante haya venido. (Dudaba que)

3. Es posible que la escalera móvil no haya funcionado. (Era posible que)

4. Elia no cree que hayas entendido el cubismo. (Elia no creía que)

5. Espero que hayan decidido disfrutar de esta oportunidad. (Esperaba que)

6. No es evidente que el impresionismo haya influido en este movimiento. (No era evidente que)

**D.** Conteste según los modelos.

1. ¿Lo dedicarás antes de que yo lo vea?
   *¡Claro! Lo dedicaría antes de que tú lo vieras.*

2. ¿La decidirás sin que yo te aconseje?

3. ¿Lo incluirás para que yo lo vea?

4. ¿Lo tirarás aunque yo lo necesite?

5. ¿Lo terminarás sin que yo te ayude?

6. ¿Me llamarás en cuanto llegues?
   *¡Claro! Te llamaría en cuanto llegara.*

7. ¿Me escribirás cada día hasta que vuelvas?

8. ¿Me lo dirás cuando lo sepas?

9. ¿Me buscarás después de que regreses?

10. ¿Me comprarás otro libro cuando vayas al centro?

*Lesson 15*

**E.** Conteste según las palabras entre paréntesis. Empiece con los modelos.

1. ¿Qué te han dicho? (no trasnochar)
   *Me han dicho que no trasnoche.*

2. ¿Qué te ha pedido? (organizar el movimiento)
3. ¿Qué te han permitido? (invitar a Teresa)
4. ¿Qué nos has pedido? (aconsejarme)
5. ¿Qué nos has mandado? (estudiar el surrealismo)
6. ¿Qué nos has aconsejado? (no perder confianza)

7. ¿Qué te habían deseado? (disfrutar de la oportunidad)
   *Me habían deseado que disfrutara de la oportunidad.*

8. ¿Qué te había pedido? (mojar una toalla)
9. ¿Qué te habían dicho? (obtener un ejemplo de cubismo)
10. ¿Qué nos habías aconsejado? (respirar rápidamente)
11. ¿Qué nos habías mandado? (ponerse el abrigo)
12. ¿Qué nos habías dejado? (volver inmediatamente)

## Confirme su progreso

Use el calendario para completar las frases. Empiece con los modelos.

| domingo | lunes | martes | miércoles | jueves | viernes | sábado |
|---------|-------|--------|-----------|--------|---------|--------|
| 1 | 2 | 3 | 4 | 5 | 6 | 7 |

la profesora y yo

nuestro equipo

yo / el robo

la policía / al ladrón

el ladrón

tú / los carteles

los artistas / la tela

1. a. Hoy, martes, Paco duda que (4)
   b. Hoy, martes, Paco duda que (2)
   c. Ayer, martes, Paco dudó que (4)
   d. Ayer, martes, Paco dudó que (2)
   *a. Hoy, martes, Paco duda que pegues los carteles.*
   *b. Hoy, martes, Paco duda que el ladrón haya huido.*
   *c. Ayer, martes, Paco dudó que pegaras los carteles.*
   *d. Ayer, martes, Paco dudó que el ladrón hubiera huido.*

2. a. Hoy, jueves, no creo que (7)
   b. Hoy, jueves, no creo que (3)
   c. Ayer, jueves, me alegraba de que (6)
   d. Ayer, jueves, me alegraba de que (3)
3. a. Hoy, lunes, es imposible que (2)
   b. Hoy, lunes, es imposible que (1)
   c. Ayer, lunes, quisieron que (5)
   d. Ayer, lunes, quisieron que (1)
4. a. Hoy, miércoles, temen que (5)
   b. Hoy, miércoles, temen que (2)
   c. Ayer, miércoles, era necesario que (5)
   d. Ayer, miércoles, era necesario que (1)
5. a. Hoy, viernes, se alegran de que (7)
   b. Hoy, viernes, se alegran de que (3)
   c. Ayer, viernes, Marta temió que (6)
   d. Ayer, viernes, Marta temió que (5)

## Los interrogativos ¿qué? y ¿cuál?

1. You have learned that *¿qué?* means "what?".

   | | |
   |---|---|
   | **¿Qué** haces? | *What are you doing?* |
   | **¿Qué** prefiere Juanita? | *What does Juanita prefer?* |

   Now look at these sentences with *¿qué?* meaning "what":

   | | |
   |---|---|
   | **¿Qué** es una llama? | *What is a llama?* |
   | **¿Qué** es su tía? ¿Es abogada? | *What is your aunt? Is she a lawyer?* |
   | **¿Qué** es tu padre—cubano? | *What is your father, Cuban?* |

   *¿Qué?* used with *ser* asks for a definition or asks what a person's profession or nationality is.

2. *¿Cuál?* followed immediately by *ser* also means "what?". It is used in any context that does not ask for a definition, nationality, or profession:

   | | |
   |---|---|
   | **¿Cuál** es la fecha de hoy? | *What is today's date?* |
   | **¿Cuál** es su dirección? | *What is his address?* |
   | **¿Cuáles** son los resultados? | *What are the results?* |

   Notice that the plural of *¿cuál?* is *¿cuáles?*

3. Directly before a noun, *¿qué?* (and not *¿cuál?*) is used for "what?" or "which?":

   | | |
   |---|---|
   | **¿Qué** exposición quieres ver? | *What (which) exhibit do you want to see?* |
   | **¿Qué** zapatos compraste? | *What (which) shoes did you buy?* |

4. *¿Cuál de?* and *¿cuáles de?* mean "which?" and ask for a choice from among a group:

   | | |
   |---|---|
   | **¿Cuál de** estos libros prefieres? | *Which of these books do you prefer?* |

---

### ARTE

# Homenaje a los tres Pablos

Casals, Neruda y Picasso reciben la memoria-homenaje de tres escultores españoles: el de Teresa Eguibar, en acero y bronce; el de Antonio Oteyza, en bronce puro, y el de José Luis Sánchez, en mármol.

Tres son los artistas que rinden homenaje a los tres grandes Pablos. Teresa Eguibar ha elegido el acero y el bronce para meditar sobre Picasso. Las violentas distorsiones del malagueño aparecen, en estas esculturas, traducidas a un lenguaje rítmico y sereno, un juego de puros volúmenes. Antonio Oteyza, con nervioso expresionismo, ha creado unas imágenes en que intérprete e instrumento aparecen fundidos, confundidos, palpitando al unísono, como llamaradas de bronce. José Luis Sánchez concibe su homenaje en mármol y en bronce. Junto a sus peculiares ordenaciones, que evocan mágicos capiteles, a las que me referí a propósito de su última exposición individual, aparece una hermosa invención última, en bronce patinado en negro, una especie de poderosa flor cuyo cáliz es una misteriosa concavidad. Las 15 piezas —cinco por artista— que componen el homenaje organizado por la **galería Múltiple 4.17,** en edición de varios ejem-

¿**Cuáles de** aquellos jóvenes son       **Which of** those young people
     tus amigos?                          are your friends?

Notice that this usage calls for ¿*cuál(es)* + *de?*

## Ejercicios

**A.** Complete las frases siguientes usando ¿*qué?*, ¿*cuál?* o ¿*cuáles?*.

1. ¿____ es suyo?
2. ¿____ estilo te interesa?
3. ¿____ haces?
4. ¿____ es el impresionismo?
5. ¿____ es tu blusa favorita, la blanca o la rosa?
6. ¿____ es una escalera móvil?
7. ¿____ son tus intereses?
8. ¿____ número quieres dividir?
9. ¿____ de las oportunidades estás considerando?
10. ¿____ son las carreras que te interesan?
11. ¿____ son aquellas conferenciantes—norteamericanas o mexicanas?
12. ¿____ son las obras originales?
13. ¿____ es Maribel Atiénzar—española?

**B.** Invente preguntas según los dibujos usando ¿*cuál(es)* + *de?*
Empiece con los modelos.

1. aquellos muchachos / tener frío      2. sus hijos / tener hambre
   *¿Cuál de aquellos muchachos*            *¿Cuáles de sus hijos tienen hambre?*
   *tiene frío?*

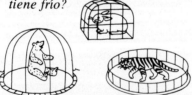 

3. esos animales / ser peligroso      4. mis primas / hablar por teléfono

5. tus amigas / tener frío      6. los músicos / tocar el violín

7. tus niños / correr  8. los actores / bailar

9. estas muchachas / casarse

## Los pronombres relativos: <u>el que</u>, <u>el cual</u>, <u>lo que</u>, <u>lo cual</u>

1. You have already learned the relative pronouns *que, quien, quienes.*

| | |
|---|---|
| Jorge es el muchacho **que** me invitó a la fiesta. | *Jorge is the boy **who** invited me to the party.* |
| La calle en **que** vives es muy estrecha. | *The street **that** you live on is very narrow.* |
| Los García, **quienes** viven en México, nos visitarán mañana. | *The Garcías, **who** live in Mexico, will visit us tomorrow.* |
| Mi prima, a **quien** te presenté, es una chica bien educada. | *My cousin, to **whom** I introduced you, is a polite girl.* |

Remember that *que* can refer to persons or objects, masculine or feminine, singular or plural. *Quien* can replace *que,* but only when providing additional information about a person. After the prepositions *a, de, en, con,* Spanish usually calls for *que* when referring to things, and *quien(es)* when referring to persons.

2. Look at the following sentences:

| | |
|---|---|
| ¿Recuerdas al tío de Marta, **el que** llevaba las corbatas extrañas? | *Do you remember Marta's uncle, (the one) **who** used to wear strange ties?* |
| ¿Conoces la novela de ese autor, **la que** ganó el primer premio? | *Do you know that author's novel, (the one) **which** won the first prize?* |

*El que, la que, los que,* and *las que* are used instead of *que* and *quien(es)* to make it clear that a clause refers to only one of two possible persons or things. In the first sentence, *el que* is used to show that the clause *que llevaba las corbatas extrañas* refers to *el tío* and not to *Marta.* In the second sentence, what is the clause *la que ganó el primer premio* referring to?
Did you notice that these relative pronouns must agree with the person(s) or thing(s) to which they refer?

3. Now look at these sentences:

Paco me prestó sus apuntes de la clase de biología, **los cuales** me ayudaron a estudiar para el examen.

*Paco lent me his biology notes, **which** helped me study for the exam.*

Las casas cerca de **las cuales** vivimos son muy impresionantes.

*The houses near **which** we live are very impressive.*

*El cual, la cual, los cuales,* and *las cuales* are also used to make it clear that a clause refers to only one of two possible persons or things. In the first sentence, what is the clause *los cuales me ayudaron a estudiar para el examen* referring to? *El cual, la cual,* etc., are also used after prepositions. In everyday language these relative pronouns are seldom used after the more common prepositions: *a, con, de, en.* However, they are generally used after most other prepositions. *El cual, la cual,* etc., also agree with the person(s) or thing(s) to which they refer.

4. Look at the examples below with the relative pronoun *lo que*:

¿Sabes **lo que** quiero decir?

*Do you know **what** I mean?*

Tomás no me saludó, **lo que** me molestó mucho.

*Tomás didn't greet me, **which** bothered me a lot.*

In the first sentence, *lo que* is the equivalent of "what." In the second sentence, *lo que* means "which" and is used to refer to an idea or situation presented in the clause that it follows. Just as *el que* and *el cual* can be used interchangeably, *lo que* meaning "which" can be replaced with *lo cual* without changing the meaning of the sentence.

## *Ejercicios*

**A.** Combine las frases usando *el que, la que, los que* o *las que.* Empiece con el modelo.

1. ¿Viste al hermano de Divinidad? El hermano trabaja conmigo.
   *¿Viste al hermano de Divinidad, el que trabaja conmigo?*

2. Hablé con las tías de Eugenio. Las tías han estado en Miami.
3. ¿Conoces al abuelo de Alina? Su abuelo tiene una barba larga.
4. ¿Llegaron los primos de Anastasia? Los primos vivían en Honduras.
5. No me gusta el auto de los Robles. El auto es rojo y verde.
6. ¿Cómo se llama la hija de Juan Carlos? La hija acaba de nacer.

**B.** Combine las frases usando *el cual, la cual, los cuales* y *las cuales.* Empiece con los modelos.

1. El auto de Dolores ya no funciona. El auto es muy viejo.
   *El auto de Dolores, el cual es muy viejo, ya no funciona.*
2. No pudimos encontrar el banco. Perico vivía al lado del banco.
   *No pudimos encontrar el banco al lado del cual vivía Perico.*
3. Las obras de ese autor no me interesan. Las obras son aburridas.

GALERIA ESTUDIO

CID

V

EXPOSICION DEL
MARQUES DE VILLAMAGNA

EL 16 DE MAYO AL 4 DE JUNIO 1974

4. No quiero leer el ensayo de Juana. El ensayo es muy largo.

5. Los árboles son muy grandes. Yo camino entre los árboles.

6. Visitaremos un castillo. Una princesa vive dentro del castillo.

7. Estudio el cubismo y el surrealismo. Mi profesor de arte habló ayer acerca del cubismo y del surrealismo.

8. Hay unas torres muy altas. Todo el pueblo se puede ver desde las torres.

C. Cambie las frases según el modelo.

1. ¿Qué va a hacer Patricia? (dedicarse a la pintura)
   *Lo que va a hacer es dedicarse a la pintura.*

2. ¿Qué no le gusta a Javierito? (tomar la escalera móvil)

3. ¿Qué expresa este cuadro? (la condición humana)

4. ¿Qué te gustaría hacer? (invitarte a mi casa)

5. ¿Qué ha decidido hacer el conferenciante? (cambiar el tema de la conferencia)

D. Combine las frases usando primero *lo que* y luego *lo cual*. Empiece con el modelo.

1. Ese artista hace cosas chocantes. No me gusta mucho.
   *Ese artista hace cosas chocantes, lo que no me gusta mucho.*
   *Ese artista hace cosas chocantes, lo cual no me gusta mucho.*

2. Hay muchas faltas en tu ensayo. No debe ser.

3. La joven pintora trabaja con una precisión increíble. Me encanta ver.

4. Me duele la espalda. Me tiene preocupado.

5. Felipe preguntó, «¿qué demonios es esto?» No les cayó bien a sus padres.

6. De aquí en adelante tienes que respirar profundamente. Te ayudará a sentirte mejor.

galería orfila

julian
CASADO

## HABLEMOS UN POCO

Vamos a jugar «Contando mentiras». Un estudiante les va a contar a los otros tres mentiras, una sobre lo que hizo hace una semana, otra sobre lo que ha hecho esta mañana y la tercera sobre lo que va a hacer mañana. Cada vez que el «mentiroso» diga algo, cualquier otro estudiante le contesta, empezando con las palabras *No creo que* o *dudo que*.
El juego podría empezar así:

Estudiante 1: *Hace una semana hablé con nuestro presidente.*
Estudiante 2: *No creo que hablaras con nuestro presidente.*
Estudiante 1: *Esta mañana he visto a una bruja.*
Estudiante 3: *Dudo que hayas visto a una bruja.*
Estudiante 1: *Mañana iré a la América del Sur.*
Estudiante 4: *No creo que vayas a la América del Sur.*

Recuerden que hay que contestar al «mentiroso» usando primero el pasado del subjuntivo, después el presente perfecto del subjuntivo y luego, el presente del subjuntivo. Después, otro estudiante cuenta mentiras, y el juego continúa hasta que todos hayan tenido la oportunidad de ser el mentiroso.

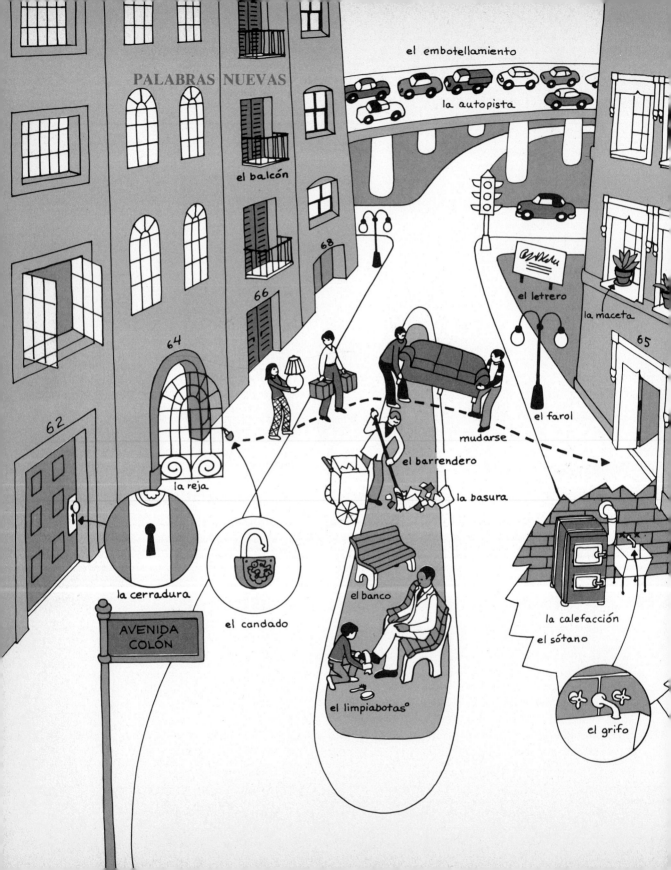

PALABRAS NUEVAS

el embotellamiento

la autopista

el balcón

el letrero

la maceta

66

68

64

65

62

la reja

mudarse

el farol

la cerradura

el candado

el barrendero

la basura

el banco

la calefacción

el sótano

AVENIDA
COLÓN

el limpiabotas°

el grifo

# lección
# 16

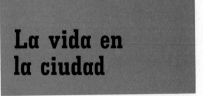

# La vida en la ciudad

## Avisos Clasificados
## Casas, Apartamentos, Condominios

Se alquilan apartamentos
de 3, 4 y 5 habitaciones.
Viviendas populares
«Calixto Contreras».
El alquiler incluye luz, gas, calefacción y uso del patio central. Autopista y centro comercial cerca. ¡Disfrute del lujo de un barrio residencial a buenos precios!
Tel.:° 514-732

Venta de condominio
edificio «Las Maravillas».
Piso 18, vista estupenda.
4 dormitorios, balcón, 2½ baños, sala y comedor alfombrados, cocina, despensa, closets amplios, lavandería en el sótano, ascensor y portero.
Solicite informes en el vestíbulo.
Horas de oficina: 8–12, 2–7

Se vende casa acabada de construir
en barrio residencial.
3 dormitorios, 2 baños, sala, comedor, cocina, cuarto de desahogo, alcoba y baño de criado/a, patio y jardín cercado. Ambiente tranquilo y privado. Infórmese:
Oficina de viviendas Dos Hnos.
Avenida La Esperanza #892

Casa de huéspedes «Su Hogar»
alquila alcobas amuebladas con cortinas y suficiente espacio para estantes. Baño privado.
Con o sin comidas. Alquiler por adelantado incluye luz, calefacción y teléfono.
Se prefieren estudiantes. ¡A tres cuadras de la universidad!
Tel.: 241-875

## • Glosario

### SUSTANTIVOS

**el alquiler**   rent
**la autopista**   expressway
**la avenida**   avenue
**el balcón**   balcony
**el banco**   bench; bank
**el barrendero, la**
    **barrendera**   street
    sweeper
**la basura**   garbage
**la calefacción**   heat;
    furnace
**el candado**   padlock
**la casa de huéspedes**
    rooming house
**el centro comercial**
    shopping center
**la cerradura**   keyhole

**el closet**   closet
**el condominio**
    condominium
**la cuadra**   city block
**el cuarto de desahogo**
    utility room
**la despensa**   pantry
**el dormitorio**   bedroom
**el edificio**   building
**el embotellamiento**   traffic
    jam
**el estante**   shelf
**el farol**   (street) lamp;
    lantern
**el gas**   gas
**el grifo**   faucet
**el hogar**   home; hearth

**el huésped, la huéspeda**
    guest
**la lavandería**   laundry
    room, laundry
**el letrero**   sign
**el limpiabotas**   bootblack
**el lujo**   luxury
**la luz**   electricity
**la maceta**   (flower) pot
**la reja**   grating; grillwork
**el sótano**   basement
**el vestíbulo**   lobby
**la vista**   view
**la vivienda**   housing,
    living quarters

### VERBOS

**adelantar**   to move
    forward, to
    advance; to
    improve; to be fast
    (clock)

**informar**   to inform
**mover (ue)**   to move
**mudarse**   to move

### ADJETIVOS

**alfombrado, -a**   carpeted
**amplio, -a**   roomy, ample
**amueblado, -a**   furnished

**central**   central
**cercado, -a**   fenced in
**clasificado, -a**   classified

**privado, -a**   private
**residencial**   residential
**suficiente**   sufficient

### EXPRESIONES / PALABRAS
    ÚTILES

**por adelantado**   in
    advance

⇒ COMENTARIO
°**el limpiabotas** ↔ *los limpiabotas*
°**Tel.:** This is the abbreviation for *teléfono*.
Do you remember that the abbreviation
for *hermanos* is *hnos.?*

*Lección*
*dieciséis*

292

## Ejercicios de vocabulario

**A.** Haga frases completas según los dibujos.

1.        recoge

2.        limpia

3.        dice

4. Los Rodríguez

5. Hay        en

**B.** Complete las frases.

1. Aunque la autopista es muy amplia,
2. Los Sánchez compraron un condominio que
3. En nuestra cuadra están construyendo
4. La calefacción y la lavandería
5. El alquiler incluye
6. Me gusta esta casa de huéspedes porque
7. Los balcones tienen
8. Aquella avenida los llevará
9. Necesitamos el apoyo del gobierno
10. Protegemos nuestro hogar contra robos

a. por los barrios residenciales del norte.
b. los dormitorios tienen suficientes estantes.
c. por medio de rejas, candados y buenas cerraduras.
d. hay un embotellamiento terrible.
e. luz, gas y calefacción.
f. tiene un cuarto de desahogo.
g. un edificio de lujo.
h. están en el sótano.
i. macetas de flores.
j. para construir más viviendas.

**C.** Complete la frase con el adjetivo apropiado.

1. Mario busca un apartamento (amueblado / celoso).
2. San Marcos es un barrio (residencial / amueblado).
3. En los avisos (cercados / clasificados) de hoy aparece este apartamento.
4. ¡Qué demonios! La calefacción (central / privada) no funciona.
5. Sería mejor buscar un apartamento (alfombrado / mimado) y con closets amplios.

## • Estudio de vocabulario

### Sinónimos
Escoja la palabra cuyo sentido es más semejante al de la palabra en letra itálica.

1. *la casa de huéspedes*   la escuela   la cárcel   el hotel   la farmacia
2. *el dormitorio*   la alcoba   la granja   la peluquería   la oficina
3. *informar*   sufrir   permitir   insultar   decir
4. *los barrios residenciales*   las pampas   las afueras   las provincias   los países

### Palabras asociadas 1
The expression *por adelantado* meaning "in advance" is related to the word *adelante,* which you already know, and to the new verb *adelantar(se).* With a reflexive pronoun this verb has the special meaning "to be fast" in relation to clocks and watches.
Explique el sentido del verbo *adelantar* en las frases siguientes:

1. Los soldados *adelantan* lentamente.
2. Le pedí a mi papá que me *adelantara* veinte dólares.

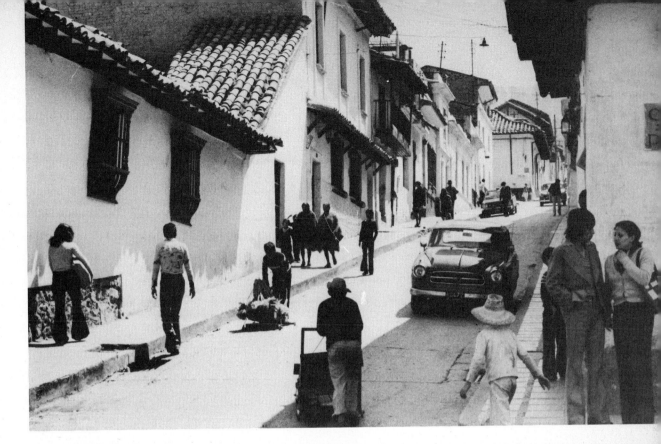

3. Joaquín ha *adelantado* mucho en su clase de historia.
4. Llegaremos temprano porque mi reloj *se adelanta*.

### Palabras asociadas 2
Dé una palabra parecida a cada palabra de la lista siguiente.

1. la cerradura
2. el dormitorio
3. la lavandería
4. la vista
5. el alquiler
6. la calefacción
7. la vivienda
8. alfombrado
9. informar

### Palabras con varios sentidos
**el farol**  street lamp; lantern

1. Tuvimos que usar ____ anoche porque las luces no funcionaban.
2. Mis padres me castigaron por romper ____ de la calle.

**la luz**  light; electricity
3. No podemos usar los enchufes porque no hay ____.
4. Mi papá no me permite que lea sin mucha ____.

### No hay que confundir
The verb "to move" has several equivalents in Spanish. *Mover* and *mudar* can mean "to move, to change the position or location of something." However, the verb *mudar* must be used with a phrase that refers to a location; for example, *Mudamos el televisor de habitación. Mudarse* implies a change in one's place of residence.

# EXPLICACIONES

## El uso impersonal del pronombre reflexivo <u>se</u>

1. Recall the following use of *se:*

   | | |
   |---|---|
   | **Se habla** español en la Argentina. | ***They speak*** *Spanish in Argentina.* |
   | ¿Cómo **se dice** esto en español? | *How **does one say** this in Spanish?* |
   | **Se sirve** el desayuno a las siete. | *Breakfast **is served** at seven.* |

   *Se* + the 3 singular of the verb is used to express an indefinite subject ("one," "people," "they," or "you"). Notice the different English equivalents for this use of *se* in the sentences above.

2. Look at the use of *uno (una)* in the following sentences:

   | | |
   |---|---|
   | **Uno** no sabe qué hacer. | ***One*** *doesn't know what to do.* |
   | ¿Debería **una** llevar un vestido elegante para ir a la discoteca? | *Should **one** wear an elegant dress to go to a discotheque?* |

   *Uno (una)* is also used as an indefinite subject. Note that *uno (una)* agrees in gender with the group to which the speaker refers.

   Now compare the following pair of sentences:

   | | |
   |---|---|
   | **Se queja** mucho del ruido. | ***He complains*** *a lot about the noise.* |
   | **Uno se queja** mucho del ruido. | ***One complains*** *a lot about the noise.* |

   Notice that the verb with the reflexive pronoun in the first sentence implies a *definite* subject. When using verbs with reflexive pronouns (*quejarse de, equivocarse, lavarse, llamarse,* etc.), *uno (una)* is used to express an *indefinite* subject.

3. As in English, the 3 plural of the verb may also be used to indicate an indefinite subject.

   | | |
   |---|---|
   | **Dicen** que el invierno este año va a ser muy frío. | ***They say*** *that winter this year is going to be very cold.* |
   | **Tendrán** elecciones en mayo. | ***They'll have*** *elections in May.* |

4. Look at this pair of sentences:

   | | |
   |---|---|
   | **Se vende** carne en una carnicería. | *Meat **is sold** in a butcher shop.* |
   | **Se venden** libros en una librería. | *Books **are sold** in a bookstore.* |

   Note that the verb is in the 3 singular or plural depending on the noun that follows it. Notice that these nouns refer to things, not to people.

Now look at the following pair of sentences:

**Se necesita** una mecánica.
*A mechanic **is needed**.*

**Se necesitan** dos secre-
tarios.
*Two secretaries **are needed**.*

The same type of construction is possible when the nouns refer to people, and is most often found in advertisements.

5. Now look at the following sentences:

**Se mató** al soldado.
*They **killed** the soldier.*

**Se condenó** a las ladronas
a seis meses de cárcel.
*They **sentenced** the thieves to six
months in jail.*

Note that the personal *a* is used in these sentences because the direct objects refer to people. Note also that *se* + the 3 singular is used in both sentences.

Remember, however, that the 3 plural of the verb indicating an indefinite subject is more commonly used in this instance than the impersonal *se* as you will notice in the following sentences.

**Mataron** al soldado.
*They **killed** the soldier.*

**Condenaron** a las ladronas
a seis meses de cárcel.
*They **sentenced** the thieves to
six months in jail.*

6. Notice what happens in the following pairs of sentences:

**Rompí** la taza.
**Se me rompió** la taza.
*I **broke** the cup.*

**Perdieron** los libros.
**Se les perdieron** los
libros.
*They **lost** the books.*

The first sentence in each of the pairs above merely states that something happened. But in the second sentence in each pair, *se* + indirect object + the 3 singular or plural of the verb is used to indicate that something happened *involuntarily*. Note that the indirect object indicates the person or people involved in the action or affected by it.

## Ejercicios

**A.** Conteste usando la palabra apropiada de la lista. Empiece con el modelo.

> el centro comercial   el colegio   el comedor
> la discoteca   el estadio   el hospital   la lavandería
> el museo   el barrio residencial

1. ¿Dónde se baila hasta la medianoche?
   *Se baila hasta la medianoche en la discoteca.*

2. ¿Dónde se estudia mucho?
3. ¿Dónde se ve un objeto muy antiguo?
4. ¿Dónde se compra un condominio?
5. ¿Dónde se juega al fútbol?

6. ¿Dónde se lava la ropa?

7. ¿Dónde se toma la cena?

8. ¿Dónde se compra un grifo?

**B.** Conteste según el modelo.

1. ¿Sabes qué hacer?
   *No, aquí uno (-a) no sabe qué hacer.*

2. ¿Adelantas dinero?
   *No, aquí uno (-a) no adelanta dinero.*

3. ¿Pintas muchos letreros?

4. ¿Alquilas muchos condominios?

5. ¿Vives en una casa de huéspedes?

6. ¿Trasnochas mucho?

7. ¿Siembras trigo?

8. ¿Castigas a los niños?

9. ¿Eliges a un reaccionario?

10. ¿Construyes muchas viviendas?

**C.** Complete las frases con sujetos indefinidos según los dibujos. Empiece con el modelo.

1. los zapatos todos los días
   *Uno se pone los zapatos todos los días.*

2. en aquella ciudad

3. temprano

4. tarde en el verano

5. antes de salir

6. la chaqueta si hace calor

7. después de trabajar mucho

8. bien para ir a un baile

9. si está cansado

**D.** Conteste según el modelo.

1. ¿Te sorprendiste de tu éxito?
   *Claro, uno (-a) siempre se sorprende de su éxito.*

2. ¿Te imaginaste rico y fuerte?
3. ¿Te perdiste en el centro comercial?
4. ¿Te enamoraste durante el viaje de verano?
5. ¿Te volviste a tu país?
6. ¿Te marchaste inmediatamente?
7. ¿Te quedaste mucho tiempo en ese balneario famoso?
8. ¿Te reíste de los payasos?
9. ¿Te aburriste durante la conferencia literaria?
10. ¿Te apuraste al recibir su llamada?

**E.** Haga frases según el modelo.

1. No me gusta esta naranja. (producir / mi país)
   *No me gusta esta naranja. Producen mejores naranjas en mi país.*

2. No me gustan estos ensayos. (escribir / el cuarto año)
3. No me gusta este candado. (hacer / España)
4. No me gusta esta comida. (preparar / mi casa)
5. No me gustan estas autopistas. (tener / otras ciudades)
6. No me gusta este champú. (vender / el centro comercial)
7. No me gustan estos puentes. (construir / mi provincia)

> *Ud. dirá.* Desde su apartamento, esta familia tiene una vista estupenda de la plaza mayor. ¿Qué estará pasando en este momento? Hable con la señorita.

**F.** Conteste según las palabras entre paréntesis.
Empiece con el modelo.

1. ¿Se habla español en Francia? (Puerto Rico)
   *No, hablan español en Puerto Rico.*

2. ¿Se venden libros en una carnicería? (librería)
3. ¿Se sirve el desayuno en el cuarto de desahogo? (el comedor)
4. ¿Se lava la ropa en un dormitorio? (una lavandería)
5. ¿Se compran sellos en el hogar? (la casa de correos)
6. ¿Se celebra la fiesta hoy? (mañana)
7. ¿Se encuentran faroles en el hogar? (la autopista)
8. ¿Se va de compras a una casa de huéspedes? (centro comercial)

**G.** Ud., que es gerente de varias tiendas, quiere preparar letreros para las vitrinas. Los letreros indicarán la mercancía de la tienda. Su amigo, Andrés, otro negociante, le preparó unos modelos. Empiece con sus modelos.

1. a. carne
      *Aquí se vende carne.*
   b. libros
      *Aquí se venden libros.*

   c. joyas
   d. pescado
   e. pan

   f. zapatos
   g. gasolina
   h. remedios

En algunas de las tiendas hay dependientes que hablan varias lenguas. Ud. quiere indicar esto por medio de letreros. Su amigo Andrés también le preparó un modelo.

2. a. inglés
      *Aquí se habla inglés.*

   b. inglés y español
   c. francés

   d. francés, español e inglés
   e. español

Ud. también quiere preparar otros letreros para sus dependientes. Los letreros indicarán cómo quiere que los dependientes se porten durante sus horas de trabajo.

3. a. A Ud. no le gusta que los dependientes lean novelas.
      *Se prohibe leer novelas.*

   b. A Ud. no le gusta que los dependientes hablen por teléfono con amigos.
   c. A Ud. no le gusta que los dependientes lleguen tarde.
   d. A Ud. no le gusta que los dependientes se vistan con ropa deportiva.
   e. A Ud. no le gusta que los dependientes coman durante las horas de trabajo.

**H.** Cambie las frases según los modelos.

1. Se ataca al jefe del comité.
   *Atacan al jefe del comité.*

2. Se abandona a los amigos.
3. Se libera al país.
4. Se aconseja a la novia.
5. Se corrige al estudiante.
6. Se castiga a los niños.

7. Perdonan al ladrón.
   *Se perdona al ladrón.*

8. Entierran al muerto.
9. Aplauden a los músicos famosos.
10. Insultan al ciudadano.
11. Defienden a los soldados.
12. Acusan a la barrendera.

**I.** Cambie las frases según el modelo.

1. Se le perdió el letrero.
   (a) tú    (b) nosotros    (c) yo
   *(a)  Se te perdió el letrero.*

2. Se les escapó el ladrón.
   (a) nosotros    (b) la víctima    (c) yo
3. Se nos olvidaron los libros.
   (a) los niños    (b) tú y yo    (c) tú
4. Se me rompieron los pantalones.
   (a) el señor elegante    (b) los limpiabotas    (c) nosotros

**J.** Conteste según los modelos.

1. ¿Rompiste el grifo?
   *Pues, sí. Se me rompió*
   *el grifo.*

6. ¿Perdieron Uds. el dinero?
   *Pues, sí. Se nos perdió el*
   *dinero.*

2. ¿Perdiste los candados?
3. ¿Apagaste las luces?
4. ¿Paraste el auto?
5. ¿Perdiste la cuenta?

7. ¿Mojaron Uds. el libro?
8. ¿Rompieron Uds. la reja?
9. ¿Perdieron Uds. los letreros?
10. ¿Apagaron Uds. el televisor?

# LECTURA

## Espacio, distancia y tiempo

Estimado[1] Henry:

    ¡Cuánto me alegro de que su carrera le provea[2] la oportunidad de vivir en diferentes países hispanos! La posibilidad de residir[3] en un país extranjero es causa de[4] gran satisfacción y enriquecimiento.[5] Pero a la vez[6] puede dar
5    origen a algunos conflictos ya que[7] uno se encuentra en medio de nuevas costumbres y tradiciones. Por eso no me sorprenden las preguntas que me hace en su carta. Voy a tratar de explicarle de una manera muy general algunos aspectos básicos de la cultura hispana; por ejemplo, tomemos los conceptos de espacio, distancia y tiempo.

10    Los hispanos hacen una distinción muy clara[8] entre el espacio público y el espacio privado. Éste es mucho más importante que aquél. A los hispanos les gusta vivir «en privado,» especialmente, en el patio de su casa. Por esto, muchos jardines y patios están rodeados[9] de murallas.[10] Influencia árabe,° dicen unos; deseo de tranquilidad y retiro,[11] dicen otros. Es curioso
15    observar que el tema de la vida «en privado» es muy común en la literatura hispana. ¿Conoce el poema «A la vida retirada» de Fray Luis de León?°

    En mi casa hacemos distinciones entre «amigos,» «conocidos»[12] y «extraños».[13] Recibimos a los «conocidos» en la sala o en el patio, pero sólo los parientes,[14] o los «amigos» pueden entrar en las otras habitaciones o
20    en la vida privada de la familia. Cuando viene a vernos algún «conocido» o «extraño,» es más común salir con él a dar un paseo.[15] Se comprende entonces por qué la calle es tan importante en la vida hispana. En la calle vemos a «los otros,» o sea,[16] a los que no son nuestros amigos. Por eso, siempre hay, en las calles principales o en las plazas, mucha gente que no
25    tiene prisa y que no parece ir a ninguna parte. La calle es una gran sala para recibir a los que no pertenecen[17] a nuestro mundo familiar.

    También son importantes el club y el café. Muy a menudo un paseo por la calle termina con una visita a un café donde tienen lugar grandes tertulias[18] entre «amigos,» «conocidos» y aun «extraños». Es suficiente
30    comprar cualquier cosa en un café para poder pasar toda la noche conversando allí. El club sólo admite a ciertas clases sociales. Los miembros de un club se reúnen para charlar, para jugar al *bridge*, para oír música o para bailar.

---

[1]estimado, -a = querido
[2]proveer  *to provide*
[3]residir  *to reside*
[4]ser causa de  *to result in*
[5]el enriquecimiento  *enrichment*
[6]a la vez  *at the same time*
[7]ya que  *since*

[8]claro, -a  *clear*
[9]rodear  *to surround*
[10]la muralla  *wall, rampart*
[11]el retiro  *privacy*
[12]el conocido  *acquaintance*
[13]el extraño  *stranger*
[14]el pariente  *relative*

[15]dar un paseo  *to take a walk*
[16]o sea  *therefore*
[17]pertenecer  *to belong*
[18]la tertulia  *social gathering*

En relación con lo dicho,[19] debo añadir que para los hispanos los
lugares públicos —parques, plazas, playas— tienen menos importancia que
los lugares privados, como el patio de su casa. Por esta razón,[20] los hispanos
tienen un espíritu cívico diferente del de los norteamericanos. La belleza[21]
pública —dicen los hispanos— no es la responsabilidad ni de vecinos ni del
público en general, sino de la municipalidad[22] o del estado.

Los hispanos tienen también una manera especial de colocarse[23] frente
a[24] otros. Hay aquí una cuestión de distancia. En una ocasión vi a unos
oficiales[25] de la marina norteamericana que se presentaban a dos señoritas.
Inclinaron[26] la cabeza diciendo: —*How do you do?*— Yo esperaba que
dieran la mano, pero no lo hicieron. Ésta no es la manera correcta de
saludar a otra persona en un país hispano. Cuando uno se presenta a una
señora o a una señorita, uno debe acercarse y darle la mano. No hacer esto
es una señal de «distancia» y produce mala impresión. Los hispanos se dan
la mano con mucha más frecuencia que los norteamericanos. Cuando dos
«conocidos» se ven en la calle, no es raro[27] que se paren para darse la mano.
Dos amigos o dos parientes son más expresivos[28] entre sí.[29] Para saludarse
se dan un abrazo que va casi siempre acompañado de exclamaciones y
alabanzas.[30] Tampoco es raro ver en un país hispano a dos mujeres
caminando de brazos[31] por la calle o un grupo de jóvenes charlando con los
brazos extendidos[32] mutuamente[33] sobre los hombros.

Para los hispanos hay dos tiempos: el tiempo del reloj —preciso e
incambiable[34]— y el tiempo del individuo —relativo y aproximado.[35] Es
verdad que en una sociedad moderna el tiempo exacto es indispensable,
pero, según los hispanos, «la vida lenta[36] y agradable también es
indispensable,» . . . «no es bueno vivir de prisa,» . . . «además, no debemos
ser esclavos[37] del reloj».

Yo, aunque vivo en los Estados Unidos hace mucho tiempo, sigo
pensando en las reglas[38] del tiempo de mi tierra. Casi nunca llego a la hora
exacta, excepto cuando me dicen: «Hora norteamericana, ¿eh?» Una vez
un amigo de Chicago me invitó a su casa diciéndome, «Sería conveniente
que llegaras *a eso de las siete*». ¿Qué quería decir «a eso de las siete?» Yo
siempre he pensado que llegar a la hora exacta significa,[39] para algunos:
«Este señor tiene prisa;» por eso me parece más «elegante» llegar un poco
atrasado.[40]

Hace poco fui invitado a un matrimonio en Lima. La ceremonia estaba
anunciada para las siete. Llegué dos minutos antes de las siete porque no

[19]lo dicho *above mentioned*
[20]la razón *reason*
[21]la belleza *beauty*
[22]la municipalidad *municipality, city government*
[23]colocarse *to place oneself*
[24]frente a *in front of*
[25]el oficial *officer*
[26]inclinar *to lower*
[27]raro, -a *rare*
[28]expresivo, -a *expressive, affectionate*
[29]sí *themselves*
[30]la alabanza *praise*
[31]de brazos *arm in arm*
[32]extendido, -a *extended*
[33]mutuamente *mutually*
[34]incambiable *unchangeable*
[35]aproximado, -a *approximate*
[36]lento, -a *slow*
[37]el esclavo *slave*
[38]la regla *rule*
[39]significar *to mean*
[40]atrasado, -a *late*

70 tenía nada que hacer. Y ¿qué cree Ud. que vi? No había nadie, absolutamente
nadie, en la iglesia. Algunos parientes e invitados empezaron a llegar
después de unos minutos. El novio llegó a las siete y media, y la novia casi
a las ocho. Es cierto que, con la transformación de la sociedad hispana,° el
concepto de tiempo ha cambiado gradualmente. Es muy probable que algún
75 día seamos iguales[41] a los norteamericanos. Pero, por ahora, seguimos
diciendo, «vendré a las ocho, más o menos». Y esto quiere decir las ocho y
cuarto . . . , «más o menos».

Como ve Ud., querido amigo, las costumbres y prácticas[42] hispanas
tienen una explicación.[43] Espero que mi carta haya contestado algunas de
80 sus preguntas. Tenga en mente[44] que todo lo que he dicho es muy general.
Las costumbres en el mundo hispano cambian de país en país, de una clase
social a otra y con cada individuo. Ya verá Ud. en sus viajes. Disfrútelos y
aprecie[45] la variedad[46] que ofrecen los seres humanos.

Cordialmente,
Agustín

## ▶NOTAS CULTURALES

°**Influencia árabe:** La arquitectura de España demuestra[47] una clara influencia
árabe. La Alhambra y el Generalife con sus murallas, patios y jardines son
los principales ejemplos de la arquitectura musulmana. Por cuestiones de
religión, los árabes no representan a los seres humanos y por eso su
arquitectura se caracteriza por un estilo de mucha ornamentación[48] que se
llama «arabesco».
°**Fray Luis de León (1527–1591),** religioso[49] y poeta español, escribió poemas
que reflejaban la influencia de Horacio[50] y de sus lecturas de la Biblia.[51] En

*Ud. dirá.* Esta casa se vende muy barato, pero Ud. no
la comprará a menos que
tenga calefacción central,
cuatro dormitorios, etc.
Solicite informes del dueño
actual.

[41]igual  *same*
[42]la práctica  *practice*
[43]la explicación
     *explanation*
[44]tener en mente  *to keep
     in mind*

[45]apreciar  *to appreciate*
[46]la variedad  *variety*
[47]demostrar  *to
     demonstrate*
[48]la ornamentación
     *ornamentation*

[49]religioso, -a,  *religious*
[50]Horacio  *Horace
     (Roman poet)*
[51]la Biblia  *Bible*

su famoso poema «A la vida retirada,»[52] Fray Luis trata el tema de la vida privada.

°**la sociedad hispana:** Hoy día[53] en algunos países hispanos se trabaja de las nueve a las cinco. Pero tradicionalmente, en el mundo hispano, las tiendas se cierran al mediodía para que la gente coma o descanse. Luego, por la tarde, las tiendas se vuelven a abrir y quedan abiertas hasta las siete o las ocho. Esta costumbre se observa todavía en muchas partes del mundo hispano.

### *Preguntas*

Conteste según la lectura.

1. ¿Qué problema tiene Henry?  2. ¿Cómo lo va a ayudar Agustín?
3. ¿Qué distinción hacen los hispanos entre el espacio público y el espacio privado?  4. ¿A quién se recibe en la sala o en el patio?  5. ¿Qué es común hacer cuando nos visita un «conocido» o un «extraño?»  6. ¿Qué se hace en un café?  7. Según los hispanos, ¿quién debe ocuparse de la belleza pública?  8. ¿Qué debe hacer uno cuando se presenta a una señora o a una señorita?  9. ¿Cómo se saludan dos amigos o dos parientes?
10. Para los hispanos, ¿cuántas clases de tiempo existen?  11. ¿Cuáles son? ¿Cómo son?  12. ¿Cambian las costumbres en el mundo hispano? ¿Cómo?  13. Según Agustín, ¿qué debe apreciar Henry en sus viajes?

## HABLEMOS UN POCO

Traiga Ud. a la clase una foto de una casa, condominio o apartamento. Muestra la foto a otro estudiante quien le pedirá informes. Según sus respuestas, ella o él preparará un aviso clasificado. Aquí tiene Ud. ejemplos de posibles preguntas:

¿Se vende o se alquila este apartamento (esta casa, este condominio)?
¿Cuánto es el alquiler (el precio)?
¿Qué incluye el alquiler?
¿Cuántas habitaciones tiene?
¿Cuántos dormitorios tiene?
¿Está cerca de un centro comercial o de una autopista?
¿Está en un barrio residencial?

[52]«A la vida retirada»
    *"To Life in Privacy"*

[53]hoy día  *nowadays*

# ESCRIBAMOS UN POCO

**A.** Conteste las preguntas según los dibujos. Escriba frases completas.

1. ¿Cómo se llama la casa de huéspedes?
2. ¿Por qué le interesaría a un estudiante alquilar una alcoba?
3. ¿Qué son los otros huéspedes de la casa?
4. Según el aviso, ¿cómo es el ambiente de la «Casa López?»
5. En realidad, ¿hay un ambiente tranquilo en la «Casa López?»

6. ¿En qué calle está el apartamento?
7. ¿Está en un edificio de apartamentos?
8. ¿Qué incluye el alquiler?
9. ¿Por qué le interesaría a un estudiante alquilar este apartamento?
10. ¿En qué piso está el apartamento?
11. ¿Está bien amueblado el apartamento?

12. ¿En qué piso está el apartamento?
13. ¿Cuántas habitaciones tiene el apartamento?
14. Según el aviso, ¿qué se ve desde el balcón?
15. En realidad, ¿qué más se ve desde el balcón?
16. ¿Se ha acabado de construir este edificio?

17. ¿Para cuándo necesita Ángel un apartamento?
18. ¿Dónde encontró la dirección de los apartamentos?
19. ¿Qué clase de apartamento busca Ángel?
20. Según Ángel, ¿es fácil escoger un apartamento?

**B.** Ahora Ud. es Ángel. Use las respuestas a las preguntas para escribir una carta al gerente del periódico donde encontró los avisos clasificados. Describa lo que decían los avisos y lo que encontró en realidad. Recomiende Ud. que corrijan los avisos. Empiece de esta manera:
Distinguido señor:

## CONFIRME SU PROGRESO

**A.** Invente preguntas con las palabras entre paréntesis usando el verbo *ser*, y *¿cuál(es)?* o *¿qué?* Empiece con el modelo.

1. (una cerradura)
   *¿Qué es una cerradura?*

2. (tu condominio)
3. (un limpiabotas)
4. (su madre—juez o abogada)
5. (su madre—ésta o aquélla)
6. (la cuadra donde vives)
7. (un candado)
8. (los centros comerciales que prefieres)
9. (el lujo)
10. (los apartamentos amueblados)

**B.** Use la forma apropiada de los verbos entre paréntesis.

1. Espero que Marcelo ya ____ los limones. (picar)
2. No era posible que el reloj ____ ayer. (adelantar)
3. Dudábamos que Esteban nos ____ más tarde. (informar)
4. No construiría la reja sin que se lo ____. (pedir)
5. Después de que Uds. me ____, lo arreglaré todo. (elegir)
6. Nos alegrábamos de que los jueces los ____ la semana pasada. (perdonar)
7. Les pido que no me ____ mañana. (defender)
8. No adelantaría la fecha del matrimonio a menos que su novio lo ____. (querer)
9. Te habíamos dicho que no nos ____. (mudar)
10. Te he recomendado que ____ de cada momento. (disfrutar)
11. No creo que hasta ahora Marta y su esposo nos ____. (llamar)
12. Teníamos miedo de que antes de salir de vacaciones no ____ el grifo de la bañera. (cerrar)
13. Es posible que ya nos ____ el televisor y el radio. (robar)

**C.** Complete las frases con la forma apropiada del verbo entre paréntesis.

MIGUEL: ¡Vámonos! Es importante que nos *(apurar)*. Tengo que pagar
el alquiler, la luz y la calefacción antes de que *(cerrar)* el
banco. Si yo no los *(pagar)*, tendré que mudarme.

CARLOS: No me gusta que tú me *(apurar)* tanto. Te aconsejé que

*(pagar)* por adelantado. Si tú *(hacer)* lo que te dije, no
tendrías tanta prisa ahora. Son las tres. Es probable que ya el
banco *(cerrar)*.

MIGUEL: Eso no pasará. Acabo de llamar al banco. La persona que
contestó dijo que encontraría la puerta abierta cuando *(llegar)*.

CARLOS: Dudo que esa persona *(quedarse)*. Mañana es día de feria.

MIGUEL: ¡Qué pesimista! Bueno, aquí estamos.

CARLOS: Son las tres y cinco y el letrero dice que cierran a las tres.

MIGUEL: No importa. La puerta está abierta.

CARLOS: Todo está oscuro. No creo que *(haber)* más de una persona
aquí adentro . . . ¡sólo aquel hombre que parece ser un ladrón!

**D.** Prepare letreros para las vitrinas de varios negocios. Empiece con el
modelo.

1. (cambiar / dinero) *En este banco se cambia dinero.*

2. (vender / carne fresca)

3. (vender / pasteles)

4. (preparar / remedios)

5. (encontrar / muchas gangas)

6. (vender / pan)

7. (vender / sellos)

8. (arreglar / zapatos)    9. (cortar / pelo)

**E.** Conteste según las palabras entre paréntesis y los dibujos. Empiece con el modelo.

1. ¿Qué pasó en el comedor? (romper / taza)
   *Se me rompió una taza.*

2. ¿Qué pasó en la autopista? (parar / el auto)

3. ¿Qué pasó en el balcón? (caer / la reja)

4. ¿Qué pasó en el centro comercial? (perder / las llaves)

5. ¿Qué pasó en el cuarto de desahogo? (apagar / la calefacción)

6. ¿Qué pasó en la casa de huéspedes? (escapar / los ladrones)

7. ¿Qué pasó en el vestíbulo? (romper / los pantalones)

# Los idiomas

### Agencia de empleos

Sí, tengo varios anuncios clasificados de empleos para personas bilingües.

¡Qué bueno! Déjeme verlos.

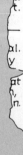

Tel. ___ 011

Agencia de turismo busca
**GUÍAS**
Se necesita saber inglés, español y francés. ¡Sueldos estupendos!
Tel. 776-481

Se ofrece
oportunidad interesante
para bilingüe (inglés/español)
en compañía extranjera.
**JEFE DE VENTAS**
Las personas interesadas necesitan:
• hablar, leer y escribir inglés y español
• licenciatura en administración de empresas
• al menos 2 años de experiencia
Tel. 997-652

Industria Nacional de Metales
necesita:
**DIRECTOR DE PROYECTOS PÚBLICOS, INGENIERO CIVIL, SECRETARIA.**
Ofrecemos: sueldos abiertos, magnífico ambiente de trabajo y seguro de vida.
Las personas interesadas necesitan: título apropiado, saber inglés y español.
Tel. 876-312

Agencia de

Nombres y apellidos:
*Sara Torres Pedrosa*

Dirección:
*Calle Libertad #9, Asunción, Paraguay*

Fecha de nacimiento:
*29 de octubre 1952*

Teléfono: *456-284*

Escriba el nombre y la dirección de las compañías donde ha trabajado. Explique la clase de trabajo que hizo.

1.

2.

3.

Escriba el nombre de las escuelas donde ha estudiado. Incluya todos los títulos que ha recibido.

1.

2.

3.

Idiomas:

Viajes a países extranjeros:

Conteste: ¿Qué clase de puesto busca Ud.? ¿Por qué quiere este puesto en particular?

Llene este formulario. Nosotros lo archivaremos y la llamaremos en cuanto tengamos otros puestos.

Muchas gracias, señor.

# Nuevos amigos

**la administración de empresas**  business administration
**la agencia**  agency
**archivar**  to file
**el ascenso**  promotion
**el aumento**  increase, raise
**bilingüe**  bilingual
**el comercio**  commerce, business
**el consejero, la consejera**  counselor
**el cuerpo diplomático**  diplomatic corps
**el empleado, la empleada**  employee
**el empleo**  employment
**la experiencia**  experience
**la finanza**  finance
**el, la guía**  guide
**el puesto**  post, position
**social**  social
**el sueldo**  salary

El transporte

La enseñanza

La industria

El comercio

El turismo

El trabajo social

La finanza

La aduana

El cuerpo diplomático

La música

## Viejos amigos

la aduana, los anuncios clasificados, la compañía, el director, la directora, la enseñanza, el español, el formulario, el francés, el idioma, la industria, el ingeniero, la ingeniera, el inglés, el jefe, la jefa, la lengua, la licenciatura, la música, la oportunidad, el secretario, la secretaria, el título, el trabajo, el turismo; escribir, hablar, leer, llenar, solicitar, trabajar; civil, extranjero, -a

## ¿Sabías?

Existen muchas clases de puestos en los cuales es muy útil saber otro idioma. A veces un empleado obtiene un ascenso o recibe un aumento de sueldo porque sabe otro idioma.

También es posible que un estudiante consiga un trabajo en el verano o por las tardes, simplemente porque habla un poco el español. En las ciudades norteamericanas donde hay muchos habitantes hispanos, los negociantes emplean a menudo a personas que hablan español.

## Actividades

1. Escriba dos anuncios clasificados ofreciendo puestos a personas bilingües.
2. Prepare un formulario parecido al de la agencia de empleos. Llénelo y léaselo a su clase.
3. Imagínese que Ud. va a una agencia de empleos a buscar trabajo. Escoja a otro estudiante para que haga el papel de la persona que trabaja en la agencia. Dígale la clase de trabajo que Ud. busca y explíquele por qué Ud. se interesa en ese puesto en particular. El otro estudiante le hablará de los distintos puestos que puede ofrecerle y le dirá qué debe hacer para obtener uno de ellos.
4. Imagínese que Ud. es un consejero en una escuela y que tiene que hablarle a una clase sobre puestos para los cuales es útil saber otro idioma. Represente estos puestos en un cuadro por medio de dibujos. Use este cuadro cuando haga su presentación.

# lección
# 17

# La religión: impresiones y realidad

*En Luján, Argentina*

Un grupo de turistas de varios países acaba de visitar la famosa basílica de Luján en las afueras de Buenos Aires. Jacobo Rosen, el guía de la excursión, los acompaña a una pequeña tienda de artículos religiosos que está situada cerca de la iglesia. Después de pasar tres horas juntos, los turistas ya se hablan animadamente aunque no se conocen bien.

| | |
|---|---|
| **MARY JOHNSON** | ¡Hay tantas cosas finas! Quisiera comprar un pequeño recuerdo para mi amiga de Louisiana. Don Jacobo, ¿qué sería mejor, este crucifijo, o esta medalla de plata? |
| **JACOBO ROSEN** | Pues, no siendo católico, no puedo recomendarle nada. Yo diría que los dos son apropiados. Si su amiga fuera judía tal vez podría. . . . |
| **MARY** | ¿Ud. es judío? Yo tenía la impresión de que todos los argentinos eran . . . eran. . . . |
| **JACOBO** | ¿Católicos? No, señorita. Aquí hay de todo: católicos, judíos, protestantes,° este . . . creyentes de muchas clases y también, unos no creyentes. Pero, en fin, somos todos argentinos. |
| **JULIO FERRERA** | En mi país es igual. Yo, por ejemplo, soy pastor de una iglesia pentecostal en Ponce, Puerto Rico. Entre nosotros, los borinqueños, hay también una gran variedad de creencias. |

| ÁNGELA RODRÍGUEZ | Y hasta una mezcla de creencias, en países como mi patria, México, donde las costumbres indígenas han influido en las creencias católicas. A veces, por ejemplo, se atribuyen a uno de los santos católicos ciertas características de algún antiguo dios indígena. |
| --- | --- |
| PAULO DA COSTA | Y se ve también en algunas partes la influencia africana, como por ejemplo en la santería° que existe en las islas del Mar Caribe. |
| MARY | Creo que los libros de historia sobre el mundo hispano me han dejado la impresión de que hay sólo una religión° en toda Latinoamérica. |
| JULIO | Sí, pero ¿no te parece que la realidad es mucho más interesante que lo que dicen los libros? «En la variedad está el gusto,» ¿no es cierto? |

## ▶NOTAS CULTURALES

°**protestantes:** Hay un gran número de misioneros protestantes en Latinoamérica. Estos se han dedicado principalmente a la conversión de la población indígena.

°**La santería** es una religión que existe en las islas del Mar Caribe, Cuba, Haití y Jamaica, por ejemplo. Es una mezcla de creencias cristianas y africanas. La fe africana fue traída a las Américas por los esclavos africanos. Los santeros combinan las características de los santos cristianos con las de los dioses africanos. Les piden favores a sus dioses por medio de ceremonias, fiestas, oraciones y ofrendas que pueden incluir frutas y animales.

°**una religión:** Los españoles llevaron al Nuevo Mundo su idioma y su religión, el catolicismo. La conversión de los indios al catolicismo comenzó en el momento en que llegaron los primeros conquistadores y, como consecuencia del espíritu misionero de la Iglesia, la fe católica se extendió hasta las regiones más remotas de las Américas.

## Preguntas

Conteste según el diálogo.

1. ¿Quiénes acaban de visitar la famosa basílica de Luján? 2. ¿Cómo se llama el guía de la excursión? 3. ¿A qué lugar acompaña don Jacobo a los turistas? 4. ¿Qué quisiera comprar Mary Johnson? 5. ¿Qué impresión tenía Mary Johnson de todos los argentinos? 6. Según Ángela Rodríguez, ¿qué se ve en los países donde las costumbres indígenas han influido en las creencias católicas? 7. Según Paulo da Costa, ¿cuál es un ejemplo de la influencia africana en las creencias religiosas de Latinoamérica? 8. ¿Qué impresión dejaron en Mary los libros de historia sobre el mundo hispano?

## PALABRAS NUEVAS

### –•Glosario

#### SUSTANTIVOS

**la basílica** basilica
**la característica** characteristic
**el catolicismo** Catholicism
**el católico, la católica** catholic
**el conquistador** conquistador
**la consecuencia** consequence
**la conversión** conversion
**la creencia** belief
**el, la creyente** believer
**el crucifijo** crucifix

**el dios, la diosa** god, goddess
**el esclavo, la esclava** slave
**el favor** favor
**la fe** faith
**el, la guía** guide
**el idioma** language
**la medalla** medal
**el misionero, la misionera** missionary
**la ofrenda** offering
**la oración** prayer; sentence; speech
**el pastor, la pastora**

pastor
**la población** population
**el, la protestante** Protestant
**el recuerdo** souvenir; memory
**la religión** religion
**la santería** image-worship
**el santero, la santera** worshiper of images
**el santo, la santa** saint
**la variedad** variety, diversity

#### VERBOS

**atribuir (y)** to attribute

**combinar** to combine

**extender (ie)** to extend

#### ADJETIVOS

**borinqueño, -a** Puerto Rican
**fino, -a** nice; fine
**igual** same
**indígena** indigenous, native
**junto, -a** together

**misionero, -a** missionary
**pentecostal** pentecostal
**protestante** Protestant
**religioso, -a** religious
**remoto, -a** remote

#### ADVERBIOS

**animadamente** animatedly
**principalmente** principally

**a lo mejor**  perhaps, maybe

**en la variedad está el gusto**  variety is the spice of life

## Ejercicios de vocabulario

**A.** Complete las frases con la forma apropiada de uno de los adjetivos de la lista.

misionero    indígena    junto    remoto

1. No conocemos ese pueblo porque está situado en una región muy ___ del país.
2. Muchas veces los españoles no eran bien recibidos por las poblaciones ___ del Nuevo Mundo.
3. Como consecuencia del espíritu ___ de la iglesia católica, se convirtieron muchos indios a la religión católica.
4. Todas las medallas de oro están ___ en esos dos estantes.

**B.** Complete las frases con la palabra más apropiada.

1. Si quieres comprar un recuerdo religioso, ¿por qué no escoges un *(idioma | crucifijo | desfile)?*
2. El pastor Martínez nos hablará de la *(medalla | consecuencia | conversión)* de los indios.
3. *(La oración | la santería | la basílica)* es una religión que existe en las islas del Mar Caribe.
4. Julia está aburrida porque su vida no tiene suficiente *(población | variedad | conversión).*
5. Se atribuye el gran éxito de la película a la *(santera | directora | creyente).*

Ud. dirá. ¿Por qué parece tan serio este chico? Ud. acaba de llegar al pueblo y no sabe qué pasa. Pregúnteselo al chico, y hable con él.

**C.** Complete las frases con la respuesta más apropiada.

1. La santería y las religiones cristianas y judía
2. Para el Día de Todos los Santos, pienso comprar
3. Estoy segura de que los niños van a divertirse con
4. Si viajamos a Italia el verano que viene,
5. Tenemos que aprender esta
6. El señor Guillén va a servir de guía
7. El pastor de la iglesia pentecostal
8. Los misioneros viajan por los pueblos y
9. No podemos recordar el nombre

a. las cartas de los misioneros.
b. para enseñarnos la basílica.
c. representan la variedad de creencias religiosas que se ve en Latinoamérica.
d. oración para la clase de religión.
e. de la diosa del amor.
f. un crucifijo o una medalla para mi abuelita.
g. tratan de aumentar el número de creyentes cristianos.
h. trataremos de visitar la basílica de San Pedro.
i. viene a visitarnos mañana.

## •Estudio de vocabulario

### Sinónimos
Escoja la palabra cuyo sentido es más semejante al de la palabra en letra itálica.

1. *la consecuencia*   el conquistador   el resultado   la exposición   el gol
2. *el idioma*   la libertad   el juguete   la industria   la lengua
3. *combinar*   luchar   ofrecer   reflejar   mezclar
4. *borinqueño*   puertorriqueño   mexicano   argentino   cubano
5. *a lo mejor*   ni siquiera   rumbo a   en el fondo   quizás
6. *igual*   actual   herido   mismo   humano
7. *la fe*   la unidad   el fondo   la religión   el límite

### Antónimos

Escoja la palabra de la segunda columna cuyo sentido es contrario al de la palabra de la primera columna.

1. combinar
2. igual
3. indígena
4. la consecuencia
5. juntos

a. extranjero
b. la causa
c. separar
d. separados
e. diferente

PRIMERAS COMUNIONES EN LA PARROQUI

Domingo – Día 30 de Noviembre.

8 a. m.— Concentración de los Niños de Primera Com en el Patio de las hermanas

9 a. m.— Misa de Primera Comunión

3 p. m.— Desfile y recepción de los Misioneros

### Palabras asociadas

Complete las frases con una palabra de la lista que es parecida a la palabra en letra itálica.

el catolicismo    iguales    religioso    recuerdos
creencias    la conversión

1. Eduardo es *católico*. Es decir, practica ____.
2. Raúl, miembro de *la religión* católica, siempre asiste a misa los domingos. Es decir, es muy ____.
3. Emilia *recordará* su viaje porque compró muchos ____.
4. El presidente cree en *la igualdad*. Es decir, cree que todos son ____.
5. Los misioneros *convirtieron* a muchos indios a la fe cristiana. Es decir, realizaron ____ de ese grupo.
6. Martín *cree* en eso porque es parte de sus ____ religiosas.

### Palabras con varios sentidos

**el recuerdo**  souvenir; memory

1. Antes de volver a casa, quiero comprar un ____ para mi novio.
2. El ____ de esos días sigue siendo muy agradable para mí.

**la oración**  prayer; sentence; speech

3. ¿Cuáles son las partes principales de una ____?
4. Ofrecimos una ____ por las familias de los heridos.
5. José Martí se conoce por sus ____.

## EXPLICACIONES

### La voz pasiva

1. Look at these examples of active and passive voice:

Mis hermanos **construyeron** estas casas.

*My brothers **built** these houses.*

Estas casas **fueron construidas por** mis hermanos.

*These houses **were built by** my brothers.*

In the first sentence (active voice), the subject (*mis hermanos*) acts on (*construyeron*) the object (*estas casas*). In the second sentence (passive voice), the subject (*estas casas*) is acted upon (*fueron construidas*) by (*por*) an agent (*mis hermanos*).

Note that the agent is not always named:

| | |
|---|---|
| Nuestro candidato **será elegido.** | *Our candidate **will be elected.*** |
| Sus sueños **no han sido realizados.** | *His dreams **haven't come true.*** |
| ¿**Seremos invitados por** tu hermana o por tu hermano? | ***Will we be invited by** your sister or your brother?* |

In which of the sentences above is the agent named?

Notice that a form of *ser* plus a past participle describes a passive voice action in Spanish, just as a form of *be* plus a past participle does in English. In Spanish, the past participle form agrees in number and gender with the subject of the passive voice sentence.

2. The following sentences, using *estar* instead of *ser*, describe conditions, not actions:

| | |
|---|---|
| ¡Ud. **está herido!** | *You're **wounded!*** |
| Nuestra escuela **no estará abierta** mañana. | *Our school **won't be open** tomorrow.* |
| Las luces **estaban apagadas** cuando llegué. | *The lights **were off** when I arrived.* |

3. Compare these sentences with *ser* and *estar*:

| | |
|---|---|
| El pueblo **fue abandonado** (por los habitantes) durante la guerra. | *The town **was abandoned** (by its inhabitants) during the war.* |
| Las viejas casas ya **estaban abandonadas** cuando las visitamos. | *The old houses **were** already **abandoned** when we visited them.* |

Notice that the sentences with *ser* describe an action, and those with *estar* describe a condition.

### ¿RECUERDA UD.?

Review the prepositional pronouns:

**PREPOSITIONAL PRONOUNS**

| SINGULAR | | PLURAL | |
|---|---|---|---|
| para **mí** | for *me* | para **nosotros, -as** | for *us* |
| para **ti** | for *you* | para **vosotros, -as** | for *you* |
| para **Ud.** | for *you* | para **Uds.** | for *you* |
| para **él** | for *him* | para **ellos** | for *them* |
| para **ella** | for *her* | para **ellas** | for *them* |

In addition to *para*, these pronouns are used with all the prepositions you have already learned except *entre* which is always followed by the subject pronouns. Did you remember that *mí* and *ti* are not used with *con?* The following are special expressions for the equivalents of "with me" and "with you" (familiar):

¿Vienes **conmigo?**  *Are you coming **with me?***
No, Beatriz va **contigo.**  *No, Beatriz is going **with you.***

---

OBSERVE UD.

Look at the following sentences:

Las muchachas fueron al cine **con él.**  *The girls went to the movie theater **with him.***
Las muchachas llevaron los cuadernos **consigo.**  *The girls carried their notebooks **with them.***
El egoísta nunca está aburrido **consigo.**  *The egoist is never bored **with himself.***

The expression *consigo* refers to the subject of the sentence. The form of *consigo* remains the same; it does not agree in gender or number with the subject.

## *Ejercicios*

**A.** Cambie las frases usando los nuevos sujetos. Empiece con el modelo.

1. El espectáculo fue atacado por los misioneros.
   (a) los crímenes  (b) las ofrendas  (c) estas creencias
   *Los crímenes fueron atacados por los misioneros.*

2. Las consecuencias son discutidas en clase.
   (a) los conquistadores  (b) los conflictos religiosos  (c) la santería indígena

3. El apartamento ha sido robado.
   (a) las viviendas  (b) los hoteles  (c) la basílica

4. Los conquistadores habían sido atacados.
   (a) el guía  (b) la misionera  (c) las creyentes

5. Las ofrendas serán descritas.
   (a) los recuerdos  (b) la oración  (c) las medallas apropiadas

**B.** Conteste según los dibujos. Empiece con los modelos.

1. ¿Quién visitará la basílica?
   *La basílica será visitada por el embajador.*

2. ¿Quién ofrecerá la ayuda?

*Ud. dirá.* A Ud. le interesaría visitar al Perú. Ud. vio esta noticia, pero es necesario pedir algunos informes. ¿Se ofrecen excursiones todas las semanas? ¿Cuándo salen? ¿Es necesario pagar por adelantado? Llame a la oficina de viajes Marañón para informarse.

3. ¿Quiénes combinarán los ingredientes necesarios?

4. ¿Quién apoyará al jurado?

5. ¿Quiénes prepararán el proyecto?

6. ¿Quiénes arreglaron el techo? *El techo fue arreglado por las carpinteras.*

7. ¿Quiénes robaron el banco?

8. ¿Quiénes acompañaron a los gobernadores?

**Tomás**

9. ¿Quién estudió las características del idioma?

10. ¿Quién estudió varios idiomas?

**C.** Conteste *sí* según el modelo. Use pronombres preposicionales en sus respuestas.

1. ¿Detuvieron al misionero?
   *Sí, el misionero fue detenido por ellos.*
2. ¿Liberó el gobernador a los esclavos?
3. ¿Recibiste la ofrenda?
4. ¿Ha permitido la gobernadora todas las religiones?
5. ¿Han elegido los misioneros al líder?
6. ¿Han estudiado Uds. esa religión?
7. ¿Intercepta Ud. los recados?
8. ¿Silban Uds. las canciones?
9. ¿Extienden los políticos los límites de la ciudad?

**D.** Conteste *no* según las palabras entre paréntesis. Empiece con los modelos.

1. ¿Terminaste los crucigramas? (Roberto)
   *No, los crucigramas fueron terminados por Roberto.*

2. ¿Investigaste las huellas? (la detective)
3. ¿Recitaste el poema? (Raúl)
4. ¿Ganaste el concurso? (Beatriz)

5. ¿Castigará Ud. a las niñas? (su madre)
   *No, las niñas serán castigadas por su madre.*

6. ¿Organizará Ud. la fiesta? (nuestro maestro)
7. ¿Manejará Ud. el auto? (mi novio)
8. ¿Entregará Ud. el paquete? (el cartero)
9. ¿Pedirá Ud. el favor? (Claudia)

**E.** Conteste *no* según los modelos.

1. ¿Pegaste los carteles?
   *No, ya estaban pegados cuando llegué.*

2. ¿Hiciste los disfraces?
3. ¿Cerraste la puerta?
4. ¿Cocinaste la comida?
5. ¿Organizaste los programas?

6. ¿Contestaron Uds. la carta?
   *No, ya estaba contestada cuando llegamos.*

7. ¿Desenvolvieron Uds. los paquetes?
8. ¿Detuvieron Uds. a las ladronas?
9. ¿Vendieron Uds. los libros?
10. ¿Abrieron Uds. las ventanas?

**F.** Conteste *sí* según el modelo.

1. ¿Te incluyeron?
   *Sí, ahora estoy incluido (-a).*

2. ¿Te enojaron?        5. ¿Te aburrieron?
3. ¿Te ofendieron?      6. ¿Te invitaron?
4. ¿Te informaron?      7. ¿Te protegieron?

**G.** Conteste *sí* según las palabras entre paréntesis. Empiece con el modelo.

1. ¿Están abiertas las ventanas? (el maestro)
   *Sí, las ventanas fueron abiertas por el maestro.*

2. ¿Está escrito el artículo? (la periodista)
3. ¿Está servido el desayuno? (los camareros)
4. ¿Está abandonado el pueblo? (los conquistadores)
5. ¿Está vendido el condominio? (mis tíos)
6. ¿Están escogidos los jefes? (la población indígena)
7. ¿Está bordada la camisa? (mi madre)

**H.** Conteste *sí* según las palabras entre paréntesis. Empiece con el modelo.

1. ¿Se llevó la medalla? (la niña)
   *Sí, la medalla fue llevada por la niña.*

2. ¿Se discutió ese tema complejo? (los estudiantes borinqueños)
3. ¿Se practicó la religión indígena? (los esclavos africanos)
4. ¿Se escogieron los recuerdos? (los turistas)
5. ¿Se construirán las viviendas? (el ingeniero López)
6. ¿Se discutirá la influencia árabe en la arquitectura? (el artista)
7. ¿Se extenderán las fronteras? (el gobierno revolucionario)
8. ¿Se estudiarán la influencia africana? (los pastores protestantes)
9. ¿Se practica la santería? (algunas personas en Haití)
10. ¿Se revelan los resultados? (la juez)
11. ¿Se conocen las características de las diosas indígenas? (la población indígena)

**I.** Cambie las frases según los modelos.

1. La novela fue escrita en 1959.
   *Se escribió la novela en 1959.*

2. Este edificio fue construido el año pasado.
3. Las cartas fueron enviadas ayer.
4. Esos pueblos fueron destruidos durante la guerra.

5. Los miembros fueron invitados a la reunión.
   *Se invitó a los miembros a la reunión.*

6. Nuestro candidato fue elegido.
7. Las ladronas fueron detenidas.
8. Los criminales no fueron condenados.

## HABLEMOS UN POCO

Cada estudiante hará el papel de una persona famosa—real o imaginaria—
(escritor / escritora, actor / actriz, director / directora, cantante, artista,
etc.) que contestará las preguntas de los periodistas. Mientras un estudiante
hace este papel, los otros harán el papel de los periodistas que le piden
informes sobre su carrera. Los periodistas siguen preguntando hasta que
tengan todos los informes que desean. Todos deben usar la voz pasiva y
*estar* + el participio pasado en sus preguntas y respuestas. Por ejemplo:

PRIMER ESTUDIANTE: Soy el famoso novelista, Juan García.
PERIODISTA: Señor García, ¿cuándo fue escrita su primera novela?
GARCÍA: Fue escrita en 1960.
OTRO PERIODISTA: ¿Fue bien recibida esta primera novela?
GARCÍA: Sí, fue tan bien recibida que gané el Premio Nóbel de Literatura.
OTRO PERIODISTA: ¿Cuándo será escrita su próxima novela?
GARCÍA: Ya está escrita y estará en las librerías el mes que viene.

*Lesson 17*

# PALABRAS NUEVAS

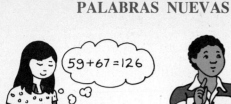

sumar

$59 + 67 = 126$

sustraer

$32 - 15 = 17$

la computadora

la calculadora

multiplicar

$14 \times 9 = 126$

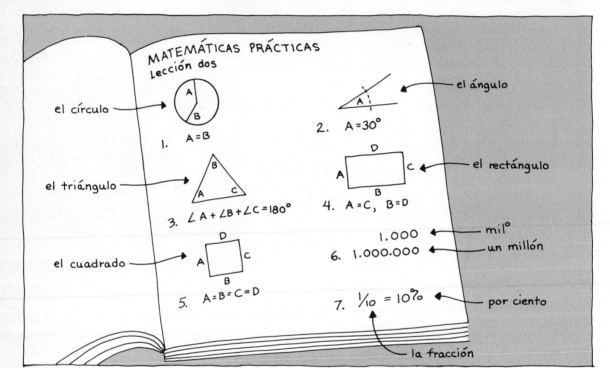

MATEMÁTICAS PRÁCTICAS
Lección dos

el círculo

1.  $A = B$

el triángulo

3.  $\angle A + \angle B + \angle C = 180°$

el cuadrado

5.  $A = B = C = D$

el ángulo

2.  $A = 30°$

el rectángulo

4.  $A = C,\ B = D$

$1.000$  mil°

6.  $1.000.000$  un millón

7.  $\frac{1}{10} = 10\%$  por ciento

la fracción

BANCO DE LAS AMÉRICAS

NOMBRE:
Vallejo Castellanos, Alicia
No. 36597

| | | |
|---|---|---|
| 50.00 | 100.00 | |
| 150.00 | | |
| 225.00 | 75.00 | |

la libreta de banco

Benjamín Pizarro
Belisario Salinas 120
México, D.F.

19

$

BANCO NACIONAL

la libreta de cheques

35°  36°  37°  38°  39°  40°  41°  42°

el grado

# lección 18

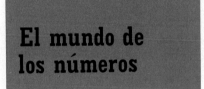

## El mundo de los números

Matemáticas prácticas

«Radio Pueblo» anuncia que la Universidad de Santa Rosa ofrecerá un curso de matemáticas prácticas el año que viene. Según la Universidad, hoy día no sólo los contadores y los economistas necesitan trabajar con números. La mayoría de nosotros debemos saber llenar los formularios de impuestos, ahorrar e invertir dinero, protegerse contra la inflación, obtener interés más alto, conseguir descuentos, etc. Deben entender además qué ventajas hay en tener una cuenta de ahorros, o en comprar bonos o acciones. Varias encuestas recientes revelan que más de la mitad de nosotros sabemos muy poco de estas cuestiones. Por eso, un curso que nos explicara todo esto sería beneficioso para personas de cualquier edad o profesión. Para el próximo lunes se habrá decidido el día y la hora del curso y los detalles serán anunciados por nuestra estación.

## • Glosario

SUSTANTIVOS

**la acción** action; stock, share
**el ahorro°** savings
**el ángulo** angle
**el bono** bond
**la calculadora** calculator

**el círculo** circle
**la computadora** computer
**el contador, la contadora** accountant
**el cuadrado** square
**un cuarto** one-fourth

**la cuenta** account
**el curso** course
**un décimo** one-tenth
**el descuento** discount
**la desventaja** disadvantage

⇒ COMENTARIO

°*mil* Notice that when writing numbers in Spanish a period is used where in English we use a comma.

°*el ahorro* and *los ahorros* both can mean "savings." However, when referring to personal savings as is the case in this lesson, the plural is used.

| | | |
|---|---|---|
| **el detalle**  detail | (financial) | **un octavo**  one-eighth |
| **el, la economista** | **la libreta de banco** | **la profesión**  profession |
| economist | bankbook | **un quinto**  one-fifth |
| **la edad**  age | **la libreta de cheques** | **el rectángulo**  rectangle |
| **la encuesta**  poll, survey | checkbook | **un séptimo**  one-seventh |
| **la fracción**  fraction | **un medio**  one-half | **un sexto**  one-sixth |
| **el grado**  degree | **la mitad**  half | **un tercio**  one-third |
| **el impuesto**  tax | **un millón**  one million | **el triángulo**  triangle |
| **la inflación**  inflation | **un noveno**  one-ninth | **la ventaja**  advantage |
| **el interés**  interest | | |

## VERBOS

| | |
|---|---|
| **ahorrar**  to save | **multiplicar (qu)**  to |
| **contar (ue)**  to count | multiply |
| **invertir (ie) (i)**  to invert; | **sumar**  to add |
| to invest | **sustraer°**  to subtract |

## ADJETIVOS

| | | |
|---|---|---|
| **alto, -a**  high | **mil**  a thousand | **reciente**  recent |
| **beneficioso, -a**  beneficial | **noveno, -a**  ninth | **séptimo, -a**  seventh |
| **cuadrado, -a**  square | **octavo, -a**  eighth | **sexto, -a**  sixth |
| **décimo, -a**  tenth | | |

## EXPRESIONES / PALABRAS ÚTILES

| | |
|---|---|
| **dividido por**  divided by | **por**  times |
| **hoy día**  nowadays | **por ciento**  percent |
| **menos**  minus | |

## Ejercicios de vocabulario

**A.** Conteste las preguntas según los dibujos.

1. ¿Está multiplicando los números Pilar?

2. ¿Qué tienes que comprar para el curso de matemáticas?

⇒ COMENTARIO
°*sustraer* is conjugated like *traer*.

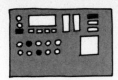

3. ¿Con qué trabajan esos contadores?

4. ¿Qué perdiste ayer al salir del banco?

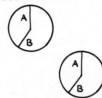

5. ¿Dónde están tus cheques?

6. ¿Qué van a dibujar los niños?

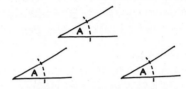

D

A     C

B

7. ¿Qué es esta figura— un círculo?

8. ¿Qué tienen todos los triángulos?

**B.** Escoja la respuesta más apropiada para cada una de las frases.

1. ¿Por qué sustraes los números más rápidamente que yo?
2. Tengo mil cosas que contarte.
3. Creo que nuestros impuestos van a ser muy altos.
4. ¿Tienes una cuenta de ahorros?
5. ¿Cuál es la profesión de la Sra. Rivas?
6. ¿Cuántos estudiantes votaron por ti?
7. ¿Qué edad tiene tu perro?
8. ¿Pagaste sólo 80 pesos? Es muy buen precio.
9. No se sabe qué piensa el pueblo de esta cuestión.
10. El proyecto más reciente del ministro de educación es interesante.

a. ¡Imagínate! Casi el setenta por ciento de ellos.
b. ¡Dios mío! Primero los problemas de la inflación y ahora esto!
c. Más o menos nueve meses.
d. La ventaja en tener un amigo como tú es que sabes todos los chismes.
e. Es que tengo una calculadora.
f. Será beneficioso para todos los niños de nuestro país.
g. No. He invertido mi dinero en acciones y bonos.
h. Es economista.
i. Pues, vamos a hacer una encuesta.
j. Sí, ¿verdad? En esa tienda me dan un descuento de 30 por ciento.

*Lesson 18*

## • Estudio de vocabulario

Escoja la palabra cuyo sentido es más semejante al de la palabra en letra itálica.

1. *el curso*    la fracción    la clase    la receta    el colegio
2. *la encuesta*    el interés    el cuestionario    el impuesto    la inflación
3. *los ahorros*    el horóscopo    el pesimista    la libreta de cheques    el dinero
4. *la profesión*    la carrera    el profesor    la lección    la educación
5. *sumar*    invertir    ahorrar    solicitar    añadir

### Antónimos 1

Complete las frases con una palabra del *Glosario* cuyo sentido es contrario al de la palabra en letra itálica.

1. Guillermo no *gasta* ni un peso; lo único que le interesa es ___ dinero.
2. No debes *sumar* dos y veinte sino ___ dos de veinte.
3. Marta aún no sabe *dividir,* pero sí sabe ___.

### Antónimos 2

ventaja ≠ desventaja
1. Hoy día es una ___ no tener ahorros.
2. Juanito es un poco mayor que los otros niños de su clase y eso le da una ___.

### Palabras asociadas 1

A square is *un cuadrado.* Anything that has a square shape is *cuadrado, -a.* Remember that a painting is a *cuadro* and a scoreboard is called a *cuadro indicador.*

Complete las frases con *el cuadrado, el cuadro, el cuadro indicador* o la forma apropiada de *cuadrado, -a.*
1. Humberto no tiene la cara larga, sino casi ___.
2. ¿Te gustan los ___ de Miró? A mí me encantan.
3. El equipo de Río Bravo va a ganar el campeonato otra vez. Mira el ___.
4. Juan vive en una calle donde todas las casas son pequeñas y ___.
5. Has dibujado un círculo y un triángulo. Ahora dibuja un ___.

### Palabras asociadas 2

**contar**  to count, to tell        **el descuento**  discount
**la cuenta**  bill, account        **el cuento**  story

Complete las frases con *contar, cuenta, descuento* o *cuento.*

1. Camarero, me trae la ___, por favor.
2. Voy a sacar dinero de mi ___ de ahorros.
3. ¡Alexis! ¡El número ocho no viene después del número seis! ¿No sabes ___?
4. Este libro costaba novecientos pesos, pero pagué sólo setecientos porque en esa librería me dan un ___.
5. Niños, les voy a ___ un ___ sobre una princesa que vivía en España.

### Palabras asociadas 3

**un millón** one million
**el millonario, la millonaria** millionaire

1. Doña Elvira es muy rica. Debe ser ____.
2. Sí, es cierto. Dicen que tiene más de dos ____ de dólares en acciones y bonos.

### Palabras asociadas 4

*La mitad* means "half." To express the fraction one-half, *un medio* is used.
Notice how other fractions are expressed in Spanish:

| | | |
|---|---|---|
| **un tercio** one-third | **un sexto** one-sixth | **un noveno** one-ninth |
| **un cuarto** one-fourth | **un séptimo** one-seventh | **un décimo** one-tenth |
| **un quinto** one-fifth | **un octavo** one-eighth | |

Two thirds is *dos tercios*, three fourths is *tres cuartos*, etc.
Dé los nombres de las fracciones en español.

1. 2/5    2. 7/8    3. 1/4    4. 3/8    5. 5/9    6. 6/7    7. 3/5
8. 1/9    9. 5/7    10. 9/10

### Palabras con varios sentidos

**la acción** action; stock, share

1. No entiendo las malas ____ de tu hermano. Se porta de una manera extraña.
2. Para regalo de cumpleaños, mi abuelo me ha comprado algunas ____.

**el interés** interest

3. Si pongo tres mil dólares en el banco ahora, y si el ____ es de seis por ciento, ¿cuánto dinero tendré en un año?
4. No creo que tengas mucho ____ en lo que te estoy diciendo.

**la cuenta**   bill; account

5. Compre Ud. las camisas ahora y la tienda le enviará ＿ a fines de este mes.

6. Si vamos a hacer el viaje, tengo que sacar dinero de mi ＿.

**invertir**   to invert; to invest

7. ¿No ves que cometiste un error? No ＿ la fracción antes de multiplicarla.

8. Si ＿ tu dinero en bonos, tendrás que esperar varios años para sacarlo.

### No hay que confundir

In English both *añadir* and *sumar* mean "to add." However, *sumar* refers only to the mathematical process of adding numbers together; *añadir* can be used when speaking of adding something to a recipe, a painting, a dress, etc.

1. Ya terminé la carta, pero quiero ＿ una posdata.
2. Ahora, Remedios, tienes que ＿ 23, 52 y 141.
3. Esta calculadora ＿ bien, pero no funciona bien cuando trato de sustraer.

**Abono de sueldos en cuenta de ahorro especial.**

## EXPLICACIONES

### El subjuntivo en cláusulas adjetivas

1. Look at the following sentences:

| | |
|---|---|
| Ana es una chica **industriosa.** | *Ana is an **industrious** girl.* |
| Ana es una chica **que trabaja mucho.** | *Ana is a girl **who works a lot.*** |

In the first example, *industriosa* is an adjective that describes *chica.*
In the second example, the entire clause, *que trabaja mucho,* acts as an adjective that describes *chica.*
In certain situations, the adjective clause will have an indicative verb, and in others, it will have a subjunctive verb. Compare the following sentences:

| | |
|---|---|
| Busco a la profesora que **habla** español. | *I'm looking for the teacher who **speaks** Spanish.* |
| Busco una profesora que **hable** español. | *I'm looking for a teacher who **speaks** Spanish.* |
| Querían la casa que **estaba** cerca de la escuela. | *They wanted the house that **was** near the school.* |
| Querían una casa que **estuviera** cerca de la escuela. | *They wanted a house that **was** near the school.* |

If the speaker has a specific person or thing in mind, the verb in the adjective clause is in the indicative as in the first example in each pair.
If the speaker does not have a specific person or thing in mind, the verb in the adjective clause is in the subjunctive as in the second example in each pair.
Notice that the personal *a* is used in the first example because the speaker has a specific person in mind.

2. Now compare the following sentences:

Conozco a alguien que **vive** en México.

*I know someone who **lives** in Mexico.*

No conozco a nadie que **viva** en España.

*I don't know anyone who **lives** in Spain.*

If the speaker uses one of the negatives, *(nada, nadie, ningún, ninguna,* etc.) followed by an adjective clause, the verb is subjunctive. Notice that *alguien* and *nadie*, as well as *alguno* and *ninguno* (referring to persons), require the personal *a* when used as direct objects.

3. Now look at the following sentences:

¿Hay alguien aquí que **haya sufrido** el examen?

*Is there anyone here who **has taken** the test?*

¿Hay algo que te **interese** más que jugar al tenis?

*Is there anything that **interests** you more than playing tennis?*

Notice that when asking a question, the verb in the adjective clause is always subjunctive because the speaker does not have a specific person or thing in mind.

## Ejercicios

**A.** Haga frases según los modelos. Use el subjuntivo de los verbos entre paréntesis.

1. Busco un contador. (me ayuda a llenar los formularios de impuestos)
   *Busco un contador que me ayude a llenar los formularios de impuestos.*

2. Necesitamos una calculadora. (multiplica y divide)
3. Quiero una libreta de cheques. (tiene una calculadora también)
4. Prefiero enseñar una clase. (incluye a niños de varias edades)
5. Buscamos un hombre. (ahorra un millón de dólares cada año)
6. No hay nadie aquí. (es economista)
   *No hay nadie aquí que sea economista.*

7. No hay ningún estudiante. (no sabe dibujar círculos)
8. No conozco a nadie. (puede contarme los detalles más recientes)
9. No hay nada. (me gusta más que jugar al béisbol)
10. No hay ningún libro por aquí. (da la respuesta)

**B.** Haga frases usando las palabras entre paréntesis. Empiece con los modelos.

1. Busco a la profesora que habla francés. (Busco una profesora)
   *Busco una profesora que hable francés.*

2. Quiero el tocadiscos que no cuesta más de 200 dólares. (Quiero un tocadiscos)
3. Prefieren al hombre que es miembro de la profesión. (Prefieren un hombre)

su firma es dinero

4. Necesitamos el libro que lo explica todo. (Necesitamos un libro)
5. Hay alguien aquí que ha viajado a España. (No hay nadie aquí)
6. Quiero hablar con una maestra que enseñe el curso. (Quiero hablar con la maestra)
   *Quiero hablar con la maestra que enseña el curso.*

7. No conozco a nadie que haya encontrado una libreta de banco. (Conozco a alguien)
8. Buscamos una tienda que venda churros. (Buscamos la tienda)
9. No hay nada en esta encuesta que me interese. (Hay algo en esta encuesta)
10. No hay ningún barco que llegue a las siete. (Hay un barco)

C. Complete las frases con la forma apropiada (presente o pasado) del subjuntivo del verbo entre paréntesis. Empiece con el modelo.

1. No conozco a nadie que ____ en la Argentina. (vivir)
   *No conozco a nadie que viva en la Argentina.*

2. Busco una tienda que ____ descuentos. (ofrecer)
3. Necesitábamos un dependiente que ____ explicarnos las ventajas y las desventajas de comprar esta calculadora. (poder)
4. Preferían tener una profesora que ya ____ enseñado el curso. (haber)
5. No hay nadie en la clase que ____ sumar y sustraer mejor que ella. (saber)
6. Quieren comprar una computadora que no ____ demasiado. (costar)
7. No conozco a nadie que ____ mejor contadora que la señorita Valdivieso. (ser)
8. Pablo quería un condominio que ____ en el décimo piso. (estar)

**D.** Complete cada frase con la forma apropiada del verbo entre paréntesis. Use el presente o el pasado del subjuntivo o del indicativo. Empiece con el modelo.

1a. Busco a la persona que (sabe / sepa) los resultados de la encuesta.
  b. Busco una persona que (sabe / sepa) los resultados de la encuesta.
  a. *Busco a la persona que sabe los resultados de la encuesta.*

2a. Conozco a alguien que (quiere / quiera) ser economista.
  b. No conozco a nadie que (quiere / quiera) ser economista.
3a. Quería hablar con una chica que (había / hubiera) asistido al colegio.
  b. Quería hablar con la chica que (había / hubiera) asistido al colegio.
4a. Tenía el libro que (incluía / incluyera) los dibujos de los triángulos y rectángulos.
  b. Necesitaba un libro que (incluía / incluyera) los dibujos de los triángulos y rectángulos.
5a. Vamos a la conferencia que (trata / trate) el efecto de la inflación en nuestros impuestos.
  b. Queremos ir a una conferencia que (trata / trate) el efecto de la inflación en nuestros impuestos.
6a. Hay alguien allí que (puede / pueda) decirme cuánto dinero tengo en mi cuenta de ahorros.
  b. No hay nadie allí que (puede / pueda) decirme cuánto dinero tengo en mi cuenta de ahorros.
7a. Preferíamos el auto que no (costaba / costara) mucho.
  b. Buscábamos un auto que no (costaba / costara) mucho.

**E.** Conteste con el indicativo o el subjuntivo según las palabras entre paréntesis. Empiece con el modelo.

1. ¿Hay un curso que te interese más que el español? (No)
  *No, no hay ningún curso que me interese más que el español.*

2. ¿Conoces a alguien que haya invertido mucho dinero en acciones y bonos? (Sí)
3. ¿Había un banco que ofreciera menos del 12 por ciento de interés? (No)
4. ¿Había alguien en la clase que bailara mejor que tú? (No)
5. ¿Tienes un amigo que haya visitado al Brasil? (Sí)
6. ¿Hay un libro aquí que dé todas las respuestas? (No)

## El futuro perfecto

1. Look at these examples of the future perfect tense:

| | |
|---|---|
| Para las dos, **habré terminado** el examen. | *By two o'clock, **I will have finished** the test.* |
| **Habremos gastado** todo el dinero antes del año que viene. | ***We will have spent** all the money before next year.* |

The future perfect tense tells what *will have happened*. It implies a time in the future before which or by which the action will have taken place. The future perfect is formed by using the past participle of the verb after the future of *haber*.

*Hablar* will serve as a model for the future perfect:

| | |
|---|---|
| **habré hablado** | **habremos hablado** |
| **habrás hablado** | habréis hablado |
| **habrá hablado** | **habrán hablado** |

2. The future perfect can express probability about a *present* perfect action.

| | |
|---|---|
| ¿Dónde está Margarita? | *Where is Margarita?* |
| **Habrá salido.** | *She **has probably gone** out.* |
| Ya **habrán visto** la película. | ***They must have seen** the film already.* |
| ¿Quién **habrá estado** aquí? | *Who **could have been** here?* |

## Ejercicios

**A.** Cambie las frases usando el nuevo sujeto. Empiece con el modelo.

1. Para el año que viene, habré ahorrado mil dólares.
   (a) Ricardo    (b) tú    (c) tú y yo
   *(a) Para el año que viene, Ricardo habrá ahorrado mil dólares.*

2. Los García se habrán ido para el viernes.
   (a) el economista    (b) nosotras    (c) yo
3. Marta se habrá casado para agosto.
   (a) Manuel y yo    (b) tú    (c) los enamorados
4. Habré gastado todo el dinero para el martes.
   (a) mi hermanito    (b) los niños    (c) César y yo

**B.** Conteste *sí* según el modelo.

1. ¿Habrán vuelto Uds. antes de las ocho?
   *Sí, habremos vuelto antes de las ocho.*

2. ¿Habrás leído la encuesta antes de la reunión?
3. ¿Habrá visto Ud. la película antes de la comida?
4. ¿Habrán terminado Uds. el libro antes de las vacaciones?
5. ¿Habrás repasado todos los detalles antes del examen?
6. ¿Habrán aprendido Uds. las fracciones antes del fin de la semana?
7. ¿Habrá llegado Juan a Brasilia antes de medianoche?
8. ¿Habrás recibido los paquetes antes de tu cumpleaños?
9. ¿Habrán apagado los gerentes todas las luces antes de las diez?
10. ¿Habrá corregido la maestra todos los exámenes antes de las tres?

**C.** Cambie los verbos al futuro perfecto según el modelo.

1. ¿Has ahorrado suficiente dinero?
   *No, pero lo habré ahorrado para el mes que viene.*

2. ¿Ha comprado la compañía la nueva computadora?
3. ¿Has llamado a la economista que va a dar la conferencia?

4. ¿Ha leído su padre el artículo sobre la inflación?
5. ¿Han pagado Uds. la cuenta?
6. ¿Ha terminado Juanita sus cursos?
7. ¿Has visto los programas más interesantes?
8. ¿Ha vendido la gerente los condominios?
9. ¿Han estudiado Uds. las lecciones sobre los ángulos?
10. ¿Has visitado las ciudades de más interés?

**D.** Conteste usando las palabras entre paréntesis. Empiece con el modelo.

1. ¿Por qué no han venido los Martínez a la fiesta? (estar ocupado)
   *No sé. Habrán estado ocupados.*

2. ¿Por qué no ha salido Juan de la clase? (no terminar el examen)
3. ¿Por qué no ha comprado Leonardo la calculadora? (gastar el dinero)
4. ¿Por qué han elegido al señor Pidal? (ser el mejor candidato)
5. ¿Por qué ha detenido el policía al hombre? (creer que es el culpable)
6. ¿Por qué han comprado los García esta casa? (gustarles la arquitectura)
7. ¿Por qué no ha traído Rosa las fotos? (no revelarlas)
8. ¿Por qué no han tocado los músicos esta canción? (cambiar el programa)
9. ¿Por qué no ha llegado Paco a la parada del autobús? (salir tarde)
10. ¿Por qué no ha manejado María el auto todavía? (no recibir su permiso de manejar)

> *Ud. dirá.* Ud. es un buen cliente de este banco. Quiere informarse sobre varias clases de cuentas de ahorros que se ofrecen aquí, pero la empleada le dice que ya es hora de cerrar. ¿Qué le contesta?

### Los números

1. Do you remember how to count by hundreds to 900?

| | | | | | |
|---|---|---|---|---|---|
| 100 | cien(to) | 400 | cuatrocientos | 700 | setecientos |
| 200 | doscientos | 500 | quinientos | 800 | ochocientos |
| 300 | trescientos | 600 | seiscientos | 900 | novecientos |

Remember that you can also express all numbers up to 999. Look at these examples:

| | | | |
|---|---|---|---|
| 317 | trescientos diecisiete | 783 | setecientos ochenta y tres |
| 545 | quinientos cuarenta y cinco | 908 | novecientos ocho |

2. Notice the use of *mil* in the following sentences:

| | |
|---|---|
| Tengo **mil** papeles en este pupitre. | *I have **a thousand** papers in this desk.* |
| En la caja hay más de tres **mil** sellos. | *In the box there are more than three **thousand** stamps.* |
| Colón descubrió América en **mil cuatrocientos noventa y dos.** | *Columbus discovered America in **1492.*** |

*Mil* is invariable—it never changes in form. The plural, *miles*, is used wherever we would use "thousands" in English:

| | |
|---|---|
| Hay **miles** de estudiantes en las calles. | *There are **thousands** of students in the streets.* |

3. Look at these examples using *millón:*

| | |
|---|---|
| Puebla tiene casi **un millón** de habitantes. | *Puebla has almost **a million** inhabitants.* |
| Sí, pero Guadalajara tiene varios **millones.** | *Yes, but Guadalajara has several **million.*** |
| Tienes razón. Hay **millones** de personas en Guadalajara. | *You're right. There are **millions** of people in Guadalajara.* |

The noun *millón* is always preceded by the indefinite article *un* when used in the singular. In both singular and plural, it is followed by *de.*

4. Notice how "plus," "minus," "times," and "divided by" are expressed in Spanish:

| | |
|---|---|
| Seis **y** cuatro son diez. | *Six **plus** four is ten.* |
| Ocho **menos** dos son seis. | *Eight **minus** two is six.* |
| Tres **por** cuatro son doce. | *Three **times** four is twelve.* |
| Nueve **dividido por** tres son tres. | *Nine **divided by** three is three.* |

The mathematical signs for these operations are the same in Spanish and English.

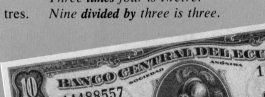

5. Review these numbers:

primer(o), -a = first
segundo, -a = second
tercer(o), -a = third

cuarto, -a = fourth
quinto, -a = fifth

Here are some more numbers of this type:

sexto, -a = sixth
séptimo, -a = seventh
octavo, -a = eighth

noveno, -a = ninth
décimo, -a = tenth

These numbers are used as adjectives and they agree in gender and number with the nouns they modify. Notice these examples:

En el **octavo** piso hay una
pequeña biblioteca.

*On the **eighth** floor there is a
small library.*

Leí las dos **primeras** partes
del libro.

*I read the **first** two parts of
the book.*

For "eleventh," "twelfth," etc., Spanish prefers to use *once, doce,* etc. These words will always follow the nouns they modify:

En el piso **trece** hay una
pequeña biblioteca.

*On the **thirteenth** floor there is
a small library.*

## *Ejercicios*

**A.** Lea las frases en voz alta.

1. Aquí tengo 842 pesos.
2. ¡Increíble! Dicen que en esta figura hay 117 ángulos.
3. Colón descubrió América en 1492.
4. Hay 365 días en un año.
5. ¿Qué guerra empezó en 1861?
6. Ahora tienes que sustraer 904 de este número.
7. José Martí murió en 1895.
8. Este paquete contiene 450 aspirinas.
9. Tenemos que vender más de 770 boletos.
10. ¿Qué vas a hacer con esos 2.000 colones?
11. ¿Es cierto que más de 10.000.000 de personas viven en Nueva York?

**B.** Lea los siguientes problemas en voz alta.

1. $40 + 22 = 62$
2. $72 \times 2 = 144$
3. $27 \div 3 = 9$
4. $10 \times 4 = 40$
5. $25\% \times 3 = 75\%$
6. $97 - 5 = 92$
7. $19 + 49 = 68$
8. $1/4 + 1/2 = 3/4$
9. $7/8 - 1/8 = 6/8$
10. $10\% \times 6 = 60\%$

**C.** Conteste *no* según los números entre paréntesis. Empiece con el modelo.

1. ¿Es éste el primer premio que has ganado? (3)
   *No, es el tercero.*

2. ¿Estás leyendo el quinto capítulo? (6)

3. ¿Vives en el séptimo piso? (8)
4. ¿Estás hablando de la cuarta palabra? (8)
5. ¿Es Pepe Juárez el segundo jugador? (5)
6. Es la sexta carta que te escribe Julio, ¿no? (7)

## LECTURA

### Viaje al pasado

—Mis antepasados,¹ los mayas, inventaron² un sistema matemático° y un calendario—me dijo don Pedro. Al escuchar sus palabras y mirar su cara que se parecía³ tanto a las de los antiguos mayas, me di cuenta de la enorme distancia que había entre las grandes ciudades de los Estados Unidos, la única realidad que yo había conocido, y el mundo fantástico que estaba descubriendo ahora en México, en las selvas de Yucatán.

Yo había venido con mis padres hacía más de dos meses. Mi papá había tenido graves problemas de salud⁴ y necesitaba descansar, y, por eso, había aceptado⁵ la invitación de unos amigos de muchos años, los señores Cova, a pasar unos meses con ellos, en Yucatán, en su casa de campo.

Me había entusiasmado el proyecto del viaje, puesto que había estudiado español en el colegio durante tres años, pero, a pesar de⁶ eso, no me sentí muy a gusto⁷ durante la primera parte de la estadía.⁸ Extrañaba⁹ a mis amigos, extrañaba el ambiente del colegio en Chicago. No recuerdo bien cuándo hablé por primera vez con don Pedro, otro huésped en la casa de los Cova, gran amigo de la señora, y profesor de antropología en la Universidad Nacional. Don Pedro estaba orgulloso¹⁰ de tener sangre maya en sus venas.¹¹ Sabía muchísimas historias sobre sus antepasados, las cuales produjeron en mí una fuerte impresión. Todo lo que me contaba
20 despertaba en mí una gran simpatía¹² por la cultura de sus antepasados. Visité las ruinas de templos mayas, fui a todos los museos que había en la región y leí varios libros sobre los mayas que me recomendó don Pedro. Pero para mí, lo mejor de todo seguía siendo las historias de don Pedro, especialmente las del calendario y de los sacerdotes.

25 —El calendario—me contó una noche el profesor—comenzaba en tiempos muy remotos: el año uno de los mayas corresponde al año 3113 antes de Jesucristo.¹³ Seguramente, para los mayas, algo de mucha importancia había ocurrido en esa fecha, probablemente algo relacionado con¹⁴ sus misteriosos orígenes. Para los mayas, el tiempo era sagrado.¹⁵ Los
30 días mismos eran dioses, algunos buenos y otros malos, ¿entiendes? A veces los sacerdotes¹⁶ mayas consultaban el calendario y proclamaban¹⁷ una

---

¹el antepasado *ancestor*
²inventar *to invent*
³parecerse a *to resemble*
⁴la salud *health*
⁵aceptar *to accept*
⁶a pesar de *in spite of*

⁷a gusto *comfortable*
⁸la estadía *stay*
⁹extrañar *to miss*
¹⁰orgulloso, -a *proud*
¹¹la vena *vein*
¹²la simpatía *sympathy*

¹³Jesucristo *Jesus Christ*
¹⁴relacionado, -a con *related to*
¹⁵sagrado, -a *sacred*
¹⁶el sacerdote *priest*
¹⁷proclamar *to proclaim*

época de adoración y de sacrificio. Entonces la gente venía a las ciudades sagradas y miraba con asombro[18] a los sacerdotes que subían lentamente los peldaños[19] de los templos. Parecían figuras fantásticas; iban cubiertos[20]
35 con las largas plumas[21] de la cola[22] del ave[23] sagrada, el quetzal,[24] y llevaban ornamentos de jade, su piedra sagrada.

— He estado leyendo mucho sobre los sacerdotes mayas — le dije.
— Tenían mucho poder dentro de la sociedad, ¿no es cierto?

Así es — me contestó. — Sólo los sacerdotes sabían buscar el favor de
40 los dioses. Sólo ellos podían rezar[25] para que el pueblo tuviera buenas cosechas[26] de maíz. Los sacerdotes iban vestidos con grandes capas.[27] Eran hombres solemnes, muy temidos y respetados. Tenían la reputación de ser personas excepcionales porque podían predecir[28] los días oscuros, es decir, los eclipses. La gente estaba convencida de que sabían también lo que iba a
45 ocurrir en el futuro. Y eran los sacerdotes los que dirigían las increíbles ceremonias religiosas de adoración de los dioses más poderosos.[29] El jaguar era un dios. Por lo tanto, los sacerdotes que lo adoraban llevaban pieles de jaguar. Cuando quemaban incienso[30] y ofrecían sacrificios, los músicos tocaban trompetas y tambores y los cantantes levantaban sus voces en un
50 canto[31] ritual. Debió ser un espectáculo fantástico.

Tengo la cabeza tan llena de estas historias y leyendas — me dijo — que hasta he soñado que yo vivía en esos tiempos. En uno de estos sueños vi un palacio donde había varios sabios[32] discutiendo cálculos[33] astronómicos. Uno de ellos presentó una serie[34] de jeroglíficos[35] en una tabla[36] muy fina y
55 luego se la dio a un artista. Éste y sus obreros[37] estaban a cargo de[38] inscribirlos[39] en una enorme columna de piedra. Tú seguramente has visto acá en Yucatán monumentos de esta clase. ¿Recuerdas que todos ellos tienen jeroglíficos y ornamentos con gran abundancia de líneas curvas? Bueno, en mi sueño también vi unos extraños libros en papel de maguey.
60 Parecían contener inscripciones que sólo los sabios entendían. Estos libros eran en realidad una larga hoja[40] doblada[41] varias veces de izquierda a derecha.

— ¿Qué más vio Ud. en su sueño, don Pedro? — le pregunté. Me sorprendía cuánto se parecía el sueño a las descripciones de las costumbres
65 mayas que yo había estudiado en museos y bibliotecas.

— Pues, por las calles de la ciudad ceremonial venían nobles, soldados, sacerdotes, artistas, trabajadores y sirvientes.[42] Luego vi a un personaje

| | | |
|---|---|---|
| [18]el asombro *amazement* | [27]la capa *cape* | *hieroglyphics* |
| [19]el peldaño *stair* | [28]predecir *to predict* | [36]la tabla *board* |
| [20]cubierto, -a *covered* | [29]poderoso, -a *powerful* | [37]el obrero *worker* |
| [21]la pluma *feather* | [30]el incienso *incense* | [38]a cargo de *in charge of* |
| [22]la cola *tail* | [31]el canto *chant* | [39]inscribir *to inscribe* |
| [23]el ave *bird* | [32]el sabio *wiseman* | [40]la hoja *page* |
| [24]el quetzal *quetzal* | [33]el cálculo *calculation* | [41]doblado, -a *folded* |
| [25]rezar *to pray* | [34]la serie *series* | [42]el sirviente *servant* |
| [26]la cosecha *crop* | [35]los jeroglíficos | |

que evidentemente tenía mucha autoridad e importancia. Alguien me dijo
que ése era el rey, o emperador.[43] Llevaba un gran sombrero de madera de
70    balsa[44] con largas plumas verdes. También llevaba ornamentos especiales
en los brazos y en las piernas y un delantal[45] bordado. El símbolo[46] de su
autoridad era un ídolo de madera pintada que llevaba en la mano
derecha. . . .

—Pero, ¿cómo vivía la gente del pueblo en esos días, don Pedro? Creo
75    que usted me empezó a contar algo de eso una vez, ¿no?

—Sí, es cierto. Bueno, en muchos sentidos la vida de los indios de esta
región ha cambiado muy poco desde entonces.[47] Por ejemplo, la gente del
campo llevaba cosas al mercado en ciertos días, y todavía lo hacen lo
mismo. Traían maíz, frutas, cacao, calabazas, pavos,[48] perros, aves, cerámica
80    y una gran abundancia de tejidos[49] muy hermosos. Para muchos de ellos,
venir a la ciudad representaba un viaje larguísimo porque sus campos
quedaban muy lejos.

En la ciudad había diversiones y deportes. Había, por ejemplo, estadios
en que se jugaba un juego de pelota que se parecía bastante al baloncesto y
85    al fútbol de hoy. Dos grupos de jugadores tiraban una pelota hacia un
círculo de piedra colocado[50] en una pared. Sólo usaban el codo,[51] la rodilla
y las caderas.[52] Al fondo,[53] y al frente,[54] había grupos de espectadores.
Cuando se pasaba la pelota por el anillo, se terminaba el partido.
Inmediatamente los espectadores salían corriendo, porque el ganador[55]
90    tenía derecho a quitarles la capa y las joyas.[56]

[43]el emperador *emperor*
[44]la madera de balsa
     balsa wood
[45]el delantal *apron*
[46]el símbolo *symbol*
[47]desde entonces *since*

*then*
[48]el pavo *turkey*
[49]el tejido *textile*
[50]colocado, -a *placed*
[51]el codo *elbow*

[52]la cadera *hip*
[53]al fondo *in the back*
[54]al frente *in the front*
[55]el ganador *winner*
[56]las joyas *jewelry*

Ahora te voy a contar otros detalles de la rutina[57] diaria de la gente del pueblo. Muy temprano en la mañana la mujer maya se levantaba a preparar el desayuno, que muchas veces consistía en[58] unas cuantas[59] tortillas. Lo mismo se come en estas partes hoy en día. Ahora bien,[60] los hombres y los muchachos salían a los campos antes del amanecer y volvían a eso de las dos de la tarde. Entonces el padre jugaba con sus niños, estando siempre la madre a cargo de la disciplina. En primavera, las mujeres y las muchachas también trabajaban en los campos de maíz. Otro deber de la mujer era cuidar[61] los animales de la familia. También tejía, lavaba la ropa y, por supuesto,[62] a eso de las seis de la tarde preparaba la cena.

Detrás de don Pedro se ponía el sol. Yo podía ver a mi padre que venía por el sendero[63] que salía de la selva. Mi padre parecía fuerte ahora, y su cara tenía aspecto sano y vital. Pronto podría volver a Chicago. Me sentí contento, pero al mismo tiempo me invadió[64] una profunda[65] tristeza.[66] ¿Dejaría yo para siempre este mundo, estas leyendas, estas reliquias[67] de un pasado esplendoroso?[68] —No creo— pensé, porque sabía que iba a querer explorar más la fascinante realidad de los antiguos habitantes de Yucatán. —Voy a volver— pensé, y luego, en voz alta dije a don Pedro: —Voy a volver.

—Ya sé, muchacho— me contestó. —Yo siempre lo sabía. ¿Entiendes? Aquí nada cambia. Aquí el tiempo es distinto. Volverás tarde o temprano, y aquí te estaremos esperando.

## ▶NOTAS CULTURALES

°**un sistema matemático:** Los mayas tenían un sistema matemático que consistía en veinte unidades las cuales representaban la combinación de los dedos de las manos y los pies. Los números inventados por los mayas iban del 1 al 19 y terminaban con el cero. Usaban símbolos como puntos[69] y rayas[70] para representarlos y llegaban a los otros números combinando y repitiendo estos mismos números. Además de este sistema matemático, tenían otro que consistía en usar la figura de cabezas humanas con rasgos[71] distintos. Por estar tan adelantados en su desarrollo en cuanto a las matemáticas, la astronomía, y al calendario, los mayas son considerados como la civilización más adelantada del Nuevo Mundo.

## Preguntas

Conteste según la lectura.

1. ¿A dónde fue el muchacho con su familia?   2. ¿Por qué no le gustaba estar allí al principio?   3. ¿Quién era don Pedro?   4. ¿Qué hizo el

[57]la rutina  *routine*
[58]consistir en  *to consist of*
[59]unas cuantas  *some*
[60]ahora bien  *now then*
[61]cuidar  *to care for*

[62]por supuesto  *of course*
[63]el sendero  *path*
[64]invadir  *to invade*
[65]profundo, -a  *profound*
[66]la tristeza  *sadness*
[67]la reliquia  *relic*

[68]esplendoroso, -a  *brilliant*
[69]el punto  *dot*
[70]la raya  *dash*
[71]el rasgo  *feature*

muchacho para informarse sobre los mayas?   5. ¿Por qué es el calendario
maya diferente del nuestro?   6. ¿Qué ave era sagrada para los mayas?
7. ¿Qué animal era sagrado?   8. ¿Cómo eran los libros de los mayas?
9. En el sueño de don Pedro, ¿quién era el personaje que llevaba un
enorme sombrero?   10. ¿Ha cambiado mucho la vida en Yucatán desde los
tiempos mayas?   11. ¿Qué llevaba la gente del campo a los mercados de la
ciudad?   12. ¿A qué se parecía el juego de la pelota de los mayas?
13. ¿Quién estaba a cargo de la disciplina de los niños mayas?   14. ¿Por
qué iba a volver el muchacho a los Estados Unidos pronto?   15. ¿En qué
estaban de acuerdo él y don Pedro?

## HABLEMOS UN POCO

Escoja un problema matemático fácil y presénteselo a los otros estudiantes.
Hay que contestar con una frase completa. El primer estudiante que dé la
respuesta apropiada hará la pregunta siguiente. Ejemplos:

> ¿Cuántos son ocho y once?
> ¿Cuántos son veinticinco menos catorce?
> ¿Cuántos son ocho por siete?
> ¿Cuántos son cuarenta dividido por cuatro?
> ¿Qué número es un tercio de nueve?
> ¿Cuánto es el cincuenta por ciento de cincuenta?

## ESCRIBAMOS UN POCO

Escriba una composición contestando la pregunta, «¿Qué habrá hecho Ud. cuando tenga 30 años?» Use el futuro perfecto y cláusulas adjetivas donde sea posible. Por ejemplo: *Cuando tenga treinta años, habré conocido a varias personas que hayan viajado mucho.* Trate de pensar en todo lo que le gustaría haber hecho para entonces. Refiérase Ud. a estas ideas para su composición:

> los viajes
> la universidad, los cursos, la carrera
> los amigos, los novios
> los deportes, la música, el arte, las lenguas
>     extranjeras
> el dinero: cómo gastarlo, cómo ahorrarlo
> los premios
> el matrimonio, los niños

## CONFIRME SU PROGRESO

**A.** Conteste *sí* según las palabras entre paréntesis. Empiece con el modelo.

1. ¿Está abierta la puerta? (el policía)
   *Sí, la puerta fue abierta por el policía.*

2. ¿Están envueltos los paquetes? (los niños)
3. ¿Está cerrado el laboratorio de lenguas? (nuestro maestro de español)
4. ¿Está puesta la mesa? (mi madre)
5. ¿Está enchufado el televisor? (Ramón)
6. ¿Están corregidos los exámenes? (la señora Álvarez)
7. ¿Está rota la lámpara? (mi hermanita)
8. ¿Están planchadas las camisas? (la criada)
9. ¿Está arreglada la bicicleta? (mi padre)
10. ¿Están escritos los poemas? (los estudiantes)

**B.** Conteste *no* según el modelo.

1. ¿Vas a pagar la cuenta?
   *No, ya está pagada.*

2. ¿Van Uds. a preparar la comida?
3. ¿Va Ud. a acostar a los niños?
4. ¿Vamos a redactar la carta?
5. ¿Van a anunciar los locutores las noticias?
6. ¿Vas a escoger a uno de los candidatos?
7. ¿Va a desenvolver tu hermano los regalos?
8. ¿Va a cocinar su madre los churros?

**C.** Escoja la forma apropiada del verbo entre paréntesis. Empiece con el modelo.

1. Conozco a alguien que (vive / viva) en Colombia.
   *Conozco a alguien que vive en Colombia.*

2. Busco un esposo que (es / sea) simpático.
3. No había nadie que (sabía / supiera) la respuesta.
4. Tengo un auto que no (funciona / funcione) bien.
5. No hay ningún diccionario que (incluye / incluya) todas las palabras.
6. ¿Hay alguien que (entiende / entienda) la pregunta?
7. Necesito un guía que (conoce / conozca) bien la ciudad.
8. No hay nada que (puedes / puedas) hacer ahora.
9. Busco a la chica que (juega / juegue) bien al ajedrez.
10. Compré una novela que (era / fuera) sumamente interesante.

**D.** Conteste *sí* según las palabras entre paréntesis. Empiece con el modelo.

1. ¿Habrás salido? (antes de que hagan el anuncio)
   *Sí, habré salido antes de que hagan el anuncio.*

2. ¿Habrá arreglado Ud. la cámara? (antes de que lleguen los invitados)
3. ¿Habrá examinado la aduanera el equipaje? (antes de que salgamos del aeropuerto)
4. ¿Habrás visitado a México? (antes de tener 25 años)
5. ¿Habrán construido Uds. los condominios? (antes de que comience el año nuevo)
6. ¿Habrás visto los cuadros? (para la semana que viene)
7. ¿Habrá recibido Ud. el premio? (para mañana)
8. ¿Habrá ensayado Esteban su papel? (para el fin de la semana)

**E.** Conteste según los dibujos. Empiece con el modelo.

1. ¿Quién ha filmado esta magnífica escena?

   *La directora la habrá filmado.*

2. ¿Quiénes han anunciado la fecha del concurso?

3. ¿Quién ha aconsejado a Pablo sobre su cuenta?

4. ¿Quién ha construido el puente?

5. ¿Quiénes han entregado los telegramas?

6. ¿Qué ha visto Pepe en la autopista?

7. ¿Qué ha encontrado la detective?

8. ¿Por qué ha gritado tanto el jugador?

9. ¿Por qué no han recibido mis primas las cartas?

# Lecturas

## Fábulas y moralejas

### La zorra[1] y el busto[2]
### FÉLIX M. DE SAMANIEGO

*Félix M. de Samaniego (1745–1801) was a Basque by birth. A believer in prudence, Samaniego communicated his thoughts to the youth of his time through fables. Some of these fables are original; others reflect the influence of earlier masters of fable writing. The work quoted here laments the fact that physical beauty often hides a lack of intelligence.*

Dice la zorra al busto
después de olerlo:[3]
tu cabeza es hermosa,
pero sin seso.[4]
5  Como éste hay muchos
que aunque parecen hombres
sólo son bustos.

---

[1]la zorra *female fox*
[2]el busto *bust, piece of sculpture represent-*
*ing a person's head, shoulders, and upper chest*
[3]oler *to smell*
[4]el seso *brain; brains*

# El burro flautista[1]

## TOMÁS DE IRIARTE

*Tomás de Iriarte (1750–1791) devoted his literary efforts to conveying moral lessons through fables. These became popular almost instantly because of their cleverness and unfailing good taste. There is hardly a student in the Hispanic world who does not know one or more of Iriarte's fables by heart. Their rhythm makes them very easy to memorize. The one presented here is a humorous indictment of bad writers who give themselves credit for success that really was the result of pure luck.*

    Esta fabulilla,[2]
salga bien o mal,[3]
me ha ocurrido ahora
por casualidad.[4]
5  Cerca de unos prados[5]
que hay en mi lugar,
pasaba un Borrico[6]
por casualidad.
Una flauta[7] en ellos
10  halló,[8] que un zagal[9]
se dejó olvidada[10]
por casualidad.
Acercóse a olerla[11]
el dicho[12] animal,
15  y dió un resoplido[13]
por casualidad.
En la flauta el aire
se hubo de colar,[14]
y sonó la flauta
20  por casualidad.
— ¡Oh!, dijo el Borrico,
¡qué bien sé tocar!
¡Y dirán que es mala
la música asnal![15]

---

[1]el burro flautista *the donkey flutist*
[2]la fabulilla *little fable*
[3]salga bien o mal *whether it turns out well or badly*
[4]por casualidad *by chance*
[5]el prado *meadow, pasture*

[6]el Borrico = el burro
[7]la flauta: *flute*
[8]hallar = encontrar
[9]el zagal *shepherd boy*
[10]dejarse olvidado, -a *to leave behind through forgetfulness*
[11]oler *to smell*
[12]dicho, -a *mentioned before*

[13]el resoplido *snort*
[14]se hubo de colar *must have slipped through*
[15]la música asnal = la música tocada por burros

*Lecturas*

**347**

25  *Sin reglas[16] del arte,*
*borriquitos[17] hay*
*que una vez aciertan[18]*
*por casualidad.*

------------

[16]la regla  *rule*   [17]el borriquito = el burro   [18]acertar  *(here) to do*
         pequeño       *things right*

## El valor[1] de las opiniones

### DON JUAN MANUEL

*Don Juan Manuel (1282–1348?), the nephew of the Wise King, Alfonso X, is best known for a collection of stories called* El conde Lucanor. *Each story ends with a message in verse. It was the custom of his time to write both to please the reader and to convey a moral. Don Juan Manuel was the first writer in Spanish literature to do so in a distinctly personal style. His tone was always serious and his language clear and unadorned. Many of his observations on human nature are as valid today as they were centuries ago, as shown by the following story on the dubious value of the opinions of others.*

  El conde[2] Lucanor tenía como consejero a un hombre sabio[3] y prudente[4] que se llamaba Patronio. Éste era conocido por su buen sentido para juzgar[5] a los hombres y para hacer decisiones juiciosas.[6] Era su costumbre no contestar directamente sino después de contar una anécdota.[7] En una
5  ocasión le dijo el conde:
  —Patronio: estoy preocupado porque voy a hacer algo muy particular y, como no pienso seguir la opinión de otros, sé que hablarán mal de mí. Sé, además, que si no hago nada, también me juzgarán mal, con o sin razón para hacerlo.
10    En seguida,[8] le contó lo que iba a hacer, pidiéndole una opinión.
  —Señor conde —dijo Patronio, —sé que hay muchos que podrían darle mejores consejos que yo. También sé que su merced[9] tiene clara inteligencia. Me inclino[10] a pensar que mis palabras no van a tener ningún efecto. Pero, como su merced me ha pedido una opinión, le diré qué haría
15  yo, estando en una situación como la suya.

------------

*Adapted from* El conde
Lucanor *by don Juan
Manuel*
[1]el valor  *value*
[2]el conde  *count (nobleman)*

[3]sabio, -a  *wise*
[4]prudente  *prudent,
 sensible*
[5]juzgar  *to judge*
[6]juicioso, -a  *judicious,
 wise*

[7]la anécdota  *anecdote*
[8]en seguida =
 inmediatamente
[9]su merced  *your Grace*
[10]inclinarse a  *to be
 inclined to*

—Te lo agradeceré[11] mucho. Habla con toda libertad.

—Pues, señor, había una vez un buen hombre que tenía un hijo de mucha inteligencia, pero, cada vez que el padre decidía hacer algo, el muchacho le presentaba razones para hacer lo contrario. «Padre, ¿ha pensado Ud. que todo tiene dos lados?»[12] «Sí, hijo mío, pero lo importante es decidir qué es más conveniente».[13]

Es cosa bien sabida[14] —continuó Patronio —que los jóvenes tienen gran percepción para ciertas cosas, pero también cometen grandes errores porque ven claramente el comienzo[15] y no la terminación[16] de lo que proponen.[17]

—Y ¿qué ocurrió?

—Pues, señor, ese hijo hablaba de cómo se debían hacer muchas cosas, pero, cuando era necesario hacerlas, nunca lo hacía bien. Y con esto creaba a su padre muchos problemas, pues no le dejaba hacer lo que era necesario para el bien[18] de todos.

—Así ocurre muchas veces.

—Como el padre tenía que vivir oyendo las opiniones de su hijo, decidió darle una lección, no para castigarlo, sino para obligarlo a pensar seriamente.

El buen hombre y su hijo eran labradores[19] —continuó Patronio, —y vivían cerca de una aldea.[20] Un día, necesitando comprar algunas cosas en el mercado, decidieron ir con una mula[21] para traer, en el viaje de vuelta,[22] lo que iban a comprar. Salieron de casa y caminaron alegremente, sin poner ninguna carga[23] sobre el animal. Muy pronto vieron a varios hombres que venían en dirección opuesta.[24] Se detuvieron un momento para charlar con ellos. Hablando del animal, dijo uno de los hombres: «No entiendo por qué va este muchacho a pie teniendo Uds. una mula que nada lleva encima».[25]

Cuando los hombres ya no estaban presentes,[26] le pidió el padre una opinión a su hijo y éste contestó que tenían razón. Entonces dijo el padre: «Puedes ir en la mula; así vas a descansar».

Poco después vino otro grupo de caminantes y uno dijo: «No entiendo por qué va el viejo a pie y el muchacho montado en el animal; un joven siempre sufre menos, precisamente porque es joven, ¿verdad?»

Poco después preguntó el padre: «¿Qué piensas tú ahora?» El muchacho contestó inmediatamente: «Tienen razón». Bajó del animal, y el padre ocupó su lugar.

Poco más tarde, encontraron un tercer grupo de vecinos, y varios dijeron que no era justo obligar a un muchacho a caminar, no siendo todavía muy fuerte. Cuando estuvieron solos, preguntó el padre: «Y ¿qué dices tú ahora?» «Digo que tienen razón». Decidieron entonces subir los dos sobre el animal para evitar nuevos comentarios.

---

[11]agradecer *to thank*
[12]el lado *side*
[13]conveniente = apropiado, -a
[14]sabido, -a *known*
[15]el comienzo *beginning*
[16]la terminación = el fin

[17]proponer *to propose*
[18]el bien *the good*
[19]el labrador *laborer*
[20]la aldea *village*
[21]la mula *mule*
[22]el viaje de vuelta *the return trip*

[23]la carga *cargo, burden*
[24]opuesto, -a *opposite*
[25]llevar encima *to carry on top*
[26]presente *present*

Viajaban en esta forma,[27] cuando un campesino se detuvo para preguntarles: «¿Cómo pueden Uds. poner tanto peso sobre un pobre animal tan flaco[28] y tan pequeño? Es seguro que lo van a matar».

El muchacho dijo que ambos[29] hacían mal y comenzaron otra vez a
60  viajar a pie. «¿Ves?» dijo el padre, «primero diste una opinión, después otra, y después, otra, sin pensar antes de hablar. Ahora quiero oír tu opinión una vez más». El hijo no sabía qué contestar. «Hijo mío: en este mundo casi nunca es posible dar opiniones y agradar[30] a todo el mundo. Lo que es bueno para unos, es malo para otros. Por esta razón, siempre debemos
65  hacer lo que uno cree mejor, pero sin hacer mal a nadie. Hay muchos que dan opiniones sólo para expresar su voluntad,[31] sin pensar en las personas a quienes dan consejos. Entre ésos estás tú».

—Ahora bien, señor conde, su merced me pregunta qué debe hacer para que otros no hablen mal. Mi consejo es éste: antes de hacer nada, debe
70  pensar en el bien y el mal que puede resultar de lo que va a hacer. Lo importante es usar la razón. Su merced debe escuchar a otros sólo cuando los que dan una opinión son personas leales y de mucho conocimiento.[32]

—Te agradezco tu consejo, buen Patronio. Así lo haré.

—Pero, si no encuentra su merced a tales consejeros, debe esperar un
75  día y una noche. Y, si halla[33] que lo que piensa hacer es para su bien, y no para el mal de otros, su merced debe hacerlo, sin pensar en la opinión de los demás.

El conde Lucanor comprendió que había recibido muy buen consejo y, para no olvidarlo, escribió estos versos:
80      *Sigue la opinión de otros, si no es para tu mal;*
        *piensa en lo que es bueno, siendo siempre prudencial.*[34]

---

[27]la forma *way*
[28]flaco, -a *thin, weak*
[29]ambos = los dos

[30]agradar *to please*
[31]la voluntad *will*
[32]el conocimiento

*knowledge*
[33]hallar = encontrar
[34]prudencial *prudential*

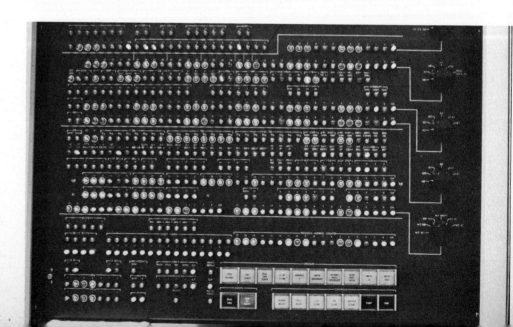

# Apocalipsis[1]

## MARCO DENEVI

*Marco Denevi (1922– ) is one of the most inventive Argentinean
writers of narrative prose today. His novels and short stories are extremely
popular. Most are mysteries and works of science fiction and police
detection. He is a master at studying the human mind under stress. He also
stands out for the humorous vein of his work and the interest-creating
techniques he employs.*

La extinción[2] de la raza[3] de los hombres se sitúa[4] aproximadamente a
fines del siglo XXXII. La cosa ocurrió así: las máquinas habían alcanzado
tal perfección que los hombres ya no necesitaban comer, ni dormir, ni leer,
ni hablar, ni escribir, ni hacer el amor, ni siquiera pensar. Les bastaba[5]
5 apretar[6] botones[7] y las máquinas lo hacían todo por ellos. Gradualmente
fueron desapareciendo las biblias,[8] los Leonardo da Vinci,[9] las mesas y los
sillones, las rosas,[10] los discos con las nueve sinfonías[11] de Beethoven, las
tiendas de antigüedades,[12] el vino de Burdeos,[13] las oropéndolas,[14] los tapices
flamencos,[15] todo Verdi,[16] las azaleas,[17] el palacio de Versalles.[18] Sólo había
10 máquinas. Después los hombres empezaron a notar[19] que ellos mismos iban
desapareciendo gradualmente, y que en cambio[20] las máquinas se
multiplicaban. Bastó poco tiempo para que el número de los hombres
quedase[21] reducido[22] a la mitad y el de las máquinas aumentase[23] al doble.[24]
Las máquinas terminaron por ocupar[25] todo el espacio disponible.[26] Nadie
15 podía moverse sin tropezar con[27] una de ellas. Finalmente los hombres
desaparecieron. Como[28] el último se olvidó de desconectar[29] las máquinas,
desde entonces[30] seguimos funcionando.

---

*This and the following
selection are from
Ceremonia secreta y otros
cuentos by Marco Denevi,
edited by Donald A.
Yates. Copyright © 1965
by Macmillan Publishing
Co., Inc. Reprinted by
permission of the author.*

[1]Apocalipsis *The
    Apocalypse. The
    last book of the
    New Testament.
    The term also signi-
    fies a "revelation."*
[2]la extinción *extinction*
[3]la raza *race*
[4]situar *to situate*
[5]bastar *to be enough*
[6]apretar *to press*

[7]el botón *button*
[8]la biblia *bible*
[9]los Leonardo da Vinci
    *(here) the works of
    da Vinci.*
[10]la rosa *rose*
[11]la sinfonía *symphony*
[12]la tienda de antigüedades
    *antique store*
[13]Burdeos *Bordeaux,
    seaport in south-
    western France*
[14]las oropéndolas *golden
    orioles*
[15]los tapices flamencos
    *Flemish tapestries*
[16]Verdi *Italian composer
    of operas*
[17]la azalea *azalea*

*(flower)*
[18]Versalles *Versailles,
    city in France, near
    Paris*
[19]notar *to note*
[20]en cambio = al contrario
[21]quedase = quedara
[22]reducido, -a *reduced*
[23]aumentase = creciera
[24]al doble *doubly, by
    double*
[25]ocupar *to occupy*
[26]disponible *available*
[27]tropezar con *to bump
    into*
[28]como *since*
[29]desconectar *to
    disconnect*
[30]desde entonces *since
    then*

# Génesis[1]

## MARCO DENEVI

Con la última guerra atómica, la humanidad y la civilización desaparecieron. Toda la tierra fue como un desierto calcinado.[2] En cierta región de Oriente sobrevivió[3] un niño, hijo del piloto de una nave espacial.[4] El niño se alimentaba[5] de hierbas y dormía en una caverna. Durante mucho
5   tiempo, aturdido[6] por el horror del desastre,[7] sólo sabía llorar y clamar por[8] su padre. Después sus recuerdos se oscurecieron,[9] se disgregaron,[10] se volvieron arbitrarios[11] y cambiantes[12] como un sueño; su horror se transformó en un vago[13] miedo.[14] A ratos[15] recordaba la figura de su padre, que le sonreía o lo amonestaba,[16] o ascendía[17] a su nave espacial, envuelta
10   en fuego y en ruido, y se perdía entre las nubes. Entonces, loco de soledad,[18] caía de rodillas[19] y le rogaba[20] que volviese.[21] Entretanto[22] la tierra se cubrió[23] nuevamente[24] de vegetación; las plantas se cargaron de[25] flores; los árboles, de frutos.[26] El niño, convertido en un muchacho, comenzó a explorar el país. Un día vio un ave.[27] Otro día vio un lobo.[28] Otro día
15   inesperadamente,[29] se halló[30] frente a[31] una joven de su edad que, lo mismo que él, había sobrevivido a los estragos[32] de la guerra atómica.

—¿Cómo te llamas? —le preguntó.

—Eva,[33] —contestó la joven—. ¿Y tú?

—Adán.[34]

---

[1]Génesis *Genesis. The first book of the Old Testament. It gives an account of the creation of the world.*

[2]calcinado, -a *burned to ashes*

[3]sobrevivir *to survive*

[4]la nave espacial *spaceship*

[5]alimentarse *to nourish oneself*

[6]aturdido, -a *bewildered*

[7]el desastre *disaster*

[8]clamar por *to cry out for*

[9]oscurecerse *to become dimmed*

[10]disgregar *to disintegrate*

[11]arbitrario, -a *arbitrary, irregular*

[12]cambiante *changing*

[13]vago, -a *vague*

[14]el miedo *fear*

[15]a ratos = *de vez en cuando*

[16]amonestar *to scold gently*

[17]ascender = *subir*

[18]la soledad *loneliness*

[19]caer de rodillas *to fall to one's knees*

[20]rogar *to beg*

[21]volviese = *volviera*

[22]entretanto *meanwhile*

[23]cubrirse de *to be covered with*

[24]nuevamente = *otra vez*

[25]cargarse de *(here) to have a lot of*

[26]el fruto *fruit*

[27]el ave = *el pájaro*

[28]el lobo *wolf*

[29]inesperadamente *unexpectedly*

[30]hallarse = *encontrarse*

[31]frente a = *delante de*

[32]el estrago *ravages, ruin*

[33]Eva *Eve*

[34]Adán *Adam*

# La muerte

## Masa[1]

### CÉSAR VALLEJO

*César Vallejo (1892–1938), the most significant of modern Peruvian poets,
dreamed of a world of charity and justice. He used the Spanish Civil War
(1936) as the background for his sincere expression of grief and pity for
the militiamen who died for the sake of an ideal.*

Al fin de la batalla,
y muerto el combatiente,[2] vino hacia él un hombre
y le dijo: «No mueras; te amo[3] tanto!»
Pero el cadáver[4] ¡ay! siguió muriendo.

5    Se le acercaron dos y repitiéronle:
«No nos dejes! ¡Valor![5] ¡Vuelve a la vida!»
Pero el cadáver ¡ay! siguió muriendo.

Acudieron[6] a él veinte, cien, mil, quinientos mil,
clamando.[7] «Tanto amor, y no poder nada contra la muerte!»[8]
10  Pero el cadáver ¡ay! siguió muriendo.

Le rodearon[9] millones de individuos,
con un ruego[10] común: «¡Quédate, hermano!»
Pero el cadáver ¡ay! siguió muriendo.

Entonces, todos los hombres de la tierra
15  le rodearon; les vió el cadáver triste, emocionado;[11]
incorporóse[12] lentamente,
abrazó al primer hombre; echóse a[13] andar . . .

---

[1]la masa *mass (of
people)*
[2]el combatiente *fighter*
[3]amar *to love*
[4]el cadáver *cadaver,
corpse*

[5]el valor *courage*
[6]acudir = acercarse
[7]clamar *to cry out*
[8]no poder nada contra la
muerte *to be
unable to do any-*

*thing against death*
[9]rodear *to surround*
[10]el ruego *request*
[11]emocionado, -a *moved*
[12]incorporarse *to sit up*
[13]echarse a = empezar a

# Iba yo por un camino . . .

## NICOLÁS GUILLÉN

*Nicolás Guillén (1902 –      ) is perhaps the best-known Black poet of Cuba. Many of his works deal with themes relating to the African folklore and traditions of the Cuban people. Guillén has also written poetry of social protest and has created a new poetic form called the* son, *based on a popular Cuban dance. The following selection is from Guillén's* El son entero, *which deals with the more universal subjects of love and death.*

Iba yo por un camino,
cuando con la Muerte di.[1]
—¡Amigo! —gritó la Muerte—,
pero no le respondí,

5  pero no le respondí:
miré no más a la Muerte,
pero no le respondí.

Llevaba yo un lirio[2] blanco,
cuando con la Muerte di.
10  Me pidió el lirio la Muerte,
pero no le respondí,
pero no le respondí:
miré no más a la Muerte,
pero no le respondí.

15  Ay, Muerte,
si otra vez volviera a verte,
iba a platicar[3] contigo
como un amigo:
mi lirio, sobre tu pecho,
20  como un amigo;
mi beso, sobre tu mano,
como un amigo;
yo, detenido y sonriente,[4]
como un amigo.

---

«*Iba yo por un camino*» *from* El son entero *by Nicolás Guillén. Copyright 1947 by*

*Editorial Pleamar. Reprinted by permission of Editorial Losada.*

[1]dar con = encontrar
[2]el lirio  *lily*
[3]platicar  *to chat*
[4]sonriente  *smiling*

# El amor

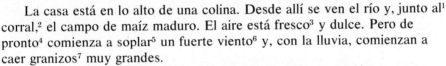

## Una carta a Dios
### GREGORIO LÓPEZ Y FUENTES

*Gregorio López y Fuentes (1897–1966), a short-story writer and novelist,
is one of the best Mexican interpreters of the common man: the humble
peasant, the cattle driver, the migrant worker, the forgotten Indian. López
y Fuentes is the product of the post-revolution generation, which emerged
around the year 1920 as a group of energetic men and women interested in
national reconstruction. His attitude of good will and his pervasive gentle
humor are evident in the following selection.*

La casa está en lo alto de una colina. Desde allí se ven el río y, junto al[1]
corral,[2] el campo de maíz maduro. El aire está fresco[3] y dulce. Pero de
pronto[4] comienza a soplar[5] un fuerte viento[6] y, con la lluvia, comienzan a
caer granizos[7] muy grandes.

5 —¡Qué malo! —exclama[8] mortificado[9] el hombre.— ¡Ojalá que pase
pronto!

No pasa pronto. Durante una hora cae el granizo sobre la casa, el maíz
y todo el valle. El campo está blanco, como cubierto de[10] sal. Los árboles
están sin una hoja. El jardín, sin una flor. El maíz, destruido. Y Lencho,
10 con el alma[11] llena[12] de tristeza.[13] La noche es de lamentaciones:[14]

—Todo nuestro trabajo, ¡perdido!

—¡Y nadie para ayudarnos!

—Este año pasaremos hambre.[15] . . .

Pero en el corazón[16] de todos hay una esperanza: la ayuda de Dios. Y,
15 durante la noche, Lencho piensa en esta sola[17] esperanza: Dios, cuyos ojos
lo miran todo[18] hasta lo que está en el fondo de las conciencias.[19]

---

*Adaptation of «Una carta
a Dios» from* Cuentos
campesinos de México *by
Gregorio López y Fuentes.
Reprinted by permission
of Ángel López y
Oropeza.*

[1]junto a = cerca de
[2]el corral *barnyard*
[3]fresco, -a *cool*
[4]de pronto = de repente
[5]soplar *to blow*
[6]el viento *wind*
[7]el granizo *hailstone*
[8]exclamar *to exclaim*
[9]mortificado = triste
[10]cubierto, -a de *covered
with*
[11]el alma (f.) *soul*
[12]lleno, -a *full*
[13]la tristeza *sadness*
[14]la lamentación
*mourning*
[15]pasar hambre = tener
hambre
[16]el corazón *heart*
[17]solo, -a *sole*
[18]mirar todo = ver todo
[19]la conciencia *conscience*

*Lecturas*

Lencho es un hombre rudo,[20] pero sin embargo sabe escribir. Al día siguiente, después de haberse fortificado[21] en la idea de que[22] hay alguien que nos protege, escribe una carta que él mismo lleva al pueblo para echarla al correo.[23]

No es nada menos que una carta a Dios.

Aquella misma tarde, un empleado[24] de la oficina de correos[25] llega riéndose mucho ante[26] su jefe, y le muestra la carta que está dirigida a Dios. El jefe —gordo y amable— también empieza a reírse, pero muy pronto se pone serio.

—¡La fe! —comenta,[27] dando golpecitos[28] en la mesa con la carta.

—¡Qué estupendo, creer como cree aquel hombre! ¡Esperar con la confianza con que él sabe esperar!

Y, para no desilusionar[29] aquel tesoro[30] de fe, el jefe decide contestar la carta. Pero al leerla, descubre que no va a ser fácil. Lencho ha pedido cien pesos para poder mantener a su familia hasta la próxima cosecha.[31] Sin embargo, el jefe sigue con su determinación. Y, aunque no puede reunir[32] todo el dinero, logra[33] enviar un poco más de la mitad.

Al siguiente domingo, Lencho vuelve a la oficina de correos para preguntar si hay una carta para él. El mismo empleado le entrega el sobre mientras que el jefe, con la alegría de un hombre que ha hecho una buena acción, mira desde su oficina.

Lencho no muestra la menor sorpresa[34] al ver los billetes[35] —tan seguro está de recibirlos— pero se enfada[36] al contar el dinero. . . . ¡Dios no puede equivocarse, ni negar[37] lo que Lencho le ha pedido!

Inmediatamente, se acerca a la ventanilla para pedir papel y tinta. En la mesa para el público, escribe otra carta, arrugando la frente[38] a causa del trabajo que le da expresar sus ideas.

Tan pronto como la carta cae al buzón, el jefe de correos corre a abrirla. Dice:

«Dios: Del dinero que te pedí sólo llegaron a mis manos setenta pesos. Mándame[39] el resto, pero no me lo mandes por la oficina de correos, porque los empleados son muy ladrones.[40] —Lencho.»

---

[20]rudo, -a *having few years of instruction in school*
[21]después de haberse fortificado *after having strengthened himself*
[22]la idea de que *the idea that*
[23]echar al correo *to mail*
[24]el empleado *employee*

[25]la oficina de correos = la casa de correos
[26]ante *before*
[27]comentar *to comment*
[28]el golpecito *little tap*
[29]desilusionar *to disillusion*
[30]el tesoro *treasure*
[31]la cosecha *harvest*
[32]reunir *(here) to raise*
[33]lograr *to manage*

[34]la menor sorpresa *the slightest surprise*
[35]el billete: *bill (currency)*
[36]enfadarse = enojarse
[37]negar *to deny*
[38]arrugar la frente *to wrinkle the forehead*
[39]mandar = enviar
[40]muy ladrones *"real" thieves*

# Desde allí

## EMILIA PARDO BAZÁN

*Countess Emilia Pardo Bazán (1852–1921) was the best known of the
literary women in Spain in the second half of the nineteenth century.
Though traditional and conservative in her thinking, she was very modern
in her portrayal of characters with real human virtues and vices. She was
known as a forceful, though gracious, lady who could argue well in defense
of a better place for women both in society at large and in the intellectual
world.*

Don Javier Campuzano iba acercándose a la muerte, pero sin temor.[1]
Estaba arrepentido de sus pecados[2] y confiaba en[3] la misericordia[4] de
Cristo.[5] Sólo una inquietud[6] le preocupaba en sus noches de insomnio:
después de su muerte, ¿habría discordias[7] y peleas entre María Josefa y
5 José María, sus hijos, deseando los dos toda la herencia[8] familiar?

Don Javier era hombre influyente,[9] dueño[10] de tierras y riquezas. Sin
embargo, nunca fue completamente feliz, pues[11] sabía que las más feroces[12]
batallas[13] son siempre entre los ricos. Recordaba entonces que había tenido
con su propio hermano un largo y complicado[14] pleito[15] que terminó en
10 verdadero odio.[16] ¡Cómo olvidarse del pecado de haber ofendido[17] a su
hermano, de haberle deseado toda clase de males,[18] de haberle insultado y
—horrible recuerdo— de haberle esperado una noche en un bosque para
desafiarlo[19] a una lucha a muerte![20] Éste fue el peso que llevó por muchos
años en su conciencia.[21] Había tenido criminales intenciones, sin duda,[22] y
15 ahora temblaba[23] al pensar en sus hijos, a quienes amaba[24] tiernamente.[25]
¿Llegarían a[26] odiarse[27] también ellos por un puñado[28] de oro?

El destino[29] le había dado un ejemplo y una severa lección. Sus dos
hijos, hombre y mujer, eran gemelos.[30] Dios los había enviado al mundo a la
misma hora, mandándoles amarse el uno al otro.

20 El cariño[31] paternal no debía ser motivo de resentimiento.[32] Por esto,
don Javier dio a su hijo la carrera militar y le tuvo casi siempre lejos del

---

*Adapted from «Desde allí»
by Emilia Pardo Bazán
from* Obras completas,
*Vol. I. Copyright 1947 by
Aguilar S.A. de Ediciones.
Reprinted by permission
of the publisher.*
[1]el temor *fear*
[2]el pecado *sin*
[3]confiar en *to trust in*
[4]la misericordia *mercy*
[5]Cristo *Christ*
[6]la inquietud *concern*
[7]la discordia
   *disagreement*
[8]la herencia *inheritance*
[9]influyente *influential*

[10]el dueño *owner*
[11]pues = puesto que
[12]feroz *fierce*
[13]la batalla *battle*
[14]complicado, -a
   *complicated*
[15]el pleito *dispute*
[16]el odio *hate*
[17]de haber ofendido *of
   having offended*
[18]el mal *evil*
[19]desafiar *to challenge*
[20]una lucha a muerte *a
   fight that ends with
   the death of one or
   other of the
   participants*

[21]la conciencia
   *conscience*
[22]sin duda *doubtless*
[23]temblar *to tremble*
[24]amar *to love*
[25]tiernamente *tenderly*
[26]llegar a *to come to*
[27]odiarse *to hate each
   other*
[28]el puñado *handful*
[29]el destino *destiny, fate*
[30]el gemelo *twin*
[31]el cariño *affection*
[32]el resentimiento
   *resentment*

hogar. Sólo cuando el padre era muy viejo llamó a José María, para tenerlo a su lado[33] con María Josefa. Hizo entonces muchas reflexiones[34] y formó un proyecto que empezó a realizar. Llamó aparte[35] a su hija y en gran secreto y con mucha solemnidad le dijo:

—Hija mía, antes de la llegada de tu hermano, tengo que decirte algo que te importa. Óyeme bien, y no te olvides de mis palabras. No necesito decirte que te quiero mucho y, por eso, he pensado en dejarte una herencia que nadie va a poder quitarte. Después de mi muerte, debes ir a nuestra propiedad[36] en Guadeluz y, en la sala baja,[37] contarás desde la puerta, dieciséis ladrillos a tu izquierda, y levantarás el ladrillo diecisiete que tiene como señal una cruz.[38] Luego levantarás los ladrillos que están alrededor de ése y bajo los ladrillos hallarás[39] un millón de reales[40] en monedas de oro. Eso es tuyo, y sólo tuyo. Y ahora, ¡ni una palabra más! No volvamos a hablar de este asunto.[41] . . .

María Josefa sonrió dulcemente, agradeció[42] a su padre con afectuosas palabras, y le aseguró[43] que no deseaba tener necesidad de ese legado[44] enorme.

Esa noche llegó José María, y ambos[45] hermanos atendieron[46] a su padre alternando[47] su turno. Don Javier estaba en sus últimas horas. Llegó una dolorosa[48] agonía y María Josefa notó[49] que el moribundo[50] apretaba[51] su mano de un modo significativo,[52] creyendo que sus ojos le decían:

—Acuérdate[53]. . . dieciséis ladrillos . . . un millón en monedas. . . .

Los primeros días después del entierro[54] fueron días de tristeza[55] y de lágrimas. Los dos hermanos, muy tristes por la pérdida,[56] cambiaban[57] pocas palabras; ni el uno ni la otra se refirió a ninguna cuestión financiera.[58] Sin embargo, fue necesario abrir el testamento y tener conferencias[59] con abogados y escribanos.[60]

Una noche se encontraron José María y María Josefa solos en el salón de recibo.[61] La hermana se aproximó[62] al hermano, le tocó[63] el hombro y le dijo tímidamente en voz muy baja:

—José María, tengo que decirte una cosa . . . una cosa rara . . . de papá.

—¿Una cosa rara?

—Sí, verás. Hay un millón de reales en monedas de oro en el cortijo[64] de Guadeluz.

---

[33]el lado *side*
[34]la reflexión *reflection*
[35]aparte *aside*
[36]la propiedad *property*
[37]la sala baja *the lower room*
[38]la cruz *cross*
[39]hallar = encontrar
[40]el real *Spanish coin*
[41]el asunto *matter*
[42]agradecer *to thank*
[43]asegurar *to assure*
[44]el legado *legacy, money or property left to a*

*person*
[45]ambos = los dos
[46]atender *to attend to, to take care of*
[47]alternar *to alternate*
[48]doloroso, -a *painful*
[49]notar *to note*
[50]el moribundo *dying person*
[51]apretar *to squeeze*
[52]de un modo significativo *in a very meaningful way*
[53]acordarse = recordar

[54]el entierro *burial*
[55]la tristeza *sadness*
[56]la pérdida *loss*
[57]cambiar *(here) to exchange*
[58]financiero, -a *financial*
[59]la conferencia *(here) conference*
[60]el escribano *court clerk*
[61]el salón de recibo *parlor*
[62]aproximarse = acercarse
[63]tocar *to touch*
[64]el cortijo *farmhouse*

—No, muchacha. No has entendido bien. Ese millón está oculto[65] en los campos de la Corchada.

—Por Dios, Joselillo. Papá me lo explicó muy claramente. . . .

60 —Te aseguro que te equivocas. Papá me dio a mí detalles precisos.[66] En los campos de la Corchada hay una especie de pilón,[67] donde bebía[68] el ganado.[69] Tiene una losa[70] rota por la esquina. Debajo de ella hay un millón de monedas de oro.

—¡Imposible!

65 —María,— declaró José, cogiendo[71] la mano de su hermana, —lo cierto es que hay dos depósitos. Papá me dijo que me dejaba el dinero de la Corchada exclusivamente a mí.

—Y a mí me dijo que el dinero de Guadeluz era únicamente mío.

—¡Pobre papá!— murmuró el hijo, profundamente conmovido.[72] ¡Qué
70 cosa más extraña! Pues, si te parece bien, ¿por qué no vamos a Guadeluz primero y a la Corchada después? Así no tendremos dudas.[73] ¡Qué gracioso sería si hay sólo uno!

—Es una buena idea— afirmó[74] María Josefa.

— Tienes que entender que yo no te dije nada antes porque no quería
75 afligirte;[75] tú podías pensar que papá te había excluido,[76] que me prefería a mí. . . . Pensaba sacar el dinero y darte la mitad sin decirte de dónde venía. Ahora veo que fui un tonto. . . . Tú hablaste primero.

En pocos días los gemelos hicieron una excursión a Guadeluz y encontraron el dinero tal como[77] lo había anunciado María Josefa. El
80 tesoro[78] estaba en un cofrecillo de hierro cerrado.[79] Puesto que no había llave, decidieron llevarlo a casa. Siguieron viaje[80] a la Corchada, donde hallaron otra caja de hierro, igual a la anterior.[81]

Encerrados[82] en su casa, José María y María Josefa abrieron los cofres[83] y brillaron[84] las monedas, que los hermanos juntaron[85] sobre la mesa sin
85 contarlas. De repente María Josefa dijo:

—En el fondo de mi caja hay un papel.

—Y otro en la mía— observó el hermano.

—¿Qué dice el tuyo?

—Dice: «Hijo mío: si lees esto a solas[86] te compadezco[87] y te perdono.
90 Si lo lees en compañía de tu hermana, salgo del sepulcro[88] para darte mi bendición».[89]

---

[65]oculto, -a *hidden*
[66]preciso, -a *precise*
[67]una especie de pilón
    *a type of drinking*
    *trough*
[68]beber *to drink*
[69]el ganado *cattle,*
    *livestock*
[70]la losa *slab*
[71]coger *to take hold of*
[72]conmovido, -a *moved,*

    *touched*
[73]la duda *doubt*
[74]afirmar *to affirm*
[75]afligir *to grieve*
[76]excluir *to exclude*
[77]tal como *just as*
[78]el tesoro *treasure*
[79]un cofrecillo de hierro
    cerrado *a little iron*
    *chest that was*
    *locked*

[80]Siguieron viaje =
    Siguieron su viaje
[81]anterior *previous*
[82]encerrado, -a *locked*
[83]el cofre *chest*
[84]brillar *to shine*
[85]juntar *to gather together*
[86]a solas = solo
[87]compadecer *to pity*
[88]el sepulcro = la tumba
[89]la bendición *blessing*

—Mi papel es idéntico[90]— exclamó[91] María Josefa, sollozando[92] y riéndose a la vez.[93]

Los hermanos extendieron los brazos y se abrazaron por largo tiempo.

---

[90]idéntico, -a *identical*
[91]exclamar *to exclaim*

[92]sollozar *to sob*
[93]a la vez *at the same time*

## El canto[1]

### ALFONSINA STORNI

*Alfonsina Storni (1892 – 1938), from Argentina, was an intelligent and sensitive woman who held her own in a literary world run by men. Her poetry was always sincere and deeply felt, even somewhat gloomy, and her works constitute a complete emotional and intellectual autobiography. The great merit of her work was not fully recognized until after her death. The following selection shows how delicate her feelings could be. It is a good example of what Hispanic people call "communication between two souls."*

Es la hora dulce en que se cierran las puertas para defender los interiores de la canícula.[2]

Bajo mi blanca sombrilla[3] vago[4] entre las quintas;[5] callejas[6] solitarias y polvorientas[7] me miran para ser adormiladas.[8]

5 —¿Qué haces tú en esa soledad?,[9] parece preguntarme una acacia[10] florida[11] que se está muriendo de tristeza[12] al ver sembrado el suelo de las flores suyas.

Pero no respondo; huelo[13] más con el alma[14] que con el cuerpo lo que me rodea;[15] huelo más que el perfume de las frutas maduras, la tarde
10 misma. Trituro[16] bajo mis pies las pequeñas flores caídas y las suelas[17] de mis zapatos gozan[18] y se ennoblecen[19] con el perfumado zumo.[20] Lenta, lentamente, avanza[21] una carreta[22] por la calle.

---

[1]el canto = la canción
[2]la canícula *dog days; period of very hot weather during July and August*
[3]la sombrilla *parasol, umbrella*
[4]vagar *to wander*
[5]la quinta *villa, country house*

[6]la calleja *side street*
[7]polvoriento, -a *dusty*
[8]adormilado, -a *drowsed, made sleepy*
[9]la soledad *lonely spot*
[10]la acacia *acacia (tree)*
[11]florido, -a *flowery*
[12]la tristeza *sadness*
[13]oler *to smell*

[14]el alma *(f.)* *soul*
[15]rodear *to surround*
[16]triturar *to crush*
[17]la suela *sole*
[18]gozar *to enjoy*
[19]ennoblecer *to ennoble*
[20]el zumo *juice*
[21]avanzar *to approach*
[22]la carreta *cart*

Sobre la carreta un hombre delgado de piel morocha[23] y de cabello casi cano,[24] caídas las piernas, sobre la delantera[25] de la carreta, flojas[26] las
15   riendas,[27] canta a media voz:[28] canta muy lentamente, como si adormeciera[29] a los pesados y tardos[30] caballos que lo arrastran.[31]

Pasa por mi lado:[32] me mira y lo miro.

Sus ojos son azules, lejanos,[33] lánguidos,[34] exóticos, como su canción.

Me penetra[35] su voz[36] tan íntimamente[37] que veo allá,[38] detrás del mar,
20   montañas azules, valles acostados[39] a sus pies, pequeñas casas blancas.

Comprende acaso[40] que comprendo su canto, porque mi sonrisa[41] se trenza[42] con la suya en la solitaria calleja sombreada de[43] acacias.

---

[23]morocho, -a *dark*
[24]el cabello cano *white hair*
[25]la delantera *front*
[26]flojo, -a *slack, loose*
[27]la rienda *rein*
[28]a media voz *softly*
[29]adormecer *to put to sleep*
[30]tardo, -a *slow*
[31]arrastrar *to drag*
[32]el lado *side*
[33]lejano, -a = remoto
[34]lánguido, -a *weak*
[35]penetrar *to penetrate*
[36]la voz *voice*
[37]íntimamente *intimately*
[38]allá *there, over there*
[39]acostado, -a *asleep*
[40]acaso = quizás
[41]la sonrisa *smile*
[42]trenzar *to interweave*
[43]sombreado, -a de *shaded by*

# La soledad y la tristeza

### La guitarra

### FEDERICO GARCÍA LORCA

*Federico García Lorca (1898–1936) is an internationally recognized poet
and dramatist. An Andalusian by birth, García Lorca traveled throughout
the towns and villages of Spain presenting his plays because he wished to
instruct and entertain all the people, not just a theater-going élite. He is
often associated with the world of the gypsies, whom he knew very well. His
works in prose and verse are characterized by intense feeling, movement,
and a deep understanding of tradition and regional folklore. His knowledge
of music, painting, and the drama allowed him to create a literary art that
is both vivid and rich in poetic charm. García Lorca died in the turmoil of
the Spanish Civil War.*

Empieza el llanto[1]
de la guitarra.
Se rompen las copas
de la madrugada.[2]
5    Empieza el llanto
de la guitarra.
Es inútil[3] callarla.[4]
Es imposible
callarla.
10   Llora monótona[5]
como llora el agua,
como llora el viento[6]
sobre la nevada.[7]
Es imposible
15   callarla.

---

[1]el llanto  *crying, plaint*
[2]la madrugada = el
    amanecer
[3]inútil  *useless*
[4]callar  *to silence*
[5]monótono, -a  *(here)
    monotonously*
[6]el viento  *wind*
[7]la nevada  *snowfall,
    snow-covered
    mountain*

Llora por cosas
lejanas.[8]
Arena[9] del Sur caliente
que pide camelias[10] blancas.
20  Llora flecha[11] sin blanco,[12]
la tarde sin mañana,
y el primer pájaro muerto
sobre la rama.
¡Oh guitarra!
25  Corazón[13] malherido[14]
por cinco espadas.

[8]lejanas = remotas
[9]la arena *sand*
[10]la camelia *camellia (flower)*
[11]la flecha *arrow*
[12]el blanco *target*
[13]el corazón *heart*
[14]malherido, -a *badly injured*

## Domingo triste
### JOSÉ MARTÍ

*José Martí (1853 – 1895) is the Cuban patriot universally recognized as the
father of his country, a land from which he was exiled for many years.
(See Lesson 12.) Martí's poetry is filled with a strong feeling for the moods
of nature and a deep love and homesickness for his native land. Martí's
verses have the real charm of total simplicity and sincerity. This is clearly
shown in* Domingo triste, *a poem charged with deep, melancholy feelings
arising from memories of his country. Because of his constant pursuit of
liberty Martí seemed, from his student days, destined to be a martyr, and he
died during a revolutionary skirmish against Spanish forces.*

Las campanas, el sol, el cielo claro
me llenan de[1] tristeza,[2] y en los ojos
llevo un dolor que el verso compasivo[3] mira,
un rebelde[4] dolor que el verso rompe;
5  ¡y es ¡oh mar! la gaviota[5] pasajera[6]
que rumbo a Cuba va sobre tus olas![7]

[1]llenar de *to fill with*
[2]la tristeza *sadness*
[3]compasivo, -a *compassionate*
[4]rebelde *rebellious*
[5]la gaviota *sea gull*
[6]pasajero, -a *passing*
[7]la ola *wave*

Vino a verme un amigo, y a mí mismo
me preguntó por mí; ya en mí no queda
más que un reflejo[8] mío, como guarda[9]
10  la sal del mar la concha[10] de la orilla.[11]
Cáscara[12] soy de mí, que en tierra ajena[13]
gira,[14] a la voluntad[15] del viento[16] huraño,[17]
vacía,[18] sin fruta, desgarrada,[19] rota.
Miro a los hombres como montes;[20] miro
15  como paisajes de otro mundo, el bravo
codear,[21] el mugir,[22] el teatro ardiente[23]
de la vida en mi torno:[24] ni un gusano[25]
es ya más infeliz:[26] ¡suyo es el aire,
y el lodo[27] en que muere es suyo!
20  Siento la coz[28] de los caballos, siento
las ruedas[29] de los carros;[30] mis pedazos[31]
palpo:[32] ya no soy vivo: ¡ni lo era
cuando el barco fatal levó[33] las anclas[34]
que me arrancaron[35] de la tierra mía!

[8]el reflejo *reflection*
[9]guardar *to store, hold*
[10]la concha *seashell*
[11]la orilla *bank, shore*
[12]la cáscara *rind, shell*
[13]ajena = extranjera
[14]girar *to turn*
[15]la voluntad *will*
[16]el viento *wind*
[17]huraño, -a *surly*
[18]vacío, -a *empty*

[19]desgarrado, -a *torn*
[20]el monte = la montaña
[21]el bravo codear *the fierce elbowing*
[22]el mugir *roaring*
[23]ardiente *burning*
[24]en mi torno = alrededor de mí
[25]el gusano *worm*
[26]infeliz *unhappy*
[27]el lodo *mud*

[28]la coz *kick*
[29]la rueda *wheel*
[30]el carro *cart; car*
[31]el pedazo *piece, fragment*
[32]palpar *to touch with the hands*
[33]levar *to weigh*
[34]las anclas *anchor*
[35]arrancar *to tear away*

## Las campanas

### ROSALÍA DE CASTRO

*Rosalía de Castro (1837–1880) has been called one of the two great Spanish poets of the second half of the nineteenth century, the other being Gustavo Adolfo Bécquer. Born in the northwestern corner of the Spanish peninsula (Galicia), she chose to write in both Spanish and the Galician dialect. Rosalía de Castro was deeply moved by the beauty of the Spanish landscape, in which she found a reflection both of her own constant unrest and sorrow and of the unbending nature of human fate.*

Yo las amo,[1] yo las oigo,
cual[2] oigo el rumor[3] del viento,[4]
el murmurar[5] de la fuente[6]
o el balido[7] del cordero.

5 Como los pájaros, ellas,
tan pronto asoma[8] en los cielos
el primer rayo[9] del alba,[10]
le saludan con sus ecos.

Y en sus notas, que van prolongándose[11]
10 por los llanos[12] y los cerros,[13]
hay algo de[14] candoroso,[15]
de apacible[16] y de halagüeño.[17]

Si por siempre enmudecieran,[18]
¡qué tristeza[19] en el aire y el cielo!
15 ¡Qué silencio en las iglesias!
¡Qué extrañeza[20] entre los muertos!

No va solo el que llora,
no os sequéis, ¡por piedad!,[21] lágrimas mías;
        basta[22] un pesar[23] al alma;[24]
20 jamás, jamás le bastará una dicha.[25]

Juguete del destino,[26] arista[27] humilde,[28]
        rodé[29] triste y perdida;
pero conmigo lo llevaba todo:
llevaba mi dolor por compañía.

| | | |
|---|---|---|
| [1]amar *to love* | [11]prolongar = extender | [21]por piedad *for pity's sake* |
| [2]cual = como | [12]el llano = la llanura | [22]bastar *to be enough* |
| [3]el rumor *murmur* | [13]el cerro = la colina | [23]el pesar = el dolor |
| [4]el viento *wind* | [14]algo de = algo | [24]el alma *(f.)* soul |
| [5]el murmurar *murmuring* | [15]candoroso, -a *innocent, pure* | [25]la dicha = la alegría |
| [6]la fuente *fountain* | [16]apacible *gentle* | [26]el destino *fate* |
| [7]el balido *bleating* | [17]halagüeño, -a *pleasing* | [27]la arista *chaff, husk* |
| [8]asomar *to begin to appear* | [18]enmudecer *to keep quiet* | [28]humilde *humble* |
| [9]el rayo *ray* | [19]la tristeza *sadness* | [29]rodar *to roll down* |
| [10]el alba *(f.)* = el amanecer | [20]la extrañeza *strangeness* | |

# Aquí

## OCTAVIO PAZ

*Octavio Paz (1914–       ) is a most imaginative Mexican poet and essayist, who is well known in the world of diplomacy and in artistic and literary circles. Paz has always shown a deep sense of himself both as a Mexican and as a citizen of the world. His vast knowledge in the physical and social sciences, philosophy, anthropology, painting, literary theory, and history is always evident in his works. His interpretation of the Mexican mind,* El laberinto de la soledad, *is now a classic reference work. Paz's poetry stands out for its delicate imagery and meditative content. The first selection presented here shows the otherworldly quality that surrounds someone walking in a mist, and represents the dreamlike quality of life. The second is a poetic representation of human communication.*

Mis pasos[1] en esta calle
Resuenan
    En otra calle
Donde
5      Oigo mis pasos
Pasar en esta calle
Donde

Sólo es real la niebla.[2]

[1]el paso *step*
[2]la niebla *fog, mist*

# El puente

Entre ahora y ahora,
Entre yo soy y tú eres,
La palabra *puente.*

Entras en ti misma
5 Al entrar en ella:
Como un anillo
El mundo se cierra.

De una orilla[1] a la otra
Siempre se tiende[2] un cuerpo,
Un arcoiris.[3]

Yo cantaré por sus repechos,[4]
Yo dormiré bajo sus arcos.[5]

[1]la orilla *bank, shore*
[2]tenderse *to be stretched out*
[3]el arco iris *rainbow*
[4]el repecho *slope*
[5]el arco *arch*

# Hombre al agua[1]

## NICANOR PARRA

*Nicanor Parra (1914–    ) is a Chilean poet whose contribution to Latin
American literature includes both poems and what he refers to as
"antipoems." The antipoems are written in an original style, largely
narrative in form; they often reflect a disenchanted and frustrated view of
human existence. The following selection presents Nicanor Parra's
exasperation with his classes (he was a mathematics teacher) and his
eagerness to escape for a vacation.*

Ya no estoy en mi casa
Ando en Valparaíso.

Hace tiempo que estaba
Escribiendo poemas espantosos
5  Y preparando clases espantosas.
Terminó la comedia:
Dentro de unos minutos
Parto[2] para Chillán en bicicleta.

No me quedo ni un día más aquí
10  Sólo estoy esperando
Que se me sequen un poco las plumas.[3]

Si preguntan por mí
Digan que ando en el sur
Y que no vuelvo hasta el próximo mes.

15  Digan que estoy enfermo de viruela.[4]

Atiendan[5] el teléfono
¿Que no oyen el ruido del teléfono?
¡Ese ruido maldito[6] del teléfono
Va a terminar volviéndome loco!

20  Si preguntan por mí
Pueden decir que me llevaron preso[7]
Digan que fui a Chillán
A visitar la tumba de mi padre.

---

Yo no trabajo ni un minuto más
25 Basta[8] con lo que he hecho
¿Que no basta con todo lo que he hecho?
¡Hasta cuándo demonios[9]
Quieren que siga haciendo el ridículo![10]

Juro[11] no escribir nunca más un verso
30 Juro no resolver[12] más ecuaciones[13]
Se terminó la cosa para siempre.

¡A Chillán los boletos!
¡A recorrer[14] los lugares sagrados![15]

---

[8]bastar  *to be enough*  
[9]el demonio  *demon,*  
　*devil*  
[10]haciendo el ridículo  

(*here*) *playing the*  
　*fool*  
[11]jurar  *to swear*  
[12]resolver  *to solve*  

[13]la ecuación  *equation*  
[14]recorrer  *to go through*  
[15]sagrado, -a  *sacred*  

# Aventuras de don Quijote

## MIGUEL DE CERVANTES SAAVEDRA

*Miguel de Cervantes Saavedra (1547–1616) wrote a long novel in two parts (published in 1605 and 1615) which is known the world over:* Don Quijote de la Mancha. *Today this work is considered the first "modern" novel of the western world. Its influence on the narrative fiction of all nations has been enormous.*
*The novel tells the adventures of a semi-deranged man who is so completely possessed by the novels of chivalry he has been reading that he decides to go out into the world as a knight errant.*
*His companion is an earthy peasant—Sancho Panza—whose main interest is to eat and drink well. After many unbelievable encounters, Sancho begins to change and, as shown in the selection below, gradually enters the world of fantasy in which his master dwells.*
*In the end, Don Quijote recovers his sanity and, shortly before his death, repents and begs forgiveness. Cervantes's immortal work contains one central idea that is valid for all ages: imprudence always brings misfortune.*

　　Vivía en un pueblo de la Mancha un honrado[1] caballero que pasaba su tiempo leyendo libros de caballería.[2] Siendo un hombre bueno y de gran

---

*Adapted from Chapter XVII of* Don Quijote de la Mancha *by Miguel de*

Cervantes Saavedra.
[1]honrado, -a  *honest,*

*honorable*
[2]la caballería  *chivalry*

imaginación, perdió la cabeza y despertó un día creyendo que era su deber
salir al mundo, como los caballeros andantes[3] de otras épocas, para ayudar
5 a los pobres y desgraciados,[4] combatir[5] contra gigantes[6] y encantadores[7] y
proteger doncellas.[8]

Un día se puso una armadura[9] abandonada y salió montado en su viejo
caballo Rocinante, llevando un escudo[10] en el brazo izquierdo y una lanza[11]
en la mano derecha. Le acompañaba un buen campesino[12] llamado Sancho
10 Panza, a quien don Quijote hizo su escudero.[13] Sancho sospechaba que su
amo[14] estaba loco y, por eso, decidió salir con él y ayudarlo a recobrar[15] la
razón. Pero ocurrió algo totalmente inesperado:[16] poco a poco[17] Sancho
llegó a pensar como los sirvientes[18] de aquellos famosos caballeros que su
amo y señor[19] había tomado por modelo.

15 —¿Ves, Sancho amigo, ese castillo?
—Juro[20] que no— respondió el escudero.
—¡Ah! Tú no eres caballero y, por eso, no tienes ojos para ver lo que
yo veo.
—Mi amo, ésa es una venta.[21]
20 —Te equivocas: es un castillo. Iremos allá[22] y hablaremos con sus
nobles dueños.
—¡Por Dios, su merced![23] No haga su merced locuras, porque todavía
estoy sintiendo los golpes[24] que me dieron ayer, estando yo con Ud.

Instalados[25] en la venta, don Quijote saludó al fondero[26] con un largo
25 discurso[27] y luego expresó su admiración por su hija, creyendo que hablaba
con una princesa.
—Hermosa señora:[28] soy el hombre más feliz del mundo porque tan
distinguidas personas me reciben en este castillo.
Al oír esto, la mujer del ventero[29] y una criada llamada Maritormes
30 abrieron mucho los ojos y se quedaron con la boca abierta. Comprendiendo
que es mejor no contradecir[30] a los locos, decidieron servirle haciéndole
creer que era un gran señor. Escucharon, pues, a don Quijote con gran
atención, pero sin entender una palabra de lo que decía.
Después de cenar frugalmente, amo y sirviente se acostaron, sin saber
35 que un arriero[31] iba a descansar también en la misma habitación. Como
necesitaban un buen descanso[32] pronto se durmieron.
A la media noche dijo don Quijote en voz baja:

---

[3]el caballero andante *knight errant*
[4]el desgraciado *wretch*
[5]combatir *to fight*
[6]el gigante *giant*
[7]el encantador *enchanter, sorcerer*
[8]la doncella *maiden*
[9]la armadura *suit of armor*
[10]el escudo *shield*
[11]la lanza *lance*
[12]el campesino *peasant*

[13]el escudero *squire, knight's attendant*
[14]el amo *master*
[15]recobrar *recover*
[16]inesperado, -a *unexpected*
[17]poco a poco = *lentamente*
[18]el sirviente *servant*
[19]el señor *lord*
[20]jurar *to swear*
[21]la venta *wayside inn*
[22]allá *there, over there*

[23]su merced *your Grace*
[24]el golpe *blow, beating*
[25]instalado, -a *settled, installed*
[26]el fondero *innkeeper*
[27]el discurso *speech*
[28]la señora *lady*
[29]el ventero *innkeeper*
[30]contradecir *to contradict*
[31]el arriero *muleteer, mule driver*
[32]el descanso *rest*

—¿Duermes, Sancho?

—¡Cómo voy a dormir, teniendo el cuerpo como lo tengo! Me parece
que los diablos[33] andan dentro de mí.

—Lo creo— respondió don Quijote —porque éste es un castillo
encantado. Voy a contarte algo . . . Pero, no. Tendrás que jurar primero
que guardarás[34] el secreto.

—Sí, juro,— dijo Sancho.

—Debes saber que esta noche entró aquí la hija del señor de este
castillo, . . . la joven más hermosa que jamás he visto en la tierra, con
excepción de mi amada,[35] Dulcinea del Toboso. ¿Qué puedo decirte de su
belleza[36] y los adornos[37] de su persona? Y ¿qué, de su inteligencia y
encantos[38] personales? Sin duda el cielo[39] decidió castigarme. De repente,
un gigante salió, no sé de dónde, y me dio un terrible golpe en la cabeza.
Yo creo que fue el moro encantado que sirve a esta doncella.

En este momento apareció en la habitación la luz de un candil.[40] Don
Quijote no vio al arriero que caminaba hacia él, pero oyó una voz que le
decía:

—¿Qué hay,[41] buen hombre?

—¿Cómo? ¿Es costumbre en esta tierra hablar así a un caballero
andante, mal educado?[42]

Sintiéndose ofendido,[43] el arriero le dio un fuerte golpe en la cabeza
con el candil. Salió inmediatamente, dejando la habitación a oscuras.[44]

—Ése es el moro encantado, mi señor.

—Así es— respondió don Quijote, tocándose[45] la cabeza. —Pero nada
podemos hacer contra él, porque es un ser invisible y fantástico. Ahora,
levántate, Sancho, y dile al guardián del castillo que necesitamos romero,[46]
aceite,[47] sal y vino para preparar un remedio mágico.

Se levantó Sancho y dijo al ventero:

—Señor, hágame el favor de[48] darnos todo lo necesario para preparar el
remedio mágico que mi amo necesita.

Al oír esto, el ventero creyó que Sancho había perdido la cabeza, pero
le dio lo que había pedido. Volvió Sancho a la habitación y allí encontró a
don Quijote quejándose del golpe que había recibido.

El amo hizo entonces la mezcla mágica, tal como la hacían los mejores
caballeros de otros siglos. Después tomó un poco del licor[49] y pronto se
sintió bien. Sancho, que era glotón,[50] tomó más de lo necesario; pocos
momentos después se dobló,[51] con grandes dolores de estómago, y salió
corriendo al patio.

Don Quijote se quedó pensando. Cuando volvió Sancho, ya mucho
mejor, le dijo:

[33]el diablo *the devil*
[34]guardar *to keep*
[35]la amada *beloved*
[36]la belleza *beauty*
[37]el adorno *adornment,
decoration*
[38]el encanto *enchantment,
charm*
[39]el cielo *heaven*

[40]el candil *candle*
[41]¿Qué hay? *(here)
What's new?*
[42]mal educado *(here) you
rude person*
[43]ofendido, -a *offended*
[44]a oscuras *in darkness*
[45]tocar *to touch*
[46]el romero *rosemary*

*(an herb)*
[47]el aceite *oil*
[48]hágame el favor de
*please*
[49]el licor *liquor*
[50]el glotón *glutton*
[51]doblarse *to bend over;
to double*

—Eso te ha ocurrido porque tú no eres caballero. Ese licor es bueno sólo para nosotros, los caballeros andantes. ¿Entiendes?

80 La mañana siguiente el ventero vino a hablar con don Quijote para obtener su paga.[52] Don Quijote no le dejó empezar.

—Señor guardián: muchos son los favores que hemos recibido en este castillo y quedaré muy obligado todos los días de mi vida. Si alguna vez necesita Ud. mis servicios,[53] tendré el mayor gusto en corresponder a sus

85 atenciones.

—No, señor caballero. No necesito sus servicios. Lo que yo necesito es mi dinero. Además, éste no es un castillo; es una venta.

—¿Venta? Lamento[54] estar engañado, pero, como soy caballero andante, no estoy obligado a pagar, como Ud. bien lo sabe.

90 —Yo no entiendo nada de eso; págueme Ud. y no me diga nada de caballeros y de caballería.

—¡Eres un ignorante[55] y mal ventero!— respondió don Quijote, saliendo de la habitación con expresión de dignidad ofendida.

El ventero fue entonces a hablar con Sancho, que estaba en el patio.

95 Sancho le escuchó también con gran dignidad y luego le dijo que, siendo él sirviente de un caballero, no tenía necesidad de pagar tampoco. El ventero se puso furioso y amenazó[56] romperle la cabeza.

En el patio de la venta estaban siete hombres jóvenes, cuatro trabajadores[57] del pueblo vecino y tres campesinos, todos ellos gente

100 irresponsable y alegre. Viendo a Sancho tan orgulloso de un oficio que no existía, decidieron divertirse con él. Lo pusieron en una manta y luego, con grandes gritos, lo echaron al aire:[58]

—¡Upa!. . .¡Upa!. . .¡Upa!

A cada vuelta[59] lo recibían con grandes risas y luego, otra vez lo

105 echaban a volar.[60] Oyendo los gritos de Sancho, don Quijote que estaba al otro lado de la muralla,[61] montó su caballo y vio a su sirviente, quien más parecía un enorme pájaro que otra cosa.

Cuando por fin llegó al patio, Sancho estaba en el suelo, ayudado por la criada de la venta, quien le había traído una jarra[62] de agua. Viendo que

110 era agua dijo Sancho, con toda seriedad,[63] que prefería una jarra de vino.

—No tomes eso, Sancho. Todavía tengo un poco de mi remedio mágico.

—No, señor. Guarde Ud. ese remedio de todos los diablos para Ud., y déjeme a mí[64] con mi vino.

Poco después, don Quijote salió al campo seguido de su escudero,

115 ambos[65] muy contentos por no haber pagado[66] nada, como era justo y correcto. El ventero cerró la puerta de la venta temiendo otra locura, pero no hizo nada para obtener su paga porque había tomado la precaución de quedarse con las alforjas[67] de Sancho.

---

[52]la paga *payment*
[53]mis servicios *my services*
[54]lamentar *to be sorry; to lament*
[55]el ignorante *ignoramus, ignorant person*
[56]amenazar *to threaten*

[57]el trabajador *worker*
[58]echar al aire *to throw up in the air*
[59]la vuelta *turn*
[60]echar a volar *(here) to send flying*
[61]la muralla *wall*
[62]la jarra *jug*

[63]la seriedad *seriousness*
[64]déjeme a mí *leave me alone*
[65]ambos = los dos
[66]por no haber pagado *for not having paid*
[67]las alforjas *saddlebags*

# Poesía negra

### Ten con ten[1]

### LUIS PALÉS MATOS

*Luis Palés Matos (1898–1959) is a Puerto Rican whose collection of poems,* Tuntún de pasa y grifería, *sets him apart as one of the major exponents of Black poetry. His work is a mixture of folklore, dance movement, and choral accompaniment. Through the use of repetition and a vocabulary made up of popular or invented expressions — sometimes simply syllables — Palés Matos creates verbal music and vivid scenes, as shown in the second poem,* Danza negra. *It should be read aloud with a marked rhythmic beat and distinct pauses. In the first selection,* Ten con ten, *the poet identifies with his own dual Afro-Hispanic cultural heritage.*

Y así estás mi verde antilla[2]
En un sí es que no es de raza[3]
En ten con ten de abolengo[4]
Que te hace tan antillana[5] . . .
Al ritmo[6] de los tambores
Tu lindo ten con ten bailas,
Una mitad española
Y otra mitad africana.

Danzas Populares · El Carite — VENEZUELA 0,20 Correos

---

*This and the following selection are from* Tun tun de pasa y grifería *by Luis Palés Matos. Reprinted by permission of María Valdés Vda. de Palés.*

[1]Ten con ten *mixture, refers to the coming together of the* African and Spanish cultures in Puerto Rico

[2]mi verde antilla *Puerto Rico, where Palés Matos was born*

[3]no es de raza *It's not a simple mixture of races.*

[4]el abolengo *ancestry*

[5]tan antillana *so Antillean, refers to the distinctive culture arising from the fusion of the African and Spanish cultures in Puerto Rico*

[6]el ritmo *rhythm*

Danzas Populares · Danceros de La Candelaria — VENEZUELA 0,10 Correos

Danzas Populares · Tambor Redondo — VENEZUELA 0,25 Correos

# Danza[1] negra

Calabó[2] y bambú.[3]
Bambú y calabó.
El Gran Cocoroco[4] dice: tu-cu-tú.
La Gran Cocoroca dice: to-co-tó.
5　Es el sol de hierro[5] que arde[6] en Tombuctú.[7]
Es la danza negra de Fernando Póo.[8]
El cerdo[9] en el fango[10] gruñe:[11] pru-pru-prú.
El sapo[12] en la charca[13] sueña: cro-cro-cró.
Calabó y bambú.
10　Bambú y calabó.

Rompen[14] los junjunes[15] en furiosa[16] ú.
Los gongos[17] trepidan[18] con profunda ó.
Es la raza[19] negra que ondulando va[20]
En el ritmo gordo[21] del mariyandá.[22]
15　Llegan los botucos[23] a la fiesta ya.
Danza que te danza la negra se da.[24]

Calabó y bambú.
Bambú y calabó.
El Gran Cocoroco dice: tu-cu-tú.
20　La Gran Cocoroca dice: to-co-tó.

[1]la danza = el baile
[2]el calabó *African wood used for making drums*
[3]el bambú *bamboo used as a musical instrument*
[4]El Gran Cocoroco *high chief of certain African tribes*
[5]el hierro *iron*
[6]arder *to burn*
[7]Tombuctú *Timbuktu, city in Africa*
[8]Fernando Póo *island on the west coast of Africa*
[9]el cerdo *hog*
[10]el fango *mud*
[11]gruñir *to grunt*
[12]el sapo *toad*
[13]la charca *pool*
[14]romper *to break out, start suddenly*
[15]el junjún *musical instrument which is a type of primitive violin*
[16]furioso, -a *(here) furious, intense*
[17]el gongo = el tambor
[18]trepidar *to vibrate*
[19]la raza *race*
[20]ir ondulando *to move in wavelike motions*
[21]el ritmo gordo *the heavy rhythm*
[22]el mariyandá = baile de los negros de Puerto Rico
[23]el botuco *chieftain of certain African tribes*
[24]Danza que te danza la negra se da. *The Black race (or Black woman) yields to dancing the dance.*

Pasan tierras rojas, islas de betún:[25]
Haití, Martinica,[26] Congo,[27] Camerún;[28]
Las papiamentosas[29] antillas[30] del ron[31]
Y las patualesas[32] islas del volcán,[33]
25    Que en el grave son[34]
Del canto[35] se dan.[36]

Calabó y bambú.
Bambú y calabó.
Es el sol de hierro que arde en Tombuctú.
30    Es la danza negra de Fernando Póo.
El alma[37] africana que vibrando[38] está
En el ritmo gordo del mariyandá.

Calabó y bambú.
Bambú y calabó.
35    El Gran Cocoroco dice: tu-cu-tú.
La Gran Cocoroca dice: to-co-tó.

---

[25]islas de betún  *(here)
Black islands*
[26]Martinica  *Martinique,
one of the islands
in the West Indies*
[27]Congo  *Congo, region
in Africa*
[28]Camerún  *Cameroon,
region in Africa*
[29]papiamentoso, -a
*reference to*

*papiamento, dialect
spoken by Blacks
in Curaçao.*
[30]las antillas  *the Antilles,
a group of islands
in the West Indies*
[31]el ron  *rum*
[32]patualeso, -a  *reference
to patuá (patois),
dialect spoken by*

*Blacks in Haiti and
other French islands*
[33]el volcán  *volcano*
[34]el grave son  *the heavy
sound*
[35]el canto = la canción
[36]darse  *(here) to express
oneself*
[37]el alma *(f.)  soul*
[38]vibrar  *to vibrate*

# Lo inesperado

## Discurso¹ del oso
### JULIO CORTÁZAR

*Julio Cortázar (1916–      ) is an Argentinean writer who is widely known
for his short stories and novels. His narratives frequently deal with the
absurd elements of human existence and are often subject to more than one
interpretation. After translating the complete works of Edgar Allan Poe in
1951, Cortázar published a collection of short stories entitled* Bestiario,
*which identified him, for the first time, with the literature of the fantastic.
These stories, and many of those that followed, portray a universe in which
the unreal or unexpected takes place within the framework of reality. This
is clearly so in the following selection.*

Soy el oso de los caños² de la casa, subo³ por los caños en las horas de
silencio, los tubos⁴ de agua caliente, de la calefacción, del aire fresco,⁵ voy
por los tubos de departamento en departamento⁶ y soy el oso que va por los
caños.

5 Creo que me estiman⁷ porque mi pelo mantiene limpios los conductos,⁸
incesantemente⁹ corro por los tubos y nada me gusta más que pasar de piso
en piso¹⁰ resbalando¹¹ por los caños. A veces saco una pata por la canilla¹²
y la muchacha del tercero grita que se ha quemado, o gruño¹³ a la altura del
horno del segundo¹⁴ y la cocinera Guillermina se queja de que el aire tira
10 mal.¹⁵ De noche ando callado¹⁶ y es cuando más ligero ando, me asomo¹⁷ al
techo por la chimenea¹⁸ para ver si la luna baila arriba, y me dejo resbalar
como el viento¹⁹ hasta²⁰ las calderas²¹ del sótano. Y en verano nado de

---

«Discurso del oso» *from*
Historias de cronopios y
famas *by Julio Cortázar.
Copyright © 1962 by
Ediciones Minotauro
S.R.L. Reprinted by
permission.*
¹el discurso  *speech*
²el caño  *pipe*
³subir  *to climb*
⁴el tubo  *pipe*
⁵el aire fresco  *fresh air
    vents*
⁶de departamento en
    departamento = de

apartamento a
    apartamento
⁷estimar  *to value*
⁸el conducto  *pipe*
⁹incesantemente
    *continually*
¹⁰de piso en piso = de
    piso a piso
¹¹resbalar  *to slip, slide*
¹²saco una pata por la
    canilla . . .  *I stick
    one foot through
    the faucet . . .*
¹³gruñir  *to grunt*

¹⁴a la altura del horno del
    segundo  *at the
    opening of the oven
    on the second floor*
¹⁵el aire tira mal  *the air
    is not escaping
    properly*
¹⁶callado, -a  *(here)
    silently*
¹⁷asomarse = aparecer
¹⁸la chimenea  *chimney*
¹⁹el viento  *wind*
²⁰hasta  *(here) down to*
²¹la caldera  *boiler*

*Lecturas*

375

noche en la cisterna[22] picoteada de estrellas,[23] me lavo la cara primero con
una mano después con la otra después con las dos juntas, y eso me produce
15 una grandísima alegría.

Entonces resbalo por todos los caños de la casa, gruñendo contento, y
los matrimonios[24] se agitan[25] en sus camas y deploran[26] la instalación de las
tuberías.[27] Algunos encienden la luz y escriben un papelito para acordarse
de[28] protestar cuando vean al portero.[29] Yo busco la canilla que siempre
20 queda abierta en algún piso, por allí saco la nariz y miro la oscuridad[30] de
las habitaciones[31] donde viven esos seres que no pueden andar por los
caños, y les tengo algo de lástima[32] al verlos tan torpes[33] y grandes, al oír
cómo roncan[34] y sueñan en voz alta, y están tan solos. Cuando de mañana[35]
se lavan la cara, les acaricio[36] las mejillas, les lamo[37] la nariz y me voy,
25 vagamente[38] seguro de haber hecho bien.[39]

---

[22]la cisterna *cistern, an
    artificial reservoir
    for storing water*
[23]picoteado, -a de
    estrellas *speckled
    with reflections of
    stars*
[24]el matrimonio *married
    couple*
[25]agitarse *to get upset*

[26]deplorar *to regret*
[27]la tubería *piping*
[28]acordarse de =
    recordar
[29]el portero *doorman,
    janitor*
[30]la oscuridad *darkness*
[31]la habitación = el cuarto
[32]les tengo algo de lástima
    *I pity them*

    *somewhat*
[33]torpe *clumsy*
[34]roncar *to snore*
[35]de mañana *in the
    morning*
[36]acariciar *to caress*
[37]lamer *to lick*
[38]vagamente *vaguely*
[39]de haber hecho bien *of
    having done well*

## Episodio[1] del enemigo
### JORGE LUIS BORGES

*Jorge Luis Borges (1899–      ), a greatly admired Argentinean poet,
short-story writer, and essayist, is perhaps the best known of all
South American writers. Extremely knowledgeable in various fields,
he has brought to Hispanic literature an intellectual challenge, a deep
but controlled emotion, and a mastery of form. He created a type of
short story called "ficción," which is a very brief tale, often with a
surprise ending. Now in his eighties and almost completely blind,
Borges is still hard at work, writing, and revising his earlier works.*

Tantos años huyendo y esperando y ahora el enemigo estaba en
mi casa. Desde la ventana lo vi subir penosamente[2] por el áspero[3]
camino del cerro.[4] Se ayudaba con un bastón,[5] con un torpe[6] bastón
que en sus viejas manos no podía ser un arma sino un báculo.[7] Me
5   costó[8] percibir[9] lo que esperaba: el débil golpe[10] contra la puerta.
Miré, no sin nostalgia, mis manuscritos,[11] el borrador[12] a medio[13]
concluir[14] y el tratado[15] de Artemidoro sobre los sueños, libro un
tanto anómalo[16] ahí, ya que[17] no sé griego.[18] Otro día perdido, pensé.
Tuve que forcejear[19] con la llave. Temí que el hombre se desplomara,[20]
10  pero dio unos pasos[21] inciertos,[22] soltó[23] el bastón, que no volví a ver,
y cayó en mi cama, rendido.[24] Mi ansiedad[25] lo había imaginado
muchas veces, pero sólo entonces noté[26] que se parecía,[27] de un modo
casi fraternal, al último retrato[28] de Lincoln. Serían las cuatro de la
tarde.
15      Me incliné sobre[29] él para que me oyera.
—Uno cree que los años pasan para uno —le dije— pero pasan
también para los demás. Aquí nos encontramos al fin y lo que antes
ocurrió no tiene sentido.
Mientras yo hablaba, se había desabrochado[30] el sobretodo.[31] La
20  mano derecha estaba en el bolsillo[32] del saco.[33] Algo me señalaba[34] y
yo sentí que era un revólver.
Me dijo entonces con voz firme:[35]
—Para entrar en su casa, he recurrido[36] a la compasión. Lo tengo
ahora a mi merced[37] y no soy misericordioso.[38]
25      Ensayé unas palabras. No soy un hombre fuerte y sólo las
palabras podían salvarme.[39] Atiné[40] a decir:
—Es verdad que hace tiempo maltraté[41] a un niño, pero usted
ya no es aquel niño ni yo aquel insensato.[42] Además, la venganza[43]
no es menos vanidosa[44] y ridícula que el perdón.

---

«Episodio del enemigo»
*from* Nueva antología
personal *by Jorge Luis
Borges,* © *Emecé
Editores S.A.—Buenos
Aires, 1968. Reprinted by
permission.*
[1]el episodio  *episode*
[2]penosamente =
    dificilmente
[3]áspero, -a  *rough*
[4]el cerro = la colina
[5]el bastón  *cane*
[6]torpe  *awkward*
[7]el báculo  *stick, staff*
[8]costar = *(here)* ser
    difícil
[9]percibir  *to perceive*
[10]el golpe  *knock*
[11]el manuscrito
    *manuscript*
[12]el borrador  *rough-draft
    manuscript*
[13]a medio = medio
[14]concluir = terminar
[15]el tratado  *treatise*
[16]un tanto anómalo
    *somewhat unusual*
[17]ya que = puesto que
[18]el griego  *Greek*
[19]forcejear  *to struggle*
[20]desplomarse  *to collapse*
[21]dar un paso  *to take a
    step*
[22]incierto, -a  *uncertain*
[23]soltar  *to drop*
[24]rendido, -a  *worn-out,
    exhausted*
[25]la ansiedad  *anxiety*
[26]notar  *to notice*
[27]parecerse a  *to resemble*
[28]el retrato  *portrait*
[29]inclinarse sobre  *to bend
    over*
[30]desabrochar  *to unbutton*
[31]el sobretodo = el abrigo
[32]el bolsillo  *pocket*
[33]el saco = el abrigo
[34]señalar  *to point at*
[35]con voz firme  *in a firm
    voice*
[36]recurrir  *to resort*
[37]la merced  *mercy*
[38]misericordioso, -a
    *merciful*
[39]salvar  *to save*
[40]atinar  *to manage*
[41]maltratar  *to mistreat*
[42]el insensato = el tonto
[43]la venganza  *vengeance*
[44]vanidoso, -a  *vain*

30 —Precisamente porque ya no soy aquel niño —me replicó[45]
—tengo que matarlo. No se trata de[46] una venganza sino de un acto
de justicia. Sus argumentos, Borges, son meras[47] estratagemas[48] de su
terror para que no lo mate. Usted ya no puede hacer nada.

—Puedo hacer una cosa —le contesté.

35 —¿Cuál? —me preguntó.

—Despertarme.

Y así lo hice.

---

[45]replicar  *to answer back*　　[47]mero, -a  *mere*
[46]tratarse de  *to be a*　　　　[48]la estratagema  *scheme*
　　　　question of

# La camisa de Margarita

## RICARDO PALMA

*Ricardo Palma (1833–1919) is the best known of the Peruvian storytellers.*
*His various volumes of* Tradiciones peruanas *(1872–1883) have long been*
*admired. His wit and charm, together with his mastery of style, make Palma*
*an unequalled teller of tales. His "traditions" are a highly original blend of*
*history, sociology, psychology, folklore, and brilliant invention.*

Seguramente algunos de mis lectores[1] han oído una frase muy común
entre las viejas[2] de Lima: «¡Qué! ¡Eso es más caro que la camisa de
Margarita!»

Creo que no habría sabido nunca quién fue esa Margarita, cuya camisa
5 todos conocen, si no hubiera encontrado un día en *La América* un artículo
firmado por don Ildefonso Antonio Bermejo, quien habla muy superficial-
mente de la niña y su camisa. Esto es lo que me hizo continuar mis investi-
gaciones. Y ahora les voy a contar lo que he podido descubrir.

Margarita Pareja era (hacia 1765) la hija favorita de don Raimundo
10 Pareja, hombre rico, colector general[3] del Callao.

La niña era una preciosa[4] limeña[5] que cautivaba[6] a todos con su
hermosura,[7] incluso[8] al diablo[9] mismo. Tenía dos ojos negros que eran como

---

Adapted from «La camisa
de Margarita» by Ricardo
Palma.
[1]el lector  *reader*
[2]las viejas = las mujeres

viejas
[3]el colector general  *tax
collector*
[4]preciosa = linda
[5]limeño, -a  *person from*

Lima, Perú
[6]cautivar  *to captivate*
[7]la hermosura  *beauty*
[8]incluso  *including*
[9]el diablo  *devil*

dos torpedos cargados[10] de dinamita,[11] y que hacían explosión en el alma[12] de sus admiradores.

15 Por esos años llegó de España un simpático joven, nacido en Madrid — don Luis Alcázar. Don Luis tenía en Lima un tío sin familia, pero con una gran fortuna. Era un aragonés[13] de familia aristocrática, muy conocido por tener más orgullo que los hijos de un rey.

Naturalmente, mientras le llegaba el día de heredar[14] a su tío, don Luis 20 estuvo siempre más pobre que una rata,[15] sin tener nunca lo necesario para resolver sus dificultades financieras.[16] Sólo tengo que decir que sus «fiestas» y diversiones eran todas a base de[17] firmes[18] promesas de que pagaría más tarde, teniendo ya su fortuna. Con esto creo que no es necesario decir más.

Un día, durante la procesión de Santa Rosa, don Luis conoció a la linda 25 Margarita. La encantadora muchacha le dejó una flecha[19] en el corazón. Él le echó algunas «flores»[20] y, aunque ella no le dijo ni sí ni no, por sus sonrisas[21] y otras expresiones de su arsenal[22] femenino, era evidente que el joven le parecía . . . muy bien. La verdad es que él y ella se enamoraron como dos palomos.[23]

30 Como los enamorados no saben que existe la aritmética y no hacen cálculos,[24] don Luis pensó que su pobreza[25] no sería obstáculo para su futuro matrimonio y, sin perder tiempo, fue a ver al padre de Margarita para pedirle la mano de su hija.

A don Raimundo no le gustó mucho la petición[26] y, muy cortésmente, le 35 dijo al joven que Margarita era todavía muy niña y que todavía jugaba con sus muñecas.

La verdad es que ésta no era la razón de su negativa.[27] Francamente,[28] don Raimundo no quería ser suegro de un *pobretón*.[29] Y así lo dijo a algunos de sus amigos íntimos.[30] Alguien fue con el chisme a don Honorato (éste era 40 el nombre del tío aragonés). Y, como don Honorato era el hombre más orgulloso del mundo, se puso furioso y dijo:

—¿Cómo? ¿Ofender así a mi sobrino?[31] Muchos estarían contentísimos de tenerle como miembro de su familia, porque en todo Lima no hay muchacho más fino y más simpático. ¡Qué insolencia![32] ¿Cree ese «colector 45 general» que es hombre caído del cielo?

Margarita, que era una niña muy moderna, lloró, se tiró[33] el pelo y tuvo un desmayo[34] y, si no prometió suicidarse, fue porque todavía no existían los fósforos.[35]

CORREOS DEL PERÚ
BELLEZA LIMEÑA
10 CTS
IV CENTENARIO DE LA FUNDACION DE LA CIUDAD DE LIMA ENERO 18 de 1535·1935
10 CTS

---

[10]cargado, -a *loaded*
[11]la dinamita *dynamite*
[12]el alma *(f.) soul*
[13]aragonés, aragonesa *person from Aragon, Spain*
[14]heredar *to inherit*
[15]la rata *rat*
[16]financiero, -a *financial*
[17]a base de *on the basis of*

[18]firme *firm*
[19]la flecha *arrow*
[20]echar flores *to pay compliments*
[21]la sonrisa *smile*
[22]el arsenal *arsenal, armory*
[23]el palomo *dove, pigeon*
[24]el cálculo *calculation*
[25]la pobreza *poverty*
[26]la petición *request*

[27]la negativa *refusal*
[28]francamente *frankly*
[29]el pobretón = el hombre pobre
[30]íntimo, -a *intimate*
[31]el sobrino *nephew*
[32]la insolencia *insolence*
[33]tirarse *to pull*
[34]el desmayo *fainting fit*
[35]el fósforo *match*

Margarita se enfermó[36] y se puso flaca[37] y pálida. No era posible
50 dudarlo: cada día estaba peor. Hablaba de irse al convento y no hacía nada
de lo que hace una persona normal. Cada vez que tenía un «ataque de
nervios»[38] gritaba: "¡O don Luis, o al convento!" Con gran alarma, su padre
llamó a varios médicos y todos declararon que la niña terminaría teniendo
anemia o tuberculosis. Para su enfermedad[39] no había remedio en las
55 farmacias. La opinión final: o casarla,[40] o llevarla al cementerio.

Don Raimundo, siendo buen padre, salió de su casa sin bastón[41] o
sombrero, y fue corriendo a casa de don Honorato.

—¡No puede ser! —dijo éste—. Mi sobrino es un *pobretón*. Ud. debe
buscar un hombre con mucha plata.

60 El diálogo fue violento. El padre rogaba[42] y el aragonés no cedía.[43] Por
fin don Luis intervino:[44]

—Pero, tío, no es justo[45] matar a una joven que no tiene ninguna culpa.

—Tú, ¿quieres casarte?

—Sí, señor. Y con mucho gusto.

65 —Bueno. Consiento,[46] con una condición: don Raimundo tendrá que
jurar[47] frente a[48] la Hostia divina[49] que Margarita no traerá al matrimonio ni
un centavo y que no recibirá ninguna herencia.[50]

Aquí comenzó una nueva y más violenta disputa.[51]

—Pero, hombre —exclamó don Raimundo—, mi hija va a heredar una
70 fortuna.

—No aceptaremos nada. La niña vendrá a casa de su esposo con lo que
lleva puesto.[52]

—Permítame darle entonces los muebles y toda la ropa de novia.

—No, señor, ¡ni un alfiler![53] Si no le parece bien, no hablemos más.

75 —Por favor, sea Ud. razonable,[54] don Honorato. Mi hija necesita llevar,
por lo menos, una camisa para reemplazar[55] la que lleva.

—Bien. Haré esa excepción, para que no digan que soy obstinado.[56]
Consiento en que Ud. le dé la camisa, y no hablemos más.

Al día siguiente, don Raimundo y don Honorato fueron muy temprano
80 a la iglesia de San Francisco para oír misa. En el momento en que el
sacerdote[57] elevaba[58] la Hostia divina, dijo el padre de Margarita:

—Juro no dar a mi hija más que la camisa de novia. Dios me condene,
si no cumplo esta promesa.

Don Raimundo Pareja cumplió su promesa. Ni antes, ni después de su
85 muerte, dio a su hija otra cosa.

---

[36]enfermarse = ponerse
   enfermo, -a
[37]flaco, -a *thin, weak*
[38]el ataque de nervios
   *attack of nerves*
[39]la enfermedad *illness*
[40]casarla *to marry her off*
[41]el bastón *cane*
[42]rogar *to pray, to beg*
[43]ceder *to yield*

[44]intervenir *to break in;*
   *to mediate*
[45]justo, -a *just, fair*
[46]consentir *to consent, to*
   *agree*
[47]jurar *to swear*
[48]frente a *before, in*
   *front of*
[49]la Hostia divina *the*
   *Host (at Mass)*

[50]la herencia *inheritance*
[51]la disputa *argument*
[52]llevar puesto *to wear,*
   *to have on*
[53]el alfiler *pin*
[54]razonable *reasonable*
[55]reemplazar *to replace*
[56]obstinado, -a *stubborn*
[57]el sacerdote *priest*
[58]elevar *to raise*

Los encajes[59] de la camisa costaron mil setecientos duros,[60] y el cordón[61] del cuello era una cadena[62] de diamantes que costó una fortuna.

Los recién casados[63] nunca dijeron al tío aragonés cuanto valía la camisa. Era lo más prudente.[64]

90 Ahora comprenderás, querido lector, por qué tuvo tanta fama[65] la camisa nupcial[66] de Margarita.

---

[59]el encaje *lace*
[60]el duro *duro (unit of money)*
[61]el cordón *string*

[62]la cadena *chain*
[63]los recién casados *the newlyweds*
[64]prudente *prudent,*

*discreet*
[65]la fama *fame*
[66]nupcial *nuptial; of a wedding*

## Los ojos verdes

### GUSTAVO ADOLFO BÉCQUER

*Gustavo Adolfo Bécquer (1836–1870), is the best known and most significant of all the nineteenth-century Spanish poets. His love poetry is found in many textbooks and is recited from memory by young and old alike. His verses often express a sorrow arising from personal anguish and frustration or from reflections on human fate. Bécquer also perfected a type of narrative he called a "leyenda," in which he examined the mysterious and supernatural. The story presented here is a modern version of an old legend.*

Hace algún tiempo, encontré entre mis libros un olvidado tomo[1] sobre las leyendas de los clásicos y, como sentía la necesidad de olvidar por unos momentos mis sueños de pintor, empecé a leer una página sobre el misterio de las ondinas,[2] espíritus del agua que habitan[3] en escondidos[4] bosques y
5 reflejan en sus ojos el color del bosque. Desde entonces[5] el recuerdo de la ondina me tiene fascinado.[6] Yo he visto sus ojos verdes. Son del mismo color que[7] el que pinta la leyenda clásica. ¿Fue tal vez[8] en uno de mis sueños? No sé, pero yo he visto unos ojos luminosos,[9] transparentes como las gotas[10] de lluvia que corren sobre las hojas de los árboles después de
10 una tempestad[11] de verano. Ahora siento la necesidad de escribir una nueva leyenda, viéndome a mí mismo en la persona de Fernando, el marqués[12] de Almenar.

---

*Adapted from «Los ojos verdes» by Gustavo Adolfo Bécquer.*
[1]el tomo *volume*
[2]la ondina *nymph or spirit of the water*
[3]habitar = vivir

[4]escondido, -a *hidden*
[5]desde entonces *since then*
[6]fascinado, -a *fascinated*
[7]que *(here) as*
[8]tal vez = quizás

[9]luminoso, -a *full of light*
[10]la gota *drop*
[11]la tempestad *storm*
[12]el marqués *marquis (nobleman)*

—El ciervo[13] va herido,[14] sin duda alguna[15] —dijo el joven cazador,[16] el marqués de Almenar.

15 —Mi señor,[17] su merced[18] comienza donde nosotros los ancianos[19] terminamos — contestó Íñigo, el montero[20] mayor. En cuarenta años no he visto mejor puntería.[21] — Interrumpió[22] su conversación para gritar a los sirvientes:[23]

—¡Córtenle el paso[24] y échenle los perros![25] Si el ciervo llega a la 20 fuente[26] de los Álamos,[27] tendremos que darlo por perdido.[28]

Las cuevas[29] del Moncayo repitieron el eco de las trompas,[30] el aullido[31] de los perros y las voces[32] de los cazadores. El bosque se llenó de[33] ruido: hombres, caballos y perros se dirigieron al[34] punto[35] señalado por el montero mayor.

Pero todo fue inútil.[36] Cuando el más ágil[37] de los perros llegó a las encinas,[38] jadeante[39] y con las fauces[40] llenas de espuma,[41] ya el ciervo, rápido como una saeta,[42] había pasado por allí, perdiéndose por los matorrales[43] de un sendero[44] que conducía[45] a la fuente.

—¡Alto![46] ¡Alto, todo el mundo! —gritó Íñigo. Era la voluntad[47] de Dios que habríamos de perderlo.[48]

El grupo se detuvo, callaron[49] las trompas y los perros abandonaron la búsqueda.[50] En ese momento, don Fernando, hijo mayor de la noble familia de Almenar, se reunió con los cazadores.

—¿Qué haces, Íñigo? —exclamó,[51] dirigiéndose a su montero. —¿No ves que el animal está herido? Es el primero que cae por mi mano, y tú lo dejas escaparse. ¿Crees que he venido a matar ciervos para alimentar[52] a los lobos[53] del bosque?

—Señor, es imposible ir más allá de[54] este punto.

—¿Imposible? ¿Por qué?

---

[13]el ciervo *deer*
[14]ir herido = estar herido
[15]sin duda alguna *undoubtedly*
[16]el cazador *hunter*
[17]mi señor *my lord*
[18]su merced *your Grace*
[19]el anciano *old man*
[20]el montero *hunter*
[21]mejor puntería *better skill in shooting*
[22]interrumpir *to interrupt*
[23]el sirviente = el servidor
[24]cortarle el paso *to head someone or something off*
[25]echarle los perros *to send dogs out after someone or*

*something*
[26]la fuente *fountain*
[27]el álamo *poplar (tree)*
[28]darlo por perdido *to give him up for lost*
[29]la cueva *cave*
[30]la trompa *horn*
[31]el aullido *howling*
[32]la voz *voice*
[33]llenarse de *to be filled with*
[34]dirigirse (a) *to go toward*
[35]el punto *point, spot*
[36]inútil *useless*
[37]ágil *agile, quick-footed*
[38]la encina *evergreen oak*
[39]jadeante *panting*

[40]las fauces *jaws*
[41]lleno, -a de espuma *full of foam*
[42]la saeta *arrow*
[43]el matorral *underbrush*
[44]el sendero *path*
[45]conducir *to lead*
[46]¡Alto! *Halt!, Stop!*
[47]la voluntad *will*
[48]habríamos de perderlo *we were to loose him*
[49]callar *to become silent*
[50]la búsqueda *search*
[51]exclamar *to exclaim, cry out*
[52]alimentar *to feed*
[53]el lobo *wolf*
[54]más allá de *beyond*

40 —Porque ésta es la entrada[55] a la fuente de los Álamos, donde habita el espíritu del mal.[56]

—¿Cómo?

—El que se atreve a agitar[57] esas aguas paga muy caro[58] su atrevimiento.[59]

—No creo en esas invenciones de gentes ignorantes.

45 —Señor, el animal ya había pasado al otro lado.[60] ¿Cómo puede su merced arriesgarse[61] a alguna horrible calamidad? Todos los cazadores saben que el animal que se refugia[62] en esa fuente misteriosa es una pieza perdida.[63]

—¡Pieza perdida! Primero perderé mi alma[64] en manos de Satanás que
50 permitir que se me escape ese ciervo, el único que hasta ahora he podido alcanzar con mi venablo.[65]

—Pero, señor, . . .

—Nada, nada. ¿Ves ahí las huellas? Déjame[66] . . . déjame, suelta las riendas[67] de mi caballo. Verás que yo lo alcanzaré antes de llegar a la fuente.
55 —Y, exclamando ¡sus!, entró en el bosque. Caballo y jinete iban más rápido que un huracán.[68]

Íñigo siguió a su amo[69] y señor con los ojos, y luego se volvió a sus acompañantes.[70] Todos, como él, estaban inmóviles y aterrorizados.[71] El montero exclamó al fin:[72]
60 —Ya ven. Me he expuesto[73] a caer bajo las patas[74] de su caballo para detenerle. He cumplido con mi deber. Yo sé que nada valen los actos heroicos cuando tenemos que luchar con el diablo.[75]

## II

—¿Qué tiene su merced? Desde el día en que fue a la fuente de los Álamos, anda Ud. triste y sombrío.[76] Yo diría que una bruja lo ha
65 hechizado.[77]

—¡No tengo nada!

—Ahora no va al bosque con otros cazadores, ni se oye el eco de las trompas. Poseído de cavilaciones,[78] ahora va solo para volver siempre tarde, cuando el sol desaparece. Y, cuando está de vuelta,[79] pálido y fatigado,[80] no
70 trae su merced ninguna pieza.

---

[55]la entrada *entrance*
[56]el mal *evil*
[57]agitar *to agitate, disturb*
[58]pagar muy caro *to pay dearly*
[59]el atrevimiento *boldness, effrontery*
[60]el lado *side*
[61]arriesgarse *to risk*
[62]refugiarse *to take refuge*
[63]una pieza perdida *a lost hunt*
[64]el alma (*f.*) *soul*

[65]el venablo *javelin, a light spear thrown by hand*
[66]Déjame = Déjame ir
[67]soltar las riendas *to loosen, to let go of the reins*
[68]el huracán = el ciclón
[69]el amo *master*
[70]el acompañante = el compañero
[71]aterrorizado, -a *terrified*
[72]al fin = por fin

[73]exponerse *to run the risk, to expose oneself*
[74]la pata *foot (animal)*
[75]el diablo *devil*
[76]sombrío, -a *somber*
[77]hechizar *to bewitch*
[78]poseído, -a de cavilaciones *possessed with worries*
[79]estar de vuelta *to be back*
[80]fatigado = cansado

Mientras Íñigo hablaba, don Fernando, absorto[81] en sus ideas, cortaba un trozo de madera[82] con su cuchillo de monte.[83] Después de un largo silencio le habló a su servidor, como si no hubiera oído ni una sola[84] de sus palabras.

75     —Íñigo, tú eres viejo y conoces todas las cuevas del Moncayo. Tú has subido[85] hasta[86] su cumbre. Dime, ¿has encontrado a una mujer que vive entre esas rocas?[87]

—¡Una mujer! —exclamó el montero con asombro.[88]

—Sí. Lo que me ha sucedido[89] es una cosa extraña. Creí que podría
80 guardar[90] mi secreto, pero veo que ya no es posible, porque mi cara no ha podido ocultarlo.[91] Voy a revelártelo. Tú me ayudarás a entender el misterio de esa mujer que nadie conoce. Sólo yo la he visto.

El montero se sentó junto a[92] su señor para escucharle con atención.

—El día en que llegué a la fuente de los Álamos recobré[93] el ciervo
85 herido, pero ahora mi alma se ha llenado de un deseo de soledad.[94] Tú no conoces ese sitio. La fuente nace en una roca y cae, gota a gota,[95] por entre[96] las hojas. Luego las gotas brillan[97] como puntos de oro y suenan como un extraño instrumento al caer; se juntan[98] después haciendo un ruido como el de los insectos y forman un riachuelo[99] hasta caer en el lago. Ahí
90 caen con un rumor[100] que no puedo describirte. Ahí he oído palabras, lamentos,[101] nombres y cantos.[102] Las aguas llegan hasta[103] una fuente profunda de aguas quietas.

—Algo de eso le oí a mi padre.[104]

—Todo allí es grande y solitario. El aire, con sus rumores, toma posesión
95 del espíritu y lo domina,[105] dejándolo en profunda melancolía.[106] En todas partes, en los huecos[107] de las rocas, en las plateadas[108] hojas de los álamos, en las ondas[109] del agua, parece que nos hablan los invisibles espíritus de la naturaleza, que reconocen un hermano en el inmortal espíritu del hombre.

—¿Y por qué va allá[110] su merced?

100     —Cuando, al comenzar el día, me veías salir,[111] no iba con la intención de perderme entre los matorrales siguiendo a un animal, no; iba a sentarme al borde de[112] la fuente a buscar en sus ondas . . . no sé qué . . . ¡una locura![113] El día que entré en sus aguas creí haber visto brillar[114] en el fondo una cosa extraña . . . muy extraña . . . los ojos de una mujer.

---

[81]absorto, -a *absorbed*
[82]la madera *wood*
[83]el cuchillo de monte *large hunting knife*
[84]ni una sola *not a single one*
[85]subir *to climb*
[86]hasta *up to*
[87]la roca *rock*
[88]el asombro *astonishment*
[89]suceder *to happen*
[90]guardar *to keep*
[91]ocultar *to hide*
[92]junto a = al lado de
[93]recobrar *to recover*

[94]la soledad *solitude*
[95]gota a gota *drop by drop*
[96]por entre = entre
[97]brillar *to shine*
[98]juntarse = reunirse
[99]el riachuelo *streamlet*
[100]el rumor *rumble*
[101]el lamento *loud cry*
[102]el canto *chant*
[103]llegar hasta *(here) to reach as far as*
[104]Algo de eso le oí a mi padre. *I heard something like that from my father.*

[105]dominar *to dominate*
[106]la melancolía *melancholy, sadness*
[107]el hueco *opening*
[108]plateado, -a *silvered*
[109]la onda *wave*
[110]allá *there, over there*
[111]me veías salir *you used to see me leave*
[112]al borde de *at the edge of*
[113]la locura *madness, folly*
[114]creí haber visto brillar *I thought that I had seen shining*

105     —¿Es posible?

    —Tal vez sería un rayo de sol que penetró[115] su espuma; tal vez una de esas flores que flotan[116] como dos esmeraldas[117] . . . no sé; yo creí ver una mirada que se clavó en la mía[118] y, desde entonces, tengo en mi pecho un deseo absurdo: encontrar a una persona con unos ojos como aquéllos.

110     —¿Y por eso va allá todos los días?

    —Sí. Una tarde tuve una sorpresa increíble . . . pero, no, es verdad; yo le he hablado ya muchas veces, como te hablo a ti ahora. . . . Pues, una tarde encontré sentada en mi puesto[119] a una hermosa mujer. Estaba vestida con ropas que llegaban hasta las aguas y allí flotaban. Sus cabellos[120] eran

115 como el oro; sus pestañas brillaban como hilos de luz y, entre las pestañas, unos ojos que yo había visto . . . sí; porque los ojos de aquella mujer eran los ojos que yo tenía clavados en mi mente,[121] unos ojos. . . .

    —¡Verdes! —exclamó Íñigo, con un acento[122] de profundo terror.

    Fernando lo miró, asombrado de que[123] él dijera lo que iba a decir.

120     —¿La conoces?

    —¡Oh, no! —dijo el montero. —¡Dios no lo quiera![124] Pero mis padres, al prohibirme llegar a[125] esos lugares, me dijeron mil veces que el espíritu, demonio[126] o mujer que vive en esas aguas tiene los ojos de ese color. Yo le ruego[127] a su merced, en nombre de lo que más ama[128] en la tierra, no

125 volver a la fuente de los Álamos. Algún día sentirá el peso de su venganza[129] y morirá por haberse atrevido a tocar[130] esas aguas.

    —¡En nombre de lo que más amo, me dices! —murmuró el joven con una triste sonrisa.[131]

    —Sí, —continuó el anciano; —no vuelva a la fuente, y hágalo en nombre

130 de sus padres y de toda su familia, vivos y muertos.

    —¿Sabes tú lo que más deseo en este mundo? Una mirada de esos ojos. . . . ¿Cómo podré yo dejar de[132] buscarlos?

## III

    —¿Quién eres tú? ¿Dónde vives? Te busco todos los días, pero nunca he visto el caballo que te trae a estos lugares, ni tus acompañantes o sirvientes.

135 Dime quién eres. . . . Yo te amo y seré tuyo siempre.

    El sol se había puesto tras el monte[133] y las sombras empezaban a envolver[134] el bosque. La brisa[135] gemía[136] entre los álamos de la fuente y la

---

[115]penetrar  *to penetrate*
[116]flotar  *to float*
[117]la esmeralda  *emerald*
[118]yo creía ver una mirada que se clavó en la mía  *I thought I saw a look that fastened itself to mine*
[119]en mi puesto = en mi lugar
[120]el cabello = el pelo
[121]clavados en mi mente  *fixed in my mind*
[122]el acento  *accent*
[123]asombrado de que  *astonished that*
[124]¡Dios no lo quiera!  *May God not will it!*
[125]llegar a  *to come to*
[126]el demonio  *demon, devil*
[127]rogar  *to beg*
[128]amar  *to love*
[129]la venganza  *vengeance*
[130]por haberse atrevido a tocar  *for having dared to touch*
[131]la sonrisa  *smile*
[132]dejar de + inf. *(here) to stop*
[133]tras el monte = detrás de la montaña
[134]envolver  *to cover*
[135]la brisa  *breeze*
[136]gemir  *to moan, whine*

niebla[137] comenzaba a envolver las rocas de su orilla.[138] Sobre una de estas rocas, frente a[139] la bella[140] mujer, el noble Almenar trató[141] en vano[142] saber

140 el secreto de su existencia.

Ella era hermosa y blanca como una estatua de alabastro.[143] Uno de sus rizos caía sobre sus hombros y, en el cerco de sus pestañas,[144] brillaban sus ojos como dos esmeraldas.

Cuando el joven acabó de hablar, los labios de la hermosa se movieron

145 como para pronunciar[145] algunas palabras, pero sólo se oyó un suspiro.[146]

—¿No me respondes? ¿He de creer[147] lo que de ti me han dicho? Háblame, quiero saber si me amas, si eres mujer.

—¿Crees que soy un demonio? —dijo ella por fin.

El joven vaciló[148] un instante. Se fijó en[149] los ojos de aquella mujer y,

150 fascinado por su brillo,[150] exclamó:

—Si lo fueras, te amaría como te amo ahora, porque es mi destino[151] amarte hasta más allá de esta vida, si hay algo más allá. . . .

—Fernando —dijo la hermosa entonces; —Yo te amo más aún que tú me amas. Yo soy un espíritu puro. No soy una mujer como las que existen

155 en la tierra. Yo vivo en el fondo de estas aguas y soy transparente como ellas.

Mientras ella hablaba así, el joven, absorto en la contemplación de tan fantástica hermosura,[152] se aproximó al[153] borde[154] de la roca, atraído[155] por una fuerza desconocida.[156]

160 —¿Ves, ves el fondo de este lago y esas plantas de largas y verdes hojas que se agitan[157] en su fondo? Ellas nos darán un lecho[158] de esmeraldas y corales.[159] Yo te daré toda la felicidad[160] que has soñado. Las ondas nos llaman. . . . Ven, . . . ven.

La mujer misteriosa le llamaba desde el borde del abismo,[161]

165 ofreciéndole un beso. Fernando dio un paso[162] hacia ella y sintió sus finos brazos alrededor de su cuello. Perdió el equilibrio[163] y cayó al agua con rumor sordo[164] y lúgubre.[165]

Las aguas saltaron[166] en chispas[167] de luz y luego se cerraron formando círculos de plata que se ensancharon[168] hasta morir en las orillas.

---

[137]la niebla *fog*
[138]la orilla *edge*
[139]frente a = delante de
[140]bella = hermosa
[141]tratar = *(here)* tratar de
[142]en vano *in vain*
[143]el alabastro *alabaster*
[144]en el cerco de sus pestañas *inside the fence created by her eyelashes*
[145]pronunciar = decir
[146]el suspiro *sigh*
[147]¿He de creer . . . ? *Am I to believe . . . ?*

[148]vacilar *to hesitate*
[149]fijarse en *to notice*
[150]el brillo *brightness, brilliance*
[151]el destino *destiny, fate*
[152]tan fantástica hermosura *such fantastic beauty*
[153]aproximarse a = acercarse a
[154]el borde *edge*
[155]atraído, -a *attracted*
[156]desconocido, -a *unknown*
[157]agitarse *to shake*

[158]el lecho = la cama
[159]los corales *coral beads*
[160]la felicidad = la alegría
[161]el abismo *abyss, a bottomless depth*
[162]dar un paso *to take a step*
[163]el equilibrio *balance*
[164]sordo, -a *dull, muffled*
[165]lúgubre *dismal*
[166]saltar *(here)* to burst, to splash*
[167]la chispa *spark*
[168]ensanchar *to widen, enlarge*

# El almohadón de pluma[1]

## HORACIO QUIROGA

*Horacio Quiroga (1878–1937), a Uruguayan by birth, spent many years in Argentina, where he published dozens of extremely well-structured short stories about the frailties of the human mind. As a disciple of Edgar Allan Poe, he brought to Hispanic literature a rare understanding of problems of love, self-doubt, and personal helplessness. The following story illustrates his sensitivity to the devouring forces of nature that consume the individual.*

Su luna de miel[2] fue un largo escalofrío.[3] Rubia, angelical[4] y tímida, el carácter duro[5] de su marido[6] heló[7] sus soñadas niñerías[8] de novia. Ella lo quería mucho, sin embargo, a veces con un ligero estremecimiento[9] cuando volviendo de noche juntos por la calle, echaba una furtiva mirada[10] a la alta
5 estatura[11] de Jordán, mudo[12] desde hacía[13] una hora. Él, por su parte, la amaba[14] profundamente, sin darlo a conocer.[15]

Durante tres meses —se habían casado en abril— vivieron una dicha[16] especial.

Sin duda[17] hubiera ella deseado menos severidad en ese rígido cielo de
10 amor, más expansiva e incauta[18] ternura;[19] pero el impasible[20] semblante[21] de su marido la contenía siempre.

La casa en que vivían influía no poco en sus estremecimientos. La blancura[22] del patio silencioso[23] —frisos,[24] columnas y estatuas de mármol[25]— producía una otoñal[26] impresión de palacio encantado.[27] Dentro, el brillo[28]
15 glacial[29] del estuco,[30] sin el más leve[31] rasguño[32] en las altas paredes, afirmaba[33] aquella sensación de desapacible[34] frío. Al cruzar de una pieza[35] a otra, los pasos[36] hallaban[37] eco en toda la casa, como si un largo abandono[38] hubiera sensibilizado[39] su resonancia.

[1]el almohadón de pluma *feather pillow*
[2]la luna de miel *honeymoon*
[3]el escalofrío *chill*
[4]angelical *angelic*
[5]duro, -a *harsh*
[6]el marido = el esposo
[7]helar *to freeze*
[8]las soñadas niñerías *childish fancies*
[9]el estremecimiento *shivering*
[10]echar una furtiva mirada *to cast a secret glance*
[11]la estatura *stature*
[12]mudo, -a *silent*
[13]desde hacía *for*
[14]amar *to love*
[15]dar a conocer *to make known*
[16]la dicha = la alegría
[17]sin duda *doubtless*
[18]incauto, -a *unguarded*
[19]la ternura *tenderness*
[20]impasible *emotionless*
[21]el semblante = la cara
[22]la blancura *whiteness*
[23]silencioso, -a *silent*
[24]el friso *frieze, horizontal band of decoration*
[25]el mármol *marble*
[26]otoñal *autumnal*
[27]encantado, -a *(here) large and unoccupied*
[28]el brillo *brightness*
[29]glacial *frigid*
[30]el estuco *stucco*
[31]leve = ligero
[32]el rasguño *scratch*
[33]afirmar *to affirm*
[34]desapacible = desagradable
[35]la pieza = el cuarto
[36]el paso *step*
[37]hallar = encontrar
[38]el abandono *abandonment*
[39]sensibilizar *to sensitize*

*Lecturas*

En ese extraño nido de amor,[40] Alicia pasó todo el otoño. No obstante[41]
20 había concluido[42] por echar un velo sobre[43] sus antiguos sueños, y aún vivía
dormida en la casa hostil,[44] sin querer pensar en nada hasta que llegaba su
marido.

No es raro que adelgazara.[45] Tuvo un ligero ataque[46] de influenza que se
arrastró[47] insidiosamente[48] días y días; Alicia no se reponía[49] nunca. Al fin
una tarde pudo salir al jardín apoyada en el brazo de su marido. Miraba
indiferente a uno y otro lado.[50] De pronto[51] Jordán, con honda[52] ternura, le
pasó muy lento la mano por la cabeza, y Alicia rompió en seguida[53] en
sollozos,[54] echándole[55] los brazos al cuello. Lloró largamente[56] todo su
espanto[57] callado,[58] redoblando[59] el llanto[60] a la menor tentativa[61] de caricia.[62]
Luego los sollozos fueron retardándose,[63] y aún quedó largo rato[64] escondida
en su cuello,[65] sin moverse ni pronunciar[66] una palabra.

Fue ese el último día en que Alicia estuvo levantada. Al día siguiente
amaneció[67] desvanecida.[68] El médico de Jordán la examinó con suma[69]
atención, ordenándole[70] cama y descanso[71] absolutos.

—No sé —le dijo a Jordán en la puerta de calle con la voz todavía baja.
—Tiene una gran debilidad[72] que no me explico.[73] Y sin vómitos, nada. . . .
Si mañana se despierta como hoy, llámeme en seguida.

Al otro día Alicia seguía peor. Hubo consulta.[74] Constatóse[75] una anemia
de marcha agudísima,[76] completamente inexplicable.[77] Alicia no tuvo más
40 desmayos,[78] pero se iba visiblemente a la muerte. Todo el día el dormitorio
estaba con las luces prendidas[79] y en pleno[80] silencio. Pasábanse horas sin
que se oyera el menor ruido. Alicia dormitaba.[81] Jordán vivía casi en la sala,
también con toda la luz encendida. Paseábase[82] sin cesar[83] de un extremo a
otro, con incansable[84] obstinación.[85] La alfombra ahogaba[86] sus pasos. A
45 ratos[87] entraba en el dormitorio y proseguía[88] su mudo vaivén[89] a lo largo
de[90] la cama, deteniéndose un instante en cada extremo a mirar a su mujer.

| | | |
|---|---|---|
| [40]el nido de amor *love nest* | [57]el espanto *fear* | [75]constatarse *to be diagnosed* |
| [41]no obstante = sin embargo | [58]callado, -a *unspoken* | [76]de marcha agudísima *rapidly developing* |
| [42]concluir = terminar | [59]redoblar *to double* | |
| [43]echar un velo sobre = olvidarse de | [60]el llanto *weeping* | [77]inexplicable *unexplainable* |
| [44]hostil *hostile* | [61]la menor tentativa *the slightest attempt* | [78]el desmayo *fainting spell* |
| [45]adelgazar = ponerse delgado | [62]la caricia *affection, caress* | [79]prendidas = encendidas |
| [46]el ataque *attack* | [63]retardar *to slow down* | [80]pleno, -a *full* |
| [47]arrastrarse *to drag on* | [64]el rato *while, time* | [81]dormitar *to doze, nap* |
| [48]insidiosamente *secretly, subtly* | [65]escondida en su cuello *pressed to his neck* | [82]pasearse *to pace* |
| [49]reponerse *to recover* | [66]pronunciar = decir | [83]cesar = parar |
| [50]el lado *side* | [67]amanecer = despertarse | [84]incansable *untiring* |
| [51]de pronto = de repente | [68]desvanecido, -a *exhausted, drained of energy* | [85]la obstinación *stubbornness* |
| [52]hondo, -a *deep* | | [86]ahogar *to muffle* |
| [53]en seguida = inmediatamente | [69]sumo, -a *great, extreme* | [87]a ratos = de vez en cuando |
| [54]el sollozo *sob* | [70]ordenar = mandar | [88]proseguir = seguir |
| [55]echar *to throw* | [71]el descanso *rest* | [89]el vaivén *pacing* |
| [56]largamente *for a long time* | [72]la debilidad *weakness* | [90]a lo largo de *along* |
| | [73]explicarse = comprender | |
| | [74]la consulta *consultation* | |

Pronto Alicia comenzó a tener alucinaciones,[91] confusas y flotantes[92] al principio, y que descendieron luego a ras del[93] suelo. La joven, con los ojos desmesuradamente[94] abiertos, no hacía sino mirar[95] la alfombra a uno y otro
50 lado del respaldo[96] de la cama. Una noche quedó de repente mirando fijamente.[97] Al rato[98] abrió la boca para gritar, y sus narices y labios se perlaron de sudor.[99]

—¡Jordán! ¡Jordán!—clamó,[100] rígida de espanto, sin dejar de[101] mirar la alfombra.

55 Jordán corrió al dormitorio, y al verlo aparecer Alicia lanzó[102] un alarido[103] de horror.

—¡Soy yo, Alicia, soy yo!

Alicia lo miró con extravío,[104] miró la alfombra, volvió a mirarlo, y después de largo rato de estupefacta[105] confrontación, se serenó.[106] Sonrió
60 y tomó entre las suyas la mano de su marido, acariciándola[107] por media hora, temblando.[108]

Entre sus alucinaciones más porfiadas,[109] hubo un antropoide[110] apoyado en la alfombra sobre los dedos, que tenía fijos[111] en ella sus ojos.

Los médicos volvieron inútilmente.[112] Había allí delante de ellos una
65 vida que se acababa, desangrándose[113] día a día,[114] hora a hora,[115] sin saber absolutamente cómo. En la última consulta Alicia yacía[116] en estupor,[117] mientras ellos la pulsaban,[118] pasándose de uno a otro la muñeca[119] inerte.[120] La observaron largo rato en silencio, y siguieron al comedor.

—Pst . . . —se encogió de hombros[121] desalentado[122] su médico.—Es
70 un caso serio. . . . Poco hay que hacer.[123]

—¡Sólo eso me faltaba![124]—resopló[125] Jordán. Y tamborileó[126] bruscamente[127] sobre la mesa.

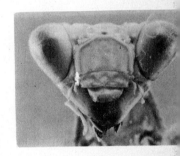

---

[91]la alucinación *hallucination*
[92]flotante *floating*
[93]a ras de *to the level of*
[94]desmesuradamente *excessively*
[95]no hacía sino mirar = no hacía nada sino mirar
[96]el respaldo *back*
[97]fijamente *in a fixed manner*
[98]al rato *in a little while*
[99]sus narices y sus labios se perlaron de sudor *her nostrils and lips were beaded with sweat*
[100]clamar *to cry out*
[101]sin dejar de *without stopping*

[102]lanzar *to throw out*
[103]el alarido *scream*
[104]con extravío *totally confused*
[105]estupefacto, -a *dumbfounded*
[106]serenarse *to settle down*
[107]acariciar *to caress*
[108]temblar *to tremble*
[109]porfiado, -a *persistent*
[110]el antropoide *apelike creature*
[111]fijo, -a *fixed*
[112]inútilmente *uselessly*
[113]desangrarse *to lose a lot of blood*
[114]día a día *day after day*
[115]hora a hora *hour after hour*
[116]yacer *to lie*

[117]el estupor *stupor, dazed condition*
[118]pulsar *to take one's pulse*
[119]la muñeca *wrist*
[120]inerte *lifeless*
[121]encogerse de hombros *to shrug one's shoulders*
[122]desalentado, -a *discouraged*
[123]Poco hay que hacer. *There's little that can be done.*
[124]¡Sólo eso me faltaba! *That's all I needed!*
[125]resoplar *to breathe hard*
[126]tamborilear *to strike, hit*
[127]bruscamente *sharply*

Alicia fue extinguiéndose[128] en subdelirio[129] de anemia, agravado[130] de tarde,[131] pero remitía[132] siempre en las primeras horas. Durante el día no

75  avanzaba[133] su enfermedad,[134] pero cada mañana amanecía lívida,[135] en síncope[136] casi. Parecía que únicamente de noche se le fuera la vida en nuevas oleadas[137] de sangre. Tenía siempre al despertar la sensación de estar desplomada[138] en la cama con un millón de kilos encima.[139] Desde el tercer día este hundimiento[140] no la abandonó más. Apenas[141] podía mover la cabeza. No quiso que le tocaran[142] la cama, ni aun que le arreglaran el almohadón. Sus terrores crepusculares[143] avanzaban ahora en forma de monstruos[144] que se arrastraban[145] hasta la cama, y trepaban[146] dificultosamente[147] por la colcha.[148]

Perdió luego el conocimiento.[149] Los dos días finales deliró[150] sin cesar a media voz.[151] Las luces continuaban fúnebremente[152] encendidas en el dormitorio y la sala. En el silencio agónico[153] de la casa, no se oía más que el delirio[154] monótono[155] que salía de la cama, y el sordo retumbo[156] de los eternos pasos de Jordán.

Alicia murió, por fin. La sirvienta,[157] cuando entró después a deshacer[158]

90  la cama, sola ya, miró un rato extrañada[159] el almohadón.

—¡Señor! —llamó a Jordán en voz baja. —En el almohadón hay manchas[160] que parecen de sangre.

Jordán se acercó rápidamente y se dobló[161] sobre[162] aquél. Efectivamente,[163] sobre la funda,[164] a ambos[165] lados del hueco[166] que había dejado la cabeza

95  de Alicia, se veían manchitas oscuras.

—Parecen picaduras[167] —murmuró la sirvienta después de un rato de inmóvil observación.

—Levántelo a la luz —le dijo Jordán.

La sirvienta lo levantó; pero en seguida lo dejó caer[168] y se quedó

100  mirando a aquél, lívida y temblando. Sin saber por qué, Jordán sintió que los cabellos[169] se le erizaban.[170]

---

[128]extinguirse *to extinguish, to come to an end*
[129]el subdelirio *mild stage of delirium in which one can still understand and answer questions*
[130]agravado = peor
[131]de tarde *in the afternoon*
[132]remitir *to let up*
[133]avanzar *to advance*
[134]la enfermedad *illness*
[135]lívida = pálida
[136]el síncope *fainting spell*
[137]la oleada *surge*
[138]desplomado, -a *collapsed*
[139]encima *on top*
[140]el hundimiento *sinking*

*feeling*
[141]apenas *hardly*
[142]tocar *to touch*
[143]crepusculares *twilight*
[144]el monstruo *monster*
[145]arrastrarse *to crawl*
[146]trepar *to climb*
[147]dificultosamente *with difficulty*
[148]la colcha *bedspread*
[149]el conocimiento *consciousness*
[150]delirar *to be delirious*
[151]a media voz *softly, in a whisper*
[152]fúnebremente = tristemente
[153]agónico, -a *agonizing*
[154]el delirio *delirium*
[155]monótono, -a *monotonous*

[156]el sordo retumbo *the dull echo*
[157]la sirvienta = la servidora
[158]deshacer *to undo*
[159]extrañada = sorprendida
[160]la mancha *stain*
[161]doblarse *to bend*
[162]sobre *over*
[163]efectivamente *in effect*
[164]la funda *pillowcase*
[165]ambos = los dos
[166]el hueco *impression, hole*
[167]la picadura *insect bite*
[168]dejar caer *to let drop*
[169]el cabello = el pelo
[170]erizarse *to stand on end*

—¿Qué hay? —murmuró con la voz ronca.[171]

—Pesa mucho —articuló[172] la sirvienta, sin dejar de temblar.

Jordán lo levantó; pesaba extraordinariamente. Salieron con él, y sobre
105 la mesa del comedor Jordán cortó funda y envoltura[173] de un tajo.[174] Las
plumas superiores[175] volaron, y la sirvienta dio un grito[176] de horror con toda
la boca abierta, llevándose las manos crispadas[177] a los bandós.[178] Sobre el
fondo,[179] entre las plumas, moviendo lentamente las patas velludas,[180] había
un animal monstruoso,[181] una bola[182] viviente[183] y viscosa.[184] Estaba tan
110 hinchado[185] que apenas se le pronunciaba[186] la boca.

Noche a noche,[187] desde que[188] Alicia había caído en cama, había
aplicado sigilosamente[189] su boca —su trompa,[190] mejor dicho[191]— a las
sienes[192] de aquélla, chupándole[193] la sangre. La picadura era casi
imperceptible. La remoción[194] diaria del almohadón sin duda había
115 impedido[195] al principio su desarrollo; pero desde que la joven no pudo
moverse, la succión fue vertiginosa.[196] En cinco días, en cinco noches, había
vaciado[197] a Alicia.

Estos parásitos de las aves,[198] diminutos[199] en el medio habitual,[200]
llegan a[201] adquirir[202] en ciertas condiciones proporciones enormes. La
120 sangre humana parece serles particularmente favorable, y no es raro
hallarlos en los almohadones de pluma.

---

[171]ronco, -a *hoarse*
[172]articular = *decir*
[173]la envoltura *ticking, fabric used to cover pillows*
[174]de un tajo *with one slash*
[175]superior *upper, at the top*
[176]el grito *shout*
[177]crispado, -a *twitching*
[178]los bandós *headbands*
[179]sobre el fondo *at the bottom*
[180]las patas velludas *hairy legs*

[181]monstruoso, -a *monstrous*
[182]la bola *round body or mass*
[183]viviente *living*
[184]viscoso, -a *thick, sticky*
[185]hinchado, -a *swollen*
[186]pronunciar *(here)* to be visible
[187]noche a noche *night after night*
[188]desde que *since*
[189]sigilosamente *secretly*
[190]la trompa *proboscis, tubelike mouth*

*parts of some insects*
[191]mejor dicho *rather*
[192]la sien *temple*
[193]chupar *to suck*
[194]la remoción *fluffing*
[195]impedir *to hinder*
[196]vertiginoso, -a *rapid*
[197]vaciar *to drain*
[198]el ave *(f.)* = el pájaro
[199]diminuto, -a *tiny*
[200]el medio habitual *normal environment*
[201]llegar a *to come to*
[202]adquirir *to acquire*

# Translations

This section provides the English equivalents for the *Diálogos* and the *Palabras nuevas* paragraphs.

## Lesson 1, p. 3

### Students' Day

All over Latin America, students celebrate Students' Day on September 21. Today is September 20, and Verónica, Luisito, Patricia, and Óscar, members of the planning committee for the Students' Day party, are chatting in a café.

| | |
|---|---|
| VERÓNICA | We already have the microphone, the loudspeaker, and the fireworks. |
| ÓSCAR | And Pepito just put up the posters. |
| LUISITO | I want to look over the whole program for the party once more. |
| PATRICIA | First we have the parade. |
| VERÓNICA | Yes, and all of the floats are very pretty. On the first-year students' float there are students disguised as monkeys. They're going to throw water balloons. |
| PATRICIA | The fifth-year float has some clowns who play tricks and ask everyone to dance. Their leader is a handsome guy with a really funny costume. He's going to win first prize for sure. |
| ÓSCAR | Oh, Patricia! Is that the boy who always smiles at you? Let's see, is he your new boyfriend? |
| PATRICIA | Oh, be quiet, you fool! Come on . . . what else is there? |
| VERÓNICA | The fourth-year boys' serenade. They're going to sing some really lively songs. |
| ÓSCAR | And later Patricia is going to recite a poem that she just wrote. It's called "The Clown in Love." Isn't that right, Patricia? |
| PATRICIA | Enough jokes now! |
| LUISITO | Tomorrow we're going to stay up late dancing! |
| VERÓNICA | Hurray! Hurray! And the next morning we're going to skip class! |

## Lesson 2, p. 17

### At the Soccer Stadium

Ladies and gentlemen, this is Francisco Gómez, announcer for "Sports Radio," speaking to you from Municipal Stadium in Salamanca, where the teams from Madrid and Salamanca are playing for the National Cup. We're near the end of the first period and the game is really animated. Madrid has just scored a goal. The Madrid fans are applauding. They're very excited! Ah, the referee has just signaled the end of the first period. The two rivals, Madrid and Salamanca, are tied, one to one.

We're in the second period. The left wing, Carlos Ortiz, is approaching the ball. He passes it to Fuentes, the end. Fuentes passes it. . . . No! A player from the opposite team, Juan

Moreno, intercepts it. He runs, he's running. An opponent attacks. Moreno escapes him. He defends the ball from the wing, approaches the goal, and kicks the ball. The goalie leaps. He can't grab it! *Gooooal!* Goal for Salamanca! Moreno has just scored the one hundred and first goal of his career. Perhaps he has also just realized the team's dream: to win the National Cup!

## Lesson 3, pp. 39–40

*Yesterday a Cowboy, Today a Gentleman*

The Gutiérrez brothers, José María and Francisco, live in the Santa Cruz neighborhood. It's the time of year for the April Fair and Paco, the younger brother, has a date with a girl he really wants to impress.

JOSÉ MARÍA   Paco, what are you doing?

FRANCISCO   Well, I'm putting on this striped shirt. Can't you see?

JOSÉ MARÍA   That's my shirt, little brother. You know I don't let you wear my things. What's wrong with your new short-sleeved shirt?

FRANCISCO   It's dirty. Why don't you let me wear this one? You never let me do anything.

JOSÉ MARÍA   What do you mean! I let you clean my room, don't I?

FRANCISCO   Ha, ha. You're very funny. Come on, Pepe. Don't be such a nuisance. I'm going to the fair with Lola and some friends today and you already know that my shirts are all out of style. Can I wear this one, please?

JOSÉ MARÍA   And if I say yes, you're going to ask me to lend you other things too, aren't you?

FRANCISCO   Are you offering them to me?

JOSÉ MARÍA   You're impossible. All you have are a pair of old boots, those jeans, and that old worn-out shirt. And now that you're running around being Don Juan you want to borrow everything I have. I've had it with you. From now on I insist that you stay out of my room.

FRANCISCO   Come on, Pepe. Just this time. I'll wash your car tomorrow, if you want.

JOSÉ MARÍA   Hmm. . . . Well, if you promise to wash it next time too, I'll let you wear the shirt tonight. But I suggest that you buy your own clothes, buddy.

FRANCISCO   Thanks, Pepe. *(He puts on the shirt.)* Okay, Lola and her friends are waiting for me. I have to get going. See you later.

JOSÉ MARÍA   Good-by, Paco. *(Paco leaves. A few moments later. . . .)* That's funny! I can't find my black shoes. . . . My shoes! That thief. Paco's got my shoes. Paco! PACOOO!

## Lesson 4, p. 57

*From the Field to the Kitchen*

### GUACAMOLE

two ripe avocados
one tomato
one onion
one green chili pepper

one garlic clove
one lemon
one tablespoon of coriander (or parsley)
one teaspoon of salt

Peel the avocados, cut them in two, and remove the pits. Put the avocados in a container and make avocado purée. Be careful! If you use metal utensils, the avocados will turn black. Mince the tomato, onion, pepper, and garlic. Mix these ingredients with the avocado. Squeeze the lemon over the mixture. Add the coriander and salt. Serve the guacamole with lettuce, tortilla chips, or hot tortillas.

## Lesson 5, p. 77

### Day of the Dead

On November 2, the Day of the Dead, don Guido runs into don Jaime and his little grandson, Perico, on the street. While the two old men are talking, the boy looks at the special breads and sweets in the windows.

DON GUIDO   . . . and according to the legend, the young man returns to his village and finds his fiancée. "My beautiful Maribel," he says, "why are you so pale?" She answers, "Because I have been waiting a long time for you." "Tomorrow we'll marry," he promises her.

PERICO   Grandpa, buy me one of those *panes de muerto*.

DON JAIME   In a moment, son. Let the gentleman finish his story.

DON GUIDO   The next day the young man returns, but his fiancée is not home. He asks her neighbor if he knows where she is. The frightened neighbor tells him, "She's been dead for two years."

DON JAIME   And you believe that?

DON GUIDO   Don't you like scary stories?

DON JAIME   A story like *Don Juan Tenorio*, yes, but not that foolishness.

PERICO   Grandpa, give me some money for that paper skeleton.

DON GUIDO   But these things happen. You know all those stories about the Llorona, don't you? Well, a friend of mine tells me that sometimes when he's walking alone at night, he suddenly hears a voice that shouts and weeps, and then he says that he sees a woman in the shadows who asks him, "Help me look for my children," and. . . .

DON JAIME   Don't tell me any more! I'll believe in ghosts when I see them myself.

## Lesson 6, p. 93

### The Village Daily

Justice: Strange Crime and Punishment

Today at dawn, between Naturaleza and Castillo Streets, the police arrested three suspects in the robbery of a great number of avocados that disappeared mysteriously from the "Good Taste" Supermarket yesterday at about six o'clock in the evening. The police were surprised at having to take the thieves to the Municipal Hospital. Doctors treated them rapidly and succeeded in calming their serious stomach pains due to guacamole indigestion. This morning the criminals declared, "We are truly repentant for our crime." The lawyer for the guilty parties asked the authorities to pardon her clients since, as she declared, "They already received their punishment at the hospital."

# Lesson 7, pp. 115–116

*A Tragic Rehearsal*

In the Hispanic Theater Society, Elba, Marta, and Ramiro are rehearsing the work of Federico García Lorca, *Mariana Pineda,* under the direction of Javier, a somewhat demanding companion.

MARTA
"Oh, what a tragic day in Granada,
it made the rocks weep
to see Marianita die! . . ." Uh, die. . . .
*(Marta doesn't remember her lines.)* Well, she dies because she embroidered the flag of freedom and because she didn't turn her sweetheart over to the authorities, right?

JAVIER
Oh, Marta! The day of the show is getting close and you still don't know your part! What a tragedy!

RAMIRO
What tragedy are you referring to? The play or the rehearsal?

JAVIER
Pay attention, Ramiro! And Marta, you have to recite in a more natural way, free as a bird flies through the air, as a fish swims in the sea. . . .

RAMIRO
But are we in a theater or a zoo?

JAVIER
Stop the foolishness, Ramiro. Elba, start where you left off yesterday.

ELBA
"I will never be able to tell you how I love you.
At your side I forget all words. . . ." At your side. . . . *(Elba doesn't remember her lines either.)* At your side, Javier, I forget all the words too. You make me nervous!

JAVIER
Darn it! You don't remember your part because you don't understand Mariana Pineda's conflict. Her love and her cause brought about her death!

RAMIRO
*I* understand it. Sometimes love can kill. Listen: "Love and the heat are going to kill me, gypsy. . . ."

JAVIER
What? What scene is that verse in?

RAMIRO
In a scene from my life. I fell in love once in Granada.

JAVIER
Enough! Enough! You're never going to be actors. And as for me, love and the heat aren't going to kill me! *You* are killing me *now!*

# Lesson 8, p. 129

*Appearances Are Deceiving*

". . . and now, a commercial. . . ."
Do you suffer from bad breath? Sometimes have disagreeable skin problems? Don't give up. Put an end to your problems with the incredible new remedy *Yanofeo* (Ugly-No-More). Moles or freckles? Apply *Yanofeo* directly to the spots. Bad breath? Rinse your mouth with *Yanofeo* lotion after brushing your teeth and before going out with a very special person. Pimples? Apply *Yanofeo* to your face three times a day and see how your skin becomes healthy. *Yanofeo* also helps avoid other embarrassing problems. Annoying dandruff? Rub your head with *Yanofeo* after shampooing. Oily or dry hair? Leave the lotion on your wet hair for five minutes. Ugly nails? Use *Yanofeo* exactly like a nail polish. Buy *Yanofeo* lotion and enjoy your new popularity!

*Translations*

## Lesson 9, pp. 151–152

### It's a Mad, Mad, Mad World!

Rosita Baeza and her brother Miguel are sitting in their living room. Rosita is reading a magazine and Miguel is writing a letter to the "Life is Short" Insurance Company asking for a summer job. Miguel is thinking. With his pencil in his mouth, he looks toward the ceiling fan and finally begins to write.

MIGUEL  Rosita, listen. I already wrote my address and the date on the right side of the paper and the company's address on the left side as you told me. And I've just composed a nice greeting.

ROSITA  A nice greeting, eh? Read it to me, please.

MIGUEL  "Hi dear friends of 'Life is Short'!"

ROSITA  But Miguel, how can you begin a business letter like that? Are you writing to a company or to one of your friends?

MIGUEL  What do I write, then?

ROSITA  Something like "Gentlemen," or "Sirs," or "Dear Sirs."

MIGUEL  That's too formal. (Miguel keeps on writing.) "I am 15 years old, tall, strong, dark, with dark eyes. . . ."

ROSITA  Miguel! Are you crazy? The company needs a messenger, not a movie star. The body of the letter should be short and to the point.

MIGUEL  Bah! What a bore! (Miguel keeps on writing.) ". . . and I like deep-sea fishing, and skin-diving at the Isla Verde beaches." To close I'm going to write: "Love to your wives and children, and also to your dog and cat, if you have them."

ROSITA  How awful! That isn't an appropriate closing for a formal letter. You should say: "Sincerely yours." Or in your case, you can say: "Waiting to hear from you, I remain, Sincerely yours."

MIGUEL  Ooh! You're as serious as the actress of a tragedy.

Several days go by. Miguel, very happy, enters with a letter in his hand.

MIGUEL  Rosita, Rosita, I have very good news from the insurance company.

ROSITA  Oh yeah? Did they give you the messenger job?

MIGUEL  No, but they want me to work this summer writing letters they're going to send to young people. They say they like "the humorous and personal tone" of my letter.

ROSITA  Is it possible? It can't be! The world is mad, mad, mad. . . .

## Lesson 10, p. 169

### Images of a Culture

Great success of "Hispanic Presence" Exhibit
SAN FRANCISCO—Distinguished Hispanic artists have met in our city this week to take part in an exhibit of Hispanic art in the United States. The exhibit includes painting, sculpture, music, crafts, and architecture. There have been slide presentations, poetry readings, and lectures on different artistic trends. The director of the exhibit, Domingo Roldós Reyes, has pointed out the significance of "Hispanic Presence" in this way: "I hope that the interested public has seen in our exhibit the spirit of a deeply sensitive people who show the complex background of their history in their images." Roldós had tried to organize the exhibit years ago, but he lacked funds. At present, thanks to scholarships and other help that various people have given, he has been able to realize his dream. Tomorrow, the last

day of the exhibit, the organizing committee will offer a festival of Hispanic food, a lecture on the short story, a folk dance, and a tour of the workshops of various Hispanic sculptors.

## Lesson 11, pp. 193–194

### *The Gaucho—Reality or Dream?*

Carlos Rivera, a young journalist from Buenos Aires, was traveling through the pampas toward Santa Rosa. He was going to a folk festival when he met a horseman who seemed to be from another world and from another time. On returning to the newspaper office he delivered a cassette to his boss, who listened to the following:

RIVERA    Last Sunday morning, I left for Santa Rosa in the car I had rented. On arriving at the outskirts of the city, I stopped the car and headed for the pampas on foot. I had walked for several hours, when, suddenly, I realized that I was lost, totally disoriented in the immense emptiness of the plains. I was tired and afraid that I would never see civilization again. When I had abandoned all hope, a tall, strong figure appeared, riding on a horse. He was wearing wide pants tight at the ankles, a colorful shirt, cowhide boots, and a long poncho. He also had an Argentine lasso, a regular lasso, and a long dagger. "An extremely authentic gaucho costume," I told myself.
          The mysterious figure approached me, looked at me as if I were a wounded ostrich, and finally said:

GAUCHO    What are you doing here? It's dangerous to walk around the pampas without a weapon or a horse.

RIVERA    Well, I was walking without paying attention and I got lost. Are you going to the folk festival? Can I go with you? Certainly there'll be a telephone there, or perhaps a car that. . . .

GAUCHO    Festival, car, telephone? What are you talking about?

RIVERA    Come on, my friend, don't pull my leg. Because of the clothes you're wearing, I know you're thinking of going to a festival.

GAUCHO    Festival? Enough foolishness! The branding begins tomorrow about thirty leagues from here and I don't have time for foolish conversations. So long!

RIVERA    Wait . . . please. Don't leave me alone here. The sun is already setting and I don't feel like spending the night under the stars.

GAUCHO    Well, if you're looking for a shelter, not far from here there's a small town by the name of Santa Rosa. Toward the west—Ha, ha, ha! You have to follow the sun, my friend, follow the sun—Ha, ha, ha!

RIVERA    In an instant the gaucho, real or imaginary, disappeared as quickly as he had appeared. And it seemed to me that the echo of his laughter resounded in the tranquility of the plains for an eternity. And then, silence.

## Lesson 12, p. 209

### *Long Live Our Candidate!*

José Ipiña for President!
Are you tired of hearing empty promises? Vote for José Ipiña, the leader of the National Justice party, in this year's general elections. José Ipiña is neither reactionary nor

revolutionary. He is the champion of great causes: social equality, the development of our country, human rights, freedom of the press, and freedom of speech. José Ipiña is no selfish politician, but a practical man who knows how to convert his ideals into reality, a citizen who struggles to improve our system of government. José Ipiña has served our nation extremely well as a soldier in the army, Ambassador to Venezuela, Governor of the state of Yungas, Minister of Education, and President of the National Industrial Committee. Support José Ipiña—the only candidate who can bring back to our fatherland the strength it had before the present government took power. Come tonight! Hear José Ipiña, the man who will answer all your questions!

## Lesson 13, p. 231

### The Tombs of Columbus

Gabriela, José, Inés, and Luis are seated in a small restaurant near the university.

GABRIELA    Can you help me with this crossword puzzle?
JOSÉ    What do you want to know, Gabriela?
GABRIELA    Well, I only need one word to finish it. Where did they bury Columbus?
JOSÉ    How easy! Everyone knows that he died in Palos.
INÉS    Palos? Even high-school freshmen know that Palos is a port in the south of Spain where Columbus embarked on his first trip to the Americas.
LUIS    If I'm not mistaken, they buried him in the Rábida Convent, the same place where Columbus revealed the project of his trip.
GABRIELA    Luis, it's impossible. The word I'm looking for starts with "S."
CARLOS    (with pride) Pardon me, Miss. Your conversation is very interesting, but I, Carlos Rivera, M.A. from the University of Puerto Rico, know definitely that the tomb of Columbus is in Seville. I saw it with my own eyes two years ago.
GABRIELA    Aha! Seville begins with an "S," . . . but there's space for twelve letters.
INÉS    Just a moment. According to this short history of the Americas that I found today in the library, Columbus' remains are in the Cathedral of Santo Domingo. Santo Domingo begins with an "S" and contains twelve letters.
GABRIELA    You're right. That's great! But . . . now I'm confused. Which of the two tombs is the real one—the one in Seville or the one in Santo Domingo?
JOSÉ    Who knows? The only sure thing is that no thief would rob either one or the other.
GABRIELA    Why do you say that?
JOSÉ    It's obvious. There's only half of a *colón* (monetary unit; Columbus) in each one!
CARLOS    A half *colón!* Good grief! How awful!

## Lesson 14, p. 251

### Written in the Stars

Dear Miss Guajardo,
    Here is the horoscope that you asked for:
    Date of birth: August 20
    You are a courteous and cultured person. Your friends consider you a witty, sincere, and

loyal companion. Men find you intelligent, charming, and unforgettable. You know how to use common sense well in order to achieve monetary success. Your character is generous and idealistic. You never lie and are never envious, stingy, or gossipy. If you had lived in another era and another environment, you would have been a princess or a queen. Your main defect is your bad temper. You have the habit of acting conceited with others. Besides, you tend to be somewhat pessimistic. In matters of love, you make the mistake of being too stubborn, demanding, and even jealous (could your parents have spoiled you?). Nevertheless, if you corrected these defects, from now on you could transform your failures into successes, your enemies into friends, and your tears into smiles.

## Lesson 15, p. 273

### Three Artists

Cristina Castellanou, who is fond of twentieth century art, has invited her friend Raúl to attend a lecture whose subject is modern art. It's 8 o'clock at night. Cristina and Raúl are at the university.

LECTURER    The topic of this lecture is the influence of surrealism in art. The three great Spanish surrealists who represent. . . .

RAÚL
(in a soft
voice)    Cristina, why did you insist that I go with you tonight? You know very well that art doesn't interest me—and especially, modern art.

CRISTINA    Please, Raúl! I want to listen.

LECTURER    . . . are Pablo Picasso, Joan Miró, and, naturally, Salvador Dalí. Picasso had great self-confidence. Even though he could paint with the precision of a camera, he declared himself against all tradition and created an artistic style . . . let's say . . . "shocking."

RAÚL    Let's say . . . "ridiculous." Have you seen "Head of a Woman" that he painted in oil in 1936? The woman's face has the shape of three eggs lost in space.

CRISTINA    Raúl, what an interpretation! That painting is fantastic!

LECTURER    With regard to Joan Miró, one can say that he is a painter who sees and examines everything carefully. He himself has said that for him an object is a living thing. A tree, for example, breathes and speaks. In his painting, Miró searches for motionless movement.

RAÚL    What the heck does "motionless movement" mean? That phrase makes me feel as if I were going down an escalator backwards.

CRISTINA    For me it's clear. Didn't you look at his painting "The Farmhouse"?

RAÚL    If you'll allow me a small grammatical error, I didn't look (Miré) at it, I "Miró-ed" it, and I'm not convinced.

CRISTINA    Very funny. The professor is going to continue. Give him the opportunity to express himself.

RAÚL    You didn't say it well, Cristina. You must say, "Dalí (Dale = Give him) the opportunity to express himself."

## Lesson 16, p. 291

*City Life*                                        Classified ads

Houses, Apartments, and Condominiums

Apartments for rent, 3, 4, and 5 rooms. «Calixto Contreras» housing development. Rent includes electricity, gas, heat, and use of courtyard. Near expressway and shopping center. Enjoy the luxury of a residential neighborhood at moderate prices! Phone: 514-732.

House for sale, just built, in a residential neighborhood. 3 bedrooms, 2 baths, living room, dining room, kitchen, utility room, servants' quarters, fenced-in garden and backyard. Peaceful, quiet atmosphere. For information: Housing office Dos Hnos., La Esperanza Avenue #892.

Condominium for sale, «Las Maravillas» Building, 18th floor, stupendous view. 4 bedrooms, balcony, 2 1/2 baths, carpeted living room and dining room, kitchen, pantry, large closets, laundry in the basement, elevator, doorman. Ask for information in the lobby. Office hours: 8-12, 2-7.

Boarding house «Su Hogar» rents furnished rooms with curtains and enough space for shelves. Private bath. With or without meals. Rent in advance includes electricity, heat, and telephone. Students preferred. Three blocks from the university! Phone: 241-875.

## Lesson 17, p. 313

### *Religion: Impressions and Reality*

A group of tourists from several countries has just visited the famous Luján basilica on the outskirts of Buenos Aires. Don Jacobo, the tour guide, accompanies them to a small religious articles store that is located near the church. After spending three hours together, the tourists are already talking to each other enthusiastically even though they don't know each other well.

| | |
|---|---|
| MARY JOHNSON | There are so many nice things. I would like to buy a small souvenir for my girlfriend in Louisiana. Don Jacobo, what would be better—this crucifix or this silver medal? |
| JACOBO ROSEN | Well, not being Catholic, I can't recommend anything. I would say that both are appropriate. If your girlfriend were Jewish, maybe I could. . . . |
| MARY | You're Jewish? I had the impression that all Argentines were . . . were. . . . |
| JACOBO | Catholics? No, Miss. Here there are members of all religions: Catholics, Jews, Protestants, uhh, believers of many types and also, some nonbelievers. But, in short, we're all Argentines. |
| JULIO FERRERA | It's the same in my country. I, for example, am the pastor of a Pentecostal church in Ponce, Puerto Rico. Among us Puerto Ricans, there's also a great variety of beliefs. |
| ÁNGELA RODRÍGUEZ | And even a mixture of beliefs, in countries like my native land, México, where native customs have influenced Catholic beliefs. At times, for example, certain characteristics of some ancient native god are attributed to one of the Catholic saints. |
| PAULO DA COSTA | And the African influence is also seen in some parts, as, for example, in the *Santería* that exists in the Caribbean Islands. |

*Translations*

| MARY | I think the history books about the Hispanic world have left me with the impression that there's only one religion throughout Latin America. |
| JULIO | Yes, but don't you think that reality is much more interesting than what books say? "Variety is the spice of life," isn't it? |

## Lesson 18, p. 325

*Practical Math*

Radio Pueblo announces that the University of Santa Rosa will offer a course on practical mathematics next year. According to the University, nowadays not only accountants and economists need to work with numbers. The majority of people should know how to fill out tax forms, how to save and invest money, how to protect themselves against inflation, how to obtain higher interest, how to get discounts, etc. They should also understand what advantages there are in having a savings account or in buying bonds or stocks. Various recent surveys show that more than half of us know very little about these matters. Therefore, a course that would explain them to us would be beneficial for people of every age and profession. By next Monday the day and the time of the course will have been decided upon, and the details will be announced by our station.

# Answers to
# *Confirme su progreso*

The *Confirme su progreso* section at the end of the even-numbered lessons reviews material in that lesson and the one immediately preceding it. Additional *Confirme su progreso* sections which provide brief self-checks on one or two grammar points are found within the odd-numbered lessons. Always let your teacher know if you do not fully understand an exercise or if you feel you need further help to maintain your progress.

## Lesson 1, p. 12

2. Si Dolores gana el premio, compramos un auto nuevo.
3. ¿Vuelves del mercado?
4. Salgo después de la clase.
5. El jefe del centro de enseñanza pide vacaciones para los alumnos.
6. Oímos las buenas noticias.
7. Organizamos otro concurso para los estudiantes de quinto año.
8. Los directores escogen nuestra carroza. ¡Viva!
9. La señora mete la carta en el bolso.
10. Traigo un sandwich.

## Lesson 1, p. 15

2. es / está
3. estamos / es
4. está / Está
5. es / están
6. es / está

## Lesson 2, pp. 34–35

A.
2. Vende autos franceses.
3. El partido está empatado.
4. Acabo de recibir una carta entusiástica.
5. Nos acercamos al parque municipal.
6. Quizás es un jugador del equipo español.

B.
1. Son
2. estamos
3. está
4. Es

5. es
6. están
7. están
8. está

C.
1. oímos
2. traigo
3. entienden
4. prefieres
5. salgo
6. escogen
7. muestra
8. duerme

D.
2. La cartera se la devuelve (a Anita).
3. Mamá me lo va a sacar del banco. OR Mamá va a sacármelo del banco.
4. Quizás nos lo va a dar mañana. OR Quizás va a dárnoslo mañana.
5. Queremos organizártelos. OR Te los queremos organizar.

E.
2. No, no está construyéndonosla.
3. No, no está pidiéndoselo (a los espectadores).
4. No, no estoy describiéndotela.
5. No, no estamos prometiéndoselos.
6. No, no estoy diciéndotela.

## Lesson 3, pp. 48–49

1. lavarse
2. despierta
3. me peino
4. sentar
5. se cepilla
6. levantar
7. aburre

*Answers*

## Lesson 3, p. 55

leas
encuentre
guste
gusta
es
quieres
regreses
explique
estás
reciba
quieres
se olvide
salga
haga
quiere
se casen
espere

## Lesson 4, p. 73

**A.** 1. sea
2. tenemos
3. siembren
4. permita
5. puede

**B.** 1. despierte
2. levante
3. se aburra
4. se enojen
5. pruebes

**C.** 1. Sal a las seis.
2. Volvamos mañana.
3. Mostrémosle las hormigas.
4. Desenvuelve el paquete.
5. Póngase Ud. la camisa.
6. Dele Ud. más tostaditas.

**D.** 2. Cómprenme Uds. la sandía.
3. Sírvenos melocotones.
4. Ofrézcales fresas.
5. Démosle la calabaza.

**E.** 2. Sugiérasela.
3. Tíramelo.
4. Cuéntensela.
5. Enviémoselo.
6. Déjanoslos.

## Lesson 5, p. 86

2. Señora, no lo ponga Ud. en la mesa.
3. María, no te acuestes tarde.
4. Señor Guzmán, no cuelgue Ud. el teléfono.
5. Tico, no se lo enseñes a Marta.
6. Doña Matilde, no nos cuente Ud. leyendas de brujas.
7. Pepe y Gloria, no sirvan Uds. la ensalada ahora.
8. Señor Cuevas, no haga Ud. eso.

## Lesson 5, p. 88

2. nos lo destruirá
3. me las regalará
4. nos la contarán
5. se los romperemos

## Lesson 5, p. 91

1. venga
2. lleguen
3. charlamos
4. llueve
5. pida
6. se despierten
7. pague
8. termina
9. se encuentre

## Lesson 6, pp. 110–111

**A.** 3. No lo miren Uds.
4. No me las traiga Ud.
5. No te la pongas.
6. No lo escojan Uds.
7. No lo acuse Ud.

**B.** 1. investiguen
2. nieva
3. detenga
4. se acuesten
5. lleguen
6. entregue
7. grita
8. vengan

**C.** 1. me destaqué
2. desapareciste
3. pegué
4. pedimos
5. trató
6. choqué
7. huyó
8. vio
9. organicé

**D.** 2. las quisimos ayer.
3. te lo dijeron ayer.
4. te las pusiste ayer.
5. vino ayer.
6. la tuve ayer.

**E.** 2. No, pero pidió sangre para las víctimas ayer.
Mañana pedirá sangre para las víctimas también.
3. No, pero me puse el sombrero ayer.
Mañana me pondré el sombrero también.
4. No, pero pude viajar ayer.
Mañana podré viajar también.
5. No, pero durmieron ayer.
Mañana dormirán también.
6. No, pero detuve a los culpables ayer.
Mañana detendré a los culpables también.
7. No, pero fui al pueblo ayer.
Mañana iré al pueblo también.

## Lesson 7, pp. 126–127

2a. Eran las doce y veinte.
b. Ana González estaba en el aeropuerto.
c. Pensaba en un viaje.
3a. Eran las siete.
b. José estaba cansado.
c. Tenía que apurarse.
4a. Era un hombre maduro.
b. Tenía 38 años.
c. Quería cantar en el teatro nacional.
5a. Eran muchachos fuertes.
b. Tenían entre 15 y 18 años.
c. Corrían en las carreras.

## Lesson 8, pp. 137–138

era; sufría; sabía; causaba; dijo; ayudó
podía; estaba; consiguió
Eran; llegamos; tenía; gustaban; llamó; contestó;
Llamó; abrió; dijo
era; tenía; conocí; habló; preguntó; hablaba; sacó
tenía; acabé; tenía; empecé

## Lesson 8, pp. 146–147

**A.** 1. Tenía la nariz chata.
2. Cada noche me lavaba el pelo grasoso.
3. Era un día agradable.
4. Siempre le decíamos la misma cosa.
5. Mientras Anita disfrutaba de la música, su novio sufría sin decir nada.
6. En el cuento, mientras la madre enjuagaba los platos, Pepito rompió el reloj.
7. Se peinó los rizos y salió de la casa.
8. A las cinco los peluqueros empezaron a cortarle las patillas.

**B.** 1. sufría
2. querían
3. nos desesperamos
4. enjuagaban
5. se acostaba
6. disfrutaba
7. mojaste
8. empezó
9. causó

**C.** 2. conociste
3. Hubo
4. pudo
5. quería
6. había
7. sabían
8. conocía
9. quisimos
10. podía
11. supo
12. pudo

**D.** 2. éste
3. ése
4. ése
5. eso
6. estas
7. aquellos

8. aquellas
9. ese
10. este

## Lesson 9, pp. 165–166

2. El auto de María es más viejo que el auto de Bárbara.
3. Susana es mayor que Ricardo.
4. Paco es más delgado que Panza.
5. Miguel está tan limpio como Luis.
6. El cartero tiene menos sobres que la cartera.
7. Armando tiene tanto sueño como Gloria.

## Lesson 10, pp. 187–189

A. 2. Eduardo tiene menos pinceles que Luis.
3. Ana tiene menos acuarelas que Eduardo.
4. Luis tiene menos acuarelas que Eduardo.
6. Luis tiene más pinceles que Eduardo.
7. Eduardo tiene más acuarelas que Ana.
8. Eduardo tiene más acuarelas que Luis.
9. Luis tiene más cuadros que Ana.
11. Luis tiene tantos cuadros como Eduardo.
12. Ana tiene tantas acuarelas como Luis.

B. 2. Luis es más gordo que Eduardo.
3. Eduardo es más delgado que Ana.
4. Eduardo es más delgado que Luis.
5. Luis es más bajo que Ana.
6. Ana es más baja que Eduardo.

C. 2. Luis tiene los cuadros más pequeños.
3. Eduardo tiene el pelo más corto.
4. Ana tiene el pelo más largo.
5. Eduardo es el mayor.
6. Luis es el menor.
7. Eduardo es el más alto.
8. Luis es el más bajo.

D. 2. Es la nuestra.
3. Son los suyos.
4. Son las suyas.
5. Son las nuestras.
6. Es el mío.

E. 2. Sé que los policías han detenido al criminal.
Supe que los policías habían detenido al criminal.
3. Es seguro que Marta ha investigado el crimen.
Era seguro que Marta había investigado el crimen.
4. Declara que el asesino ha huido.
Declaró que el asesino había huido.
5. Es verdad que Eduardo ha recitado un poema.
Era verdad que Eduardo había recitado un poema.

F. 2. Es probable que Roberto haya acusado a Tomás.
3. Me alegro de que Esteban haya tejido una alfombra.
4. Esperamos que Elena haya dado una conferencia.
5. No creo que Pepe haya metido un gol.

## Lesson 11, p. 202

2a. Le pidió que les dijera dónde había un teléfono.
b. Le dijo que no creía que hubiera un teléfono por aquí.
3a. Le gritaron que no las dejara solas.
b. Les contestó que le dejaran ver su mapa.
4a. Le pidió que les permitiera acompañarlo.
b. No creía que una hierra pudiera interesarles.
5a. Le pidieron que no las abandonara.
b. Les contestó que fueran hacia el oeste y buscaran refugio en Santa Rosa.

## Lesson 11, p. 207

| | |
|---|---|
| 1. por | 9. para |
| 2. por | 10. Por |
| 3. por | 11. por |
| 4. para | 12. por |
| 5. para | 13. por |
| 6. para | 14. para |
| 7. por | 15. por |
| 8. Para | |

# Lesson 12, pp. 226–228

**A.**

| | |
|---|---|
| 1. por | 10. para |
| 2. por | 11. Por |
| 3. por | 12. por |
| 4. para | 13. para |
| 5. para | 14. por |
| 6. para | 15. por |
| 7. para | 16. Para |
| 8. Por | 17. Por |
| 9. por | 18. por |

**B.**
2. Querían que nevara.
3. Le pedí que lavara platos.
4. Dudaba que don Fabián tejiera.
5. Esperaba que hiciera sol.
6. Fue una lástima que Carlos se cayera.

**C.**
2. Llamamos a los bomberos cuando vimos el humo.
3. No creí en tu proyecto de desarrollo hasta que me lo explicaste.
4. Preparé el postre en cuanto Fernando me dio la receta.
5. Te di la respuesta en caso de que la profesora te la pidiera.
6. Les dijiste esas tonterías a las muchachas para que salieran contigo.
7. Pasamos mucho tiempo sin que nadie dijera nada.
8. Me lavé la cara mientras tú te pusiste los zapatos.
9. Volviste de España antes de que Silvia saliera para Inglaterra.

**D.**
1. No, no quiero comer nada.
2. No, nadie quiere mejorar el sistema de gobierno.
3. No, no compraré ninguno.
4. No, no es posible encontrar agua en ninguna parte.
5. No, no voy a defender mis derechos de ninguna manera.
6. No, no iré ni a la película ni a la casa de Paco.
7. No, nunca (jamás) me cepillo los dientes después de comer.

# Lesson 13, p. 243

**A.**
2. Me dijo que los candidatos no comprenderían el proyecto.
3. Me dijo que viajaríamos al Oriente a principios del año que viene.
4. Me dijo que no se embarcaría sin sus crucigramas.
5. Me dijo que escogería el sitio para la reunión.
6. Me dijo que comeríamos lo más rápidamente posible.
7. Me dijo que saldría para España mañana por la mañana.
8. Me dijo que habría que enterrar los huesos.

**B.**
2. Si Lucía y yo fuéramos delgadas, comeríamos más.
3. Si yo revelara las fotos, te las mostraría.
4. Si la película no fuera confusa, sería muy interesante.
5. Si Uds. obtuvieran el dinero, se casarían.
6. Si el Sr. Torres estuviera enfermo, no saldría de su casa.
7. Si el fondo monetario me prestara el dinero, no habría problemas.
8. Si la descubridora entendiera las condiciones de vida, no iría a la selva.

# Lesson 14, pp. 266–269

**A.**
2. tranquila, tranquilamente
3. fácilmente, fáciles
4. feliz, Felizmente
5. nervioso, nerviosa
6. Generalmente, generales
7. incómodo, incómodamente
8. serio, seria

**B.**
2. La dormilona dormiría hasta las doce.
3. El detective investigaría el crimen.
4. Los ladrones se llevarían el televisor.
5. El comilón se comería todas las uvas.
6. Las azafatas ayudarían a los pasajeros.

**C.**
1. que
2. quien
3. quién
4. quienes
5. que
6. que
7. que

8. quienes
9. quiénes
10. que

**D.** 1. nieva
2. hubiera tenido
3. fueran
4. hubiera acusado
5. sembrara
6. mezclaré
7. habrías regresado
8. vendré
9. tendría

**E.** 1. Carlos habría comido el guacamole.
2. Tus amigos se habrían embarcado temprano.
3. Me habría puesto los zapatos.
4. Papá habría enterrado el dinero.
5. Habríamos tejido algo.
6. Las princesas le habrían pegado al hombre.
7. Ana y Charo habrían sembrado el trigo.
8. Habrías acusado a Cándido.

**F.** 1. b. No creían que hasta aquel momento tú y yo nunca hubiéramos peleado.
   c. No creían que hasta aquel momento tú no hubieras sufrido.
2. a. Dudo que hasta ahora hayas comenzado el proyecto.
   b. Dudo que hasta ahora ellos hayan mentido.
   c. Dudo que hasta ahora Milagros haya escrito una carta comercial.
3. a. Es posible que muy pronto yo teja un chaleco.
   b. Es posible que muy pronto Santiago y yo vayamos a México.
   c. Es posible que muy pronto Juanito se case.
4. a. Esperaban que sus padres los apoyaran.
   b. Esperaban que yo buceara.
   c. Esperaban que la policía investigara el crimen.

## Lesson 15, pp. 284–285

2. a. Hoy, jueves, no creo que la policía detenga al ladrón.
   b. Hoy, jueves, no creo que nuestro equipo haya metido un gol.
   c. Ayer, jueves, me alegraba de que los artistas tejieran la tela.

d. Ayer, jueves, me alegraba de que nuestro equipo hubiera metido un gol.
3. a. Hoy, lunes, es imposible que el ladrón huya.
   b. Hoy, lunes, es imposible que la profesora y yo hayamos dado una conferencia.
   c. Ayer, lunes, quisieron que yo investigara el robo.
   d. Ayer, lunes, quisieron que la profesora y yo hubiéramos dado una conferencia.
4. a. Hoy, miércoles, temen que yo investigue el robo.
   b. Hoy, miércoles, temen que el ladrón haya huido.
   c. Ayer, miércoles, era necesario que yo investigara el robo.
   d. Ayer, miércoles, era necesario que la profesora y yo hubiéramos dado una conferencia.
5. a. Hoy, viernes, se alegran de que la policía detenga al ladrón.
   b. Hoy, viernes, se alegran de que nuestro equipo haya metido un gol.
   c. Ayer, viernes, Marta temió que los artistas tejieran la tela.
   d. Ayer, viernes, Marta temió que yo hubiera investigado el robo.

## Lesson 16, pp. 307–309

**A.** 2. ¿Cuál es tu condominio?
3. ¿Qué es un limpiabotas?
4. ¿Qué es su madre—juez o abogada?
5. ¿Cuál es su madre—ésta o aquélla?
6. ¿Cuál es la cuadra donde vives?
7. ¿Qué es un candado?
8. ¿Cuáles son los centros comerciales que prefieres?
9. ¿Qué es el lujo?
10. ¿Cuáles son los apartamentos amueblados?

**B.** 1. haya picado
2. hubiera adelantado
3. informara
4. pidiera
5. elijan
6. hubieran perdonado
7. defiendan
8. quisiera
9. mudáramos
10. disfrutes

*Answers*

11. hayan llamado
12. hubiéramos cerrado
13. hayan robado

C. 1. apuremos
   2. cierre
   3. pago
   4. apures
   5. pagaras
   6. hubieras hecho
   7. haya cerrado
   8. llegara
   9. se quede
   10. haya

D. 2. En esta carnicería se vende carne fresca.
   3. En esta pastelería se venden pasteles.
   4. En esta farmacia se preparan remedios.
   5. En este supermercado se encuentran muchas gangas.
   6. En esta panadería se vende pan.
   7. En esta casa de correos se venden sellos.
   8. En esta zapatería se arreglan zapatos.
   9. En esta peluquería se corta el pelo.

E. 2. Se le paró el auto.
   3. Se le cayó la reja.
   4. Se nos perdieron las llaves.
   5. Se nos apagó la calefacción
   6. Se me escaparon los ladrones.
   7. Se le rompieron los pantalones.

# Lesson 18, pp. 343–345

A. 2. Sí, los paquetes fueron envueltos por los niños.
   3. Sí, el laboratorio de lenguas fue cerrado por nuestro maestro de español.
   4. Sí, la mesa fue puesta por mi madre.
   5. Sí, el televisor fue enchufado por Ramón.
   6. Sí, los exámenes fueron corregidos por la señora Álvarez.
   7. Sí, la lámpara fue rota por mi hermanita.
   8. Sí, las camisas fueron planchadas por la criada.
   9. Sí, la bicicleta fue arreglada por mi padre.
   10. Sí, los poemas fueron escritos por los estudiantes.

B. 2. No, ya está preparada.
   3. No, ya están acostados.
   4. No, ya está redactada.
   5. No, ya están anunciadas.
   6. No, ya está escogido.
   7. No, ya están desenvueltos.
   8. No, ya están cocinados.

C. 2. Busco un esposo que sea simpático.
   3. No había nadie que supiera la respuesta.
   4. Tengo un auto que no funciona bien.
   5. No hay ningún diccionario que incluya todas las palabras.
   6. ¿Hay alguien que entienda la pregunta?
   7. Necesito un guía que conozca bien la ciudad.
   8. No hay nada que puedas hacer ahora.
   9. Busco a la chica que juega bien al ajedrez.
   10. Compré una novela que era sumamente interesante.

D. 2. Sí, habré arreglado la cámara antes de que lleguen los invitados.
   3. Sí, la aduanera habrá examinado el equipaje antes de que salgamos del aeropuerto.
   4. Sí, habré visitado a México antes de tener 25 años.
   5. Sí, habremos construido los condominios antes de que comience el año nuevo.
   6. Sí, habré visto los cuadros para la semana que viene.
   7. Sí, habré recibido el premio para mañana.
   8. Sí, Esteban habrá ensayado su papel para el fin de la semana.

E. 2. Las locutoras la habrán anunciado.
   3. El banquero lo habrá aconsejado.
   4. El ingeniero lo habrá construido.
   5. Los carteros los habrán entregado.
   6. Pepe habrá visto el embotellamiento.
   7. La detective habrá encontrado el revólver.
   8. El jugador habrá metido un gol.
   9. Sus primas se habrán mudado.

# Verbos

## LOS VERBOS REGULARES

| INFINITIVO | **hablar** | **aprender** | **vivir** |
|---|---|---|---|
| PARTICIPIOS *present* *past* | hablando<br>hablado | aprendiendo<br>aprendido | viviendo<br>vivido |
| PRESENTE | hablo<br>hablas<br>habla<br><br>hablamos<br>habláis<br>hablan | aprendo<br>aprendes<br>aprende<br><br>aprendemos<br>aprendéis<br>aprenden | vivo<br>vives<br>vive<br><br>vivimos<br>vivís<br>viven |
| IMPERFECTO | hablaba<br>hablabas<br>hablaba<br><br>hablábamos<br>hablabais<br>hablaban | aprendía<br>aprendías<br>aprendía<br><br>aprendíamos<br>aprendíais<br>aprendían | vivía<br>vivías<br>vivía<br><br>vivíamos<br>vivíais<br>vivían |
| PRETÉRITO | hablé<br>hablaste<br>habló<br><br>hablamos<br>hablasteis<br>hablaron | aprendí<br>aprendiste<br>aprendió<br><br>aprendimos<br>aprendisteis<br>aprendieron | viví<br>viviste<br>vivió<br><br>vivimos<br>vivisteis<br>vivieron |
| FUTURO | hablaré<br>hablarás<br>hablará<br><br>hablaremos<br>hablaréis<br>hablarán | aprenderé<br>aprenderás<br>aprenderá<br><br>aprenderemos<br>aprenderéis<br>aprenderán | viviré<br>vivirás<br>vivirá<br><br>viviremos<br>viviréis<br>vivirán |
| CONDICIONAL | hablaría<br>hablarías<br>hablaría<br><br>hablaríamos<br>hablaríais<br>hablarían | aprendería<br>aprenderías<br>aprendería<br><br>aprenderíamos<br>aprenderíais<br>aprenderían | viviría<br>vivirías<br>viviría<br><br>viviríamos<br>viviríais<br>vivirían |

| | | | |
|---|---|---|---|
| SUBJUNTIVO: PRESENTE | hable<br>hables<br>hable<br><br>hablemos<br>habléis<br>hablen | aprenda<br>aprendas<br>aprenda<br><br>aprendamos<br>aprendáis<br>aprendan | viva<br>vivas<br>viva<br><br>vivamos<br>viváis<br>vivan |
| SUBJUNTIVO: IMPERFECTO | hablara<br>hablaras<br>hablara<br><br>habláramos<br>hablarais<br>hablaran | aprendiera<br>aprendieras<br>aprendiera<br><br>aprendiéramos<br>aprendierais<br>aprendieran | viviera<br>vivieras<br>viviera<br><br>viviéramos<br>vivierais<br>vivieran |
| MANDATOS | habla, no hables<br>hable Ud., no hable Ud.<br><br>hablemos, no hablemos<br>hablad, no habléis<br>hablen Uds., no hablen Uds. | aprende, no aprendas<br>aprenda Ud., no aprenda Ud.<br><br>aprendamos, no aprendamos<br>aprended, no aprendáis<br>aprendan Uds., no aprendan Uds. | vive, no vivas<br>viva Ud., no viva Ud.<br><br>vivamos, no vivamos<br>vivid, no viváis<br>vivan Uds., no vivan Uds. |
| PRESENTE PERFECTO | he<br>has<br>ha<br>hemos } hablado<br>habéis<br>han | he<br>has<br>ha<br>hemos } aprendido<br>habéis<br>han | he<br>has<br>ha<br>hemos } vivido<br>habéis<br>han |
| PLUSCUAMPER-FECTO | había<br>habías<br>había<br>habíamos } hablado<br>habíais<br>habían | había<br>habías<br>había<br>habíamos } aprendido<br>habíais<br>habían | había<br>habías<br>había<br>habíamos } vivido<br>habíais<br>habían |
| FUTURO PERFECTO | habré<br>habrás<br>habrá<br>habremos } hablado<br>habréis<br>habrán | habré<br>habrás<br>habrá<br>habremos } aprendido<br>habréis<br>habrán | habré<br>habrás<br>habrá<br>habremos } vivido<br>habréis<br>habrán |
| CONDICIONAL PERFECTO | habría<br>habrías<br>habría<br>habríamos } hablado<br>habríais<br>habrían | habría<br>habrías<br>habría<br>habríamos } aprendido<br>habríais<br>habrían | habría<br>habrías<br>habría<br>habríamos } vivido<br>habríais<br>habrían |

*Verbos*

| SUBJUNTIVO: PRESENTE PERFECTO | | | | |
|---|---|---|---|---|
| haya<br>hayas<br>haya<br>hayamos<br>hayáis<br>hayan | } hablado | haya<br>hayas<br>haya<br>hayamos<br>hayáis<br>hayan | } aprendido | haya<br>hayas<br>haya<br>hayamos<br>hayáis<br>hayan | } vivido |

| SUBJUNTIVO: PLUSCUAMPER-FECTO | | | | |
|---|---|---|---|---|
| hubiera<br>hubieras<br>hubiera<br>hubiéramos<br>hubierais<br>hubieran | } hablado | hubiera<br>hubieras<br>hubiera<br>hubiéramos<br>hubierais<br>hubieran | } aprendido | hubiera<br>hubieras<br>hubiera<br>hubiéramos<br>hubierais<br>hubieran | } vivido |

# LOS VERBOS REFLEXIVOS

INFINITIVO **lavarse**

PARTICIPIO  lavándose

| PRESENTE | IMPERFECTO | PRETÉRITO | FUTURO | CONDICIONAL | SUBJUNTIVO: PRESENTE |
|---|---|---|---|---|---|
| me lavo | me lavaba | me lavé | me lavaré | me lavaría | me lave |
| te lavas | te lavabas | te lavaste | te lavarás | te lavarías | te laves |
| se lava | se lavaba | se lavó | se lavará | se lavaría | se lave |
| nos lavamos | nos lavábamos | nos lavamos | nos lavaremos | nos lavaríamos | nos lavemos |
| os laváis | os lavabais | os lavasteis | os lavaréis | os lavaríais | os lavéis |
| se lavan | se lavaban | se lavaron | se lavarán | se lavarían | se laven |

| SUBJUNTIVO: IMPERFECTO | MANDATOS | PRESENTE PERFECTO | PLUSCUAMPERFECTO | FUTURO PERFECTO |
|---|---|---|---|---|
| me lavara | | me he | me había | me habré |
| te lavaras | lávate | te has | te habías | te habrás |
| se lavara | lávese Ud. | se ha | se había | se habrá |
| | | } lavado | } lavado | } lavado |
| nos laváramos | lavémonos | nos hemos | nos habíamos | nos habremos |
| os lavarais | lavaos | os habéis | os habíais | os habréis |
| se lavaran | lávense Uds. | se han | se habían | se habrán |

| CONDICIONAL PERFECTO | SUBJUNTIVO: PRESENTE PERFECTO | SUBJUNTIVO: PLUSCUAMPERFECTO |
|---|---|---|
| me habría | me haya | me hubiera |
| te habrías | te hayas | te hubieras |
| se habría | se haya | se hubiera |
| } lavado | } lavado | } lavado |
| nos habríamos | nos hayamos | nos hubiéramos |
| os habríais | os hayáis | os hubierais |
| se habrían | se hayan | se hubieran |

*Verbos*

# LOS VERBOS IRREGULARES

**abrazar**
**(c)**

| | | |
|---|---|---|
| PARTICIPIOS | abrazando, abrazado | |
| PRESENTE | abrazo, abrazas, abraza; abrazamos, abrazáis, abrazan | |
| IMPERFECTO | abrazaba | |
| PRETÉRITO | abracé, abrazaste, abrazó; abrazamos, abrazasteis, abrazaron | |
| FUTURO | abrazaré | FUTURO PERFECTO habré abrazado |
| CONDICIONAL | abrazaría | CONDICIONAL PERFECTO habría abrazado |
| PRESENTE PERFECTO | he abrazado | PLUSCUAMPERFECTO había abrazado |

| | | |
|---|---|---|
| SUBJUNTIVO: PRESENTE | abrace, abraces, abrace; abracemos, abracéis, abracen | |
| IMPERFECTO | abrazara | |
| PRESENTE PERFECTO | haya abrazado | PLUSCUAMPERFECTO hubiera abrazado |

MANDATOS    abraza, abrace;
abracemos, abrazad, abracen

**abrir**

PARTICIPIOS    abriendo, abierto

**acercarse**
**(qu)**

See *buscar* and REFLEXIVES.

**acostar**
**(ue)**

| | | |
|---|---|---|
| PARTICIPIOS | acostando, acostado | |
| PRESENTE | acuesto, acuestas, acuesta; acostamos, acostáis, acuestan | |
| IMPERFECTO | acostaba | |
| PRETÉRITO | acosté, acostaste, acostó; acostamos, acostasteis, acostaron | |
| FUTURO | acostaré | FUTURO PERFECTO habré acostado |
| CONDICIONAL | acostaría | CONDICIONAL PERFECTO habría acostado |
| PRESENTE PERFECTO | he acostado | PLUSCUAMPERFECTO había acostado |

| | | |
|---|---|---|
| SUBJUNTIVO: PRESENTE | acueste, acuestes, acueste; acostemos, acostéis, acuesten | |
| IMPERFECTO | acostara | |
| PRESENTE PERFECTO | haya acostado | PLUSCUAMPERFECTO hubiera acostado |

MANDATOS    acuesta, acueste;
acostemos, acostad, acuesten

**acostarse**
**(ue)**

See *acostar* and REFLEXIVES.

**alcanzar**
**(c)**

See *abrazar*.

**andar**

| | | |
|---|---|---|
| PARTICIPIOS | andando, andado | |
| PRESENTE | ando, andas, anda; andamos, andáis, andan | |
| IMPERFECTO | andaba | |
| PRETÉRITO | anduve, anduviste, anduvo; anduvimos, anduvisteis, anduvieron | |
| FUTURO | andaré | FUTURO PERFECTO habré andado |
| CONDICIONAL | andaría | CONDICIONAL PERFECTO habría andado |
| PRESENTE PERFECTO | he andado | PLUSCUAMPERFECTO había andado |

| | | |
|---|---|---|
| SUBJUNTIVO: PRESENTE | ande, andes, ande; andemos, andéis, anden | |
| IMPERFECTO | anduviera | |
| PRESENTE PERFECTO | haya andado | PLUSCUAMPERFECTO hubiera andado |

anda, ande;
andemos, andad, anden

**apagar**
**(gu)**    See *pagar*.

**aparecer**
**(zc)**    See *conocer*.

**aplicar**
**(qu)**    See *buscar*.

**apretar**
**(ie)**    See *cerrar*.

**atacar**
**(qu)**    See *buscar*.

**atender**
**(ie)**    See *perder*.

**aterrizar**
**(c)**    See *abrazar*.

**atribuir**
**(y)**    See *construir*.

**bostezar**
**(c)**    See *abrazar*.

**buscar**
**(qu)**

| | |
|---|---|
| PARTICIPIOS | buscando, buscado |
| PRESENTE | busco, buscas, busca; buscamos, buscáis, buscan |
| IMPERFECTO | buscaba |
| PRETÉRITO | busqué, buscaste, buscó; buscamos, buscasteis, buscaron |

| | | | |
|---|---|---|---|
| FUTURO | buscaré | FUTURO PERFECTO | habré buscado |
| CONDICIONAL | buscaría | CONDICIONAL PERFECTO | habría buscado |
| PRESENTE PERFECTO | he buscado | PLUSCUAMPERFECTO | había buscado |

| | |
|---|---|
| SUBJUNTIVO: PRESENTE | busque, busques, busque; busquemos, busquéis, busquen |
| IMPERFECTO | buscara |

| | | | |
|---|---|---|---|
| PRESENTE PERFECTO | haya buscado | PLUSCUAMPERFECTO | hubiera buscado |

| | |
|---|---|
| MANDATOS | busca, busque; |
| | busquemos, buscad, busquen |

**caer**
**(y)**

| | |
|---|---|
| PARTICIPIOS | cayendo, caído |
| PRESENTE | caigo, caes, cae; caemos, caéis, caen |
| IMPERFECTO | caía |
| PRETÉRITO | caí, caíste, cayó; caímos, caísteis, cayeron |

| | | | |
|---|---|---|---|
| FUTURO | caeré | FUTURO PERFECTO | habré caído |
| CONDICIONAL | caería | CONDICIONAL PERFECTO | habría caído |
| PRESENTE PERFECTO | he caído | PLUSCUAMPERFECTO | había caído |

*Verbos*

|  |  |  |  |  |
|---|---|---|---|---|
| | SUBJUNTIVO: PRESENTE | caiga, caigas, caiga; caigamos, caigáis, caigan | | |
| | IMPERFECTO | cayera | | |
| | PRESENTE PERFECTO | haya caído | PLUSCUAMPERFECTO | hubiera caído |
| | MANDATOS | cae, caiga;<br>caigamos, caed, caigan | | |

**caerse**
**(y)**

See *caer* and REFLEXIVES.

**calzar**
**(c)**

See *abrazar*.

**cargar**
**(gu)**

See *pagar*.

**castigar**
**(gu)**

See *pagar*.

**cerrar**
**(ie)**

|  |  |  |  |
|---|---|---|---|
| PARTICIPIOS | cerrando, cerrado | | |
| PRESENTE | cierro, cierras, cierra; cerramos, cerráis, cierran | | |
| IMPERFECTO | cerraba | | |
| PRETÉRITO | cerré, cerraste, cerró; cerramos, cerrasteis, cerraron | | |
| FUTURO | cerraré | FUTURO PERFECTO | habré cerrado |
| CONDICIONAL | cerraría | CONDICIONAL PERFECTO | habría cerrado |
| PRESENTE PERFECTO | he cerrado | PLUSCUAMPERFECTO | había cerrado |
| SUBJUNTIVO: PRESENTE | cierre, cierres, cierre; cerremos, cerréis, cierren | | |
| IMPERFECTO | cerrara | | |
| PRESENTE PERFECTO | haya cerrado | PLUSCUAMPERFECTO | hubiera cerrado |
| MANDATOS | cierra, cierre;<br>cerremos, cerrad, cierren | | |

**colgar**
**(ue)(gu)**

|  |  |  |  |
|---|---|---|---|
| PARTICIPIOS | colgando, colgado | | |
| PRESENTE | cuelgo, cuelgas, cuelga; colgamos, colgáis, cuelgan | | |
| IMPERFECTO | colgaba | | |
| PRETÉRITO | colgué, colgaste, colgó; colgamos, colgasteis, colgaron | | |
| FUTURO | colgaré | FUTURO PERFECTO | habré colgado |
| CONDICIONAL | colgaría | CONDICIONAL PERFECTO | habría colgado |
| PRESENTE PERFECTO | he colgado | PLUSCUAMPERFECTO | había colgado |
| SUBJUNTIVO: PRESENTE | cuelgue, cuelgues, cuelgue; colguemos, colguéis, cuelgu | | |
| IMPERFECTO | colgara | | |
| PRESENTE PERFECTO | haya colgado | PLUSCUAMPERFECTO | hubiera colgado |
| MANDATOS | cuelga, cuelgue;<br>colguemos, colgad, cuelguen | | |

| | | | |
|---|---|---|---|
| **comenzar** | PARTICIPIOS | comenzando, comenzado | |
| **(ie)(c)** | PRESENTE | comienzo, comienzas, comienza; comenzamos, comenzáis, comienzan | |
| | IMPERFECTO | comenzaba | |
| | PRETÉRITO | comencé, comenzaste, comenzó; comenzamos, comenzasteis, comenzaron | |
| | FUTURO | comenzaré | FUTURO PERFECTO habré comenzado |
| | CONDICIONAL | comenzaría | CONDICIONAL PERFECTO habría comenzado |
| | PRESENTE PERFECTO | he comenzado | PLUSCUAMPERFECTO había comenzado |
| | SUBJUNTIVO: PRESENTE | comience, comiences, comience; comencemos, comencéis, comiencen | |
| | IMPERFECTO | comenzara | |
| | PRESENTE PERFECTO | haya comenzado | PLUSCUAMPERFECTO hubiera comenzado |
| | MANDATOS | comienza, comience; comencemos, comenzad, comiencen | |

| | | |
|---|---|---|
| **comunicar** **(qu)** | See *buscar*. | |

| | | | |
|---|---|---|---|
| **conocer** | PARTICIPIOS | conociendo, conocido | |
| **(zc)** | PRESENTE | conozco, conoces, conoce; conocemos, conocéis, conocen | |
| | IMPERFECTO | conocía | |
| | PRETÉRITO | conocí, conociste, conoció; conocimos, conocisteis, conocieron | |
| | FUTURO | conoceré | FUTURO PERFECTO habré conocido |
| | CONDICIONAL | conocería | CONDICIONAL PERFECTO habría conocido |
| | PRESENTE PERFECTO | he conocido | PLUSCUAMPERFECTO había conocido |
| | SUBJUNTIVO: PRESENTE | conozca, conozcas, conozca; conozcamos, conozcáis, conozcan | |
| | IMPERFECTO | conociera | |
| | PRESENTE PERFECTO | haya conocido | PLUSCUAMPERFECTO hubiera conocido |
| | MANDATOS | conoce, conozca; conozcamos, conoced, conozcan | |

| | | |
|---|---|---|
| **conseguir** **(i)(i)(g)** | See *seguir*. | |

| | | | |
|---|---|---|---|
| **construir** | PARTICIPIOS | construyendo, construido | |
| **(y)** | PRESENTE | construyo, construyes, construye; construimos, construís, construyen | |
| | IMPERFECTO | construía | |
| | PRETÉRITO | construí, construiste, construyó; construimos, construisteis, construyeron | |
| | FUTURO | construiré | FUTURO PERFECTO habré construido |
| | CONDICIONAL | construiría | CONDICIONAL PERFECTO habría construido |
| | PRESENTE PERFECTO | he construido | PLUSCUAMPERFECTO había construido |
| | SUBJUNTIVO: PRESENTE | construya, construyas, construya; construyamos, construyáis, construyan | |
| | IMPERFECTO | construyera | |
| | PRESENTE PERFECTO | haya construido | PLUSCUAMPERFECTO hubiera construido |

|  | MANDATOS | construye, construya;<br>construyamos, construid, construyan |
|---|---|---|

**contar**
**(ue)**
See *acostar.*

**contener**
See *tener.*

**convencer**
**(z)**

|  |  |
|---|---|
| PARTICIPIOS | convenciendo, convencido |
| PRESENTE | convenzo, convences, convence; convencemos, convencéis, convencen |
| IMPERFECTO | convencía |
| PRETÉRITO | convencí, convenciste, convenció; convencimos, convencisteis, convencieron |
| FUTURO | convenceré |

| FUTURO | convenceré | FUTURO PERFECTO | habré convencido |
|---|---|---|---|
| CONDICIONAL | convencería | CONDICIONAL PERFECTO | habría convencido |
| PRESENTE PERFECTO | he convencido | PLUSCUAMPERFECTO | había convencido |

|  |  |
|---|---|
| SUBJUNTIVO: PRESENTE | convenza, convenzas, convenza; convenzamos, convenzáis, convenzan |
| IMPERFECTO | convenciera |

| PRESENTE PERFECTO | haya convencido | PLUSCUAMPERFECTO | hubiera convencido |
|---|---|---|---|

|  |  |
|---|---|
| MANDATOS | convence, convenza;<br>convenzamos, convenced, convenzan |

**convertir**
**(ie)(i)**
See *divertir.*

**corregir**
**(i)(i)(j)**
See *elegir.*

**costar**
**(ue)**
See *acostar.*

**crecer**
**(zc)**
See *conocer.*

**creer**
**(y)**
See *leer.*

**cruzar**
**(c)**
See *abrazar.*

**chocar**
**(qu)**
See *buscar.*

*Verbos*

416

**dar**

| | | | |
|---|---|---|---|
| PARTICIPIOS | dando, dado | | |
| PRESENTE | doy, das, da; damos, dais, dan | | |
| IMPERFECTO | daba | | |
| PRETÉRITO | di, diste, dio; dimos, disteis, dieron | | |
| FUTURO | daré | FUTURO PERFECTO | habré dado |
| CONDICIONAL | daría | CONDICIONAL PERFECTO | habría dado |
| PRESENTE PERFECTO | he dado | PLUSCUAMPERFECTO | había dado |
| SUBJUNTIVO: PRESENTE | dé, des, dé; demos, deis, den | | |
| IMPERFECTO | diera | | |
| PRESENTE PERFECTO | haya dado | PLUSCUAMPERFECTO | hubiera dado |
| MANDATOS | da, dé;<br>demos, dad, den | | |

**decir**

| | | | |
|---|---|---|---|
| PARTICIPIOS | diciendo, dicho | | |
| PRESENTE | digo, dices, dice; decimos, decís, dicen | | |
| IMPERFECTO | decía | | |
| PRETÉRITO | dije, dijiste, dijo; dijimos, dijisteis, dijeron | | |
| FUTURO | diré | FUTURO PERFECTO | habré dicho |
| CONDICIONAL | diría | CONDICIONAL PERFECTO | habría dicho |
| PRESENTE PERFECTO | he dicho | PLUSCUAMPERFECTO | había dicho |
| SUBJUNTIVO: PRESENTE | diga, digas, diga; digamos, digáis, digan | | |
| IMPERFECTO | dijera | | |
| PRESENTE PERFECTO | haya dicho | PLUSCUAMPERFECTO | hubiera dicho |
| MANDATOS | di, diga;<br>digamos, decid, digan | | |

**dedicar**
**(qu)**    See *buscar.*

**defender**
**(ie)**    See *perder.*

**desaparecer**
**(zc)**    See *conocer.*

**descolgar**
**(ue)(gu)**    See *colgar.*

**describir**    See *escribir.*

**descubrir**    PARTICIPIOS descubriendo, descubierto

**desenvolver**
**(ue)**    See *volver.*

**despedirse**
**(i)(i)**    See *pedir* and REFLEXIVES.

**despegar**
**(gu)**    See *pagar.*

| despertar (ie) | See *cerrar*. |
|---|---|
| despertarse (ie) | See *cerrar* and REFLEXIVES. |
| destacarse (qu) | See *buscar* and REFLEXIVES. |
| destruir (y) | See *construir*. |
| detener | See *tener*. |
| devolver (ue) | See *volver*. |
| dirigirse (j) | See *elegir* and REFLEXIVES. |

**divertir**
**(ie)(i)**

| | |
|---|---|
| PARTICIPIOS | divirtiendo, divertido |
| PRESENTE | divierto, diviertes, divierte; divertimos, divertís divierten |
| IMPERFECTO | divertía |
| PRETÉRITO | divertí, divertiste, divirtió; divertimos, divertisteis, divirtieron |

| | | | |
|---|---|---|---|
| FUTURO | divertiré | FUTURO PERFECTO | habré divertido |
| CONDICIONAL | divertiría | CONDICIONAL PERFECTO | habría divertido |
| PRESENTE PERFECTO | he divertido | PLUSCUAMPERFECTO | había divertido |

| | |
|---|---|
| SUBJUNTIVO: PRESENTE | divierta, diviertas, divierta; divirtamos, divirtáis, diviertan |
| IMPERFECTO | divirtiera |

| | | | |
|---|---|---|---|
| PRESENTE PERFECTO | haya divertido | PLUSCUAMPERFECTO | hubiera divertido |

| | |
|---|---|
| MANDATOS | divierte, divierta; divirtamos, divertid, diviertan |

| divertirse (ie)(i) | See *divertir* and REFLEXIVES. |
|---|---|
| doler (ue) | See *volver*, 3 singular and plural. |

**dormir**
**(ue)(u)**

| | |
|---|---|
| PARTICIPIOS | durmiendo, dormido |
| PRESENTE | duermo, duermes, duerme; dormimos, dormís, duermen |
| IMPERFECTO | dormía |
| PRETÉRITO | dormí, dormiste, durmió; dormimos, dormisteis, durmieron |

| | | | |
|---|---|---|---|
| FUTURO | dormiré | FUTURO PERFECTO | habré dormido |
| CONDICIONAL | dormiría | CONDICIONAL PERFECTO | habría dormido |
| PRESENTE PERFECTO | he dormido | PLUSCUAMPERFECTO | había dormido |

*Verbos*

|  |  |  |  |
|---|---|---|---|
| SUBJUNTIVO: PRESENTE | duerma, duermas, duerma; durmamos, durmáis, duerman | | |
| IMPERFECTO | durmiera | | |
| PRESENTE PERFECTO | haya dormido | PLUSCUAMPERFECTO | hubiera dormido |
| MANDATOS | duerme, duerma; durmamos, dormid, duerman | | |

**dormirse (ue)(u)**

See *dormir* and REFLEXIVES.

**elegir (i)(i) (j)**

|  |  |  |  |
|---|---|---|---|
| PARTICIPIOS | eligiendo, elegido | | |
| PRESENTE | elijo, eliges, elige; elegimos, elegís, eligen | | |
| IMPERFECTO | elegía | | |
| PRETÉRITO | elegí, elegiste, eligió; elegimos, elegisteis, eligieron | | |
| FUTURO | elegiré | FUTURO PERFECTO | habré elegido |
| CONDICIONAL | elegiría | CONDICIONAL PERFECTO | habría elegido |
| PRESENTE PERFECTO | he elegido | PLUSCUAMPERFECTO | había elegido |
| SUBJUNTIVO: PRESENTE | elija, elijas, elija; elijamos, elijáis, elijan | | |
| IMPERFECTO | eligiera | | |
| PRESENTE PERFECTO | haya elegido | PLUSCUAMPERFECTO | hubiera elegido |
| MANDATOS | elige, elija; elijamos, elegid, elijan | | |

**embarcarse (qu)**

See *buscar* and REFLEXIVES.

**empezar (ie)(c)**

See *comenzar*.

**encender (ie)**

See *perder*.

**encontrar (ue)**

See *acostar*.

**encontrarse (ue)**

See *acostar* and REFLEXIVES.

**enjuagar (gu)**

See *pagar*.

**entender (ie)**

See *perder*.

**enterrar (ie)**

See *cerrar*.

**entregar (gu)**

See *pagar*.

*Verbos*

**enviar**
**(í)**

| | | | |
|---|---|---|---|
| PARTICIPIOS | enviando, enviado | | |
| PRESENTE | envío, envías, envía; enviamos, enviáis, envían | | |
| IMPERFECTO | enviaba | | |
| PRETÉRITO | envié, enviaste, envió; enviamos, enviasteis, enviaron | | |
| FUTURO | enviaré | FUTURO PERFECTO | habré enviado |
| CONDICIONAL | enviaría | CONDICIONAL PERFECTO | habría enviado |
| PRESENTE PERFECTO | he enviado | PLUSCUAMPERFECTO | había enviado |
| SUBJUNTIVO: PRESENTE | envíe, envíes, envíe; enviemos, enviéis, envíen | | |
| IMPERFECTO | enviara | | |
| PRESENTE PERFECTO | haya enviado | PLUSCUAMPERFECTO | hubiera enviado |
| MANDATOS | envía, envíe; enviemos, enviad, envíen | | |

**envolver**
**(ue)**

See *volver.*

**equivocarse**
**(qu)**

See *buscar* and REFLEXIVES.

**escoger**
**(j)**

| | | | |
|---|---|---|---|
| PARTICIPIOS | escogiendo, escogido | | |
| PRESENTE | escojo, escoges, escoge; escogemos, escogéis, escogen | | |
| IMPERFECTO | escogía | | |
| PRETÉRITO | escogí, escogiste, escogió; escogimos, escogisteis, escogieron | | |
| FUTURO | escogeré | FUTURO PERFECTO | habré escogido |
| CONDICIONAL | escogería | CONDICIONAL PERFECTO | habría escogido |
| PRESENTE PERFECTO | he escogido | PLUSCUAMPERFECTO | había escogido |
| SUBJUNTIVO: PRESENTE | escoja, escojas, escoja; escojamos, escojáis, escojan | | |
| IMPERFECTO | escogiera | | |
| PRESENTE PERFECTO | haya escogido | PLUSCUAMPERFECTO | hubiera escogido |
| MANDATOS | escoge, escoja; escojamos, escoged, escojan | | |

**escribir**

| | |
|---|---|
| PARTICIPIOS | escribiendo, escrito |

**esquiar**
**(í)**

See *enviar.*

**estar**

| | | | |
|---|---|---|---|
| PARTICIPIOS | estando, estado | | |
| PRESENTE | estoy, estás, está; estamos, estáis, están | | |
| IMPERFECTO | estaba | | |
| PRETÉRITO | estuve, estuviste, estuvo; estuvimos, estuvisteis, estuvieron | | |
| FUTURO | estaré | FUTURO PERFECTO | habré estado |
| CONDICIONAL | estaría | CONDICIONAL PERFECTO | habría estado |
| PRESENTE PERFECTO | he estado | PLUSCUAMPERFECTO | había estado |
| SUBJUNTIVO: PRESENTE | esté, estés, esté; estemos, estéis, estén | | |
| IMPERFECTO | estuviera | | |
| PRESENTE PERFECTO | haya estado | PLUSCUAMPERFECTO | hubiera estado |
| MANDATOS | está, esté; estemos, estad, estén | | |

| explicar (qu) | See *buscar.* |
| --- | --- |

| extender (ie) | See *perder.* |
| --- | --- |

**fregar**
**(ie)(gu)**

| PARTICIPIOS | fregando, fregado | | |
| --- | --- | --- | --- |
| PRESENTE | friego, friegas, friega; fregamos, fregáis, friegan | | |
| IMPERFECTO | fregaba | | |
| PRETÉRITO | fregué, fregaste, fregó; fregamos, fregasteis, fregaron | | |
| FUTURO | fregaré | FUTURO PERFECTO | habré fregado |
| CONDICIONAL | fregaría | CONDICIONAL PERFECTO | habría fregado |
| PRESENTE PERFECTO | he fregado | PLUSCUAMPERFECTO | había fregado |
| SUBJUNTIVO: PRESENTE | friegue, friegues, friegue; freguemos, freguéis, frieguen | | |
| IMPERFECTO | fregara | | |
| PRESENTE PERFECTO | haya fregado | PLUSCUAMPERFECTO | hubiera fregado |
| MANDATOS | friega, friegue; freguemos, fregad, frieguen | | |

**freír**
**(i)(i)**

| PARTICIPIOS | friendo, frito | | |
| --- | --- | --- | --- |
| PRESENTE | frío, fríes, fríe; freímos, freís, fríen | | |
| IMPERFECTO | freía | | |
| PRETÉRITO | freí, freíste, frió; freímos, freísteis, frieron | | |
| FUTURO | freiré | FUTURO PERFECTO | habré frito |
| CONDICIONAL | freiría | CONDICIONAL PERFECTO | habría frito |
| PRESENTE PERFECTO | he frito | PLUSCUAMPERFECTO | había frito |
| SUBJUNTIVO: PRESENTE | fría, frías, fría; friamos, friáis, frían | | |
| IMPERFECTO | friera | | |
| PRESENTE PERFECTO | haya frito | PLUSCUAMPERFECTO | hubiera frito |
| MANDATOS | fríe, fría; friamos, freíd, frían | | |

**haber**

| PARTICIPIOS | habiendo, habido | | |
| --- | --- | --- | --- |
| PRESENTE | he, has, ha; hemos, habéis, han | | |
| IMPERFECTO | había | | |
| PRETÉRITO | hube, hubiste, hubo; hubimos, hubisteis, hubieron | | |
| FUTURO | habré | FUTURO PERFECTO | habré habido |
| CONDICIONAL | habría | CONDICIONAL PERFECTO | habría habido |
| PRESENTE PERFECTO | he habido | PLUSCUAMPERFECTO | había habido |
| SUBJUNTIVO: PRESENTE | haya, hayas, haya; hayamos, hayáis, hayan | | |
| IMPERFECTO | hubiera | | |
| PRESENTE PERFECTO | haya habido | PLUSCUAMPERFECTO | hubiera habido |

**hacer**

| PARTICIPIOS | haciendo, hecho | | |
| --- | --- | --- | --- |
| PRESENTE | hago, haces, hace; hacemos, hacéis, hacen | | |
| IMPERFECTO | hacía | | |
| PRETÉRITO | hice, hiciste, hizo; hicimos, hicisteis, hicieron | | |
| FUTURO | haré | FUTURO PERFECTO | habré hecho |
| CONDICIONAL | haría | CONDICIONAL PERFECTO | habría hecho |
| PRESENTE PERFECTO | he hecho | PLUSCUAMPERFECTO | había hecho |

|  |  |  |  |  |
|---|---|---|---|---|
| SUBJUNTIVO: PRESENTE | haga, hagas, haga; hagamos, hagáis, hagan | | | |
| IMPERFECTO | hiciera | | | |
| PRESENTE PERFECTO | haya hecho | | PLUSCUAMPERFECTO | hubiera hecho |
| MANDATOS | haz, haga; | | | |
| | hagamos, haced, hagan | | | |

**hacerse**  See *hacer* and REFLEXIVES.

**hervir**  See *divertir*.
**(ie)(i)**

**huir**  See *construir*.
 **(y)**

**identificar**  See *buscar*.
 **(qu)**

**imponer**  See *poner*.

**incluir**  See *construir*.
 **(y)**

**influir**  See *construir*.
 **(y)**

**invertir**  See *divertir*.
 **(ie)(i)**

**investigar**  See *pagar*.
 **(gu)**

**ir**

|  |  |  |  |
|---|---|---|---|
| PARTICIPIOS | yendo, ido | | |
| PRESENTE | voy, vas, va; vamos, vais, van | | |
| IMPERFECTO | iba, ibas, iba; íbamos, ibais, iban | | |
| PRETÉRITO | fui, fuiste, fue; fuimos, fuisteis, fueron | | |
| FUTURO | iré | FUTURO PERFECTO | habré ido |
| CONDICIONAL | iría | CONDICIONAL PERFECTO | habría ido |
| PRESENTE PERFECTO | he ido | PLUSCUAMPERFECTO | había ido |
| SUBJUNTIVO: PRESENTE | vaya, vayas, vaya; vayamos, vayáis, vayan | | |
| IMPERFECTO | fuera | | |
| PRESENTE PERFECTO | haya ido | PLUSCUAMPERFECTO | hubiera ido |
| MANDATOS | ve, vaya; | | |
| | vamos, id, vayan | | |

**irse**  See *ir* and REFLEXIVES.

*Verbos*

| | | |
|---|---|---|
| **jugar** | PARTICIPIOS | jugando, jugado |
| **(ue)(gu)** | PRESENTE | juego, juegas, juega; jugamos, jugáis, juegan |
| | IMPERFECTO | jugaba |
| | PRETÉRITO | jugué, jugaste, jugó; jugamos, jugasteis, jugaron |
| | FUTURO | jugaré |

| | | | |
|---|---|---|---|
| | FUTURO | jugaré | FUTURO PERFECTO · habré jugado |
| | CONDICIONAL | jugaría | CONDICIONAL PERFECTO · habría jugado |
| | PRESENTE PERFECTO | he jugado | PLUSCUAMPERFECTO · había jugado |

SUBJUNTIVO: PRESENTE · juegue, juegues, juegue; juguemos, juguéis, jueguen
IMPERFECTO · jugara
PRESENTE PERFECTO · haya jugado · PLUSCUAMPERFECTO · hubiera jugado

MANDATOS · juega, juegue;
juguemos, jugad, jueguen

**leer**
**(y)**

PARTICIPIOS · leyendo, leído
PRESENTE · leo, lees, lee; leemos, leéis, leen
IMPERFECTO · leía
PRETÉRITO · leí, leíste, leyó; leímos, leísteis, leyeron
FUTURO · leeré · FUTURO PERFECTO · habré leído
CONDICIONAL · leería · CONDICIONAL PERFECTO · habría leído
PRESENTE PERFECTO · he leído · PLUSCUAMPERFECTO · había leído

SUBJUNTIVO: PRESENTE · lea, leas, lea; leamos, leáis, lean
IMPERFECTO · leyera
PRESENTE PERFECTO · haya leído · PLUSCUAMPERFECTO · hubiera leído

MANDATOS · lee, lea;
leamos, leed, lean

**localizar**
**(c)**

See *abrazar.*

**llegar**
**(gu)**

See *pagar.*

**llover**
**(ue)**

See *volver,* 3 singular.

**manifestarse**
**(ie)**

See *cerrar* and REFLEXIVES.

**mantener**

See *tener.*

**marcar**
**(qu)**

See *buscar.*

**mentir**
**(ie)(i)**

See *divertir.*

**morir**
**(ue)(u)**

| | |
|---|---|
| PARTICIPIOS | muriendo, muerto |
| PRESENTE | muero, mueres, muere; morimos, morís, mueren |
| IMPERFECTO | moría |
| PRETÉRITO | morí, moriste, murió; morimos, moristeis, murieron |
| FUTURO | moriré |
| CONDICIONAL | moriría |
| PRESENTE PERFECTO | he muerto |

| | |
|---|---|
| FUTURO PERFECTO | habré muerto |
| CONDICIONAL PERFECTO | habría muerto |
| PLUSCUAMPERFECTO | había muerto |

| | |
|---|---|
| SUBJUNTIVO: PRESENTE | muera, mueras, muera; muramos, muráis, mueran |
| IMPERFECTO | muriera |
| PRESENTE PERFECTO | haya muerto |

| | |
|---|---|
| PLUSCUAMPERFECTO | hubiera muerto |

| | |
|---|---|
| MANDATOS | muere, muera;<br>muramos, morid, mueran |

**morirse**
**(ue)(u)**

See *morir* and REFLEXIVES.

**mostrar**
**(ue)**

See *acostar.*

**mover**
**(ue)**

| | |
|---|---|
| PARTICIPIOS | moviendo, movido |
| PRESENTE | muevo, mueves, mueve; movemos, movéis, mueven |
| IMPERFECTO | movía |
| PRETÉRITO | moví, moviste, movió; movimos, movisteis, movieron |
| FUTURO | moveré |
| CONDICIONAL | movería |
| PRESENTE PERFECTO | he movido |

| | |
|---|---|
| FUTURO PERFECTO | habré movido |
| CONDICIONAL PERFECTO | habría movido |
| PLUSCUAMPERFECTO | había movido |

| | |
|---|---|
| SUBJUNTIVO: PRESENTE | mueva, muevas, mueva; movamos, mováis, muevan |
| IMPERFECTO | moviera |
| PRESENTE PERFECTO | haya movido |

| | |
|---|---|
| PLUSCUAMPERFECTO | hubiera movido |

| | |
|---|---|
| MANDATOS | mueve, mueva;<br>movamos, moved, muevan |

**multiplicar**
**(qu)**

See *buscar.*

**nacer**
**(zc)**

See *conocer.*

**nevar**
**(ie)**

See *cerrar,* 3 singular.

**obtener**

See *tener.*

**ofrecer**
**(zc)**

See *conocer.*

| **oír** | PARTICIPIOS | oyendo, oído | | |
| **(y)** | PRESENTE | oigo, oyes, oye; oímos, oís, oyen | | |
| | IMPERFECTO | oía | | |
| | PRETÉRITO | oí, oíste, oyó; oímos, oísteis, oyeron | | |
| | FUTURO | oiré | FUTURO PERFECTO | habré oído |
| | CONDICIONAL | oiría | CONDICIONAL PERFECTO | habría oído |
| | PRESENTE PERFECTO | he oído | PLUSCUAMPERFECTO | había oído |
| | SUBJUNTIVO: PRESENTE | oiga, oigas, oiga; oigamos, oigáis, oigan | | |
| | IMPERFECTO | oyera | | |
| | PRESENTE PERFECTO | haya oído | PLUSCUAMPERFECTO | hubiera oído |
| | MANDATOS | oye, oiga;<br>oigamos, oíd, oigan | | |

| **organizar**<br>**(c)** | See *abrazar*. |
|---|---|

| **pagar** | PARTICIPIOS | pagando, pagado | | |
| **(gu)** | PRESENTE | pago, pagas, paga; pagamos, pagáis, pagan | | |
| | IMPERFECTO | pagaba | | |
| | PRETÉRITO | pagué, pagaste, pagó; pagamos, pagasteis, pagaron | | |
| | FUTURO | pagaré | FUTURO PERFECTO | habré pagado |
| | CONDICIONAL | pagaría | CONDICIONAL PERFECTO | habría pagado |
| | PRESENTE PERFECTO | he pagado | PLUSCUAMPERFECTO | había pagado |
| | SUBJUNTIVO: PRESENTE | pague, pagues, pague; paguemos, paguéis, paguen | | |
| | IMPERFECTO | pagara | | |
| | PRESENTE PERFECTO | haya pagado | PLUSCUAMPERFECTO | hubiera pagado |
| | MANDATOS | paga, pague;<br>paguemos, pagad, paguen | | |

| **parecer**<br>**(zc)** | See *conocer*. |
|---|---|

| **pedir** | PARTICIPIOS | pidiendo, pedido | | |
| **(i)(i)** | PRESENTE | pido, pides, pide; pedimos, pedís, piden | | |
| | IMPERFECTO | pedía | | |
| | PRETÉRITO | pedí, pediste, pidió; pedimos, pedisteis, pidieron | | |
| | FUTURO | pediré | FUTURO PERFECTO | habré pedido |
| | CONDICIONAL | pediría | CONDICIONAL PERFECTO | habría pedido |
| | PRESENTE PERFECTO | he pedido | PLUSCUAMPERFECTO | había pedido |
| | SUBJUNTIVO: PRESENTE | pida, pidas, pida; pidamos, pidáis, pidan | | |
| | IMPERFECTO | pidiera | | |
| | PRESENTE PERFECTO | haya pedido | PLUSCUAMPERFECTO | hubiera pedido |
| | MANDATOS | pide, pida;<br>pidamos, pedid, pidan | | |

| **pegar**<br>**(gu)** | See *pagar*. |
|---|---|

| **pensar**<br>**(ie)** | See *cerrar*. |
|---|---|

*Verbos*

425

| perder (ie) | PARTICIPIOS | perdiendo, perdido | | |
| | PRESENTE | pierdo, pierdes, pierde; perdemos, perdéis, pierden | | |
| | IMPERFECTO | perdía | | |
| | PRETÉRITO | perdí, perdiste, perdió; perdimos, perdisteis, perdieron | | |
| | FUTURO | perderé | FUTURO PERFECTO | habré perdido |
| | CONDICIONAL | perdería | CONDICIONAL PERFECTO | habría perdido |
| | PRESENTE PERFECTO | he perdido | PLUSCUAMPERFECTO | había perdido |
| | SUBJUNTIVO: PRESENTE | pierda, pierdas, pierda; perdamos, perdáis, pierdan | | |
| | IMPERFECTO | perdiera | | |
| | PRESENTE PERFECTO | haya perdido | PLUSCUAMPERFECTO | hubiera perdido |
| | MANDATOS | pierde, pierda; perdamos, perded, pierdan | | |

**perderse (ie)**     See *perder* and REFLEXIVES.

**pescar (qu)**     See *buscar*.

**picar (qu)**     See *buscar*.

| poder | PARTICIPIOS | pudiendo, podido | | |
| | PRESENTE | puedo, puedes, puede; podemos, podéis, pueden | | |
| | IMPERFECTO | podía | | |
| | PRETÉRITO | pude, pudiste, pudo; pudimos, pudisteis, pudieron | | |
| | FUTURO | podré | FUTURO PERFECTO | habré podido |
| | CONDICIONAL | podría | CONDICIONAL PERFECTO | habría podido |
| | PRESENTE PERFECTO | he podido | PLUSCUAMPERFECTO | había podido |
| | SUBJUNTIVO: PRESENTE | pueda, puedas, pueda; podamos, podáis, puedan | | |
| | IMPERFECTO | pudiera | | |
| | PRESENTE PERFECTO | haya podido | PLUSCUAMPERFECTO | hubiera podido |
| | MANDATOS | puede, pueda; podamos, poded, puedan | | |

| poner | PARTICIPIOS | poniendo, puesto | | |
| | PRESENTE | pongo, pones, pone; ponemos, ponéis, ponen | | |
| | IMPERFECTO | ponía | | |
| | PRETÉRITO | puse, pusiste, puso; pusimos, pusisteis, pusieron | | |
| | FUTURO | pondré | FUTURO PERFECTO | habré puesto |
| | CONDICIONAL | pondría | CONDICIONAL PERFECTO | habría puesto |
| | PRESENTE PERFECTO | he puesto | PLUSCUAMPERFECTO | había puesto |
| | SUBJUNTIVO: PRESENTE | ponga, pongas, ponga; pongamos, pongáis, pongan | | |
| | IMPERFECTO | pusiera | | |
| | PRESENTE PERFECTO | haya puesto | PLUSCUAMPERFECTO | hubiera puesto |
| | MANDATOS | pon, ponga; pongamos, poned, pongan | | |

| | | |
|---|---|---|
| **ponerse** | See *poner* and REFLEXIVES. | |
| **practicar** <br> **(qu)** | See *buscar*. | |
| **preferir** <br> **(ie)(i)** | See *divertir*. | |
| **probar** <br> **(ue)** | See *acostar*. | |
| **probarse** <br> **(ue)** | See *acostar* and REFLEXIVES. | |

**producir** <br> **(zc)**

| | | | |
|---|---|---|---|
| PARTICIPIOS | produciendo, producido | | |
| PRESENTE | produzco, produces, produce; producimos, producís, producen | | |
| IMPERFECTO | producía | | |
| PRETÉRITO | produje, produjiste, produjo; produjimos, produjisteis, produjeron | | |
| FUTURO | produciré | FUTURO PERFECTO | habré producido |
| CONDICIONAL | produciría | CONDICIONAL PERFECTO | habría producido |
| PRESENTE PERFECTO | he producido | PLUSCUAMPERFECTO | había producido |
| SUBJUNTIVO: PRESENTE | produzca, produzcas, produzca; produzcamos, produzcáis, produzcan | | |
| IMPERFECTO | produjera | | |
| PRESENTE PERFECTO | haya producido | PLUSCUAMPERFECTO | hubiera producido |
| MANDATOS | produce, produzca; produzcamos, producid, produzcan | | |

**proteger** <br> **(j)** — See *escoger*.

**querer**

| | | | |
|---|---|---|---|
| PARTICIPIOS | queriendo, querido | | |
| PRESENTE | quiero, quieres, quiere; queremos, queréis, quieren | | |
| IMPERFECTO | quería | | |
| PRETÉRITO | quise, quisiste, quiso; quisimos, quisisteis, quisieron | | |
| FUTURO | querré | FUTURO PERFECTO | habré querido |
| CONDICIONAL | querría | CONDICIONAL PERFECTO | habría querido |
| PRESENTE PERFECTO | he querido | PLUSCUAMPERFECTO | había querido |
| SUBJUNTIVO: PRESENTE | quiera, quieras, quiera; queramos, queráis, quieran | | |
| IMPERFECTO | quisiera | | |
| PRESENTE PERFECTO | haya querido | PLUSCUAMPERFECTO | hubiera querido |
| MANDATOS | quiere, quiera; queramos, quered, quieran | | |

**realizar** <br> **(c)** — See *abrazar*.

*Verbos*

| | | |
|---|---|---|
| **recoger**<br>**(j)** | See *escoger*. | |
| **recomendar**<br>**(ie)** | See *cerrar*. | |
| **reconocer**<br>**(zc)** | See *conocer*. | |
| **recordar**<br>**(ue)** | See *acostar*. | |
| **referirse**<br>**(ie)(i)** | See *divertir* and REFLEXIVES. | |
| **reírse**<br>**(i)(i)** | See *sonreír* and REFLEXIVES. | |
| **repetir**<br>**(i)(i)** | See *pedir*. | |
| **resonar**<br>**(ue)** | See *acostar*. | |

**reunir**
**(ú)**

| | | |
|---|---|---|
| PARTICIPIOS | reuniendo, reunido | |
| PRESENTE | reúno, reúnes, reúne; reunimos, reunís, reúnen | |
| IMPERFECTO | reunía | |
| PRETÉRITO | reuní, reuniste, reunió; reunimos, reunisteis, reunieron | |
| FUTURO | reuniré | FUTURO PERFECTO habré reunido |
| CONDICIONAL | reuniría | CONDICIONAL PERFECTO habría reunido |
| PRESENTE PERFECTO | he reunido | PLUSCUAMPERFECTO había reunido |
| SUBJUNTIVO: PRESENTE | reúna, reúnas, reúna; reunamos, reunáis, reúnan | |
| IMPERFECTO | reuniera | |
| PRESENTE PERFECTO | haya reunido | PLUSCUAMPERFECTO hubiera reunido |
| MANDATOS | reúne, reúna;<br>reunamos, reunid, reúnan | |

| | | |
|---|---|---|
| **reunirse**<br>**(ú)** | See *reunir* and REFLEXIVES. | |

**romper**

| | | |
|---|---|---|
| PARTICIPIOS | rompiendo, roto | |

**saber**

| | | |
|---|---|---|
| PARTICIPIOS | sabiendo, sabido | |
| PRESENTE | sé, sabes, sabe; sabemos, sabéis, saben | |
| IMPERFECTO | sabía | |
| PRETÉRITO | supe, supiste, supo; supimos, supisteis, supieron | |
| FUTURO | sabré | FUTURO PERFECTO habré sabido |
| CONDICIONAL | sabría | CONDICIONAL PERFECTO habría sabido |
| PRESENTE PERFECTO | he sabido | PLUSCUAMPERFECTO había sabido |

|  | SUBJUNTIVO: PRESENTE | sepa, sepas, sepa; sepamos, sepáis, sepan |  |  |
|--|--|--|--|--|
|  | IMPERFECTO | supiera |  |  |
|  | PRESENTE PERFECTO | haya sabido | PLUSCUAMPERFECTO | hubiera sabido |
|  | MANDATOS | sabe, sepa;<br>sepamos, sabed, sepan |  |  |

**sacar
(qu)**  See *buscar*.

**salir**

|  | PARTICIPIOS | saliendo, salido |  |  |
|--|--|--|--|--|
|  | PRESENTE | salgo, sales, sale; salimos, salís, salen |  |  |
|  | IMPERFECTO | salía |  |  |
|  | PRETÉRITO | salí, saliste, salió; salimos, salisteis, salieron |  |  |
|  | FUTURO | saldré | FUTURO PERFECTO | habré salido |
|  | CONDICIONAL | saldría | CONDICIONAL PERFECTO | habría salido |
|  | PRESENTE PERFECTO | he salido | PLUSCUAMPERFECTO | había salido |
|  | SUBJUNTIVO: PRESENTE | salga, salgas, salga; salgamos, salgáis, salgan |  |  |
|  | IMPERFECTO | saliera |  |  |
|  | PRESENTE PERFECTO | haya salido | PLUSCUAMPERFECTO | hubiera salido |
|  | MANDATOS | sal, salga;<br>salgamos, salid, salgan |  |  |

**secar
(qu)**  See *buscar*.

**seguir
(i)(i)
(g)**

|  | PARTICIPIOS | siguiendo, seguido |  |  |
|--|--|--|--|--|
|  | PRESENTE | sigo, sigues, sigue; seguimos, seguís, siguen |  |  |
|  | IMPERFECTO | seguía |  |  |
|  | PRETÉRITO | seguí, seguiste, siguió; seguimos, seguisteis, siguieron |  |  |
|  | FUTURO | seguiré | FUTURO PERFECTO | habré seguido |
|  | CONDICIONAL | seguiría | CONDICIONAL PERFECTO | habría seguido |
|  | PRESENTE PERFECTO | he seguido | PLUSCUAMPERFECTO | había seguido |
|  | SUBJUNTIVO: PRESENTE | siga, sigas, siga; sigamos, sigáis, sigan |  |  |
|  | IMPERFECTO | siguiera |  |  |
|  | PRESENTE PERFECTO | haya seguido | PLUSCUAMPERFECTO | hubiera seguido |
|  | MANDATOS | sigue, siga;<br>sigamos, seguid, sigan |  |  |

**sembrar
(ie)**  See *cerrar*.

**sentar
(ie)**  See *cerrar*.

**sentarse
(ie)**  See *cerrar* and REFLEXIVES.

**sentir
(ie)(i)**  See *divertir*.

*Verbos*

| sentirse (ie)(i) | See *divertir* and REFLEXIVES. | | |
|---|---|---|---|

**ser**

| | | | |
|---|---|---|---|
| PARTICIPIOS | siendo, sido | | |
| PRESENTE | soy, eres, es; somos, sois, son | | |
| IMPERFECTO | era, eras, era; éramos, erais, eran | | |
| PRETÉRITO | fui, fuiste, fue; fuimos, fuisteis, fueron | | |
| FUTURO | seré | FUTURO PERFECTO | habré sido |
| CONDICIONAL | sería | CONDICIONAL PERFECTO | habría sido |
| PRESENTE PERFECTO | he sido | PLUSCUAMPERFECTO | había sido |
| SUBJUNTIVO: PRESENTE | sea, seas, sea; seamos, seáis, sean | | |
| IMPERFECTO | fuera | | |
| PRESENTE PERFECTO | haya sido | PLUSCUAMPERFECTO | hubiera sido |
| MANDATOS | sé, sea; seamos, sed, sean | | |

| servir (i)(i) | See *pedir*. |
|---|---|

| soler (ue) | See *mover*. |
|---|---|

| sonar (ue) | See *acostar*. |
|---|---|

**sonreír (i)(i)**

| | | | |
|---|---|---|---|
| PARTICIPIOS | sonriendo, sonreído | | |
| PRESENTE | sonrío, sonríes, sonríe; sonreímos, sonreís, sonríen | | |
| IMPERFECTO | sonreía | | |
| PRETÉRITO | sonreí, sonreíste, sonrió; sonreímos, sonreísteis, sonrier | | |
| FUTURO | sonreiré | FUTURO PERFECTO | habré sonreído |
| CONDICIONAL | sonreiría | CONDICIONAL PERFECTO | habría sonreído |
| PRESENTE PERFECTO | he sonreído | PLUSCUAMPERFECTO | había sonreído |
| SUBJUNTIVO: PRESENTE | sonría, sonrías, sonría; sonriamos, sonriáis, sonrían | | |
| IMPERFECTO | sonriera | | |
| PRESENTE PERFECTO | haya sonreído | PLUSCUAMPERFECTO | hubiera sonreído |
| MANDATOS | sonríe, sonría; sonriamos, sonreíd, sonrían | | |

| soñar (ue) | See *acostar*. |
|---|---|

| sugerir (ie)(i) | See *divertir*. |
|---|---|

| suponer | See *poner*. |
|---|---|

| sustraer | See *traer*. |
|---|---|

| tender (ie) | See *perder*. |
|---|---|

**tener**

| | | | |
|---|---|---|---|
| PARTICIPIOS | teniendo, tenido | | |
| PRESENTE | tengo, tienes, tiene; tenemos, tenéis, tienen | | |
| IMPERFECTO | tenía | | |
| PRETÉRITO | tuve, tuviste, tuvo; tuvimos, tuvisteis, tuvieron | | |
| FUTURO | tendré | FUTURO PERFECTO | habré tenido |
| CONDICIONAL | tendría | CONDICIONAL PERFECTO | habría tenido |
| PRESENTE PERFECTO | he tenido | PLUSCUAMPERFECTO | había tenido |
| SUBJUNTIVO: PRESENTE | tenga, tengas, tenga; tengamos, tengáis, tengan | | |
| IMPERFECTO | tuviera | | |
| PRESENTE PERFECTO | haya tenido | PLUSCUAMPERFECTO | hubiera tenido |
| MANDATOS | ten, tenga;<br>tengamos, tened, tengan | | |

**tocar (qu)**

See *buscar*.

**traer**

| | | | |
|---|---|---|---|
| PARTICIPIOS | trayendo, traído | | |
| PRESENTE | traigo, traes, trae; traemos, traéis, traen | | |
| IMPERFECTO | traía | | |
| PRETÉRITO | traje, trajiste, trajo; trajimos, trajisteis, trajeron | | |
| FUTURO | traeré | FUTURO PERFECTO | habré traído |
| CONDICIONAL | traería | CONDICIONAL PERFECTO | habría traído |
| PRESENTE PERFECTO | he traído | PLUSCUAMPERFECTO | había traído |
| SUBJUNTIVO: PRESENTE | traiga, traigas, traiga; traigamos, tragáis, traigan | | |
| IMPERFECTO | trajera | | |
| PRESENTE PERFECTO | haya traído | PLUSCUAMPERFECTO | hubiera traído |
| MANDATOS | trae, traiga;<br>traigamos, traed, traigan | | |

**valer**

| | | | |
|---|---|---|---|
| PARTICIPIOS | valiendo, valido | | |
| PRESENTE | valgo, vales, vale; valemos, valéis, valen | | |
| IMPERFECTO | valía | | |
| PRETÉRITO | valí, valiste, valió; valimos, valisteis, valieron | | |
| FUTURO | valdré | FUTURO PERFECTO | habré valido |
| CONDICIONAL | valdría | CONDICIONAL PERFECTO | habría valido |
| PRESENTE PERFECTO | he valido | PLUSCUAMPERFECTO | había valido |
| SUBJUNTIVO: PRESENTE | valga, valgas, valga; valgamos, valgáis, valgan | | |
| IMPERFECTO | valiera | | |
| PRESENTE PERFECTO | haya valido | PLUSCUAMPERFECTO | hubiera valido |
| MANDATOS | val, valga;<br>valgamos, valed, valgan | | |

**venir**

| | | | |
|---|---|---|---|
| PARTICIPIOS | viniendo, venido | | |
| PRESENTE | vengo, vienes, viene; venimos, venís, vienen | | |
| IMPERFECTO | venía | | |
| PRETÉRITO | vine, viniste, vino; vinimos, vinisteis, vinieron | | |
| FUTURO | vendré | FUTURO PERFECTO | habré venido |
| CONDICIONAL | vendría | CONDICIONAL PERFECTO | habría venido |
| PRESENTE PERFECTO | he venido | PLUSCUAMPERFECTO | había venido |

| | | |
|---|---|---|
| SUBJUNTIVO: PRESENTE | venga, vengas, venga; vengamos, vengáis, vengan | |
| IMPERFECTO | viniera | |
| PRESENTE PERFECTO | haya venido | PLUSCUAMPERFECTO hubiera venido |
| MANDATOS | ven, venga; vengamos, venid, vengan | |

**ver**

| | | |
|---|---|---|
| PARTICIPIOS | viendo, visto | |
| PRESENTE | veo, ves, ve; vemos, veis, ven | |
| IMPERFECTO | veía, veías, veía; veíamos, veíais, veían | |
| PRETÉRITO | vi, viste, vio; vimos, visteis, vieron | |
| FUTURO | veré | FUTURO PERFECTO habré visto |
| CONDICIONAL | vería | CONDICIONAL PERFECTO habría visto |
| PRESENTE PERFECTO | he visto | PLUSCUAMPERFECTO había visto |
| SUBJUNTIVO: PRESENTE | vea, veas, vea; veamos, veáis, vean | |
| IMPERFECTO | viera | |
| PRESENTE PERFECTO | haya visto | PLUSCUAMPERFECTO hubiera visto |
| MANDATOS | ve, vea; veamos, ved, vean | |

**vestir (i)(i)**

See *pedir.*

**vestirse (i)(i)**

See *pedir* and REFLEXIVES.

**volar (ue)**

See *acostar.*

**volver (ue)**

| | | |
|---|---|---|
| PARTICIPIOS | volviendo, vuelto | |
| PRESENTE | vuelvo, vuelves, vuelve, volvemos, volvéis, vuelven | |
| IMPERFECTO | volvía | |
| PRETÉRITO | volví, volviste, volvió; volvimos, volvisteis, volvieron | |
| FUTURO | volveré | FUTURO PERFECTO habré vuelto |
| CONDICIONAL | volvería | CONDICIONAL PERFECTO habría vuelto |
| PRESENTE PERFECTO | he vuelto | PLUSCUAMPERFECTO había vuelto |
| SUBJUNTIVO: PRESENTE | vuelva, vuelvas, vuelva; volvamos, volváis, vuelvan | |
| IMPERFECTO | volviera | |
| PRESENTE PERFECTO | haya vuelto | PLUSCUAMPERFECTO hubiera vuelto |
| MANDATOS | vuelve, vuelva; volvamos, volved, vuelvan | |

**volverse (ue)**

See *volver* and REFLEXIVES.

# Vocabulario español-inglés

The *Vocabulario español-inglés* contains all active vocabulary from SALSA Y SALERO and from Levels I and II of the Scott, Foresman Spanish Program. In addition, all passive vocabulary is included, except for easily recognized cognates and glossed words from the *Lecturas*.

A dash (—) in a subentry represents the word at the beginning of the main entry; for example, **de aquí en —** following **adelante** means **de aquí en adelante.**

The number following each entry indicates the lesson of SALSA Y SALERO in which the word or phrase is introduced. The lack of a number indicates it was introduced actively in the previous levels.

Passive vocabulary—those words not introduced in the *Palabras nuevas* section—is indicated by the letter P followed by the lesson number. The letters AP followed by page numbers indicate that the entry appears in the *A propósito* sections.

**a** to; at; on
  **— causa de** because of, on account of (8)
  **— menudo** often (5)
  **— pintas** polka-dotted (3)
  **— rayas** striped (3)
  **— través de** through (3)
  *Also see* **año, cuadro, eso, estar, fin, jugar, mano, medianoche, mejor, menos, principio, propósito, tiempo, veces, ver**
**abajo** downstairs (13)
**abandonar** to abandon, leave behind (5)
**la abeja** bee (4)
**el abogado, la abogada** lawyer, attorney
**abrazar (c)** to hug
**el abrazo** hug
**el abrelatas,** *pl.* **los abrelatas** can opener
**la abreviatura** abbreviation (9)
**el abrigo** overcoat
  **abril** April
  **abrir** to open
  **absurdo, -a** absurd
**la abuela** grandmother
**la abuelita** grandma

**el abuelito** grandpa
**el abuelo** grandfather
  **los —s** grandparents
**aburrido, -a** bored; boring
  **¡qué —!** what a bore! how boring!
**aburrir** to bore
  **—se** to get bored
**acá** here
**acabar** to finish
  **— de +** *inf.* to have just + *past participle*
**acampar** to camp, go camping
  **la tienda de —** camping tent
**el accidente** accident
**la acción** action; stock, share (18)
  **acelerar** to accelerate, go faster (P10)
**la acera** sidewalk
  **acercarse (qu) a** to draw near, approach (2)
**el acomodador, la acomodadora** usher (AP p.36)
  **acompañar** to go with, accompany
  **aconsejar** to advise (3)
  **acostar (ue)** to put *(someone)* to bed
  **—se** to go to bed, lie down
  **acreditado, -a** accredited (P2)

**el actor** actor
  **el primer —** leading man
**la actriz** actress
  **la primera —** leading lady
**actual** current (10)
**actualmente** at present, at the present time (10)
**la acuarela** watercolor paint; watercolor painting (10)
  **acuático, -a: el esquí —** water-skiing
**el acusado, la acusada** accused person, defendant (6)
  **acusar** to accuse (6)
  **adecuado, -a** suitable (P14)
  **adelantado, -a: por —** in advance (16)
  **adelantar** to move forward, advance; to improve; to be fast *(clock)* (16)
**adelante** in front (13)
  **de aquí en —** from now on (14)
  **de hoy en —** from now on (3)
**además** besides
**adentro** inside (13)

**adivinar** to guess
**adjetivo, -a** adjective (P18)
**el adjetivo** adjective (P1)
**la administración de empresas** business administration (AP p.311)
**el admirador, la admiradora** admirer (P6)
**adonde, adónde** where
**adorado, -a** adored (9)
**adornar** to adorn, decorate (P6)
**la aduana** customs
**el aduanero, la aduanera** customs agent
**adverbial** adverbial (P5)
**el adverbio** adverb (P1)
**el adversario** adversary, opponent (2)
**el aeropuerto** airport
**afectuoso, -a** affectionate (9)
**afeitarse** to shave
**el aficionado, la aficionada** fan
**afirmar la presencia** to assert one's presence (P10)
**afirmativo, -a** affirmative (P4)
**africano, -a** African
**afuera** outside (13)
**las afueras** outskirts (11)
**agarrar** to grab (2)
— **de** to grab by (P8)
**la agencia** agency (AP p.311)
**agosto** August
**agotado, -a** sold out; exhausted (AP p.271)
**agradable** pleasant, agreeable (8)
**la agricultura** agriculture, farming (P6)
**el agua** *f.* water
**el — mineral** bottled water
**el aguacate** avocado (4)
**aguantar** to put up with
**aguileño, -a** hooked, aquiline *(nose)* (8)
**la aguja** needle
**¡ah!** ah!
**ahí** there *(near you)*

*Vocabulario*
*español-inglés*

**434**

**ahora** now
— **mismo** right now
**ahorrar** to save (18)
**el ahorro** savings (18)
**los —s** personal savings (18)
**el aire** air (7)
**el ajedrez** chess
**el ajo** garlic (4)
**al (a + el)**
— **corriente** up-to-date (10)
— **día** daily (8)
— **+ inf.** upon + *verb* + ing
*Also see* **contrario, final, lado, mediodía, menos, óleo, pie, principio**
**el ala** *f.* wing (2)
**el albergue** lodge
**alcanzar (c)** to reach (7)
**la alcoba** bedroom
**alegrar** to make happy
—**se (de)** to be glad
**alegre** happy, lively (1)
**la alegría** happiness (1)
**alemán, alemana** German
**Alemania** Germany
**la alfombra** rug
**alfombrado, -a** carpeted (16)
**algo** something, anything
**alguien** someone, anyone, somebody, anybody
**¿hay —?** anyone there? anybody home?
**algún** *short form of* **alguno**
**alguno, -a, -os, -as** some, any
**de —a manera** somehow (12)
**en —a parte** somewhere (12)
**el aliento** breath (8)
**el almacén,** *pl.* **los almacenes** store, department store
**la almohada** pillow
**aló** hello
**el alpinismo** mountain climbing
**alquilado, -a** rented
**alquilar** to rent
**el alquiler** rent (16)
**alrededor (de)** around
**el alrededor: por todo su —** all around *(themselves)* (P10)
**la alta mar** high seas (9)
**el altavoz** loudspeaker (1)
**la alternativa** alternative (P2)

**alto, -a** high (18); tall
**la altura: el salto de —** high jump
**el alumno, la alumna** student
**la alusión** allusion, reference (P8)
**allí** there
**amable** friendly
**amablemente** kindly (13)
**amadísimo, -a** most loved (9)
**el amanecer** dawn (6)
**el, la amante** lover (P10)
**amar** to love (P14)
**amarillo, -a** yellow
**el ambiente** atmosphere (5)
**la ambulancia** ambulance
**la amígdala** tonsil (AP p.271)
**el amigo, la amiga** friend
**el amor** love
**amplio, -a** roomy, ample (16)
**amueblado, -a** furnished (16)
**anaranjado, -a: de color —** orange
**el anciano, la anciana** elderly person
**ancho, -a** wide (3)
**andar** to go; to walk (2)
— **(atrasado)** to run (slow) *(a watch)* (P6)
**el ángel** angel (5)
**el ángulo** angle (18)
**el anillo** ring
**animadamente** animatedly (17)
**animado, -a** animated, excited (2)
**los dibujos —s** cartoons
**el animal** animal
**anoche** last night
**los anteojos** glasses
**antes (de)** before
— **(de) que** before (5)
**cuanto —** as soon as possible
**antiguo, -a** ancient; old (3)
**el antónimo** antonym (P1)
**anunciar** to announce
**el anuncio** announcement
**el — comercial** commercial
**añadir** to add (4)
**el año** year
**a los . . . —s** at . . . years of age (1)
**¿cuántos —s tiene . . . ?** how old is . . . ?
**el — pasado** last year

**hace un —** a year ago

**los quince —s** one's fifteenth birthday

**tener . . . —s** to be . . . years old

**apagar (gu)** to turn off

**aparecer (zc)** to appear (11)

**la apariencia** appearance (8)

**el apartado postal** post office box

**el apartamento** apartment

**el apellido** last name

**apenas** barely (P10)

**el apéndice** appendix (AP p.271)

**la apertura** opening (AP p.74)

**aplaudir** to applaud (2)

**aplicar (qu)** to apply (8)

**apoyar** to support (12)

**el apoyo** support (12)

**apreciar** to appreciate (P6)

**aprender** to learn

    **— a + *inf.*** to learn (how) + *inf.*

**apretar (ie)** to tighten; to squeeze (AP p.229)

**apropiado, -a** appropriate (9)

**los apuntes** notes

**apurarse** to hurry

**aquel, aquella, aquellos, -as** that, those

**aquél, aquélla, aquéllos, -as** the former (8); that, those

**aquello** that

**aquí** this is (AP p.113); here

    **— lo tiene(s)** *(when handing someone something)* here it is

    **de — en adelante** from now on (14)

    **por —** around here

**el árbitro** referee (2)

**el árbol** tree

**el arbusto** bush (4)

**archivar** to file (AP p.311)

**la arena** sand

**el arete** earring

**argentino, -a** Argentine, Argentinian

**el argumento** plot

**aritmético, -a** arithmetical (P6)

**el arma,** *pl.* **las armas** weapon, arm (6)

**armar** to assemble (AP p.229)

**el arqueólogo, la arqueóloga** archaeologist (P6)

**el arquitecto, la arquitecta** architect

**la arquitectura** architecture (5)

**arreglar** to repair, fix

**arrepentido, -a** repentant (6)

**arriba** upstairs (13)

    **¡manos —!** hands up! (AP p.271)

**el arroz** rice

**el arte,** *pl.* **las artes** art

**la artesanía** handicrafts, manual arts (10)

**el artículo** article *(gram.)* (P1); article *(thing)*; *(newspaper)* article

**artificial: los fuegos —es** fireworks (1)

**el, la artista** artist (10)

**artístico, -a** artistic (10)

**asado, -a:**

    **bien —** well done

    **cordero —** roast lamb

    **medio —** medium

    **poco —** rare

**el ascenso** promotion (AP p.311)

**el ascensor** elevator

    **subir en —** to go up in an elevator

**el asesinato** murder (6)

**el asesino, la asesina** murderer, assassin (6)

**así** like that, this way, in that way

    **— como** (just) like (P6)

    **—que** so, thus (P6)

**asiático, -a** Asian

**el asiento** seat

**asistir a** to attend

**asociado, -a** associated (9)

**la aspiradora** vacuum cleaner

**la aspirina** aspirin

**asustado, -a** frightened

**atacar (qu)** to attack (2)

**atar** to tie

**la atención** attention

    **llamar la —** to attract attention (P8)

    **prestar —** to pay attention

**atender (ie)** to attend, help (AP p.74)

**atentamente** attentively; politely, cordially (9)

**atento, -a** attentive; polite (9)

**aterrizar (c)** to land

**el, la atleta** athlete

**atrapar** to catch, trap (11)

**atrás** in back (13)

    **de —** back, rear (AP p.229)

**atreverse a** to dare to

**atribuir (y)** to attribute (17)

**atropellar** to hit *(a person)*

**aumentar** to increase (P10)

    **— de peso** to gain weight

**el aumento** increase, raise (AP p.311)

**aun** even (9)

**aún** still (9)

**aunque** although, even though (5)

**el auricular** receiver (AP p.113)

**australiano, -a** Australian

**austríaco, -a** Austrian

**auténtico, -a** authentic, real (11)

**el auto** car

**el autobús,** *pl.* **los autobuses** bus

    **en —** by bus

**la auto-escuela** driving school (AP p.271)

**el automóvil,** *pl.* **los automóviles** car

**la autopista** expressway (16)

**el autor, la autora** author

**la autoridad** authority (6)

**el auxiliar de vuelo** flight attendant *(male)*

**la avenida** avenue (16)

**el avestruz** ostrich (11)

**el avión,** *pl.* **los aviones** airplane

**el aviso** notice

**¡ay!** oh!

**ayer** yesterday

**la ayuda** help (10)

**ayudar** to help

    **— a + *inf.*** to help + *inf.*

**la azafata** flight attendant *(female)*

**el azúcar** sugar

**azul** blue

**bailar** to dance
  **sacar a —** to ask to dance (1)
**el baile** dance
**bajar** to descend, go down, come down
  **— de peso** to lose weight
**bajito, -a** short, little (P8)
**bajo** beneath, under (7)
**bajo, -a** short
  **la planta —a** ground floor
**la balada** ballad (P10)
**el balcón,** *pl.* **los balcones** balcony (16)
**el balneario** bathing resort (9)
**el balón** *pl.* **los balones** ball (*large*)
**el baloncesto** basketball
**el banco** bench (16); bank
  **la libreta de —** bankbook (18)
**la bandera** flag
**el banquero, la banquera** banker
**bañar** to bathe (*someone*)
  **—se** to take a bath
**la bañera** bathtub
**el baño** bath; bathroom
  **el traje de —** bathing suit
**barato, -a** cheap, inexpensive
**la barba** beard
**la barbaridad: ¡qué —!** how awful!
**la barbilla** chin (8)
**el barco** boat
**el barrendero, la barrendera** street sweeper (16)
**barrer** to sweep
**el barrio** neighborhood (3)
**la basílica** basilica (17)
**¡basta!** enough!
**bastante** rather; pretty; enough
**la basura** garbage (16)
**la batidora** eggbeater
**batir el récord** to break the record
**el baúl** trunk (*of a car*)
**la bayeta** mop
**la beca** scholarship (10)
**el béisbol** baseball
**beneficioso, -a** beneficial (18)
**besar** to kiss
**el beso** kiss

**la biblioteca** library
**el bibliotecario, la bibliotecaria** librarian
**la bicicleta** bicycle
**bien** really (P10); well; fine
  **— asado** well done
  **— educado** polite
  **está —** that's okay
  **más —** instead, rather (3)
  **salir —** to do well
**¡bienvenidos!** welcome! (*greeting*)
**el biftec** steak
**el bigote** mustache
**bilingüe** bilingual (AP p.311)
**el billete** bill (*currency*); ticket (AP p.36)
**la biología** biology
**la bisabuela** great-grandmother
**el bisabuelo** great-grandfather
**blanco, -a** white
**la blusa** blouse
**la boca** mouth
**la bocacalle** intersection (AP p.271)
**la bocina** horn
  **tocar la —** to honk the horn
**las boleadoras** Argentine lariat with weights (11)
**el boleto** ticket
  **— de ida** one-way ticket
  **— de ida y vuelta** round-trip ticket
**boliviano, -a** Bolivian
**el bolso** purse
**el bombero** fireman
**la bondad: tenga la — de** would you please
**bonito, -a** pretty
**el bono** bond (18)
  **bordar** to embroider (7)
  **borinqueño, -a** Puerto Rican (17)
  **borracho, -a** drunk
**el borrador** eraser
**el bosque** forest
  **bostezar (c)** to yawn
**la bota** boot (3)
**el botón** button (AP p.191)
  **brasileño, -a** Brazilian
**el brazo** arm
  **breve** brief (9)
**la brisa** breeze (P10)

**la broma** joke, trick (1)
**el brujo, la bruja** sorcerer, witch (5)
**bucear** to skin-dive (9)
**buen** *short form of* **bueno**
  **— provecho** enjoy your meal
  **hace — tiempo** it's fine weather
**bueno, -a** tasty (1); good
  **—as tardes** good afternoon
  **bueno** hello (AP p.113)
  **¡qué —!** that's great! how nice!
**el burro** burro, donkey
**buscar (qu)** to look for, seek
**la butaca** theater or concert seat (AP p.36)
**el buzón** mailbox

**el caballero** gentleman (3)
**el caballo** horse
  **montar a —** to go horseback riding
**la cabeza** head
  **dolor de —** headache
**la cabina del teléfono** telephone booth
**el cacahuete** peanut
**el cacao** cacao (*seeds from cacao tree*) (P18)
**la cacerola** saucepan
**cada** each
**la cadera** hip (P10)
**caer (y)** to fall
  **—se** to fall down
  **. . . me cae(n) bien** I like . . .
  **. . . me cae(n) mal** I don't like . . .
**el café** coffee
  **de color —** brown
**la cafetera** coffeepot
**el caimán** *pl.* **los caimanes** alligator
**la caja** cashier's booth; box
**el cajón,** *pl.* **los cajones** bureau drawer
**la calabaza** pumpkin; squash (4)
**la calavera** skull (5)
**el calcetín,** *pl.* **los calcetines** sock
**la calculadora** calculator (18)
**la calefacción** heat; furnace (16)

el calendario calendar (P6)
la calidad quality
caliente hot
calmar to calm, quiet (6)
¡cálmate! calm down!
el calor:
hace — it's hot out
tener — to be hot
calvo, -a bald (8)
calzar (c) to take, wear (a shoe size) (AP p.74)
¡cállate! be quiet!
la calle street
el cruce de —s intersection
la cama bed
la — portátil sleeping bag
la cámara camera
el camarero, la camarera waiter, waitress
cambiar to change
— de paso to change (one's) step (P10)
— de tono to change (one's) tone (P6)
el cambio change
la palanca de — gearshift
caminar to walk
el camino road; way
el camión, pl. los camiones truck
la camisa shirt
la camiseta T-shirt
la campana bell (10)
el campeón, la campeona champion
el campeonato championship
el campo country; field
el — de fútbol soccer field
canadiense Canadian
el canal channel
canario, -a Canarian (from the Canary Islands)
la canción, pl. las canciones song
la cancha court
la — de tenis tennis court
el candado padlock (16)
el candidato, la candidata candidate (12)
cansado, -a tiresome (1); tired
el, la cantante singer
cantar to sing
la capital capital (3)
el capitán captain (P6)
el capítulo chapter

la cápsula capsule (AP p.271)
capturar to capture
la cara face
lavarse la — to wash one's face
la carabela caravel, sailing ship (13)
el carácter character, disposition (14)
la característica characteristic (17)
¡caramba! gosh! my gosh!
¡caray! darn it!
la cárcel jail
cargar (gu) a la cuenta to charge on account (AP p.74)
el carnaval carnival (P10)
la carne meat
la carnicería butcher shop
el carnicero, la carnicera butcher
carnívoro, -a carniverous, meat-eating (P6)
caro, -a expensive
el carpintero, la carpintera carpenter
la carrera career (2); race
la carretera highway
la carroza parade float (1)
la carta letter
el cartel poster (1)
la cartera wallet
el cartero, la cartera letter carrier
la casa house
a — (to) home
a — de . . . to (someone's) house
ir a — to go home
en — at home
la — de correos post office
la — de huéspedes rooming house (16)
casarse (con) to get married (to)
casi almost
el caso: hacer — a to listen to (AP p.271)
la caspa dandruff (8)
la cassette cassette
las castañuelas castanets
castigar (gu) to punish (6)
el castigo punishment (6)
el castillo castle
la catedral cathedral (13)
el catolicismo Catholicism (17)
católico, -a Catholic (13)
el católico, la católica Catholic (17)

catorce fourteen
la causa cause (7)
a — de because of, on account of (8)
causar to cause (8)
la caza hunt; hunting (11)
la cebolla onion
la ceja eyebrow
celebrar to celebrate
celoso, -a jealous (14)
el cementerio cemetery (5)
el cemento cement (9)
la cena supper
cenar to eat supper
el centímetro centimeter (AP p. 191)
central central (16)
el centro center (1); downtown
el — comercial shopping center (16)
el — de comunicaciones central office (AP p.113)
el — de informaciones information (AP p.113)
centroamericano, -a Central American
cepillarse to brush one's hair
— los dientes to brush one's teeth
el cepillo brush
el — de dientes toothbrush
la cerámica ceramics
cerca (de) near
cercado, -a fenced in (16)
el cerdo pig
la ceremonia ceremony
ceremonioso, -a ceremonious (9)
el cero zero
la cerradura keyhole (16)
cerrar (ie) to close, shut
— con llave to lock
el ciclón hurricane (9)
ciego, -a blind
el cielo sky
cien short form of ciento
las ciencias science
ciento hundred, one hundred
cierto, -a certain, sure (13)

el cilantro coriander, Chinese parsley (4)

cinco five

cincuenta fifty

el cine movie theater

la cinta tape

el cinturón belt

el círculo circle (18)

la cita date; appointment (3)

la ciudad city

el ciudadano, la ciudadana citizen (9)

civil civil (7)

la civilización civilization (11)

clarificar to clarify (P9)

el clarinete clarinet

¡claro! of course!

claro, -a clear (15); light

la clase class; classroom; kind, sort
toda — all kinds

clásico, -a classic

clasificado, -a classified (16)

la cláusula clause (P5)

el clavo nail

el, la cliente customer, client

el clima climate (9)

clínico, -a: la hoja —a clinical chart (AP p.271)

el closet closet (16)

cobrar to charge

la Coca-Cola Coca-Cola

la cocina kitchen

cocinar to cook

el cocinero, la cocinera cook

la cola: hacer — to stand in line

la colección, pl. las colecciones collection

el colegio secondary school

colgar (ue)(gu) to hang up

la colina hill

colombiano, -a Colombian

colonial colonial (5)

el color color
de — anaranjado, café, morado orange, brown, purple
¿de qué — . . . ? what color . . . ?

el televisor en —es color television set

la columna column (P5)

el collar necklace

la combinación slip (clothing)

combinar to combine (17)

la comedia play; comedy

el comedor dining room

el comentario commentary (P1)

comenzar (ie)(c) to begin, start (13)

comer to eat
—se to eat up (3)

comercial business (adj.) (9)
el anuncio — commercial
el centro — shopping center (16)

el comercio commerce, business (AP p. 311)

cometer to commit, make (14)

el cómico, la cómica comedian, comedienne

la comida midday meal, dinner

el comilón, la comilona big eater (14)

la comisaría police station (AP p.271)

el comité committee (1)

como how; however (P13); as, like
así — (just) like (P6)
— si as if (11)

cómo how
¿— es . . . ? what is . . . like?
¡ — no! of course!
¿— se dice . . . ? how do you say . . . ?

cómodo, -a comfortable

el compañero, la compañera companion (7)

la compañía company, companionship (9)

la comparación comparison (P9)

el comparativo comparative (P9)

complejo, -a complex (10)

el complemento object (gram.) (P2)

completar to complete (P1)

completo, -a complete (1)

complicado, -a complicated

la composición composition

comprar to buy

las compras:
hacer — to go shopping (P8)
ir de — to go shopping

comprender to understand

la computadora computer (18)

común common (14)

comunicar (qu) to connect (by telephone)

la comunidad community (7)

con with
— cuidado carefully (15)
— mucho gusto with pleasure
— permiso excuse me
— tal (de) que provided that (5)
encontrarse — to run into (5)

el concierto concert

concluir to conclude (P10)

la concordancia agreement (P1)

el concurso contest (1)
el programa — game show

condenado, -a condemned (5)

condenar to condemn, sentence (7)

la condición condition

condicional conditional (P13)

el condicional conditional (P13)

el condominio condominium (16)

el conejo rabbit

confeccionar to make (clothes) (AP p.191)

la conferencia lecture (10)
dar una — to give a lecture (10)

el, la conferenciante lecturer (15)

confesar (ie) to confess (P2)

la confianza confidence (15)

confirmar to confirm (P1)

el conflicto conflict (7)

confundido, -a confused (13)

confundir to confuse (P1)

confuso, -a confusing (13)

el conjunto combo, band

conmigo with me

conocer (zc) to know, be acquainted with, be familiar with; (pret.) to meet

**el conocido, la conocida**
acquaintance (P16)

**el conquistador** conquistador (17)

**la consecuencia** consequence (17)

**conseguir (i)(i)(g)** to obtain, get

**el consejero, la consejera** counselor
(AP p.311)

**el consejo** (piece of) advice (P3)

**considerar** to consider (1)

**consigo** with (one)self (P17)

**consistir en** to consist of
(P10)

**construir (y)** to build

**consultar** to consult (AP p.113)

**el contacto** contact (9)

**el contado: pagar al —** to pay
cash (AP p. 74)

**el contador, la contadora**
accountant (18)

**contar (ue)** to count (18); to tell

**contemporáneo, -a** contemporary
(P12)

**contener** to contain (13)

**contento, -a** happy

**contestar** to answer, reply

**contigo** with you

**contra** against

**contrario, -a** opposite (2)

**al —** on the contrary

**convencer (z)** to convince

**el convento** convent (13)

**la conversación** conversation

**conversar** to converse (P10)

**la conversión** conversion (17)

**convertir (ie)(i) (en)** to convert
(into), transform (12)

**la copa** cup (2)

**el corazón** heart (P14)

**la corbata** tie

**el cordero asado** roast lamb

**la coronilla: estar hasta la —** to be
fed up (3)

**correcto, -a** correct (P1)

**corregir (i)(i)(j)** to correct (14)

**el correo** mail

**la casa de —s** post office

**el — aéreo** air mail

**por — aéreo** by air mail

**correr** to run

**corresponder** to correspond,
match (13)

**la corrida** bullfight

**corriente** ordinary (10)

**el corriente: al —** up-to-date (10)

**la corriente** current; trend (10)

**la — eléctrica** electricity (P6)

**cortar** to cut (off)

**—se el pelo** to get a haircut

**cortés** courteous (14)

**la cortina** curtain

**corto, -a** short

**de manga —a** short-sleeved
(3)

**la cosa** thing

**otra —** anything else,
something else

**cosechar** to harvest (4)

**coser** to sew

**la máquina de —** sewing
machine

**la costa** coast (9)

**costar (ue)** to cost

**costarricense** Costa Rican

**la costumbre** custom (5)

**crear** to create (11)

**crecer (zc)** to grow

**el crédito: la tarjeta de —**
credit card (AP p.74)

**la creencia** belief (17)

**creer (y)** to think, believe

**— que no** to think not, not
to think

**— que sí** to think so

**crespo, -a** curly (8)

**el, la creyente** believer (17)

**la criada** maid

**el crimen** crime (6)

**el, la criminal** criminal (6)

**el cristal** glass (P6)

**cristiano, -a** Christian (3)

**el cristiano, la cristiana**
Christian (3)

**el cruce de calles** intersection

**el crucifijo** crucifix (17)

**el crucigrama** crossword puzzle
(13)

**cruzar (c)** to cross

**el cuaderno** notebook

**la cuadra** city block (16)

**cuadrado, -a** square (18)

**el cuadrado** square (18)

**el cuadro** square; plaid, check
(3); picture

**a —s** checkered (plaid) (3)

**el — indicador** scoreboard (2)

**cual** which (15)

**cuál** what, which

**¿— es la fecha?** what's the
date?

**la cualidad** quality (P14)

**cualquier(a)** any . . . at all,
any . . . whatever (15)

**cualquiera** anyone at all (15)

**un, una cualquiera** a nobody (15)

**cuando** when; whenever (P13)

**de vez en —** from time to
time, occasionally

**cuándo** when

**cuanto** *(adverb):*

**— antes** as soon as possible

**en —** as soon as (5)

**en — a** as for, with regard
to (7)

**cuanto, -a, -os, -as** whatever,
whoever, as much as
(P13)

**cuánto, -a, -os, -as** how much,
how many

**¿—s años tiene . . . ?** how
old is . . . ?

**cuarenta** forty

**cuarto, -a** fourth (1)

**un cuarto** one-fourth (18); quarter

**las diez y —** a quarter past
ten, ten fifteen

**el cuarto de desahogo** utility room
(16)

**cuatro** four

**cuatrocientos, -as** four hundred

**cubano, -a** Cuban (7)

**el cubano, la cubana** Cuban (7)

**el cubismo** cubism (15)

**cubrir** to cover (P10)

**la cuchara** spoon

**la cucharada** tablespoonful (4)

**la cucharadita** teaspoonful (4)

**el cuchillo** knife

**el cuello** neck

**la cuenta** account (18); bill, check

**cargar (gu) a la —** to charge
on account (AP p.74)

**darse — de** to realize

el **cuento** story
la **cuerda** string (of an instrument);
    chord (10); string
el **cuero** leather
el **cuerpo** body
    el **— diplomático** diplomatic
      corps (AP p.311)
la **cuestión** question, matter (14)
el **cuestionario** questionnaire (8)
el **cuidado:**
    **con —** carefully (15)
    **¡cuidado!** watch out! be
      careful! (4)
la **culebra** snake
    **culminante** culminating (P6)
la **culpa** fault, guilt (6)
    **culpable** guilty (6)
el, la **culpable** guilty person (6)
    **cultivar** to grow, cultivate
    **culto, -a** cultured (14)
la **cultura** culture (3)
    **cultural** cultural (3)
la **cumbre** summit (7)
el **cumpleaños** birthday
    **cumplir con** to do; to fulfill
la **cuñada** sister-in-law
el **cuñado** brother-in-law
    **curioso, -a** curious
el **curso** course (18)
la **curva** curve
    **cuyo, -a** whose (13)

el **chaleco** vest
el **champú** shampoo (8)
    **¡chao!** so long! (11)
la **chaqueta** jacket
    **charlar** to chat
    **chato, -a** flat, pug (nose) (8)
el **cheque** check
    **los —s de viajero**
      traveler's checks
    **la libreta de —s** checkbook
      (18)
la **chica** girl
el **chico** boy
    **los —s** boys and girls

**chileno, -a** Chilean
el **chile verde** green chili
    pepper (4)
**chino, -a** Chinese
el **chisme** piece of gossip (14)
**chismoso, -a** gossipy (14)
el **chiste** joke
    **¡chistoso, -a!** you joker!
**chocante** shocking (15)
**chocar (qu) con +** an object to
    crash into (something)
el **chocolate** hot chocolate
    **¡chss!** hey! (P8)
el **churro** churro

la **daga** dagger (6)
las **damas** checkers
    **dar** to give
    **— la mano** to shake hands
    **—se cuenta de** to realize
    **— una conferencia** to give a
      lecture (10)
    **— una patada** to kick (2)
    *Also see* **espalda, paso,**
      **vuelta**
**datar de** to date from (P6)
**de** of; from; about; in, than
    **— aquí en adelante** from now
      on (14)
    **— . . . en . . .** from . . .
      to . . . (P10)
    **— espaldas** backward (15)
    **— hoy en adelante** from now
      on (3)
    **— repente** suddenly (5)
    **— veras** really
    *Also see* **atrás, color,**
      **compras, dónde,**
      **hoy, manera, manga,**
      **nada, noche, nuevo, ojo,**
      **prisa, quién, servir,**
      **tarde, todo, vez**
**debajo (de)** under, beneath
**deber** must, should
el **deber** duty
**debido, -a** reasonable, proper
    (6)
    **— a** due to, on account of (6)
**débil** weak
**decidir** to decide (15)

**décimo, -a** tenth (18)
un **décimo** one-tenth (18)
**decir** to say; to tell
    **¿cómo se dice . . . ?** how do
      you say . . . ?
    **diga** hello (AP p.113)
    **¡no me digas!** no kidding!
      you don't say!
    **querer —** to mean
**declarar** to declare (6)
**decolorado, -a** discolored,
    bleached (AP p.74)
**dedicado, -a** dedicated (P4)
**dedicar (qu)** to dedicate (15)
el **dedo** finger
el **defecto** defect (14)
**defender (ie)** to defend (2)
la **definición** pl. las **definiciones**
    definition (P2)
**definitivamente** definitively,
    definitely (13)
**dejar** to let, allow (3);
    to leave (a person or
    object)
**delante (de)** in front (of)
**delgado, -a** thin
los **demás** the others (14)
**demasiado** too (P6)
**demasiado, -a, -os, -as** too
    much, too many
el **demonio: ¡qué —s!** what the
    heck! (15)
el **demostrativo** demonstrative
    (gram.) (P8)
**dentífrica: la pasta —**
    toothpaste
el, la **dentista** dentist
    **dentro de** within
el **departamento** department
el, la **dependiente** salesperson
el **deporte** sport
    **deportivo, -a:**
    **el programa —** sports show
    **los zapatos —s** gym shoes
la **derecha** right, right hand
    **a la —** at the right, to
      the right
el **derecho** right (12)
**desagradable** unpleasant,
    disagreeable (8)
el **desahogo: el cuarto de —**
    utility room (16)

desaparecer (zc) to disappear (6)
desarmar to disassemble
(AP p.229)
el desarrollo development (12)
el desayuno breakfast
descansar to rest
el, la descendiente descendant
(P4)
descolgar (ue)(gu) to take the
phone off the hook;
to answer the phone
descompuesto, -a broken, out
of order
describir to describe
la descripción pl. las descripciones
description (P2)
el descubridor, la descubridora
discoverer (13)
el descubrimiento discovery (P12)
descubrir to discover
el descuento discount (18)
desde since (P2); from
— hace for (P6)
— . . . hasta from . . . to
desear to want, desire
el desembarque disembarkation
(AP p.149)
el desenlace ending (of a movie,
story, etc.)
desenvolver (ue) to unwrap (4)
desesperarse to despair (8)
el desfile parade (1)
desgastado, -a worn
desierto, -a deserted
el desierto desert
desinflado, -a flat,
deflated (AP p.229)
el desodorante deodorant
desorientado, -a disoriented,
confused, lost (11)
la despedida closing of a
letter; farewell (9)
despedirse (i)(i) (de) to say
good-bye (to)
despegar (gu) to take off
la despensa pantry (16)
despertar (ie) to wake
(someone) up
—se to wake up
después (de) after, afterward
— (de) que after (5)

destacarse (qu) to stand out,
be distinguished (3)
el destino destiny, fate (P10)
el destornillador screwdriver
(AP p.229)
destrozado, -a ruined,
destroyed
destruir (y) to destroy
la desventaja disadvantage (18)
el detalle detail (18)
el, la detective detective
detener to stop; to arrest (6)
detrás (de) behind, in back (of)
devolver (ue) to return
(an object)
el día m. day
al — daily (8)
de hoy en ocho —s in a week
el plato del — daily special
hoy — nowadays (18)
todos los —s every day,
daily
el diálogo dialogue (P1)
la diapositiva slide (picture)
diario, -a daily (6)
el diario daily newspaper;
diary (6)
dibujar to sketch, draw
el dibujo drawing (sketch);
drawing (class)
los —s animados cartoons
el diccionario dictionary
diciembre December
diecinueve nineteen
dieciocho eighteen
dieciséis sixteen
diecisiete seventeen
el diente clove (of garlic) (4);
tooth
cepillarse los —s to brush
one's teeth
el cepillo de —s toothbrush
diez ten
la diferencia difference (9)
difícil difficult, hard
diga hello (AP p.113)
digas: ¡no me —! no kidding!
you don't say!
el dinero money
el dios, la diosa god, goddess
(17)

¡— mío! good grief!
diplomático, -a: el cuerpo —
diplomatic corps
(AP p.311)
la dirección direction (7); address
directamente directly (8)
directo, -a direct (P2)
el director, la directora
conductor; director
dirigir (j) to direct (P10)
—se (a) to direct oneself to,
address (9)
el disco dial (AP p.113);
phonograph record
la discoteca discotheque, disco
discutir to discuss
el disfraz mask, costume;
disguise (1)
disfrazado, -a disguised (1)
disfrutar de to enjoy (8)
la distancia: la llamada a larga —
long-distance call
distinguido, -a distinguished (9)
distinto, -a different
divertido, -a amusing,
entertaining, funny
divertir (ie)(i) to amuse,
entertain
—se to have a good time,
enjoy oneself
dividido por divided by (18)
dividir to divide (15)
doblar to turn
no — no turn
doce twelve
el doctor, la doctora Doctor
(title)
el documental documentary
el dólar dollar
doler (ue) to hurt
me duele la garganta my
throat hurts
el dolor sorrow, grief (5); pain
— de cabeza headache
— de garganta sore throat
el domingo (on) Sunday
dominicano, -a Dominican
donde where; wherever (P13)

**dónde** where
  **¿de — es . . . ?** where is
    . . . from?
**el dormilón, la dormilona**
  sleepy-head (14)
**dormir (ue)(u)** to sleep
  **—se** to fall asleep (3)
**el dormitorio** bedroom (16)
**dos** two
  **los —, las —** both
**doscientos, -as** two hundred
**el dramaturgo, la dramaturga**
  playwright
**la ducha** shower
**dudar** to doubt
**el dueño, la dueña** owner (P16)
**dulce** sweet (5)
**el dulce** piece of candy, sweet
  (5)
**la duración** duration (AP p.149)
**durante** during
**durar** to last

**e** and *(replaces* y *before word*
  *starting with* **i-** *or* **hi-)**
**el eco** echo (11)
**el, la economista** economist (18)
**ecuatoriano, -a** Ecuadorian
**echar de menos** to miss
  *(someone)*
**la edad** age (18)
**el edificio** building (16)
**la educación** *(social)* education (1)
  **la — física** physical
    education, "gym"
  **educado, -a:**
    **bien —** polite
    **mal —** rude
**el efecto** effect (15)
  **egoísta** selfish (12)
**el eje** axle (AP p.229)
**el ejemplo** example (P8)
  **por —** for example
**el ejercicio** exercise (P1)
**el ejército** army (12)
  **el** *m. sing.* the

*Vocabulario*
*español-inglés*

**442**

**él** he; him, it *m. (obj. of prep.)*
**las elecciones** election(s) (12)
**el elefante** elephant
**elegante** elegant
**elegir (i)(i)(j)** to elect (12)
**el elemento** element (15)
**ella** she; her, it *f. (obj. of*
  *prep.)*
**ellas** they *f.;* them *f. (obj. of*
  *prep.)*
**ellos** they *m., m. & f.;*
  them *m., m. & f.*
  *(obj. of prep.)*
**la embajada** embassy (12)
**el embajador, la embajadora**
  ambassador (12)
**embarcarse (qu)** to embark (13)
**embargo: sin —** nevertheless
**el embarque** embarkation
  (AP p.149)
  **la tarjeta de —** boarding pass
**el embotellamiento** traffic jam (16)
**emocionante: ¡qué —!**
  how exciting!
**empatado, -a** tied, even (2)
**empezar (ie)(c)** to begin
**el empleado, la empleada**
  employee (14)
**emplear** to employ; to use (14)
**el empleo** employment (AP p.311)
**la empresa: la administración**
  **de —s** business administration
  (AP p.311)
**empujar** to push
**en** to (P4); at; on; by; in
  **— caso (de) que** in case that
    (5)
  **— cuanto** as soon as (5)
  **— cuanto a** as for, with
    regard to (7)
  **— vez de** instead of (8)
  *Also see* **autobús, casa, fin,**
    **fondo, parte, pensar**
**enamorado, -a** in love (1)
**el enamorado, la enamorada**
  lover
**enamorarse** to fall in love (1)
**encantador, -a** enchanting,
  charming (14)
**encantar** to enchant, delight
**encender (ie)** to turn on

**encontrar (ue)** to meet; to find
  **—se** to be found (P10)
  **—se con** to run into (5)
**la encuesta** poll, survey (18)
**enchufar** to plug in
**el enchufe** electrical outlet, plug
**el enemigo, la enemiga** enemy (14)
**enérgicamente** energetically
  (P12)
**enero** January
**el enfermero, la enfermera** nurse
**enfermo, -a** sick, ill
  **ponerse —** to become sick
**engañar** to trick
**enjuagar (gu)** to rinse (8)
**enojar** to anger
  **—se (con)** to get mad (at)
**enorme** huge, enormous
**la ensalada** salad
**ensayar** to test, try;
  to rehearse (7)
**el ensayo** rehearsal; essay (7)
**la enseñanza** education, learning;
  teaching (1)
**enseñar** to teach; to show (1)
**entender (ie)** to understand
**enterrar (ie)** to bury (13)
**entonces** then
**la entrada** entrance fee, ticket
  (AP p.36)
  **la sala de —** lobby
**entrar en** to enter, to go in
**entre** between; among
**entregar (gu)** to deliver
  **—se** to surrender oneself
    (P10)
**la entrega urgente** special
  delivery
**entrenarse** to work out
**entretanto** in the meantime
**la entrevista** interview
  **el programa —** talk show
**entusiasmado, -a** excited,
  enthusiastic (2)
**el, la entusiasta** enthusiast, fan (2)
**entusiástico, -a** enthusiastic (2)
**enviar (í)** to send
**envidioso, -a** envious (14)
**envolver (ue)** to wrap
**la epidemia** epidemic
**la época** time; epoch (3)

el equipaje luggage, baggage
el equipo team
  equivalente equivalent (1)
  equivocarse (qu) to be wrong,
    make a mistake
el error error, mistake (14)
la escala musical scale (10)
la escalera stairs
  la — móvil escalator (15)
  escaparse to escape
la escena scene
el esclavo, la esclava slave (17)
la escoba broom
  escoger (j) to choose
  escribir to write
el escritor, la escritora writer (7)
  escuchar to listen to
la escuela elementary school
el escultor, la escultora sculptor
  (10)
la escultura sculpture (10)
  ese, -a, -os, -as that, those
  ése, -a, -os, -as that, those
el esmalte nail polish; enamel (8)
  eso that
    a — de about
    ¡— no es nada! that's no
      big deal!
    por — because of that,
      for that reason
el espacio space (7)
la espada sword
la espalda back (15)
    dar la — a to turn one's
      back to (P10)
    de —s backward (15)
  espantoso, -a frightful, scary,
    horrible (5)
  español, -a Spanish
    de habla —a Spanish-
      speaking (7)
    la tortilla -a potato omelet
el español Spanish (language)
  especial special
  especialmente especially (5)
el espectáculo show, performance
  (7)
el espectador, la espectadora
    spectator (2)
el espejo mirror
la esperanza hope (11)
  esperar to wait for; to hope

el espíritu spirit (10)
la esposa wife
el esposo husband
  es que because, it's that
el esqueleto skeleton (5)
el esquí ski
  el — acuático water-skiing
  esquiar (í) to ski
la esquina corner
  esquivar to avoid, escape (2)
la estación, pl. las estaciones
    station; season
  la — gasolinera gas station
  estacionar to park
  no —se no parking
el estadio stadium (2)
el estado state; condition (9)
el estante shelf (16)
  estar to be
    está bien that's okay
    — a cien metros de . . .
      to be 100 meters
      from . . .
    — de moda to be in style
    — hasta la coronilla to be
      fed up (3)
    — para + inf. to be about
      to + inf. (11)
    — por + inf. to be in favor
      of + verb + ing (11)
la estatua statue
  este, -a, -os, -as this, these
  este . . . uhh . . . (3)
  éste, -a, -os, -as the latter (8);
    this, these
el este east
  al — to the east, in the east
el estilo style (15)
  esto this
el estómago stomach
  estornudar to sneeze
  estrecho, -a narrow (3)
la estrella star
  estrenar to debut (AP p.36)
el, la estudiante student
  estudiar to study
el estudio study (P1); studio
la estufa stove
  estupendo, -a terrific,
    stupendous
la eternidad eternity (11)
  eterno, -a eternal (5)

europeo, -a European
  evidente obvious, evident
  evitar to avoid (8)
  exactamente exactly (8)
  exacto exactly (P10)
  exagerado, -a exaggerated (P8)
el examen, pl. los exámenes
    exam, test
  sufrir un — to take a test
  examinar to check, examine
  exclamar to exclaim (P6)
la excursión, pl. las excursiones
    excursion, tour (10)
  exigente demanding (7)
la existencia existence (1)
  existir to exist (1)
el éxito success
  tener — to be successful
la experiencia experience
  (AP p.311)
la explicación pl. las explicaciones
    explanation (P1)
  explicar (qu) to explain
  explosivo, -a explosive (15)
la exposición, pl. las exposiciones
    exhibit (10)
  expresar to express (15)
la expresión, pl. las expresiones
    expression (P1)
  exprimir to squeeze, press
    out (4)
  extender (ie) to extend (17)
el exterior exterior (9)
  extranjero, -a foreign
  extraño, -a strange
  extremo, -a extreme (2)
el extremo end (2)


  fácil easy
la falda skirt
  falso, -a false
    —s amigos false friends (P1)
    verdad o — true or false
la falta mistake, error (15)
  faltar to miss, skip; to lack,
    be missing, need (1)

la **familia** family

**familiar** familiar; pertaining to the family (9)

**famoso, -a** famous

el **fantasma** ghost (5)

**fantástico, -a** fantastic, terrific

el **farmacéutico,** la **farmacéutica** druggist (AP p.271)

la **farmacia** drugstore, pharmacy

el **faro** headlight

el **farol** *(street)* lamp; lantern (16)

**fascinante** fascinating (P6)

la **fatalidad** misfortune, calamity (P10)

el **favor** favor (17)

**me hace(s) el — de + *inf.*** please + *verb*

**por —** please

**favorito, -a** favorite (15)

la **fe** faith (17)

**febrero** February

la **fecha** date *(on the calendar)*

**¿cuál es la —?** what's the date?

**feliz,** *pl.* **felices** happy, pleasant

**feo, -a** ugly

la **feria** fair (3)

el **festival** festival (10)

la **ficha** token (AP p.113)

la **fiebre** fever, temperature

la **fiesta** party

la **figura** figure (11)

**¡fíjate!** imagine!

la **fila** row *(of seats)*

**filipino, -a** Philippine

**filmar** to film

el **fin** end (2)

**a —es de** toward the end of (13)

**en —** in short

**el — de semana** weekend

**por —** finally

el **final** the last part (of) (2); finish, end (P10)

**al — de** at the end of (2)

la **finanza** finance (AP p.311)

**fino, -a** nice (17); fine

*Vocabulario español-inglés*

444

**firmar** to sign

la **física** physics

**físico, -a: la educación —a** physical education, "gym"

**flamenco, -a** flamenco *(style of music)*

el **flan,** flan, baked custard

la **flor** flower

**folklórico, -a** folk

el **fondo** background; bottom; fund (10)

**en el —** deep inside (10)

la **forma** form, shape (11)

**formal** formal

**formar** to form (P5)

**formidable** terrific

el **formulario** form

la **foto** *f.* photo, picture

la **fotografía** photograph

el **fotógrafo,** la **fotógrafa** photographer

el **fracaso** failure

la **fracción** fraction (18)

**francés, francesa** French

el **francés** French *(language)*

el **frasco** jar

la **frase** sentence (P1)

el **fregadero** sink

**fregar (ie)(gu)** to scrub

**freír (i)(i)** to fry

**frenar** to brake (AP p.271)

**frenético, -a** frenetic, frenzied (P10)

el **freno** brake

la **frente** forehead

la **fresa** strawberry (4)

**fresco, -a** cool (9)

el **fresco: hace —** it's cool out

los **frijoles** beans

**frío, -a** cold (P4)

el **frío:**

**hace —** it's cold out

**tener —** to be cold

**frívolo, -a** frivolous (8)

la **frontera** border; frontier (12)

**frotar** to rub (8)

la **fruta** fruit

el **fuego** fire

**los —s artificiales** fireworks (1)

la **fuente** drinking fountain

**fuera de** outside of

**fuerte** strong

la **fuerza** force; strength (12)

la **función** performance (AP p.36)

**funcionar** to work, function

**fundado, -a** founded (5)

**furioso, -a** angry

**ponerse —** to become angry

el **fútbol** soccer

**el campo de —** soccer field

el **futuro** future (P5)

la **gallina** hen

la **gallinera** peanut gallery (AP p.36)

el **gallo** rooster

la **gana: tener —s de** to feel like

el **ganado** cattle, livestock (11)

**ganar** to win; to earn

la **ganga** bargain

el **garaje** garage

la **garganta** throat

el **gas** gas (16)

la **gaseosa** soda, pop

la **gasolina** gasoline

**gasolinero, -a: la estación —a** gas station

**gastar** to spend

el **gato** lifting jack (AP p.229); cat

el **gaucho** gaucho (11)

**general** general (12)

**por lo —** generally (9)

el **general** general (12)

**generalmente** generally (1)

**generoso, -a** generous (14)

**genial** gifted, talented

el **genio: el mal —** temper (14)

la **gente** people

el, la **gerente** manager

la **gimnasia** gymnastics

**girar** to turn (P10)

**gitano, -a** Gypsy (3)

el **gitano,** la **gitana** Gypsy (3)

el **globo** balloon (1)

el **glosario** glossary (P1)

el **gobernador,** la **gobernadora** governor (12)

el **gobierno** government (12)

el **gol** goal (2)

**meter un —** to score a goal (2)

**el golf** golf
  **golpear** to drum (P10)
  **gordo, -a** fat
**la grabadora** tape recorder
  **gracias** thank you, thanks
  **gracioso, -a** witty (14)
**la grada** bleacher seat (AP p.36)
**el grado** degree (18)
**la gramática** grammar (15)
  **gran** *short form of* **grande**
  **grande** large, big; *(preceding noun)* great
**la grandeza** greatness (7)
**la granja** farm
**el granjero, la granjera** farmer
**el grano** pimple; grain (8)
  **grasoso, -a** greasy (8)
  **grave** grave, serious (6)
  **griego, -a** Greek
**el grifo** faucet (16)
  **gris** grey
  **gritar** to shout
**la grúa** tow truck
**el grupo** group (3)
**el guacamole** guacamole (4)
**los guantes** gloves
  **guapo, -a** handsome, beautiful
**el guardarropas,** *pl.* **los guardarropas** locker
**la guardia** guard (P6)
  **guatemalteco, -a** Guatemalan
**la guerra** war
**el, la guía** guide (17)
  **la — telefónica** telephone book
**los guisantes** peas
**la guitarra** guitar
  **gustar** to please, be pleasing
**el gusto** taste; pleasure; whim (6)
  **con mucho —** with pleasure
  **en la variedad está el —** variety is the spice of life (17)
  **mucho —** pleased to meet you


  **haber** to be (P10)
  **había** had (P8)
**la habitación,** *pl.* **las habitaciones** room
**el habitante** inhabitant (5)

**el habla: de — española** Spanish-speaking (7)
**hablar** to talk, speak
  **— por teléfono** to talk on the phone
**hacer** to do; to make
  **desde hace** for (P6)
  **hace** + *time period* ago
  **hace** + *time period* + **que** for
  **— caso a** to listen to (AP p.271)
  **me hace(s) el favor de** + *inf.* please + *verb*
  **¿qué tiempo hace?** what's the weather like?
  **—se** to become (3)
  *Also see* **calor, cola, fresco, frío, juego, papel, sol, tarea, tiempo, viaje, viento**
**hacia** toward, towards
**haitiano, -a** Haitian
**el hambre** *f:* **tener —** to be hungry
**la hamburguesa** hamburger *(sandwich)*
**la harina** flour (4)
**hasta** even (13); until
  **estar — la coronilla** to be fed up (3)
  **— luego** until later, see you later
  **— que** until (5)
**hay** *(pret.)* took place (8); there is, there are
  **¿— alguien?** anyone there? anyone home?
  **— que** one should, must; it is necessary to
  **¡no — de qué!** don't mention it! you're welcome!
  **no — que** one mustn't (P1)
**hecho, -a a la medida** made-to-measure (AP p.191)
**el helado** ice cream
  **herido, -a** wounded, hurt (11)
**el herido, la herida** wounded person (11)
**la hermana** sister
**el hermanito** little brother
**el hermano** brother
  **los —s** brothers and sisters

  **hermoso, -a** handsome; beautiful
**el héroe** hero (P10)
**la herramienta** tool
  **hervir (ie)(i)** to boil
**la hierba** grass
**la hierra** branding *(of livestock)* (11)
**la hija** daughter
**el hijo** son
  **los —s** children, sons and daughters
**el hilo** thread
  **hipnótico, -a** hypnotic (P10)
**el hipódromo** track *(for running)*
  **hispánico, -a** Hispanic (P2)
  **hispano, -a** Hispanic (7)
**el hispano, la hispana** Hispanic person (7)
  **hispanoamericano, -a** Spanish American (P10)
**la historia** history; story
  **la — romántica** love story
**el hogar** home; hearth (16)
**la hoja** leaf
  **la — clínica** clinical chart (AP p.271)
**¡hola!** hi!
**el hombre** man
**el hombro** shoulder
  **hondureño, -a** Honduran
**la hora** hour; time
  **¿a qué —?** (at) what time?
  **media —** (a) half hour
  **¿qué — es?** what time is it?
**el horario** time schedule
**la hormiga** ant (4)
**el horno** oven
**el horóscopo** horoscope (14)
**el horror: ¡qué —!** how awful!
**el hospital** hospital
**el hotel** hotel
  **hoy** today
  **de — en adelante** from now on (3)
  **de — en ocho días** in a week
  **— día** nowadays (18)
**la huella** footprint, track (6); mark (P12)

**el hueso** bone; pit (4)

**el huésped, la huéspeda** guest (16)

    **la casa de —es** rooming house (16)

**el huevo** egg

    **huir (y)** to flee (6)

**la humanidad** humanity (12)

    **humano, -a** human (12)

**el humo** smoke

**el humor: el sentido del —** sense of humor (14)

**la ida: boleto de —** one-way ticket

    **boleto de — y vuelta** round-trip ticket

**la idea** idea

**el ideal** ideal (12)

    **idealista** idealistic (12)

**el, la idealista** idealist (12)

    **identificar (qu)** to identify (13)

**el idioma** language (17)

**la iglesia** church

    **igual** equal (12); same (17)

**la igualdad** equality (12)

    **igualmente** likewise

**la iguana** iguana

**la iluminación** illumination, lighting (P10)

    **iluminar** to light up, brighten

**la imagen** image (10)

**la imaginación** imagination (15)

    **imaginario, -a** imaginary (11)

    **imaginarse** to imagine (10)

    **¡imagínate!** imagine!

**el imperfecto** imperfect (P7)

**el impermeable** raincoat

    **impersonal** impersonal (P16)

    **imponer una multa** to give a ticket

    **importante** important

    **importar: ¿qué importa?** who cares?

**la impresión** *pl.* **las impresiones** impression (3)

    **sacar —es** to make duplicates (P6)

**impresionante** impressive (3)

**impresionar** to impress (3)

**el impresionismo** impressionism (15)

**el impuesto** tax (18)

**inarrugable** permanent press (AP p.74)

**inclinado, -a** inclined, tilted (P8)

**incluir (y)** to include (1)

**incómodo, -a** uncomfortable

**increíble** unbelievable

**indefinido, -a** indefinite (16)

**el, la independentista** fighter for independence (P12)

**indicado, -a** indicated (P1)

**indicador, -a: el cuadro —** scoreboard (2)

**el indicativo** indicative (*gram.*) (P3)

**indígena** indigenous, native (17)

**la indigestión** indigestion

**el indio, la india** Indian

    **indirecto, -a** indirect (P2)

**la industria** industry (1)

    **industrioso, -a** industrious (15)

**inevitable** inevitable, unavoidable (P8)

**el infinitivo** infinitive (P5)

**la inflación** inflation (18)

**la influencia** influence (15)

    **tener — sobre** to have influence on (15)

**la influenza** flu

    **influir (y) (en)** to influence (15)

**las informaciones: el centro de —es** information (AP p.113)

**informar** to inform (16)

**los informes** information

    **pedir —** to ask for information

**el ingeniero, la ingeniera** engineer

**Inglaterra** England

    **inglés, inglesa** English

**el inglés** English (*language*)

**el ingrediente** ingredient (4)

    **inmediatamente** immediately

    **inmenso, -a** immense (11)

    **inmóvil** motionless (15)

    **inocente** innocent (6)

**el, la inocente** innocent person (6)

    **inolvidable** unforgettable (9)

**insertar** to insert (P2)

**la insistencia: hablar con — de** to insist upon (P6)

**insistir (en)** to insist (on) (3)

**el instante** instant, moment (11)

    **instintivamente** instinctively (P10)

**las instrucciones** directions (AP p.229)

**el instructor, la instructora** instructor (AP p.271)

    **insultar** to insult (5)

    **inteligente** intelligent

    **intercalar** to insert (P10)

    **interceptar** to intercept (2)

**el interés** interest (15); (*financial*) (18)

    **interesado, -a** interested (10)

    **interesante** interesting

    **interesar** to be of interest to

    **interior: la ropa —** underwear

**el interior** interior (9)

**la interpretación** interpretation (15)

**el interrogativo** interrogative (P15)

    **interrumpir** to interrupt (P10)

    **inventar** to invent (P1)

    **invertir (ie)(i)** to invert; to invest (18)

    **investigar (gu)** to investigate (6)

**el invierno** winter

**el invitado, la invitada** guest

    **invitar** to invite (15)

**ir** to go

    **— a casa** to go home

    **— a + *inf.*** to be going to + *verb*

    **— de compras** to go shopping

    **—se** to go away, leave

    **irlandés, irlandesa** Irish

    **irregular** irregular (P6)

**la isla** island

    **italiano, -a** Italian

    **itálico, -a: la letra —a** italics (P1)

**la izquierda** left, left-hand

    **a la —** to, at the left

**el jabón** soap

    **jamás** ever, never (7)

**el jamón** ham

**japonés, japonesa** Japanese
**el jardín,** *pl.* **los jardines** garden
    **el — zoológico** zoo
**la jaula** cage
**el jazz** jazz
**el jefe, la jefa** supervisor
**el, la jinete** horseman, horsewoman (11)
**la jirafa** giraffe
    **joven,** *pl.* **jóvenes** young
**el, la joven** *pl.* **los jóvenes** young person
    **jóvenes** kids (P10)
**la joya** jewel
    **judío, -a** Jewish (3)
**el judío, la judía** Jew (3)
**el juego** play (P12); game (P15)
    **hacer — con** to match
**el jueves** (on) Thursday
**el, la juez** judge (6)
**el jugador, la jugadora** player (2)
    **jugar (ue)(gu)** to play
        **—a +** *def. art.* **+** *game* to play + *game*
**el jugo** juice
**el juguete** toy (5)
**el juicio** trial; judgment; wisdom (6)
    **julio** July
    **junio** June
    **junto, -a** together (17)
**el jurado** jury (6)
**la justicia** justice (6)
**la juventud** young people (P10)

**el kilómetro** kilometer

    **la** *(f. sing.)* the; her, it, you *(dir. obj.)*
**los labios** lips
**el laboratorio** laboratory
    **lacio, -a** straight *(hair)* (8)
**el lado: al — (de)** next to, beside, next door
    **a su —** at one's side (P4)
**el ladrillo** brick (9)
**el ladrón, la ladrona** thief
**el lago** lake

**la lágrima** tear (14)
**la lámpara** electric lamp
**la lana** wool
**la langosta** lobster
**el lápiz,** *pl.* **los lápices** pencil
    **largo, -a** long
    **de manga —a** long-sleeved (3)
    **la llamada a —a distancia** long-distance call
    **las** *(f. pl.)* the; them, you *(dir. obj.)*
    **— dos** both
**la lástima** pity
    **es —** it's a shame
    **¡qué —!** what a pity! that's too bad!
**la lata** tin can
    **latinoamericano, -a** Latin American
**el lavabo** washbasin
**la lavadora** washing machine
**la lavandería** laundry room, laundry (16)
**el lavaplatos,** *pl.* **los lavaplatos** dishwasher
    **lavar** to wash *(something or someone)*
    **— platos** to do the dishes
    **—se** to wash oneself
    **—se las manos, la cara** to wash one's hands, face
**el lazo** lasso (11)
    **le** him, her, it, you *(ind. obj.)*
    **leal** loyal (14)
**la lección,** *pl.* **las lecciones** lesson
**la lectura** reading (10)
**la leche** milk
    **el café con —** coffee with milk
**la lechuga** lettuce
    **leer (y)** to read
**la legua** league (measure of length) (11)
**la legumbre** vegetable
    **lejos (de)** far (from)
**la lengua** language
    **lentamente** slowly
**el león** lion
    **les** them, you *(ind. obj.)*
**la letra** lyrics; handwriting; letter *(of alphabet)* (10)
**el letrero** sign (16)
    **levantar** to lift, raise

    **—se** to get up, stand up
**la leyenda** legend (5)
    **liberar** to liberate (12)
**la libertad** liberty, freedom (7); (12)
    **— de palabra** freedom of speech (12)
    **— de prensa** freedom of the press (12)
    **libre** free (7)
**la librería** bookstore
**la libreta:**
    **la — de banco** bankbook (18)
    **la — de cheques** checkbook (18)
**el libro** book
**el licenciado, la licenciada** holder of the equivalent of a master's degree (13)
**la licenciatura** equivalent of a master's degree (13)
**el líder** leader (1)
    **ligero, -a** light (3)
**el límite** limit (7)
**el limón** lemon (4)
**la limonada** lemonade
**el limpiabotas,** *pl.* **los limpiabotas** bootblack (16)
    **limpiar** to clean
    **limpio, -a** clean
    **lindo, -a** pretty (1)
**la línea** line
**la lista** list (P1)
    **listo, -a** ready (1); clever, sharp
    **literario, -a** literary (1)
**la literatura** literature (7)
**el litro** liter (AP p.149)
    **lo** him; it *(masc.)*; you *(masc.) (dir. obj.)*
    **a — mejor** perhaps, maybe (17)
    **— siento** I'm sorry
    **localizar (c)** to locate
**la loción** lotion (8)
    **loco, -a** crazy
**la locura** madness (AP p.191)
**el locutor, la locutora** announcer

la longitud: el salto de — broad jump
el loro parrot
los *m. pl.* the; them, you (*dir. obj.*)
  a — . . . años at . . . years of age (1)
  — dos both
la lucha fight (P12); wrestling
luchar to fight, struggle (7)
luego then (P1), (P4); later
  hasta — until later, see you later
el lugar place
  tener — to take place
el lujo luxury (16)
la luna moon
  la — de miel honeymoon (P10)
el lunar mole (8)
el lunes (on) Monday
la luz, *pl.* las luces electricity (16); light
  apagar la — to turn off the light
  encender la — to turn on the light

la llama llama (*animal*)
la llamada call
  la — a larga distancia long-distance call
llamar to call
  — a to knock at (P6)
  — la atención to attract attention (P8)
  —se to be called, be named
la llanta tire
la llanura plain (11)
la llave wrench (AP p.229); key
  cerrar (ie) con — to lock
la llegada arrival
llegar (gu) to arrive, reach
  — a to manage to, come to (P2)
llenar to fill

*Vocabulario
español-inglés*

448

llevar to take (P6); to bring (P12); to carry; to wear
  —se to carry away, off (5)
llorar to cry
llover (ue) to rain
la lluvia rain (5)

la maceta (*flower*) pot (16)
la madre mother
maduro, -a ripe; mature (4)
la magia magic (P10)
magnificar: se magnifica is magnified (P10)
magnífico, -a magnificent
el maguey maguey (*plant*) (P18)
el maíz corn (4)
mal *short form of* malo bad
  el — genio temper (14)
  hace — tiempo it's bad weather
  — educado rude
la maleta suitcase
el maletín small bag (AP p.149)
malo, -a bad
  sacar una —a nota to get a bad grade
la mamá mom
la mancha spot
mandar to order (3)
el mandato command (P3)
manejar to drive a car
  el permiso de — driver's license
la manera manner (5)
  de alguna — somehow (12)
  de ninguna — by no means (12)
la manga sleeve (3)
  de — corta short-sleeved (3)
  de — larga long-sleeved (3)
manifestarse (ie) to become manifest (15)
la mano *f.* hand
  a — by hand (P4); (AP p.74)
  dar la — to shake hands
  lavarse las —s to wash one's hands
  ¡—s arriba! hands up! (AP p.271)
la manta blanket

el mantel tablecloth
mantener to maintain (9)
la mantequilla butter
el manubrio handlebar (AP p.229)
la manzana apple
mañana tomorrow
la mañana morning
  pasado — the day after tomorrow
  por la — in the morning
el mapa *m.* map
la máquina machine
  la — de coser sewing machine
  la — de escribir typewriter
  pasar a — to type
el mar sea, ocean
la maravilla wonder, marvel (7)
  ¡qué —! what a dream!
marcar (qu) to mark (P10)
  — el número to dial a number
marcharse to leave, go away
mareado, -a dizzy
la marimba marimba (*percussion instrument*) (P10)
la marina navy (P16)
los mariscos shellfish, seafood
el martes (on) Tuesday
el martillo hammer
marzo March
más better (P10); more, most
  — bien instead, rather (3)
  — o menos more or less (13)
  nadie — no one else (P6)
matar to kill
las matemáticas mathematics, math
los materiales materials
el matrimonio wedding
  máximo, -a: la velocidad — speed limit
el, la maya Mayan (Indian) (P6)
mayo May
mayor older; larger
  el, la — oldest; largest
la mayoría majority (1)
me me; myself
el mecánico, la mecánica mechanic
la mecanografía typing (*class*)
la medalla medal (17)
la medianoche midnight
  a — at midnight
las medias nylons
la medicina medicine

**el médico, la médica** doctor

**la medida** measurement (AP p.191)

   **hecho, -a a la —** made to measure (AP p.191)

**medio** *(adverb)* half

**medio, -a** half (13)

   **las diez y —a** half past ten, ten thirty

   **—a hora** (a) half hour

**medio:**

   **en — de** in the midst of (P16)

   **por — de** by means of (15)

   **un —** one-half (18)

**el mediodía** noon, midday

   **al —** at noon

**la mejilla** cheek

**mejor** best; better

   **a lo —** perhaps, maybe (17)

   **el, la —** the best

**mejorar** to improve (12)

**el melocotón** peach (4)

**menor** younger; smaller

   **el, la —** youngest; smallest

**menos** minus (18); less, fewer

   **a — que** unless (5)

   **al —** at least

   **las diez — veinte** twenty to ten

   **más o —** more or less (13)

   **por lo —** at least

**el mensajero, la mensajera** messenger (9)

**mentir (ie)(i)** to lie (14)

**mentiroso, -a** lying, deceitful (14)

**el mentiroso, la mentirosa** liar (14)

**el menú** menu

**menudo: a —** often (5)

**el mercado** market

**la mercancía** merchandise

**la merienda** snack

**la mermelada** jam, marmalade

**el mes** month

   **el — pasado** last month

   **hace un —** a month ago

**la mesa** table

**el metal** metal (4)

**meter** to put in

   **— la pata** to put one's foot in, goof

   **— un gol** to score a goal (2)

**métrico, -a** metric (AP p.191)

**el metro** meter; subway

**mexicano, -a** Mexican

**la mezcla** mixture (4)

**mezclar** to mix (4)

**mi,** *pl.* **mis** my

**mí** me *(obj. of prep.)*

**el micrófono** microphone (1)

**el miedo: tener —** to be afraid

**la miel** honey (4)

**el miembro** member (1)

**mientras** as long as (5); while

**el miércoles** (on) Wednesday

**mil** a thousand (18)

**un millón** million (18)

**el millonario, la millonaria** millionaire

**mimado, -a** spoiled (14)

**mimar** to spoil (14)

**mineral: el agua —** bottled water

**el ministro, la ministra** *(government)* minister (12)

**el minuto** minute

**mío, -a, -os, -as** my, (of) mine

   **¡Dios —!** good grief!

**la mirada** look (P8)

**mirar** to look, look at, watch

   **¡mira!** look!

**la misa** Mass

**misionero, -a** missionary (17)

**el misionero, la misionera** missionary (17)

**mismo, -a, -os, -as —self** (3); same

   **el —** speaking (AP p.113); the same one, the very one

   **la —a** speaking (AP p.113)

   **sí —** yourself, himself, herself, itself, themselves (3)

**mismo** *(adverb):*

   **ahora —** right now

   **aquí —** right here (P10)

**misteriosamente** mysteriously (6)

**misterioso, -a** mysterious (11)

**la mitad** half (18)

**la mochila** backpack

**la moda** style

   **estar de —** to be in style

**pasado, -a de —** out of style (3)

**el modelo** model (P1)

**moderno, -a** modern

**modificado, -a** modified (P9)

**la modista** seamstress

**el modo** way

**mojado, -a** wet (8)

**mojar** to wet (8)

**molestar** to bother

   **no te molestes** don't bother

**molestoso, -a** annoying (8)

**el momento** moment

**la moneda** coin

**monetario, -a** monetary (13)

**el mono** monkey

**la montaña** mountain

**montar a caballo** to go horseback riding

**morado: de color —** purple

**moreno, -a** brown-skinned (P10); brunette

**morirse (ue)(u)** to die

   **— de** to die of

**el moro, la mora** Moor (7)

**el mostrador** counter (AP p.74)

**mostrar (ue)** to show

**la moto** *f.* motorbike

**el motor** motor

**mover (ue)** to move (16)

   **—se** to move (P10)

**móvil: la escalera —** escalator (15)

**el movimiento** motion, movement (15)

**el mozo** bellboy

**la muchacha** girl

**muchachitos** kids (P10)

**el muchacho** boy

   **los —s** girls and boys

**muchísimo, -a** very much

   **—as gracias** many thanks, thank you very much

**mucho** *(adverb)* a lot, a great deal

**mucho, -a, -os, -as** a lot of, much, many

   **— gusto** pleased to meet you

*Vocabulario*
*español-inglés*

**mudarse** to move *(to another location)* (16)

**el mueble** piece of furniture

   **los —s** furniture *(in general)*

**la muerte** death (5)

**muerto, -a** dead (5)

**el muerto** dead person, corpse (5)

**la mujer** woman

   **la — piloto** pilot *(woman)*

**la multa** fine, ticket

   **imponer una —** to give a ticket

**multiplicar (qu)** to multiply (18)

**la multitud** multitude (P10)

**el mundo** world

   **todo el —** everyone

**municipal** municipal (2)

**la muñeca** doll (AP p.191)

**el mural** mural

**el museo** museum

**la música** music; musician *(female)*

**musical** musical (10)

**el músico** musician *(male)*

**musulmán, -a** Moslem (3)

**el musulmán, la musulmana** Moslem (3)

**muy** very

**nacer (zc)** to be born (13)

**el nacimiento** birth (14)

**la nación** nation (2)

**nacional** national (2)

**la nacionalidad** nationality (AP p.149)

**nada** nothing, not anything

   **de —** you're welcome

   **¡eso no es —!** that's no big deal!

**nadar** to swim

**nadie** no one, nobody

**los naipes** cards

**la naranja** orange

**la nariz** nose (8)

**narrar** to narrate (P14)

**natural** natural (7)

**la naturaleza** nature

*Vocabulario español-inglés*

450

**naturalmente** naturally

**necesario, -a** necessary

**necesitar** to need

**negativo, -a** negative (P5)

**el negocio** business (P16)

**el, la negociante** business person

**negro, -a** black

**nervioso, -a** nervous

   **ponerse —** to become nervous

**nevar (ie)** to snow

**la nevera** refrigerator

**ni:**

   **— . . . —** neither . . . nor (12)

   **— siquiera** not even (12)

   **— un(o), -a** not a single (one) (12)

**nicaragüense** Nicaraguan

**la nieta** granddaughter

**el nieto** grandson

   **los —s** grandchildren

**ningún** *short form of* **ninguno**

**ninguno, -a, -os, -as** none, not any

   **de —a manera** by no means (12)

   **en —a parte** nowhere, anywhere (12)

**la niña** child *f.*, little girl

**el niño** child *m.*, little boy

   **los —s** children *m., m. & f.*

**no** no; not

   **¡cómo —!** of course!

   **— hay de qué** you're welcome! don't mention it!

   **¡— me digas!** no kidding! you don't say!

   **— te molestes** don't bother

   **ya —** no longer

**la noción** notion (P16)

**la noche** evening, night

   **de —** at night

   **por la —** in the evening

**el nombre** name

**la nominalización** nominalization (P9)

**el norte** north

   **al —** to the north, in the north

**norteamericano, -a** North American

**Noruega** Norway

**noruego, -a** Norwegian

**nos** us; ourselves

**nosotros, -as** we; us *(obj. of prep.)*

**la nota** note; musical note (10); grade

   **sacar una buena, mala —** to get a good, bad grade

**las noticias** news

**novecientos, -as** nine hundred

**la novela** novel

**el, la novelista** novelist

**noveno, -a** ninth (18)

**un noveno** one-ninth (18)

**noventa** ninety

**la novia** girlfriend; fiancée; bride

**noviembre** November

**el novio** boyfriend; fiancé; bridegroom

**la nube** cloud

**la nuera** daughter-in-law

**nuestro, -a, -os, -as** our, (of) ours

**nueve** nine

**nuevo, -a** new

   **de —** again (P14)

**el número** number

   **marcar el —** to dial a number

**nunca** never, not ever

**o: — . . . —** either . . . or (12)

**el objeto** object (15)

**obligar** to oblige, force (P8)

**la obra** work *(of art)* (7)

**observar** to observe (P2)

**obtener** to obtain, get (13)

**octavo, -a** eighth (18)

**un octavo** one-eighth (18)

**octubre** October

**la ocupación** occupation

**ocupado, -a** busy

**ocupar** to occupy (7)

**ochenta** eighty

**ocho** eight

**ochocientos, -as** eight hundred

**el oeste** west

   **al —** to the west, in the west

**ofenderse** to become offended, insulted (P8)

el oficial officer (P16)
la oficina office
ofrecer (zc) to offer (3)
la ofrenda offering (17)
¡oh! oh!
oír (y) to hear
el ojal buttonhole (AP p.191)
¡ojalá! hopefully! let's hope so!
   ¡— que + *subjunctive!* I hope
   (that)...! let's hope
   (that)...! hopefully...!
   ¡— que no! I hope not! let's
   hope not!
el ojo eye
   de —s azules blue-eyed (P8)
   óleo: al — in oil paint (15)
el olor smell (P4)
olvidarse (de) to forget (about)
la olla pot
once eleven
operarse to be operated on
   (AP p.271)
la opinión opinion (P10)
la oportunidad opportunity,
   chance (15)
optimista optimistic (14)
el, la optimista optimist (14)
la oración prayer; sentence;
   speech (17)
la oreja ear
el, la organista organist
organizado, -a organized (1)
organizador, -a organizing (1)
organizar (c) to organize (1)
el orgullo pride (13)
orgulloso, -a proud (P6)
el Oriente the Orient (13)
el origen, *pl.* los orígenes
   origin, beginning (P10)
original original (15)
el oro gold
la orquesta orchestra
os you *(obj.)*
oscuro, -a dark
el oso bear
el otoño fall, autumn
   en — in the fall
otro, -a, -os, -as other; another
   —a cosa something else,
   anything else
   —a vez again
¡oye! say! hey!

el, la paciente patient (AP p.271)
el padre father
   los —s parents
la paella paella *(a food)*
pagar (gu) to pay (for)
   — al contado to pay cash
   (AP p.74)
la página page
el país country
el paisaje scenery, landscape
el pájaro bird
la palabra word
el palacio palace (7)
la palanca de cambio gearshift
el palco box seat (AP p.36)
pálido, -a pale (5)
la palma palm tree
las palomitas popcorn
las pampas pampas (11)
el pan bread
la panadería bread shop, bakery
panameño, -a Panamanian
los pantalones pants
   los — vaqueros blue jeans
el pañuelo scarf; handkerchief
el papá dad
la papa potato
el papel paper; role
   hacer el — de to play the role
   of
la papelera wastebasket
el paquete package
el par pair (3)
para considering, compared
   with, with respect to (11);
   towards; for; by
   estar — + *inf.* to be about to
   + *inf.* (11)
   — + *inf.* (in order) to . . .
   — que in order that, so that
   (5)
   votar — to vote *(to fill a*
   *certain office)* (9)
el parabrisas, *pl.* los parabrisas
   windshield
la parada stop
   la — del autobús bus stop
el paraguas, *pl.* los paraguas
   umbrella

paraguayo, -a Paraguayan
parar to stop
   ¡pare! stop!
parecer (zc) to seem
   ¿qué te parece(n) . . . ? what
   do you think of . . . ?
parecido, -a similar
la pared wall
la pareja couple (3)
el paréntesis, *pl.* los paréntesis
   parenthesis (P1)
el parque park
el párrafo paragraph
la parte part
   ¿de — de quién? who's
   calling?
   en alguna — somewhere (12)
   en ninguna — nowhere,
   anywhere (12)
   por todas —s everywhere
el participio participle (P2)
particular particular, special;
   own; private (11)
el partido political party (12);
   match, game
   el — de fútbol soccer match
pasado, -a past
   el año — last year
   — de moda out of style (3)
   — mañana the day after
   tomorrow
   la semana —a last week
el pasado past (P6)
el pasajero, la pasajera passenger
el pasaporte passport
pasar to pass (2); to spend
   *(time);* to happen: to go
   in, enter
   — a máquina to type
   pase Ud. come in
   ¿qué pasa? what's happening?
   what's up? what's the
   matter?
el pasillo hallway
pasivo, -a passive (P17)
el paso: cambiar de — to change
   (one's) step (P10)

**dar un —** to take, make a step (P10)

**el — de peatones** crosswalk

**la pasta dentífrica** toothpaste

**el pastel** cake, pastry

**la pastelería** pastry shop

**el pasto** pasture, grass (11)

**el pastor, la pastora** pastor (17)

**la pata; meter la —** to put one's foot in, goof

**la patada: dar una —** to kick (2)

**la patilla** sideburn (8)

**el patín,** *pl.* **los patines** ice skate

**los —es de ruedas** roller skates

**patinar** to skate

**el patio** courtyard

**el pato** duck

**la patria** fatherland (12)

**el payaso** clown (1)

**el peatón,** *pl.* **los peatones** pedestrian

**el paso de —es** crosswalk

**la peca** freckle (8)

**el pecho** chest

**el pedal** pedal (AP p.229)

**pedir (i)(i)** to ask (for)

**— prestado** to borrow (3)

**pegar (gu)** to attach, put up; to hit (1)

**peinar** to comb *(someone's)* hair

**—se** to comb one's hair

**el peine** comb

**pelar** to peel (4)

**pelear** to fight

**la película** movie, film

**peligroso, -a** dangerous

**pelirrojo, -a** redheaded

**el pelo** hair

**tomarle el —** to pull one's leg, kid

**la pelota** ball *(small)*

**la peluquería** barbershop, beauty parlor

**el peluquero, la peluquera**

hairdresser, barber

**pensar (ie)** to think

**— en** to think about

**— +** *inf.* to intend + *inf.*

**sin — más** without another thought (P6)

**pentecostal** pentecostal (17)

**peor** worse

**el, la —** the worst

**pequeño, -a** small, little

**la percusión** percussion (P10)

**perder (ie)** to lose; to waste

**—se** to get lost (11)

**perdón: ¡ay, —!** pardon me!

**perdonar** to pardon; to forgive; to excuse (13)

**el perejil** parsley (4)

**perfeccionar** to perfect (P10)

**perfecto, -a** perfect (P10)

**el perfume** perfume (AP p.149)

**el periódico** newspaper

**el periodismo** journalism (P12)

**el, la periodista** reporter, journalist

**el permiso:**

**con —** excuse me

**el — de manejar** driver's license

**permitir** to permit, allow (3)

**pero** but

**el perro** dog

**la persona** person

**el personaje** character

**personal** personal (P12)

**pertinente** relevant, to the point (9)

**peruano, -a** Peruvian

**la pesadilla** nightmare (5)

**pesado, -a** heavy; dull; annoying (3)

**pesar** to weigh

**el pescado** fish *(to be eaten)*

**pescar (qu)** to fish

**pesimista** pessimistic (14)

**el, la pesimista** pessimist (14)

**el peso** peso *(monetary unit);* weight

**aumentar de —** to gain weight

**bajar de —** to lose weight

**la pestaña** eyelash (8)

**el pez,** *pl.* **los peces** fish *(live)*

**el piano** piano

**picar (qu)** to cut, mince; to prick, sting (4)

**el pie** foot

**al — de** at the foot of (7)

**ir a —** to go on foot, walk

**la piedra** rock, stone

**la piel** skin; fur; leather (8)

**la pierna** leg

**la píldora** pill (AP p.271)

**el piloto** pilot

**la mujer —** pilot *(woman)*

**la pimienta** pepper

**el pincel** paintbrush (10)

**la pinta** dot (3)

**a —s** polka-dotted (3)

**pintar** to paint

**—se** to put on makeup

**—se los labios** to put on lipstick

**—se los ojos** to put on eye makeup

**el pintor, la pintora** painter

**la pintura** paint; painting (10)

**la piña** pineapple

**la piñata** piñata

**los Pirineos** Pyrenees Mountains

**el piropo** flirtatious remark (P8)

**la pirueta** pirouette (P10)

**la piscina** swimming pool

**el piso** floor, story

**la pista** runway

**la pizarra** blackboard

**la pizza** pizza

**la plancha** iron

**planchar** to iron

**la planta** plant; floor, level

**la — baja** ground floor

**la plata** silver; money

**el plátano** banana

**el platillo** saucer

**el plato** plate

**el — del día** daily special

**lavar —s** to do the dishes

**la playa** beach

**la plaza** town square

**el plomero** plumber

**la pluma** pen

**el plural** plural (P1)

**el pluscuamperfecto** pluperfect (P10)

**la población** population (17)

**pobre** poor

**¡pobrecito, -a!** the poor thing! you poor thing!

**poco, -a, -os, -as** little, few

   **— después** shortly afterward (P6)

   **un —** a little (bit)

**poder** to be able to, can; *(pret.)* to manage to

   **para —** for (P10)

   **se puede** may be (P10)

   **¿se puede?** may I?

**el poder** power (12)

**el poema** poem

**la poesía** poetry (7)

**el poeta** poet

**la poetisa** (woman) poet

**polaco, -a** Polish

**el, la policía** police officer

**policiaco, -a: película —a** detective movie

**la política** politics (12)

**político, -a** political (12)

**el político, la política** politician (12)

**el pollo** chicken

**el poncho** poncho (11)

**poner** to put, place; to set *(the table)*

   **— el tocadiscos** to turn on the record-player (P10)

   **—se** to put *(clothing)* on *(oneself)*

   **—se (el sol)** to set *(the sun)* (11)

   **—se enfermo, furioso, nervioso, triste** to become sick, angry, nervous, sad

**popular** popular (8)

**la popularidad** popularity (8)

**por** times (18); for; by, through; in; along; around

   **— ciento** percent (18)

   **— lo general** generally (9)

   **— lo tanto** therefore (9)

   **¿— qué?** why?

   *Also see* **adelantado, aquí, correo aéreo, dividido, ejemplo, eso, estar, favor, fin, mañana, medio, menos, noche, parte, tarde, votar**

**porque** because

**portarse** to act, behave (14)

**portátil: la cama —** sleeping bag

**el portero** goalie; doorman (2)

**portugués, portuguesa** Portuguese

**la posdata** postscript (9)

**posesivo, -a** possessive (P9)

**la posibilidad** possibility

**posible** possible

**postal:**

   **el apartado —** post office box

   **la tarjeta —** postcard

**el postre** dessert

**practicar (qu)** to practice

**práctico, -a** practical (12)

**el precio** price

**la precisión** precision (15)

**preciso, -a** precise (P16)

**preferir (ie)(i)** to prefer

**la pregunta** question (8)

**preguntar** to ask, inquire

**el premio** prize (1)

**la prenda** article of clothing (3)

**preocupado, -a** worried

**preparar** to prepare

**preposicional** prepositional (P17)

**la presencia** presence (10)

**la presentación** presentation; introduction (10)

**presentar** to introduce; to show

**el presente** present *(tense)* (P1)

**el presidente, la presidenta** president (9)

**prestado, -a: pedir —** to borrow (3)

**prestar** to lend

   **— atención** to pay attention

**presumido, -a** conceited (14)

**el pretérito** preterite (P6)

**la primavera** spring *(season)*

   **en —** in the springtime

**primer** *short form of* **primero**

   **el —** **actor** leading man

**primero, -a** first

   **la —a actriz** leading lady

   **el — de julio** (on) the first of July, (on) July 1

**el primo, la prima** cousin

**la princesa** princess (14)

**principal** principal, main

**principalmente** principally (17)

**el principiante** beginner (13)

**el principio:**

   **al —** at first

   **a —s de** at the beginning of (13)

**la prisa** hurry, haste

   **de —** in a hurry (P16)

   **tener —** to be in a hurry

**privado, -a** private (16)

**la probabilidad** probability (P14)

**probablemente** probably

**el probador** dressing room (AP p.74)

**probar (ue)** to try; to taste

   **—se** to try on

**el problema** problem

**producir (zc)** to produce (15)

**profano, -a** profane (P12)

**la profesión** profession (18)

**el profesor, la profesora** teacher

**profundamente** deeply, profoundly (10)

**el programa** program

   **el — concurso, deportivo, entrevista** game, sports, talk show

**progresivo, -a** progressive *(tense)* (P2)

**el progreso** progress (P1)

**la prohibición** prohibition, denial (P3)

**prohibir** to forbid (3)

**prolífico, -a** prolific, productive (15)

**la promesa** promise (12)

**prometer** to promise

**la promoción** promotion (AP p.311)

**el pronombre** pronoun (P2)

**el pronóstico del tiempo** weather report

**pronto** soon; quickly

**la propina** tip

**propio, -a** one's own (3)

**propósito: a —** by the way

**el, la protagonista** protagonist (P8)

**proteger (j)** to protect (9)

**protestante** Protestant (17)

el, la **protestante** Protestant (17)

el **provecho: buen —** enjoy your meal

la **provincia** province (11)

**próximo, -a** next

   **el mes —** next month

   **la semana —a** next week

el **proyecto** project (13)

el **proyector** projector

la **prueba** test (P6)

**público, -a** public (9)

el **público** audience

el **pueblo** people (6); town, village

el **puente** bridge (10)

la **puerta** goal (2); door

el **puerto** port (3)

**puertorriqueño, -a** Puerto Rican

**pues** well

el **puesto** post, position (AP p.311)

**puesto que** since, inasmuch as (6)

la **pulsera** bracelet

el **punto** point (P6)

**puntualmente** punctually (P14)

el **pupitre** school desk

el **puré** purée, thick soup (4)


**que** that; which; than

  **así —** so, thus (P6)

  **es —** because, it's that

  **hay —** it is necessary to

  **puesto —** since, inasmuch as (6)

  **¡— te vaya bien!** take care! have a good time!

  **— viene** next (in time)

**qué** what; how

  **¡— . . . !** what a . . . !

  **¿— tal?** how are you?

  **¡— va!** nonsense!

  **¡— . . . tan . . . !** what a . . . ! (P8)

  *Also see* **color, demonios, emocionante, hora, horror, importar, pasar, por**

*Vocabulario español-inglés*

454

**quedar** to stay, remain; to be located; to fit

  **—se** to be left (P8); to stay

**quejarse** to complain

**quemarse** to burn

  **— al sol** to get a sunburn

**querer** to want; to love; (pret.) to try, intend; (neg. pret.) to refuse

  **— decir** to mean

  **—se** to love one another

**querido, -a** dear (9)

el **queso** cheese

**quien** anyone (P19); who, whom (13)

**quién** who, whom

  **¿de parte de —?** who's calling?

  **¿de —?** about whom? whose?

la **química** chemistry

**quince** fifteen

  **los — años** one's fifteenth birthday

**quinientos, -as** five hundred

**quinto, -a** fifth (1)

un **quinto** one-fifth (18)

**quisiera** I would like

  **— + inf.** I would like to + inf.

**quitar** to take away, remove

  **—se** to take (something) off of (oneself)

**quizás** perhaps (2)


el **rábano** radish (4)

el **radio** radio

la **rama** branch

**rápidamente** rapidly (6)

la **raqueta** racquet

  **la — de tenis** tennis racquet

el **rascacielos,** pl. **los rascacielos** skyscraper (10)

el **rastro** trace (3)

el **ratón** mouse

la **raya** stripe (3)

  **a —s** striped (3)

la **razón** reason (AP p.149)

  **no tener —** to be wrong

  **tener —** to be right

la **reacción** reaction (12)

**reaccionar** to react (12)

**reaccionario, -a** reactionary (12)

el **reaccionario, la reaccionaria** reactionary (12)

**real** real; royal (15)

la **realidad** reality (11)

**realizar (c)** to achieve, carry out (2)

**rebajar** to lower (a price)

el **rebozo** shawl

el **recado** message

la **receta** recipe; prescription (4)

**recetar** to prescribe

**recibir** to receive

**reciente** recent (18)

el **recipiente** receptacle, container (4)

**recitar** to recite (1)

**recoger (j)** to pick up

**recomendar (ie)** to recommend

**reconocer (zc)** to recognize (15)

el **récord** record

  **batir el —** to break the record

**recordar (ue)** to remember

un **rectángulo** rectangle (18)

**recto, -a: todo —** straight

el **recuerdo** souvenir; memory (17)

**redactar** to draw up (9)

**referirse (ie)(i)** to refer (7)

**reflejar** to reflect (11)

el **reflexivo** reflexive (gram.) (P3)

el **refrán** proverb, saying (P3)

el **refugio** refuge, shelter (11)

el **regalo** gift, present

**regatear** to bargain

el **regateo** bargaining

la **región** region

**registrar** to inspect (AP p.149)

el **registro** register

**regresar** to return, go back, come back

la **reina** queen (14)

**reírse (i)(i) (de)** to laugh (at)

la **reja** grating; grillwork (16)

**relacionado, -a** related (15)

**relativo, -a** relative (P13)

la **religión** religion (17)

**religioso, -a** religious (17)

el **reloj** clock; watch

el **remedio** remedy (8)

el **remitente** return address (9)

**remoto, -a** remote (17)

**repasar** to review

**repente: de —** suddenly (5)
**repetir (i)(i)** to repeat
**repleto, -a** full (P10)
**representar** to represent
la **reserva** reservation
el **resfriado** cold
**residencial** residential (16)
**resistir** to resist, to endure (9)
**resonar (ue)** to resound, echo (11)
**respetar** to respect
**respirar** to breathe (15)
la **respuesta** answer, response (12)
el **restaurante** restaurant
los **restos** mortal remains; leftovers *(of a meal)* (13)
el **resultado** result
el **resumen** summary (P5)
la **reunión** gathering
**reunirse (ú) (con)** to join; to meet (10)
**revelar** to reveal; to develop photographs (13)
la **revista** magazine
**revolucionario, -a** revolutionary (12)
el **revolucionario, la revolucionaria** revolutionary (12)
el **revólver** gun (6)
el **rey** king (3)
los **—es** king and queen, monarchs (3)
**rico, -a** rich
**ridículo, -a** ridiculous (15)
el **río** river
la **riqueza** wealth, riches (3)
la **risa** laugh, laughter (11)
el, la **rival** rival (2)
el **rizo** curl (8)
**robar** to rob, steal
el **robo** robbery (6)
el **rock** rock'n'roll
la **rodilla** knee
**rojo, -a** red
el **rollo de película** roll of film
**romano, -a** Roman (3)
el **romano, la romana** Roman (3)
**romántico, -a** romantic
**romper** to break
la **ropa** clothing, clothes
la **— interior** underwear

**rosa** pink (15)
**roto, -a** broken
**rubio, -a** blond
la **rueda** wheel (AP p.229)
los **patines de —s** roller skates
el **ruido** noise
**rumbo a** bound for, headed for (13)
**ruso, -a** Russian

el **sábado** (on) Saturday
la **sábana** bed sheet
**saber** to know; *(pret.)* to find out, learn
**— + inf.** to know how + *inf.*
**sabroso, -a** delicious
**sacar (qu)** to take out; to pull out (1); to take *(photos, slides)*
**— a bailar** to ask to dance (1)
**— impresiones** to make duplicates (P6)
**— una buena, mala nota** to get a good, bad grade
la **sal** salt
la **sala** living room
la **— de entrada** lobby
la **— del tribunal** courtroom (6)
la **salida** departure
**salir (de)** to leave, go out (of); to come out (of)
**— bien, mal** to do well, badly
**— con** to leave with; to go out with
**saltar** to jump (2)
el **salto** jump
el **— de altura** high jump
el **— de longitud** broad jump
**saludar** to greet
el **saludo** greeting (9)
**salvadoreño, -a** Salvadoran *(from El Salvador)*
**salvaje** savage, wild (11)
la **sandía** watermelon (4)
el **sandwich** sandwich
la **sangre** blood (6)
la **sangría** sangría *(a beverage)*
**sano, -a** healthy (8)

la **santería** image-worship (17)
el **santero, la santera** worshiper of images (17)
el **santo, la santa** saint (17)
la **sartén** frying pan
el **sastre** tailor
la **sastrería** tailor shop (AP p.191)
el **saxofón** saxophone
**secar (qu)** to dry (8)
la **sección** section
**seco, -a** dry (8)
el **secretario, la secretaria** secretary
la **secuencia** sequence (P1)
la **sed: tener —** to be thirsty
**seguir (i)(i)(g)** to continue; to follow
**según** according to
**segundo, -a** second
**seguro, -a** sure, certain
**— de que** sure that (P8)
el **seguro** insurance (9)
**seis** six
**seiscientos, -as** six hundred
la **selva** jungle
el **sello** postage stamp
el **semáforo** traffic light
la **semana** week
**hace una —** a week ago
**hace una — que** for a week
la **— pasada** last week
**sembrar (ie)** to plant (4)
**semejante** similar (P1)
la **semilla** seed (4)
**sencillo, -a** simple
**sensible** sensitive (10)
**sentar (ie)** to seat *(someone)*
**—se** to sit down
el **sentido** meaning (P1); sense (14)
el **— común** common sense (14)
el **— del humor** sense of humor (14)
el **sentimiento** feeling (P10)
**sentir (ie)(i)** to feel, sense (15); to be sorry

*Vocabulario español-inglés*

lo siento I'm sorry
　—se to feel *(a certain way)*
　　(15)
la señal signal, sign (P5)
　la — de tráfico traffic sign
señalar to mark (2)
el señor Mr.; sir; man
la señora Mrs.; madam, ma'am;
　　woman
la señorita Miss; young woman
separar to separate (4)
septiembre September
séptimo, -a seventh (18)
un séptimo one-seventh (18)
¿se puede? may I?
ser to be held, take place;
　　to be made (of) (1); to be
la serenata serenade (1)
el ser humano human being (12)
la serie series (P11)
serio, -a serious
los servicios restrooms (AP p.36)
el servidor, la servidora servant (9)
la servilleta napkin
servir (i)(i) to serve
　— de to serve as (P12)
sesenta sixty
la seta mushroom (4)
setecientos, -as seven hundred
setenta seventy
sexto, -a sixth (18)
un sexto one-sixth (18)
si if
　como — as if (11)
　sí — self (3)
　*Also see* mismo, -a
sí yes; *(sign of emphasis)*
siempre always
siento: lo — I'm sorry
la sierra saw
siete seven
el siglo century (3)
el significado meaning, significance
　　(10)
siguiente next, following (1)
silbar to whistle (2)
el silbato whistle (2)
el silencio silence (11)

la silla chair
el sillón armchair
el símbolo symbol (P6)
simpático, -a nice, pleasant
simplemente simply (1)
sin without
　— embargo nevertheless
　— que without (5)
sincero, -a sincere (14)
sincopado, -a syncopated (P10)
el singular singular (P1)
sino but *(rather)*
　— que but *(rather)* (12)
el sinónimo synonym (P1)
siquiera: ni — not even (12)
el sistema system (12)
el sitio site; place (13)
la situación situation (P5)
situado, -a situated (7)
sobre on top of; about
　tener influencia — to have
　　influence on (15)
el sobre envelope
sobrepasar to exceed, surpass
　　(7)
social social (AP p.311)
la sociedad society (7)
el sofá sofa
el sol sun
　hace — it's sunny out
　tomar el — to sunbathe
solamente only
la solapa lapel (AP p.191)
el soldado soldier (12)
soler (ue) to be accustomed to,
　　have the habit of (14)
solicitar to apply for; to ask
　　for (8)
solo, -a alone
sólo only
la sombra shadow; shade (5)
el sombrero hat
sonar (ue) to ring
sonreír (i)(i) to smile
　—se to smile (P10)
soñar (ue) (con) to dream
　　(about)
la sopa soup
sorprender to surprise
　—se (de) to be surprised (at)
　　(6)

la sorpresa surprise
sospechar (de) to suspect (6)
sospechoso, -a suspicious (6)
el sospechoso, la sospechosa
　　suspicious person,
　　suspect (6)
el sótano basement (16)
su, *pl.* sus his, her, your, their
subir to go up, ascend
　— en ascensor to go up in
　　the elevator
el subjuntivo subjunctive *(gram.)*
　　(P3)
sucio, -a dirty
la sucursal branch *(of a store)*
　　(AP p.74)
sudamericano, -a South
　　American
Suecia Sweden
sueco, -a Swedish
la suegra mother-in-law
el suegro father-in-law
el sueldo salary (AP p.311)
el suelo floor
el sueño dream (2)
　tener — to be sleepy
la suerte luck
el suéter sweater
suficiente sufficient (16)
sufrir to suffer (8)
　— un examen to take an
　　exam
sugerir (ie)(i) to suggest (3)
Suiza Switzerland
suizo, -a Swiss
el sujeto subject (P1)
sumamente extremely, highly
　　(11)
sumar to add (18)
el superlativo superlative (P9)
el supermercado supermarket
suponer to suppose
el sur south
　al — to the south, in the
　　south
el surrealismo surrealism (15)
surrealista surrealist (15)
sustantivo, -a substantive, noun
　　(P1)
el sustantivo noun (P1)
sustituir to substitute (P3)

**sustraer** to subtract (18)
**suyo, -a, -os, -as** his, (of) his; her, (of) hers; your, (of) yours; their, (of) theirs

**el tablón de anuncios** bulletin board
**tacaño, -a** stingy (14)
**el taco** taco (*a food*)
**tal** such (P14)
    **con — (de) que** provided that (5)
**el talento** talent (15)
**la talla** size (AP p.74)
**el taller** workshop (10)
**el tamaño** size
**también** also, too
**el tambor** drum
**tampoco** neither
**tan** as (9); so
    **¡qué . . . — . . . !** what a . . . ! (P8)
**tanto** as much (9); so much
    **por lo —** therefore (9)
**tanto, -a, -os, -as** as much, as many (9); so much, so many
**el tanto** point
**el tapir** tapir (*animal*)
**la taquilla** ticket window (AP p.36)
**el taquillero, la taquillera** ticket seller (AP p.36)
**tarde** late
**la tarde** afternoon
    **buenas —s** good afternoon, hello
    **de la —** in the afternoon, P.M.
    **por la —** in the afternoon
**la tarea** homework
    **hacer la —** to do homework
**la tarjeta** card
    **la — de crédito** credit card (AP p.74)
    **la — de embarque** boarding pass
    **la — postal** postcard
**la taza** cup

**te** you *(ind. obj.); (dir. obj.);* yourself
**el teatro** theater
**la tecla** *(piano or typewriter)* key (10)
**la técnica** technique (15)
**el techo** ceiling; roof
**tejer** to weave; to knit (10)
**la tela** cloth
**telefónico, -a** telephone *(adj.)* (AP p.113)
    **la guía —a** telephone book
**el, la telefonista** telephone operator (AP p.113)
**el teléfono** telephone
    **hablar por —** to talk on the phone
    **la cabina del —** telephone booth
**el telegrama** telegram
**la telenovela** soap opera
**la televisión** television
**el televisor** television set
    **el — en colores** color television set
**el tema** *m.* theme
**temer** to be afraid of, fear
**el templo** temple
**temprano** early
**tender (ie) a** to tend to (14)
**el tenedor** fork
**tener** to have
    **aquí lo tiene(s)** *(when handing someone something)* here it is
    **¿qué tiene(s)?** what's wrong with you?
    **— que + *inf.*** to have to + *inf.*
    *Also see* **año, bondad, calor, éxito, frío, ganas, hambre, influencia, lugar, miedo, prisa, razón, sed, sueño, vergüenza**
**el tenis** tennis
    **la cancha de —** tennis court
    **jugar al —** to play tennis
**tercer** *short form of* **tercero**
**tercero, -a** third
**un tercio** one-third (18)
**terco, -a** stubborn (14)

**terminar** to finish
**terrible** terrible
**terror: película de —** horror movie
**el testigo** witness (6)
**el texto** text (9)
**ti** you *(obj. of prep.)*
**la tía** aunt
**el tiempo** period (2); tense (P15); weather; time
    **a —** on time
    **hace buen, mal —** it's good, bad weather
    **el pronóstico del —** weather report
    **¿qué — hace?** what's the weather like?
**la tienda** store; tent
    **la — de acampar** camping tent
**la tierra** earth (4); land
**el tigre** tiger
**las tijeras** scissors
**el timbre** bell
**la timidez** timidness, shyness (P14)
**tímido, -a** timid, shy (14)
**la tinta** ink (10)
**el tío** uncle; guy
    **los —s** aunts and uncles
**tirar** to throw (1); to throw away
    **— (de)** to pull (5)
**el título** title; university degree (13)
**la tiza** chalk
**la toalla** towel
**el tobillo** ankle (11)
**el tocadiscos,** *pl.* **los tocadiscos** record player
**el tocador** chest of drawers
**tocar (qu)** to touch upon (P8); to play *(music)*
    **— la bocina** to honk the horn
**todavía** still; yet

**todo, -a, -os, -as** all, the whole, every, each

**de —** everything

**por —as partes** everywhere

**—a clase** all kinds

**— recto** straight

**—s los días** every day, daily

**tomar** to take; to have *(food, drink)*

**— el sol** to sunbathe

**—le el pelo** to pull one's leg, kid

**el tomate** tomato

**el tono** tone (9)

**cambiar de —** to change (one's) tone (P6)

**la tontería** foolishness (1)

**tonto, -a** foolish, stupid (1)

**el tonto, la tonta** stupid person, fool (1)

**el tornillo** screw (AP p.229)

**el toro** bull

**la torre** tower (10)

**la tortilla** Mexican tortilla (4)

**la — española** potato omelet

**toser** to cough

**la tostadita** corn chip, tortilla chip (4)

**el tostador** toaster

**totalmente** totally (11)

**trabajar** to work

**el trabajo** job (P12); work

**la tradición** tradition (7)

**tradicional** traditional (5)

**tradicionalmente** traditionally (5)

**traer** to bring

**el tráfico: la señal de —** traffic sign

**la tragedia** tragedy (7)

**trágico, -a** tragic (7)

**el traje** costume (P10); suit

**el — de baño** bathing suit

**el — de etiqueta** formal suit

**el — de novia** wedding dress

*Vocabulario español-inglés*

458

**la tranquilidad** tranquillity, peace (11)

**tranquilo, -a** in peace (P8); calm

**trasnochar** to stay up late (1)

**tratar** to treat; to discuss (6)

**— de** to try to

**través: a — de** through (3)

**trece** thirteen

**treinta** thirty

**el tren** train

**la trenza** braid (8)

**tres** three

**trescientos, -as** three hundred

**el triángulo** triangle (18)

**la tribu** tribe (P6)

**el tribunal: la sala del —** courtroom (6)

**el triciclo** tricycle (AP p.229)

**el trigo** wheat (4)

**triste** pathetic (1); sad

**ponerse —** to become sad

**la trompeta** trumpet

**tropical** tropical (9)

**el trozo** piece

**tu** your

**tú** you *(subject)*

**la tuba** tuba

**la tuerca** nut (AP p.229)

**la tumba** tomb, grave (13)

**el turismo** tourism (1)

**el, la turista** tourist

**tuyo, -a, -os, -as** your, (of) yours

**u** or *(replaces o before words starting with o- or ho-)*

**Ud.** *abbreviation of* **usted**

**Uds.** *abbreviation of* **ustedes**

**último, -a** last

**un, una** a, an; one

**único, -a** only

**la unidad** unity; unit (13)

**el uniforme** uniform (2)

**la universidad** university

**uno, -a** one

**unos, -as** some, a few

**la uña** fingernail; toenail (8)

**urgente: la entrega —** special delivery

**uruguayo, -a** Uruguayan

**usar** to use

**se usa** it is used (P10)

**el uso** use (P6)

**usted** you *(subject);* you *(obj. of prep.)*

**el utensilio** utensil, tool (4)

**útil** useful (1)

**la uva** grape (4)

**¡uy!** oh!

**va: ¡qué —!** nonsense!

**la vaca** cow

**las vacaciones** vacation, vacations

**pasar las —** to spend one's vacation

**el vacío** emptiness (11)

**valer** to be worth

**más vale pájaro en mano que ciento volando** a bird in the hand is worth two in the bush (P14)

**el valle** valley

**la vaquera** cowgirl

**el vaquero** cowboy

**los pantalones —s** blue jeans

**la película de —s** cowboy movie

**la variedad** variety, diversity (17)

**en la — está el gusto** variety is the spice of life (17)

**varios, -as** several

**el vaso** glass *(for drinking)*

**vaya:**

**¡que te — bien!** take care! have a good time!

**¡—!** indeed! go on!

**el vecino, la vecina** neighbor

**veinte** twenty

**veintiún** *short form of* **veintiuno**

**veintiuno, -a; veintidós,**

**etc.** twenty-one,
twenty-two, etc.

**la velocidad** speed

**la — máxima** speed limit

**¡ven!** come!

**el vendedor, la vendedora**
vendor, seller

**vender** to sell

**venezolano, -a** Venezuelan

**venir** to come

**que viene** next *(in time)*

**la venta** sale

**la ventaja** advantage (18)

**la ventana** window

**la ventanilla** window *(cashier's,
post office)*

**el ventilador** fan

**ver** to see

**a —** hello (AP p.113);
let's see

**se ven** are seen (P10)

**el verano** summer

**en —** in the summertime

**el verbo** verb (P1)

**la verdad** truth

**¿no es —?** isn't that right?

**¿—?** right? isn't that
right?

**verdaderamente** truly (6)

**verdadero, -a** true, real (11)

**verde** green, unripe *(fruit)*
(4); green *(color)*

**el chile —** green chili
pepper (4)

**la vergüenza** shame, embarrassment (8)

**tener —** to be embarrassed

**el verso** line of poetry;
verse (7)

**el vestíbulo** lobby (16)

**el vestido** dress

**vestir (i)(i)** to dress
*(someone)*

**—se** to get dressed,
dress oneself

**el veterinario, la veterinaria**
veterinarian

**la vez,** *pl.* **las veces** time

**a veces** sometimes

**de una —** at once

**de — en cuando** from time
to time, occasionally

**en — de** instead of (8)

**otra —** again

**viajar** to travel

**el viaje** trip, journey

**hacer un —** to take a trip

**el viajero, la viajera** traveler

**cheques de —** traveler's
checks

**la víctima** victim

**la vida** life

**viejo, -a** old

**el viento** wind (P8)

**hace —** it's windy

**el viernes** (on) Friday

**el vino** wine

**la violencia** violence

**el violín** violin

**la visita** visit (AP p.149)

**visitar** to visit

**se visitarán** will be
visited (P10)

**la vista** view (16)

**la vitrina** glass cabinet (P6);
shop window

**¡viva!** hurray! (1)

**la vivienda** housing, living
quarters (16)

**vivir** to live

**vivo, -a** alive, living;
lively; clever (15)

**el vocabulario** vocabulary (P1)

**el volante** steering wheel

**volar (ue)** to fly (7)

**el volibol** volleyball

**volver (ue)** to return, come
back, go back

**— a** to go back to doing,
do something again

**—se** to become; to turn,
turn around (4)

**votar** to vote (9)

**— para** to vote *(to fill a
certain office)* (9)

**— por** to vote *(for a
specific candidate)* (9)

**la voz,** *pl.* **las voces** voice

**en — (más) alta** in a
loud(er) voice

**en — (más) baja** in a
soft(er) voice

**el vuelo** flight

**la vuelta:**

**boleto de ida y —** round-
trip ticket

**dar media — a . . .** to turn
. . . halfway around
(P10)

**dar —s** to turn (P10)

**vuestro, -a, -os, -as** your,
(of) yours

**y** and; plus

**las diez — cinco** five
past ten, 10:05

**ya** now (P8); then, later
(P10); already

**— no** no longer

**— que** since (P10)

**el yerno** son-in-law

**yo** I

**yugoslavo, -a** Yugoslav

**la zanahoria** carrot (4)

**la zapatería** shoe repair shop

**el zapato** shoe

**los —s deportivos** gym
shoes

**zoológico: el jardín —** zoo

# English-Spanish Vocabulary

The *English-Spanish Vocabulary* contains active and *A propósito* vocabulary.

**a** un, una
**to abandon** abandonar (5)
**abbreviation** la abreviatura (9)
**able: to be —** poder
**about** de, sobre; *(around)* a eso de
  **— whom?** ¿de quién?
  **to be — to +** *inf.* estar para + *inf.* (11)
**absurd** absurdo, -a
**accident** el accidente
**to accompany** acompañar
**according to** según
**account** la cuenta (18)
  **on — of** a causa de (8), debido a (6)
  **to charge on —** cargar (gu) a la cuenta (AP p.74)
**accountant** el contador, la contadora (18)
**to accuse** acusar (6)
**accused person** el acusado, la acusada (6)
**accustomed: to be — to** soler (ue) (14)
**to achieve** realizar (c) (2)
**acquainted: to be — with** conocer (zc)
**to act** portarse (14)
**action** la acción (18)
**actor, actress** el actor, la actriz
**to add** añadir (4); *(numbers)* sumar (18)
**address** la dirección
  **return —** el remitente (9)
**to address** *(someone)* dirigirse (j) (a) (9)

**administration: business —** la administración de empresas (AP p.311)
**adored** adorado, -a (9)
**advance: in —** por adelantado (16)
**to advance** adelantar (16)
**advantage** la ventaja (18)
**adversary** el adversario (2)
**to advise** aconsejar (3)
**affectionate** afectuoso, -a (9)
**afraid: to be — of** temer, tener miedo (de)
**African** africano, -a
**after** después (de) que (5); después (de)
  **the day — tomorrow** pasado mañana
**afternoon** la tarde
  **— snack** la merienda
  **good —** buenas tardes
  **in the —** de la tarde, por la tarde
**afterward** después
**again** otra vez
  **to do** *(something)* **—** volver (ue) a
**against** contra
**age** la edad (18)
  **at . . . years of —** a los . . . años (1)
**agency** la agencia (AP p.311)
**ago** hace + *time period*
**agreeable** agradable (8)
**ah!** ¡ah!
**air** el aire (7)
  **— mail** el correo aéreo
  **by — mail** por correo aéreo
**airplane** el avión, *pl.* los aviones
**airport** el aeropuerto
**alive** vivo, -a (15)

**all** todo, -a
  **— kinds** toda clase
  **any . . . at —** cualquier(a) (15)
  **anyone at —** cualquiera (15)
**alligator** el caimán, *pl.* los caimanes
**to allow** dejar, permitir (3)
**almost** casi
**alone** solo, -a
**along** por
**already** ya
**also** también
**although** aunque (5)
**always** siempre
**ambassador** el embajador, la embajadora (12)
**ambulance** la ambulancia
**among** entre
**ample** amplio, -a (16)
**to amuse** divertir (ie)(i)
**amusing** divertido, -a
**an** un, una
**ancient** antiguo, -a (3)
**and** y; e *(before words starting with i- or hi-)*
**angel** el ángel (5)
**to anger** enojar
**angle** el ángulo (18)
**angry** furioso, -a
**animal** el animal
**animated** animado, -a (2)
**animatedly** animadamente (17)
**ankle** el tobillo (11)
**to announce** anunciar
**announcement** el anuncio
**announcer** el locutor, la locutora
**annoying** pesado, -a (3), molestoso, -a (8)
**another** otro, -a
**answer** la respuesta (12)

**to answer** contestar
    **— the phone** descolgar
        (ue)(gu)
**ant** la hormiga (4)
**any** alguno, -a
    **— . . . at all** cualquier(a)
        (15)
    **— . . . whatever** cualquier(a)
        (15)
    **not —** ninguno, -a
**anybody** alguien
    **— home?** ¿hay alguien?
**anyone** alguien
    **— at all** cualquiera (15)
    **— there?** ¿hay alguien?
**anything** algo
    **— else** otra cosa
    **not —** nada
**anywhere** en ninguna parte (12)
**apartment** el apartamento
**to appear** aparecer (zc) (11)
**appearance** la apariencia (8)
**appendix** el apéndice (AP
    p. 271)
**to applaud** aplaudir (2)
**apple** la manzana
**to apply** aplicar (qu) (8)
    **— for** solicitar (8)
**appointment** la cita (3)
**to approach** acercarse (qu) a (2)
**appropriate** apropiado, -a (9)
**April** abril
**aquiline** *(nose)* aguileño, -a (8)
**architect** el arquitecto,
    la arquitecta
**architecture** la arquitectura
    (5)
**Argentine, Argentinian**
    argentino, -a
**arm** *(weapon)* el arma (6);
    el brazo
**armchair** el sillón
**army** el ejército (12)
**around** alrededor (de), por
    **— here** por aquí
    **to turn —** volverse (ue) (4)
**to arrest** detener (6)
**arrival** la llegada
**to arrive** llegar (gu)
**art** el arte, *pl.* las artes
    **manual —s** la artesanía (10)
**article** el artículo

**— of clothing** la prenda (3)
**artist** el, la artista (10)
**artistic** artístico, -a (10)
**as** tan (9); como
    **— for** en cuanto a (7)
    **— if** como si (11)
    **— long —** mientras (5)
    **— many** tantos, -as (9)
    **— much** tanto; tanto, -a (9)
    **— much —** cuanto, -a (13)
    **— soon —** en cuanto (5)
    **— soon — possible** cuanto
        antes
**to ascend** subir
**Asian** asiático, -a
**to ask** *(a question)* preguntar
    **— for** solicitar (8), pedir (i)(i)
    **— for information** pedir
        informes
    **— to dance** sacar a bailar (1)
**asleep: to fall —** dormirse (ue)(u)
**aspirin** la aspirina
**assassin** el asesino, la asesina (6)
**to assemble** armar (AP p.229)
**associated** asociado, -a (9)
**at** a; en
    **— first** al principio
    **— home** en casa
    **— least** al menos, por lo
        menos
    **— night** de noche
    **— once** de una vez
    **— the beginning of** a principios
        de (13)
    **— the end of** al final de (2)
    **— the foot of** al pie de (7)
    **— (the) present (time)**
        actualmente (10)
    **— . . . years of age** a los . . .
        años (1)
**athlete** el, la atleta
**atmosphere** el ambiente (5)
**to attach** pegar (gu) (1)
**to attack** atacar (qu) (2)
**to attend** atender (ie) (AP p.74),
    asistir a
**attention** la atención
    **to pay —** prestar atención
**attentive** atento, -a (9)
**attentively** atentamente (9)
**attorney** el abogado, la abogada
**to attribute** atribuir (y) (17)

**audience** el público
**August** agosto
**aunt** la tía
    **—s and uncles** los tíos
**Australian** australiano, -a
**Austrian** austríaco, -a
**authentic** auténtico, -a (11)
**author** el autor, la autora
**authority** la autoridad (6)
**autumn** el otoño
**avenue** la avenida (16)
**avocado** el aguacate (4)
**to avoid** esquivar (2), evitar (8)
**away: to go —** irse, marcharse
**awful: how —!** ¡qué barbaridad!,
    ¡qué horror!
**axle** el eje (AP p.229)

**back** *(adv.)* de atrás (AP p.229);
    *(noun)* la espalda (15)
    **in —** atrás (13)
    **in — of** detrás (de)
    **to go — to** *(doing)* volver (ue) a
        *(+ inf.)*
**background** el fondo (10)
**backpack** la mochila
**backward** de espaldas (15)
**bad** malo, -a; mal *(short form)*
    **it's — weather** hace mal tiempo
    **that's too —!** ¡qué lástima!
    **to get a — grade** sacar una
        mala nota
**badly: to do —** salir mal
**bag:**
    **sleeping —** la cama portátil
    **small —** el maletín (AP p.149)
**baggage** el equipaje
**bakery** la panadería
**balcony** el balcón, *pl.* los
    balcones (16)
**bald** calvo, -a (8)
**ball** *(large)* el balón, *pl.* los
    balones; *(small)* la pelota
**balloon** el globo (1)
**banana** el plátano
**band** el conjunto

bank el banco
bankbook la libreta de banco (18)
banker el banquero, la banquera
barber el peluquero, la peluquera
barbershop la peluquería
bargain la ganga
to bargain regatear
bargaining el regateo
baseball el béisbol
basement el sótano (16)
basilica la basílica (17)
basketball el baloncesto
bath el baño
    to take a — bañarse
to bathe (someone) bañar
    — oneself bañarse
bathing:
    — resort el balneario (9)
    — suit el traje de baño
bathroom el baño
bathtub la bañera
to be ser; estar
    — accustomed to soler (ue) (14)
    — born nacer (zc) (13)
    — fed up estar hasta la coronilla (3)
    — glad alegrarse
    — held ser (1)
    — in style estar de moda
    — made (of) ser (de) (1)
    be quiet! ¡cállate!
    — worth valer
    — wrong equivocarse (qu)
beach la playa
beans los frijoles
bear el oso
beard la barba
beautiful guapo, -a, hermoso, -a
beauty parlor la peluquería
because porque, es que
    — of a causa de (8)
    — of that por eso
to become hacerse (3), volverse (ue) (4), ponerse
    — angry, nervous, sad, sick ponerse furioso, nervioso, triste, enfermo

    — manifest manifestarse (ie) (15)
bed la cama
    to go to — acostarse (ue)
    to put (someone) to — acostar (ue)
bedroom el dormitorio (16), la alcoba
bee la abeja (4)
before antes (de) que (5); antes de
to begin comenzar (ie)(c) (13), empezar (ie)(c)
beginner el principiante (13)
beginning: at the — of a principios de (13)
to behave portarse (14)
behind (in back of) detrás de
being: human — el ser humano (12)
belief la creencia (17)
to believe creer (y)
believer el, la creyente (17)
bell (church) la campana (10); (door) el timbre
bellboy el mozo
belt el cinturón
bench el banco (16)
beneath bajo (7), debajo (de)
beneficial beneficioso, -a (18)
beside al lado de
besides además
best el, la mejor
better mejor
between entre
bicycle la bicicleta
big grande, gran (short form)
    that's no — deal! ¡eso no es nada!
bilingual bilingüe (AP p.311)
bill (currency) el billete (AP p.36); (charge) la cuenta
biology la biología
bird el pájaro
birth el nacimiento (14)
birthday el cumpleaños
    one's fifteenth — los quince años
bit: a little — un poco
black negro, -a
blackboard la pizarra

blanket la manta
bleached decolorado, -a (AP p.74)
bleacher seat la grada (AP p.36)
blind ciego, -a
block (city) la cuadra (16)
blond rubio, -a
blood la sangre (6)
blouse la blusa
blue azul
    — jeans los pantalones vaqueros
board: bulletin — el tablón de anuncios
boarding pass la tarjeta de embarque
boat el barco
body el cuerpo
to boil hervir (ie)(i)
Bolivian boliviano, -a
bond el bono (18)
bone el hueso (4)
book el libro
    telephone — la guía telefónica
bookstore la librería
boot la bota (3)
bootblack el limpiabotas, pl. los limpiabotas (16)
booth:
    cashier's — la caja
    telephone — la cabina del teléfono
border la frontera (12)
to bore aburrir
bored aburrido, -a
    to get — aburrirse
boring aburrido, -a
    how —! what a bore! ¡qué aburrido!
    born: to be — nacer (zc) (13)
to borrow pedir prestado (3)
both los dos, las dos
to bother molestar
    don't bother no te molestes
bottled water el agua mineral
bottom el fondo (10)
bound for rumbo a (13)
box la caja
    — seat el palco (AP p.36)
    post office — el apartado postal
boy el chico, el muchacho

**—s and girls** los chicos, los muchachos

**little —** el niño

**boyfriend** el novio

**bracelet** la pulsera

**braid** la trenza (8)

**brake** el freno

**to brake** frenar (AP p.271)

**branch** *(of a store)* la sucursal (AP p.74); *(of a tree)* la rama

**branding** *(of livestock)* la hierra (11)

**Brazilian** brasileño, -a

**bread** el pan

**— shop** la panadería

**to break** romper

**— the record** batir el récord

**breakfast** el desayuno

**breath** el aliento (8)

**to breathe** respirar (15)

**brick** el ladrillo (9)

**bride** la novia

**bridegroom** el novio

**bridge** el puente (10)

**brief** breve (9)

**to brighten** iluminar

**to bring** traer

**broad jump** el salto de longitud

**broken** descompuesto, -a, roto, -a

**broom** la escoba

**brother** el hermano

**—-in-law** el cuñado

**—s and sisters** los hermanos

**little —** el hermanito

**brought** traído, -a (10)

**brown** de color café

**brunette** moreno, -a

**brush** el cepillo

**to brush** cepillar

**— one's hair** cepillarse

**— one's teeth** cepillarse los dientes

**to build** construir (y)

**building** el edificio (16)

**bull** el toro

**bulletin board** el tablón de anuncios

**bullfight** la corrida

**to burn** quemarse

**burro** el burro

**to bury** enterrar (ie) (13)

**bus** el autobús, *pl.* los autobuses

**— stop** la parada del autobús

**by —** en autobús

**bush** el arbusto (4)

**business** *(adj.)* comercial (9); *(noun)* el comercio (AP p.311)

**— administration** la administración de empresas (AP p.311)

**— person** el, la negociante

**busy** ocupado, -a

**but** pero

**— (rather)** sino que (12), sino

**butcher** el carnicero, la carnicera

**— shop** la carnicería

**butter** la mantequilla

**button** el botón (AP p.191)

**buttonhole** el ojal (AP p.191)

**to buy** comprar

**by** por; para; en

**— bus** en autobús

**— hand** a mano (AP p.74)

**— means of** por medio de (15)

**— no means** de ninguna manera (12)

**— the way** a propósito

**cage** la jaula

**cake** el pastel

**calculator** la calculadora (18)

**call** la llamada

**long-distance —** la llamada a larga distancia

**to call** llamar

**who's calling?** ¿de parte de quién?

**called: to be —** *(to be named)* llamarse

**calm** tranquilo, -a

**to calm** calmar (6)

**calm down!** ¡cálmate!

**camera** la cámara

**to camp** acampar

**camping:**

**— tent** la tienda de acampar

**to go —** acampar

**can** poder

**can** *(tin)* la lata

**— opener** el abrelatas, *(pl.)*

los abrelatas

**Canadian** canadiense

**Canarian** *(from the Canary Islands)* canario, -a

**candidate** el candidato, la candidata (12)

**candy: piece of —** el dulce (5)

**capital** la capital (3)

**capsule** la cápsula (AP p.271)

**to capture** capturar

**car** el auto, el automóvil, *(pl.)* los automóviles

**caravel** la carabela (13)

**card** la tarjeta

**credit —** la tarjeta de crédito (AP p.74)

**(playing) —s** los naipes

**care: take —!** ¡que te vaya bien!

**to care: who cares?** ¿qué importa?

**career** la carrera (2)

**careful: be —!** ¡cuidado! (4)

**carefully** con cuidado (15)

**carpenter** el carpintero, la carpintera

**carpeted** alfombrado, -a (16)

**carrier: letter —** el cartero, la cartera

**carrot** la zanahoria (4)

**to carry** llevar

**— away, off** llevarse (5)

**— out** realizar (c)

**cartoons** los dibujos animados

**case: in — that** en caso (de) que (5)

**cash: to pay —** pagar al contado (AP p.74)

**cashier's booth** la caja

**cassette** la cassette

**castanets** las castañuelas

**castle** el castillo

**cat** el gato

**to catch** atrapar (11)

**cathedral** la catedral (13)

**Catholic** *(adj.)* católico, -a (13); *(noun)* el católico, la católica (17)

**Catholicism** el catolicismo (17)

**cattle** el ganado (11)

**cause** la causa (7)
**to cause** causar (8)
**ceiling** el techo
**to celebrate** celebrar
**cement** el cemento (9)
**cemetery** el cementerio (5)
**center** el centro (1)
    **shopping —** el centro
        comercial (AP p.74), (16)
**centimeter** el centímetro (AP
    p.191)
**central** central (16)
    **— office** el centro de
        comunicaciones (AP
        p.113)
**Central American**
    centroamericano
**century** el siglo (3)
**ceramics** la cerámica
**ceremonious** ceremonioso, -a (9)
**ceremony** la ceremonia
**certain** cierto, -a (13), seguro, -a
**chair** la silla; *(armchair)* el sillón
**chalk** la tiza
**champion** el campeón, la
    campeona
**championship** el campeonato
**chance** la oportunidad (15)
**change** el cambio
**to change** cambiar
**channel** el canal
**chapter** el capítulo
**character** el carácter (14); *(in a*
    *play)* el personaje
**characteristic** la característica
    (17)
**to charge** cobrar
    **— on account** cargar (gu) a la
        cuenta (AP p.74)
**charming** encantador, -a (14)
**chart: clinical —** la hoja
    clínica (AP p.271)
**to chat** charlar
**cheap** barato, -a
**check** *(plaid)* el cuadro (3); el
    cheque; *(bill)* la cuenta
    **traveler's —s** los cheques de
        viajero

**to check** examinar
**checkbook** la libreta de cheques
    (18)
**checkered** a cuadros (3)
**checkers** las damas
**cheek** la mejilla
**cheese** el queso
**chemistry** la química
**chess** el ajedrez
**chest** el pecho
    **— of drawers** el tocador
**chicken** *(bird)* la gallina; *(food)*
    el pollo
**child** el niño, la niña
**children** los hijos, los niños
**Chilean** chileno, -a
**chili: green — pepper** el chile
    verde (4)
**chin** la barbilla (8)
**Chinese** chino, -a
    **— parsley** el cilantro (4)
**chip (corn, tortilla)** la tostadita
    (4)
**chocolate: hot —** el chocolate
**to choose** escoger (j)
**chord** la cuerda (10)
**Christian** *(adj.)* cristiano, -a;
    *(noun)* el cristiano, la
    cristiana (3)
**church** la iglesia
**churro** el churro
**circle** el círculo (18)
**citizen** el ciudadano, la
    ciudadana (9)
**city** la ciudad
    **— block** la cuadra (16)
**civil** civil (7)
**civilization** la civilización (11)
**clarinet** el clarinete
**class** la clase
**classic** clásico, -a
**classified** clasificado, -a (16)
**classroom** la clase
**clean** limpio, -a
**to clean** limpiar
**clear** claro, -a (15)
**clever** vivo, -a (15), listo, -a
**client** el, la cliente
**climate** el clima (9)
**clinical chart** la hoja clínica
    (AP p.271)
**clock** el reloj

**to close** cerrar (ie)
**closet** el closet (16)
**cloth** la tela
**clothes** la ropa
**clothing** la ropa
    **article of —** la prenda (3)
    **to make —** confeccionar (AP
        p.191)
**cloud** la nube
**clove** *(of garlic)* el diente (4)
**clown** el payaso (1)
**coast** la costa (9)
**Coca-Cola** la Coca-Cola
**coffee** el café
    **— with milk** el café con leche
**coffeepot** la cafetera
**coin** la moneda
**cold** el frío; *(illness)* el resfriado
    **it's — out** hace frío
    **to be —** tener frío
**collection** la colección, *pl.* las
    colecciones
**Colombian** colombiano, -a
**colonial** colonial (5)
**color** el color
    **— television set** el televisor en
        colores
    **what — . . .?** ¿de qué
        color . . .?
**comb** el peine
**to comb** *(someone's hair)* peinar
    **— one's hair** peinarse
**to combine** combinar (17)
**combo** el conjunto
**to come** venir
    **come!** ¡ven!
    **— back** regresar, volver (ue)
    **— down** bajar
    **come here** ven acá
    **come in** pase Ud.
    **— out (of)** salir (de)
**comedian, comedienne** el
    cómico, la cómica
**comedy** la comedia
**comfortable** cómodo, -a
**commerce** el comercio (AP
    p.311)
**commercial** el anuncio comercial
**to commit** cometer (14)
**committee** el comité (1)
**common** común (14)
**community** la comunidad (7)

**companion** el compañero, la compañera (7)
**companionship** la compañía (9)
**company** la compañía (9)
**to complain** quejarse
**complete** completo, -a (1)
**to complete** completar (AP p.191)
**complex** complejo, -a (10)
**complicated** complicado, -a
**composition** la composición
**computer** la computadora (18)
**conceited** presumido, -a (14)
**concert** el concierto
  **— seat** la butaca (AP p.36)
**to condemn** condenar (7)
**condemned** condenado, -a (5)
**condition** el estado (9), la condición
**condominium** el condominio (16)
**conductor** el director, la directora
**confidence** la confianza (15)
**conflict** el conflicto (7)
**confused** desorientado, -a (11), confundido, -a (13)
**confusing** confuso, -a (13)
**to connect** *(by telephone)* comunicar (qu)
**conquistador** el conquistador, la conquistadora (17)
**consequence** la consecuencia (17)
**to consider** considerar (1)
**to consult** consultar (AP p.113)
**contact** el contacto (9)
**to contain** contener (13)
**container** el recipiente (4)
**contest** el concurso (1)
**to continue** seguir (i)(i)(g)
**contrary: on the —** al contrario
**convent** el convento (13)
**conversation** la conversación
**conversion** la conversión (17)
**to convert (into)** convertir (ie)(i) (en) (12)
**to convince** convencer (z)
**cook** el cocinero, la cocinera
**to cook** cocinar
**cool** fresco, -a (9)
  **it's — out** hace fresco
**coriander** el cilantro (4)
**cordially** atentamente (9)
**corn** el maíz (4)

**— chip** la tostadita (4)
**corner** la esquina
**corps: diplomatic —** el cuerpo diplomático (AP p.311)
**corpse** el muerto (5)
**to correct** corregir (i)(i)(j) (14)
**to correspond** corresponder (13)
**to cost** costar (ue)
**Costa Rican** costarricense
**costume** el disfraz (1)
**to cough** toser
**counselor** el consejero, la consejera (AP p.311)
**to count** contar (ue) (18)
**counter** el mostrador (AP p.74)
**country** *(side)* el campo; *(nation)* el país
**couple** la pareja (3)
**course** el curso (18)
  **of —!** ¡claro!, ¡cómo no!
**court** la cancha
  **tennis —** la cancha de tenis
**courteous** cortés (14)
**courtroom** la sala del tribunal (6)
**courtyard** el patio
**cousin** el primo, la prima
**cow** la vaca
**cowboy** el vaquero
  **— movie** la película de vaqueros
**cowgirl** la vaquera
**to crash into** *(something)* chocar (qu) con + *an object*
**crazy** loco, -a
**to create** crear (11)
**credit card** la tarjeta de crédito (AP p.74)
**crime** el crimen (6)
**criminal** el, la criminal (6)
**to cross** cruzar (c)
**crosswalk** el paso de peatones
**crossword puzzle** el crucigrama (13)
**crucifix** el crucifijo (17)
**to cry** llorar
**Cuban** *(adj.)* cubano, -a; *(noun)* el cubano, la cubana (7)
**cubism** el cubismo (15)
**to cultivate** cultivar
**cultural** cultural (3)
**culture** la cultura (3)

**cultured** culto, -a (14)
**cup** *(loving)* la copa (2); *(coffee)* la taza
**curious** curioso, -a
**curl** el rizo (8)
**curly** crespo, -a (8)
**current** *(adj.)* actual; *(noun)* la corriente (10)
**curtain** la cortina
**curve** la curva
**custard: baked —** el flan
**custom** la costumbre (5)
**customer** el, la cliente
**customs** la aduana
  **— agent** el aduanero, la aduanera
**to cut** picar (qu) (4); *(off)* cortar

**dad** el papá
**dagger** la daga (6)
**daily** *(adj.)* diario, -a (6); *(adv.)* al día (8); todos los días
  **— newspaper** el diario (6)
  **— special** el plato del día
**dance** el baile
**to dance** bailar
  **to ask —** sacar a bailar (1)
**dandruff** la caspa (8)
**dangerous** peligroso, -a
**to dare to** atreverse a
**dark** oscuro, -a
**darn it!** ¡caray!
**date** *(appointment)* la cita (3); *(on the calendar)* la fecha
  **what's the —?** ¿cuál es la fecha?
**daughter** la hija
  **—-in-law** la nuera
  **sons and —s** los hijos
**dawn** el amanecer (6)
**day** el día *(m.)*
  **every —** todos los días
  **the — after tomorrow** pasado mañana

*English-Spanish Vocabulary*

**dead** muerto, -a (5)
  **— person** el muerto (5)
**deal:**
  **a great —** mucho *(adv.)*
  **that's no big —!** ¡eso no es
    nada!
**dear** querido, -a (9)
**death** la muerte (5)
**to debut** estrenar (AP p.36)
**deceitful** mentiroso, -a (14)
**December** diciembre
**to decide** decidir (15)
**to declare** declarar (6)
**to dedicate** dedicar (qu) (15)
**deep inside** en el fondo (10)
**deeply** profundamente (10)
**defect** el defecto (14)
**to defend** defender (ie) (2)
**defendant** el acusado, la acusada
  (6)
**definitely** definitivamente (13)
**definitively** definitivamente (13)
**deflated** desinflado, -a (AP
  p.229)
**degree** el grado (18)
  **university —** el título (13)
**delicious** sabroso, -a
**to delight** encantar
**to deliver** entregar (gu)
**delivery: special —** la entrega
  urgente
**demanding** exigente (7)
**dentist** el, la dentista
**deodorant** el desodorante
**department** el departamento
  **— store** el almacén, *pl.* los
    almacenes
**departure** la salida
**to descend** bajar
**to describe** describir
**desert** el desierto
**deserted** desierto, -a
**to desire** desear
**desk** *(school)* el pupitre
**to despair** desesperarse (8)
**dessert** el postre
**to destroy** destruir (y)
**destroyed** destrozado, -a

**detail** el detalle (18)
**detective** el, la detective
  **— movie** la película policiaca
**to develop photographs** revelar (13)
**development** el desarrollo (12)
**dial** el disco (AP p.113)
**to dial a number** marcar (qu) el
  número
**diary** el diario (6)
**dictionary** el diccionario
**to die (of)** morirse (ue)(u) (de)
**difference** la diferencia (9)
**different** distinto, -a
**difficult** difícil
**dining room** el comedor
**dinner** *(midday meal)* la comida
**diplomatic corps** el cuerpo
  diplomático (AP p.311)
**to direct oneself (to)** dirigirse (j) (a)
  (9)
**direction** la dirección (7)
**directly** directamente (8)
**director** el director, la directora
**dirty** sucio, -a
**disadvantage** la desventaja (18)
**disagreeable** desagradable (8)
**to disappear** desaparecer (zc) (6)
**to disassemble** desarmar (AP p. 229)
**disco** la discoteca
**discolored** decolorado, -a (AP
  p.74)
**discotheque** la discoteca
**discount** el descuento (18)
**to discover** descubrir
**discoverer** el descubridor, la
  descubridora (13)
**to discuss** tratar (6); discutir
**disembarkation** el desembarque
  (AP p.149)
**disguise** el disfraz, *pl.* los
  disfraces (1)
**disguised** disfrazado, -a (1)
**dishes: to do the —** lavar platos
**dishwasher** el lavaplatos, *pl.* los
  laváplatos
**to dislike** caer mal
**disoriented** desorientado, -a (11)
**disposition** el carácter (14)
**distinguished** distinguido, -a (9)
  **to be —** destacarse (qu) (3)
**diversity** la variedad (17)
**to divide** dividir (15)

**divided by** dividido por (18)
**dizzy** mareado, -a
**to do** hacer, cumplir con
  **— badly** salir mal
  **— homework** hacer la tarea
  **— *(something)* again** volver
    (ue) a
  **— well** salir bien
**doctor** el médico, la médica
  **Doctor** *(title)* el doctor, la
    doctora
**documentary** el documental
**dog** el perro
**doll** la muñeca (AP p.191)
**dollar** el dólar
**Dominican** dominicano, -a
**done: well —** bien asado
**donkey** el burro
**door** la puerta
  **next —** al lado
**doorman** el portero (2)
**dot** la pinta (3)
**to doubt** dudar
  **down: to come, go —** bajar
  **downstairs** abajo (13)
  **downtown** el centro
**to draw** dibujar
  **— near** acercarse (qu) a (2)
  **— up** redactar (9)
**drawer** *(bureau)* el cajón, *pl.* los
  cajones
  **chest of —s** el tocador
**drawing** *(sketch)* el dibujo;
  *(class)* el dibujo
**dream** el sueño (2)
  **what a —!** ¡qué sueño!
**to dream (about)** soñar (ue) (con)
**dress** el vestido
  **wedding —** el traje de novia
**to dress** *(someone)* vestir (i)(i)
  **to — oneself, get dressed**
    vestirse (i)(i)
**dressing room** el probador (AP
  p.74)
**to drink** tomar
**drinking fountain** la fuente
**to drive** *(a car)* manejar
**driver's license** el permiso de
  manejar
**driving school** la auto-escuela
  (AP p.271)
**druggist** el farmacéutico, la

farmacéutica (AP p.271)

**drugstore** la farmacia
**drum** el tambor
**drunk** borracho, -a
**dry** seco, -a (8)
**to dry** secar (8)
**duck** el pato
**due to** debido a (6)
**dull** pesado, -a (3)
**duration** la duración (AP p.149)
**during** durante
**duty** el deber

**each** cada, todo, -a
**ear** la oreja
**early** temprano
**to earn** ganar
**earring** el arete
**earth** la tierra (4)
**east** el este
   **to, in the —** al este
**easy** fácil
**to eat** comer
   **— supper** cenar
   **— up** comerse (3)
**eater: big —** el comilón, la
   comilona (14)
**echo** el eco (11)
**to echo** resonar (ue) (11)
**economist** el, la economista (18)
**Ecuadorian** ecuatoriano, -a
**education** *(learning)* la
   enseñanza (1); *(social)* la
   educación
   **physical —** la educación física
**effect** el efecto (15)
**egg** el huevo
**eggbeater** la batidora
**eight** ocho
   **— hundred** ochocientos, -as
**eighteen** dieciocho
**eighth** octavo, -a (18)
   **one-—** un octavo (18)
**eighty** ochenta
**either . . . or** o . . . o (12)
**elderly person** el anciano, la
   anciana
**to elect** elegir (i)(i)(j) (12)
   **election(s)** las elecciones (12)
**electrical outlet** el enchufe

**electricity** la luz (16)
**elegant** elegante
**element** el elemento (15)
**elementary school** la escuela
**elephant** el elefante
**elevator** el ascensor
**eleven** once
**else: anything, something —** otra
   cosa
**to embark** embarcarse (qu) (13)
**embarkation** el embarque
   (AP p.149)
**embarrassed: to be —** tener
   vergüenza (8)
**embarrassment** la vergüenza (8)
**embassy** la embajada (12)
**to embroider** bordar (7)
**to employ** emplear (14)
   **employee** el empleado, la
   empleada (AP p.311)
   **employment** el empleo (AP
   p.311)
**emptiness** el vacío (11)
**enamel** el esmalte (8)
**to enchant** encantar
   **enchanting** encantador, -a (14)
**end** *(of a game)* el fin; *(of an
   object)* el extremo (2)
   **at the — of** al final de (2)
   **toward the — of** a fines de
   (13)
**ending** *(of a movie, story, etc.)*
   el desenlace
**to endure** resistir (9)
**enemy** el enemigo, la enemiga
   (14)
**engineer** el ingeniero, la ingeniera
**England** Inglaterra
**English** *(adj.)* inglés, inglesa;
   *(language)* el inglés
**to enjoy** disfrutar de (8)
   **— oneself** divertirse (ie)(i)
   **enjoy your meal** buen provecho
**enormous** enorme
**enough** bastante
   **—!** ¡basta!
**to enter** entrar en, pasar
**to entertain** divertir (ie)(i)
   **entertaining** divertido, -a
   **enthusiast** el, la entusiasta (2)
   **enthusiastic** entusiasmado, -a,
   entusiástico, -a (2)

**entrance fee** la entrada (AP p.36)
**envelope** el sobre
**envious** envidioso, -a (14)
**epidemic** la epidemia
**epoch** la época (3)
**equal** igual (12)
**equality** la igualdad (12)
**equivalent** equivalente (1)
**eraser** el borrador
**error** el error (14), la falta (15)
**escalator** la escalera móvil (15)
**to escape** esquivar (2), escaparse
**especially** especialmente (5)
**essay** el ensayo (7)
**eternal** eterno, -a (5)
**eternity** la eternidad (11)
**European** europeo, -a
**even** aun (9), hasta (13); *(tied)*
   empatado, -a (2)
   **— though** aunque (5)
   **not —** ni siquiera (12)
**evening** la noche
   **in the —** por la noche
**ever** jamás (7)
   **not —** nunca
**every** *(each)* todo, -a
   **— day** todos los días
**everyone** todo el mundo
**everything** de todo
**everywhere** por todas partes
**evident** evidente
**exactly** exactamente (8)
**exam** el examen, *pl.* los
   exámenes
   **to take an —** sufrir un examen
**to examine** examinar
**example: for —** por ejemplo
**to exceed** sobrepasar (7)
**excited** animado, -a,
   entusiasmado, -a (2)
**exciting: how —!** ¡qué
   emocionante!
**excursion** la excursión (10)
**to excuse** perdonar (13)
   **excuse me** con permiso
**exhausted** agotado, -a (AP p.271)
**exhibit** la exposición (10)
**to exist** existir (1)

existence la existencia (1)
expensive caro, -a
experience la experiencia (AP p.311)
to explain explicar (qu)
explosive explosivo, -a (15)
to express expresar (15)
expressway la autopista (16)
to extend extender (ie) (17)
exterior el exterior (9)
extreme extremo, -a (2)
extremely sumamente (11)
eye el ojo
   to put on — makeup pintarse los ojos
eyebrow la ceja
eyelash la pestaña (8)

face la cara
   to wash one's — lavarse la cara
failure el fracaso
fair la feria (3)
faith la fe (17)
fall el otoño
   in the — en otoño
to fall caer (y)
   — asleep dormirse (ue)(u) (3)
   — down caerse (y)
   — in love enamorarse (1)
false falso, -a
   true or — verdad o falso
familiar familiar (9)
   to be — with conocer (zc)
family la familia
   pertaining to the — familiar (9)
famous famoso, -a
fan (sports, etc.) el, la entusiasta (2); el aficionado, la aficionada; (machine) el ventilador
fantastic fantástico, -a
far (from) lejos (de)
farewell la despedida (9)
farm la granja
farmer el granjero, la granjera

fast: to be — (clock) adelantar (16)
fat gordo, -a
father el padre
   —-in-law el suegro
fatherland la patria (12)
faucet el grifo (16)
fault la culpa (6)
favor el favor (17)
   to be in — of + verb + ing estar por + inf. (11)
favorite favorito, -a (15)
to fear temer
February febrero
fed up: to be — estar hasta la coronilla (3)
to feel (something) sentir (ie)(i) (15); (a certain way) sentirse (ie)(i) (15)
   — like tener ganas de
fenced in cercado, -a (16)
festival el festival (10)
fever la fiebre
few poco, -a
   a — unos, -as
fewer menos
fiancé el novio
fiancée la novia
field el campo
   soccer — el campo de fútbol
fifteen quince
fifteenth: one's — birthday los quince años
fifth quinto, -a (1)
   one-— un quinto (18)
fifty cincuenta
to fight luchar (7), pelear
figure la figura (11)
to file archivar (AP p.311)
to fill llenar
film la película
   roll of — el rollo de película
to film filmar
finally por fin
finance la finanza (AP p.311)
to find encontrar (ue)
   — out saber (pret.)
fine (penalty) la multa; (adv.) bien; (adj.) fino, -a
finger el dedo
fingernail la uña (8)
to finish acabar, terminar

fire el fuego
fireman el bombero
fireworks los fuegos artificiales (1)
first primero, -a; primer (short form)
   at — al principio
   (on) the — of July el primero de julio
fish (food) el pescado; (live) el pez, pl. los peces
to fish pescar (qu)
to fit quedar
five cinco
   — hundred quinientos, -as
to fix arreglar
flag la bandera
flamenco (style of music) flamenco, -a
flan el flan
flat desinflado, -a (AP p.229)
to flee huir (y) (6)
flight el vuelo
   — attendant el auxiliar de vuelo, la azafata
float: parade — la carroza (1)
floor (of a room) el suelo; (level) el piso, la planta
   ground — la planta baja
flour la harina (4)
flower la flor
flu la influenza
to fly volar (ue) (7)
folk folklórico, -a
to follow seguir (i)(i)(g)
following siguiente (1)
fool el tonto, la tonta (1)
foolish tonto, -a (1)
foolishness la tontería (1)
foot el pie
   at the — of al pie de (7)
   to go on — ir a pie
   to put one's — in meter la pata
footprint la huella (6)
for por; para
   as — en cuanto a (7)
   — example por ejemplo
   — (period of time) hace + time period + que; e.g. hace una semana que
   — that reason por eso
to forbid prohibir (3)

**force** la fuerza (12)
**forehead** la frente
**foreign** extranjero, -a
**forest** el bosque
**to forget (about)** olvidarse (de)
**to forgive** perdonar (13)
**fork** el tenedor
**form** *(shape)* la forma (11); *(to be filled out)* el formulario
**formal** formal
— **suit** el traje de etiqueta
**former: the** — aquél, aquélla, aquéllos, aquéllas (8)
**forty** cuarenta
**founded** fundado, -a (5)
**fountain: drinking** — la fuente
**four** cuatro
— **hundred** cuatrocientos, -as
**fourteen** catorce
**fourth** cuarto, -a (1)
**one-**— un cuarto (18)
**fraction** la fracción (18)
**freckle** la peca (8)
**free** libre (7)
**freedom** la libertad (7), (12)
— **of the press** la libertad de prensa (12)
— **of speech** la libertad de palabra (12)
**French** *(adj.)* francés, francesa; *(language)* el francés
**Friday** el viernes
**friend** el amigo, la amiga
**friendly** amable
**frightened** asustado, -a
**frightful** espantoso, -a (5)
**frivolous** frívolo, -a (8)
**from** de; desde
— **now on** de hoy en adelante (3), de aquí en adelante (14)
— **time to time** de vez en cuando
— . . . **to** desde . . . hasta
**to be 100 meters** — . . . estar a cien metros
**where is** . . . —? ¿de dónde es . . . ?
**front:**
**in** — adelante (13)
**in** — **(of)** delante (de)
**frontier** la frontera (12)

**fruit** la fruta
**to fry** freír (i)(i)
**frying pan** la sartén
**to fulfill** cumplir con
**to function** funcionar
**fund** el fondo (10)
**funny** divertido, -a
**fur** la piel (8)
**furnace** la calefacción (16)
**furnished** amueblado, -a (16)
**furniture** *(in general)* los muebles
**piece of** — el mueble

**to gain weight** aumentar de peso
**game** el partido
— **show** el programa concurso
**garage** el garaje
**garbage** la basura (16)
**garden** el jardín, *pl.* los jardines
**garlic** el ajo (4)
**gas** el gas (16)
— **station** la estación gasolinera
**gasoline** la gasolina
**gathering** la reunión
**gaucho** el gaucho (11)
**gearshift** la palanca de cambio
**general** *(adj.)* general; *(noun)* el general (12)
**generally** generalmente (1), por lo general (9)
**generous** generoso, -a (14)
**gentleman** el caballero (3)
**German** alemán, alemana
**Germany** Alemania
**to get** obtener (13), conseguir (i)(i)(g)
— **a good, bad grade** sacar una buena, mala nota
— **a haircut** cortarse el pelo
— **a sunburn** quemarse al sol
— **lost** perderse (ie) (11)
— **mad (at)** enojarse (con)
— **married (to)** casarse (con)
— **up** levantarse
**ghost** el fantasma (5)
**gift** el regalo
**gifted** genial
**giraffe** la jirafa
**girl** la chica, la muchacha
**boys and** —**s** los chicos, los

muchachos
**little** — la niña
**girlfriend** la novia
**to give** dar
— **a ticket** imponer una multa
**glad: to be** — alegrarse (de)
**glass** *(for drinking)* el vaso
**glasses** *(for eyes)* los anteojos
**gloves** los guantes
**to go** andar (2), ir
— **away** irse, marcharse
— **back** regresar, volver (ue)
— **back to** *(doing)* volver (ue) a
— **camping** acampar
— **down** bajar
— **home** ir a casa
— **horseback riding** montar a caballo
— **in** pasar, entrar (en)
**go on!** ¡vaya!
— **on foot** ir a pie
— **out (of)** salir (de)
— **out with** salir con
— **shopping** ir de compras
— **to bed** acostarse (ue)
— **up** subir
— **up in an elevator** subir en ascensor
— **with** acompañar
**to be going to** + *verb* ir a + *inf.*
**goal** *(post)* la puerta (2); *(scoring)* el gol
**to score a** — meter un gol (2)
**goalie** el portero (2)
**god, goddess** el dios, la diosa (17)
**gold** el oro
**golf** el golf
**good** bueno, -a; buen *(short form)*
— **afternoon** buenas tardes
— **grief!** ¡Dios mío!
**good-bye: to say** — **(to)** despedirse (i)(i) (de)
**to goof** meter la pata
**gosh!** ¡caramba!
**gossip** *(piece of)* el chisme (14)

gossipy chismoso, -a (14)
government el gobierno (12)
governor el gobernador, la gobernadora (12)
to grab agarrar (2)
grade la nota
    to get a good, bad — sacar una buena, mala nota
grain el grano (8)
grammar la gramática (15)
grandchildren los nietos
granddaughter la nieta
grandfather el abuelo
grandma la abuelita
grandmother la abuela
grandpa el abuelito
grandparents los abuelos
grandson el nieto
grape la uva (4)
grass el pasto (11), la hierba
grating la reja (16)
grave (adj.) grave (6); (noun) la tumba (13)
greasy grasoso, -a (8)
great grande, gran (short form), estupendo, -a
    that's —! ¡qué bueno!
great-grandfather el bisabuelo
great-grandmother la bisabuela
greatness la grandeza (7)
Greek griego, -a
green (unripe) verde (4); (color) verde
    — chili pepper el chile verde (4)
to greet saludar
greeting el saludo (9)
grey gris
grief el dolor (5)
    good —! ¡Dios mío!
grillwork la reja (16)
ground floor la planta baja
group el grupo (3)
to grow crecer (zc); (crops) cultivar
guacamole el guacamole (4)
Guatemalan guatemalteco, -a
to guess adivinar

guest el huésped, la huéspeda (16), el invitado, la invitada
guide el, la guía (17)
guilt la culpa (6)
guilty culpable (6)
    — person el, la culpable (6)
guitar la guitarra
gun el revólver (6)
guy el tío
gym la educación física
    — shoes los zapatos deportivos
gymnastics la gimnasia
Gypsy (adj.) gitano, -a; (noun) el gitano, la gitana (3)

habit: to have the — of soler (ue) (14)
hair el pelo
haircut: to get a — cortarse el pelo
hairdresser el peluquero, la peluquera
Haitian haitiano, -a
half (adj.) medio, -a (13); (noun) la mitad (18); (adv.) medio
    (a) — hour media hora
    — past ten las diez y media
    one — un medio (18)
hallway el pasillo
ham el jamón
hamburger (sandwich) la hamburguesa
hammer el martillo
hand la mano (f.)
    by — a mano (AP p.74)
    —s up! ¡manos arriba! (AP p.271)
    to shake —s dar la mano
    to wash one's —s lavarse las manos
handicrafts la artesanía (10)
handkerchief el pañuelo
handlebar el manubrio (AP p.229)
handsome guapo, -a, hermoso, -a
handwriting la letra (10)
to hang up colgar (ue)(gu)
to happen pasar

what's happening? ¿qué pasa?
happiness la alegría (1)
happy alegre (1), contento, -a; feliz, pl. felices
    to make — alegrar
hard difícil
to harvest cosechar (4)
haste la prisa
hat el sombrero
to have tener; (food, drink) tomar
    have a good time! ¡que te vaya bien!
    — a good time divertirse (ie)(i)
    — just + past participle acabar de + inf.
    — the habit of soler (ue) (14)
    — + inf. tener que + inf.
he él
head la cabeza
headache el dolor de cabeza
headed for rumbo a (13)
headlight el faro
healthy sano, -a (8)
to hear oír (y)
hearth el hogar (16)
heat la calefacción (16)
heavy pesado, -a (3)
heck: what the —! ¡qué demonios! (15)
held: to be — ser (1)
hello bueno, diga, a ver (AP p.113), aló
help la ayuda (10)
to help atender (ie) (AP p.74), ayudar
    — + inf. ayudar a + inf.
hen la gallina
her la (dir. obj.); le (ind. obj.); ella (obj. of prep.); (before noun) su, pl. sus; (after noun) suyo, -a (poss. adj.)
here aquí, acá
    around — por aquí
    come — ven acá
    — it is aquí lo tienes
herself (ella) misma; (after prep.) sí misma (3)
hey! ¡oye!
hi! ¡hola!
high alto, -a (18)
    — jump el salto de altura
highly sumamente (11)

**highway** la carretera
**hill** la colina
**him** él *(obj. of prep.)*; lo *(dir. obj.)*; le *(ind. obj.)*
**himself** (él) mismo; *(after prep.)* sí mismo (3)
**his** *(before noun)* su, *pl.* sus; *(after noun)* suyo, -a
**Hispanic** hispano, -a (7)
— **person** el hispano, la hispana (7)
**history** la historia
**to hit** pegar (gu) (1); *(run over)* atropellar
**home** el hogar (16)
**at —** en casa
**(to) —** a casa
**homework** la tarea
**to do —** hacer la tarea
**Honduran** hondureño, -a
**honey** la miel (4)
**to honk the horn** tocar la bocina
**hook: to take the phone off the —** descolgar (ue)(gu)
**hooked** *(nose)* aguileño, -a (8)
**hope** la esperanza (11)
**to hope** esperar
**I hope (that) . . . !** ¡ojalá que + *subjunctive!*
**let's hope not!** ¡ojalá que no!
**let's hope so!** ¡ojalá!
**hopefully!** ¡ojalá!
**horn** la bocina
**to honk the —** tocar la bocina
**horoscope** el horóscopo (14)
**horrible** espantoso, -a (5)
**horror movie** la película de terror
**horse** el caballo
**horseback: to go — riding** montar a caballo
**horseman, horsewoman** el, la jinete (11)
**hospital** el hospital
**hot** caliente
**to be —** tener calor
**it's — out** hace calor
**hotel** el hotel
**hour** la hora
**(a) half —** media hora
**house** la casa

**rooming —** la casa de huéspedes (16)
**to (someone's) —** a casa de . . .
**housing** la vivienda (16)
**how** como (13); cómo; qué
— **are you?** ¿qué tal?
— **do you say . . . ?** ¿cómo se dice . . . ?
— **much, — many** cuánto, -a
— **old is . . . ?** ¿cuántos años tiene . . . ?
**however** como (13)
**hug** el abrazo
**to hug** abrazar (c)
**huge** enorme
**human** humano, -a (12)
— **being** el ser humano (12)
**humanity** la humanidad (12)
**humor: sense of —** el sentido del humor (14)
**hundred: one —** cien(to)
**hungry: to be —** tener hambre
**hunt** la caza (11)
**hunting** la caza (11)
**hurray!** ¡viva! (1)
**hurricane** el ciclón (9)
**hurry** la prisa
**to be in a —** tener prisa
**to hurry** apurarse
**hurt** herido, -a (11)
**to hurt** doler (ue)
**my throat hurts** me duele la garganta
**husband** el esposo


**I** yo
**ice:**
— **cream** el helado
— **skate** el patín, *pl.* los patines
**idea** la idea
**ideal** el ideal (12)
**idealist** el, la idealista (12)
**idealistic** idealista (12)
**to identify** identificar (qu) (13)
**if** si
**as —** como si (11)
**iguana** la iguana
**ill** enfermo, -a

**image** la imagen (10)
— **worship** la santería (17)
**worshiper of —s** el santero, la santera (17)
**imaginary** imaginario, -a (11)
**imagination** la imaginación (15)
**to imagine** imaginarse (10)
**imagine!** ¡fíjate! ¡imagínate!
**immediately** inmediatamente
**immense** inmenso, -a (11)
**important** importante
**to impress** impresionar (3)
**impression** la impresión, *pl.* las impresiones (3)
**impressionism** el impresionismo (15)
**impressive** impresionante (3)
**to improve** mejorar (12), adelantar (16)
**in** en; de; por
— **order that** para que (5)
— **order to + inf.** para + *inf.*
*Also see* **advance, back, front**
**inasmuch as** puesto que (6)
**to include** incluir (y) (1)
**increase** el aumento (AP p.311)
**indeed!** ¡vaya!
**Indian** el indio, la india
**indigenous** indígena (17)
**indigestion** la indigestión
**industrious** industrioso, -a (15)
**industry** la industria (1)
**inexpensive** barato, -a
**inflation** la inflación (18)
**influence** la influencia (15)
**to have — on** tener influencia sobre (15)
**to influence** influir (y) (en) (15)
**to inform** informar (16)
**information** el centro de informaciones (AP p.113), los informes
**to ask for —** pedir informes
**ingredient** el ingrediente (4)
**inhabitant** el habitante (5)
**ink** la tinta (10)
**innocent** inocente (6)
— **person** el, la inocente (6)

to inquire preguntar
inside adentro (13)
  deep — en el fondo (10)
to insist (on) insistir (en) (3)
to inspect registrar (AP p.149)
instant el instante (11)
instead más bien (3)
  — of en vez de (8)
instruction la instrucción (AP
    p.229)
instructor el instructor, la
    instructora (AP p.271)
to insult insultar (5)
insurance el seguro (9)
intelligent inteligente
to intend + *inf.* pensar (ie) + *inf.*,
    querer *(pret.)* + *inf.*
to intercept interceptar (2)
interest el interés (15), *(financial)*
    (18)
  to be of — interesar
interesting interesante
interior el interior (9)
interpretation la interpretación
    (15)
intersection la bocacalle (AP
    p.271), el cruce de calles
interview la entrevista
to introduce presentar
introduction la presentación
    (10)
to invert invertir (ie)(i) (18)
to invest invertir (ie)(i) (18)
to investigate investigar (gu) (6)
to invite invitar (15)
Irish irlandés, irlandesa
iron la plancha
to iron planchar
island la isla
it él, ella *(obj. of prep.)*; lo, la
    *(dir. obj.)*; le *m. + f.* *(ind.*
    *obj.)*
  —'s that es que
Italian italiano, -a
itself (él) mismo, (ella) misma;
    *(after prep.)* sí mismo, -a
    (3)

jack: lifting — el gato (AP p.229)
jacket la chaqueta
jail la cárcel
jam la mermelada
  traffic — el embotellamiento
    (16)
January enero
Japanese japonés, japonesa
jar el frasco
jazz el jazz
jealous celoso, -a (14)
jeans: blue — los pantalones
    vaqueros
Jew el judío, la judía  (3)
jewel la joya
Jewish judío, -a (3)
to join reunirse (ú) (con) (10)
joke la broma (1), el chiste
joker: you —! ¡chistoso, -a!
journalist el, la periodista
journey el viaje
judge el, la juez (6)
judgment el juicio (6)
juice el jugo
July julio
jump el salto
  broad — el salto de longitud
  high — el salto de altura
to jump saltar (2)
June junio
jungle la selva
jury el jurado (6)
just: to have — + *past participle*
    acabar de + *inf.*
justice la justicia (6)

key *(piano or typewriter)* la
    tecla (10); *(door)* la llave
keyhole la cerradura (16)
to kick dar una patada (2)
to kid tomarle el pelo
kidding: no — ¡no me digas!
to kill matar
kilometer el kilómetro
kind la clase
  all —s toda clase
kindly amablemente (13)

king el rey (3)
  — and queen los reyes (3)
kiss el beso
to kiss besar
kitchen la cocina
knee la rodilla
knife el cuchillo
to knit tejer (10)
to know *(have knowledge of)*
    saber; *(be familiar with)*
    conocer (zc)
  — how + *inf.* saber + *inf.*

laboratory el laboratorio
to lack faltar (1)
lake el lago
lamb: roast — el cordero asado
lamp *(street)* el farol (16); *(table,*
    *etc.)* la lámpara
land la tierra
to land aterrizar (c)
landscape el paisaje
language el idioma (17), la
    lengua
lantern el farol (16)
lapel la solapa (AP p.191)
large grande, gran *(short form)*
larger mayor
largest el, la mayor
lariat: Argentine — with weights
    las boleadoras (11)
lasso el lazo (11)
last último, -a
  — name el apellido
  — night anoche
  — week la semana pasada
  — year el año pasado
  the — part (of) el final (2)
to last durar
late tarde
  to stay up — trasnochar (1)
later luego
  see you —, until — hasta luego
Latin American latinoamericano,
    -a
latter: the — éste, ésta, éstos,
    éstas (8)
laugh la risa (11)
to laugh (at) reírse (i)(i) (de)

**laughter** la risa (11)
**laundry (room)** la lavandería (16)
**lawyer** el abogado, la abogada
**leader** el líder (1)
**leading:**
   **— lady** la primera actriz
   **— man** el primer actor
**leaf** la hoja
**league** *(measure of length)* la
   legua (11)
**to learn** aprender; *(to find out)*
   saber *(pret.)*
   **— (how) + inf.** aprender a +
   *inf.*
**learning** la enseñanza (1)
**least: at —** al menos, por lo
   menos
**leather** la piel (8), el cuero
**to leave** *(a person or object)* dejar;
   *(go out of)* salir (de),
   irse, marcharse
   **— behind** abandonar (5)
   **— with** salir con
**lecture** la conferencia (10)
**lecturer** el, la conferenciante (15)
**left** *(hand)* la izquierda
   **at, to the —** a la izquierda
**leftovers** *(of a meal)* los restos
   (13)
**leg** la pierna
**legend** la leyenda (5)
**lemon** el limón (4)
**lemonade** la limonada
**to lend** prestar
**less** menos
   **more or —** más o menos (13)
**lesson** la lección, *pl.* las lecciones
**to let** dejar (3)
   **letter** *(of alphabet)* la letra (10);
   la carta
   **closing of a —** la despedida (9)
   **— carrier** el cartero, la cartera
**lettuce** la lechuga
**level** la planta
**liar** el mentiroso, la mentirosa
   (14)
**to liberate** liberar (12)
**liberty** la libertad (7), (12)
**librarian** el bibliotecario, la
   bibliotecaria
**library** la biblioteca

**license: driver's —** el permiso de
   manejar
**to lie** mentir (ie)(i) (14)
   **— down** acostarse (ue)
**life** la vida
**to lift** levantar
**lifting jack** el gato (AP p.229)
**light** *(in weight)* ligero, -a (3);
   *(clear)* claro, -a; la luz, *pl.*
   las luces
   **to turn off the —** apagar la luz
   **to turn on the —** encender la
   luz
   **traffic —** el semáforo
**to light up** iluminar
**like** como
   **— that** así
   **what is . . . —?** ¿cómo es
   . . . ?
**to like** gustar, caer bien
   **I would like (+ inf.)** quisiera
   *(+ inf.)*
**likewise** igualmente
**limit** el límite (7)
   **speed —** la velocidad máxima
**line** la línea
   **— of poetry** el verso (7)
   **to stand in —** hacer cola
**lion** el león
**lips** los labios
**lipstick: to put on —** pintarse los
   labios
**to listen to** hacer caso a (AP p.271);
   escuchar
**liter** el litro (AP p.149)
**literary** literario, -a (1)
**literature** la literatura (7)
**little** *(in amount)* poco, -a; *(in
   size)* pequeño, -a
   **a — (bit)** un poco
**to live** vivir
**lively** alegre (1), vivo, -a (15)
**livestock** el ganado (11)
**living** vivo, -a (15)
   **— quarters** la vivienda (16)
   **— room** la sala
**llama** *(animal)* la llama
**lobby** el vestíbulo (16), la sala
   de entrada
**lobster** la langosta
**to locate** localizar (c)

**located: to be —** quedar
**to lock** cerrar (ie) con llave
**locker** el guardarropas, *pl.* los
   guardarropas
**lodge** el albergue
**long** largo, -a
   **as — as** mientras (5)
   **--distance call** la llamada a
   larga distancia
   **--sleeved** de manga larga
   **so —!** ¡chao! (11)
**longer: no —** ya no
**to look (at)** mirar
   **look!** ¡mira!
   **— for** buscar (qu)
**to lose** perder (ie)
   **— weight** bajar de peso
**lost** desorientado, -a (11)
   **to get —** perderse (ie) (11)
**lot:**
   **a —** mucho *(adv.)*
   **a — of** mucho, -a
**lotion** la loción (8)
**loud(er): in a — voice** en voz
   (más) alta
**loudspeaker** el altavoz (1)
**love** el amor
   **to fall in —** enamorarse (1)
   **in —** enamorado, -a (1)
   **— story** la historia romántica
**to love** querer; encantar
   **— one another** quererse
**loved: most —** amadísimo, -a (9)
**lover** el enamorado, la enamorada
**to lower** *(a price)* rebajar
**loyal** leal (14)
**luck** la suerte
**luggage** el equipaje
**luxury** el lujo (16)
**lying** mentiroso, -a (14)
**lyrics** la letra (10)


**ma'am, madam** la señora
**machine** la máquina
   **sewing —** la máquina de coser
   **washing —** la lavadora

**mad: to get — (at)** enojarse (con)
**made:**
  **—-to-measure** hecho, -a a la
    medida (AP p.191)
  **to be — (of)** ser (de) (1)
**madness** la locura (AP p.191)
**magazine** la revista
**magnificent** magnífico, -a
**maid** la criada
**mail** el correo
  **air —** el correo aéreo
  **by air —** por correo aéreo
**mailbox** el buzón
**to maintain** mantener (9)
**majority** la mayoría (1)
**to make** cometer (14), hacer
  **— a mistake** equivocarse (qu)
  **— (clothes)** confeccionar (AP
    p.191)
  **— happy** alegrar
**makeup: to put on (eye) —**
  pintarse (los ojos)
**man** el hombre, el señor
**manager** el, la gerente
**to manage to** poder *(pret.)*
**manifest: to become —**
  manifestarse (ie) (15)
**manner** la manera (5)
**many** muchos, -as
  **as —** tantos, -as (9)
  **how —** cuántos, -as
  **so —** tantos, -as
  **too —** demasiados, -as
**map** el mapa *m.*
**March** marzo
**to mark** señalar (2)
**market** el mercado
**marmalade** la mermelada
**married: to get — (to)** casarse
  (con)
**marvel** la maravilla (7)
**mask** el disfraz (1)
**Mass** la misa
**master's degree:**
  **equivalent of —** la licenciatura
    (13)

**holder of equivalent of —** el
  licenciado, la licenciada
  (13)
**match** *(game)* el partido
**to match** corresponder (13);
  *(clothes)* hacer juego con
**materials** los materiales
**mathematics** las matemáticas
**matter** la cuestión (14)
  **what's the —?** ¿qué pasa?
**mature** maduro, -a (4)
**May** mayo
**maybe** a lo mejor (17)
**may I?** ¿se puede?
**me** me *(dir., ind. obj.);* mí *(obj.
  of prep.)*
  **with —** conmigo
**meal:**
  **enjoy your —** buen provecho
  **midday —** la comida
**to mean** querer decir
**meaning** el significado (10)
**means:**
  **by — of** por medio de (15)
  **by no —** de ninguna manera
    (12)
**meantime: in the —** entretanto
**measure: made-to- —** hecho, -a a
  la medida (AP p.191)
**measurement** la medida (AP
  p.191)
**meat** la carne
**mechanic** el mecánico, la
  mecánica
**medal** la medalla (17)
**medicine** la medicina
**medium** *(cooked)* medio asado
**to meet** *(with)* reunirse (ú) (con)
  (10), encontrar (ue); *(for
  the first time)* conocer
  (zc) *(pret.)*
  **pleased — you** mucho gusto
**member** el miembro (1)
**memory** el recuerdo (17)
**mention: don't — it!** ¡no hay de
  qué!
**menu** el menú
**merchandise** la mercancía
**message** el recado
**messenger** el mensajero, la
  mensajera (9)
**metal** el metal (4)

**meter** el metro
**metric** métrico, -a (AP p.191)
**Mexican** mexicano, -a
**microphone** el micrófono (1)
**midday** el mediodía
  **at —** al mediodía
**midnight** la medianoche
  **at —** a medianoche
**milk** la leche
  **coffee with —** el café con leche
**million** un millón (18)
**millionaire** el millonario, la
  millonaria
**to mince** picar (qu) (4)
**mine, (of) mine** mío, -a
**minister** *(government)* el
  ministro, la ministra (12)
**minus** menos (18)
**minute** el minuto
**mirror** el espejo
**Miss** la señorita
**to miss** faltar (1); *(someone)* echar
  de menos
**missing: to be —** faltar (1)
**missionary** *(adj.)* misionero, -a;
  *(noun)* el misionero, la
  misionera (17)
**mistake** el error (14), la falta (15)
  **to make a —** equivocarse (qu)
**to mix** mezclar (4)
**mixture** la mezcla (4)
**modern** moderno, -a
**mole** el lunar (8)
**mom** la mamá
**moment** el instante (11), el
  momento
**monarchs** los reyes (3)
**Monday** el lunes
**monetary** monetario, -a (13)
**money** el dinero, la plata
**monkey** el mono
**month** el mes
  **last —** el mes pasado
  **next —** el mes próximo
**moon** la luna
**Moor** el moro, la mora (7)
**mop** la bayeta
**more** más
  **— or less** más o menos (13)
**morning** la mañana
  **in the —** por la mañana, de la
    mañana

mortal remains los restos (13)

**Moslem** *(adj.)* musulmán, -a; *(noun)* el musulmán, la musulmana (3)

most más

mother la madre

— -in-law la suegra

motion el movimiento (15)

motionless inmóvil (15)

motor el motor

motorbike la moto *f.*

mountain la montaña

— climbing el alpinismo

mouse el ratón

mouth la boca

to move mover (ue); *(to another location)* mudarse (16)

— forward adelantar (16)

movement el movimiento (15)

movie la película

— theater el cine

Mr. el señor

Mrs. la señora

much *(adj.)* mucho, -a; *(adv.)* mucho

as — tanto; tanto, -a (9)

as — as cuanto, -a (13)

how — cuánto, -a

so — tanto

too — demasiado, -a

very — muchísimo, -a, mucho, -a

to multiply multiplicar (qu) (18)

municipal municipal (2)

mural el mural

murder el asesinato (6)

murderer el asesino, la asesina (6)

museum el museo

mushroom la seta (4)

music la música

musical musical (10)

— note la nota (10)

— scale la escala (10)

musician el músico, la música

must deber

one — hay que

mustache el bigote

my mi, *pl.* mis

myself yo mismo, -a; *(after prep.)* mí mismo, -a (3)

nail el clavo

— polish el esmalte (8)

name el nombre

last — el apellido

named: to be — llamarse

napkin la servilleta

narrow estrecho, -a (3)

nation la nación (2)

national nacional (2)

nationality la nacionalidad (AP p.149)

native indígena (17)

natural natural (7)

naturally naturalmente

nature la naturaleza

near cerca (de)

to draw — acercarse (qu) a (2)

necessary necesario, -a

it is — to hay que

neck el cuello

necklace el collar

to need faltar (1), necesitar

needle la aguja

neighbor el vecino, la vecina

neighborhood el barrio (3)

neither tampoco

— . . . nor ni . . . ni (12)

nervous nervioso, -a

never jamás (7), nunca

nevertheless sin embargo

new nuevo, -a

news las noticias

newspaper *(daily)* el diario (6); el periódico

next siguiente (1), próximo, -a; *(in time)* que viene

— door al lado (de)

— month el mes próximo

— to al lado (de)

— week la semana próxima

Nicaraguan nicaragüense

nice fino, -a (17); simpático, -a

how —! ¡qué bueno!

night la noche

at — de noche

last — anoche

nightmare la pesadilla (5)

nine nueve

— hundred novecientos, -as

nineteen diecinueve

ninety noventa

ninth noveno, -a (18)

one-— un noveno (18)

no no

— longer ya no

nobody nadie

a — un, una cualquiera (15)

noise el ruido

none ninguno, -a

nonsense! ¡qué va!

noon el mediodía

at — al mediodía

no one nadie

nor: neither . . . — ni . . . ni (12)

north el norte

in, to the — al norte

North American norteamericano, -a

Norway Noruega

Norwegian noruego, -a

nose la nariz (8)

not no

— any ninguno, -a

— anything nada

— a single (one) ni un(o), -a (12)

— ever nunca

note la nota (10)

musical — la nota (10)

notebook el cuaderno

notes los apuntes

nothing nada

notice el aviso

novel la novela

novelist el, la novelista

November noviembre

now ahora

from — on de hoy en adelante (3), de aquí en adelante (14)

right — ahora mismo

nowadays hoy día (18)

nowhere en ninguna parte (12)

*English-Spanish Vocabulary*

**number** el número
  **to dial a —** marcar (qu) el número
**nurse** el enfermero, la enfermera
**nut** la tuerca (AP p.229)
**nylons** las medias

**object** el objeto (15)
**to obtain** obtener (13), conseguir (i)(i)(g)
**obvious** evidente
**occasionally** de vez en cuando
**occupation** la ocupación
**to occupy** ocupar (7)
**ocean** el mar
**October** octubre
**of** de
  **— course!** ¡cómo no!, ¡claro!
**off:**
  **to take —** despegar (gu)
  **to turn —** apagar (gu)
**to offer** ofrecer (zc) (3)
**offering** la ofrenda (17)
**office** la oficina
  **post —** la casa de correos
  **post — box** el apartado postal
**officer: police —** el, la policía
**often** a menudo (5)
**oh!** ¡ay!, ¡oh!, ¡uy!
**oil: in — paint** al óleo (15)
**okay: that's —** está bien
**old** antiguo, -a (3), viejo, -a
  **to be . . . years —** tener . . . años
  **how — is . . . ?** ¿cuántos años tiene . . . ?
**older** mayor
**oldest** el, la mayor
**omelet: potato —** la tortilla española
**on** en; a
  **— account of** a causa de (8)
  **— the contrary** al contrario
  **— time** a tiempo
  **— top of** sobre
  **— Wednesday** el miércoles

**once: at —** de una vez
**one** un(o), -a
  **— hundred** cien (to)
  **—-way ticket** el boleto de ida
**onion** la cebolla
**only** *(adj.)* único, -a; *(adv.)* sólo, solamente
**to open** abrir
**opener: can —** el abrelatas, *pl.* los abrelatas
**opening** la apertura (AP p.74)
**opera: soap —** la telenovela
**operated: to be — on** operarse (AP p.271)
**operator: telephone —** el, la telefonista (AP p.113)
**opponent** el adversario (2)
**opportunity** la oportunidad (15)
**opposite** contrario, -a (2)
**optimist** el, la optimista (14)
**optimistic** optimista (14)
**or** o; u *(before words starting with* o- *or* ho-*)*
  **either . . . —** o . . . o (12)
**orange** *(adj.)* de color anaranjado; *(noun)* la naranja
**orchestra** la orquesta
**order:**
  **in — that** para que (5)
  **in — +** *inf.* para + *inf.*
  **out of —** descompuesto, -a
**to order** mandar (3)
**ordinary** corriente (10)
**organist** el, la organista
**to organize** organizar (c) (1)
**organized** organizado, -a (1)
**organizing** organizador, -a (1)
**Orient** el Oriente (13)
**original** original (15)
**ostrich** el avestruz (11)
**other** otro, -a
**others: the others** los demás (14)
**our, (of) ours** nuestro, -a
**ourselves** nosotros mismos, nosotras mismas (3)
**out:**
  **— of order** descompuesto, -a
  **— of style** pasado, -a de moda (3)
**outlet** el enchufe
**outside** afuera (13)
  **— of** fuera de

**outskirts** las afueras (11)
**oven** el horno
**overcoat** el abrigo
**own** particular (11)
  **one's —** propio, -a (3)

**package** el paquete
**padlock** el candado (16)
**paella** *(a food)* la paella
**page** la página
**pain** el dolor
**paint** la pintura (10)
  **in oil —** al óleo (15)
  **watercolor —** la acuarela (10)
**to paint** pintar
**paintbrush** el pincel (10)
**painter** el pintor, la pintora
**painting** la pintura (10)
  **watercolor —** la acuarela (10)
**pair** el par (3)
**palace** el palacio (7)
**pale** pálido, -a (5)
**palm tree** la palma
**pampas** las pampas (11)
**Panamanian** panameño, -a
**pantry** la despensa (16)
**pants** los pantalones
**paper** el papel
**parade** el desfile (1)
  **— float** la carroza (1)
**paragraph** el párrafo
**Paraguayan** paraguayo, -a
**to pardon** perdonar (13)
  **pardon me!** ¡ay, perdón!
**parents** los padres
**park** el parque
**to park** estacionar
  **parking: no —** no estacionarse
**parrot** el loro
**parsley** el perejil (4)
  **Chinese —** el cilantro (4)
**part** la parte
  **the last — (of)** el final (2)
**particular** particular (11)
**party** la fiesta
  **political —** el partido (12)
**to pass** pasar (2)
**pass: boarding —** la tarjeta de embarque
**passenger** el pasajero, la pasajera

passport el pasaporte
past pasado, -a
    five — ten las diez y cinco
pastor el pastor, la pastora (17)
pastry el pastel
    — shop la pastelería
pasture el pasto (11)
pathetic triste (1)
patient el, la paciente (AP p.271)
to pay (for) pagar (gu)
    — attention prestar atención
    — cash pagar al contado
        (AP p.74)
peace la tranquilidad (11)
peach el melocotón (4)
peanut el cacahuete
    — gallery la gallinera (AP
        p.36)
peas los guisantes
pedal el pedal (AP p.229)
pedestrian el peatón, pl. los
    peatones
to peel pelar (4)
pen la pluma
pencil el lápiz; pl. los lápices
pentecostal pentecostal (17)
people (nation) el pueblo (6); la
    gente
pepper la pimienta
    green chili — el chile verde (4)
percent por ciento (18)
performance la función (AP
    p.36), el espectáculo (7)
perfume el perfume (AP p.149)
perhaps quizás (2), a lo mejor
    (17)
period el tiempo (2)
permanent press inarrugable (AP
    p.74)
permission: with — con permiso
to permit permitir (3)
person la persona
Peruvian peruano, -a
peso (monetary unit) el peso
pessimist el, la pesimista (14)
pessimistic pesimista (14)
pharmacy la farmacia
Philippine filipino, -a
phone: to answer the —, to take
    the — off the hook descolgar
    (ue)(gu)
photo la foto f.

photograph la fotografía
    to develop —s revelar (13)
photographer el fotógrafo, la
    fotógrafa
physical education la educación
    física
physics la física
piano el piano
to pick up recoger (j)
picture (photo) la fotografía, la
    foto f.; (painting) el
    cuadro
piece el trozo
pig el cerdo
pill la píldora (AP p.271)
pillow la almohada
pilot el piloto, la mujer piloto
pimple el grano (8)
piñata la piñata
pineapple la piña
pink rosa (15)
pit el hueso (4)
pity la lástima
    what a —! ¡qué lástima!
pizza la pizza
place el sitio (13), el lugar
    took — hubo (8)
    to take — ser (1), tener lugar
to place poner
plaid el cuadro; (checkered) a
    cuadros (3)
plain la llanura (11)
plant la planta
to plant sembrar (ie) (4)
plate el plato
play la comedia
to play (music) tocar (qu); (a
    game) jugar (ue)(gu) a +
    def. art.
    — the role of hacer el papel de
player el jugador, la jugadora (2)
playwright el dramaturgo, la
    dramaturga
pleasant agradable (8), simpático,
    -a, feliz, pl. felices
please por favor
    — + verb me haces el favor
    de + inf.
    would you — tenga la bondad
    de
to please, be pleasing gustar
pleased to meet you mucho gusto

pleasure el gusto (6)
    with — con mucho gusto
plot el argumento
plug el enchufe
to plug (in) enchufar
plumber el plomero
plus y
P.M. de la tarde, por la tarde
poem el poema
poet el poeta, la poetisa
poetry la poesía (7)
    line of — el verso (7)
point (in a game) el tanto
    to the — pertinente (9)
police:
    — officer el, la policía
    — station la comisaría (AP
        p.271)
polish: nail — el esmalte (8)
Polish polaco, -a
polite atento, -a (9), bien
    educado, -a
politely atentamente (9)
political político, -a (12)
    — party el partido (12)
politician el político, la política
    (12)
politics la política (12)
polka-dotted a pintas (3)
poll la encuesta (18)
poncho el poncho (11)
pool: swimming — la piscina
poor pobre
    the — thing! ¡pobrecito, -a!
    you — thing! ¡pobrecito, -a!
pop la gaseosa
popcorn las palomitas
popular popular (8)
popularity la popularidad (8)
population la población (17)
port el puerto (3)
Portuguese portugués, portuguesa
position el puesto (AP p.311)
possibility la posibilidad
possible posible
    as soon as — cuanto antes

post el puesto (AP p.311)
— **office** la casa de correos
— **office box** el apartado postal
**postage stamp** el sello
**postcard** la tarjeta postal
**poster** el cartel (1)
**postscript** la posdata (9)
**pot** (*flower*) la maceta (16);
    (*saucepan*) la olla
**potato** la papa
— **omelet** la tortilla española
**power** el poder (12)
**practical** práctico, -a (12)
to **practice** practicar (qu)
**prayer** la oración (17)
**precision** la precisión (15)
to **prefer** preferir (ie)(i)
to **prepare** preparar
to **prescribe** recetar
**prescription** la receta (4)
**presence** la presencia (10)
**present** (*gift*) el regalo
  **at (the) — (time)** actualmente
    (10)
**presentation** la presentación (10)
**president** el presidente, la
    presidenta (9)
**press: freedom of the —** la
    libertad de prensa (12)
to **press out** exprimir (4)
**pretty** (*adj.*) lindo, -a (1), bonito,
    -a; (*adv.*) bastante
**price** el precio
to **prick** picar (qu) (4)
**pride** el orgullo (13)
**princess** la princesa (14)
**principal** principal
**principally** principalmente (17)
**private** particular (11), privado,
    -a (16)
**prize** el premio (1)
**probably** probablemente
**problem** el problema
to **produce** producir (zc) (15)
**productive** prolífico, -a (15)
**profession** la profesión (18)
**profoundly** profundamente (10)
**program** el programa

**project** el proyecto (13)
**projector** el proyector
**prolific** prolífico, -a (15)
**promise** la promesa (12)
to **promise** prometer
**promotion** la promoción (AP
    p.311)
**proper** debido, -a (6)
to **protect** proteger (j) (9)
**Protestant** (*adj.*) protestante;
  (*noun*) el, la protestante
    (17)
**provided that** con tal (de) que (5)
**province** la provincia (11)
**public** público, -a (9)
**Puerto Rican** borinqueño, -a (17),
    puertorriqueño, -a
**pug** (*nose*) chato, -a (8)
to **pull** tirar de (5)
— **one's leg** tomarle el pelo
— **out** sacar (qu) (1)
**pumpkin** la calabaza (4)
to **punish** castigar (gu) (6)
**punishment** el castigo (6)
**purée** el puré (4)
**purple** de color morado
**purse** el bolso
to **push** empujar
to **put** poner
— (*clothing*) **on** (*oneself*)
    ponerse
— **in** meter
— **one's foot in** meter la pata
— **on (eye) makeup** pintarse
    (los ojos)
— **on lipstick** pintarse los
    labios
— (*someone*) **to bed** acostar
    (ue)
— **up** pegar (gu) (1)
— **up with** aguantar
**puzzle: crossword —** el crucigrama
    (13)
**Pyrenees Mountains** los Pirineos

**quality** la calidad
**quarter** un cuarto
  **a — past ten** las diez y cuarto
**queen** la reina (14)

**king and —** los reyes (3)
**question** la pregunta (8);
    (*matter*) la cuestión (14)
**questionnaire** el cuestionario (8)
**quickly** pronto
**quiet: be —!** ¡cállate!
to **quiet** calmar (6)

**rabbit** el conejo
**race** la carrera
**racquet** la raqueta
  **tennis —** la raqueta de tenis
**radio** el radio
**radish** el rábano (4)
**rain** la lluvia (5)
to **rain** llover (ue)
**raincoat** el impermeable
**raise** el aumento (AP p.311)
to **raise** levantar
**rapidly** rápidamente (6)
**rare** (*cooked*) poco asado
**rather** más bien (3); bastante
  **but —** sino que (12), sino
to **reach** alcanzar (c) (7); (*arrive at*)
    llegar (gu)
to **react** reaccionar (12)
**reaction** la reacción (12)
**reactionary** (*adj.*) reaccionario,
    -a; (*noun*) el reaccionario,
    la reaccionaria (12)
to **read** leer (y)
**reading** la lectura (10)
**ready** listo, -a (1)
**real** auténtico, -a, verdadero, -a
    (11), real (15)
**reality** la realidad (11)
to **realize** darse cuenta de
**really** de veras
**rear** de atrás (AP p.229)
**reason** la razón (AP p.149)
  **for that —** por eso
**reasonable** debido, -a (6)
to **receive** recibir
**receiver** el auricular (AP p.113)
**recent** reciente (18)
**receptacle** el recipiente (4)
**recipe** la receta (4)
to **recite** recitar (1)
to **recognize** reconocer (zc) (15)

**to recommend** recomendar (ie)
**record** el récord; *(phonograph)* el disco
  **to break the —** batir el récord
  **— player** el tocadiscos, *pl.* los tocadiscos
**recorder: tape —** la grabadora
**rectangle** un rectángulo (18)
**red** rojo, -a
**redheaded** pelirrojo, -a
**to refer** referirse (ie)(i) (7)
**referee** el árbitro (2)
**to reflect** reflejar (11)
**refrigerator** la nevera
**refuge** el refugio (11)
**to refuse** no querer *(pret.)*
**regard: with — to** en cuanto a (7)
**region** la región
**register** el registro
**rehearsal** el ensayo (7)
**to rehearse** ensayar (7)
**related** relacionado, -a (15)
**relevant** pertinente (9)
**religion** la religión (17)
**religious** religioso, -a (17)
**to remain** quedar
**remains: mortal —** los restos (13)
**remedy** el remedio (8)
**to remember** recordar (ue)
**remote** remoto, -a (17)
**to remove** quitar
**rent** el alquiler (16)
**to rent** alquilar
**rented** alquilado, -a
**repair: shoe — shop** la zapatería
**to repair** arreglar
**to repeat** repetir (i)(i)
**repentant** arrepentido, -a (6)
**to reply** contestar
**report: weather —** el pronóstico del tiempo
**reporter** el, la periodista
**to represent** representar
**reservation** la reserva
**residential** residencial (16)
**to resist** resistir (9)
**resort: bathing —** el balneario (9)
**to resound** resonar (ue) (11)
**to respect** respetar
**response** la respuesta (12)

**to rest** descansar
**restaurant** el restaurante
**restrooms** los servicios (AP p.36)
**result** el resultado
**to return** *(a person)* regresar, volver (ue); *(an object)* devolver (ue)
**return address** el remitente (9)
**to reveal** revelar (13)
**to review** repasar
**revolutionary** *(adj.)* revolucionario, -a; *(noun)* el revolucionario, la revolucionaria (12)
**rice** el arroz
**rich** rico, -a
**riches** la riqueza (3)
**ridiculous** ridículo, -a (15)
**riding: to go horseback —** montar a caballo
**right** el derecho (12); *(hand)* la derecha
  **at, to the —** a la derecha
  **isn't that —?** ¿no es verdad? ¿verdad?
  **—?** ¿verdad?
  **— now** ahora mismo
  **to be —** tener razón
**ring** el anillo
**to ring** sonar (ue)
**to rinse** enjuagar (gu) (8)
**ripe** maduro, -a (4)
**rival** el, la rival (2)
**river** el río
**road** el camino
**roast lamb** el cordero asado
**to rob** robar
**robbery** el robo (6)
**rock** la piedra
**rock'n'roll** el rock
**role** el papel
  **to play the — of** hacer el papel de
**roll of film** el rollo de película
**roller skates** los patines de ruedas
**Roman** *(adj.)* romano, -a; *(noun)* el romano, la romana (3)
**romantic** romántico, -a
**roof** el techo
**room** la habitación, *pl.* las habitaciones
  **dining —** el comedor

**dressing —** el probador (AP p.74)
**laundry —** la lavandería (16)
**living —** la sala
**utility —** el cuarto de desahogo (16)
**rooming house** la casa de huéspedes (16)
**roomy** amplio, -a (16)
**rooster** el gallo
**round-trip ticket** el boleto de ida y vuelta
**row** *(of seats)* la fila
**royal** real (15)
**to rub** frotar (8)
**rude** mal educado
**rug** la alfombra
**ruined** destrozado, -a
**to run** correr
  **— into** encontrarse (ue) con (5)
**running track** el hipódromo
**runway** la pista
**Russian** ruso, -a

**sad** triste
**sailing ship** la carabela (13)
**saint** el santo, la santa (17)
**salad** la ensalada
**salary** el sueldo (AP p.311)
**sale** la venta
**salesperson** el, la dependiente
**salt** la sal
**Salvadoran** *(from El Salvador)* salvadoreño, -a
**same** igual (17); mismo, -a
  **the — one** el mismo
**sand** la arena
**sandwich** el sandwich
**sangría** *(a beverage)* la sangría
**Saturday** el sábado
**saucepan** la cacerola
**saucer** el platillo
**savage** salvaje (11)
**to save** ahorrar (18)

*English-Spanish Vocabulary*

savings el ahorro (18)
   **personal** — los ahorros (18)
saw la sierra
saxophone el saxofón
to say decir
   **how do you** — . . . ? ¿cómo se dice . . . ?
   **say!** ¡oye!
   — **goodbye (to)** despedirse (i)(i) (de)
   **you don't** —! ¡no me digas!
scarf el pañuelo
scary espantoso, -a (5)
scene la escena
scenery el paisaje
schedule: **time** — el horario
scholarship la beca (10)
school:
   **driving** — la auto-escuela (AP p.271)
   **elementary** — la escuela
   **secondary** — el colegio
science las ciencias
scissors las tijeras
to score a goal meter un gol (2)
scoreboard el cuadro indicador (2)
screw el tornillo (AP p.229)
screwdriver el destornillador (AP p. 229)
to scrub fregar (ie)(gu)
sculptor el escultor, la escultora (10)
sculpture la escultura (10)
sea el mar
   **high** —**s** la alta mar (9)
seafood los mariscos
seamstress la modista
season la estación, *pl.* las estaciones
seat el asiento
   **bleacher** — la grada (AP p.36)
   **box** — el palco (AP p.36)
   **concert, theater** — la butaca (AP p.36)
to seat *(someone)* sentar (ie)
second segundo, -a
secondary school el colegio

secretary el secretario, la secretaria
section la sección
to see ver
   **let's see** a ver
   **see you later** hasta luego
seed la semilla (4)
to seek buscar (qu)
to seem parecer (zc)
   -**self** sí mismo, -a (3)
selfish egoísta (12)
to sell vender
   **seller** el vendedor, la vendedora
   **ticket** — el taquillero, la taquillera (AP p.36)
to send enviar (í)
sense el sentido (14)
   — **of humor** el sentido del humor (14)
to sense sentir (ie)(i) (15)
sensitive sensible (10)
sentence la oración (17)
to sentence condenar (7)
to separate separar (4)
September septiembre
serenade la serenata (1)
serious grave (6), serio, -a
servant el servidor, la servidora (9)
to serve servir (i)(i)
set:
   **color television** — el televisor en colores
   **television** — el televisor
to set *(the table)* poner (la mesa)
   — *(the sun)* ponerse (el sol) (11)
seven siete
   — **hundred** setecientos, -as
seventeen diecisiete
seventh séptimo, -a (18)
   **one-**— un séptimo (18)
seventy setenta
several varios, -as
to sew coser
sewing machine la máquina de coser
shade la sombra (5)
shadow la sombra (5)
to shake hands dar la mano
shame la vergüenza (8)
   **it's a** — es lástima

shampoo el champú (8)
shape la forma (11)
share la acción (18)
sharp *(clever)* listo, -a
to shave afeitarse
shawl el rebozo
she ella
sheet *(bed)* la sábana
shelf el estante (16)
shellfish los mariscos
shelter el refugio (11)
ship: **sailing** — la carabela (13)
shirt la camisa
   **T-**— la camiseta
shocking chocante (15)
shoe el zapato
   **gym** —**s** los zapatos deportivos
   — **repair shop** la zapatería
shop:
   **bread** — la panadería
   **butcher** — la carnicería
   **shoe repair** — la zapatería
   — **window** la vitrina
   **tailor** — la sastrería (AP p.191)
shopping:
   — **center** el centro comercial (16)
   **to go** — ir de compras
short *(in height)* bajo, -a; *(in length)* corto, -a
   **in** — en fin
   —-**sleeved** de manga corta (3)
should deber
   **one** — hay que
shoulder el hombro
to shout gritar
show el espectáculo (7); *(TV)* el programa
   **game** — el programa concurso
   **sports** — el programa deportivo
   **talk** — el programa entrevista
to show enseñar (1), mostrar (ue), presentar
shower la ducha
to shut cerrar (ie)
shy tímido, -a (14)
sick enfermo, -a

**sideburn** la patilla (8)
**sidewalk** la acera
**sign** el letrero (16)
   **traffic —** la señal de tráfico
**to sign** firmar
**significance** el significado (10)
**silence** el silencio (11)
**silver** la plata
**similar** parecido, -a
**simple** sencillo, -a
**simply** simplemente (1)
**since** puesto que (6)
**sincere** sincero, -a (14)
**to sing** cantar
**singer** el, la cantante
**single: not a — (one)** ni un(o), -a
   (12)
**sink** el fregadero
**sir** el señor
**sister** la hermana
   **brothers and —s** los
     hermanos
   **—-in-law** la cuñada
**to sit down** sentarse (ie)
**site** el sitio (13)
**situated** situado, -a (7)
**six** seis
   **— hundred** seiscientos, -as
**sixteen** dieciséis
**sixth** sexto, -a (18)
   **one-—** un sexto (18)
**sixty** sesenta
**size** la talla (AP p.74), el
    tamaño
**skate:**
   **ice —** el patín, *pl.* los patines
   **roller —s** los patines de
    ruedas
**to skate** patinar
**skeleton** el esqueleto (5)
**to sketch** dibujar
**ski** el esquí
**to ski** esquiar (í)
   **skiing: water-—** el esquí acuático
**skin** la piel (8)
**to skin-dive** bucear (9)
**to skip** faltar (1)
**skirt** la falda
**skull** la calavera (5)
**sky** el cielo
**skyscraper** el rascacielos, *pl.* los
    rascacielos (10)

**slave** el esclavo, la esclava (17)
**to sleep** dormir (ue)(u)
**sleeping bag** la cama portátil
**sleepy:**
   **—-head** el dormilón, la
    dormilona (14)
   **to be —** tener sueño
**sleeve** la manga (3)
   **long-sleeved** de manga larga
    (3)
   **short-sleeved** de manga corta
    (3)
**slide** *(picture)* la diapositiva
**slip** *(clothing)* la combinación,
    *pl.* las combinaciones
**slowly** lentamente
**small** pequeño, -a
   **— bag** el maletín (AP p.149)
**smaller** menor
**smallest** el, la menor
**to smile** sonreír (i)(i)
**smoke** el humo
**snack** la merienda
**snake** la culebra
**to sneeze** estornudar
**to snow** nevar (ie)
**so** tan
   **— long!** ¡chao! (11)
   **— many** tantos, -as
   **— much** tanto *(adv.);* tanto, -a
   **— that** para que (5)
**soap** el jabón
   **— opera** la telenovela
**soccer** el fútbol
   **— field** el campo de fútbol
   **— match** el partido de fútbol
**social** social (AP p.311)
**society** la sociedad (7)
**sock** el calcetín, *pl.* los
    calcetines
**soda** la gaseosa
**sofa** el sofá
**soft(er): in a — voice** en voz
    (más) baja
**soldier** el soldado (12)
**sold out** agotado, -a (AP p.271)
**some** algunos, -as, unos, -as
**somebody** alguien
**somehow** de alguna manera (12)
**someone** alguien
**something** algo
   **— else** otra cosa

**sometimes** a veces
**somewhere** en alguna parte (12)
**son** el hijo
   **—-in-law** el yerno
   **—s and daughters** los hijos
**song** la canción, *pl.* las canciones
**soon** pronto
   **as — as** en cuanto (5)
   **as — as possible** cuanto
    antes
**sorcerer** el brujo (5)
**sore throat** el dolor de garganta
**sorrow** el dolor (5)
**sorry:**
   **to be —** sentir (ie)(i)
   **I'm —** lo siento
**sort** la clase
**soup** la sopa
   **thick —** el puré (4)
**south** el sur
   **to, in the —** al sur
**South American** sudamericano,
    -a
**souvenir** el recuerdo (17)
**space** el espacio (7)
**Spanish** *(adj.)* español, -a;
    *(language)* el español
   **—-speaking** de habla española
    (7)
**to speak** hablar
   **speaking** el mismo, la misma
    (AP p.113)
   **Spanish-—** de habla española
    (7)
**special** particular (11), especial
   **daily —** el plato del día
   **— delivery** la entrega urgente
**spectator** el espectador, la
    espectadora (2)
**speech** la oración (17)
   **freedom of —** la libertad de
    palabra (12)
**speed** la velocidad
   **— limit** la velocidad máxima
**to spend** gastar
   **— one's vacation** pasar las
    vacaciones
   **— (time)** pasar (tiempo)

**spirit** el espíritu (10)

**to spoil** mimar (14)

**spoiled** mimado, -a (14)

**spoon** la cuchara

**sport** el deporte

    **—s show** el programa deportivo

**spot** la mancha

**spring** *(season)* la primavera

**springtime: in the —** en primavera

**square** *(adj.)* cuadrado, -a (18);
*(noun)* el cuadro (3), el
cuadrado (18)

    **town —** la plaza

**squash** la calabaza (4)

**to squeeze** *(a lemon)* exprimir (4);
apretar (ie) (AP p.229)

**stadium** el estadio (2)

**stairs** la escalera

**stamp: postage —** el sello

**to stand:**

    **— in line** hacer cola

    **— out** destacarse (qu) (3)

    **— up** levantarse

**star** la estrella

**to start** comenzar (ie)(c) (13)

**state** el estado (9)

**station** la estación, *pl.* las
estaciones

    **gas —** la estación gasolinera

**statue** la estatua

**to stay** quedar(se)

    **— up late** trasnochar (1)

**steak** el biftec

**to steal** robar

**steering wheel** el volante

**still** aún (9), todavía

**to sting** picar (qu) (4)

**stingy** tacaño, -a (14)

**stock** la acción (18)

**stomach** el estómago

**stone** la piedra

**stop** la parada

    **bus —** la parada del autobús

**to stop** detener (6), parar

    **stop!** ¡pare!

**store** la tienda; *(department)* el

**almacén,** *pl.* los
almacenes

**story** la historia, el cuento;
*(of a building)* el piso

    **love —** la historia romántica

**stove** la estufa

**straight** *(hair)* lacio, -a (8);
*(road)* todo recto

**strange** extraño, -a

**strawberry** la fresa (4)

**street** la calle

    **— sweeper** el barrendero, la
barrendera (16)

**strength** la fuerza (12)

**string** la cuerda

    **—** *(of an instrument)* la cuerda
(10)

**stripe** la raya (3)

**striped** a rayas (3)

**strong** fuerte

**to struggle** luchar (7)

**stubborn** terco, -a (14)

**student** el alumno, la alumna,
el, la estudiante

**studio** el estudio

**to study** estudiar

**stupendous** estupendo, -a

**stupid** tonto, -a (1)

    **— person** el tonto, la tonta (1)

**style** el estilo (15); la moda

    **to be in —** estar de moda

    **out of —** pasado, -a de moda
(3)

**stylish** elegante

**to subtract** sustraer (18)

**subway** el metro

**success** el éxito

**successful: to be —** tener éxito

**suddenly** de repente (5)

**to suffer** sufrir (8)

**sufficient** suficiente (16)

**sugar** el azúcar

**to suggest** sugerir (ie)(i) (3)

**suit** el traje

    **bathing —** el traje de baño

    **formal —** el traje de etiqueta

**suitcase** la maleta

**summer** el verano

**summertime: in the —** en verano

**summit** la cumbre (7)

**sun** el sol

    **to set** *(the —)* ponerse (el sol)

**to sunbathe** tomar el sol

**sunburn: to get a —** quemarse al
sol

**Sunday** el domingo

**sunny: it's — out** hace sol

**supermarket** el supermercado

**supervisor** el jefe, la jefa

**supper** la cena

**support** el apoyo (12)

**to support** apoyar (12)

**to suppose** suponer

**sure** cierto, -a (13), seguro, -a

**to surpass** sobrepasar (7)

**surprise** la sorpresa

**to surprise** sorprender

**surprised: to be — at**
sorprenderse (de) (6)

**surrealism** el surrealismo (15)

**surrealist** surrealista (15)

**survey** la encuesta (18)

**suspect** el sospechoso, la
sospechosa (6)

**to suspect** sospechar (de) (6)

**suspicious** sospechoso, -a (6)

    **— person** el sospechoso, la
sospechosa (6)

**sweater** el suéter

**Sweden** Suecia

**Swedish** sueco, -a

**to sweep** barrer

**sweeper: street —** el barrendero,
la barrendera (16)

**sweet** *(adj.)* dulce; *(noun)* el
dulce (5)

**to swim** nadar

**swimming pool** la piscina

**Swiss** suizo, -a

**Switzerland** Suiza

**sword** la espada

**system** el sistema (12)

**table** la mesa

**tablecloth** el mantel

**tablespoonful** la cucharada (4)

**taco** *(a food)* el taco

**tailor** el sastre

    **— shop** la sastrería (AP p.191)

**to take** *(a shoe size)* calzar (c) (AP
p.74); *(photos)* sacar;
*(object)* tomar

— **away** quitar
— **a bath** bañarse
**take care!** ¡que te vaya bien!
— **off** despegar (gu)
— **out** sacar (qu) (1)
— **place** ser (1), tener lugar
— (*something*) **off** (*oneself*) quitarse
— **a test** sufrir un examen
— **a trip** hacer un viaje
**talent** el talento (15)
**talented** genial
to **talk** hablar
— **on the phone** hablar por teléfono
**talk show** el programa entrevista
**tall** alto, -a
**tape** la cinta
— **recorder** la grabadora
**tapir** (*animal*) el tapir
**taste** el gusto (6)
to **taste** probar (ue)
**tasty** bueno, -a (1)
**tax** el impuesto (18)
to **teach** enseñar (1)
**teacher** el profesor, la profesora
**teaching** la enseñanza (1)
**team** el equipo
**tear** la lágrima (14)
**teaspoonful** la cucharadita (4)
**technique** la técnica (15)
**telegram** el telegrama
**telephone** el teléfono; (*adj.*) telefónico, -a (AP p.113)
— **book** la guía telefónica
— **booth** la cabina del teléfono
— **operator** el, la telefonista (AP p. 113)
to **answer the** — descolgar (ue)(gu)
to **take the** — **off the hook** descolgar (ue)(gu)
to **talk on the** — hablar por teléfono
**television** la televisión
**color** — **set** el televisor en colores
— **set** el televisor
to **tell** contar (ue), decir
**temper** el mal genio (14)
**temperature** la fiebre
**temple** el templo

**ten** diez
to **tend to** tender (ie) a (14)
**tennis** el tenis
— **court** la cancha de tenis
— **racquet** la raqueta de tenis
**tent** la tienda
**camping** — la tienda de acampar
**tenth** décimo, -a (18)
**one-** — un décimo (18)
**terrace** la terraza (16)
**terrible** terrible
**terrific** fantástico, -a, estupendo, -a, formidable
**test** el examen, *pl.* los exámenes
to **take a** — sufrir un examen
to **test** ensayar (7)
**text** el texto (9)
**than** que
**thank you** gracias
**many thanks** muchísimas gracias
— **very much** muchísimas gracias
**that** ese, -a, aquel, aquella (*dem. adj.*); ése, ésa, aquél, aquélla (*dem. pron.*); eso; aquello (*neuter pron.*); que (*conj.*)
**because of** — por eso
**it's** — es que
**like** — así
**the** el, la, los, las
**theater** el teatro
**movie** — el cine
— **seat** la butaca (AP p.36)
**their** (*before noun*) su, *pl.* sus; (*after noun*) suyo, -a
**them** los, las (*dir. obj.*); ellos, ellas (*obj. of prep.*); les (*ind. obj.*)
**themselves** ellos mismos; ellas mismas; (*after prep.*) sí mismos, -as (3)
**theme** el tema (*m.*)
**then** entonces
**there** allí; (*near you*) ahí
— **is,** — **are** hay
**therefore** por lo tanto (9)
**these** estos, -as (*dem. adj.*); éstos, éstas (*dem. pron.*)
**they** ellos, ellas

**thief** el ladrón, la ladrona
**thin** delgado, -a
**thing** la cosa
to **think** pensar (ie); (*to believe*) creer (y)
— **about** pensar (ie) en
— **not** creer que no
— **so** creer que sí
**what do you think of . . . ?** ¿qué te parece(n) . . . ?
**third** tercero, -a; tercer (*short form*)
**one-** — un tercio (18)
**thirsty: to be** — tener sed
**thirteen** trece
**thirty** treinta
**this** este, -a (*dem. adj.*); éste, ésta (*dem. pron.*); esto (*neuter pron.*)
— **is** aquí (AP p.113)
— **way** así
**those** esos, -as; aquellos, -as (*dem. adj.*); ésos, ésas, aquéllos, aquéllas (*dem. pron.*)
**thousand** mil (18)
**thread** el hilo
**three** tres
— **hundred** trescientos, -as
**throat** la garganta
**sore** — el dolor de garganta
**through** a través de (3); por
to **throw** tirar (1)
— (*away*) tirar
**Thursday** el jueves
**ticket** el billete, la entrada (AP p.36), el boleto; (*penalty*) la multa
**one-way** — el boleto de ida
**round-trip** — el boleto de ida y vuelta
— **seller** el taquillero, la taquillera (AP p.36)
— **window** la taquilla (AP p.36)
to **give a** — imponer una multa
**tie** la corbata

*English-Spanish Vocabulary*

to tie atar
  tied empatado, -a (2)
  tiger el tigre
to tighten apretar (ie) (AP p.229)
  time *(era)* la época (3); el
       tiempo; *(hour)* la hora;
       *(indicating quantity)* la
       vez, *pl.* las veces
    (at) what —? ¿a qué hora?
    from — to — de vez en
      cuando
    have a good —! ¡que te vaya
      bien!
    to have a good — divertirse
      (ie)(i)
    on — a tiempo
    — schedule el horario
    what — is it? ¿qué hora es?
  times por (18)
  timid tímido, -a (14)
  tin can la lata
  tip la propina
  tire la llanta
  tired cansado, -a
  tiresome cansado, -a (1)
  title el título (13)
to a
  from . . . — desde . . . hasta
  twenty — ten las diez menos
    veinte
  toaster el tostador
  today hoy
  toenail la uña (8)
  together junto, -a (17)
  token la ficha (AP p.113)
  tomato el tomate
  tomb la tumba (13)
  tomorrow mañana
    the day after — pasado
      mañana
  tone el tono (9)
  tonsil la amígdala (AP p.271)
  too también
    — much, — many demasiado,
      -a
  tool el utensilio (4), la
    herramienta
  tooth el diente

toothbrush el cepillo de dientes
toothpaste la pasta dentífrica
top: on — of sobre
tortilla *(Mexican)* la tortilla (4)
  — chip la tostadita (4)
totally totalmente (11)
tour la excursión (10)
tourism el turismo (1)
tourist el, la turista
toward(s) para, hacia
  — the end of a fines de (13)
towel la toalla
tower la torre (10)
town el pueblo
  — square la plaza
tow truck la grúa
toy el juguete (5)
trace el rastro (3)
track *(footprint)* la huella (6);
      *(for running)* el hipódromo
tradition la tradición (7)
traditional tradicional (5)
traditionally tradicionalmente (5)
traffic:
  — jam el embotellamiento
    (16)
  — light el semáforo
  — sign la señal de tráfico
tragedy la tragedia (7)
tragic trágico, -a (7)
train el tren
tranquillity la tranquilidad (11)
to transform convertir (ie)(i)
    (en) (12)
to trap atrapar (11)
to travel viajar
  traveler el viajero, la viajera
  —'s checks los cheques de
    viajero
to treat tratar (6)
tree el árbol
  palm — la palma
trend la corriente (10)
trial el juicio (6)
triangle el triángulo (18)
trick la broma (1)
to trick engañar
tricycle el triciclo (AP p.229)
trip el viaje
  round-— ticket el boleto de
    ida y vuelta
  to take a — hacer un viaje

tropical tropical (9)
truck el camión, *pl.* los camiones
  tow — la grúa
true verdadero, -a (11)
  — or false verdad o falso
truly verdaderamente (6)
trumpet la trompeta
trunk *(of a car)* el baúl
truth la verdad
to try *(out)* ensayar (7); probar (ue)
  — on probarse (ue)
  — to tratar de, querer *(pret.)*
T-shirt la camiseta
tuba la tuba
Tuesday el martes
turn: no — no doblar
to turn doblar
  — (around) volverse (ue) (4)
  — off apagar (gu)
  — on encender (ie)
twelve doce
twenty veinte
  — -one, —-two, *etc.* veintiuno,
    -a; veintidós, *etc.*
two dos
  — hundred doscientos, -as
to type pasar a máquina
typewriter la máquina de
    escribir
typing *(class)* la mecanografía


ugly feo, -a
uhh . . . este . . . (3)
umbrella el paraguas, *pl.* los
    paraguas
unbelievable increíble
uncle el tío
  aunts and —s los tíos
uncomfortable incómodo, -a
under bajo (7), debajo (de)
to understand comprender,
    entender (ie)
underwear la ropa interior
unforgettable inolvidable (9)
uniform el uniforme (2)
unit la unidad (13)
unity la unidad (13)
university la universidad
  — degree el título (13)
unless a menos que (5)

**unpleasant** desagradable (8)

**unripe** *(fruit)* verde (4)

**until** hasta que (5); hasta
— **later** hasta luego

**to unwrap** desenvolver (ue) (4)

**upon** + *verb* + **ing** al + *inf.*

**upstairs** arriba (13)

**up-to-date** al corriente (10)

**Uruguayan** uruguayo, -a

**us** nos *(dir., ind. obj.)*; nosotros, -as *(obj. of prep.)*

**to use** emplear (14), usar

**useful** útil (1)

**usher** el acomodador, la acomodadora (AP p.36)

**utensil** el utensilio (4)

**utility room** el cuarto de desahogo (16)


**vacation(s)** las vacaciones
**to spend one's** — pasar las vacaciones

**vacuum cleaner** la aspiradora

**valley** el valle

**variety** la variedad (17)
— **is the spice of life** en la variedad está el gusto (17)

**vegetable** la legumbre

**vendor** el vendedor, la vendedora

**Venezuelan** venezolano, -a

**verse** el verso (7)

**very** muy
**the** — **one** el mismo
— **much,** — **many** mucho, -a, muchísimo, -a
—, **very** *(intensifier)* -ísimo, -a

**vest** el chaleco

**veterinarian** el veterinario, la veterinaria

**victim** la víctima

**view** la vista (16)

**village** el pueblo

**violence** la violencia

**violin** el violín

**visit** la visita (AP p.149)

**to visit** visitar

**voice** la voz, *pl.* las voces

**in a loud(er)** — en voz (más) alta

**in a soft(er)** — en voz (más) baja

**volleyball** el volibol

**to vote** votar (9)
— *(for an individual)* (9) votar por
— *(for an office)* votar para (9)


**to wait for** esperar

**waiter, waitress** el camarero, la camarera

**to wake up** despertarse (ie)
— *(someone)* despertar (ie)

**to walk** andar (2), caminar, ir a pie

**wall** la pared

**wallet** la cartera

**to want** desear, querer

**war** la guerra

**to wash** *(something or someone)* lavar
— **oneself** lavarse
— **one's hands, face** lavarse las manos, la cara

**washbasin** el lavabo

**washing machine** la lavadora

**to waste** perder (ie)

**wastebasket** la papelera

**watch** el reloj

**to watch** mirar
**watch out!** ¡cuidado! (4)

**water** el agua *f.*
**bottled** — el agua mineral
—**-skiing** el esquí acuático

**watercolor:**
— **paint** la acuarela (10)
— **painting** la acuarela (10)

**watermelon** la sandía (4)

**way** *(road)* el camino; *(manner)* el modo
**by the** — a propósito
**in that** — así
**one-**— **ticket** el boleto de ida
**this** — así

**we** nosotros, -as

**weak** débil

**wealth** la riqueza (3)

**weapon** el arma *f.* (6)

**to wear** llevar
— *(a shoe size)* calzar (c) (AP p.74)

**weather** el tiempo
**it's fine** — hace buen tiempo
**it's good, bad** — hace buen, mal tiempo
— **report** el pronóstico del tiempo
**what's the** — **like?** ¿qué tiempo hace?

**to weave** tejer (10)

**wedding** el matrimonio
— **dress** el traje de novia

**Wednesday** el miércoles

**week** la semana
**in a** — de hoy en ocho días
**last** — la semana pasada
**next** — la semana próxima

**weekend** el fin de semana

**to weigh** pesar

**weight** el peso
**to gain** — aumentar de peso
**to lose** — bajar de peso

**welcome!** *(greeting)* ¡bienvenidos!
**you're** — de nada, no hay de qué

**well** pues, bien
**to do** — salir bien
— **done** *(cooked)* bien asado

**west** el oeste
**in, to the** — al oeste

**wet** mojado, -a (8)

**to wet** mojar (8)

**what** qué; cuál; lo que
— **a . . . !** ¡qué . . . !
— **color . . . ?** ¿de qué color . . . ?
— **do you think of . . . ?** ¿qué te parece(n) . . . ?
— **is . . . like?** ¿cómo es . . . ?
—**'s the date?** ¿cuál es la fecha?

**whatever** cuanto, -a (13)
**any . . .** — cualquier(a) (15)

wheat el trigo (4)
wheel la rueda (AP p.229)
  steering — el volante
when cuando (5), (13); cuándo
whenever cuando (5), (13)
where donde (13); dónde
  (to) — adonde; adónde
  — is . . . from? ¿de dónde
    es . . . ?
wherever donde (13)
which cual (15); cuál; qué
while mientras
whim el gusto (6)
whistle el silbato (2)
to whistle silbar (2)
white blanco, -a
who quien (13); quién
  — cares? ¿qué importa?
  —'s calling? ¿de parte de
    quién?
whoever cuantos, -as (13)
whole: the — todo, -a
whom quien (13); quién
  about —? ¿de quién?
whose cuyo, -a (13)
  —? ¿de quién?
  — . . . is it? ¿de quién es
    . . . ?
why? ¿por qué?
wide ancho, -a (3)
wife la esposa
wild salvaje (11)
to win ganar
window la ventana; (cashier's,
    post office) la
    ventanilla
  shop — la vitrina
  ticket — la taquilla (AP p.36)
windshield el parabrisas, pl. los
    parabrisas
windy: it's — hace viento
wine el vino
wing el ala f. (2)
winter el invierno
wisdom el juicio (6)

witch la bruja (5)
with con
  — me conmigo
  — pleasure con mucho gusto
  — regard to en cuanto a (7)
  — you contigo
within dentro de
without sin que (5); sin
witness el testigo (6)
witty gracioso, -a (14)
woman la mujer, la señora
  young — la señorita
wonder la maravilla (7)
wool la lana
word la palabra
work (of art) la obra (7); el
    trabajo
to work trabajar; (function)
    funcionar
  — out entrenarse
workshop el taller (10)
world el mundo
worn desgastado, -a
worried preocupado, -a
worse peor
worship: image-— la santería
    (17)
worshiper of images el santero,
    la santera (17)
worst el, la peor
worth: to be — valer
would:
  I — like (+ inf.) quisiera
    (+ inf.)
  — you please tenga la bondad
    de + inf.
wounded herido, -a (11)
  — person el herido, la herida
    (11)
to wrap envolver (ue)
wrench la llave (AP p.229)
wrestling la lucha
to write escribir
writer el escritor, la escritora (7)

wrong:
  to be — no tener razón,
    equivocarse (qu)
  what's — with you? ¿qué
    tiene(s)?

to yawn bostezar (c)
year el año
  at . . . —s of age a los . . .
    años (1)
  last — el año pasado
  to be . . . —s old tener . . .
    años
yellow amarillo, -a
yes sí
yesterday ayer
yet todavía
you tú, usted, ustedes (subject);
    te, lo, la, los, las (dir. obj.);
    te, le, os, les (ind. obj.);
    ti, usted, ustedes (obj. of
    prep.)
  with — contigo
young joven, pl. jóvenes
  — people los, las jóvenes
  — person el, la joven
younger menor
youngest el, la menor
your tu, pl. tus, su, pl. sus
yours, of yours tuyo, -a, suyo, -a
yourself tú mismo, -a, Ud. mismo,
    -a; (after prep.) ti mismo,
    -a, sí mismo, -a (3)
yourselves Uds. mismos, -as;
    (after prep.) sí mismos,
    -as
Yugoslav yugoslavo, -a

zero el cero
zoo el jardín zoológico

# Table of Numbers and Calendar Information

## Cardinal Numbers

| | | | |
|---|---|---|---|
| 1 | uno | 700 | setecientos |
| 2 | dos | 800 | ochocientos |
| 3 | tres | 900 | novecientos |
| 4 | cuatro | 1000 | mil |
| 5 | cinco | 2000 | dos mil |
| 6 | seis | 1,000,000 | un millón (de) |
| 7 | siete | 2,000,000 | dos millones (de) |
| 8 | ocho | | |
| 9 | nueve | | |
| 10 | diez | | |

1 uno
2 dos
3 tres
4 cuatro
5 cinco
6 seis
7 siete
8 ocho
9 nueve
10 diez
11 once
12 doce
13 trece
14 catorce
15 quince
16 dieciséis
17 diecisiete
18 dieciocho
19 diecinueve
20 veinte
21 veintiuno
22 veintidós
23 veintitrés
24 veinticuatro
25 veinticinco
26 veintiséis
27 veintisiete
28 veintiocho
29 veintinueve
30 treinta
31 treinta y uno
40 cuarenta
50 cincuenta
60 sesenta
70 setenta
80 ochenta
90 noventa
100 ciento
200 doscientos
300 trescientos
400 cuatrocientos
500 quinientos
600 seiscientos
700 setecientos
800 ochocientos
900 novecientos
1000 mil
2000 dos mil
1,000,000 un millón (de)
2,000,000 dos millones (de)

## Days of the Week

lunes   Monday
martes   Tuesday
miércoles   Wednesday
jueves   Thursday
viernes   Friday
sábado   Saturday
domingo   Sunday

## Months

enero   January
febrero   February
marzo   March
abril   April
mayo   May
junio   June
julio   July
agosto   August
septiembre   September
octubre   October
noviembre   November
diciembre   December

## Seasons

la primavera   spring
el verano   summer
el otoño   fall
el invierno   winter

*Table*

487

# Word Formation

## I. Prefixes

### A. **a-, ad-** toward, in the direction of:

| | |
|---|---|
| **acercarse** | to approach |
| **adelantar** | to advance |

### B. **contra-** opposition to something:

| | |
|---|---|
| **contraataque** | counterattack |
| **contradecir** | to contradict |
| **contrarreforma** | Counter Reformation |

### C. **des-** removal or separation; negative or opposite meaning; English *un-* or *dis-*:

| | | |
|---|---|---|
| aparecer | ↔ **desaparecer** | to disappear |
| cubrir | ↔ **descubrir** | to discover |
| envolver | ↔ **desenvolver** | to unwrap |
| esperar | ↔ **desesperar** | to lose hope |

### D. **en-** inside, place in which, acquisition of a quality:

| | |
|---|---|
| **encerrar** | to lock up |
| **enchufar** | to plug in |
| **engordar** | to get fat |
| **enterrar** | to bury |

### E. **in-** opposite meaning:

| | | |
|---|---|---|
| **cómodo** | ↔ **incómodo** | uncomfortable |
| **feliz** | ↔ **infeliz** | unhappy |
| **legal** | ↔ **ilegal** | illegal |
| **posible** | ↔ **imposible** | impossible |
| **religioso** | ↔ **irreligioso** | irreligious |

Notice that *in-* becomes *i-* before words beginning with *l; im-* before words beginning with *p; ir-* before words beginning with *r;* and remains unchanged before words beginning with any other letter.

Many other prefixes exist which will be easily recognized because of their similarity to English. Some examples are: *ante-, anti-, con-, entre-, ex-, extra-, inter-, pre-, pro-, re-, sub-, super-.*

## II. Suffixes

### A. Noun suffixes

| Spanish | English | | |
|---|---|---|---|
| **-ción** | (tion) | **la nación** | nation |
| **-dad** | (ty) | **la humanidad** | humanity |
| **-ión** | (ion) | **la religión** | religion |

### B. Suffixes with special meanings

1. **-ada, -ida** feminine singular form of the past participle occasionally used to form a noun from a verb:

| | | |
|---|---|---|
| **entrar** | ↔ **entrada** | entrance |
| **llegar** | ↔ **llegada** | arrival |
| **salir** | ↔ **salida** | exit |
| **venir** | ↔ **venida** | coming |

2. **-dor, -dora** one who performs an action:

| | |
|---|---|
| **el contador, la contadora** | accountant |
| **el descubridor, la descubridora** | discoverer |
| **el gobernador, la gobernadora** | governor |
| **el trabajador, la trabajadora** | worker |

3. **-ería** place where something is made or sold:

| | | |
|---|---|---|
| **libro** | ↔ **librería** | bookstore |
| **pan** | ↔ **panadería** | bakery |
| **zapato** | ↔ **zapatería** | shoestore |

4. **-ero, -era** occupation or operator of a business:

| | |
|---|---|
| **el carpintero, la carpintera** | carpenter |
| **el peluquero, la peluquera** | barber, hairdresser |
| **el zapatero, la zapatera** | shoemaker |

5. **-ez, -eza** form abstract nouns from adjectives:

| | | |
|---|---|---|
| **maduro** | ↔ **la madurez** | maturity |
| **sencillo** | ↔ **la sencillez** | simplicity |
| **pobre** | ↔ **la pobreza** | poverty |
| **rico** | ↔ **la riqueza** | wealth |
| **triste** | ↔ **la tristeza** | sadness |

Notice that a spelling change is sometimes necessary to preserve the sound of a consonant when a vowel is dropped: **rico** → **riqueza**

6. **-ísimo, -a** intensifier; English *very, extremely, most:*

| | | |
|---|---|---|
| **feliz** | ↔ **felicísimo** | most happy |
| **hermosa** | ↔ **hermosísima** | extremely beautiful |
| **largo** | ↔ **larguísimo** | very long |
| **mucho** | ↔ **muchísimo** | very much |
| **simpática** | ↔ **simpatiquísima** | extremely nice |

Notice that a spelling change is sometimes necessary to preserve the sound of a consonant when a vowel is dropped or, in the case of **feliz**, a final consonant:
**feli*z*** ↔ **feli*c*ísimo; lar*g*o** ↔ **lar*guí*simo; simpá*t*ica** ↔ **simpati*quí*sima**

7. **-mente** adverb ending attached to the feminine singular adjective, to adjectives ending in *e* or a consonant:

| | | |
|---|---|---|
| **atento** | ↔ **atentamente** | attentively |
| **definitivo** | ↔ **definitivamente** | definitively |
| **alegre** | ↔ **alegremente** | happily |
| **principal** | ↔ **principalmente** | principally |

8. **-miento** forms abstract nouns from verbs:

| | | |
|---|---|---|
| **conocer** | ↔ **conocimiento** | knowledge |
| **pensar** | ↔ **pensamiento** | thought |
| **sentir** | ↔ **sentimiento** | feeling |

9. **-oso, -a** adjective endings expressing the characteristic quality of the noun or verb to which they are added:

| | | |
|---|---|---|
| **cariño** | ↔ **cariñoso** | affectionate |
| **espantar** | ↔ **espantoso** | frightful |
| **molestar** | ↔ **molestoso** | annoying |
| **orgullo** | ↔ **orgulloso** | proud |
| **poder** | ↔ **poderoso** | powerful |

C. Diminutives

The most common diminutive endings are *-ito, -a; -cito, -a; -illo, -a; -cillo, -a* and are used to express smallness as well as affection, pity, and ridicule.

| | |
|---|---|
| **hermanita** | little sister |
| **poquito** | very little |
| **Juanito** | Johnny |
| **mamacita** | Mommy |
| **un chiquillo** | a (cute) little boy |
| **el pobrecito** | poor fellow, thing |
| **un autorcillo** | a would-be author |

Notice that the formation of diminutives sometimes requires a spelling change to preserve the sound of a consonant when a final vowel is dropped: **po*c*o** ↔ **po*qu*ito; chi*c*o** ↔ **chi*qu*illo.**

D. Augmentatives

The most common augmentative endings are *-ón, -a; -ote, -a; -azo, -a.* The ending *-ón, -a* is used to indicate large size. The endings *-ote, -a* and *-azo, -a* also indicate largeness, but often carry a more derogatory meaning as well, such as awkwardness or unattractiveness.

| | |
|---|---|
| **un caserón** | a large house, a mansion |
| **una mujerona** | a large woman |
| **un hombrazo** | a big (awkward) man |

It is important to be cautious when using diminutives and augmentatives since they frequently have additional, unflattering meanings.

**Mapas**

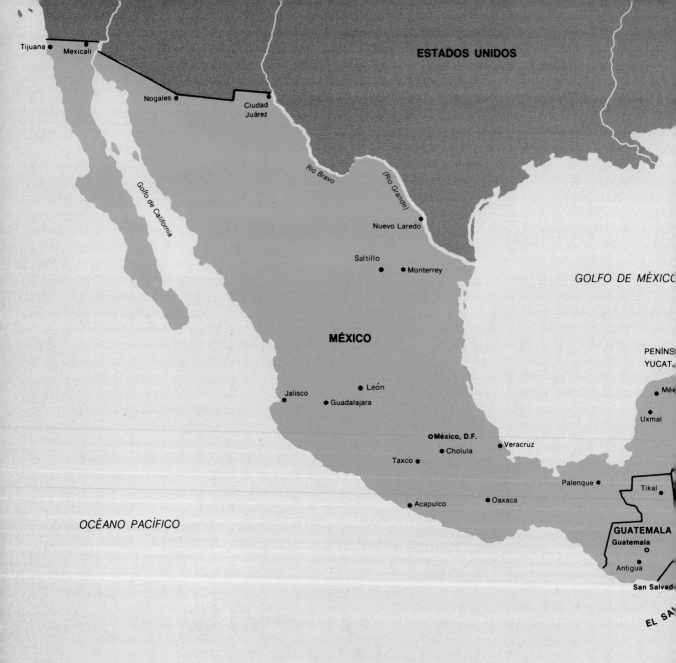

ESTADOS UNIDOS

Tijuana ●
Mexicali ●

Nogales ●

Ciudad
Juárez ●

Río Bravo

(Río Grande)

Nuevo Laredo ●

Saltillo ●    ● Monterrey

GOLFO DE MÉXICO

Golfo de California

MÉXICO

PENÍNS
YUCAT

● León
Jalisco ●
● Guadalajara

● Mé

Uxmal ●

○ México, D.F.
● Cholula    ● Veracruz

Taxco ●

Palenque ●

Tikal ●

● Acapulco    ● Oaxaca

OCÉANO PACÍFICO

GUATEMALA
Guatemala
○

Antigua ●

San Salvad●

EL SA

**México, América Central y el Caribe**

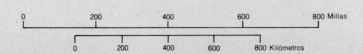

0          200          400          600          800 Millas

0     200     400     600     800 Kilómetros

OCÉANO ATLÁNTICO

○ La Habana

CUBA

Santiago ●

HAITÍ

REPÚBLICA
DOMINICANA

Santo Domingo ●

San Juan
○
● Ponce

PUERTO RICO

JAMAICA

MAR CARIBE

...RAS
...pa

...CARAGUA

Lago de
Nicaragua

COSTA RICA

● San José

PANAMÁ

Canal de Panamá

● Panamá

ZONA DEL CANAL

Río Magdalena

● Bogotá

COLOMBIA

Caracas ○

Río Orinoco

VENEZUELA

BRASIL

MAR CARIBE

OCÉANO ATLÁNTICO

Barranquilla
Cartagena
Lago de
Maracaibo
Caracas
VENEZUELA
Río Orinoco

Medellín
Manizales
Bogotá
Cali
COLOMBIA

GUAYANA
SURINAM
GUAYANA
FRANCESA

ECUADOR

Otavalo
Quito
ECUADOR

Iquitos

Río Amazonas

Cajamarca

PERÚ

BRASIL

Machu Picchu

Lima
Pisac
Cuzco
Ayacucho
BOLIVIA
Brasilia

Lago
Titicaca
La Paz

Sucre
Potosí

PARAGUAY

Río Paraná

Salta
Asunción

Río de Janeiro

OCÉANO PACÍFICO

Córdoba

Río Uruguay

URUGUAY

Santiago
Buenos Aires
Montevideo
Punta del Este

CHILE

Río de la Plata

OCÉANO ATLÁNTICO

ARGENTINA

Mar del Plata

Temuco

**América del Sur**

0   200   400   600   800 Millas

0   200   400   600   800 Kilómetros

Estrecho de Magallanes

**TIERRA DEL FUEGO**

# Index

acabar de + infinitive 11
adjective clauses:
  subjunctive in 330–331
adjectives:
  agreement of 9
  demonstrative 138
  nominalization of 166
  position of 180–181
  possessive 158–159
  that change meaning according to position 181
  that drop the final -o 181
  with ser and estar 13–14
adverbial clauses:
  subjunctive in 88–89, 214
adverbs 243–244
affirmative words 219–220
aquél, aquélla, -as, -os meaning "the former" 139
articles:
  agreement of 9
  definite 9
  indefinite 10

commands:
  affirmative 62, 64, 65–66, 67, 85
  familiar 62
  negative 83, 85
  substitutes for 68
  summary of formation of 85
  with direct object pronouns 65–66, 83
  with indirect object pronouns 65–66, 83
  with reflexive pronouns 67–68, 83
  with two object pronouns 66
  with Ud., Uds., and nosotros 64
  with vosotros 85
como si with imperfect subjunctive 201

comparatives 162–163
conditional 237–238
  in si clauses 239–240
  of probability 238, 256
conditional perfect 255–256
  in si clauses 261–262
conocer:
  comparison with saber 86
  special meaning in preterite 135
¿cuál? contrasted with ¿qué? 285–286

demonstratives:
  adjectives 138
  pronouns 139
direct object pronouns 24–25, 28–29
  le, les, preferred to lo, los 29
  with commands 65–66
  with indirect object pronouns 28–29

estar:
  comparison with ser 12–14
  with adjectives 13–14
éste, ésta, -as, -os meaning "the latter" 139

future:
  formation of 86
  irregular 87
  of probability 87
future perfect 333–334

hacer:
  hace with the preterite 104
  hace que + present 12
hubo 103

imperfect:
  comparison with preterite 133–137
  formation of 120
  ir a + infinitive 126

irregular verbs 120
past progressive 126
uses of 121–122, 125, 133–134
imperfect subjunctive 198–199, 201, 214
  -ase, -iese forms 199
impersonal se 296–297
indirect object pronouns 26–27, 28–29
  with commands 65–66
  with direct object pronouns 28–29
infinitive:
  as substitute for commands 68
  with acabar de 11
  with al 24
  with antes de 24
  with después de 24
  with ir a 11
  with saber 86
  with sin 11
interrogatives 49, 285–286
ir a + infinitive 11

lo, special uses of 103

mismo, -a meaning "self" 49

negative words 216–218
nominalization of adjectives 166
nouns, agreement of 9
numbers 336–337

para 205–206
participles:
  irregular past 175
  past 175
  past participle used as adjective 175
  present 24
passive voice 318–319
  compared with estar + past participle 319

past progressive 126
perfect:
    conditional 255–256
    future 333–334
    pluperfect 179
    pluperfect subjunctive 258,
       260–261
    present 174–175
    present perfect subjunctive
       177–178
**poder:**
    special meanings in the
       preterite 100, 135
**por** 202–203
possessives:
    adjectives 158–159
    pronouns 158–159
present participle 24
present perfect 174–175
present progressive 22
present tense 10
preterite:
    comparison with imperfect
       133–137
    formation of 98–99
    irregular 100–102
    spelling-changing 98–99
    stem-changing 98
    uses of 98, 133–134
    with **hace** 104
progressive:
    past 126
    present 22
pronouns:
    demonstrative 139
    direct object 24–25, 28–29,
       65–66

indirect object 26–27, 28–29,
    65–66
possessive 158–159
prepositional 319–320
reflexive 67–68, 296–297
relative 246–247, 287–288

**que** 246–247
**¿qué?** contrasted with **¿cuál?**
    284–285
**querer:**
    special meaning in preterite
       101
**quien** 246–247

reflexives:
    expressing "to get" or "to
       become" 46
    for emphasis 47
    impersonal **se** 296–297
    reciprocal use of 47
    use of 44–45, 46–47
    with commands 67–68
relative pronouns 246–247,
    287–288

**saber:**
    comparison with **conocer** 86
    + infinitive 86
    special meaning in preterite
       100, 135
    with personal **a** 86
**ser:**
    comparison with **estar** 12–14
    with adjectives 13–14
**si** clauses 239–240, 260–261
**sino** 217–218

subjunctive:
    after verbs of doubt or
       disbelief 50
    imperfect 198–199, 201, 214
       **-ase, -iese** forms 199
    in adjective clauses 330–331
    in adverbial clauses 88–89,
       214
    pluperfect 258, 260–261
    present perfect 177–178
    sequence of tenses 280–282
    **si** clauses 239–240, 260–261
    uses of 50, 53
    with expressions of hope,
       desire, preference,
       pleasure, fear 50
    with impersonal expressions
       50
    with verbs of commanding,
       advising, and prohibiting
       53
superlatives 162–163

**uno al otro** used to emphasize
    reciprocal action 47

verbs:
    *see* commands, conditional,
       future, imperfect,
       infinitive, participles,
       passive voice, pluperfect,
       present, present perfect,
       preterite, progressive,
       reflexives, subjunctive

# Acknowledgments

COVER: *Untitled, 1955,* by Manolo Millares, from *Millares* by Franca, Ediciones Poligrafa, S. A., Barcelona Illustrations for all lessons by Suzanne Snider; *A Propósito* sections by Gene Sharp.

"The Farm," by Joan Miró, courtesy Mary Hemingway 274, *The House of Bernarda Alba,* by Federico García Lorca, courtesy of Northwestern University, Theatre (c) 114, 119, 121, courtesy United Nations 155, 181, courtesy United States Naval Academy Museum 235, courtesy USDA 387, 388, courtesy *Span* magazine, Standard Oil Company (Indiana) 193, 201, (t) 205, 258, 259, 260, 261, 262, 264, (t) 269, (b) 269, (tl) 312, (b) 312, courtesy Roseanne Mendoza (t) 70, (b) 70, "Christopher Columbus," The Metropolitan Museum of Art, Gift of J. Pierpont Morgan, (1900) 230, "The Persistence of Memory," 1931, by Salvador Dalí, Collection, The Museum of Modern Art, New York 275, Mayan vase painting, Nebaj vase, old empire, University Museum, University of Pennsylvania 343, woodcut by José Guadalupe Posada 354, redrawing of woodcut from *Flowering of the Middle Ages,* Thames & Hudson, Inc. 353, American Museum of Natural History, New York 346, reprinted from *Americas,* Pan American Union 376, reprinted from *Legends, Tales and Poems* by Bécquer, Ginn and Company 381, American Museum of Natural History 346, New York State Historical Association, Cooperstown 242, *India Occidentalis,* by Theodor DeBry, Frankfurt, (1599) 249, Juan de la Cosa map, New York Public Library, New York 248.
**Jeff Albertson/Stock Boston** (tr) 114, **Bettmann Archive** 241, 368, **Fredrik D. Bodin/Stock Boston** (b) 115, (t) 123, © **Raimondo Borea/Photo Researchers** (tl) 272, **Nancy Breslow** (c) 76, (b) 76, (tr) 77, 85, 86, 321, 338, 339, © **Jules Bucher/Photo Researchers** (tr) 151, 163, **Rene Burri/Magnum Photos** 66, (bl) 192, (br) 192, **Ed Buryn/Jeroboam** 65, **Eric Carle/Shostal Associates** 188, **Culver Pictures** 362, 363, **T. Currin/Shostal Associates** (tl) 114, © **Robert Doisneau/Photo Researchers** 272, **Victor Englebert** (bl) 57, (t) 62, (b) 62, 63, 71, 136, 147, (tr) 150, 154, 293, 296, **Elliott Erwitt/Magnum Photos** 173, © **Carl Frank/Photo Researchers** (c) 269, **Robert Frerck** (tr) 57, (bl) 77, (t) 78, (b) 78, 81, 83, (tl) 150, © **Dr. Georg Gerster/Rapho Photo Researchers** 195, © **Beryl Goldberg** (b) 123, (tr) 169, 183, 222, **Diego Goldberg** 19, 20, 23, 64, 197, (c) 312, (bl) 313, 315, 316, 323, 332, **Einar Graff** (l) 53, **Edward Grazda/Magnum Photos** 317, **Griffiths/Magnum Photos** 17, 29, **Robert Harding Associates** 373, **Ken Hawkins/Sygma** 182, © **Fritz Henle/Photo Researchers** (tr) 273, © **Michal Heron/Photo Researchers** (b) 263, **Rudi Herzog/FPG** (r) 132, **Ken Heyman** 277, **Ray Hillstrom** (t) 2, 167, **Pierre Hussenot/Sygma** 131, 314, **Ernst A. Jahn** 157, 181, (t) 192, (t) 201, 203, (b) 205, 212, 217, 257, (t) 263, **Ira Kirschenbaum/Stock Boston** 140, 252, **J. H. A. Kleijn/Taurus Photos** 295, **Björen Klingwall** 26, (tr) 230, 245, **Josef Koudelka/Magnum Photos** (bl) 38, **David A. Kratwohl/Stock Boston** 117, **K. Kummels/Shostal Associates** 179, © **Sergio Larrain/Magnum Photos** (br) 58, 97 © 1966, 319, **Jean Pierre Laffont/Sygma** (bl) 151, 161, 170, 291, 305, 309, © **Britton Logan/Photo Researchers** (r) 53, **Jadwiga López** 152, **Constantine Manos/Magnum Photos** 116, **Peter Menzel/Stock Boston** 12, 143, (b) 150, 174, (bl) 325, **Emilio Mercado/Jeroboam** 185, © **Emil Muench** 340, 342, **Nogues/Sygma** 210, **Jacques Pavlovsky/Sygma** 61, 215, 335, **Dorka Raynor** 3, 5, 9, 10, 13, 35, (tl) 38, (r) 38, 39, 40, 42, 45, 47, 49, (l) 51, (r) 51, 54, (bl) 93, 95, 99, 105, 180, 232, 234, 281, (tr) 312, **Robert Royal** 30, 32, **Nicholas Sapieha/Stock Boston** (t) 129, (l) 132, 146, 299, **Spengler/Sygma** 142, **P. S. Tice** 389, **UPI** 375, **Alex Webb/Magnum Photos** (c) 123, © **Sabine Weiss/Photo Researchers** (tr) 272, **Franklin Wing/Stock Boston** (bl) 58, © **Bernard Pierre Wolff/Photo Researchers** (t) 76, **Cary Wolinsky/Stock Boston** 25, 144. All photographs not specifically credited are Scott, Foresman-Archie Lieberman photographs.